高等学校教材

交通运输系统仿真
——使用 AnyLogic

李季涛◎主　编
王晚香　汪　玲◎副主编
鲁工圆◎主　审

中国铁道出版社有限公司

2025年·北　京

内 容 简 介

本书以仿真软件 AnyLogic 为例，从原理到方法、从理论到实践，全面介绍了系统仿真的基本理论和方法，并特别注重介绍仿真方法在交通运输领域的应用。全书共 12 章，包括仿真入门、离散事件系统仿真、排队系统建模与仿真、基于智能体仿真、系统动力学仿真、仿真中的统计模型、随机数与随机变量、输入建模、仿真建模的检验和验证、单一模型的输出分析、系统设计方案的比较与评价、仿真实验设计。

本书第 1 章至第 3 章，以及第 6 章至第 9 章可用于交通运输、交通工程专业高年级本科生系统仿真课程教学；第 4 章、第 5 章，以及第 10 章至第 12 章可用于相关专业研究生仿真建模与分析课程教学；本书也可作为从事仿真建模或分析人员的参考书。

图书在版编目(CIP)数据

交通运输系统仿真 ：使用 AnyLogic / 李季涛主编. 北京 ：中国铁道出版社有限公司，2025. 8. --（高等学校教材）. -- ISBN 978-7-113-32266-3

Ⅰ. U491.1

中国国家版本馆 CIP 数据核字第 2025KS9502 号

书　　名：交通运输系统仿真——使用 AnyLogic
作　　者： 李季涛

责任编辑： 王佳琪　悦　彩　　**编辑部电话：**（010）51873169　　**电子邮箱：** 2307202638@qq.com
封面设计： 刘　莎
责任校对： 刘　畅
责任印制： 高春晓

出版发行： 中国铁道出版社有限公司（100054，北京市西城区右安门西街 8 号）
网　　址： https://www.tdpress.com
印　　刷： 北京市泰锐印刷有限责任公司
版　　次： 2025 年 8 月第 1 版　2025 年 8 月第 1 次印刷
开　　本： 787 mm×1 092 mm　1/16　**印张：** 24.75　**字数：** 586 千
书　　号： ISBN 978-7-113-32266-3
定　　价： 68.00 元

前　言

系统仿真是一门融系统科学、运筹学、概率统计及计算机应用于一体的综合性理论和方法，它借助计算机和仿真软件对现实世界中的各种情景及仍处于概念阶段的各种设想加以模拟，并以此达到对系统进行分析、设计与评价的目的。它体现了一种实验思考的方法论，对探索复杂系统深层次的运行机理并揭示其规律性具有十分重要的意义。

仿真思想的出现可追溯到18世纪的随机实验，但直到20世纪40年代蒙特卡罗方法的提出才奠定了其理论基础。进入20世纪60年代，随着GPSS仿真软件的问世，仿真方法得到了飞速发展，已经广泛应用于制造业、服务业、交通运输、通信系统、计算机网络系统、航空航天、医疗保健及经济金融等一系列领域，取得了十分可观的经济效益和社会效益。系统仿真的发展与作为重要支撑的仿真软件进步是密不可分的，从GPSS、SLAM、SIMSCRIPT等早期仿真语言，到SIMAN/Cinema等具有动画仿真功能的编程语言，直到不需要程序编码的可视化仿真软件AnyLogic、Arena、Simio等，仿真软件的多次飞跃使得仿真从只有专业人员才能使用的方法变成了一个大众化的工具。

仿真技术在交通系统中有着广泛的应用。利用交通仿真模型，研究人员可以动态、逼真地仿真交通流和交通事故等各种交通现象，深入地分析车辆、驾驶员和行人、道路及交通流的交通特性，从而有效地开展交通规划、运输组织与管理、交通能源节约及物资运输等方面的研究。此外，采用计算机仿真的方法，可以避免进行一些费用昂贵且周期很长的交通调查和现场实验，能够以很小的代价获得难以调查的数据，再现多种交通现象，也就是说，可以从一个新的视角开展对交通系统的研究。

当前关于仿真的著作虽已有很多，但对交通运输相关专业的学生来说，由于这些著作更多的是侧重于理论介绍，且缺乏针对交通系统相关工程问题的实例分析，学生学习效果并不十分理想。因此，本书在综合介绍仿真理论、技术和方法的基础上，有针对性地选取交通系统相关实例，更为适用于交通运输专业学生学习。

在对交通运输、交通工程等相关专业学生教学过程中，如何将建模与管理决策观点相结合是一项颇具挑战性的任务。一方面，仿真软件的应用意味着一定的编程背景；另一方面，仿真模型开发中的技术问题可能会分散学生对真正研究目标的注意力,即借助仿真软件进行管理决策分析和决策支持。因此,本书在使用仿真软件进行建模的实例介绍中,重点是阐述使用仿真建模方法进行决策的基本原则,在将技术复杂性降到必要的最低程度时,主要关注的是管理决策分析。在现有的各种仿真软件中,AnyLogic 是颇具代表性的一个,它提供了离散事件仿真、基于智能体仿真和系统动力学仿真三种仿真建模方法,并支持多方法的应用集成。此外,它还提供了轨道库、道路交通库和行人库,极大地方便了用户快速建立交通系统仿真模型。

本书的主要目的是全面介绍系统仿真的基本理论和方法,并特别注重介绍仿真方法在交通运输领域的应用。内容包括:系统仿真的基本概念,离散事件系统仿真、基于智能体仿真和系统动力学仿真三种仿真方法的基本原理,仿真输入建模、输出分析和仿真实验等。通过学习,能够用仿真模型正确地表达交通系统复杂工程问题,识别和判断复杂工程问题中的关键环节;能够理解影响设计目标和技术方案的各种因素,并设计针对交通系统复杂工程问题的解决方案;能够面向交通系统复杂工程问题,按照“调研、设计、实施、归纳”的思路开展科学研究。

本书在编写过程中参考了大量国内外相关的书籍和文献,主要参考文献列于书后,如有疏忽导致未列出的,请联系本书作者,将及时改正,并在此表示歉意。

本书由大连交通大学李季涛任主编,大连交通大学王晚香、汪玲任副主编,西南交通大学鲁工圆任主审,大连交通大学王宇参与编写。具体编写分工如下:李季涛编写第 1 章至第 3 章、第 10 章、第 11 章,王宇编写第 4 章,王晚香编写第 5 章、第 9 章、第 12 章,汪玲编写第 6 章至第 8 章。研究生王露萱、张宇鹏、武帅、任炜等协助完成了部分建模实例的撰写工作。

由于本书涵盖内容较多,加之作者水平有限,书中难免有疏漏和不足之处,敬请广大读者批评指正。

编　　者

2025 年 2 月于大连

目　录

第1章 仿真入门

自从人类出现以来，人们为了满足自身的基本需要，一直同客观世界发生联系，科学与工程是现代人类认识与改造世界的最成熟的一种形式。在传统上，理论研究与实验研究是科学与工程的两种基本方法。然而，在自然科学、社会科学、管理科学、生命科学等各个领域遇到的问题，如交通管理、复杂制造、社会经济等系统的论证、试验、分析、设计、运行、维护、辅助决策及人员培训等，单靠传统的理论、实验这两种方法是无法完善解决的。随着人类从工业社会进入信息社会，建模与仿真方法日益发展和成熟起来，并被称为第三种方法。

本章讲述了仿真的一般概念。1.1节介绍仿真的本质、适用条件和优缺点，讨论仿真的实际应用领域；1.2节介绍仿真建模的基本概念，包括系统、模型和仿真的概念，仿真模型的分类等；1.3节介绍实施仿真的几种方式及仿真软件的进展；1.4节对如何实施一个仿真项目的基本步骤进行概括；1.5节介绍仿真建模的抽象层级和常用的三种仿真建模方法。

1.1 初识仿真

1.1.1 仿真的本质

为了更科学地研究系统，往往需要对其如何运行建立一系列的假设，这些假设就构成了**模型**。模型通常以数学公式或逻辑关系的形式表示，以便更好地理解相关系统的行为表现。如果组成模型的关系足够简单，则可用数学方法（如微积分或概率论等）研究问题并获得所需的精确信息，称为**解析解**。然而现实世界中的大多数系统都过于复杂，导致对实际模型无法使用解析方法进行评估，此时，这些模型可能需要通过仿真方法进行研究。

在仿真研究过程中，可以通过计算机对模型进行数值评估，并通过收集实验数据来估计研究对象的期望真实特征，但不论是通过手工完成还是通过计算机完成，仿真都包括产生一个系统的人为演变过程及对这个过程的观测结果，进而通过人类智慧对实际系统进行合理分析和推断，以了解其特性。从这个方面看，**仿真**可以理解为是对现实世界的过程或系统随时间运行的模仿，是模仿实际系统行为的一类广泛方法和应用手段，通常借助计算机和相应的软件来实现。事实上，“仿真”一词具有非常宽泛的含义，其思想可应用于各种不同的领域和行业，例如工程设计中的风洞实验和碰撞实验。目前，随着计算机和专业软件前所未有的高速发展，仿真变得越来越普及和功能强大。

对系统随时间演进行为的研究可以通过开发一个**仿真模型**来进行分析，该模型的建立通常是采用一组与运行相关的假设，这些假设用系统的实体或感兴趣的对象间的数学公式及逻辑关系来表示。模型一旦开发出来并通过了有效性验证，就可以用于解答现实世界系统各种各样的“如果……，就会……”的问题。系统可能的改变可以预先进行仿真，以便预测其对系统性能的影响；在系统建立之前，仿真也可用于研究处于设计阶段的系统。这样，仿真模型既可以作为分析工具用于预测对已有系统进行改变所带来的影响，也可以作为设计工具预测新系统在不同环境条件下的性能。

由于现实世界中的诸多问题因为各种原因无法直接获得有效的解决方案，例如，现实世界的实验不可实现或成本太高，则可以选择离开现实世界进入模型世界，用建模语言来构建现实世界中的模型。在这个过程中采取了抽象的方法（选择抽象的层次和选择建模语言），忽视不相关的细节，保留重要的部分，从而使模型远比现实世界中的系统更加简单。模型建好后，就可以在无风险的环境下，通过运行模型来理解系统的结构和行为，测试在不同条件下系统的状态变化，比较不同方案的系统性能指标，甚至是寻找最优方案。之后，用户可以找到解决方案并且反过来用于解决现实世界中关注的问题。例如，在出现大规模拥挤前分析地铁车站应急处置方案的效果。综上，从本质上看，仿真是过程改善者、参数优化者、变化分析者，同时也是风险缓和者。

仿真是运筹学和管理科学最广泛应用的技术之一，之所以应用得越来越广泛，主要是因为它能够描述处理复杂系统的极其复杂的模型。另一个原因则是计算机硬件性价比的显著提高。此外，随着商用仿真软件日益增强的能力、灵活性及易用性，也使得仿真方法从枯燥、易错、低层次的编程活动领域走上了制定快速、有效决策的应用领域。

1.1.2 仿真何时适用

从 1966 年至 1998 年，许多学者都对仿真在何种环境下使用才恰当进行了研究，通常认为仿真可以用于以下目的：

(1)仿真使得对复杂系统内部的相互作用或复杂系统的子系统内部的相互作用的研究和实验成为可能。它可以研究：如果这样做或那样做，系统会发生什么？如果出现某些无法控制的情况，系统会怎么样？在这种情况下，不会出现人身伤害、财产损失或环境污染等问题，而且可以使模型在很大范围内随意探索各种可能性，从而找出一些在真实系统中可能根本无法去尝试的方案。交通领域常见的如对地铁车站紧急疏散时乘客行为的研究。

(2)可以对影响系统的信息变化、组织变化及环境变化进行仿真，进而观察这些变化对系统行为的影响。例如，通过构建碳交易政策下电煤供应链全过程碳排放的系统动力学仿真模型，可以研究不同碳交易政策对供应链及各节点企业利润及减排效果的影响。

(3)在仿真模型构建过程中能够增加对系统的洞察力，通过对系统工作过程的仿真建模，经常可以更透彻地理解系统在哪些方面需要加以改进。

(4)通过改变仿真模型的输入并观察输出的结果，可以使研究人员深入理解哪些输入参数是最重要的，以及各参数间是如何相互作用、相互影响的。例如在对铁路车站的研究中，可以通过改变旅客提前到站时间参数，分析其对候车区最高聚集人数的影响程度。

(5)仿真可以用于在新的设计方案或工作策略实施前进行实验，以便为可能发生的事情做好准备。例如铁路车站或城市道路在线路施工封锁前，通过对施工方案的仿真推演，可以提前预判其对运输秩序的影响。

(6)通过对机器设备的不同能力进行仿真，可有助于确定其需求。常见的如对高速铁路车站、机场和地铁车站安检设备的配置研究，或对铁路集装箱中心站装卸设备的配置研究等。

(7)仿真也可以用于验证解析解。例如，采用优化方法计算得出的铁路车站到发线运用计划，可以通过仿真推演对方案的实际效果进行评价。

(8)可以设计开发用于实践训练的仿真模型，并作为教学设备在安全的环境下进行学习，而无须到现场进行实际操作。例如，利用沉浸式铁路平面调车仿真培训系统，可以训练或考核调车长、连结员对作业过程和标准用语的掌握。

(9)可以用二维和三维动画显示仿真运行过程中的系统状态，从而可以洞察系统运行的行为特性，使得计划和决策的过程和结果具有可视性。

(10)很多现代的系统，如机车车辆制造企业、大型物流企业、物联网等非常复杂，只能通过仿真来分析和洞察其内部的相互作用。

1.1.3　仿真何时不适用

当然，仿真也不可能是完美无缺的。Banks 和 Gibson 给出了十条不适合仿真的规则：

(1)当问题借助常识或通过普通方法可以解决时，就不使用仿真。例如，如果一个高速铁路车站检票口高峰小时旅客发送量为 1 500 人，进站检票闸机的平均通过能力为 35 人/min，按 12 min 的进站检票时间，需要确定最少所需的进站检票闸机数量。对于这个问题，并不需要仿真，只需计算 1 500÷(35×12)＝3.57，就表明至少需要 4 个检票闸机。

(2)当问题可以通过解析模型解决时，就不应使用仿真。例如，单一货物的运输问题或管道铺设的最短路问题都有成熟的模型和求解算法。

(3)如果直接进行实验更为简便，则不应使用仿真。例如，对于十字路口交通信号灯配时设置，通过对不同方向的信号显示时间加以实验研究，可以快速找到一种理想的设置方式(不一定是最优的)，从而使高峰时段尽可能平稳。

(4)如果仿真成本超过了预期能够节省的开销，则不应使用仿真。正如将在 1.4 节所讨论的，完成一个仿真项目需要很多步骤，这些步骤都需要一定时间和费用，因此，如果一个仿真项目成本估计为 50 000 元，而仿真后提出的解决方案预计只节省 10 000 元，则不建议投资。

(5)如果没有足够的资源，就不应使用仿真。这里的资源可能是计算机硬件、仿真软件、有经验的系统分析和建模人员、有经验的系统运作方面的专家等。如果没有这些方面的足够资源，很难建立一个有效的仿真模型。

(6)如果没有足够的时间，也不要使用仿真。仿真模型从数据收集、模型建立，到模型的检验和验证等需要大量的时间，因此，如果项目对于时间要求紧迫的话，则不建议使用仿真。

(7)如果没有足够的数据可用，或数据无法估计，就不应使用仿真。仿真需要数据，甚至有时需要大量的数据和调查人员。因此，如果没有足够的可供输入建模的数据，则不建议使用仿真。

(8)仿真模型需要进行检验和验证，以保证模型的正确性。模型的检验和验证是一个反复迭代的过程，需要足够的时间和有经验的人员，因此，如果项目时间很短或无人可用的话，则采用仿真是不合适的。

(9)如果需求方有不合理的预期时,则仿真也是不合适的。例如,管理层要求过多或过快,或对仿真的能力估计过高。

(10)如果系统行为过于复杂或不可定义,则不适合使用仿真。例如,对人类行为建模有时是极为复杂的,这可能包括心理、生理、经验、知识水平和生活习惯等。

1.1.4 仿真的优缺点

1. 优点

仿真对用户具有直观上的吸引力,因为它模仿了实际系统运作过程中发生的事情或在设计阶段系统可觉察的问题。特别是对复杂系统的研究来说,仿真是一个广泛使用并迅速流行的方法。仿真的广泛使用归因于其具有如下优点:

(1)大多数复杂的、具有随机因素的系统,很难用解析求解的数学模型来精确描述,仿真研究往往是唯一可能的方法。例如对交通管理、复杂制造、社会经济系统的研究。

(2)在某些计划的一组运行条件下,仿真可以估计一个现有系统的性能。例如,在不影响现有系统正常运行的情况下研究和分析新策略、处理过程、决策规则、信息流等。

(3)通过仿真可以比较各种建议的系统设计方案或一个系统的多个运行策略,从而分析哪一个能够更好地满足规定的要求。例如,在不消耗任何资源的情况下测试新设备、物理布局、交通策略等带来的收益。

(4)在仿真中可以更好地控制实验条件,这些实验条件在用真实系统本身做试验时也可能出现。例如因暴雪等自然灾害造成的列车停运。

(5)仿真可以用压缩时间的办法(加快运行速度)来研究一个长期规划的系统,例如经济系统;或反之,采用扩展时间的办法(降低运行速度)来研究系统的详细工作情况,例如地铁车站在紧急疏散时乘客的反应。

2. 缺点

仿真的一些主要缺点包括:

(1)仿真模型的随机性使得每一次运行产生的结果只是在特定的一组输入参数下的模型真实特征的一个估计值。这样,对于每一组研究参数,需要多次独立地运行模型。因此,在对给定的多种系统设计方案进行比较时,仿真模型一般不是最优的。而解析模型在不同的输入参数集下往往易于得到模型的准确的真实特性,因此,如果一个有效的解析模型是可用的或是易于开发的,那么它比仿真模型会更可取。

(2)仿真的结果可能难于解释。大多数仿真输出结果基本上都是随机的,因为它们通常基于随机的输入,因此很难区分观察结果是与系统相关的还是随机的。

(3)仿真模型的建立和实验结果的分析需要耗费大量的时间和金钱。对于一个任务来说,建模和分析资源的紧张会导致仿真模型的不正确或分析不充分。

(4)仿真研究中会产生的大量数据或逼真的动画,这往往造成一种倾向,认为研究结果的可信度大于证明结果的可信度。然而,如果模型未对系统“有效地”表示,那么无论仿真结果看起来多么让人印象深刻,对真实系统来说,提供的信息仍然用处不大。

(5)仿真建模需要特殊训练,需要时间和经验的积累。对于同一个问题,如果由两个不同的技术人员进行建模,也许两个模型有一定的相似性,但却可能具有本质上的差别。

最后，在某些研究中，仿真模型和解析模型都是有用的。一方面，仿真可以用来检验解析模型中所需假设的有效性；另一方面，解析模型可以为仿真研究提供更合理的研究方法。

1.1.5　仿真的应用领域

仿真被认为是理论和实验之外的第三种认识世界的手段，它极大地拓展了人类认识世界和改造世界的能力，可以不受时空的限制，观察和研究已发生或尚未发生的现象，以及在各种假想条件下，研究现象发生和发展的过程，可以深入到一般科学技术及人类活动难以到达的宏观或微观世界去进行研究和探索。对于复杂系统或一些特殊领域而言，仿真技术尤其能够发挥其独特的作用，有时甚至成为唯一的手段。

仿真的应用领域非常广泛，通常可以把仿真应用大致分为两类。第一类即所谓的**人在回路**仿真，用于训练或娱乐。许多专业人员在模拟的环境中训练专业技能、学习应急处理程序，避免因缺乏经验导致失败。例如，飞行员在飞行模拟器中接受训练，以体验特定飞机的驾驶舱；核电站操作员在控制室模拟器中进行例行检查；车站值班员在仿真平台学习使用计算机联锁系统完成接发列车工作；士兵在模拟战场环境中学习战术等。在娱乐领域，包括各种电脑游戏，从驾驶赛车到在虚拟世界中的城市建设，应有尽有。这类仿真应用强调的是经验，即通过实践学习或只是进行娱乐。第二类是专业技术领域的仿真，包括工艺和过程的分析和设计等。例如，考虑一种新飞机的设计，莱特兄弟发明风洞，用比例模型来模拟空气动力现象，目前风洞试验仍用于校准高度复杂的空气动力学计算机模拟。

冬季仿真会议（Winter Simulation Conference，WSC）是一个国际论坛，是了解更多有关仿真应用领域和理论最新进展的一个很好途径，第一届冬季仿真会议于1967年在纽约举办，至今仍在继续，即将召开的冬季仿真会议信息可以通过其官方网站获悉，历年会议全部文章也可以通过其官方网站获得，网站针对初学者和高级用户提供了大量初级和高级水平的指南。科技论文和案例研究更强调理论和应用上的创新。下面列出一些常见的应用领域：

1. 物流、供应链管理和交通运输

(1)运输系统（如机场、高速铁路、高速公路、港口、城市道路、地铁）的设计与运营。

(2)业务流程的重组。

(3)供应链分析。

(4)库存系统订货策略的确定。

(5)服务组织（如呼叫中心、邮局、医院、银行、售票中心）的评估设计。

2. 制造应用

(1)制造系统的设计与分析。

(2)对生产计划或维修计划模型进行评价。

(3)制造厂生产线设计。

3. 建筑结构

(1)施工安全与风险分析。

(2)智能建筑与数据集成。

(3)施工计划的决策支持工具开发。

4. 环境和可持续发展

(1)土地覆盖面积变化建模。

(2)可再生能源发展计划仿真。

(3)城市生态系统仿真。

5. 网络和通信

(1)通信网络中硬件需求或协议的确定。

(2)计算机系统软硬件需求的确定。

(3)复杂系统网络安全。

6. 信息物理系统

(1)智能家庭网络。

(2)工业控制系统。

(3)智能交通系统。

7. 社会和行为

(1)社会复杂性的起源。

(2)基于工人的异构性和任务复杂性的制造系统任务分配。

(3)流行传播的接触形式和模式。

8. 健康医疗

(1)急诊室工作人员调度。

(2)医疗改革方案仿真评价。

(3)流行病和疾病传播。

目前,风险分析领域的仿真日益增多,包括保险、期权定价及证券分析等方面;此外,另一呈增长趋势的领域是对复杂系统的研究。从 20 世纪 70 年代至今,系统科学逐渐转向复杂性研究,在很多领域(如生物、经济、社会等)具有与简单系统不同的特征,如非线性、混沌、自组织、涌现等。迄今有相当多的复杂性研究采用"自下向上"的思想,通过建立微观模型,用计算机仿真来研究系统特性,并取得了丰硕的研究成果。此外,由于计算机软硬件能力的增强,像因特网、物联网、云计算及供应链这样的大系统的仿真也在不断增加,大数据、人工智能与仿真相结合的研究也日益增多,例如数字孪生成为智能制造、智慧城市、智能铁路等领域的研究热点。

1.1.6 仿真应用的发展

市场需求在数量和复杂性上稳步增长,特别是在自动化和数据交换方面,随着工业 4.0 和智能工厂的不断发展,企业对数字化转型和数字孪生需求不断增长,远远超出了以往典型的仿真需求。因此,在项目目标和工具选择上,越来越多地考虑数据驱动建模,甚至是数据生成模型。而机器学习和神经网络等技术的兴起,也对未来的仿真应用产生重要的影响。

总的来看,信息技术的发展和环境的变化对仿真技术与应用提出了新的要求,未来仿真应用的发展主要体现在三个方面:

1. 向大尺度、跨学科、多维度仿真转变

以城市交通仿真为例,以往的仿真技术主要针对城市发展过程中的重点区域或特定的问题，忽视了城市系统性、整体性分析，存在片面性、精度较差、效果有限等问题。随着5G、物联网、大数据、人工智能等新一代信息技术的发展，仿真技术也正在发生重大变革，不再是针对单点区域的研究，而是逐步向大尺度、跨学科、多维度进行转变，通过城市级、跨领域的因果交互分析和推演，反映城市交通整体发展趋势和演化问题，为城市交通的治理和规划提供数据化、科学化、综合化的决策支持。

2. 离线仿真逐步向实时数据驱动仿真转变

以往的仿真研究主要采用离线方式，以人工经验参数或历史数据（或参数）导入仿真模型来描述物理系统的运行状态与规律，缺乏与实际系统的数据交互。随着物联感知、移动通信、人工智能等技术与应用的不断成熟，现实世界的实时数据能够被快速获取和传输，有效隐含价值能被精准发现，使得基于"数据建模挖掘→态势仿真推演→未来状态呈现→反馈优化修正"的实时数据驱动仿真成为一种新的仿真范式。

3. 仿真工具与算法向云化模式转变

以城市交通系统为例，它是一个高度复杂的机体对象，拥有着丰富和复杂的基础数据体系，具有数据量大、业务类型多、价值密度低、处理速度快等特点。如果采用本地化仿真计算，则仿真运行就会面临计算资源不足、使用成本高的难题，以及在实际应用中往往需要同时使用多个仿真软件导致的标准差异、数据不通等问题。随着云计算技术体系的不断成熟完备，仿真工具与算法服务逐步向云化模式转变已成为必然趋势。

1.2　系统、模型和仿真

像大多数问题分析方法一样，仿真也涉及系统和模型。因此，本节首先介绍系统和模型的概念，给出一些系统模型的例子，并描述几种如何通过研究这些模型以了解相应系统的模式；其后，阐述仿真的定义、仿真模型的分类，并简要介绍交通系统仿真的概念。

1.2.1　系　　统

1. 系统定义

为了对系统进行建模，有必要理解系统的概念及系统的范围。**系统**被定义为一组连接在一起的对象，它们以某种规则的相互作用或相互依赖去达到某种目的。通常，一个系统指的是实际存在或计划中的一些设施或过程。例如，铁路车站包括各种不同的旅客（如出发、到达旅客）、车站工作人员及管理人员，各种服务设施（如人工售票窗口、自动售票机、自动检票机、人脸识别设备、安检设备、自动扶梯和楼梯等），各种技术设备（如信号机、道岔、调车机车、调度指挥系统等），还包括旅客进出站过程和技术作业过程等；配送网络包括工厂、仓库及运输通道；城市道路包括路段、交叉口、控制设施（信号灯）、通行车辆、行人等。

在实际应用中，"系统"的含义往往取决于一个特定研究的目标。例如，研究一个铁路编组站需要设置多少个列检组才能满足列检作业需求，如果仅考虑到达场，则系统可以定义为编组站的一部分，即仅由列检组及在到达场等待技术检查的车列或正在列检技术作业的车列组成；如果还要考虑出发场的话，则系统显然需要进一步扩大。

2. 系统环境

系统通常受到外部环境发生的变化的影响，例如，铁路车站客流会受到节假日的影响、地铁车站客流会受到通勤的影响，这种变化被称为在**系统环境**中发生。在对系统进行建模过程中，确定系统与其外部环境之间的**边界**十分重要，通常取决于研究的目的，问题目标不同，边界也可能不同。例如，在铁路编组站系统中，影响车流到达的因素可以被认为处于编组站系统之外，因此是环境的一部分，然而在进行铁路局集团公司车流计划编制时，某个编组站的车流到达只是系统内的一种活动。与之类似，在铁路客运站中，客流的影响因素也可以被认为处于车站系统之外，是环境的一部分，例如因节假日导致的客流增大。然而如果考虑市场需求对运输产品供应（停运或加开）的影响，那么开行方案与市场需求就存在一定的联系，此时这种联系就必须被视为系统的内部活动。

边界的设定及系统的识别是人为的，最终是建模者的选择。对系统的任何识别都是人为构造的，因为现实世界中的一切都是相互联系的，正是由于建模人员的局限性才会划定一个想象的边界，从而减少建模的复杂性，使系统更容易被研究和分析。

3. 系统要素

为理解和分析系统，必须定义大量的术语。其中，**实体**是存在于系统中的、感兴趣的研究对象；**属性**表示一个实体的特征；**活动**用于描述一段特定长度时期的运作。例如，要研究高速铁路车站客运组织，那么旅客显然是实体之一，其乘坐的车次是旅客的一项属性，而旅客的进站安检和检票上车则是活动。

系统的**状态**通常定义为变量的集合，这些变量用来描述在任意时刻系统的现状。在高速铁路车站系统中，可能的状态变量有自动售票机的占用情况和排队旅客人数、候车区的旅客数量、到发线股道的占用情况等。**事件**定义为改变系统状态的瞬间发生的事情或活动，通常用**内生事件**描述系统内部发生的活动，用**外生事件**描述发生在外部环境中对系统造成影响的活动。在对铁路车站客运组织研究中，旅客到达是一个外生事件，而旅客完成进站安检则是一个内生事件。

外部环境中作用于系统的事件也称为系统的**输入**，这些输入引起系统状态的变化，例如一列高速动车组列车到达车站，到发线占用状态发生变化。系统的**输出**是那些可以从系统状态导出的性能指标，仿真研究就是要知道这些性能指标，以便解决提出的问题，例如到发线空闲时间。换句话说，输入引起系统状态的变化，这些变化又通过输出的变化反映出来。

在面向过程的离散事件仿真中，输入是通过动态实体的到达来实现的。这些实体在系统中流动，影响着系统状态变量的变化。没有实体，什么都不会发生。实际上，仿真运行的一个停止条件就是系统中没有活动实体。

4. 研究系统的常用方法

通常，对系统研究的要求是尽可能深入地了解各个组件之间的关系，或是预测系统在考虑某些新条件时的性能。人们通过研究一个系统来度量它的性能、改进它的运作过程或对未来系统进行设计，管理人员或操作人员也希望在日常运作中能够随时得到帮助，例如当一个铁路车站的某台重要设备出现故障时应如何应对。图 1.1 描述了研究一个系统的不同方法。

如果在物理上系统能够改变且在新条件下系统可操作，这正是研究所希望的，在这种情况下研究结果一定是有效的。然而，做到这点是非常少见的，这样的实验往往代价太高，不论是构造实验、销毁实验还是在实验中进行任何的调整或改变都可能成本过高或造成危险，不切实际或造成系统破坏。例如，铁路货运中心希望削减营业网点以减少开支，但这可能会导致客户流失。此外，新系统甚至可能并不存在，例如当一个地铁换乘枢纽尚未建成时，是无法对其内部设施布局方案加以实验的。基于这些原因，通常需要建立一个模型来代表一个系统，并将其作为该实际系统的替代来进行研究。在这种情况下不会出现人身伤害，而且可以使用模型在很大范围内随意探索各种可能性，从而找出一些在真实系统中无法去尝试的方案。

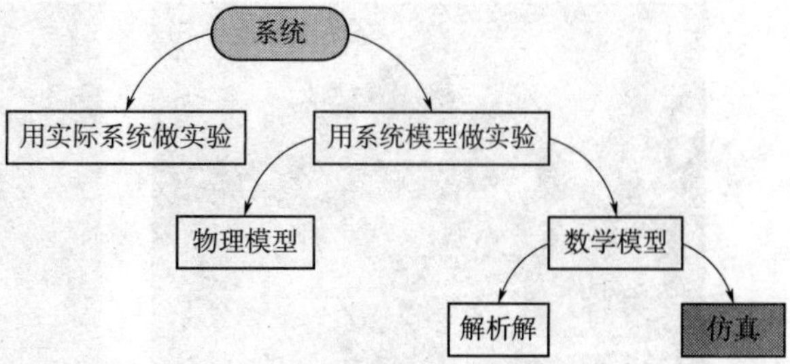

图1.1　研究系统的方法

1.2.2　模　　型

1. 模型的定义

建模是解决现实世界中各类问题的一种常用手段。在一般意义上，模型是一种替代，用于代表所研究的对象以便得到更好的定义。从应用的角度，模型并不是对原对象的复制，而是根据不同的使用目的，选取研究对象的若干方面进行的抽象和简化，是解决现实世界问题的一种有效方法。对大多数研究而言，只需要考虑那些会影响到所研究问题的因素即可。因此，针对同一个系统，如果研究目标不同，则需要建立不同的模型。

模型有多种类型，例如思维模型、概念模型（如组织结构图）、结构模型、物理模型（如风洞）、数学模型（如微分方程）、仿真模型等。其中，思维模型是另一个重要的类别，科学家将人类优于其他物种的原因归结于对事物的预测和计划能力。人类的大脑使用两种类型的思维模型：遗传的（基于直觉的关于基本事物如何工作的想法）和学习的（基于经验的）。人类的大脑是一台神奇的机器，它不断地发展、记忆和执行这些思维模型。其他类型的模型（如物理模型、数学模型、仿真模型等）可以看作是思维模型的扩展，就像工作时使用的工具，如计算机，用于帮助人类大脑扩展其建模能力。

2. 物理模型

在使用模型做实验对系统进行研究时，可以使用**物理模型**，有时也称为**形象模型**。模型一词最早源于对实际系统的物理复制品或按比例缩放的实物模型，例如，早期的飞行模拟器就是纯物理模型，1910年为“安托瓦内特”单翼飞机设计的训练器如图1.2(a)所示；按比例制作的铁路编组站实物模型（沙盘）如图1.2(b)所示，可用于观察编组站布局、调车走行路径及各种技术设备，如道岔、驼峰、信号机等。

3. 数学模型

通常为研究系统而建立的绝大多数模型都是数学模型，例如运筹学中的线性规划模型、排队模型、库存模型等。**数学模型**是由一系列定量的、结构化的近似公式和假设条件组成的，用以描述系统当前或未来的行为。最典型的例子就是人们熟知的关系 $S=vt$，其中 v 是速度，t 是时间，S 是移动距离。如果已知移动距离和速度，则根据模型就能得到移动时间 $t=S/v$。这是一个非常简单的例子，仅仅通过纸笔就可求得精确的解。但某些数学模型却

（a）早期的飞行模拟器　　（b）铁路编组站沙盘

图 1.2　典型的物理模型

非常复杂，需要大量的计算资源，例如求解一个大的非稀疏矩阵的逆，虽然有已知的数学模型，但对具体应用的数值求解却并非易事。

1.2.3　解析解与仿真

一旦建好了一个数学模型，如果这个模型足够简单的话，就可以通过其关系式和数值得到一个精确的**解析解**。如果一个数学模型的解析解是可求的，并且其计算效率是可接受的，则通常直接用解析方法求解数学模型，而不是用仿真。然而，现实中的很多系统相当复杂，其有效的数学模型本身也很复杂，很难解析求解。在这种情况下，对模型的研究就需要用仿真的方法，即对模型进行数字实验，例如改变模型的输入，观察输入的变化如何影响系统的输出性能。用仿真方法来研究的数学模型也称为仿真模型，仿真模型是一类特殊的数学模型。

1. 解析方法

在解决数学模型的问题上，解析方法与仿真方法是不同的。**解析方法**是用数学演绎推理来“求解”模型，解析解是封闭形式的函数，对任意自变量，都可将其代入解析函数求得正确的因变量，因此也称为闭式解。例如，微分学被用于计算某些库存模型的最小成本策略。使用解析方法的最典型的模型就是电子表格模型，通过在一系列的单元格中键入模型的输入值，就可以在另外的单元格中查看输出结果。输入和输出的转换主要是通过公式实现的，或在更复杂的模型中用脚本实现，如图 1.3 所示。在多种插件的支持下，电子表格模型能够实现模型参数的变化、蒙特卡罗仿真或者优化实验。

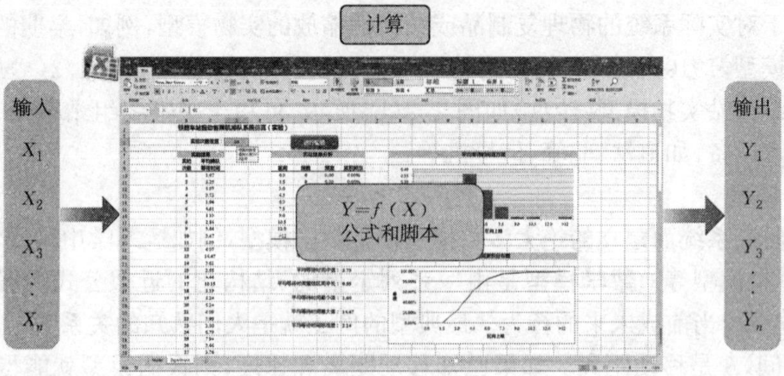

图 1.3　解析模型（电子表格）

然而，基于公式的解析方法存在着局限性，因为有很大一类问题的解并不存在，或极难求得。这类问题主要是动态系统的问题，其特点是行为的非线性、记忆性，变量间的非直观影响、时间依赖性和因果依赖性、不确定性和大量的参数等。因此，在大多数情况下很难为系统找到正确的公式，更不可能建立起适合动态系统的解析模型。例如在运输车队的优化问题中，行驶调度、装载和卸载时间、交付时间，以及终点容量等参数使得基于电子表格的解析方法难以实现，因为一辆卡车在特定地点、特定时间下的可用与否取决于一系列先前事件，而判断当卡车空闲时将其送往何处又需要分析一系列的未来事件。因此，电子表格公式适合表达静态变量间依赖关系，而不适合描述具有动态行为的系统。

2. 数值方法

仿真模型为可执行模型，它可以运行，并且能够构建系统状态变化的轨迹。仿真模型可以理解为是一个描述了系统从当前状态如何向下一个状态转化的规则集合，这些规则可以表现为多种形式，包括差分方程、状态图、过程流图及调度方案等，模型的输出性能指标可在模型运行时观测。仿真模型采用数值方法而不是用解析方法进行分析。**数值方法**是用计算机程序来“求解”数学模型，而数值解是在特定条件下通过近似计算得出来的一个数值。在使用数值方法的仿真模型中，模型是“运行”的而不是解出来的，也就是说，系统的人为演变过程产生于模型假设和逻辑关系，然后通过收集观察数据来分析和估计真实系统的性能。如图 1.4 所示，在随机系统及其模型中，系统的演变可能发生许多意想不到的情况。由于现实世界的仿真模型相当庞大，并且存储和操作的数据量也很大，因此必须借助于计算机才能运行仿真模型。

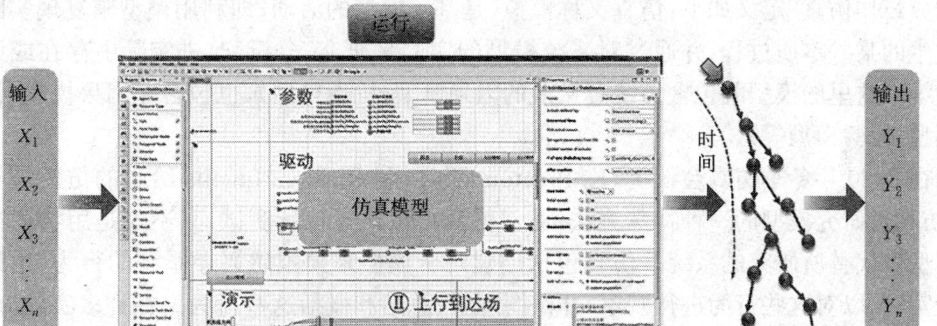

图 1.4 仿真模型

1.2.4 仿 真

当前建模研究的绝大多数系统都是相当复杂的，**有效的模型**①也相当复杂。对于这些模

① 可以对一个复杂系统建立简单(或许简化)模型，但这个模型极有可能是无效的。如果继续处理和分析这一模型，虽然也会得到完美、简洁的答案，但可惜问题本身是错误的。这种错误有时被称为第三类错误——求解一个错误的问题。在统计学中，当假设检验拒绝了实际上成立的零假设时，所犯的错误称为第一类错误(弃真)，其概率用 α 表示。当假设检验接受实际上不成立的零假设时，所犯的错误称为第二类错误(存伪)，其概率用 β 表示。当样本量一定时，α 愈大，β 愈小；反之，α 愈小，β 愈大。

型，可能无法求解出精确答案，因此只有依靠仿真来解决。虽然仿真可能不是研究系统模型的唯一工具，但绝对是常用方法。其原因在于，为了能够代表实际系统，研究者可以构建出非常复杂的仿真模型，从而能够对其进行有效的分析。而采用解析方法对模型进行分析时，可能需要对问题做出很强的简化假设，这就会使模型的有效性出现问题。

1. 仿真定义

现代计算机仿真技术是伴随着世界上第一台通用计算机 ENIAC（1945 年底）的诞生而出现的。冯·诺伊曼在 ENIAC 上实现了经典的蒙特卡罗仿真方法。随着计算机技术的飞速发展，仿真技术也在迅速进步，很多机构和学者从不同角度对仿真进行了定义和描述。

1961 年，G. W. Morgenthater 首次对仿真进行了技术性定义，即"仿真意指在实际系统尚不存在的情况下对于系统或活动本质的实现"。另一个典型的对仿真进行技术性定义的是 G. A. Korn，他在 1978 年的著作《连续系统数字仿真》中，将仿真定义为"用能代表研究的系统的模型做实验"。1982 年，Spriet 进一步将仿真的内涵加以扩充，定义为"所有支持模型建立与模型分析的活动即为仿真活动"。1984 年，Oren 在给出了仿真的基本概念框架"建模—实验—分析"的基础上，提出了"仿真是一种基于模型的活动"的定义，被认为是现代仿真技术的一个重要概念。可以看出，无论哪种定义，仿真基于模型这一基本观点是共同的。

目前在仿真领域的主流文献中，**建模和仿真**经常同时出现，有时简称"仿真"，包括模型和仿真的开发和/或使用。2007 年，美国国防部对仿真的概念进行总结，将仿真定义为以模型（即系统、实体、现象或过程的物理、数学或其他逻辑表示）为基础，模拟真实世界过程或系统随时间的运行，以进行管理或技术决策。2014 年，由中国仿真学会编写的《建模与仿真技术词典》对"仿真"定义如下：仿真又称模拟，是基于模型的活动，即利用模型来复现实际系统中发生的某些本质过程，并通过对系统模型的实验来研究、分析、改进实际中存在或设计中的系统。这里的模型既包含传统意义上的因果模型（机理模型），也包含非因果模型（神经网络模型、经验模型等）。

在 2020 年冬季仿真会议上，K. Preston White 和 Ricki G. Ingalls 给出的仿真最新定义为：仿真是研究模型的一种特殊方法，通常仿真很像执行现场测试，只不过是用物理或计算机模型来代替所研究的系统。仿真包括创建一个模型来模拟感兴趣系统的行为，用该模型进行实验，以对这些行为进行观察，并试图理解、总结和概括这些行为。在许多实际应用中，仿真还包括测试和比较可供选择的设计方案，以及验证、解释和支持仿真结果和研究建议。

总的来看，在仿真技术发展的初期，国内外学者和研究机构大多把仿真定义为基于计算机或数学模型的一种实验活动。因此，计算机仿真一度成为仿真的代名词。随着仿真应用领域的扩大，仿真对象越来越复杂，人们逐渐意识到，单纯的计算机仿真无法准确模拟真实系统的特性，在许多复杂系统仿真中，仍需要物理设备的配合。因此仿真的概念得到拓展，将物理模型或物理效应设备重新纳入仿真系统之中。而完全基于数字模型的数字仿真或计算机仿真，则成为仿真技术的一个分支。因此，从模型角度来看，仿真的概念从完全使用物理模型的物理仿真，发展为完全基于数字模型的计算机仿真，又进一步演变为数字模型与物理模型相融合的建模和仿真。

2. 建模仿真的三要素

通过上述仿真的定义可知，"系统、模型、仿真"三者之间有着密切的关系。系统是研究

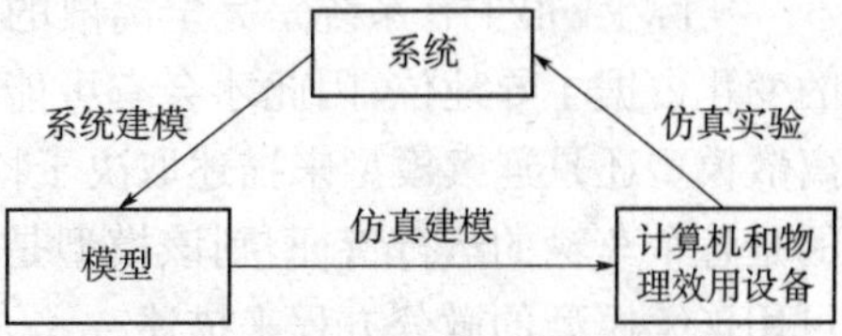

图 1.5　建模仿真三要素及三个基本活动

的对象，模型是对系统的抽象，而仿真是通过对模型进行实验以达到研究系统的目的。仿真有三个基本活动，即系统建模、仿真建模和仿真实验，联系这三个活动的就是建模仿真的三要素，即系统、模型、计算机和物理效用设备，它们之间的关系如图 1.5 所示。

传统上，系统建模这一活动属于系统辨识技术范畴，即将现实世界映射到模型世界；而仿真技术则侧重于仿真建模，即针对不同形式的系统模型研究其求解算法，使其在计算机上得以实现；至于仿真实验这一活动，往往注重于仿真程序的检验、仿真实验结果与实际系统行为的比较验证，以及实验方案的设计与实验结果分析等问题。整个建模过程的本质，就是在一个零风险的，允许犯错、撤销、返回和重复的模型世界中找到针对特定问题的解决方案。

1.2.5　仿真模型分类

仿真模型有很多种分类方式，可按以下方面进行分类：

1. 静态与动态

静态仿真模型与时间没有关系，通常被称为蒙特卡罗仿真，代表了在一个特殊时间点上的系统状态。动态仿真模型代表了随时间变化的系统，在动态模型中，时间扮演着不可或缺的角色，显著增加了行为的复杂性。在 1.3.1 节介绍的蒲丰投针问题就属于静态仿真模型，而在第 2.1 节描述的铁路车站自动售票机系统则属于动态仿真模型。通常，绝大多数运行的模型都是动态的，AnyLogic 和 Vissim 等仿真软件也是特意为动态仿真模型而设计的，因此本书的注意力主要集中在这类模型上。

其中，动态模型可分为连续的或离散的，这取决于如何将时间的影响纳入模型中。时间不是一个独立的概念，它取决于变化，现实世界中的系统都在不断变化，这意味着时间应该不断向前移动。在连续模型中，系统状态随时间连续变化，例如一辆在道路上行驶的卡车，其位置、速度等状态变量是随时间变化而连续变化的，仿真模型必须能有效地模拟卡车在任意时间点的状态。而在离散模型中，系统仅在特定的时间点上发生变化。例如，在铁路车站自动售票机系统中，排队旅客人数只在一个新的旅客到达的时刻或一个旅客完成购票服务离开的时刻发生改变，如图 1.6 所示。

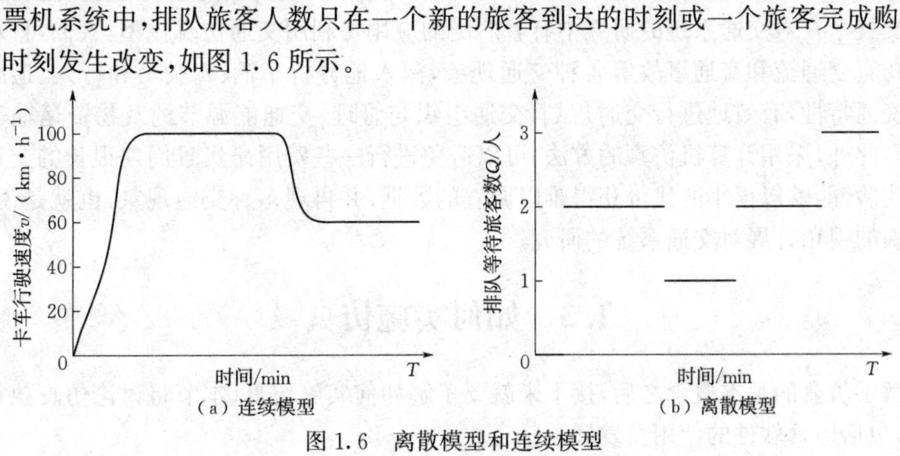

图 1.6　离散模型和连续模型

实际上,很少有系统是完全离散的或完全连续的,但对大多数系统来说,由于某一类型的变化占据主导地位,因此才会有可能将模型划分为离散的或连续的。一个特定系统是用离散模型还是连续模型来描述取决于特定的研究目标,例如高速公路的车流模型,如果关注的是各个车辆的运行特征,则该模型是离散的;但如果车辆被看作是一个"整体",则交通流可用连续模型的微分方程来描述。

2. 确定与随机

如果**仿真对象**在相同的条件下以相同的方式工作,那么它就是确定性的。但如果它在相同的条件下表现出不同的行为,它就是随机的。没有随机输入的、不包含随机变量的仿真模型称为确定性模型,确定性模型具有一组已知的输入,并产生一组唯一的输出,例如严格预约时间与固定服务时间的运作过程即属于此类。随机仿真模型具有一个或多个随机变量作为输入,随机输入导致随机输出,由于输出是随机的,所以只能被作为模型真实特性的估计。例如,在铁路售票系统的仿真中,旅客的到达间隔时间与服务时间都是随机变化的,因此输出的结果(如平均排队人数、平均等待时间等)只能作为系统真实特性的统计估计。一个模型中也可同时包括确定的和随机的输入成分,哪些属于确定因素、哪些属于随机因素是建模时要考虑的重要问题。

因为在现实对交通系统的研究中总会存在一些不确定性因素,所以本书涉及的仿真模型绝大多数都是动态的、离散的且随机的。

1.2.6 交通系统仿真

交通系统仿真是指用仿真方法来研究交通系统的组成、结构、运行与演化规律,是对交通对象随时间和空间的变化进行跟踪描述的技术。从所采用的技术手段及所具有的本质特征来看,交通系统仿真是一门在计算机上进行交通实验的技术,它具有随机特性,既可以是微观的,也可以是宏观的,并且涉及描述交通系统在一定期间实施运动的数学模型。

随着经济发展和社会进步,交通网络已从单一的平面网络发展到由地面、地下、空中组成的立体交通网络,现代交通系统的复杂性与日俱增,越来越多地体现出复杂系统的特征,如多样性、随机性和非线性,以及骤变、振荡和自组织等现象。得益于海量交通数据和先进的计算机技术,现在可以通过类似"实验"的模拟计算方法对交通系统进行更加精细化、可视化的分析,这将极大地提高对于复杂交通系统的深入研究,有助于发现复杂交通系统的演化规律。

仿真技术在对交通系统的研究中有着广泛的应用。利用交通仿真模型,人们可以动态、逼真地仿真交通流和交通事故等各种交通现象,深入地分析车辆、驾驶员和行人、道路及交通流的交通特性,有效地进行交通规划、交通组织与管理、交通能源节约及物资运输等方面的研究。此外,采用计算机仿真的方法,可以避免进行一些费用昂贵且周期很长的交通调查和现场实验,能够以很小的代价获得难以调查的数据,并再现多种交通现象,也就是说,可以从一个新的视角开展对交通系统的研究。

1.3 如何实施仿真

理解了仿真的基本概念之后,接下来就要了解如何实施仿真,本节将讨论仿真执行的几种模式,包括仿真软件的使用及发展。

1.3.1　手工进行仿真

最初,人们只能用手工进行仿真。1733 年左右,法国科学家 Georges Louis Leclerc(后来由于其在仿真方面的杰出才能而被封为 Buffon 伯爵)描述了一个用来估计 π 值的实验,实验说明如下:如果向一个画有平行线的白纸上投掷针,针的长度为 l,平行线的间隔宽度为 $d(d \geqslant l)$,则可以证明针与平行线相交的概率为 $p=2l/(\pi d)$。图 1.7(a)显示了估计 π 值的这一仿真实验示意图,图 1.7(b)说明了蒲丰投针实验的具体实施过程。

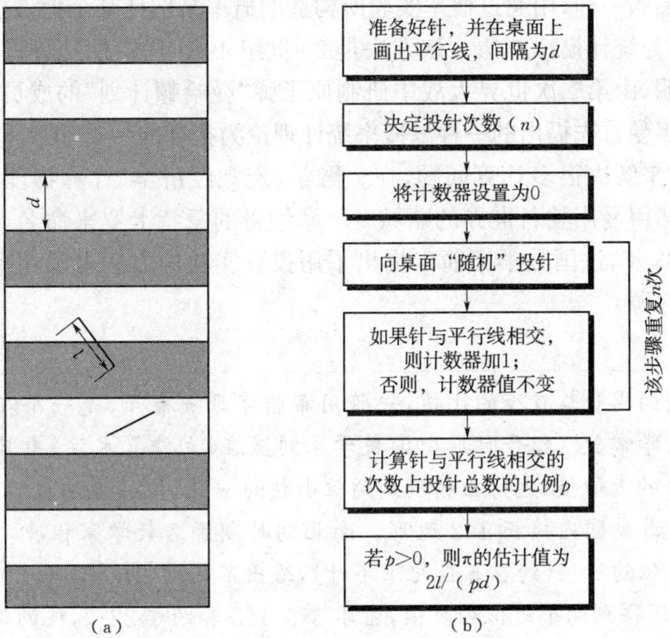

图 1.7　蒲丰投针实验

1850 年,一位叫沃尔夫的学者在投掷 5 000 多次后,得到了 π 的近似值为 3.159 6。1901 年,意大利数学家拉兹瑞尼作了 3 408 次投针,给出 π 的值为 3.141 592 9,已精确到小数点后 6 位。蒲丰实验的重要性并非在于求得比其他方法更精确的 π 值,而在于它是第一个用几何形式表达概率问题的例子,开创了使用随机实验处理确定性数学问题的先河,是用偶然性方法解决确定性计算的前导。

虽然这个实验看起来很简单,甚至有些笨拙,但却具有大多数仿真所具备的一些共同特征:

(1)该实验的目的是估计某个很难精确计算得出的参数值,即 π。π 在 1733 年难有方法计算。

(2)最后得出的估计值不可能是准确无误的。因投针是随机的,故最终结果会带有一定的误差。

(3)直观可见,投针次数越多,即 n 越大,误差越小,也即估计值越准确。

事实上,可以做一系列连续实验,不断地把针投下去,直到将误差缩小到可接受的范围内,这样可不必事先确定 n 值。此外,只要预先做一些工作,即使不增加投针次数也可能减少误差。例如,将两根长度相同但颜色不同的针在中间位置焊成直角交叉形状,然后进行同样的实验操作,则每投一次,分别记录各针与平行线的相交情况(两根针都与平行线相交、两根针都与平行线不相交、一根针与平行线相交而另一根针不相交),这样就可以得到 π 的两个不同估计值。这两个估计值的均值同样是 π 的无偏估计,但在相同投针次数条件下,其方差要小于使用单针实验得到的估计值,这是因为存在一旦其中一个估计值偏大,另一个估计值就可能会偏小的情况,这实际上是对**方差衰减技术**的物理模拟,更具体地说是其中一种**对偶变量法**。

像蒲丰投针实验一样,用通过概率实验所构造的概率来估计某个值,这样的方法称为**蒙特卡罗方法**,也称为统计模拟方法。该方法是 20 世纪 40 年代中期随着科学技术的发展和电子计算机的发明,由第二次世界大战中研制原子弹"曼哈顿计划"的成员斯塔尼斯拉夫·乌拉姆和冯·诺伊曼首先提出的一种以概率统计理论为指导的一类非常重要的数值计算方法,它使用随机数来解决很多计算问题,在金融学、宏观经济学、计算物理学等领域应用广泛。数学家冯·诺伊曼用驰名世界的赌城——摩纳哥的蒙特卡罗来命名,也为它蒙上了一层神秘色彩。1733 年,法国数学家蒲丰提出了用投针实验的方法求圆周率,这也被认为是蒙特卡罗方法的起源。

小知识

圆周率是圆的周长与直径的比值,一般用希腊字母 π 表示,是一个在数学及物理学中普遍存在的数学常数。魏晋时期中国数学家刘徽在《九章算术注》中只用圆的内接正多边形就求得 π 的近似值,也得出精确到两位小数的 π 值,他的方法被后人称为割圆术,他用割圆术一直算到圆内接正 192 边形。南北朝时期著名数学家祖冲之进一步得出精确到小数点后 7 位的 π 值(约在 5 世纪下半叶),给出不足近似值 3.141 592 6 和过剩近似值 3.141 592 7,还得到两个近似分数值,密率 355/113 和约率 22/7,他的辉煌成就的取得比欧洲至少早了 1 000 年。

1.3.2 用通用编程语言仿真

用于开发仿真模型的软件通常可以分为三类:第一类是通用编程语言,例如 C、C++和 Java 等;第二类是仿真编程语言,例如 GPSS/H、SIMAN V、Simscript 和 SLAM 等;第三类是仿真环境,包括多种产品,这些产品有着共同特点,如图形化用户界面,但在价格、应用领域和动画类型等方面有很大差异。

随着 20 世纪 50 年代计算机的出现,人们开始利用通用程序语言(如 C 和 FORTRAN)来编写计算机程序,用以对更加复杂的系统进行仿真。这种编程实现方法具有很高的灵活性,且易于定制。

Java 是一种广泛使用的编程语言,在仿真中也已经得到了广泛的应用。然而,Java 没有提供任何目的在于辅助仿真分析的工具,因此,分析人员必须为事件调度/时间推进算法、数据收集能力、从给定概率分布生成随机变量及报告生成器的所有细节编写程序。与 FORTRAN 和 C 不同,Java 的面向对象性质支持大型模型的模块化结构,Java 的运行库也提供了随机数发生器。总体来说,专用仿真语言隐藏了事件调度的细节,而在 Java 中,所有的细节都必须明确而清晰的编写出来。

用 Java 语言编写的离散事件仿真模型原理于 2.3 节中讨论，例如实体和属性、系统状态、事件、活动、集合等，为了便于开发和调试，最好使用模块化方法构建 Java 模型。对于用 Java（也包括其他通用语言）编写的仿真模型来说，下列成分是通用的：

(1)**仿真时钟**：定义仿真时间变量。

(2)**初始化函数**：用于模型初始化，定义 0 时刻系统状态的方法。

(3)**最近时间事件函数**：用于确定即将发生事件的方法，即未来事件表中具有最小时间戳的记录。

(4)**事件函数**：对每一种类型的事件，当事件发生时，更新系统状态及统计变量的方法。

(5)**随机变量生成器**：从给定的概率分布中生成随机变量值。

(6)**主程序**：用于对事件调度算法的整体控制。

(7)**报告生成器**：用于从累计统计量中计算汇总统计数据，并在仿真结束时输出报告。

实例 1.1　使用 Java 语言进行单服务台系统仿真

本例对典型的单服务台（如收银台、呼叫中心、售票窗口、机场安检等）排队系统进行建模。假设顾客到达间隔时间服从均值为 4.5 min 的指数分布；服务时间服从正态分布，均值为 3.2 min，标准差为 0.6 min。当服务台繁忙的时候会形成排队队列，假设顾客进入队列之后就不能离开。当为 1 000 名顾客提供完服务时，仿真终止。

(1)单服务台排队系统仿真的主程序：

```
    Class Sim{
    //变量定义
    public static double Clock, MeanInterArrivalTime, MeanServiceTime, SIGMA, LastEventTime,
TotalBusy,
           MaxQueueLength, SumResponseTime;
    public static long NumberOfCustomers, QueueLength, NumberInService, TotalCustomers,
           NumberOfDepartures, LongService;
    public final static int arrival=1;
    public final static int departure=2;
    public static EventList FutureEventList;
    public static Queue Customers;
    public static Random stream;
    public static void main(String argv[]) {
        MeanInterArrivalTime=4.5;
        MeanServiceTime=3.2;
        SIGMA=0.6;
        TotalCustomers=1000;
        long seed=Long.parseLong(argv[0]);
        stream=new Random(seed);
        FutureEventList=new EventList();
        Customers=new Queue();
        Initialization();
        //循环，直到第 1 000 个旅客完成服务时结束
        while(NumberOfDepartures<TotalCustomers) {
            Event evt=(Event)FutureEventList.getMin();
```

```
            FutureEventList.dequeue();
            Clock=evt.get_time();
            if(evt.get_type()==arrival)
                ProcessArrival(evt);
            else
            ProcessDeparture(evt);
        }
        ReportGeneration();
    }}
```

(2)单服务台排队系统仿真的初始化函数：

```
    public static void Initializatin (){
        Clock=0.0;
        QueueLength=0;
        NumberInService=0;
        LastEventTime=0.0;
        TotalBusy=0;
        MaxQueueLength=0;
        SumResponseTime=0;
        NumberOfDepartures=0;
        LongService=0;
        //生成第一个到达事件
        Event evt=new Event(arrival,exponential(stream,MeanInterArrivalTime));
        FutureEventList.enqueue(evt);
    }
```

(3)单服务台排队系统仿真的顾客到达事件函数：

```
    public static void ProcesArrival (Event evt){
        Customers.enqueue(evt);
        QueueLength++;
        if (NumberInService== 0)
            ScheduleDeparture();
        else
            TotalBusy+=(Clock-LastEventTime);
        if (MaxQueueLength<QueueLength)
            MaxQueueLength=QueueLength;
        Event next_arrival=new Event(arrival,Clock+exponential(stream,MeanInter
ArrivalTime));
        FutureEventList.enqueue(next_arrival);
        LastEventTime=Clock;
    }
```

(4)单服务台排队系统仿真的顾客离开事件函数：

```
    public static void Schedule Departure (){
        double ServiceTime;
        while ((ServiceTime=normal(stream,MeanServiceTime,SIMGA))<0);
        Event depart=newEvent(departure,Clock+ServiceTime);
```

```
        FutureEventList.enqueue(depart);
        NumberInService=1;
        QueueLength--;
    }
    public static void ProcessDeparture(Event e){
        Event finished=(Event)Customers.dequeue();
        if(QueueLength>0)
            ScheduleDeparture();
        else
            NumberInService=0;
        double response=(Clock-finished.get_time());
        SumResponseTime+=response;
        if(response>4.0)
            LongService++;
            TotalBusy+=(Clock-LastEventTime);
            NumberOfDepartures++;
            LastEventTime=Clock;
    }
```

(5)单服务台排队系统仿真的随机变量生成器：

```
    public static double exponential(Random rng,double mean){
        return-mean*Math.log(rng.nextDouble());
    }
    public static double SaveNormal;
    public static int NumNormals=0;
    public static final double PI=3.1415927;
    public static double normal(Random rng,double mean,double sigma){
        double ReturnNormal;
        if(NumNormals==0)
            double r1=rng.nextDouble();
            double r2=rng.nextDouble();
            ReturnNormal=Math.sqrt(-2*Math.log(r1))*Math.cos(2*PI*r2);
            SaveNormal=Math.sqrt(-2*Math.log(r1))*Math.sin(2*PI*r2);
            NumNormals=1;
        else
            NumNormals=0;
            ReturnNormal=SaveNormal;
        Return ReturnNormal*sigma+mean;
    }
```

(6)单服务台排队系统仿真的报告生成器：

```
    public static void ReportGeneration(){
        double RHO=TotalBusy/Clock;
        double AVGR=SumResponseTime/TotalCustomers;
        double PC4=((double)LongService)/TotalCustomers;
        System.out.print("单服务台排队系统仿真");
        System.out.println("\t到达间隔时间均值+MeanInterArrivalTime");
```

```
        System.out.println("\t服务时间均值+MeanServiceTime");
        System.out.println("\t服务时间标准差+SIGMA");
        System.out.println("\t服务顾客数量+TotalCustomers);
        System.out.println("\t服务台利用率+RHO);
        System.out.println("\t最大排队长度+MaxQueueLength);
        System.out.println("\t平均系统逗留时间+AVGR+"分钟");
        System.out.println("\t完成服务的顾客数+TotalCustomers);
        System.out.println("\t仿真运行时长+Clock+"分钟");
    }
```

由上面的实例可以看出，采用通用编程语言进行仿真时需要编写大量的代码，极为枯燥而且容易出错。此外，即使系统发生微小的变动都需要花费相当多的时间来重新建模。

1.3.3 仿真编程语言

鉴于用通用语言编程进行仿真的不足，不久之后出现了专用仿真语言，如 GPSS、Simscript、SLAM 及 SIMAN，这些语言为各类仿真提供了一个更好的框架。

GPSS(general-purpose simulation system)是一种基于进程交互方法和面向排队系统的高度结构化的专用仿真编程语言，已经在离散系统仿真中得到广泛应用。GPSS 用**块图**来表示事件、延迟和其他影响事物流动的动作，提供了一种方便的方法来描述被仿真的系统。GPSS 的**标准块**超过了 40 种，称为事物的实体流经块图，加上控制语句，可构建出一个 GPSS 模型。

GPSS 的第一个版本是 IBM 公司于 1961 年发布的，它是第一个"进程—交互式"仿真语言。自 1961 年以来，其许多部分得以重新实现和改进。1977 年，Wolverine 软件公司的 James O. Henriksen 为 IBM 主机开发出 GPSS/H。GPSS/H 是一个适应性较强、功能较为强大的仿真工具，包括内置文件和屏幕输入/输出，使用算数表达式作为块操作数，拥有交互式调试器、扩展控制语句、普通变量和数组、浮点计时器等，内置了数学函数和随机变量发生器。

使用 GPSS 进行仿真建模，主要包括以下三个步骤：

(1)将被仿真的系统抽象为类似于流程图的模型描述。

(2)用 GPSS 程序块实现流程图中的功能模块。

(3)用 GPSS 程序块对应的语句编写出仿真程序，形成一个可执行的代码。

下面通过一个简单的实例说明如何使用 GPSS 语言对离散事件系统进行仿真。

实例 1.2　使用 GPSS 语言进行单服务台系统仿真

某个单服务台排队系统，顾客到达间隔时间为服从均匀分布的随机变量，均值为 20 min，偏差为±6 min；每个顾客服务时间也是服从均匀分布的随机变量，均值为 15 min，偏差为±3 min；服务规则为先到先服务。

图 1.8(a)给出了该系统的流程图描述，图 1.8(b)给出了 GPSS 程序块图描述及注释，对于简单的排队系统来说，它们之间几乎是一一对应的。

然后就可以编写出该系统的 GPSS 程序，内容如下：

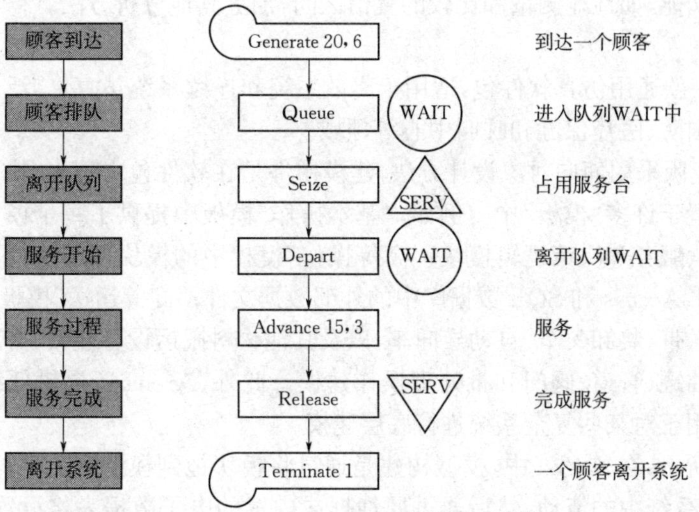

图 1.8　单服务台排队系统流程和 GPSS 程序块

```
*The Model of Single-Server Queue System
    Simulate
*Block Definition Cards
    Generate    20,6
    Queue       WAIT
    Seize       SERV
    Depart      WAIT
    Advance     15,3
    Release     SERV
    Terminate   1
*Control Cards
    Start       100
    End
```

该程序中，前面有“＊”号的为注释语句，仅起说明作用，以 Simulate 语句开始表示仿真执行开始。程序分为两部分，第一部分为模型定义，第二部分为实验控制。本例程序以 Start 100 语句实现控制，表示仿真运行到 100 个顾客完成服务后结束，与 Terminate 1 语句相配合，每执行一次 Terminate 1，则计数器从 100 开始逐次减 1，减至 0 时结束仿真。程序最后为 End 语句，表示 GPSS 程序结束。有关 GPSS 更详细的内容请参阅有关书籍或帮助文档。

虽然专用仿真语言得到了广泛的应用，但仍需要花费相当多的时间来学习这些仿真语言的特征，而且在使用过程中还不得不面对严格的语法要求。

1.3.4　仿真软件包

在上文所述情况下，人们开始研究并推出了**高层仿真器**，一种真正易用的产品。虽然当前市场上的仿真软件在细节上各不相同，但仍有一些共同的特点，主要表现在三个方面：图形化用户界面、动画和自动收集输出以测度系统性能。事实上，在所有软件包中，仿真结果都可以在标准的报告中或仿真运行过程中交互地显示为表格或图形格式。大部分软件包都提供统计分析功能，如性能测量和比较的置信区间，加上其他分析方法。

1. Arena

Arena 是一款通用仿真软件包，适用于离散系统和连续系统仿真，广泛地应用于诸如制造业、供应链、国防、医疗保健和呼叫中心等领域。

Arena 专业版采用面向对象设计方法，建模构件是在软件包中称为“块”的图形化对象，并依据功能放置于许多“模板”中。例如，“基本操作”模板中提供了每个模型都要用到的如实体到达、离开、服务和决策逻辑模块；“高等操作”模板中的模块用于执行更高级的过程逻辑和访问 Excel、Access 和 SQL 数据库中的外部数据文件；“高等运送”模板中的模块用于对各种类型的传送带、装卸叉车、自动导向车，以及其他物料搬运设备建模；“流体过程”模板中的模块用于对油罐、管道、阀门和批处理操作建模。此外，Arena 还提供低级别的“操作块”和“元素”模板用于对某些复杂系统进行底层建模。

如图 1.9 所示，在 Arena 中，模型构建是通过将模块拖到模型窗口中，将各模块连接起来，指明实体在系统中的流动，然后通过属性框或内置的电子数据表格设置模块细节，模型的层次没有限制。

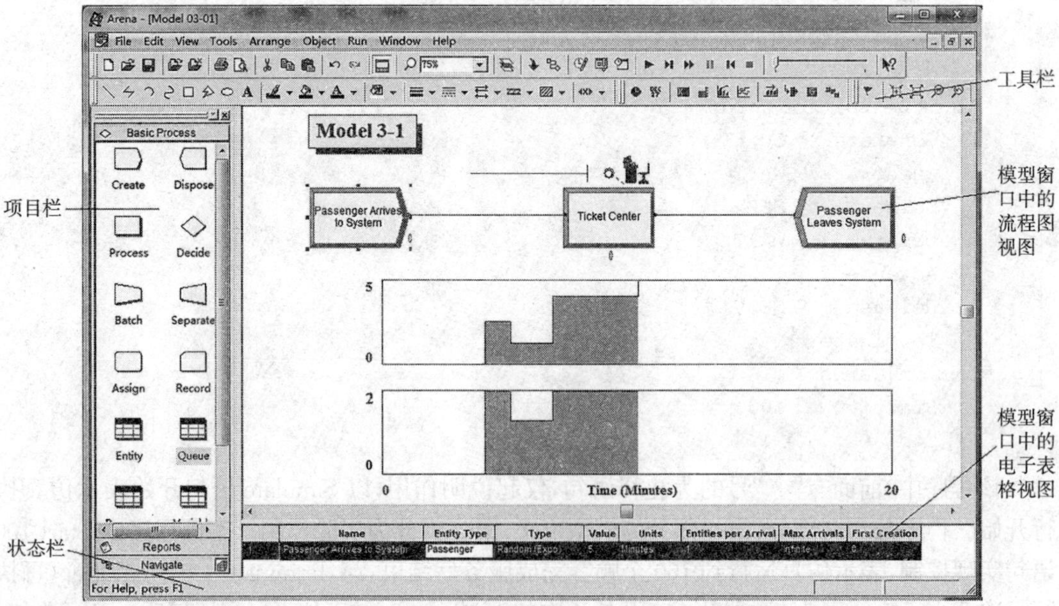

图 1.9　单服务台排队系统 Arena 窗口界面

Arena 的核心是 SIMAN 仿真语言，开放式架构包括嵌入式 Visual Basic 应用程序，支持与其他应用程序之间的数据传输及用户接口开发。输入分析器(input analyzer)可自动选择适合的统计分布及参数，OptQuest 优化引擎完全集成到 Arena 中，输出分析器(output analyzer)和过程分析器(process analyzer)可以实现不同设计方案之间的自动比较。

2. Simio

Simio 是一款面向对象的仿真和调度软件，Simio 软件包是基于智能对象的仿真建模架构，既可以使用默认的标准数据库(用于离散事件仿真)，也可以采用图形方式创建全新的对象，Simio 软件包中的对象具有属性、状态和逻辑。

Simio 软件的建模方式是将智能对象拖进“Definitions”窗口，如图 1.10 所示，并将对象连接在一起表示仿真系统中实体的流动，再利用属性编辑器对对象进行详细定义。模型的逻辑建模通常在二维视图中进行，只需一个按键即可转换为三维动画视图。

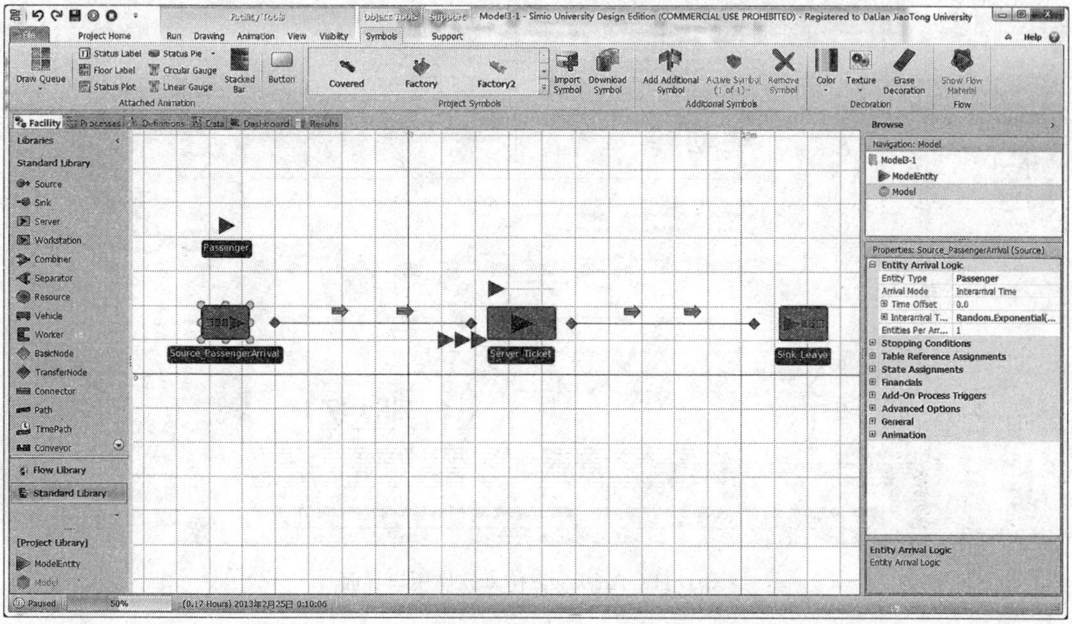

图 1.10 单服务台排队系统 Simio 窗口界面

3. AnyLogic

AnyLogic 软件是一款功能强大的系统仿真工具，软件以最新的复杂系统设计方法论为基础，是第一个将 UML 语言引入模型仿真领域的工具，支持多种建模方法(多智能体、离散事件、系统动力学等)，可以快速构建被设计系统的仿真模型和外围环境。AnyLogic 的核心理念是建模人员可以自行选择与所研究问题最一致的建模方法(或者多种方法组合使用)和抽象层级，从而可以准确把握制造、物流、交通、业务流程、人力资源、顾客行为的复杂性和异质性，以及经济、社会系统在宏观层面的动态性和交互性。

AnyLogic 软件不仅具有丰富的插件库，方便针对不同行业进行模型创建及分析，而且它基于 Java 通用平台，拥有超强的二次开发能力，方便开发更多模型及自定义库件。研究人员建立的仿真模型既可以导出为独立运行的 Java 应用程序，也可以将模型导出上传到 AnyLogic 云，远程用户可以在浏览器中运行模型。AnyLogic 还提供了丰富的实验框架，包括简单模拟、参数调整、比较运行、灵敏度分析、蒙特卡罗仿真、模型校准和优化等，OptQuest 优化引擎也被完整地集成到了 AnyLogic 仿真软件中。AnyLogic 仿真软件用户界面如图 1.11 所示。

1.3.5 仿真软件的发展

2008 年，在发表于 ICS Newsletter 中的一篇关于仿真未来发展的论文中，16 名仿真领域的知名专家针对未来仿真软件的发展提出了以下一些观点，其中的一些观点目前已经成为现实。

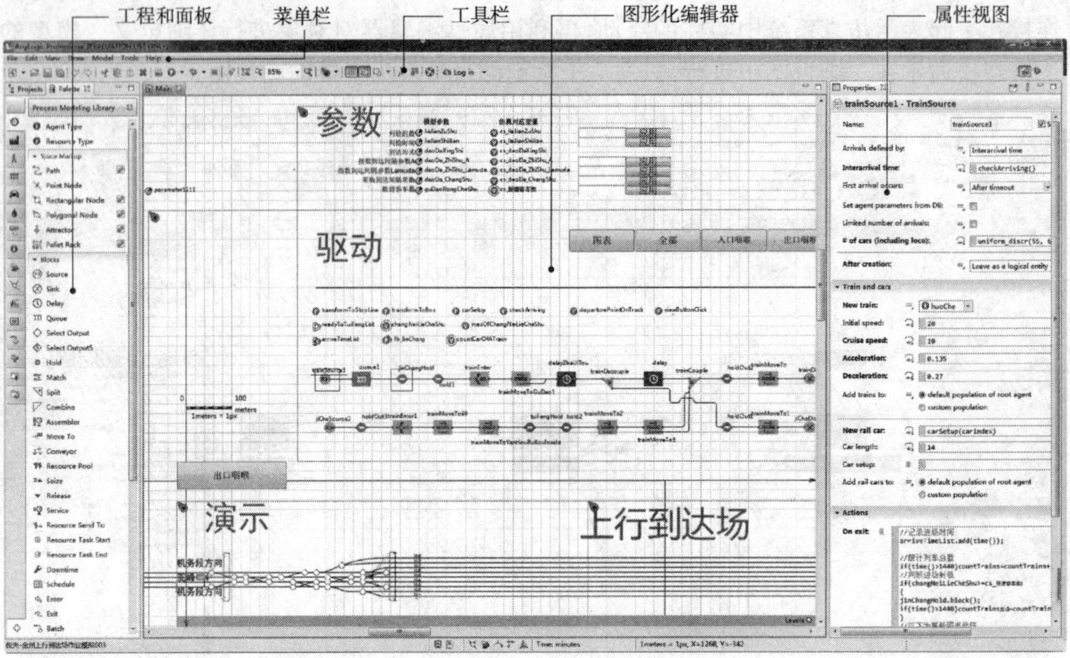

图 1.11　AnyLogic 仿真软件用户界面

(1)当一些重要的思想和方法(例如基于智能体建模)被仿真软件供应商采纳之后,计算机所蕴含的强大力量将推动仿真建模的发展进程。例如,在未来将能够仿真大型供应链和制造工厂的详细运作过程。

(2)仿真建模更像是“装配”活动,而非“从无到有”的构建过程。用户可以使用智能的、参数化的组件如同搭积木一样构建模型,而无须定义大量的、详细的处理逻辑。

(3)在解决复杂问题方面取得进展。

(4)仿真软件将与控制软件实现更紧密的结合。

(5)仿真模型开发人员可以在组织内部的不同应用之间共享同一个仿真模型。

(6)仿真应用不再局限于设计层面,也将用于日常运营决策。

(7)置于高性能服务器上的仿真模型可以通过基于网页的接口进行访问。

(8)更完善、更易于使用的针对人类个体行为的模型将会出现。

(9)出现越来越多的协作化仿真项目开发。

(10)成熟的接口标准及与网络服务技术的一体化,不仅可以实现仿真软件之间的集成使用,还可以实现标准化,从而简化仿真软件调用其他应用程序接口的方式。

(11)解析方式求解技术(例如线性规划)将与仿真技术实现集成。

1.4　仿真研究的实施过程

许多仿真研究所针对的都是那些没有达到预期要求的系统,其管理者通常会想知道应如何加以改进;其他的仿真研究则不是针对已发现的问题,而是试图避免未来可能出现的问题;还有一类仿真研究主要针对已经完成设计但是尚未实施的系统,在这种情况下,通常希望弄清楚系统能否按照预期运行。可见,仿真研究不仅仅是构建一个模型,一个成功的仿真研究所需的技能也远远不止是掌握了某个特定的仿真工具。本节首先对帮助仿真人员更好地实施仿真项目给出了一些建议;其后,讨论了典型的仿真研究所涉及的所有活动,并给出了指导建模人员进行仿真研究的完整步骤。

1.4.1　什么是成功的仿真研究

在说明仿真研究究竟包括哪些方面之前,首先需要知道什么样的仿真研究才算是成功的。似乎如果能够解决问题或达到目标,就算是取得了成功,然而实际情况却并不总是这样,在大多数情况下,成功或失败的最终判别是由项目资助方的决策者做出的。因此,成功的仿真研究并不意味着仅仅建立一个好的仿真模型,它更多地意味着仿真研究达到了决策者先前提出的目标。由此,明确成功的度量标准是非常重要的。

假设一个仿真项目是对某个现有系统进行重新设计,那么通过深入地调查,找出用户真正的需求和期望是非常重要的。如果通过咨询发现,管理层的目的在于让现有的系统能更好地工作,那么就需要弄清楚“更好”究竟意味着什么。例如,如果“更好”意味着希望在不增加任何投资的情况下减少30%的在制品、减少20%的系统逗留时间、提高15%的资源利用率、满足未来所有订单的按期交付,可见这是一个不可能完成的任务,所以建议最好不要接受。但是,如果“更好”意味着在系统逗留时间、在制品、资源利用率、交货期与投入资本之间寻求一个更好的平衡,通过努力,设计出一个更好的系统是有可能的。最坏的情况是,用户想要使用仿真来做分析,但却提不出有关系统的任何具体需求。

项目汇报时经常听到的一句话是:“你的观点虽然挺好的,但对我们帮助不大。”这说明用户关于项目成功的意见比实施者的意见更重要。即使实施者个人认为项目取得了成功,但如果最重要的用户认为它是失败的,那么项目就是失败的。因此,对于一个仿真项目来说,应该首先明确谁是决策者,然后明确定义度量项目是否成功的标准。

即便是富有经验的仿真分析人员也会面临这样一个困惑,如果在整个新系统设计过程中始终都把仿真作为一个标准工具来使用,而且新系统也能像预期的那样工作,那么从仿真中得到了什么收益?如果不使用仿真结果会有什么不同吗?这并不会得到解答。因此,虽然仿真工具起了作用,但却没有办法定量地评价由于使用了仿真而带来的收益。此外,还需要提醒,仿真实施人员对成功的定义可能与用户或管理层的定义是不同的,实施人员虽然可能无法左右管理层的评价,但是至少应该尝试去了解他们在做评价时使用了什么样的度量指标。

1.4.2　仿真研究的步骤

在决定如何对一个复杂系统进行仿真建模时,可以使用相应的专业仿真软件对模型加以设计、分析和表示,但也绝不仅限于此。建模只是整个工作的一部分,还要将注意力放到很多其他相关的方面,例如对系统随机性建模、模型有效性分析、仿真输出数据的统计分析和项目管理等。图1.12给出了典型的有效仿真研究的指导性步骤。

虽然仿真研究不存在一个通用的套路,但通常要考虑以下几方面:

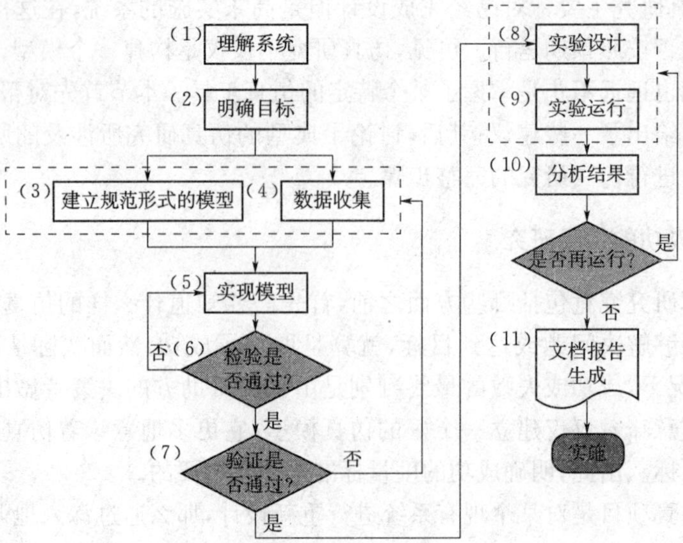

图 1.12　仿真研究的基本过程

1. 理解系统

研究工作应从问题描述开始，理解系统是如何工作的，可能比定义它更重要。不论是针对已有的系统还是待建的系统，在研究之前对系统如何运行应有一个直观和明确的理解。这需要对系统加以实地考察，并需要系统运作人员的实际参与，最好通过观察、接触和提问等方式来工作。

2. 明确目标

研究目标表明了需要通过仿真回答的问题，因此首先需要确定仿真手段是否就是解决该问题及相应目标的最合适的方法。在这里，“现实主义”是必须遵循的原则，不要承诺完成力不能及的工作。要明确从研究中能够回答什么，根据研究目的来界定系统的研究范围，不必面面俱到。明确所观察、处理、变更与提交的具体内容是至关重要的，这些目标要自始至终地贯穿在仿真研究的全过程中，以保证研究人员能将注意力充分集中到最重要的方面。还需要制定研究计划，一般应包括所需人员、成本、各阶段工作天数，以及各阶段结束时的预期成果等。

3. 建立规范形式的模型

该步骤也称为模型的概念化，即什么样的细节层次是合适的？哪些部分需要详细描述、哪些可以在高层次上粗略处理？要从基层操作人员、管理人员和决策者那里获取充分的信息以制定有效的模型假设。通常建议最好从建立简单模型开始，逐步增加模型的复杂度，但模型复杂度不宜超过模型预期目标的要求，否则只会增加建模成本和运算成本。建立模型和真实系统间的一一映射是没有必要的，对真实系统本质部分的描述才是所需要的。在模型概念化设计工作中，可以让模型的最终用户参与其中，一方面可以增强最终模型的质量，另一方面可以增强用户对模型应用的信心。

4. 数据收集

该步骤包括收集数据以确定模型参数和输入概率分布，收集有关现有系统性能的数据。

模型构建和所收集的输入数据之间存在持续不断地相互作用和影响的关系,当模型的复杂性改变时,所需要的输入数据也将发生改变。在很大程度上,研究的目标决定了要收集数据的内容。例如地铁车站自动售票机配置问题,如果要研究自动售票机数量变化对排队乘客数量的影响,所需数据就应包括乘客到达间隔时间的统计分布、乘客购票时间分布,以及在各种情况下乘客排队长度的历史分布(用于仿真模型验证);如果要研究自动售票机可靠性,还需要收集机器无故障工作时间分布。在整个仿真研究过程中,数据收集会占用大量的时间,因此需要尽早启动,一般在模型构建的初期就应该开始。

5. 实现模型

一旦模型假设得到确认,就可以用编程语言或仿真软件来编程实现这一模型。因此,建模人员需要决定是使用通用语言(如 Java),还是使用仿真语言(如 GPSS/H),或是使用仿真软件(如 AnyLogic)。如果所研究的问题可以使用仿真软件,则能够减少模型的开发时间。如果在实现模型过程中遇到困难,一定要以开放和诚实的态度来解决它们,绝不能加以掩饰。要请懂得系统实际运行的人员积极参与,仿真软件提供的动画效果在这里很有帮助。

6. 模型检验

该步骤要检验所实现的计算机表示是否真实地描述了概念模型。可以考察输入参数在各种极端情况下的系统行为,并利用能产生"直观明显"结果的输入数据来验证系统是否产生应有的输出,以及利用一些熟悉的数据按照模型逻辑运行一遍,看是否能得出预期结果。对于复杂系统而言,不进行大量调试而成功实现模型是很难做到的。

7. 模型验证

模型验证通常通过对模型的校准来完成,校准是一个迭代的过程,包括将模型与实际系统行为进行对比,并利用对比中发现的两者之间的差异和所获得的理解来改进模型。校准过程需反复进行,直到模型的准确性被认为可以接受为止。通常要考虑的问题有模型的输入分布与实地观察结果是否一致、模型的输出性能指标与实际情况是否一致等,在此要做必要的统计检验。许多经验和常识性的知识也是很有价值的。

8. 实验设计

确定仿真方案,确定研究想要什么样的结果,以及如何通过仿真实验有效率地得出具有一定精度的结果。通常可参考经典的统计实验设计方法。对每一个实验方案来说,需要认真考虑初始化阶段的时长、仿真运行的时长及使用不同随机数运行的独立仿真的次数。

9. 实验运行

该步骤为仿真模型的正式运行,并在对运行结果进行分析后用于估计系统方案的性能。虽然精心科学的实验设计是必不可少的,但是也不要害怕出错,应尽可能地在计算机上运行多种可能的方案,理解各种问题发生的原因,尽量避免系统在实际运行时出现错误。

10. 分析结果

要想得到准确的结论,就要对仿真实验结果进行正确的统计分析,这又与仿真实验设计密不可分。分析的目的是要领悟系统的本质,通常需要思考以下问题:在目前的情况下这些结果意味着什么,是否所有意义就在于此,有无更深层次的含义;通过这些结果能否发现一些进一步的问题(是否需要进一步仿真);所得到的结果是否是真正想要了解的系统性能指标等。即使分析工作已经完成,分析人员还需要决定是否进行更多次仿真运行,以及哪些方案需要更多地实验。

11. 建立文档

为了工作能够持续进行，有必要建立文档以便后续研究人员能够更容易地理解已完成的工作。此外，要想让管理人员最后能采纳和实施研究得出的结论和建议，提供一个好的文档也将起着至关重要的作用。通常需要编写两类文档：程序文档和过程报告。程序文档有多种用途，如果程序会被重复使用，通过程序文档，分析人员可以了解程序是如何运行的；拥有详细的程序文档记录也有益于程序的修改；此外，最终用户可以参考程序文档，根据实际需要调整参数，以了解输入参数与输出性能之间的关系，或者寻找能够实现输出优化的那些参数。过程报告记录了工作和决策的时间列表，包括项目完成情况、变更请求、关键性决策及其他重要事项。所有分析结果都应在最终报告中给予清晰反映和准确体现，这样可以方便用户检查模型的最终形式、方案比较的指标、仿真实验的结果及对所研究问题的推荐方案。

最后，如果结果是有效并可信的，则可以在决策过程中实施该仿真模型。

在以上 11 个方面多下一些功夫，仿真项目能够获得成功的把握就会大大增加。如果最终用户全程参与了仿真模型的建立过程，完全了解模型及其输出，那么仿真模型成功实施的可能性也会大大提高。反之，如果在研究过程中未能与最终用户就模型逻辑及其潜在的假设进行充分沟通，则无论仿真模型做得多么好，实施过程中仍然可能会遇到各种问题。在整个过程中，第七步模型验证最为关键，无效的模型会导致错误的结论，一旦实施，可能会带来风险，造成投资浪费。

注意，仿真绝不仅仅是建立一个模型并完成一个统计实验，仿真项目实施的每一步都必须要从中了解必要的信息，在整个研究过程中所做的每一个决策都会极大地影响到最终研究结果的意义。

1.5　仿真建模方法

在仿真建模中，所谓建模方法，就是一个将现实世界系统映射到其模型的通用框架，它给出了适用于仿真的建模语言和一系列术语和条件。仿真建模的核心思想是对仿真对象进行抽象和映射，首先对建模对象与研究目的相关的主要特性进行抽象描述，建立其概念模型；进而对概念模型进行形式化表述，形成数学逻辑模型；再将数学逻辑模型映射为可计算的仿真模型。因此，对于仿真建模方法的选择，要基于所需模拟的系统和研究的目标。

1.5.1　模型抽象

抽象是构建仿真模型过程中很重要的工作，是将某些现实（或对现实的感知）转化为对现实表征的过程，是构建模型的基本思维过程。具体地说，抽象就是人们在实践基础上，将丰富的感性材料通过去粗取精、去伪存真、由此及彼、由表及里的加工制作，形成概念、判断、推理等思维形式，以反映事物的本质和规律的过程。对于仿真建模来说，抽象是指将建模者对现实世界系统的感知转化为能够模拟该系统动态行为的代表性模型。

为了更好地理解仿真建模中的抽象，首先分析如何感知现实世界，通常使用两种类型的抽象来构建现实世界的模型，如图 1.13 所示。

图 1.13　用两种类型的抽象构建模型

1. 第一级抽象

第一级抽象是人类大脑将现实世界转化为**生物感知系统**的过程。在此过程中，大脑使用两种思维模式来理解感官输入数据，一种是遗传的或本能的思维模式，另一种是由先前经验形成和发展的学习思维模式。例如，假设你想为招聘面试购买服装，当你看到一件红色外套时，你的遗传思维模式会告诉你，红色通常代表着热情和危险；与此同时，经验告诉你，红色不适合面试。最终你将输入数据（一件红色外套）通过思维模型运行之后，决定不买它。在这个过程中，大脑通过忽略诸如外套材质、内衬颜色等低层次的信息来限制它接收到的数据，从而降低了模型的复杂性。也就是说，感官输入数据和思维模型是不完整的，我们的感知只是现实的一部分，而现实却会产生无穷无尽、不断变化的数据流，人类的本能和后天习得的思维模式要比试图分析的实际系统简单得多。

2. 第二级抽象

第二级抽象是将第一级抽象的生物感知系统转化为**人造感知系统**的过程。为了寻找超越思维模式局限的方法，人类学会了使用方法和工具来洞察不能直观理解的概念和系统，如描述车辆行驶的数学模型、解决路径选择的分析模型及显示决策过程的逻辑模型等，从而将对现实的感知进一步简化为代表系统的人造模型。与在物理层面上加强人类与现实世界互动的工具（如斧头、汽车、电子显微镜等）类似，人造模型是帮助人类更好地理解现实世界的软工具。但这些人造模型的简化、假设，导致其只能在有限的范围内解决复杂现实世界的一些特定问题。

1.5.2　抽象层级

抽象层级是主观地包含在模型范围内的信息和细节的数量，可以想象成类似相机的变焦，较低的抽象级别等同于被放大，因此具有最清晰的细节。为了更好地理解抽象级别，请观察图 1.14 中三张图有何异同。

图 1.14　由低到高的抽象级别

如图 1.14 所示,这些图片都不是女孩本人的真实写照。如果有照片,会显示更多的细节,更接近于她的真实外貌,但即便如此,这些图片仍然只是她的 2D 表征。所以,左侧的图片仍然是对现实的不完美的抽象,中间的图片细节更少,而右侧的笑脸和女孩几乎没有什么共同之处。但如果目标只是为了传达一个笑脸,真的需要细节丰富的图片吗?答案很明显,这是没有必要的。

模型的抽象也有类似的思维过程。因此,在构建仿真模型之前,须决定使用什么抽象级别,即模型应该达到什么样的细节程度。不应想当然地认为较低的抽象级别(即更多的细节)就是好的。

仿真建模已经在广泛而多样的应用领域中积累了众多的成功案例,随着新的建模方法和技术的不断涌现及计算机性能的快速增长,仿真建模技术将应用到更加广泛的领域之中。图 1.15 列出了按照对应模型抽象层级进行分类的仿真应用。

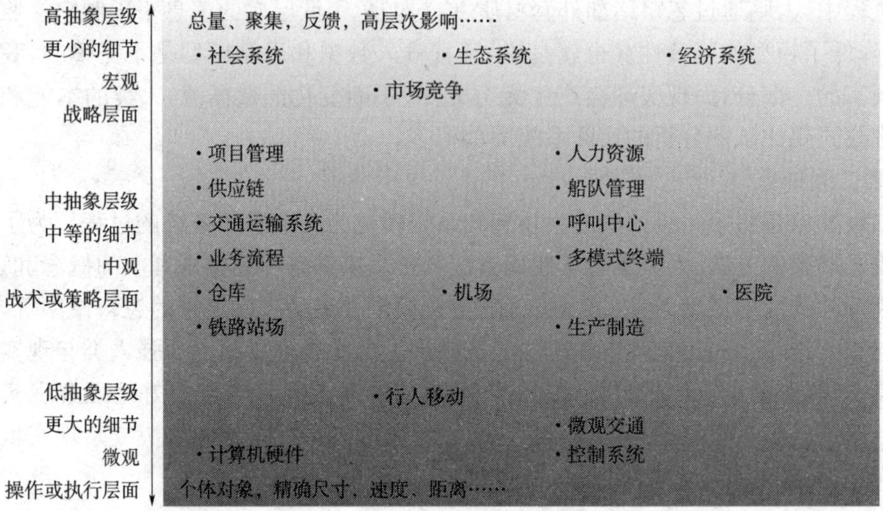

图 1.15　仿真应用的抽象层级

图 1.15 中:

(1)底部是低抽象层级的微观模型,用于描述现实世界中具有最大化细节的实体。在这一层级中,关注的是物理交互、维度、速度、距离和时间等。如一辆汽车的刹车防抱死过程、球迷从球场的撤离过程、交通信号灯控制下十字路口的车辆运行等,这些都是需要在低抽象层级建模的典型实例。

(2)中上部的高抽象层级模型是高度抽象(宏观)的,通常考虑如车流量、货车停留时间统计数据等汇聚性的事物,而不考虑单一个体。这种高抽象层级建模与交互有助于理解各类关系,例如研究公转铁、散改集、碳排放、碳中和等政策对运输企业的影响,而不需模拟其中间步骤。

(3)其他的模型处于中抽象层级(中观),例如,对铁路编组站调车作业过程的仿真所关心的是从到达场到装卸线调车机车的走行时间,但是编组站系统中车辆间、车辆与调车机车间的交互则与模型无关,因为预先假设了到达场中没有发生拥挤;在车站接发列车的建模中,需要模拟技术作业过程的顺序和持续时间,而不是进路排列的操作过程;在运输系统模型中，需要考虑运货卡车的速度，但是在更高抽象层级的供应链模型中，只需简单假设一个需要 7～10 d 到达的订单。

选择合适的抽象层级对于建模的成功至关重要。如果事先决定好抽象层级，并明确该抽象层级所包含的部分与舍弃掉的部分，则选择对应的建模方法就不再困难。但在模型的开发过程中，必须反复考虑抽象层级。在大多数情况下，可以从较高的抽象层级开始建模，并逐渐增加所需要的细节。

1.5.3　仿真建模的常用方法

由于被仿真对象几乎遍及所有的科学研究领域，因此仿真建模方法的范围非常广泛。迄今为止，仿真建模的常用方法主要包括三种，在此先进行简单的介绍，于后续章节中进行更为详细的讨论。

1. 系统动力学建模

系统动力学(system dynamics，SD)是由杰伊·福瑞斯特于 1956 年创立的一种建模方法，是将系统科学理论与计算机仿真紧密结合、研究系统反馈结构与行为的一门科学，是系统科学与管理科学的一个重要分支。与其他方法明显不同的是，它的高抽象级别通常是确定性的，以及对时间连续建模，本质上是一个用数值方法求解的耦合一阶微分方程组。

系统动力学方法认为，系统的行为模式与特性主要取决于其内部结构，它运用"凡系统必有结构，系统结构决定系统功能"的系统科学思想，根据系统内部组成要素互为因果的反馈特点，从系统的内部结构来寻找问题发生的根源，而不是用外部的干扰或随机事件来说明系统的行为性质。**反馈**是指 X 影响 Y，反过来 Y 又通过一系列的因果链来影响 X。因此，不能通过孤立地分析 X 与 Y 或 Y 与 X 的联系来分析系统的行为，只有把整个系统作为一个反馈结构才能够得出正确的结论。

由于非线性因素的作用，高阶次、复杂时变系统往往表现出反直观的、千姿百态的动态特性。系统动力学模型可作为实际系统，特别是社会、经济、生态复杂大系统的"实验室"，其研究处理复杂系统问题的方法是定性与定量结合、系统推理的方法，建模过程就是一个学习、调查、研究的过程。模型的主要作用在于向人们提供一个进行学习与政策分析的工具，并使决策群体或整个组织逐步成为学习型组织。系统动力学方法通常用于长期、战略性模型，假设被构建对象高度聚合，人、产品、事件及其他离散物品在模型中用数量代表。

2. 离散事件系统建模

离散事件系统建模(discrete event system modeling，DESM)，也称为以流程为中心的建模，关注随着时间推进，其状态变量在离散的时间点上瞬时改变(也可以说系统只能在可数的时间点上变化)的这样一类系统。这些时间点就是事件的发生时刻，其中事件被定义为可能改变系统状态的瞬时发生的行为。由于这种方法通常用于对需要执行一系列操作或任务的系统建模，因此可以将这些操作看作一个过程，并用流程图来进行描述。

从概念上，离散事件仿真可以通过手工计算完成(见 2.5 节)，但大多数实际系统需要存储和操作大量数据，因此，离散事件仿真必须由计算机完成(见 3.3 和 3.4 节)。

3. 基于智能体仿真建模

基于智能体仿真建模(agent-based modeling and simulation，ABMS)是一种自底向上的

建模方法，通过借鉴计算机科学中的面向对象建模思想，将**智能体**(agent)作为系统的基本抽象单位，采用相关的智能体技术，先建立组成系统的各类个体的智能体模型，然后采用合适的多智能体系统(multi-agent system，MAS)体系结构组合这些个体智能体，最终建立整体模型。基于智能体仿真是通过对现实世界的模拟，将复杂系统划分为与之相应的多个智能体，建模与仿真时首先从单个智能体的微观行为和局部规则入手，进而以**涌现**的方式生成复杂的整体行为。

从实际应用角度看，基于智能体仿真建模方法本质上是分散化及以个体为中心的建模，即确定智能体(可以是人、车辆、列车、城市和产品等)、定义它们的行为(主要驱动力、反应、记忆、状态)、把它们放到一个中心环境中，或建立智能体间的连接，则整体(系统层)行为就展现为很多个体行为交互的结果。

4. 三种方法的适用范围

每一种建模方法都适用于特定的抽象层级，如图 1.16 所示。系统动力学建模适合较高的抽象层级，不更多地关注细节，在战略决策仿真中已得到了广泛应用；离散事件系统建模支持中层和偏下层的抽象层级，关注通过整个流程的事物和相关资源；基于智能体仿真建模适用范围较广，既可以实现对较低抽象层级物理对象的细节建模，也可以实现较高抽象层级的建模。

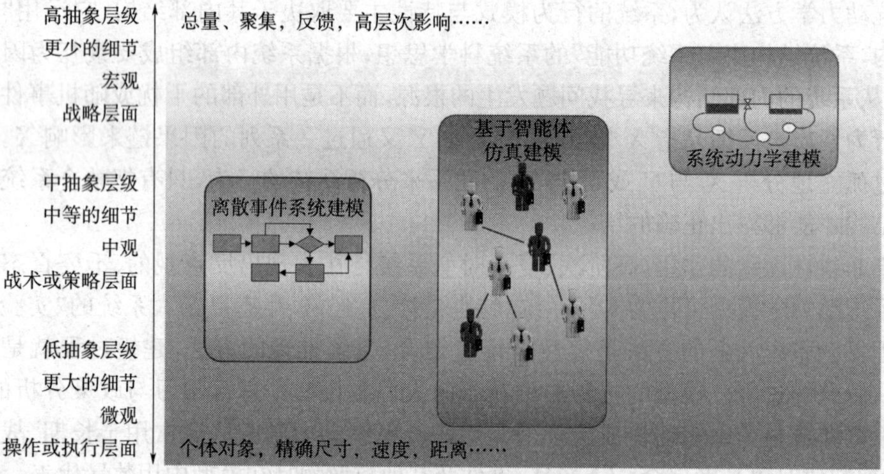

图 1.16　仿真建模方法的适用范围

选择仿真建模方法要基于所需模拟的系统和研究的目标，一个精心选择的方法会创建一个简洁的模型结构，并能够帮助建模人员和用户更好地理解系统内部的工作原理。以高速铁路车站仿真建模为例，不同的建模目标决定了采用的建模方法。例如，既可以将旅客视为实体，将自动售票机、安检设备等客运设施和车站工作人员视为资源，基于旅客进站流线构建离散事件模型；也可以将旅客视为通信与交互作用影响的智能体，建立基于智能体的旅客疏散仿真模型；或是将客运收入视作受服务质量、价格和旅客忠诚度影响的反馈变量，建立一个系统动力学仿真模型。

5. 多方法建模

由于现实世界中的大多数系统都太过复杂，无法只用一种方法建模，用不同的建模方法描述系统的不同部分通常是很方便的。**多方法建模**(multi-method modeling)就是将上述几种方法结合在一起的仿真建模方法，也称为**混合建模**。系统动力学建模和离散事件系统建模两种建模方法是在20世纪50年代和20世纪60年代提出的，而基于智能体仿真建模是在2000年以后才开始采用，并在此后积累了大量成功的案例。事实上，不同仿真方法之间有着显著的协同增效作用，这意味着多方法建模的能力要大于各部分之和。

AnyLogic仿真软件支持多种建模方法，而且支持无限制地建立基于多方法的仿真模型。在问题的研究过程中，如果有个体的详细数据，则可以采用基于智能体的仿真建模；如果只有全局的反馈信息，则可以使用系统动力学仿真建模；如果一个系统可以描述为一个过程，则建议使用离散事件系统仿真建模；而如果一个系统复杂度很高，可能包括上述的所有方面，则可以考虑采用多方法建模。

本章小结

本章首先说明了仿真的本质、适用范围、优缺点及其主要应用领域，在进行科学研究或解决实际工作中遇到的问题时，应根据研究对象的特点和研究目标选择最合适的研究方法；其次，阐述了仿真的一些主要概念和构建元素，其中最主要的是模型分类、仿真三要素和仿真的三个基本活动，需深入理解解析模型与仿真模型的区别；再次，对仿真研究的基本过程进行了详细描述，这是对开展仿真研究的有效指导；最后，对仿真编程语言、仿真软件平台、仿真建模的抽象层级和仿真建模常用方法进行了介绍，在进行仿真建模时，应认真分析建模的抽象层级、采用适当的建模方法、选择适用的仿真语言或仿真环境来实现仿真模型。

学习完本章后，应能明确仿真所适用的场合，明确仿真能解决什么问题；理解研究系统的方法，能够针对系统采用最有效的方法解决问题；理解仿真研究都包括哪些基本活动，并能够针对某一实际问题提出采用仿真方法解决该问题的技术路线。

练　习　题

1. 按照图1.1，为研究以下各系统，哪种方法是最有效的方法？为什么？

(1)一个严重拥堵的十字路口。

(2)一个小型超市的收银台。

(3)早高峰地铁车站的进站安检。

(4)铁路车站的旅客进出站流线。

(5)机场航站楼间的班车运行。

(6)疫情防控下的地铁车站客流控制。

(7)高速铁路建设对区域经济发展的影响。

2. 对上一习题中的每一个系统，假设决定用仿真方法来研究，仿真模型应是静态的还是动态的？是确定的还是随机的？是连续的还是离散的？

3. 仿真的应用领域非常广泛，冬季仿真会议是了解更多有关仿真应用国际发展趋势和研究热点的一个很好途径，历年会议全部文章可以通过其官方网站获得。按下述要求准备一个报告：

(1)检索一篇在5年以内的冬季仿真会议论文集中，关于交通运输、物流、信息物理系统、环境和可持续发展等方面仿真应用的研究论文，或仿真建模最新进展方面的论文，该论文可以是你希望研究的方向或是你感兴趣的主题。

(2)分析该论文的研究目的，对研究现状的分析，采用的仿真方法，对收集数据的分析，采用的仿真软件平台，建立的仿真模型，计算的性能指标，模型的验证，仿真实验设计及仿真结果分析，论文的结论和建议。

(3)根据1.4.2节仿真研究的基本步骤，分析论文是如何按仿真研究的一般过程进行研究的。

4. 1.1.2节给出了使用仿真的很多原因，但是还会有其他原因，检索冬季仿真会议官方网站上所提供的论文集，看看是否还能找到其他原因。

5. 1.1.5节介绍了仿真应用的领域，检索冬季仿真会议官方网站上最近几年发表的论文，选择一个相对不常见的仿真应用领域，撰写一份报告，并按练习题3的要求进行分析。

6. 选择你所在城市的某个十字路口，以改进当前的交通状况为目的，给出仿真研究步骤。

7. 电动汽车在未来的城市交通中潜力巨大，而公共充电基础设施现已成为电动汽车发展的重要制约因素之一。假设有一个“公共电动汽车充电站的可靠部署策略”仿真研究项目，查阅相关资料，给出该项目研究的技术路线。

第2章　离散事件系统仿真

离散事件系统仿真方法为复杂系统建模搭建了一个通用的框架，该框架涵盖了所有离散事件仿真模型的基本建模元素，包括实体、属性、活动和事件等，适用于那些随着时间的推进，系统状态只在离散时间点上发生变化的系统。在离散事件仿真建模中，分析人员可以按事件及事件对系统状态的影响来建模（事件调度），可以用流经系统的实体的生命周期和所需资源来建模（进程交互），也可以根据系统的活动及那些或繁或简的活动开始条件来建模（活动扫描）。

在正式接触仿真软件之前，本章将先介绍并解释支撑所有离散事件仿真软件的基本概念和方法学，这些概念和方法不限于任何特定的仿真软件，对于理解使用仿真软件的建模过程起着关键性的作用。2.1节给出一个简单的排队系统（离散事件系统）实例，并指出需从中了解系统的哪些行为和性能度量；2.2节简单讨论解决问题常用的分析方法；2.3节详细介绍仿真模型的组成元素及其定义；2.4节描述离散事件仿真的时间推进机制和事件调度/时间推进算法原理；2.5节说明如何采用手工的方式进行基于事件调度的仿真计算，并简单介绍面向事件和面向过程的仿真方式；2.6节初步讨论如何在仿真模型的输入中引入随机性、为什么要引入随机性，以及随机性对仿真输出结果的影响。

2.1　引例——铁路车站自动售票机排队系统

本章将专门分析以离散方式变化的动态随机系统，即涉及时间因素和随机因素的系统。由于大量离散事件系统模型中都会包含**等候线**或**队列**，因此，本章首先从一个非常简单的排队模型出发，来讲授离散事件系统仿真的基本原理。本节给出了一个实例系统，并指出需从中了解系统的哪些行为和性能。解决任何问题的第一步都是详细地阐明问题，一个好的仿真研究首先要做的就是理解系统、明确目标。

2.1.1　问题描述

在现实世界中，一般很少能够拥有充分的信息用来描述所需要解决的问题。多数情况下，在初始阶段，很难将问题定义清楚，甚至不能明显地判断仿真是否是合适的工具，此时，需要与用户或系统运作人员进行充分的沟通，如果系统已经存在，还应进行实地调查，最终得以详细地定义问题。当对具体的系统有了一定的了解之后，就可以根据研究的目的界定系统的研究范围，即根据系统的规模设定最初的边界。通常不需要将边界设定得太详细，后续对系统有了更深入的理解后，可能需要扩展或压缩边界。

本节引例描述了一个典型的铁路车站自动售票机的日常运营情况：旅客到达车站自动

售票机(假设每次只有一个旅客到达),在仅有的一台自动售票机前购票,完成购票后离开,如图 2.1 所示。如果旅客到达时自动售票机是空闲的,则立刻开始购票;否则,将进入一个“先进先出”(first-in-first-out,FIFO)的队列等待,此即模型的**逻辑结构**。

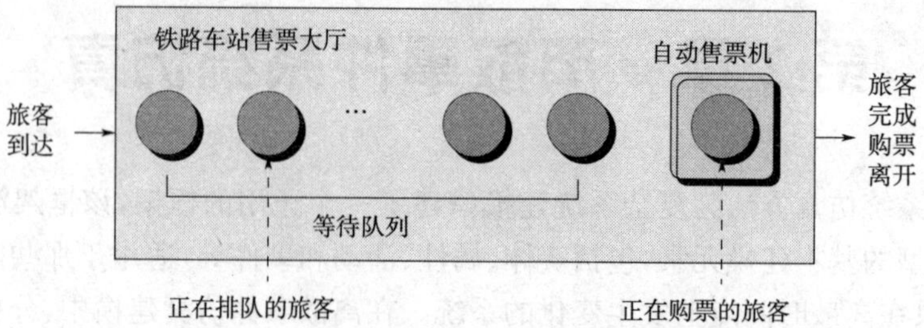

图 2.1 简单的铁路车站自动售票机排队系统

2.1.2 数值成分和模型假设

要对模型指定一些**数值成分**(numerical),包括系统运行是如何开始和结束的。

首先,要确定最为基础的**基准时间单位**,本例模型将采用分钟来计量时间。通常,采用什么样的时间单位在逻辑上是无关紧要的,可针对待研究系统的特点选取最合适和最方便的时间单位。虽然可根据需要使用不同的单位表示模型的输入时间量,例如用分钟表示平均服务时间,用小时表示机器的平均无故障时间,但在计算时,所有的时间都会转换为基准时间单位。仿真软件如 AnyLogic,允许用户用不同的单位表示输入时间,但必须定义基准时间单位,在仿真过程中各种时间单位会被转换为基准单位,而在输出报告中,仍显示各参数设定的时间单位。需要注意的是,在选择基准时间单位时,要认真分析系统研究目标和系统运行时间的特点。例如,对于一个要仿真 100 年的全球气候变化问题,就不要用秒、分钟或小时作为基准时间单位;而对于一个仿真时间可能只有几分钟的地铁车站紧急疏散问题,也不能用小时或天来度量疏散时间。此外,要注意避免在同一模型中出现极大和极小的时间单位,计算机在处理舍入误差时也可能会出现问题。

其次,要确定初始状态。本例设置系统在第 0 时刻开始运行,0 时刻可能表示早 6:00。开始时系统中没有旅客,而且自动售票机是空闲的。如果每天早上系统都重新开始,例如地铁车站,这种空且闲的假设是符合实际的。但对于不间断运行的系统来说,例如铁路编组站,可能就不是那么合适了。

再次,仿真中所使用的各种时间数据见表 2.1。表中所有时间单位均为分钟,第一列是旅客编号,表示旅客到达系统的顺序;第二列是旅客到达时刻;第三列给出了前后两个旅客到达时刻之间的间隔时间,称为**到达间隔时间**;最后一列是**服务时间**,是旅客在自动售票机购票所花费的时间,但不包括旅客在队列中的等待时间。

表 2.1 旅客到达时间和服务时间

旅客编号	到达时刻	到达间隔时间/min	服务时间/min
1	0.00	1.73	2.90
2	1.73	1.35	1.76

续上表

旅客编号	到达时刻	到达间隔时间/min	服务时间/min
3	3.08	0.71	3.39
4	3.79	0.62	4.52
5	4.41	14.28	4.46
6	18.69	0.70	4.36
7	19.39	15.52	2.07
8	34.91	3.15	3.36
9	38.06	1.76	2.37
10	39.82	1.00	5.38
⋮	⋮	⋮	⋮

最后，确定终止条件。本例设置仿真在第 20 分钟时结束。如果届时在系统中仍有旅客正在购票或正在队列中等待，则视为无法完成购票。

2.1.3　研究目标

给出以上模型逻辑、模型假设和数值成分后，接下来需要确定需收集系统的哪些输出性能指标，这将用于后续对系统进行分析和评价。假设旅客的到达率是一个外生事件，不受决策者的控制，则研究目标就是找到一个平衡的资源水平。具体地说，就是分配理想数量的资源，以确保系统的流畅，最小化旅客等待的时间，并避免因过度分配资源所产生的成本消耗。

一般应考虑两类性能指标，第一类是用来度量所研究系统质量的性能指标；第二类是用来度量仿真研究是否成功的指标。本例所要计算的性能指标包括：

(1)在 20 min 内完成购票的旅客**总数量**，即在自动售票机完成购票并离开的旅客数量，其值应越大越好。

(2)仿真过程中，开始在自动售票机前接受服务的旅客的**平均排队等待时间**。这个时间记录的仅仅是旅客在队列中的等待时间，而不包括其在自动售票机前的购票时间。如果用 WQ_i 表示第 i 个旅客在队列中的等待时间，且在 20 min 的仿真运行中有 N 个旅客离开队列，则旅客排队等待时间的均值为

$$\frac{\sum_{i=1}^{N} WQ_i}{N} \tag{2.1}$$

注意：由于第一个旅客在 0 时刻到达，此时自动售票机是空闲的，因此一定有 $WQ_1=0$ 且 $N \geqslant 1$，故不必担心会被 0 除。一般称这种形式的指标为**离散时间统计量**，因为它所针对的数据(本例为旅客等待时间 $WQ_1, WQ_2, \cdots$)具有自然的观测顺序，如第一个观测值、第二个观测值等。在仿真软件中，这类统计量也被称为**计数型统计量**，这是因为它们每被观测到一次就累计记录一次。从系统性能和服务质量的角度来说，平均排队等待时间越小越好。

(3)仿真过程中，开始在自动售票机上接受服务的旅客的**最大排队等待时间**，即 $\max\{WQ_1, WQ_2, \cdots\}$，是用来度量最坏情况的指标，对于确定车站售票工作的服务水平会

有所帮助，通常这个数值越小越好。

(4)排队等待的旅客数对时间的平均值，也即**平均队长**，正在购票的旅客不计入在内。"对时间平均"的含义是对各种可能队长值(0,1,2,…)的加权平均，其权重为队长在该值上持续的时间占仿真运行总时间的比例。设 $Q(t)$为任意时刻 t 在队列中的旅客数，平均队长实际上就是 $Q(t)$曲线下的面积除以仿真时长 T，可用积分表示为

$$\frac{\int_0^T Q(t)\mathrm{d}t}{T} \tag{2.2}$$

这种随时间离散变化的统计量在仿真中很常见，表示队列在平均水平下有多长，在分配服务区域空间时会起到作用。

(5)最大排队等待的旅客数，也即**最大队长**，这是另一个度量最坏情况的指标，其值越小越好。事实上，如果希望服务区域自始至终都能保持合理空间的话，用这一指标来确定服务空间比用平均队长指标更好。

(6)在自动售票机完成购票并离开的旅客的**平均与最大系统逗留时间**，也称为**流程时间**，指旅客从到达系统一直到离开系统所用的时间，即排队等待时间和服务时间之和。这是一类周转时间，所以越小越好。

(7)自动售票机的**利用率**，即自动售票机处于工作的时间占总时间的比例。这是另一个随时间离散变化的统计量，其随时间变化的函数如下：

$$B(t)=\begin{cases}1, & \text{在 } t \text{ 时刻工作} \\ 0, & \text{在 } t \text{ 时刻空闲}\end{cases} \tag{2.3}$$

同样，利用率即为曲线 $B(t)$下的面积除以仿真运行总时长 T，可用积分表示为

$$\frac{\int_0^T B(t)\mathrm{d}t}{T} \tag{2.4}$$

资源利用率是很多仿真研究都会关注的一个指标，但很难说是希望它高(接近 1)更好，还是低(接近 0)更好。利用率高固然很好，意味着很少的能力过剩；但也可能会造成拥堵，形成很长的队列，降低服务质量。

需要注意的是，通常有许多可能的输出性能指标，因此在仿真中应尽可能多观测一些数据。

虽然可能会忽略已观测到的数据，但永远无法看到未被观测的数据，而这些未被观测到的数据中可能隐藏着未曾预料到的现象或趋势，这些意外的发现往往能够带来新的见解和创新的机会。

实例 2.1　共享单车的使用模式与城市交通规划

近年来，许多城市引入了共享单车服务，以缓解公共交通压力和减少私家车使用。城市交通管理部门通过共享单车公司的数据平台，收集了大量的骑行数据，以优化城市交通规划。

初期，交通管理部门主要关注的是共享单车的使用频率和热门区域。数据显示，共享单车在市中心和商业区的使用率最高，尤其是在上下班高峰期。这些数据被用来优化共享单车的投放地点和数量。然而，尽管共享单车的使用率很高，但在某些特定时间和地点，仍然

存在共享单车供不应求或过剩的情况。为了更好地理解这一现象，交通管理部门收集了更多关于用户骑行路径和使用时间的详细数据。

通过深入分析这些详细数据，交通管理部门发现了一些现象。首先，许多用户利用共享单车作为“最后一公里”交通工具，从地铁站或公交站骑行到最终目的地，这表明共享单车与公共交通系统结合使用非常普遍；其次，在非高峰时段，如中午和傍晚，共享单车的使用量也相当高，特别是在公园、学校和居民区附近；最后，共享单车的使用量在不同季节有显著差异，夏季和秋季使用率较高，冬季则较低。

这些发现为城市交通规划带来了新的思路。一是根据用户的实际需求，调整共享单车的投放地点和数量，特别是在通勤路径和非高峰时段的需求点；二是加强共享单车与公共交通系统的衔接，提供更多的换乘站点和便利设施，鼓励更多人使用绿色出行方式；三是根据季节变化，灵活调整共享单车的运营策略，如增加夏季的维护频率和冬季的防冻措施。这些意外的发现不仅帮助城市交通管理部门更好地理解居民出行需求，还提供了优化交通规划的新思路，从而提高城市交通的整体效率和居民出行体验。

明确了如何度量系统的性能之后，还需要分析在这些性能指标中是否存在当前的基准值。如果所研究的系统已经存在，则通常可以直接得到基准值；如果系统现在并不存在，则可以利用现有的类似系统来估计这些基准值；在最坏的情况下，例如连类似系统也没有的情况下，至少应该有设计值。此外，还要尽可能了解决策者的预期是什么。

2.2 问题分析

对系统的规模、边界、性能度量指标及决策者的预期有了明确的理解之后，下一步要选择一种适合的解决问题的方法。在解决问题时通常应考虑多种方法，而且应比较各种解决方法的费用和解决问题后得到的潜在收益，不能假定总是要使用仿真或某种别的方法。

2.2.1 根据经验猜测

虽然并不建议采用猜测的方法，但有时粗略地估算能够得到一定的对系统的定量认识。

对于 2.1 节的实例，首先可以分析其平均流入率和处理率。从表 2.1 中的数据可以很容易地计算出，10 个旅客到达间隔时间的平均值为 4.082 min，而 10 个服务时间的平均值为 3.457 min，即在平均意义下的服务时间比旅客到达间隔时间短，这就意味着系统有机会在长时期内以稳定的方式运行而不会产生“爆炸”。如果这些平均值准确地出现在每一个旅客身上，没有任何变化，那么所有的等待时间都是 0，不会形成队列。然而，这个结果是最理想的情况，并不符合实际。实际情况中，每个旅客的到达间隔时间和服务时间都是不一样的，有时会形成队列。例如，在处理需要较长服务时间的旅客时，有多个旅客以较短的间隔时间到达的情况。

在另一种情况下，假设表 2.1 中数据的平均值关系正好相反，即平均到达间隔时间小于平均服务时间，那么，如果这种情况持续下去，在平均意义下旅客的到达速度比购票服务的速度要快，这意味着一段时间后将会出现严重的拥堵，长时间运行后系统就会发生“爆炸”。

与很多其他情况一样，实际结果会介于所猜测的极端情况之间，显然，猜测是有很大局限性的。

2.2.2 排队论方法

涉及队列的问题可以用排队论方法来解决。应用排队论，能够得出简单的解析解，并能从中得到对问题的许多认识。M/M/1 模型是排队论研究中最简单和使用最多的模型。第一个 M 说明到达过程是马尔可夫(Markovian)过程，即到达间隔时间独立且服从相同的指数概率分布；第二个 M 代表服务时间分布，也服从指数分布；1 表示只有一个服务台。大多数输出性能指标可用简单的解析方法计算得出。

应用排队论公式计算常用的性能指标如下：

1. 服务强度

$$\rho=\frac{\mu}{\lambda}=\frac{3.457}{4.082}\approx 0.847$$

式中，ρ 是服务强度，λ 是到达间隔时间分布(假设为指数分布)的期望值，μ 是服务时间分布(假设为指数分布)的期望值，只有当 $\mu<\lambda$ 时队列才不至于“爆炸”。

2. 平均排队长 L_q

$$L_q=\frac{\rho^2}{1-\rho}=\frac{0.847^2}{1-0.847}\approx 4.689(\text{人})$$

3. 平均排队等待时间 W_q(长时间运行下的期望值)

$$W_q=\frac{\mu^2}{\lambda-\mu}=\frac{3.457^2}{4.082-3.457}\approx 19.121(\text{min})$$

4. 平均系统逗留时间 W

$$W=\frac{\mu\lambda}{\lambda-\mu}=\frac{3.457\times 4.082}{4.082-3.457}\approx 22.578(\text{min})$$

排队论方法可以给出在合理数量级上的近似结果，从而帮助研究者进行粗略的分析，但也存在一些问题，如：

(1)估计值 λ 和 μ 是不精确的，本例只是根据 10 个样本数据得到的计算结果，因此会存在误差。

(2)只有假设到达间隔时间和服务时间服从指数分布时才能采用上面的公式，但实例中的数据可能并不满足这一假设，这就造成了公式可用性的问题。尽管对更一般的排队模型也能得到一些更复杂的公式，但总是有一些相关假设在实际中可能得不到满足。

(3)以上公式描述的是长期运行的性能指标，而不是实例运行 20 min 的情况，这是大多数排队论模型都面临的典型问题。

(4)以上计算公式没有提供任何有关系统可变性的信息，例如完成购票的旅客数、队列长度、流程时间等会在多大范围内变动。这不仅仅是分析的难点，同时也是管理者所关注的焦点。

很多学者认为，排队论在对问题进行粗略的分析以获得一个大致了解，以及指导下一步应采用什么样的仿真比较合适等方面更有价值，应理解上述排队理论在实际应用上存在的问题，并能针对具体情况做出相应的分析解释。

2.2.3　机械仿真

所谓“**机械**”的含义是指各项操作(如旅客到达、在自动售票机接受服务等)的发生情况与实际发生情况完全一样。例如,在仿真模型中,事物的运动和变化在正确的时间以正确的顺序发生,对彼此产生正确的影响,并对统计累加器变量产生正确的作用效果。按照这种方式,仿真模型就是直接、强制地对模型加以处理。此时,仿真工作只由一些基本思想,以及由仿真软件完成的大量细节和数据记录组成。例如,在无须对日常运营进行实时决策的情况下,建立系统在虚拟空间中的映射,并利用传感器等获取实时数据,实现与系统真实运行状态的完全同步。

2.3　仿真模型的组成元素

所有离散事件仿真模型有很多共同的成分,本节将以铁路车站自动售票机排队系统实例为背景,讨论离散事件仿真模型的各组成元素。

2.3.1　实　　体

实体是需要在模型中明确表示的系统中的任何对象或部件,既可以是有形的,如地铁车站里的乘客、城市道路上的车辆、铁路路网中的列车等,也可以是无形的,如电子商务网站的订单、铁路 12306 的订票申请等。绝大多数仿真都包含被称为实体的“参与者”,它们在系统中移动、改变形态、影响其他实体及系统的状态,同时被系统所影响,最终影响着系统的输出性能。实体在仿真中属于动态的物体,通常它们首先被创建出来,然后在系统中活动一段时间,当离开系统时被清除,例如铁路车站的旅客;也有实体从不离开系统,一直在系统中流动,例如往返于两个机场航站楼间的公交车。不过,所有实体都必须经过创建过程才能出现,不论是用户创建还是软件自动创建。

引例中的实体是购票的旅客。当旅客到达系统时实体被创建出来,然后在系统中移动,通过队列(如果需要排队)在自动售票机接受服务,然后在离开系统时被清除。虽然实例中只有一种实体,但它却能有很多个独立的“复制品”(或称为该实体的实现)同时出现在系统中,就像在实际系统中可同时存在某种类型旅客(如购票旅客)的许多不同个体一样。

大多数实体在仿真中表示为实际的物体,在模型中可以同时出现很多不同种类的实体。例如,系统中可以有几种不同类型的旅客(如重点旅客、出发旅客、换乘旅客等),需要不同的服务和走行路径,并拥有不同的优先级。实体也可以代表无形的事物,在一些情况下,可以设计一种“虚拟”的实体,它们不表示任何有形的实物,只是为满足特殊的建模需要而创建。例如,对设备故障建模的一种方式就是创建一个“故障实体”,它在机器正常运转时不出现,在机器出现故障的时间被创建,使机器无法使用,直到机器被修复后才退出系统。

实体是系统的核心内容,没有实体的系统毫无意义。例如,没有旅客的高速铁路车站、没有车辆和行人的道路、没有列车的路网,无论这些系统多么复杂都是没有意义的。因此,在对系统进行仿真建模的首要工作就是分析清楚系统中具有哪些实体。

2.3.2 属　　性

属性是实体的共有特征，在每一种特征上，不同的实体实现具有不同的值以相互区别，通过为实体附加属性可以使其个性化。就本例来说，可以通过为旅客实体定义“到达时刻”属性来表示实体的相应个性特征。在建模全过程中，可以根据具体情况决定需要定义哪些属性，并为其命名、赋值，及时变更、适时使用。

属性值与具体的实体是不可分割的。不同的实体在同一属性上一般具有不同的值，正如不同的旅客会有不同的到达时刻和乘坐车次一样。如图 2.2 所示，可以把一个属性想象成贴附在实体上的一个标签，在不同实体的标签上写有不同的内容以刻画出各自的特征，从而加以区别。

图 2.2　属性与全局变量

2.3.3 全局变量

全局变量是反映某种系统特征的信息，与具体的实体无关。模型中可以有很多不同的变量，但每个变量只表示一种含义。变量可分为两类，一类是仿真软件自带的**内部变量**，如队长、仿真时钟等；另一类是用户**自定义变量**，如系统中的旅客数。与属性不同，变量不与具体的实体相关联，而是与整个系统相关，包含描述在任何时刻系统状态所必需的所有信息。实体可以引用这些变量，而且可以改变这些变量的值。如图 2.2 所示，如果把属性理解成贴附在实体上的标签，并且跟随实体在空间中到处游走的话，那变量就可被看作写在墙板上的内容，并且可重新擦写。

变量通常被用于许多不同的目的。例如，假设整个模型中实体在任意两个地点间（如通过自动扶梯上下楼）移动的时间是相同的（即为常数），这时就可以定义一个名为“运送时间”的变量，将其值设为相应的运送时间，在需要使用该数据的地方换成变量名即可。这样一来，如果需要改变运送时间的大小，只需对变量重新赋值，就可以改变模型中所有用到的运送时间。变量也可用于表示在仿真过程中发生变化的统计指标，例如，在仿真过程中统计一个高速铁路车站候车区的旅客数量时，每当一个旅客实体进入候车区时，旅客数加 1，当旅客离开候车区时，旅客数减 1。如果变量用二维表的形式来组织信息比较方便的话（如列车时刻表），还可以将变量定义成向量或矩阵。

2.3.4 资源和队列

实体通常在特定的**资源**上完成服务，资源一般用于表示人员、设备或有限存储区域中的空间。当资源可用时，实体会**占用**该项资源，并在完成服务后将其**释放**。在以流程为中心的模型中，是实体请求资源，这是因为实体是模型中的命令对象，而资源是被动的对象，只有在实体需要且资源可用时，资源才为实体服务。例如，当旅客到达车站时，是旅客请求安检，安检设备本身并不积极寻找旅客。建模时，建议想象成将资源分配给实体，而不是将实体分配到资源上，因为有时一个实体同时需要多个资源为其服务，例如铁路旅客进站安检就同时需要安检人员和安检设备为其服务。

一项资源也可以表示为由多个单一服务器组成的群组，其中每台服务器称为该资源的一个**单元**，这对建模来说是非常有用的，例如在铁路车站售票厅，会有几个相同的自动售票机同时“并行”工作。在仿真运行过程中，资源的可用单元数量是可以变化的，例如自动售票机出现故障或故障修复后重新提供服务，都会导致可用单元数变化。如果一项资源有多个单元，则 2.1.3 节定义的资源利用率需要重新定义为整个仿真过程中处于忙态的单元数的时间均值除以该资源可用单元数的时间均值。

当实体需要资源提供服务而该项资源被占用时，实体需要一个地方按照某种顺序等待接受服务，这就是引入**队列**的目的。在 AnyLogic 中，队列有相应的名字，而且可以定义一定的容量用来表示有限的存放空间，这时需要在模型中设定当实体到达容量已满的队列时应如何处理。

2.3.5 活　　动

活动用于描述一段特定长度时期的运作，当开始时就可知其持续的时间长度，例如购票活动的服务时间、安检活动的服务时间，以及由建模人员设计和定义的加工活动的处理时间。活动的持续时间通常包括确定型和统计型两种，确定型活动时间为常量，例如某个工序的零件加工时间都是 5 min；统计型活动时间定义的形式为统计学分布，例如某铁路集装箱中心站集卡装车时间服从三角分布。活动的持续时间也可以是基于系统变量和实体属性的函数，例如，铁矿石运输船的装载时间是以船舶的载重吨位和每小时装载率为变量的函数。

无论如何定义，活动的持续时间总是从活动开始的那一刻开始计时，并在持续一段时间后结束，不受其他事件发生的影响。为了跟踪活动和它们预期的完成时间，在某个活动开始的那一刻会创建一个事件通知，其中包含一个事件时间，也就是这个活动的结束时间。例如，当仿真时钟已推进到第 15 分钟，此时一个时长 1.7 min 的购票活动刚刚开始，则一个事件通知将被创建，它包含了事件类型(离开事件)和事件发生时刻(15 min+1.7 min=16.7 min)。

2.3.6 统计累加变量

本章研究的系统是动态的，也就是说，系统随时间推移而发生变化。因此，系统状态、实体属性、活跃实体的数量、进程中的活动等都是时间的函数，并且随着时间的推移而不断变化。为得到系统各输出性能指标值，在仿真进程中需要跟踪各种**统计累加变量**的中间结果。对于引例问题，需要观察以下统计累加变量：

P——迄今为止所有完成购票的旅客数量；

N——迄今为止所有完成排队的旅客数量(在求平均排队时间时，将被作为分母)；

$\sum \mathrm{WQ}$——迄今为止所有旅客排队时间之和；

WQ^*——迄今为止所观察到的最长的排队时间；

$\sum TS$ ——迄今为止所有旅客的系统逗留时间(旅客从进入系统到离开系统的时间长度)之和;

TS^* ——迄今为止所观察到的最长的系统逗留时间;

$\int Q(t)$ ——迄今为止队长曲线 $Q(t)$ 下的面积;

Q^* ——迄今为止队长曲线 $Q(t)$ 所达到的最高水平(最大队长);

$\int B(t)$ ——迄今为止服务台状态函数 $B(t)$ 曲线下的面积。

根据 2.1.2 节的模型假设,所有上述统计变量的初始值均为 0。

当在仿真过程中有事件发生时,需要以适当方式更新所有受到事件影响的统计累加变量。仿真软件会自动处理绝大多数常用的统计累加变量,因此,除某些情况下需要由用户自定义以外,多数情况下均由系统在后台完成。不过在接下来的手工仿真中,将完全手工跟踪和更新这些统计累加变量,目的是展示这一过程是如何进行的。

2.3.7 事　　件

本质上,离散事件仿真过程中的一切都是围绕事件进行的。所谓**事件**,就是会引起系统状态改变的在某个(仿真)时刻瞬间发生的事情,如一个新的旅客到达。事件的发生可以定义实体属性的值,改变全局变量或统计累加变量的值。模型中的任何变化都只是作为事件的结果发生,而不花费时间。现实生活中发生的事情几乎都是连续的,没有立刻发生的变化,每件事情都需要花费一些时间才能完成,例如,飞机着陆包括下降、着陆、沿着跑道减速、滑行到登机口等一系列动作。然而在仿真建模时,分析人员依据研究目的,通过简化和抽象,飞机着陆可以被看作是一个立即执行的事件,不考虑其着陆过程的细节。

虽然所研究系统的实际动态几乎总是连续的,但在仿真建模时只考虑系统生命周期的重要时刻,并将它们视为瞬时不可分事件,系统的所有变化都与这些事件相关联。因此可以在更高的抽象层级上对变化进行建模,即只关注影响系统变化的事件。如图 2.3 所示,多个事件可能在同一时间按预定发生,处理时需要将这些事件序列化,模型时间将从一个事件时

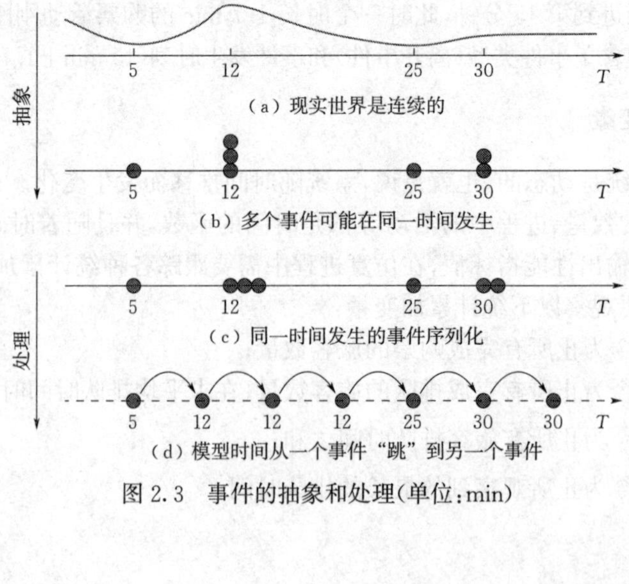

图 2.3　事件的抽象和处理(单位:min)

间点“跳”到另一个事件时间点,并要确保模型时间与这些真实事件发生时间是一致的。

在引例中,共有三种基本事件:

(1)到达事件:产生新的旅客实体并进入系统。

(2)离开事件:旅客实体在自动售票机完成购票后离开系统。

(3)终止事件:仿真过程在第 20 分钟时停止。

除以上事件外,还需要有一个初始化过程来完成所有的初始化设置,本章随后将详细介绍各种事件的逻辑过程。引例模型中还有一些事情会发生,但都不是独立的事件,例如,当旅客离开队列并开始在自动售票机购票,这一事件虽然也改变了系统状态,但它的发生是由于前一个旅客的离开事件造成的,因此不单独构成事件。需要注意的是,离散事件仿真模型中,在相继发生的两个事件之间的一段时间内,系统状态是保持不变的。

2.3.8　未来事件表

仿真在执行过程中,必须要跟踪未来(仿真)时间发生的各种事件。通常,在仿真软件中这些信息被储存在**未来事件表**(future event list,FEL)中。推进仿真时钟,保证所有事件按照正确的时间次序发生的机制是基于未来事件表的,这个表包括安排在未来某个时刻发生的所有事件的说明。

本书不讨论未来事件表中数据结构的问题,只介绍其思想。FEL 的基本思想是:当仿真逻辑过程调用未来事件表时,某一未来事件的信息记录将被存入未来事件表中。事件信息记录包括相关实体的标识、事件发生时间及事件类型等。仿真软件把每个新生成的未来事件存储到未来事件表中,且对表中的事件按发生时间的升序形式加以排序,也即下一个马上要发生的事件总是被置于未来事件表的最顶端。当处理下一个事件时,未来事件表中的顶端记录会被移出,记录中的相关信息被用于执行该事件逻辑,而在该事件逻辑中,又可能包含了生成新的未来事件,这些新事件又将被放入未来事件表中并重新排序,其逻辑过程如图 2.4所示。

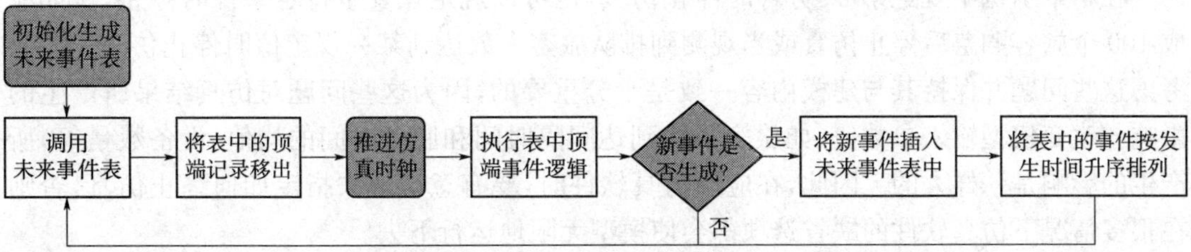

图 2.4　未来事件表逻辑过程

有些情况下,在某一时刻生成某种特定类型的事件是没有意义的。例如在实例中,如果自动售票机是空闲的,就不可能去生成一个离开事件,这种事件不会被加入事件表中,因而也就不会发生。还有可能同时生成多个同类事件,尽管其发生时间和所针对的实体各不相同。大多数事件驱动的仿真逻辑都是直接描述每种事件的发生和处理过程,应用 AnyLogic 软件建模时,可以不用直接定义这些详细的事件逻辑,但当一些特殊的过程需要定义详细事件逻辑时,AnyLogic 也提供了直接定义事件逻辑的功能。

2.3.9 仿真时钟

仿真过程中的当前时间值记录在一个特殊的变量中，称为**仿真时钟**(simulation clock)。与实际时间不同，离散系统的仿真时钟并不是连续推进、均匀取值的，而是从当前事件的发生时间直接跳跃到下一个事件的发生时间。因为在相继两个事件之间，系统的状态没有发生变化，所以也就没有必要浪费时间来考虑这两个事件之间的过程。

仿真时钟和未来事件表之间是密不可分的。在仿真初始化或处理完每个事件之后，会从未来事件表中移出顶端记录(即下一个要发生的事件)，然后将仿真时钟推进到该事件的发生时间(该时间值是未来事件表记录的数据项之一)，所移出记录中的信息(包括实体标识、事件发生时间及事件类型等)则用于处理该事件。如何对事件加以处理取决于该事件的类型和系统当时的状态，但一般说来可以包括更新有关全局变量和统计累加变量值、改变实体属性、将所生成的新事件插入未来事件表中等。

仿真时钟和未来事件表的变化是所有动态仿真中极为重要的组成部分，仿真软件可自动跟踪，例如在 AnyLogic 软件中，仿真模型当前时间可以通过 time()函数得到。

2.3.10 仿真开始与停止

仿真如何开始和停止是很重要但又经常容易被忽略的问题。本章引例做了一些相应的假设，这就比较容易确定初始时全局变量和统计累加变量的取值、未来事件表的初始事件和仿真时钟值。但对一些较为复杂的系统而言，仿真开始和停止的设置需要仔细分析。例如，对于不间断运行的铁路编组站，其仿真如何开始、仿真运行多长时间停止等，都需要分析人员根据研究目标认真考虑。

仿真软件能够自动完成很多事情，但它不能决定有关建模方面的所有问题，例如仿真开始和停止的规则。建模时必须决定适当的初始条件、仿真运行时长，以及在特定时刻或特定条件下停止的规则等。

在本章引例中规定第 20 分钟时停止仿真，也可以规定在发生特定事件时停止，例如完成 100 个旅客购票后停止仿真或当观测到排队旅客人数达到某一规定值时停止仿真。充分考虑这些问题并保持其与建模内容一致是十分重要的，因为这些问题对仿真结果所产生的影响与改变模型输入参数值(如旅客平均到达间隔时间和服务时间的均值、设备数量等)所产生的影响是一样大的。因此，在应用仿真软件时，要有意识地去指定如何终止仿真，否则在很多情况下仿真软件的缺省选项都会使模型无限地运行下去。

2.4 事件调度/时间推进算法

由于离散事件仿真模型的动态本质，模型在运行时必须保持对仿真时钟当前值的跟踪，与此同时还需要有一种将仿真时间从一个值推进到另一个值的机制。有两种主要方法可用来推进仿真时钟：**下一事件时间推进**和**固定增量时间推进**。目前，所有主流仿真软件和大多数采用通用语言编程建模的开发人员都使用第一种方法，第二种方法实际上是第一种方法的一个特例。

2.4.1　下一事件时间推进

对于下一事件时间推进机制，仿真时钟初始化为零，且未来事件的发生时间是确定的。然后仿真时钟被推进到这些未来事件中最早要发生事件的发生时刻。此时，系统状态被更新以说明一个事件已经发生这一事实，且有关未来事件发生时间的内容也被更新。接下来仿真时钟继续被推进到下一个最早发生事件的时刻，更新系统状态和确定未来事件时间，以此类推，直至最终满足某一事先设定的终止条件为止。由于所有的状态改变都只发生在离散事件仿真模型的事件发生时刻，因此可以将仿真时钟从一个事件时间直接跳到下一个事件时间，使非活动时间段被跳过。与固定增量时间推进不同，下一事件时间推进仿真时钟连续多次的跳跃区间长度通常是不同的。

以 2.1.1 节中描述的铁路车站自动售票机单服务台排队系统为例，下一事件时间推进的基本原理说明如下：

1. 符号说明

t_i——第 i 个旅客的到达时刻($t_0=0$)；

a_i——第 $i-1$ 个旅客与第 i 个旅客到达的间隔时间，$a_i=t_i-t_{i-1}$；

s_i——第 i 个旅客的服务时间(不包括旅客在队列中的等待时间)；

w_i——第 $i-1$ 个旅客离开时刻减去第 i 个旅客到达时刻，即第 i 个旅客在队列中的延误时间，$w_i=c_{i-1}-t_i$；

c_i——第 i 个旅客完成购票离开的时刻，$c_i=t_i+w_i+s_i=c_{i-1}+s_i$；

e_i——第 i 个任意类型的事件。

2. 基本原理

到达间隔时间变量 a_i 和服务时间变量 s_i 通常都被定义为随机变量，假设两个随机变量的概率分布是已知的，且都有累积分布函数。

如图 2.5 所示，仿真在 0 时刻开始，初始化事件 e_0 在 0 时刻发生，此时自动售票机状态为空闲。首先随机生成到达间隔时间 a_1，则第一个旅客的到达时刻 $t_1=0+a_1$。然后仿真时钟从 0 时刻推进到下一个事件 e_1(第一个旅客到达事件)发生的时刻 t_1，图中弧线箭头表示仿真时钟的推进。在时刻 t_1 到达的旅客发现服务台空闲，立即开始接受服务，其在队列中的延误时间 $w_1=0$，此时自动售票机状态由空闲变为繁忙。随机生成第一个旅客的服务时间 s_1，则第一个旅客完成购票离开系统的时刻 $c_1=t_1+0+s_1$。

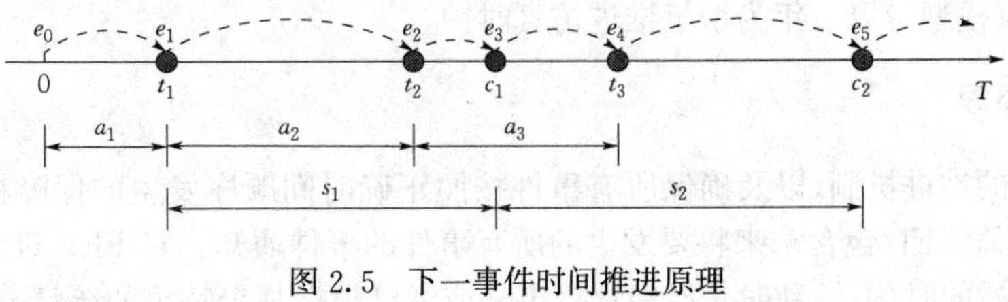

图 2.5　下一事件时间推进原理

第二个旅客到达时刻 $t_2=t_1+a_2$，其中 a_2 是随机生成的第二个到达间隔时间。假设 $t_2<c_1$，则仿真时钟从 t_1 推进到下一事件 e_2(第二个旅客到达事件)发生的时刻 t_2(如果 $t_2\geqslant c_1$，则仿真时钟从 t_1 推进到时刻 c_1)。t_2 时刻到达的第二个旅客发现自动售票机正忙，则排

队等候，队列中排队的旅客数加 1，同时记录第二个旅客的到达时间。注意，第二个旅客的服务时间 s_2 并不在此时生成。类似地，第三个旅客到达时刻由 $t_3=t_2+a_3$ 计算得到。

假设 $c_1<t_3$，则仿真时钟从 t_2 推进到下一事件 e_3（第一个旅客的离开事件）发生的时刻 c_1，此时队列中等待的旅客（第二个旅客）开始购票，其在队列中的延误时间 $w_2=c_1-t_2$。随机生成第二个旅客的服务时间 s_2，则第二个旅客完成购票离开系统的时刻 $c_2=t_2+w_2+s_2$（或 $c_2=c_1+s_2$），队列中排队的旅客数减 1。

假设 $t_3<c_2$，则仿真时钟从 c_1 推进到下一事件 e_4（第三个旅客的到达事件）发生的时刻 t_3。以此类推，直到仿真结束，本例为第 20 分钟。

2.4.2 固定增量时间推进

采用固定增量时间推进机制需要适当选择 Δt，也即仿真时钟推进的增量正好是 Δt 时间单位。在仿真时钟每更新一次后，会做一个检查，以确定在前一个 Δt 区间长度内是否有事件发生。如果有一个或更多个事件在此时间区间内发生，则认为这些事件是在此时间区间的终点发生，系统状态变量、统计累加变量、全局变量等做相应的更新。

固定增量时间推进原理如图 2.6 所示，其中弧线箭头表示仿真时钟的推进，而 $t_i(i=1, 2,\cdots)$ 是任意类型的第 e_i 个事件发生的真实时间。在时间区间$[0,\Delta t)$内，只有一个事件 e_1 在时刻 t_1 发生，但模型认为是在 Δt 时刻发生；在区间$[\Delta t,2\Delta t)$中没有事件发生，但模型也会进行检查；在区间$[2\Delta t,3\Delta t)$中的 t_2 和 t_3 时刻发生了 e_2 和 e_3 事件，但两个事件都被认为是在 $3\Delta t$ 时刻发生的，以此类推。

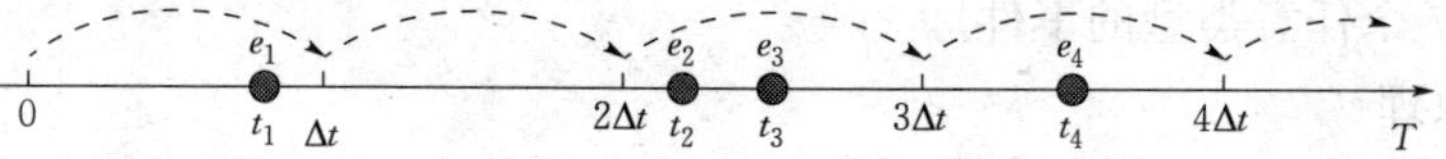

图 2.6 固定增量时间推进方法

固定增量时间推进方法主要有两个缺点，一是在事件发生区间的终点处理事件会引入误差；二是当实际不是同时发生的事件被模型处理为同一时刻发生时，需要决定先处理哪个事件，即必须为模型建立一组规则，以决定用何种顺序来处理这些事件。通过减小 Δt，可以降低问题的严重程度，但这会增加检查事件发生的次数，从而导致执行时间的增加。因此，当连续事件间的时间可能变化很大时，固定增量时间推进方法一般不用于离散事件仿真模型。

固定增量时间推进方法主要适用于当适当选择时间单位 Δt 后，可以合理地假设所有事件实际上发生在 $n\Delta t(n=0,1,2,\cdots)$时刻的情况。例如，经济系统中的数据往往以按年度为基础，所以仿真模型可以 1 年为增量推进仿真时钟。

2.4.3 算法原理

仿真时间的推进机制，以及确保所有事件按照正确时间顺序发生的保障机制都基于未来事件表(FEL)，FEL 包含未来将要发生的所有事件的事件通知。对 FEL 进行调度意味着在某个活动开始的时刻，活动时长已经计算出来或者已根据某个特定的统计分布抽样获得，并将活动结束事件及其发生时刻放入 FEL 中。在现实世界里，大多数未来事件是无法预计的，仅仅是发生而已，例如随机的设备故障事件或随机的旅客到达事件。在仿真模型中，这样的随机事件用“活动结束”事件表示，而活动持续时间则使用统计分布来表征。

在任意给定的时刻 t，FEL 包含所有已经预计要发生的未来事件和与它们相关的事件发生时刻和事件类型，并且所有事件都按时间先后顺序排列，事件的发生时刻满足

$$t<t_1\leqslant t_2\leqslant t_3\leqslant\cdots\leqslant t_n$$

时刻 t 是仿真时钟的当前值，随着时间的推移，与时刻 t_1 关联的事件是下一个即将发生的事件。在仿真时刻 t 时的系统状态更新后，仿真时钟会向前推进到仿真时刻 t_1，并从 FEL 中移除其关联的事件，然后执行该事件。在时刻 t_1，新的未来事件可能发生也可能不发生，如果发生，就需要创建新的事件并将其放入 FEL 中的恰当位置。系统状态在时刻 t_1 更新后，仿真时钟继续向前推进到下一个即将发生事件的时刻，同时该事件开始执行，这个过程一直重复到仿真结束为止。为推进仿真时钟和更新系统状态所必须执行的动作序列称为**事件调度/时间推进算法**，算法基本步骤如下：

步骤 1：从 FEL 中移除下一个即将发生的事件。

步骤 2：推进仿真时钟到即将发生事件的发生时刻。

步骤 3：根据事件类型逻辑执行该事件，包括更新系统状态、更改实体属性等。

步骤 4：生成未来事件(若有)，将新的事件插入 FEL 中，并按照事件发生时刻升序排列。

步骤 5：更新统计累加变量和计数器。

步骤 6：如果为终止事件，仿真结束；否则返回步骤 1。

FEL 的长度和内容会随着仿真推进而不断发生变化，因此，计算机仿真过程中对 FEL 的有效管理将对表示模型的计算机程序的执行效率产生巨大影响。

本章实例描述的单服务台排队系统仿真模型的事件调度/时间推进算法原理如图 2.7 所示，其中，a^* 表示由特定的概率分布随机生成的到达间隔时间，s^* 表示由特定的概率分布随机生成的服务时间。

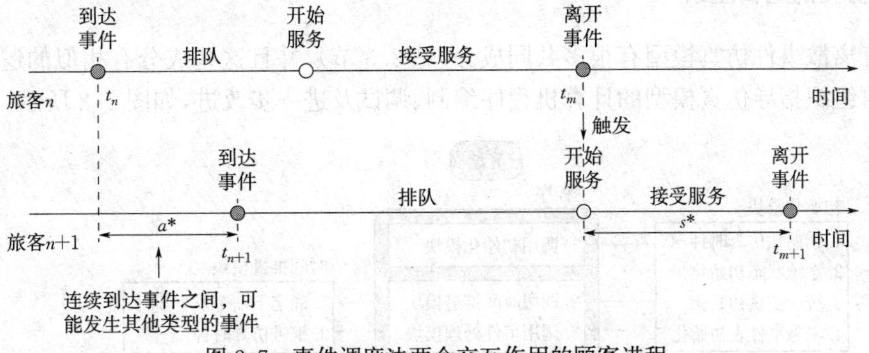

图 2.7　事件调度法两个交互作用的顾客进程

1. 初始化

在仿真开始(0 时刻)，系统状态由初始条件来定义，并对统计累加变量进行初始化，同时生成 FEL，并在表中添加第一个旅客的到达事件和终止事件。旅客的到达事件是发生在系统外部并对系统产生影响的事件，是一个外生事件。

2. 到达事件

系统在 t_n 时刻(t_1 可以是 0 时刻)生成第 n 个旅客到达事件，并且放入 FEL 中。当仿真时钟被推进到时刻 t_n 时，会生成第 $n+1$ 个旅客的到达事件，同时生成一个到达间隔时间 a^*，则第 $n+1$ 个旅客到达事件的发生时刻为 $t_{n+1}=t_n+a^*$，该时刻用来定位第 $n+1$ 个旅客

到达事件在 FEL 中的位置。这种生成外部到达流的方法称为**自举法**。注意，连续到达事件之间也可能发生其他类型的事件，例如在第 $n+1$ 个旅客到达之前发生第 n 个旅客的离开事件，从而导致系统状态发生变化。

3. 离开事件

当第 n 个旅客在时刻 t_m 完成服务离开时，如果队列非空，则第 $n+1$ 个旅客开始接受服务，此时会生成第 $n+1$ 个旅客的离开事件，并放入 FEL 中，同时生成该旅客的服务时间 s^*，则第 $n+1$ 个旅客离开事件的发生时刻为 $t_{m+1}=t_m+s^*$，该时刻用来定位第 $n+1$ 个旅客离开事件在 FEL 中的位置。如果队列为空，则不生成新的事件。服务是一类活动，服务开始事件是基于条件的，即仅当旅客到达或排队时恰好自动售票机是空闲的才会触发。服务完成事件是一类首要事件，本例中条件事件只有在首要事件发生时才被触发，且必须满足特定的系统条件，如队列非空。只有首要事件才会出现在 FEL 中。

4. 终止事件

每个仿真都必须有一个终止事件，它决定了仿真将运行多长时间。通常有两种方法终止仿真：一是在仿真开始前指定未来某个时刻 t_E 作为停止时间，并在仿真开始时（0 时刻）就安排一个终止事件。这样，在开始运行之前就会知道仿真模型会在时间区间$[0,t_E]$内运行。二是由仿真模型确定终止事件的时刻 t_E，通常可以是某个特定事件出现的时刻，例如，t_E 时刻是第 100 个旅客完成购票的时刻。在这种情况下，终止事件发生的时刻 t_E 事先并不知道。通常此类终止事件可能是用户主要关心的由仿真产生的统计指标之一，例如，在对地铁车站站台层乘客疏散进行仿真时，当最后一个乘客离开站台时则结束仿真运行，该时刻可用于计算疏散完成时间。

2.4.4 仿真的逻辑组织

所有离散事件仿真模型有很多共同成分（见 2.3 节），并且这些成分有相似的逻辑组织，这种逻辑组织指导仿真模型的计算机程序编制、调试及进一步改进，如图 2.8 所示。

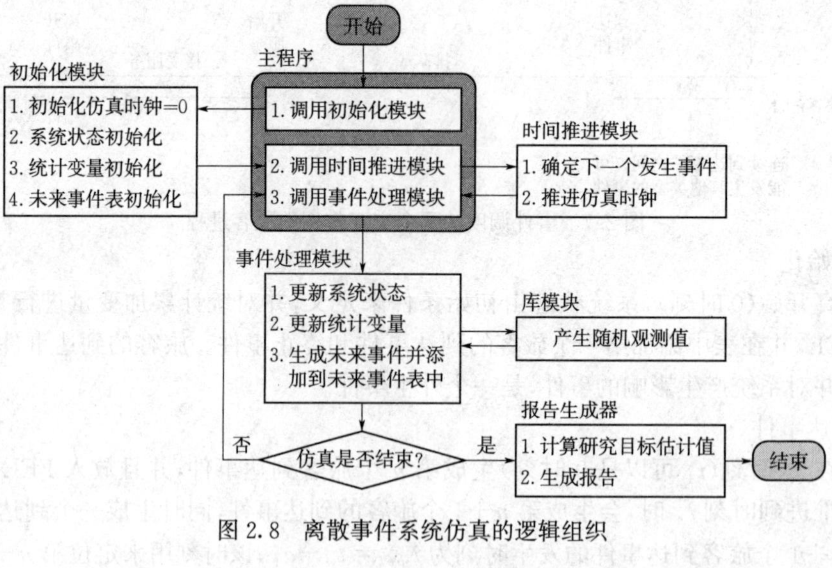

图 2.8 离散事件系统仿真的逻辑组织

图 2.8 中，采用通用语言编程，使用事件调度/时间推进算法的大多数离散事件仿真模型，通常包括以下几个基本模块：

(1)主程序：在开始时调用初始化模块，之后，调用时间推进模块来确定下一事件，然后将控制转移到相应的事件处理模块。主程序还要检查终止条件，并在仿真终止时调用报告生成器。

(2)初始化模块：在仿真开始时(0 时刻)对仿真模型进行初始化设置，包括设置仿真时钟、系统状态、统计变量和生成未来事件表。

(3)时间推进模块：用于在未来事件表中确定下一个即将发生的事件，并将仿真时钟推进到下一事件发生的时刻。

(4)事件处理模块：当某一种特定类型事件发生时，根据该类型事件的处理要求更新反应系统状态的各种变量值和统计累加变量值；也可能生成新的未来事件，并将其添加到未来事件表中。

(5)库模块：用于根据确定的概率分布产生随机观测值的一组程序，是仿真模型的一部分。

(6)报告生成器：通过统计累加变量结果计算系统期望度量的估计值，并在仿真结束时生成报告。

对这些模块的逻辑关系说明如下：

(1)仿真从零时刻开始运行时，由主程序调用初始化模块，设置仿真时钟为零，并对系统状态、统计变量和未来事件表进行初始化，之后控制返回主程序。

(2)主程序调用时间推进模块，确定哪个事件最先发生，并将仿真时钟推进到该事件发生的时刻，之后将控制返回主程序。

(3)主程序依据事件类型调用相应的事件处理模块，更新系统状态变量，更新统计变量来收集系统性能信息，生成未来事件及其发生时间(通常需要依据概率分布随机生成观测值)并添加到未来事件表中。

(4)主程序检查仿真终止条件，如果条件满足，则调用报告生成器，计算研究目标的估计值并生成报告，否则控制返回主程序。

总的来说，仿真模型循环执行“主程序→时间推进模块→主程序→事件处理模块→终止条件检查→主程序→……”的过程，直到最终满足终止条件为止。

2.5　基于事件调度的手工仿真

本节将介绍如何采用事件调度方法对 2.1 节描述的实例进行手工仿真计算，包括各类事件处理过程中需要完成的工作，以及如何推进仿真时钟、更新各有关变量值和跟踪未来事件表的变化。尽管单服务台排队系统看起来非常简单，但对它的仿真仍在相当程度上代表了非常复杂的仿真操作。

2.5.1　事件处理内容

就本章的实例而言，只有三种类型的基本事件：到达事件，离开事件和终止事件。各类事件的处理内容和要点如下：

(1)**到达事件**指产生新的旅客实体并进入系统，执行过程逻辑结构如图 2.9 所示。

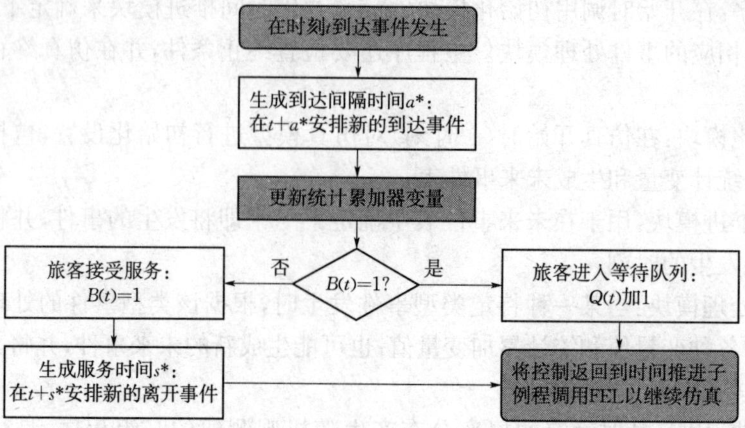

图 2.9　到达事件的执行过程

由图 2.9 可见，到达事件处理内容包括：

①仿真时钟更新为到达事件发生时刻。

②安排下一个新的旅客的适时到达，将其到达事件记录插入到未来事件表中并排序。

③更新随时间离散变化的各统计量(从上一事件发生到现在)。

④把到达旅客的到达时间(即仿真时钟的当前值)保存在旅客的属性中，用以在后面计算该旅客的系统逗留时间和排队时间。

⑤如果自动售票机空闲，则到达旅客立即开始购票(其排队时间为零)，将自动售票机的状态设置为“忙”；同时安排该旅客的离开事件，将其离开事件记录插入未来事件表中并排序；计算该旅客的排队时间。

⑥如果自动售票机正在进行其他旅客的售票工作，则将到达旅客置于队列末尾，且队长变量加 1。

(2)**离开事件**指旅客在自动售票机完成购票并离开，执行过程逻辑如图 2.10 所示。

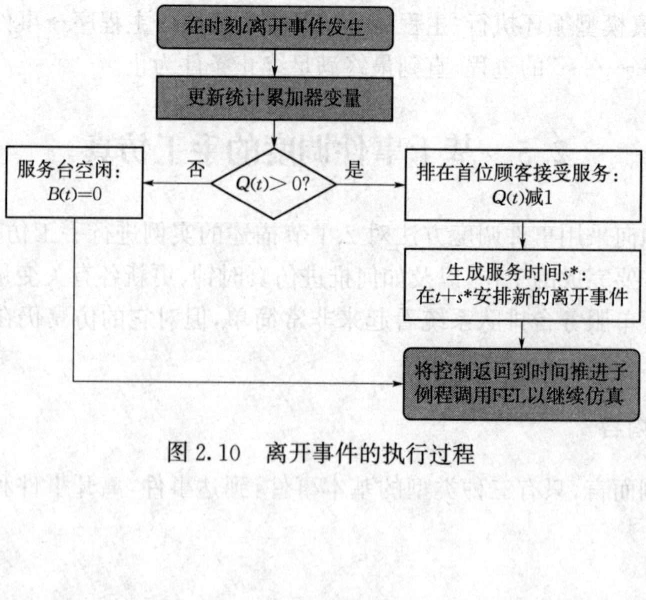

图 2.10　离开事件的执行过程

由图 2.10 可见，离开事件处理内容包括：

①仿真时钟更新为离开事件发生时刻。

②“完成购票旅客数”统计累加变量加 1。

③计算并记录离开旅客的系统逗留时间，即用仿真时钟当前值减去该旅客的到达时间（在处理到达事件时已将其保存在该旅客的属性中）。

④更新随时间离散变化的各统计量。

⑤如果自动售票机前的队列不为空，则将排在队列首位的旅客取出，计算并记录其排队时间（此时该旅客已完成排队）；同时该旅客开始购票，安排其离开事件，将其离开事件记录插入未来事件表中并排序。

⑥如果队列为空，则将自动售票机的状态设置为“闲”，此时没有离开事件需要安排。

（3）**终止事件**定义仿真过程结束，其事件处理内容包括：

①仿真时钟更新为终止事件发生时刻。

②更新随时间离散变化的各统计量。

③计算各输出性能指标的最终值，并汇总形成统计报告。

除终止事件外，每一事件处理完毕后，将从未来事件表中移除顶端记录，表示下一事件将在相应的时刻发生，然后将仿真时钟推进到该事件的发生时刻，并处理该事件。

2.5.2　仿真计算表格

为方便进行手工仿真计算，设计仿真计算表格模板见表 2.2。

表 2.2　仿真计算表格

系统 ▢		仿真时钟	事件类型		$B(t)$	$Q(t)$	未来事件表					
排在队列中旅客的到达时刻	正在接受服务旅客到达时刻		P	N	$\sum$WQ	WQ*	$\sum$TS	TS*	$\int Q(t)$	Q*	$\int B(t)$	

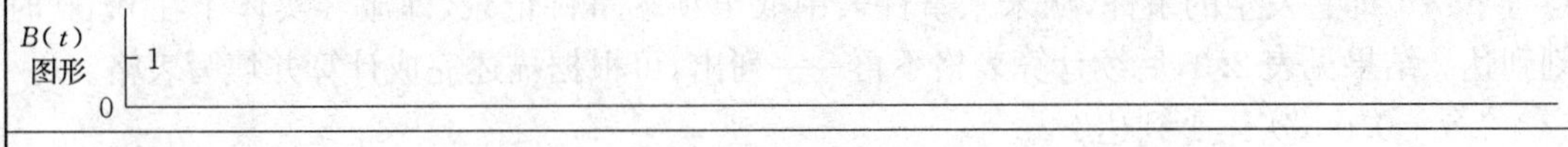

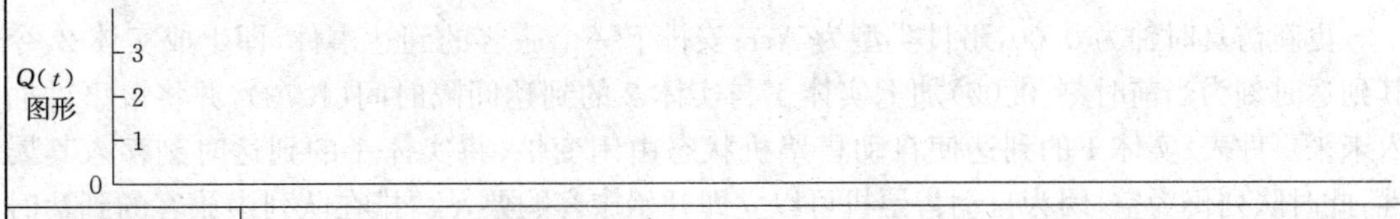

到达间隔时间/min	1.73	1.35	0.71	0.62	14.28	0.70	15.52	3.15	1.76	1.00
服务时间/min	2.90	1.76	3.39	4.52	4.46	4.36	2.07	3.36	2.37	5.38

计算表格说明如下：

（1）系统状态：系统状态用二维动画表示，“▢”表示自动售票机，“◙”表示旅客正在接受服务，“●”表示旅客实体，“❶”圆中的数字表示到达旅客的序号。

(2)仿真时钟:仿真运行的当前时刻。

(3)事件类型:定义当前发生事件的类型,Init 表示初始化事件,Arr 表示到达事件,Dep 表示离开事件,End 表示终止事件。

(4)全局变量:自动售票机状态变量 $B(t)$的当前值("闲"或"忙"),可以用"0"或"1"表示;队长变量 $Q(t)$的当前值,表示等待队列中的旅客数量。全局变量用于描述当前系统的状态,可以与二维动画结合使用。

(5)未来事件表:表中每行表示一个事件记录,并按发生时间升序排列,即最早发生的事件位于未来事件表的顶端;表中第一列为旅客实体序号,第二列为该事件发生的时刻,第三列为该事件的类型。

(6)到达时刻属性:当旅客实体进入系统时,其到达时刻被赋给实体的属性。对于正在自动售票机购票的旅客,该属性值位于"正在接受服务旅客到达时刻"栏内;而队列中各旅客实体的到达时刻属性值则按从右到左的顺序(与系统二维动画旅客顺序一致)位于"排在队列中旅客的到达时刻"栏内。手工仿真过程需要记录并跟踪这些数据,以便在旅客开始购票时计算其排队时间,并在旅客离开系统时计算其系统逗留时间。

(7)统计累加变量:统计累加变量在仿真开始时需要初始化,并在仿真运行过程中随事件的发生,依据事件的处理要求不断更新,统计累加变量说明见 2.3.6 节。

(8)动态图形:自动售票机状态变量 $B(t)$和队长变量 $Q(t)$随时间变化曲线。

(9)活动:为方便计算,在表的最后两行给出了到达间隔时间数据和每个旅客的服务时间数据,通常这些输入数据是随机的。

2.5.3 手工仿真过程

基于事件调度/时间推进算法的铁路自动售票机系统手工仿真执行过程如下:

1. $t=0.00$,初始化

更新仿真时钟为 0.00,事件类型为 Init;仿真模型初始化,所有的全局变量和统计累加变量的初始值设为 0,队列设为空,自动售票机设为空闲状态;将第一个实体(旅客)的到达事件(其发生时刻为 0)和仿真终止事件(其发生时刻为 20.00)放入未来事件表中并排序,然后检查下一个即将发生的事件,从未来事件表中取出顶端事件记录,即旅客实体 1 在 0.00 时刻到达。结果见表 2.3,后续计算表格不再一一列出,可根据描述完成计算并填写表格。

2. $t=0.00$,实体 1 到达

更新仿真时钟为 0.00,事件类型为 Arr;安排下一个旅客的到达事件,即生成实体 2,令其到达时刻为当前时刻(0.00)加上实体 1 与实体 2 的到达间隔时间(1.73),并将该事件插入未来事件表;实体 1 的到达使自动售票机状态由闲变忙,将实体 1 的到达时刻存入其属性,此时队列仍为空,因为自动售票机可以立即开始旅客购票,故"排在队列中旅客的到达时刻"栏为空;由于实体 1 经过了队列(即完成了排队过程,排队时间为 0),故 N 值加 1,累加变量 $\sum \text{WQ}$ 增加实体 1 的排队时间 0,并检查是否出现新的最大排队时间(此时没有);由于没有旅客完成购票,因此 P 仍为 0,旅客的系统逗留时间之和 $\sum \text{TS}$ 及最大系统逗留时间 TS^* 也没有发生变化,由于还没有出现时间跨度,随时间离散变化的统计量 $\int Q(t)$ 、Q^* 和 $\int B(t)$

表 2.3 仿真初始化

<table>
<tr><td colspan="2">系统 </td><td>仿真时钟
0.00</td><td>事件类型
Init</td><td>$B(t)$
0</td><td>$Q(t)$
0</td><td colspan="5">未来事件表
[1, 0.00, Arr]
[—, 20.00, End]</td></tr>
<tr><td>排在队列中旅客的到达时刻
—</td><td>正在接受服务旅客到达时刻
—</td><td>P
0</td><td>N
0</td><td>$\sum$WQ
0.00</td><td>WQ*
0.00</td><td>$\sum$TS
0.00</td><td>TS*
0.00</td><td>$\int Q(t)$
0.00</td><td>Q*
0</td><td>$\int B(t)$
0.00</td></tr>
<tr><td colspan="11">$B(t)$ 图形 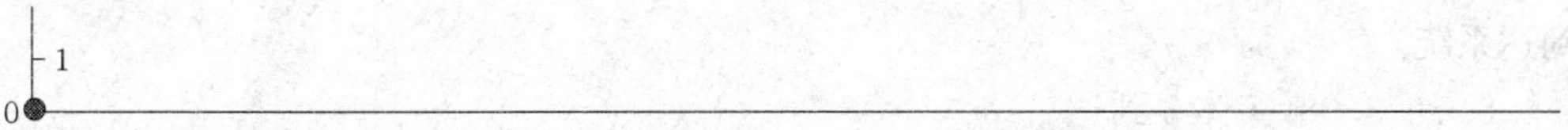</td></tr>
<tr><td colspan="11">$Q(t)$ 图形 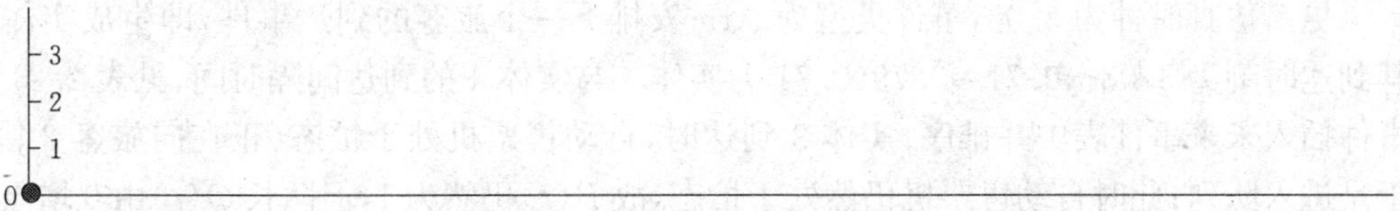</td></tr>
<tr><td>到达间隔时间/min</td><td>1.73</td><td>1.35</td><td>0.71</td><td>0.62</td><td>14.28</td><td>0.70</td><td>15.52</td><td>3.15</td><td>1.76</td><td>1.00</td></tr>
<tr><td>服务时间/min</td><td>2.90</td><td>1.76</td><td>3.39</td><td>4.52</td><td>4.46</td><td>4.36</td><td>2.07</td><td>3.36</td><td>2.37</td><td>5.38</td></tr>
</table>

也保持不变；根据表 2.2 中的数据，旅客 1 的购票时间为 2.90，将旅客 1 的离开事件插入未来事件表(发生时刻为 0+2.90=2.90)；将未来事件表的顶端记录取出，即下一个事件是实体 2 在 $t=1.73$ 时刻到达系统。

3. $t=1.73$，实体 2 到达

更新仿真时钟为 1.73，事件类型为 Arr；安排下一个旅客的到达事件，即生成实体 3，令其到达时刻为当前时刻(1.73)加上实体 2 与 3 的到达间隔时间(1.35)，将该事件插入未来事件表中(该事件的发生时刻为 1.73+1.35=3.08)并排序；同时，实体 2 到达时发现自动售票机处于忙态(正在向实体 1 售票)，于是进入队列；此时，自动售票机状态变量 $B(t)$仍然为 1，但队长 $Q(t)$由 0 增至 1；将实体 2 的到达时刻存入其属性，由于实体 2 目前排在队列中，故在表 2.2“排在队列中旅客的到达时刻”栏中将其到达时刻属性值写入；由于实体 1 仍在购票，因此实体 2 的到达事件没能产生新的离开事件，而且实体 2 的排队时间也无法确定，因此 P、N、$\sum$WQ 、WQ* 、$\sum$TS 和 TS* 的值均未发生变化，$\int Q(t)$ 的增加量为 $0\times(1.73-0.00)=0$，$\int B(t)$ 的增加量为 $1\times(1.73-0.00)=1.73$；由于 $Q(t)$的新值为 1，比先前的 $Q^*=0$ 大，故令新的最大队长 $Q^*=1$；实体 2 的离开事件将在实体 1 离开系统时安排，下一个事件即为实体 1 在 $t=2.90$ 时刻离开系统。

4. $t=2.90$，实体 1 离开

更新仿真时钟为 2.90，事件类型为 Dep；由于这是一个离开事件，所以无须安排新的旅客到达事件(实体 3 将在 $t=3.08$ 时刻到达系统)。现在旅客 1 在自动售票机已完成购票并离开，因为队列不空，所以自动售票机继续处于忙态，也即 $B(t)$仍然为 1，但队长 $Q(t)$由 1 减至 0，队列变空(因为旅客 2 离开队列开始购票)；计算旅客 2 的排队等待时间为 $2.90-1.73=1.17$，将其累加到 $\sum$WQ 中，并令 N 加 1(旅客 2 完成排队)；由于 1.17 是新的最大排队等待时间，故令 $WQ^*=1.17$；旅客 1 已完成购票，令 P 加 1，算出旅客 1 的系统逗留时间为 2.90−0.00=2.90，并将其累加到 $\sum TS$ 中；由于 2.90 是新的最大系统逗留时间，故令 $TS^*=2.90$。$\int Q(t)$ 与 $\int B(t)$ 的增加量均为 $1\times(2.90-1.73)=1.17$；由于没有出现新的最大队长，故 Q^* 没有发生变化，仍为 1；生成旅客 2 的离开事件，从表 2.2 可知，旅客 2 的购票时间为 1.76，因此可以得出旅客 2 的离开时刻为 2.90+1.76=4.66，将旅客 2 的离开事件插入未来事件表中并排序；按事件发生的先后顺序，下一个事件为实体 3 在 $t=3.08$ 时刻到达系统。

5. $t=3.08$，实体 3 到达

更新仿真时钟为 3.08，事件类型为 Arr；安排下一个旅客的到达事件，即生成实体 4，令其到达时刻为 3.08+0.71=3.79(0.71 为实体 3 与实体 4 的到达间隔时间，见表 2.2)，将该事件插入未来事件表中并排序；实体 3 到达时，自动售票机处于忙态(正在向旅客 2 售票)，于是进入队列；此时自动售票机仍然处于忙态，故 $B(t)$ 仍然为 1，但队长 $Q(t)$ 由 0 增至 1，将实体 3 的到达时刻(3.08)存入其属性；由于实体 2 的购票过程仍在继续，因此实体 3 的到达事件不产生新的离开事件，而且实体 3 的排队时间也无法确定，故 P、N、$\sum WQ$、WQ^*、$\sum TS$ 和 TS^* 均未发生变化。$\int Q(t)$ 的增加量为 $0\times(3.08-2.90)=0$，$\int B(t)$ 的增加量为 $1\times(3.08-2.90)=0.18$，$Q(t)$ 的新值为 1，没有超过先前的 Q^*，故最大队长 $Q^*=1$ 保持不变；实体 3 的离开事件将在实体 2 离开系统时安排，下一个事件将是实体 4 在 $t=3.79$ 时刻到达系统。

6. $t=3.79$，实体 4 到达

更新仿真时钟为 3.79，事件类型为 Arr；安排下一个(第 5 个)旅客的到达事件，令其到达时刻为 3.79+0.62=4.41，将该事件插入未来事件表中并排序；由于此时自动售票机仍处于忙态，于是实体 4 进入队列，$B(t)$ 仍然为 1，但队长 $Q(t)$ 由 1 增至 2，将实体 4 的到达时刻(3.79)存入其属性，并将实体 4 排在队列末端(排队规则为 FIFO，即“先进先出”)；由于实体 2 的购票过程仍在继续，因此实体 4 的到达事件没能产生新的离开事件，而且实体 4 的排队时间也无法确定，故 P、N、$\sum WQ$、WQ^*、$\sum TS$ 和 TS^* 均保持不变；$\int Q(t)$ 的增加量为 $1\times(3.79-3.08)=0.71$，$\int B(t)$ 的增加量为 $1\times(3.79-3.08)=0.71$，由于 $Q(t)$ 的新值为 2，超过了先前的 $Q^*=1$，故更新最大队长变量 $Q^*=2$；此时还不能安排实体 4 的离开事件，该事件将在实体 3 离开系统时安排，下一个事件将是实体 5 在 $t=4.41$ 时刻到达系统。

7. $t=4.41$，实体 5 到达

更新仿真时钟为 4.41，事件类型为 Arr；安排下一个(第 6 个)实体的到达事件，其到达时刻为 4.41+14.28=18.69，将该事件插入未来事件表中并排序；实体 5 到达后排在队列尾部，$B(t)$ 仍然保持为 1，队长 $Q(t)$ 由 2 增至 3，将实体 5 的到达时刻(4.41)存入其属性；由于实体 2 的购票过程仍未结束，因此实体 5 的到达事件不产生新的离开事件，而且实体 5 的排队时间也无法确定，故 P、N、$\sum WQ$、WQ^*、$\sum TS$ 和 TS^* 仍保持不变；$\int Q(t)$ 的增加量为 2×(4.41－3.79)＝1.24，$\int B(t)$ 的增加量为 1×(4.41－3.79)＝0.62。由于 $Q(t)$ 增至 3，故更新最大队长变量 $Q^*=3$；与前面类似，此时还不能安排实体 5 的离开事件，下一个事件将是实体 2 在 $t=4.66$ 时刻离开系统。

8. $t=4.66$，实体 2 离开

更新仿真时钟为 4.66，事件类型为 Dep；现在旅客 2 完成购票并离开，因为队列不空，所以自动售票机继续处于忙态，也即 $B(t)$ 仍然为 1，但队长 $Q(t)$ 由 3 减至 2；排在队列中的第一个旅客(实体 3，在 $t=3.08$ 时刻进入系统)离开队列开始购票，其排队等待时间为 4.66－3.08＝1.58，将实体 3 的排队等待时间累加到 $\sum \mathrm{WQ}$ 中，并令 N 加 1(增至 3)；由于 1.58 是新的最大排队等待时间，故令 $\mathrm{WQ}^*=1.58$；由于有新旅客完成购票，令 P 加 1(增至 2)；旅客 2 的系统逗留时间 4.66－1.73＝2.93，将其累加到 $\sum \mathrm{TS}$ 中，由于这是新的最大系统逗留时间，故将 TS^* 更新为 2.93；$\int Q(t)$ 的增加量为 3×(4.66－4.41)＝0.75，$\int B(t)$ 的增加量为 1×(4.66－4.41)＝0.25；由于没有出现新的最大队长值，故 Q^* 保持不变；由于实体 3 已经开始购票，故可以安排其离开事件，实体 3 的离开时刻为 4.66＋3.39＝8.05，将实体 3 的离开事件插入未来事件表中并排序；根据未来事件表，下一个事件即为实体 3 在 $t=8.05$ 时刻离开系统。

9. $t=8.05$，实体 3 离开

更新仿真时钟为 8.05，事件类型为 Dep；旅客 3 完成购票并离开系统，队列中排在首位的旅客(实体 4)离开队列开始购票，将其排队等待时间 8.05－3.79＝4.26 累加到 $\sum \mathrm{WQ}$，令 N 加 1(增至 4)；由于 4.26 是新的最大排队等待时间，故令 $\mathrm{WQ}^*=4.26$；$B(t)$ 仍保持为 1，队长 $Q(t)$ 由 2 减至 1；计算旅客 3 的系统逗留时间为 8.05－3.08＝4.97，将其累加到 $\sum \mathrm{TS}$ 中，令 P 加 1(增至 3)；由于是新的最大系统逗留时间，故令 $\mathrm{TS}^*=4.97$；$\int Q(t)$ 的增加量为 2×(8.05－4.66)＝6.78，$\int B(t)$ 的增加量为 1×(8.05－4.66)＝3.39，Q^* 保持不变；安排实体 4 的离开事件，其离开时刻为 8.05＋4.52＝12.57，将实体 4 的离开事件插入未来事件表中并排序；根据未来事件表，下一个事件即为实体 4 在 $t=12.57$ 时刻离开系统。

10. $t=12.57$，实体 4 离开

更新仿真时钟为 12.57，事件类型为 Dep；旅客 4 完成购票并离开系统，旅客 5 离开队列开始购票，将其排队等待时间 12.57－4.41＝8.16 累加到 $\sum \mathrm{WQ}$，令 N 加 1(增至 5)；由于是新的最大排队等待时间，故令 $\mathrm{WQ}^*=8.16$；$B(t)$ 仍保持为 1，队长 $Q(t)$ 由 1 减至 0(队列变为空)；计算旅客 4 的系统逗留时间为 12.57－3.79＝8.78，并将其累加到 $\sum \mathrm{TS}$ 中，令 P 加 1(增至 4)；由于是新的最大系统逗留时间，故将 TS^* 更新为 8.78；$\int Q(t)$ 与 $\int B(t)$ 的增加量均为 1×(12.57－8.05)＝4.52，Q^* 保持不变；安排实体 5 的离开事件，其离开时刻为 12.57＋4.46＝17.03，将实体 5 的离开事件插入未来事件表中并排序；根据未来事件表，下

一个事件即为实体 5 在 $t=17.03$ 时刻离开系统。

11. $t=17.03$,实体 5 离开

更新仿真时钟为 17.03,事件类型为 Dep;旅客 5 完成购票并离开系统,由于队列为空,自动售票机变为空闲,$B(t)=0$;因为没有新的排队等待时间,故 N、$\sum WQ$、WQ^* 保持不变,计算旅客 5 的系统逗留时间为 $17.03-4.41=12.62$,将其累加到 $\sum TS$ 中,令 P 加 1(增至 5);由于是新的最大系统逗留时间,故将 TS^* 更新为 12.62;$\int Q(t)$ 的增加量为 0,$\int B(t)$ 的增加量为 $1\times(17.03-12.57)=4.46$,$Q^*$ 保持不变;由于此时自动售票机没有旅客购票,故没有新的离开事件需要安排;下一个事件即为实体 6 在 $t=18.69$ 时刻到达系统。

12. $t=18.69$,实体 6 到达

更新仿真时钟为 18.69,事件类型为 Arr;旅客 6 到达系统,此时系统中没有其他旅客,自动售票机处于空闲状态,此时的情形与旅客 1 在 0 时刻进入系统的情况是相同的,旅客 6 的"经历"与旅客 1 也几乎是一样的。首先安排下一个旅客(实体 7)的到达事件,其到达时刻为 $18.69+0.70=19.39$,将该事件插入未来事件表中并排序;同时,旅客 6 的到达使自动售票机状态由闲变忙,但队列仍然为空,因为旅客到达时自动售票机是空闲的,因而可以立即开始向该旅客提供服务;旅客 6 的排队时间为 0,N 值加 1,$\sum WQ$ 的增量为 0,未出现新的最大排队等待时间;由于没有旅客离开系统,因此 P、$\sum TS$ 及 TS^* 不会发生变化;因为上一个事件到这一事件之间 $Q(t)$ 与 $B(t)$ 的值均为 0,故 $\int Q(t)$、$\int B(t)$ 和 Q^* 均保持不变;将旅客 6 的离开事件插入未来事件表中并排序,其发生时刻为 $18.69+4.36=23.05$(从未来事件表中可看出,由于这一时刻超出了仿真终止时刻,故该事件将不会发生);下一个事件是实体 7 在 $t=19.39$ 时刻到达系统。

13. $t=19.39$,实体 7 到达

更新仿真时钟为 19.39,事件类型为 Arr;安排下一个(第 8 个)实体的到达事件,其到达时刻为 $19.39+15.52=34.91$,因超出了仿真终止时刻(20.00),故不会发生;实体 7 进入队列,$B(t)$ 保持为 1,队长 $Q(t)$ 由 0 增至 1(没有超过已有的最大队长);由于不能得出新的排队时间,N、$\sum WQ$ 及 WQ^* 均没有发生变化;由于没有旅客离开系统,P、$\sum TS$ 和 TS^* 也不会发生变化;$\int Q(t)$ 的增加量为 0,$\int B(t)$ 的增加量为 $1\times(19.39-18.69)=0.70$;下一个事件为仿真在 $t=20.00$ 时刻终止。

14. $t=20.00$,仿真终止

更新仿真时钟为 20.00,事件类型为 End;此时唯一的任务就是将 $\int Q(t)$ 与 $\int B(t)$ 更新至仿真终止,也即均增加 $1\times(20-19.39)=0.61$。仿真终止时的情形见表 2.4,表中描述了 $t=20.00$ 时的系统状态,并给出了各统计累加变量的最终值。

表 2.4　仿真终止

系统	仿真时钟	事件类型	$B(t)$	$Q(t)$	未来事件表
⑦ ⑥	20.00	End	1	1	[6，23.05，Dep] [8，34.91，Arr]

排在队列中旅客的到达时刻	正在接受服务旅客到达时刻	P	N	$\sum$WQ	WQ*	$\sum$TS	TS*	$\int Q(t)$	Q^*	$\int B(t)$
19.39	18.69	5	6	15.17	8.16	32.20	12.62	15.78	3	18.34

$B(t)$ 图形

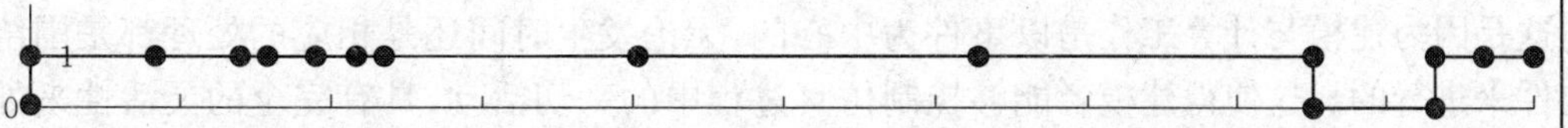

$Q(t)$ 图形

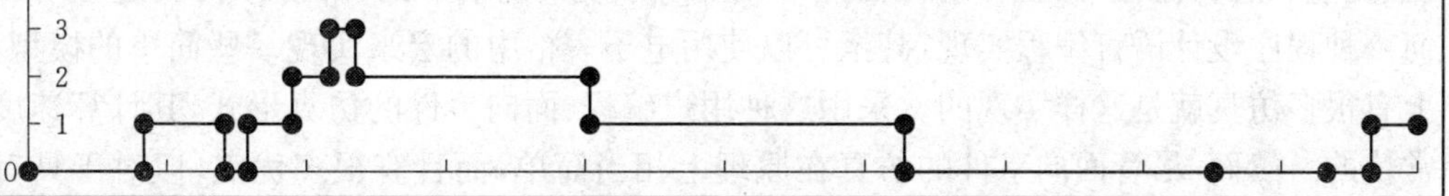

到达间隔时间/min	1.73	1.35	0.71	0.62	14.28	0.70	15.52	3.15	1.76	1.00
服务时间/min	2.00	1.76	3.39	4.52	4.46	4.36	2.07	3.36	2.37	5.38

2.5.4　手工仿真结果

依据 2.1.3 节给出的计算公式，仿真结束时计算得出的输出性能指标值如下：

(1)平均排队等待时间 $\sum \mathrm{WQ}/N=15.17/6\approx 2.53(\mathrm{min})$。

(2)平均系统逗留时间 $\sum \mathrm{TS}/P=32.20/5=6.44(\mathrm{min})$。

(3)平均队长 $\int Q(t)/t=15.78/20=0.79$(人)($t$ 为仿真时钟的终值，即仿真运行总时长 $T=20$ min)。

(4)自动售票机的利用率 $\int B(t)/t=18.34/20=0.92$。

表 2.5 汇总给出了所有输出性能指标的最终计算结果。

表 2.5　手工仿真输出性能指标的最终值

性能指标	手工仿真结果	排队论
完成购票旅客数量	5 人	—
平均排队等待时间	2.53 min/人(共 6 人)	19.121 min
最大排队等待时间	8.16 min	—
平均系统逗留时间	6.44 min/人(共 5 人)	22.578 min
最大系统逗留时间	12.62 min	—
平均队长	0.79 人	4.683 人
最大队长	3 人	—
自动售票机利用率	0.92	—

在 20 min 的手工仿真过程中，系统共完成了 5 个旅客的售票工作，排队等待时间、系统逗留时间及平均队长维持在较低程度，自动售票机利用率达到了 92%。这些结果与预先猜测的结果及由简化的排队模型所得出的结论有着相当大的差异。注意，一次手工仿真计算只是得到一个计算结果而不是结论，原因见下文 2.6.1 节的讨论。

2.5.5 面向事件与面向过程的仿真

2.5.3 节的手工仿真采用的是事件调度/时间推进算法，也称为**面向事件**的仿真方式，这是因为建模与计算工作是以事件为中心的，无论发生时间还是相应的处理都是围绕着事件来进行的。这使得建模者能够控制仿真过程中的一切活动，具有完全的灵活性来处理属性、变量和逻辑流程，而且可以在任何时刻了解系统的所有状态。此外，仿真过程可以用任何一种程序设计语言编程实现，甚至可以使用电子表格中的宏来实现一些简单的模型，事实上有很多仿真就是这样实现的。采用这种用户编程、面向事件的仿真形式，其计算速度是非常快的。然而，尽管面向事件的仿真在原理上相当简单，而且有很多优点，但对于具有大量不同类型事件、实体和资源的大型复杂系统来说，其建模与实现过程将会是非常复杂的。

对于本章实例，可能会产生"自动售票机系统到底是什么"的疑问。这是一个模糊的问题，在没有任何参考框架的情况下很难回答。然而，如果将其放在过程的背景下思考，事情就变成了旅客进入系统、移动、排队等候、开始购票、持续一段时间完成购票后离开。与此同时，还有一些约束条件，例如是否在任何时间点都可以购票或在自动售票机前等待的旅客数量是否存在能力限制。因此，一种更加自然的仿真方式是让实体以其在系统实际流动过程的形式建立模型，而不是像面向事件的仿真那样去无所不能地控制和跟踪各种事件、实体、属性、全局变量及统计累加变量。这种仿真方式围绕着实体所经历的各种处理过程进行，用实体或者对象的生命周期来定义仿真模型，因而被称为**面向过程**的仿真。这极其类似于另一种通用的建模工具——流程图。

过程是一组相互关联的任务，它们一起将输入转换为输出。在离散事件系统仿真中，过程也可以理解为是将某些输入转换为其他输出所需的一系列事件。按面向过程的仿真方式，将自己想象为旅客，则自动售票机系统的仿真模型可按如下步骤构建：

(1)把自己创建出来，进入系统(一个新的旅客实体到达)。

(2)把当前时间(到达时间)写在自己的属性中，用于在后面计算排队等待时间和系统逗留时间。

(3)如果队列非空(自动售票机处于工作状态)，则排到队列末尾，否则转到步骤(5)。

(4)在队列中等待，直到自动售票机空闲下来为自己提供服务(如果进入系统时自动售票机刚好处于空闲状态，则可以马上接受服务，此时排队等待时间为 0)。

(5)离开队列，占用自动售票机，计算自己的排队等待时间。

(6)停留在自动售票机接受服务，仿真时钟向后推延一段时间，延迟的时间正好等于所需的服务时间。

(7)释放自动售票机，排在队列中的旅客实体可继续占用自动售票机接受服务。

(8)给完成购票旅客数量统计变量加 1，并计算自己的系统逗留时间。

(9)离开系统，把自己清除掉。

以上建模过程实际上就是用面向过程的仿真语言(如 GPSS/H 或 SIMAN)所编写的一种程序,也是如 AnyLogic、Simio 和 Arena 等仿真软件处理问题的通常方式。事实上,这些仿真软件包将其所建立的流程图形式的模型翻译成 Java 语言或 SIMAN 模型再加以运行。显然这是一种自然得多的建模方式,更重要的是,在建立大型仿真模型时不会像面向事件的建模过程那样复杂。当然,这种建模方式需要更多的后台支持,如时间推进、统计累加变量跟踪及输出报告生成等。像 AnyLogic 这类仿真软件不仅提供了这些后台支持,而且还提供了丰富且功能强大的建模构件,这使得用户能够快捷、可靠地建立复杂系统的仿真模型。

绝大多数离散事件仿真尽管其建模是按照面向过程的方式进行的,但实际上都是按照面向事件的方式执行的,因为仿真软件并不能直接理解流程图,是事件支撑着仿真软件包中过程的实现,只不过事件处理被隐藏起来了而已。如果用户想直接在模型中控制某些特定的元素,仿真软件所具有的多层次建模特征能够允许用户直接采用面向事件的方式建模,在这种情况下可以像处理实例中的手工仿真那样按面向事件的逻辑进行建模和编程。由于易于使用且功能强大,面向过程的仿真方式已越来越流行,后文的实例应用也将采用这一方式建模。之所以花费一定的篇幅来阐述面向事件的仿真方式,主要是为了能够理解仿真是如何实现的。

2.6　仿真中的随机性

本节将初步讨论如何在仿真模型的输入中引入随机性、为什么要引入随机性,以及随机性对仿真输出结果的影响。在此需要一些概率和数理统计知识,可先浏览一下第 6 章的内容,以便对相关的基本概念、术语和符号有所了解。

2.6.1　随机输入与随机输出

2.5 节中的手工仿真中使用了表 2.1 中的数据来驱动仿真执行过程(见 2.5.3 节),所得到的仿真输出性能指标值列在表 2.5 中。这一手工计算过程所描述的可能是某个特定的一天早上从 6:00—6:20 这段时间中,某个铁路车站售票厅所发生的事情,但实际需要研究的问题往往比这要复杂得多,例如,管理者通常希望知道一个“典型”的早上会发生什么事情,以及每天的情况会有什么样的不同。由于旅客在另外一天的到达时间和服务时间可能与表 2.1 中的数据不一样,则仿真过程中的活动跟踪情况当然也会相应地发生变化,因此所得到的输出性能指标值也可能和表 2.5 不一样。所以,对实例仅做一次仿真运行是没有用的,因为研究者无法从中知道“典型”的结果是什么,以及这个结果具有多大的可变性。按统计学的术语,从单次仿真运行中得到的结果仅是一个样本量为 1 的样本,没有多大价值,不能仅仅依据它来做出重要决策。就像如果掷出一个骰子,正好朝上的面是 6,但不能就此得出结论该骰子所有的面都是 6。

因此,引入随机输入以更有效地描述实际情况。在表示随机输入时,并不是像表 2.1 那样,把所有输入值预先做成一个数据表,而是采用特定的**概率分布**来生成(或抽样)各个观测值,并用这些生成的观测值来驱动仿真运行。当给定了输入分布后,仿真软件将自动生成服从这些概率分布的抽样数据,这不仅能使得模型更贴近实际,而且能在仿真中使用比所观测到的数据更多的数据,并能够探索实际中可能没有观测到的一些情况。当然,随机输入把随机性也带给了输出,在本节的余下部分将初步讨论输出的随机性问题,更加详细和完整的讨论见第 10 章和第 11 章。

2.6.2 重复仿真运行

表 2.1 中的数据实际上是仿真软件以一定的概率分布随机生成的。其中,到达间隔时间服从均值为 5 min 的指数分布;服务时间则服从三角分布,其最小值为 1,模(众数)为 3,最大值为 6,单位均为 min。仿真模型的输入概率分布的确定将于第 8 章讨论,AnyLogic 提供的各种概率分布函数见 6.6 节。

用由相同概率分布生成的随机输入数据做多次(本节为 5 次)独立的 20 min 仿真运行,研究每次运行的结果有何不同,这表示了实际工作日每天早上所发生的不同情况。每次仿真运行的初始条件与终止准则不变,而且使用相同的输入参数设置(即在统计上是相同的),但使用不同的随机变量取值(即统计上是独立的)来生成服从特定概率分布的实际旅客到达间隔时间和服务时间用以驱动仿真。这些仿真被称为**重复仿真运行**,借助仿真软件可以很容易地实现重复仿真过程,只需设置需要重复的次数即可。本节考虑进行 5 次重复仿真,每次运行均使用类似于表 2.1 的输入数据,生成表 2.4 形式的仿真计算过程记录,得到表 2.5 形式的输出性能指标结果。

对实例进行 5 次重复仿真的运行结果见表 2.6,表中重复仿真序号的第 1 列是第 1 次仿真的结果,与表 2.5 中的结果是一样的,但不难看出,每次重复仿真得到的结果有很大的差异,这就类似于车站自动售票机前每天发生的情况都不相同。表 2.6 还给出了 5 次独立重复运行输出结果的样本均值与标准差。与每次独立运行的结果相比,样本均值提供了对各性能指标更为稳定的估计,而样本标准差则描述了各次独立运行结果之间的差异。

表 2.6 5 次重复仿真得到的输出性能指标

性能指标	重复仿真序号					样本		95%
	1	2	3	4	5	均值	标准差	置信区间半长
完成购票旅客总数/人	5	3	6	2	3	3.80	1.64	2.04
平均排队等待时间/min	2.53	1.19	1.03	1.62	0.00	1.27	0.92	1.14
最大排队等待时间/min	8.16	3.56	2.97	3.24	0.00	3.59	2.93	3.63
平均系统逗留时间/min	6.44	5.10	4.16	6.71	4.26	5.33	1.19	1.48
最大系统逗留时间/min	12.62	6.63	6.27	7.71	4.96	7.64	2.95	3.67
平均队长/人	0.79	0.18	0.36	0.16	0.05	0.31	0.29	0.36
最大队长/人	3	1	2	1	1	1.60	0.89	1.11
自动售票机利用率	0.92	0.59	0.90	0.51	0.70	0.72	0.18	0.23

注意:对极值(如最大值、最小值)类性能指标计算均值与标准差似乎值得商榷,因为“极值的均值”代表什么含义不够明确。因此,如果想了解极值类性能指标的话,有时用各次重复仿真得到的此类性能指标的极值会更好。

因为每次独立重复仿真结果是独立同分布的，所以可以得到真实期望性能指标 μ 的置**信区间**如下（μ 可以看作是无穷多次独立重复仿真结果的样本均值）：

$$\overline{X} \pm t_{n-1,1-\alpha/2}\frac{S}{\sqrt{n}} \tag{2.5}$$

式中，$\overline{X}$ 为样本均值，S 为样本标准差，n 为重复仿真次数，$t_{n-1,1-\alpha/2}$ 为自由度为 $n-1$ 的 t 分布在 $1-\alpha/2$ 上的临界点，可以通过查 t 分布表得到（见附录 A 表 A-3）。例如，可计算出实例中（此处 $n=5$）完成购票旅客总数的 95%置信区间（$\alpha=0.05$）为

$$3.80 \pm 2.78 \times \frac{1.64}{\sqrt{5}} \approx 3.80 \pm 2.04，或[1.76, 5.84]$$

表 2.6 的最后一列给出了所有性能指标期望值的 95%置信区间半长。其含义是，通过 5 次独立重复仿真运行得到以上置信区间，该区间将以 95%的可能性覆盖或包含真实性能指标（未知的）的期望值。从表 2.6 中可以看出，计算出的完成购票旅客总数的置信区间半长 2.04 相对于区间中心 3.80 来说过大，这表明估计的精度过低。原因在于 5 次仿真结果还不足以了解有关输出性能指标期望值的更精确的信息，可通过增加重复仿真运行次数来改进。由此可见，通过仿真来收集数据的一大优势，就是能够通过简单地增加重复仿真运行次数来得到更多的与系统运行特性相关的信息。

2.6.3　备选方案比较

大多数仿真研究的目的并不仅仅是要建立或设计一个模仿实际的系统，而在于了解当设计方案、参数（在实际中可控或不可控）、工作组织及操作方法发生改变时，系统性能将会出现什么样的变化。为了初步理解在方案比较过程中随机性会产生多大的影响，可以通过对以上实例做适当修改后重新运行，重复仿真次数亦为 5 次。

本例所做的修改仅仅是对旅客的到达率参数加倍，也即到达间隔时间仍服从指数分布，而均值由 5 min 变为 2.5 min，仿真中其他各项均保持不变。方案 1 的到达间隔时间均值为 5 min，方案 2 的到达间隔时间均值为 2.5 min，这个变化可用于表示铁路车站高峰期售票厅旅客密集到达时的情况，仿真结果见表 2.7。

表 2.7　备选方案（参数变化）仿真结果比较

重复仿真序号	输出性能指标									
	完成购票旅客总数/人		平均排队等待时间/min		平均系统逗留时间/min		平均排队长度/人		自动售票机利用率	
	方案 1	方案 2	方案 1	方案 2	方案 1	方案 2	方案 1	方案 2	方案 1	方案 2
1	5	6	2.53	7.38	6.44	10.19	0.79	2.88	0.92	1.00
2	3	4	1.19	2.10	5.10	5.61	0.18	0.52	0.59	0.92
3	6	6	1.03	3.52	4.16	5.90	0.36	1.71	0.90	1.00
4	2	4	1.62	2.81	6.71	6.93	0.16	0.77	0.51	0.95
5	3	5	0.00	2.93	4.26	5.57	0.05	2.25	0.70	1.00

可以通过图形的方式进行更直观的比较，图 2.11 显示了四个非极值类性能指标的比较情况，横坐标为旅客到达间隔时间的均值，其中矩形表示原来(表 2.5)的情况，圆形表示修改后(平均到达间隔时间为 2.5 min)的情况。对每个性能指标，图中分别显示了 5 次仿真的结果，其中第一次仿真的结果用实心符号表示，而其他 4 次的结果则表示为空心符号。

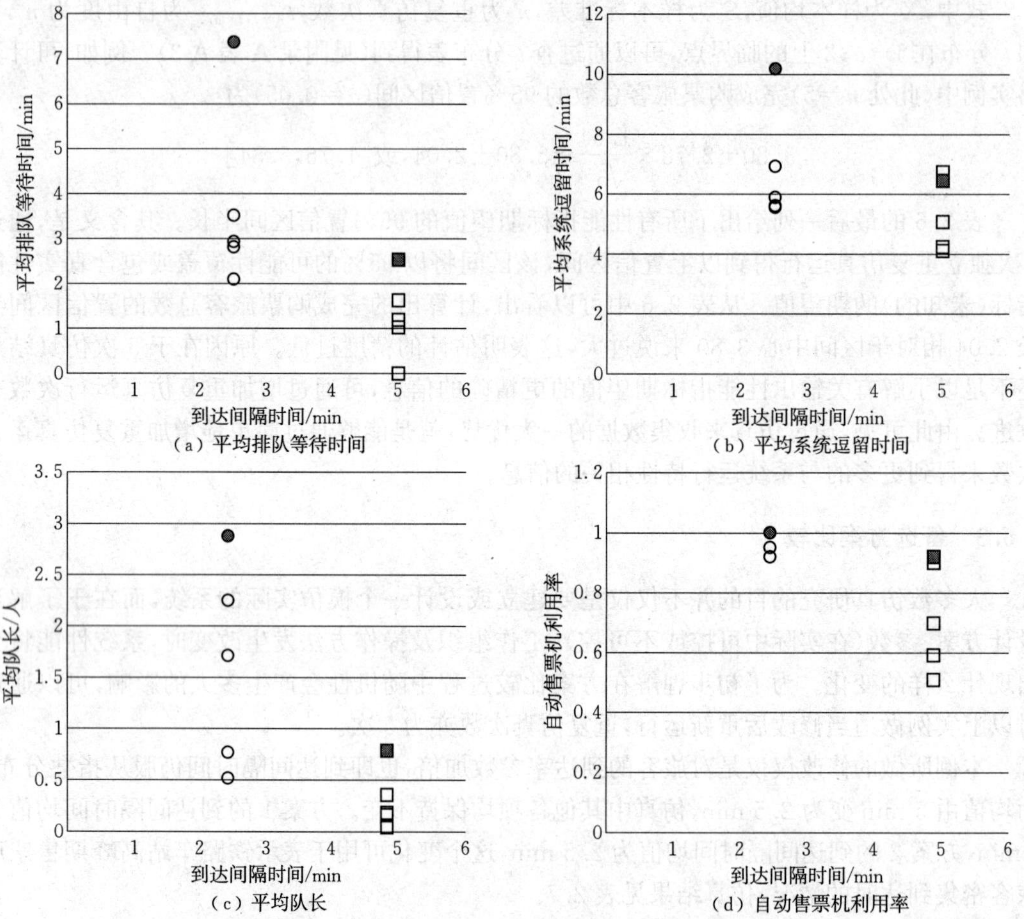

图 2.11　原有系统(矩形)与到达率加倍系统(圆形)的比较

虽然要得出可靠结论需要更规范化的统计分析(见第 11 章)，但以上比较也可带来一定启发，由图 2.11 可见：

(1)平均排队时间、平均系统逗留时间及平均队长都随到达率加倍而有增大的趋势。

(2)由于自动售票机的能力限制，很难判断其利用率是否由于到达率加倍就会有显著的增加，完成购票的旅客总数也是如此。

从上面的分析可以看出，仅依赖于单独一次仿真的结果(如图 2.11 中的实心符号)有可能会导致错误的结论。例如，根据第一次仿真得出的平均排队时间可判断，到达率加倍后平均排队等待时间有极大的增加，但再观察其他各次仿真的结果可以看出，两种情况下的差异并非如此显著。由此可知，当制定重要决策时，仅依赖于单独一次仿真运行结果就做出结论是不可取的。

本章小结

本章首先介绍了离散事件仿真的一些主要概念及其组成要素，其中最重要的是实体、属性、活动、事件和仿真时钟，并通过一个简单示例阐述了这些基本概念的含义；其次，重点讨论了时间推进机制和事件调度/时间推进的算法原理；再次，为了增强对离散事件仿真方法的理解，详细描述了基于事件调度的手工仿真处理内容及计算过程；最后，初步讨论了仿真中的随机性问题。

学习完本章后，应能掌握离散事件系统仿真的基本原理、方法和一般过程；能够完成基于事件驱动的手工仿真计算；能够解释仿真结果，并与理论模型进行比较分析。

练　习　题

1. 分析下列系统的实体、属性、活动、事件、状态变量和统计累加变量等组成元素，并思考如何设置仿真开始与停止的规则：

(1)地铁车站的安检系统。

(2)高速铁路车站的自助取票机。

(3)机场航站楼的人工值机柜台。

(4)铁路集装箱中心站的门吊。

(5)铁路编组站的驼峰。

2. 在自动售票机系统的手工仿真中，定义一个随时间离散变化的统计量——系统中的旅客数，包括队列中的旅客和正在购票的旅客。重新进行手工仿真，跟踪这一新的全局变量的变化，最后求其对时间的平均值和最大值，并与平均队长进行比较。

3. 2.2.2 节中介绍了 M/M/1 排队系统的公式，并用表 2.1 中的数据估计了平均到达间隔时间为 4.082 min，平均服务时间为 3.457 min，根据公式计算出系统的平均排队等待时间为 19.121 min。然而，在 2.5.4 节手工仿真得到的平均排队等待时间为 2.53 min。问：

(1)为什么这两种方法得到的结果有如此明显的差异？请至少给出三个理由。

(2)用表 2.1 中的相同数据分布仿真 100 万 min，而不是 20 min，可得到平均排队等待时间为 3.60 min，为什么与排队论公式计算结果和手工计算结果不一样？

(3)通过请教车站工作人员得到如下信息：到达间隔时间是从均值为 5 min 的指数分布抽样得到的；而自动售票机服务时间则是从三角分布抽样得到的，其最小值为 1 min，模为 3 min，最大值为 6 min。利用这些信息可知：平均到达间隔时间为 5 min，平均服务时间为 $(1+3+6)/3\approx3.33$(min)。将这些值代入 M/M/1 公式算出新的平均排队等待时间是多少？为什么与前面得到的三个值还是不一样？

4. 使用表 2.8 所示数据，按照 2.5.3 节的描述对铁路车站自动售票机系统进行手工仿真。

表 2.8　仿真数据

旅客编号	到达时刻	到达间隔时间/min	服务时间/min
1	0.0	—	3.91
2	1.47	1.47	5.99
3	3.68	2.21	3.07
4	7.26	3.58	1.28
5	14.31	7.05	2.82
6	18.70	4.39	2.75
7	23.95	5.28	4.55
8	37.05	13.10	2.57
⋮	⋮	⋮	⋮

5. 对习题 2 增加的统计量“系统中的旅客数”进行 10 次重复仿真运行，并计算其置信区间半长。

6. 在到达率加倍的情况下，基于习题 2 增加的统计量“系统中的旅客数”进行方案比较，并进行解释。

7. 试添加必要的统计累加变量，估计排队时间大于 5 min 的旅客占比。

第3章　排队系统建模与仿真

在对排队模型进行分析时，经常使用仿真的方法，2.1.1节的例子是一个简单而典型的排队模型，旅客不断地到来，加入队列，然后接受服务，最终离开系统。其中，“旅客”可以理解成向系统请求“服务”的任意类型的实体。因此，各种服务设施、生产系统、通信及计算机系统，以及交通系统和物料搬运系统等都可以被视为排队系统。

在对排队系统进行设计和性能评价时，不论是通过数值求解还是仿真分析，排队模型都为分析人员提供了强大的工具。当设计或试图改进一个排队系统时，决策者需要根据队列长度和等待时间等指标，在服务台利用率和顾客满意度之间进行权衡。排队论和仿真可以用来预测这些衡量系统性能的指标，这些指标可以看作系统输入参数的函数。通常的输入参数包括顾客到达率、顾客对服务的需求、服务台工作时间所占比例、服务台数量及服务规则等。对于简单的系统，一些性能指标可以通过数值方法求解得到，与使用仿真模型相比，可以节省大量的时间和成本。但对于现实世界中的复杂系统来说，通常只能使用仿真方法分析。尽管基于简化和假设，排队论对于粗略估计系统性能依然是有价值的，这种粗略估计可以借助仿真模型实现更进一步的精准化，也可以用于检验仿真模型的正确与否。

3.1节简单介绍排队系统的基本概念、组成和符号表示；3.2节对一般排队系统的主要性能指标进行描述，讨论它们之间的关系；3.3节在2.1节实例基础上，说明如何使用电子表格(如Excel)来构建仿真模型，包括随机变量生成、变量设置、仿真表格设计，以及如何进行简单的仿真实验，目的是通过电子表格模型进一步理解仿真模型中的关键元素；3.4节说明如何使用AnyLogic仿真软件建立简单排队系统的逻辑模型、动画创建，如何对统计数据进行收集，以及如何设计仿真实验；3.5节进一步对以流程为中心的排队系统建模细节进行描述；3.6节对AnyLogic仿真软件的三种类型事件进行介绍，并给出建模实例；最后，在3.7节讨论如何使用AnyLogic软件对模型运行进行设置和管理。

3.1　排队模型

从历史上看，大部分的离散事件仿真研究都包含了对实际排队系统的建模，或至少是这些被仿真的系统的某些组成部分为排队系统。因此，对于学习仿真来说，对排队系统的成分、排队模型的标准符号及经常用于评价排队系统服务质量的性能度量指标有一个基本的了解是十分必要的。本节将介绍排队模型的构成元素，更为深入的学习请参见相关的运筹学教材或有关排队论的专著。

3.1.1　基本概念

排队系统由一个或多个为到达顾客提供某一类服务的服务台组成，其关键要素是顾客和服务台。**顾客**指任何一个到达并要求服务的个体，例如行人、车辆、货物、订单、列车、飞机和船舶等。**服务台**指能够提供所需服务的各种资源，包括服务员、自动售票机、信号灯、驼峰、铁路车站到发线、自动化仓库设备、机场跑道、港口码头等。**占用**是指一个顾客到达服务台接受服务，有时也可能是服务台移动到顾客面前，例如，铁路编组站的列检组移动至到发线上停留的待检车列进行列检技术作业，列检组是一个服务台，待检车列是顾客。如果顾客到达时服务台都处于繁忙状态，则其会加入服务台前的一个或多个**队列**，也称**等候线**。表 3.1 给出了一些交通领域经常被仿真的实际排队系统的例子。

表 3.1　交通领域排队系统的例子

系　　统	顾　　客	服务台
铁路编组站	列车或车列	驼峰/到发线/列检组
铁路货运中心	货物	车辆/装卸工/装卸设备
铁路客运站/地铁车站	旅客/乘客	安检设备/售票设备/检票闸机
机场	飞机	跑道
机场航站楼	乘客	值机柜台/安检设备
城市道路网	各种车辆	信号灯/路段
道路交叉口	行人/车辆	信号灯
港口	船舶	码头

所有的潜在顾客被称为**顾客总体**，可假设其总量为有限或无限。例如，在一个铁路客运站候车大厅检票口，当旅客进站检票时，由 6 个自动检票机提供服务，这里旅客就是“顾客”，自动检票机就是“服务台”，顾客总体就是当次列车的全部旅客，其数量是有限的。当系统中的顾客源数量很大时，顾客总体通常被假设为无限的。例如，一个铁路客运站的进站安检，由于安检设备要服务于车站全体出发旅客，通常假设旅客总体是无限的，这样可以简化模型。

在一些排队系统中，顾客在等待队列或系统中的数量是有限的，该数量称为**系统容量**。例如网上订票系统，当高峰期系统饱和导致购票的顾客无法登录系统时，顾客会返回成为**拟到达总体**（潜在顾客的总体）。另外一些排队系统，例如铁路车站旅客乘车，对排队进站的旅客人数没有限制，那么就可以认为系统的容量是无限的。

3.1.2　排队系统的组成

1. 到达过程

排队系统**到达过程**说明了顾客是如何到达此系统的。令 A_i 为第 $i-1$ 个顾客和第 i 个顾客到达之间的间隔时间，如果假设 $A_1, A_2, \cdots$ 为独立同分布的随机变量，则可用 $E(A)$ 表示平均或期望的到达间隔时间，并称 $\lambda=1/E(A)$ 是顾客的**到达率**，即单位时间内的平均顾客到达数量。

有限源模型与无限源模型的主要区别在于定义到达率的方式。在无限源模型中，到达率不受已进入排队系统顾客数量的影响，当到达过程稳定时，到达率通常被假定为常数。对于有限源模型，排队系统的到达率通常取决于被服务顾客及排队顾客的数量。以铁路车站旅客进站检票为例，在发车前15 min开始检票前，所有自动检票机是空闲的，此时到达率最大；当发车前15 min开始检票时，所有出发旅客均需要服务，此时到达率为0。再举一个更为极端的例子，假设铁路车站维修工人负责5台自动售票机的维护工作，当所有设备都正常时，维修工人是空闲的，此时到达率最大，因为任何一台机器都有可能在下一时刻出现故障；当5台机器同时出现故障(其中4台机器等待维修，1台机器正在被维修)时，到达率为0，因为在工人结束维修之前，顾客源中没有机器，直到当前的机器被修好后返回顾客源，才有可能产生新的维修需求。其原因在于，到达率本身的定义就是下一单位时间内到达顾客数量的数学期望，所以当下一单位时间所有机器都有可能出现故障时(5台机器都正常工作)的到达率最大。

对于无限总体模型而言，通常用相继到达顾客的到达间隔时间来描述到达过程。顾客到达可能发生在预定的时刻，例如车站的列车时刻表，也可能随机发生。当到达随机发生时，通常采用概率分布来表征顾客到达间隔时间，随机到达事件最重要的模型是泊松过程(详见6.4节)。此外，在某一时刻，顾客可能独自到达或成批到达，而每批到达的数量可能是固定的，也可能是随机的，例如订单中的货物。

对有限总体模型，如果一个顾客当前不在排队系统中，并且是潜在拟到达总体的一员，则将其定义为未定的。例如，当一个自动售票机处于正常工作状态时，它就是“未定的”；而当该机器出现故障并要求维修人员服务时，它就变为“非未定的”。有限总体模型的一个重要应用是机器修理问题，在该问题中，机器是顾客，当一台机器出现故障时，它就到达了排队系统，并处于系统中直至被服务。对于给定类型机器的故障时间，可以使用指数分布、韦布尔分布或伽马分布来表征。

2. 服务机制

排队系统的**服务机制**描述包括服务台的数量、每个服务台有自己的队列还是只有一个队列进入所有服务台、顾客服务时间的概率分布。令 S_i 表示第 i 个到达顾客的服务时间，如果 $S_1, S_2, \cdots$ 是独立同分布的随机变量，则用 $E(S)$ 表示顾客的平均服务时间，并称 $\mu = 1/E(S)$ 为单个服务台的**服务速率**。

3. 排队规则

排队行为指在队列中等待服务开始的顾客的行为。在某些情况下，刚刚到达的顾客会犹豫不决(当发现队列过长时可能离开)、中途退出(在队列中等待一段时间之后因某种原因如速度过慢而离开)或换队(因当前队列过慢而从一个队列移动到另一个队列)。

排队系统的**排队规则**是指队列中顾客的逻辑顺序及当服务台变为空闲状态时选取队列中哪一个顾客为其提供服务的规则。常见的排队规则包括先进先出(FIFO)、后进先出(LIFO)、随机顺序(RO)、最短处理时间优先(SPT)及按优先级别服务(PR)。注意，一个采用先进先出排队规则的队列表示服务开始的顺序与到达的顺序是一致的，然而多服务台环境下，由于服务时间的不同，顾客离开系统的顺序可能发生变化。

当系统有多组队列和服务台相互连接时，则称这个排队系统为**排队网络**。在这个网络中，每个服务台(或简称服务)都是一个节点，节点之间的连接称为路由。

实例 3.1　铁路编组站排队系统

编组站是铁路运输网络上办理大量货物列车解体和编组作业、具有较完善调车设备的车站，由分布在不同地点的多个车场通过特定的线路设施连接而成。从编组站技术作业过程可以看出，编组站的到达解体子系统、编组子系统、出发子系统是相互联系并串联在一起的，如图 3.1 所示。

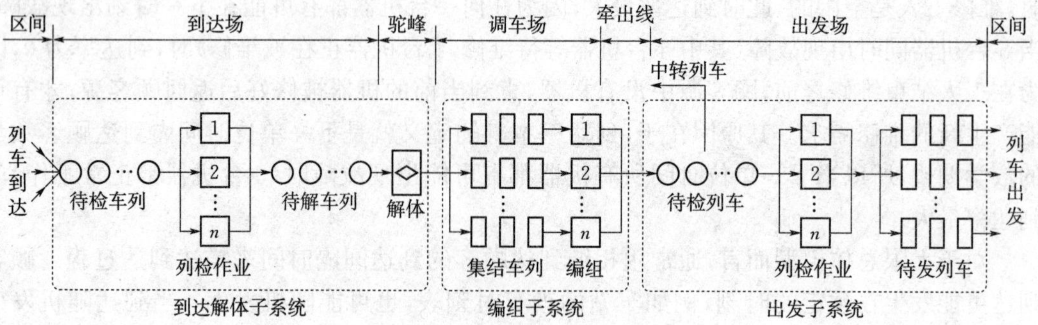

图 3.1　铁路编组站排队系统构成

前一子系统的输出流就是后一子系统的输入流，因此前一子系统的工作状态会影响后一子系统的工作条件，而后一子系统的工作状况，在一定条件下也会影响前一子系统的工作状态。编组站作业系统的各子系统都具有排队系统的三个基本组成部分，即输入流、服务机构和所遵循的排队原则，到达、解体、集结、编组、出发等一系列作业环节分别在编组站的相关车场上完成，因此，编组站实际上是一个复杂的由串联的多个子系统组成的多级多服务台排队网络。

3.1.3　排队系统的符号表示

为了识别各种不同的排队系统，Kendall(1953 年)提出了一种被广泛采用的描述并行服务台系统的符号体系。其简单版本基于 $A/B/c/N/K$ 的形式，这些符号代表如下系统特征：

A——到达间隔时间的分布；

B——服务时间的分布；

c——并行服务台的数量；

N——系统容量；

K——拟到达总体的大小。

对于 A、B 两个参数，通常使用的符号有 M(指数分布或者马尔可夫过程)、D(常数或者确定性分布)、E_k(k 阶爱尔朗分布)、PH(相态类型分布)、H(超指数分布)、G(任意或一般分布)及 GI(一般独立分布)等。例如，M/M/1/∞/∞表示由单服务台组成的排队系统，该系统队列容量无限，可能的到达总体也为无限，到达间隔时间和服务时间都服从指数分布。通常当 N 和 K 无限大时，可以略去不写。例如，M/M/1/∞/∞可记为 M/M/1。

3.2　排队系统的性能指标

排队系统在长时间运行时的基本性能指标主要有系统中顾客数量的时间平均数(L)、

队列中顾客数量的时间平均数(L_Q)、顾客在系统中停留的平均时间(w)、顾客在队列中等待的平均时间(w_Q)及服务台处于繁忙时间的占比(ρ)。本节对 G/G/c/N/K 排队系统的主要性能指标进行了定义,通常对性能指标的估计有两种方法:常规样本平均和时间积分(也称为时间加权)样本平均。

3.2.1　顾客数量的时间平均

以一个运行周期为 T 的排队系统为例,设 $L(t)$表示 t 时刻系统中的顾客数,T_i 表示[0,T]时段内系统正好有 i 名顾客的总时间。图 3.2 显示了系统的一次仿真运行实例。

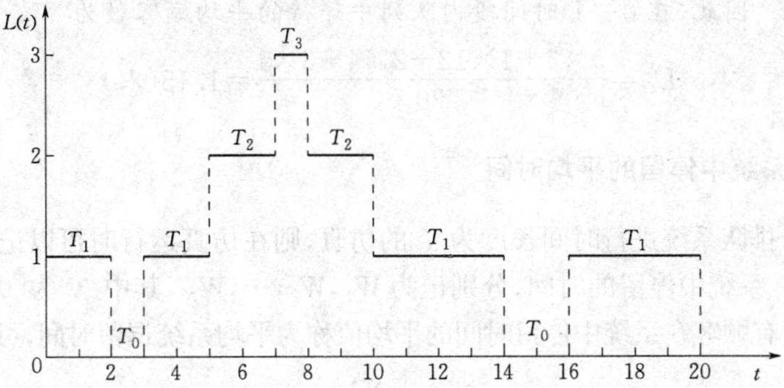

图 3.2　t 时刻系统中的顾客数 $L(t)$

由图 3.2 可知,$T_0=3$,$T_1=12$,$T_2=4$,$T_3=1$。一般地,$\sum\limits_{i=0}^{\infty} T_i=T$,则定义系统中的时间加权平均数($\hat{L}$)为

$$\hat{L}=\frac{1}{T}\sum_{i=0}^{\infty} iT_i=\sum_{i=0}^{\infty} i\left(\frac{T_i}{T}\right) \tag{3.1}$$

式中,$\dfrac{T_i}{T}$表示的是系统中恰好有 i 名顾客的时间占总时间的比例。

对图 3.2 继续分析可知,函数 $L(t)$与横轴所围成的区域能够分解成一系列高度为 i、长度为 T_i 的多个长方形,因此时间加权平均数($\hat{L}$)也可以表示为

$$\hat{L}=\frac{1}{T}\sum_{i=0}^{\infty} iT_i=\frac{1}{T}\int_0^T L(t)\mathrm{d}t \tag{3.2}$$

排队系统的平均性能指标描述了长时间运行的稳定性,当 T 逐渐增大时,观测到的系统中的时间平均数 $\hat{L}$ 会接近一个极限值 L,称为概率为 1 的系统中的长时间运行时间平均数:

$$\hat{L}=\frac{1}{T}\int_0^T L(t)\mathrm{d}t \rightarrow L,T\rightarrow\infty \tag{3.3}$$

如果仿真运行时间足够长,$\hat{L}$ 与 L 无限接近。但是,当 $T<\infty$时,$\hat{L}$ 依赖于 $t=0$ 时刻的初始条件。

式(3.1)至式(3.3)既可以用于整个排队系统,也可以用于任何一个子系统。如果 $L_Q(t)$表示在队列中等待的顾客数,T_i^Q 表示[0,T]时间段内队列中恰好有 i 个顾客等待

的时间长度，则有

$$\hat{L}_Q=\frac{1}{T}\sum_{i=0}^{\infty}iT_i^Q=\frac{1}{T}\int_0^T L_Q(t)\mathrm{d}t\to L_Q,T\to\infty \tag{3.4}$$

式中，$\hat{L}_Q$ 是$[0,T]$时间段内所观测到的在队列中等待的平均顾客数，L_Q 是长时间运行下在队列中等待的平均顾客数。

实例 3.2　队列中等待的平均顾客数

假设图 3.2 表示的是一个单服务台队列，则队列中有 0 个顾客的时间长度为 1+2=3，有 1 个顾客的时间长度为 2+2+4+4=12，有 2 个顾客的时间长度为 2+2=4，有 3 个顾客的时间长度为 1。因此，在 0—T 时间段内队列中等待的平均顾客数为

$$\hat{L}_Q=\frac{0\times3+1\times12+2\times4+3\times1}{20}=1.15(\text{人})$$

3.2.2　顾客在系统中停留的平均时间

如果对一个排队系统进行时间长度为 T 的仿真，则在仿真运行时可以记录在$[0,T]$时间段内，每个顾客在系统中停留的时间，分别记为 $W_1,W_2,\cdots,W_N$，其中 N 为$[0,T]$时间段内到达的顾客数。所有顾客在系统中停留时间的平均值称为平均系统逗留时间，可以表示为

$$\hat{w}=\frac{1}{N}\sum_{i=1}^{N}W_i \tag{3.5}$$

对于长时间运行的稳定系统，当 $N\to\infty$时，$\hat{w}\to w$。

如果研究的是队列状态，则可以用 $\hat{w}_Q$ 表示顾客在队列中停留的平均时间，也称为延迟时间，其形式为

$$\hat{w}_Q=\frac{1}{N}\sum_{i=1}^{N}W_i^Q\to w_Q,N\to\infty \tag{3.6}$$

式中，W_i^Q 是第 i 个顾客在队列中的延迟时间，w_Q 是长时间运行下顾客在队列中延迟的平均时间。与 $\hat{L}$ 类似，估计值 $\hat{w}_Q$ 和 w_Q 也与 0 时刻的初始条件和运行时间长度 T 有关。

实例 3.3　顾客在系统中的平均停留时间

如图 3.2 所示，假设系统只有一个服务台，并且遵循 FIFO 排队规则，那么 $L(t)$的每一次上跃都代表一次顾客到达，其发生时刻在 0、3、5、7 和 16，顾客离开发生在时刻 2、8、10 和 14，在时刻 20 顾客可能离开也可能不离开。因此，该排队系统到达顾客数量 $N=5$，每个顾客在系统中的停留时间分别为 $W_1=2-0=2,W_2=8-3=5,W_3=10-5=5,W_4=14-7=7,W_5=20-16=4$，则有

$$\hat{w}=\frac{2+5+5+7+4}{5}=4.6$$

因此，顾客平均在系统中停留 4.6 个时间单位。

对于排队时长，由图 3.2 可知 $W_1^Q=0,W_2^Q=0,W_3^Q=8-5=3,W_4^Q=10-7=3,W_5^Q=0$，则有

$$\hat{w}_Q=\frac{0+0+3+3+0}{5}=1.2$$

3.2.3　服务台利用率

排队系统最普遍且有用的结果是守恒方程，也称为 little 公式：

$$L=\lambda w \text{ 和 } L_Q=\lambda w_Q$$

式中，λ 为长时间运行下的平均到达率。这个等式表明，在任意时刻，系统中的平均顾客数等于单位时间内到达的顾客数与每个顾客在系统中停留的平均时间的乘积，或系统中平均排队顾客数等于单位时间内到达的顾客数与每个顾客在队列中延迟的平均时间的乘积。

服务台处于繁忙状态所占时间的比例称为服务台利用率，其观测值记为 $\hat{\rho}$，表示特定 $[0,T]$ 时间段内的利用率。长时间运行下的利用率记作 ρ。对于具有长时间运行稳定性的系统，当 $T\to\infty$ 时，$\hat{\rho}\to\rho$。

考虑任意一个单位时间平均到达率为 λ 的单服务台排队系统 G/G/1/∞/∞，平均服务时间为 $E(S)=1/\mu$ 个时间单位，并且排队系统的容量和即将到达的总体都为无限。则有

$$\rho=\lambda E(S)=\frac{\lambda}{\mu} \tag{3.7}$$

也就是说，在一个单服务台队列中，长时间运行下的服务台利用率等于平均到达率 λ 除以平均服务速率 μ。单服务台队列要想达到稳定，到达率 λ 必须小于服务速率 μ。

对于一个有 c 个相同服务台并行工作的排队系统 G/G/c/∞/∞，如果顾客可以随机选择服务台，每个服务台的服务速率均为 μ，则长时间运行下的服务台平均利用率为

$$\rho=\frac{\lambda}{c\mu}$$

同样的，利用率可以理解为任意服务台处于繁忙状态的时间占总时间的比例。为使系统达到稳定，顾客的到达率 λ 必须小于最大服务速率 $c\mu$。

其他性能指标如排队问题中的费用，以及对排队系统更为详细的介绍可参考相关教材或专著。

3.3　使用电子表格对排队系统仿真

本节将介绍如何采用电子表格对 2.1 节描述的单服务台排队系统进行仿真，学习使用随机数表示不确定性、使用描述统计量来预测排队系统的性能及通过一些简单的编程实现蒙特卡罗仿真实验。虽然如风险分析、金融分析、可靠性问题等可以使用电子表格进行建模和求解，但是电子表格对于大部分复杂现实问题的动态仿真及基于事件的仿真具有很大的局限性。通常，这些复杂系统将使用仿真软件建模，而不是以电子表格作为工具，对此将在本节做进一步介绍。

一般来说，无论以电子表格方式还是用手工方式进行仿真，都包括以下工作内容：

(1)确定仿真模型每一个输入变量的特性，常见的输入变量通常用常数或概率分布来表示。

(2)确定与问题相关的活动、事件和系统状态。

(3)根据研究目标或与研究目标相关的具体问题,确定模型响应或系统性能度量指标。

(4)确定计算模型响应所需的模型输出。

(5)构建仿真计算表格,包括活动、状态变量、输出变量等。通常,在仿真表格中还需要设置初始化数据。在每一步计算中,需要为所有活动生成各自的值,如旅客的服务时间;更新系统状态,如售票机繁忙还是空闲;计算输出变量,如旅客系统的逗留时间。

(6)仿真完成后,使用模型输出计算模型响应或系统性能度量指标值。

3.3.1 随机输入

与其他基本的排队系统一样,铁路车站自动售票机系统的主要事件就是旅客到达、旅客购票服务和旅客购票结束离开。表 2.1 中记录了一个特定的早上这些事件的发生时间,但仅凭这些数据还不够,通过对自动售票机系统进行更长时间的调查,可以收集到更广泛的同类型数据,以便对在当前运营模式下自动售票机系统的各种性能指标进行估计。

在实际研究中,并不需要用几个月或几年的时间来收集这些数据,用户一旦建立起计算机仿真模型,就可以在几秒钟内获得原来需要很长时间才能采集到的数据。尽管如此,要执行计算机仿真,首先还是要收集一些相关数据用于输入建模。

特别需要注意的是,对于要仿真的排队系统需要对仿真输入进行建模,即估计一些随机事件的概率分布,这些概率分布通常包括服务时间的分布和顾客相继到达间隔时间的分布。输入建模的详细内容请参见第 8 章的内容,本节只是使用输入建模后的结果。

对于铁路车站自动售票机系统,其输入概率分布定义如下:

(1)旅客相继到达间隔时间的分布:服从均值为 5 min 的指数分布。

(2)旅客购票时间的分布:服从 1～6 min 之间的均匀分布。

3.3.2 随机变量的生成

使用电子表格对铁路车站自动售票机系统进行仿真,首先需要根据概率分布产生一系列的随机观察值。一般来说,可以使用随机数通过反变换方法来实现,更为详细的内容见 7.4 节。

1. 服务时间

对于 Excel 电子表格,位于 0～1 的随机数是 0～1 均匀分布上的随机观察值,函数 RAND()可以产生这些观察值。类似地,5×RAND()可以产生 0～5 均匀分布上的随机观察值,在这个分布上加 1 就得到了位于 1～6 均匀分布上的随机观察值。因此,为铁路车站自动售票机系统建立仿真模型时,对于服务时间服从 1～6 min 的均匀分布,可以在单元格中输入公式:

=1+5 * RAND()

不失一般性,如果生成来自(a,b)区间均匀分布随机数可以在单元格中输入公式:

=a+(b−a) * RAND()

如果需要定义生成随机数的精度,则可以使用 ROUND 函数,例如,本例如果希望生成的随机服务时间精度为小数点后两位,则可以在单元格中输入公式:

=ROUND(1+5 * RAND(),2)

Excel 还提供了函数 RANDBETWEEN(),用于返回指定大小两个数值之间服从均匀分布的整数值。

较复杂的,例如要生成 0 或 1 这两个数值中的一个,可以在单元格中输入公式:

=IF(RAND()<=0.5,0,1)

2. 到达间隔时间

旅客相继到达间隔时间服从指数分布,虽然比均匀分布更复杂,但通过反变换法(详见 7.2.2 节)可以用 Excel 中的 LN()函数来得到服从指数分布的随机变量值。因为指数分布的均值 $E(X)=1/\lambda$,因此,为铁路车站自动售票系统建立仿真模型时,对于旅客到达间隔时间服从均值为 5 min 的指数分布,则可以在单元格中输入如下公式:

=-5 * LN(RAND())

通过用其他的均值来代替 5,上述 Excel 公式可以用来生成任何一个指数分布的随机观测值。

在用电子表格仿真时,还可以调用 Excel 内部的 VBA 函数 Rnd()来生成随机数。VBA 表示 Visual Basic 应用程序,是 VB 编程语言在 Excel 和其他 Microsoft Office 应用程序中的应用实例。需要注意的是,工作表函数 RAND()和 VBA 函数 Rnd()一般不用于专业化工作,因为它们都有一定的缺陷。例如,VBA 函数 Rnd()返回单精度值,精度为小数点后 5 位;Rnd()具有短周期,其循环周期为 2^{24},约为 1 677 万,而在对高可靠性系统进行仿真时,为观察到一次设备故障就需要进行几十万次的仿真;无法为 Rnd()函数设置种子值,而这对于调试仿真模型和重复仿真实验来说是很重要的。

3.3.3　变量设置

模型输入参数设置见表 3.2,模型初始条件设置见表 3.3。注意,本例仿真终止条件是当第 100 旅客完成购票,因此仿真结束时间是随机的。

表 3.2　仿真输入参数表

序号	B	C	D	E	F
4	指数分布	平均到达间隔时间:		5	min
7	均匀分布	最小服务时间:		1	min
8		最大服务时间:		6	min

表 3.3　仿真初始条件参数表

序号	D	E	F
10	终止条件(完成购票的旅客数):	100	人
11	仿真开始时间:	0.00	min
12	仿真结束时间:		min

为了方便引用,可以在电子表格中设置变量,其目的一方面是方便对变量的使用,另一方面是方便后续对模型的修改。例如,当到达间隔时间均值参数发生变化时,只需要修改该

变量对应的引用单元格的数值，而无需修改其他单元格的公式。

变量设置操作方法如下：打开 Excel，点击“公式”菜单，点击“定义名称”，在弹出的“新建名称”对话框中输入变量名称、备注和引用位置。旅客到达时间变量设置如图 3.3 所示。

采用 Excel 电子表格仿真铁路车站自动售票机系统的变量设置汇总见表 3.4，其中“单元格”列可根据实际设置调整变化。

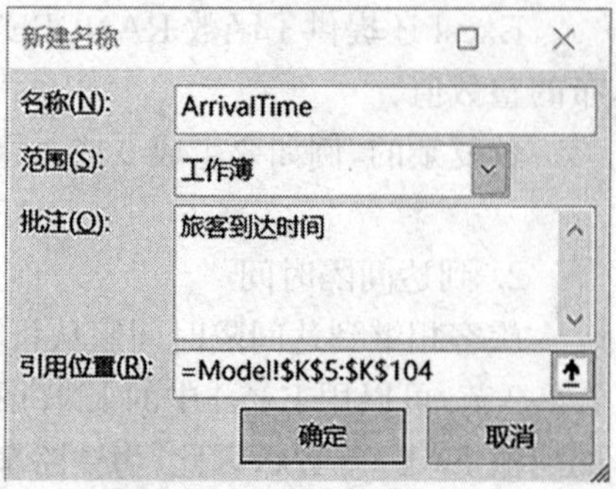

图 3.3　定义变量名称

表 3.4　铁路车站自动售票机系统变量设置

变量名称	单元格	变量描述
MeanInterarrivalTime	E4	平均到达间隔时间
MinServiceTime	E7	最小购票时间
MaxServiceTime	E8	最大购票时间
NumberOfPassengers	E10	完成购票的旅客数
StartTime	E11	仿真开始时间
InterarrivalTime	J5:J104	到达间隔时间
ArrivalTime	K5:K104	旅客到达时间
TimeServiceBegins	L5:L104	开始购票时间
TimeServiceEnds	N5:N104	结束购票时间
ServiceTime	M5:M104	旅客购票时间
TimeInLine	O5:O104	旅客排队等待时间
TimeInSystem	P5:P104	旅客系统逗留时间
AverageTimeInLine	E11	平均排队等待时间
AverageTimeInSystem	E12	平均系统逗留时间
IdleTimeOfServer	Q5:Q104	服务台空闲时间
WaitedInQueue	O5:O104	排队等待的旅客数

3.3.4　计算表格

铁路车站自动售票机系统仿真计算表格设计见表 3.5，仿真运行相关的变量有到达旅客序号、生成到达间隔时间、旅客到达时间、旅客开始服务时间、生成旅客服务时间和旅客结束服务时间，统计累加变量包括排队等待时间、系统逗留时间和售票机空闲时间。单元格公式设置及说明见表 3.6。

表 3.5　自动售票机系统仿真计算表格　　单位:min

序号	I	J	K	L	M	N	O	P	Q
3	到达旅客	生成到达	旅客	旅客开始	生成旅客	旅客结束	排队	系统	售票机
4	序号	间隔时间	到达时间	服务时间	服务时间	服务时间	等待时间	逗留时间	空闲时间
5	1	0.00	0.00	0.00	2.54	2.54	0.00	2.54	
6	2	13.73	13.73	13.73	2.78	16.51	0.00	2.78	11.19
7	3	6.35	20.08	20.08	1.37	21.45	0.00	1.37	3.57
8	4	3.57	23.64	23.64	2.14	25.78	0.00	2.14	2.20
9	5	5.91	29.56	29.56	6.00	35.56	0.00	6.00	3.77
10	6	0.42	29.98	35.56	2.79	38.34	5.58	8.37	0.00
11	7	6.79	36.76	38.34	1.83	40.17	1.58	3.41	0.00
12	8	3.26	40.02	40.18	1.72	41.90	0.15	1.87	0.00
13	9	3.90	43.93	43.93	2.99	46.92	0.00	2.99	2.03
14	10	1.26	45.18	46.92	1.74	48.66	1.74	3.47	0.00
15	⋮	⋮	⋮	⋮	⋮	⋮	⋮	⋮	⋮

表 3.6　计算表格单元格公式设置说明

单元格	公　式	说　明
J5	startTime	仿真开始时间
J6	=-MeanInterarrivalTime * LN(RAND())	生成第二个旅客到达间隔时间,其余旅客相同
K5	0.00	第一个旅客到达系统时间
K6	=K5+InterarrivalTime	第二个旅客到达系统时间,其余旅客类似
L5	0.00	第一个旅客开始服务时间
L6	=MAX(N5,K6)	第二个旅客开始服务时间,其余旅客类似
M5	=MinServiceTime+(MaxServiceTime-MinServiceTime) * RAND()	生成第一个旅客服务时间,其余旅客相同
N5	=TimeServiceBegins+ServiceTime	第一个旅客结束服务时间,其余旅客相同
O5	=TimeServiceBegins-ArrivalTime	第一个旅客排队等待时间,其余旅客相同
P5	=TimeServiceEnds-ArrivalTime	第一个旅客系统逗留时间,其余旅客相同
Q6	=IF((K6-N5)>0,K6-N5,0)	第二个旅客开始服务前售票机空闲时间

表 3.6 中,旅客开始服务时间和售票机空闲时间计算公式原理如图 3.4 所示。其中,$t_{n,到达}$为第 n 个旅客的到达时间,$t_{n,离开}$为第 n 个旅客的离开时间,$t_{n+1,到达}$为第 $n+1$ 个旅客的到达时间。如果 $t_{n+1,到达}<t_{n,离开}$,意味着第 $n+1$ 个旅客需要排队等待,直到第 n 个旅客完成购票离开后才可以开始接受服务,此时自动售票机一直是被占用的;如果 $t_{n+1,到达}>t_{n,离开}$,意味着第 $n+1$ 个旅客无须等待,可以马上开始购票,此前的自动售票机是空闲的。

因此第 $n+1$ 个旅客开始服务时间应取 $t_{n+1,到达}$ 和 $t_{n,离开}$ 中的最大值；售票机空闲时间当 $t_{n+1,到达}>t_{n,离开}$ 时为 $t_{n+1,到达}-t_{n,离开}$，否则为 0。

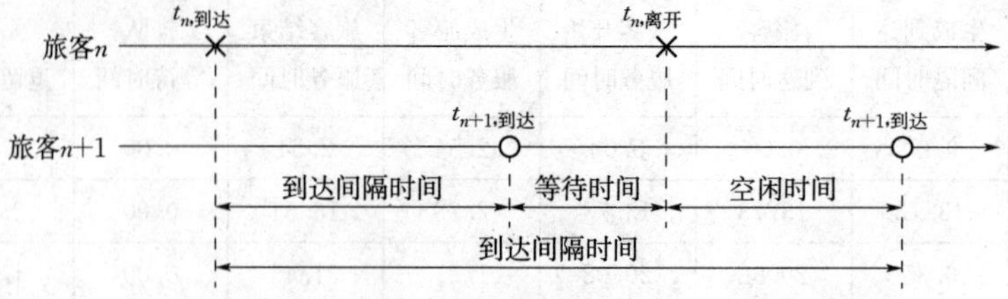

图 3.4　旅客开始服务时间和售票机空闲时间计算原理

铁路车站自动售票机系统仿真输出结果见表 3.7，单元格公式设置及说明见表 3.8。

表 3.7　仿真输出结果表格

序　号	D	E	F
15	平均排队等待时间：	6.64	min
16	平均系统逗留时间：	9.95	min
17	服务台繁忙的概率：	0.78	
18	旅客必须排队的概率：	0.76	

表 3.8　仿真结果表格单元格公式设置说明

单元格	公　式	说　明
E15	=AVERAGE(TimeInLine)	计算平均排队等待时间
E16	=AVERAGE(TimeInSystem)	计算平均系统逗留时间
E17	=1−SUM(IdleTimeOfServer)/EndTime	计算服务台繁忙的概率
E18	=COUNTIF(WaitedInQueue,">0")/NumberOfPassengers	计算旅客必须等待的概率

3.3.5　仿真运行

仿真表格完成之后，按下 F9 键，Excel 会重新计算整张表，包括重新产生如单元格 J5：J104 中使用的随机数。事实上，改变计算表格中的任何数据都会导致 Excel 重新计算。为了让用户自主控制仿真运行或保存某一特定结果，可以通过添加一个“仿真运行”按钮来实现。

点击“插入”→“形状”→“圆角矩形”，设置合适的位置和形状，输入文字“仿真运行”。右键点击图形，从快捷菜单中选择“指定宏”，输入宏名“OneTrial_Click”，点击“新建”，进入 VBA 编辑界面，输入如下代码：

```
Sub OneTrial_Click()
    Dim wsModel As Worksheet
    Set wsModel=ActiveWorkbook.Worksheets("Model")
    On ErrorGoTo CleanUp '错误处理
    '开始计算
    wsModel.EnableCalculation=True
```

```
        wsModel.Calculate
        wsModel.EnableCalculation=False
        CleanUp:
        '处理错误
        If Err.Number <>0 Then
            MsgBox "发生错误:" & Err.Description,vbExclamation
        End If
    End Sub
```

单击“仿真运行”按钮，可以观察到每次点击后仿真计算结果均不相同，就像每一天的运行情况都不同一样。其中属性“.EnableCalculation”用于控制在必要的情况下 Excel 自动重新计算工作表。

3.3.6　仿真实验

正如 2.6.1 节所描述的，对实例仅做一次仿真运行是没有用的，因为研究者无法从中知道铁路车站自动售票机早晨“典型”的结果是什么，以及该结果具有多大的可变性。因此，需要对模型进行重复仿真实验，以获取统计性能指标的均值和置信区间。本例设置实验重复次数为 50～100 次，并计算旅客平均等待时间及平均等待时间的置信区间半长。仿真实验表格设计过程及程序代码如下：

(1)添加新的工作表，命名为“Experiment”。

(2)实验次数设置。

为满足用户交互需求，可定义一个输入单元格，由用户决定实验次数，但需要限定实验次数设置的范围。选中 D3 单元格，在菜单栏点击“数据”→“数据验证”，弹出数据验证对话框(图 3.5)，设置单元格“D3”的“允许”为“整数”，数据选“介于”，最小值为 50，最大值为 100。

(3)添加实验结果表格。

仿真实验结果显示设计见表 3.9，B 列为仿真实验序号，C 列为单次仿真的实验结果。

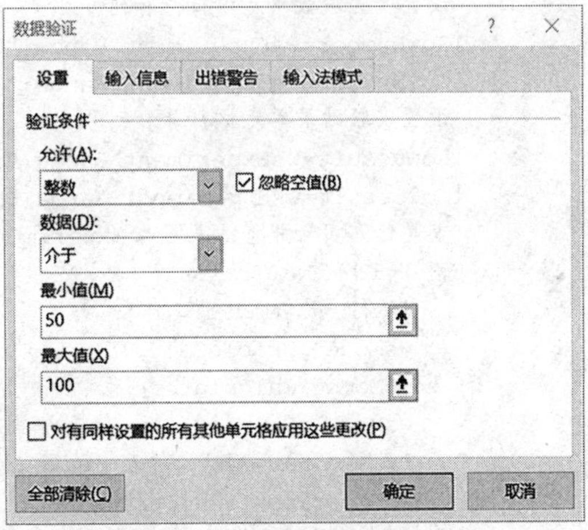

图 3.5　实验次数设置数据验证对话框

表 3.9　仿真输出结果表格

序　号	B	C
10	实验次数	实验结果
11		
⋮	⋮	⋮

(4)添加运行实验按钮。

在新建的工作表中，点击“插入”→“形状”→“圆角矩形”，设置合适的形状，输入“运行实验”文本。右键点击图形，从快捷菜单中选择“指定宏”，输入宏名“RunExperiment_Click”，点击“编辑”并输入如下代码：

```
Sub RunExperiment_Click()
    '变量定义
    Dim lRowResult As Long, lRowNumber As Long
    Dim lColResult As Long, lColNumber As Long
    Dim lNumTrials As Long
    Dim wsExperiment As Worksheet
    Dim wsModel As Worksheet
    '设置工作表引用
    Set wsExperiment=Worksheets("Experiment")
    Set wsModel=Worksheets("Model")
    '禁用屏幕更新和自动计算
    Application.ScreenUpdating=False
    Application.Calculation=xlCalculationManual
    '错误处理
    On Error GoTo CleanUp
    '清空原先的结果
    wsExperiment.Range("B11:C110").ClearContents
    '实验次数设置
    lNumTrials=wsExperiment.Range("D3").Value
    '设置实验次数单元格行号和列号
    lRowNumber=wsExperiment.Range("B11").Row
    lColNumber=wsExperiment.Range("B11").Column
    '设置实验结果单元格行号和列号
    lRowResult=wsExperiment.Range("C11").Row
    lColResult=wsExperiment.Range("C11").Column
    '重复仿真实验并将结果写入 Experiment 工作表
    For i=1 To lNumTrails
        '运行一次“Model”工作表
        wsModel.EnableCalculation=True
        wsModel.Calculate
        wsModel.EnableCalculation=False
        '在“Experiment”工作表中填写实验序号
        wsExperiment.Cells(lRowNumber,lColNumber).Value=i
        '从“Model”工作表读取平均排队等待时间数据并填写在“Experiment”工作表实验结果中
        wsExperiment.Cells(lRowResult,lColResult).
        Value=wsModel.Cells(15,5).Value
        '更新实验次数和实验结果的行号
        lRowNumber=lRowNumber+1
        lRowResult=lRowResult+1
    Next i
    CleanUp:
    '恢复屏幕更新和自动计算
    Application.ScreenUpdating=True
    Application.Calculation=xlCalculationAutomatic
    '处理错误
```

```
    IfErr.Number <>0 Then
        MsgBox "发生错误:" & Err.Description,vbExclamation
    End If
End Sub
```

(5)实验结果计算。

铁路车站自动售票机系统仿真实验结果设计见表 3.10，单元格公式设置及说明见表 3.11。

表 3.10　仿真实验结果

序　号	E	F	G
11	平均等待时间均值:	4.20	min
12	平均等待时间中值:	3.80	min
13	平均等待时间置信区间半长:	0.43	min
14	平均等待时间标准差:	1.94	min

表 3.11　仿真实验结果表格单元格公式设置说明

单元格	公　式	说　明
F11	=ROUND(AVERAGE(INDIRECT("C11:C" & D3+10)),2)	计算平均排队等待时间
F12	=ROUND(MEDIAN(INDIRECT("C11:C" & D3+10)),2)	计算平均排队等待时间中值
F13	=ROUND(CONFIDENCE.T(0.05,F14,D3),2)	计算平均排队等待时间置信区间半长
F14	=ROUND(STDEV.S(INDIRECT("C11:C" & D3+10)),2)	计算平均排队等待时间标准差

注意:计算平均排队等待时间置信区间半长的函数 CONFIDENCE.T 使用 T 分布，返回总体平均值的置信区间，该函数需要三个参数，置信度、标准差和样本大小。

(6)运行实验。

在 D3 单元格输入重复运行实验次数为 100 次，点击“运行实验”按钮。可以看到，实验序号填写在 B11:B110 单元格中，实验结果填写在 C11:C110 单元格中，并且每次运行实验的结果都不相同。旅客平均排队等待时间直方图如图 3.6 所示，累积分布图如图 3.7 所示。

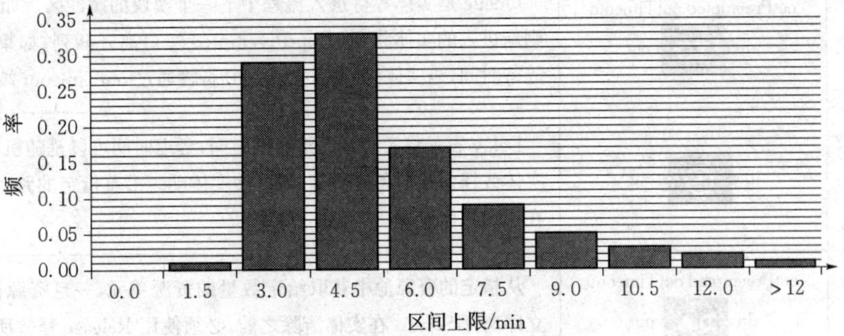

图 3.6　平均排队等待时间直方图(100 次重复运行)

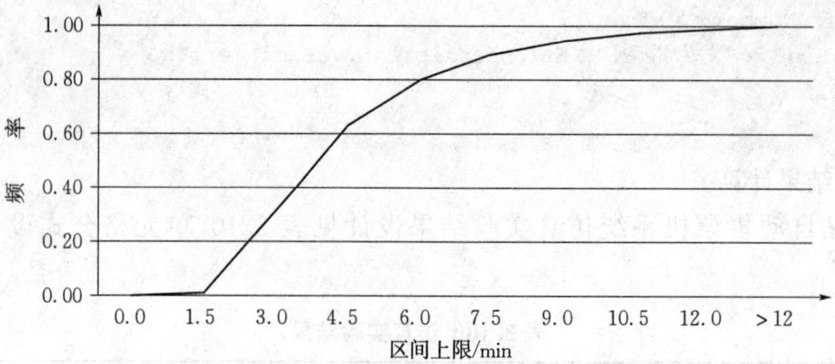

图 3.7　平均排队等待时间累积分布图(100 次重复运行)

3.4　使用仿真软件对排队系统仿真

本节将基于第 2 章的实例(详见 2.1 节),学习如何使用 AnyLogic 仿真软件的 Process Modeling Library 建立简单的单服务台排队系统仿真模型,从而进一步理解使用仿真软件、采用面向过程方式建模的基本思想,主要内容包括逻辑模型建立、3D 动画创建、统计数据收集、运行状态监控、参数设置和仿真实验六个部分。

3.4.1　服务的建模方式

对排队系统建模的第一步是识别实体,例如地铁车站的乘客;第二步是基于确定的抽象层级识别系统中的所有流程,并使用**服务台**(也简称服务)对这些流程进行建模。因为每个流程都是用服务建模的,所以本节先讨论使用 AnyLogic 软件对服务进行建模的三种方式,流程建模库中用于服务建模的 8 个逻辑构件功能描述见表 3.12。

表 3.12　流程建模库服务建模构件说明

构件名称	图形表示	功能描述
源 Source		Source 是流程模型的起点,用于生成实体。可以使用多种方式定义实体生成的时机和数量,包括到达率、间隔时间、按计划生成、精确的到达时间和数量、触发生成
队列 Queue		Queue 是实体等待进入流程中下一个模块的缓冲区。如果队列已满,则新进入的实体将通过 outPreempted 端口离开队列;如果设置了最大等待时间,当实体等待超过该时间后,将通过 outTimeout 端口退出
延迟 Delay		Delay 表示将实体延迟给定的时间,延迟时间可以是随机的,也可以由实体或任何其他条件确定,可以使实体动画沿着指定的路径移动或停留在指定的位置
占用 Seize		从指定的资源池中获取给定数量的资源单元,一旦资源被占用,实体立即离开 Seize。在实体清除之前,必须使用 Release 释放所有占用的资源。在 Seize 构件中嵌入了一个 Queue,实体可在其中等待资源可用

续上表

构件名称	图形表示	功能描述
释放 Release		释放给定数量的资源单元,移动的资源可以返回到原来位置或在释放后停留在原地。释放操作不需要任何时间。注意,在实体进入 Sink 之前,必须释放所有占用的资源
资源池 ResourcePool		定义一组可以由实体使用的 Seize、Release 和 Service 流程图构件占用和释放的资源单元,即为 ResourcePool,包括固定在网络中特定位置的静态资源、可以自己移动的资源和由移动资源或实体携带的便携式资源三种类型。
服务 Service		占用指定数量的资源单元,延迟一段服务时间后,释放占用的资源单元,等价于“占用→延迟→释放”序列的功能
退出 Sink		用于处理并移除模型中的实体,通常标志着流程模型的结束

1. 方式一

使用 Queue 和 Delay 对服务进行建模,没有明确的服务台或资源。该方式没有为资源单元建模,这意味着尽管某种形式的资源是为实体服务的,但建模只关注与服务相关的时间,而不考虑与资源利用率计算相关的时间,如设备故障或人员休息的时间。Queue 表示队列。Delay 表示让实体在服务台停留的一段时间,类似于每个服务台的服务时间,其容量类似于并行服务台的数量。

2. 方式二

使用 Seize、Delay、Release 和 ResourcePool 对服务进行建模。Seize 内部由一个 Queue 及一个请求和获取可用资源单元的机制组成,以便开始服务。Delay 表示每个服务台为实体服务所需的时间,由于 Seize 与 ResourcePool 组合决定了占用资源的类型和数量,因此 Delay 的容量必须设置为无穷大,这意味着 Delay 不用于表示服务台的数量,ResourcePool 的容量才表示可用服务台的数量。Release 用于释放资源单元与实体的关联,并将其返回到可用的资源池。ResourcePool 表示实体可用的资源单元,在 Seize 中的实体从资源池获取一个或多个资源单元,服务结束后在 Release 中返回资源池。

3. 方式三

使用 Service 和 ResourcePool 对服务进行建模。Service 实际上是 Seize、Delay 和 Release 的组合,使用方法与方式二相同。同样地,内部 Delay 的容量要设置为无穷大,因为服务台的数量是由 ResourcePool 的容量定义的。

一般来说,在使用 AnyLogic 对排队系统建模时,最简洁的方法是使用方式三对服务建模,该方式能够确保模型的准确性。但根据所建模系统的分析需求,也可以采用其他方式,例如 3.4.2 节建立的模型采用了方式一对服务建模,因为模型只关注与服务相关的时间,需要详细记录和计算各种性能指标。此外,方式二中,在 Seize 和 Release 之间可以添加任意多的 Delay 或其他逻辑结构,因此更为灵活。

3.4.2　阶段 1:逻辑模型建立

本节将采用方式一,即使用 Queue 和 Delay 建立自动售票机排队系统的逻辑模型,未对资源进行建模。其中,队列是自动售票机前用于旅客排队等待的空间,延迟是每位旅客在自动售票机前购票花费的时间,具体建模步骤如下:

(1)创建一个新的模型,命名为“TVM”,设置模型时间单位为分钟(minutes)。

(2)点击“Palette”标签,选择“Process Modeling Library”面板,拖拽一个“Source”模块、一个“Queue”模块、一个“Delay”模块和一个“Sink”模块到“Main”编辑窗口并连接,建立的模型逻辑如图 3.8 所示。

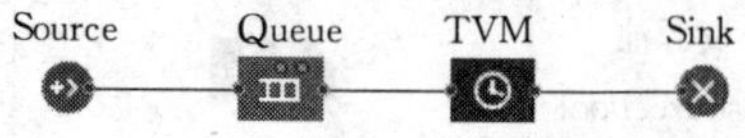

图 3.8　自动售票机排队系统逻辑模型

(3)设置逻辑模型各模块属性如下:

选择“Source”模块,设置属性:

Arrivals defined by:Interarrival time

Interarrival time:exponential(0.25) minutes

在对旅客到达间隔时间进行设置时,可以通过“选择概率分布向导”进行设置,具体做法如下:首先在需要插入概率分布函数的编辑框内单击(如果已经指定了其他函数调用则删除);其次,点击工具栏上的按钮“Choose Probability Distribution…”,弹出的选择概率分布向导对话框如图 3.9 所示;最后,在图中左侧列出了 AnyLogic 软件支持的所有概率分布函数列表,从中选中需要的函数,右侧可以看到函数描述。定义了相关参数后,右侧将显示该函数的直方图预览。

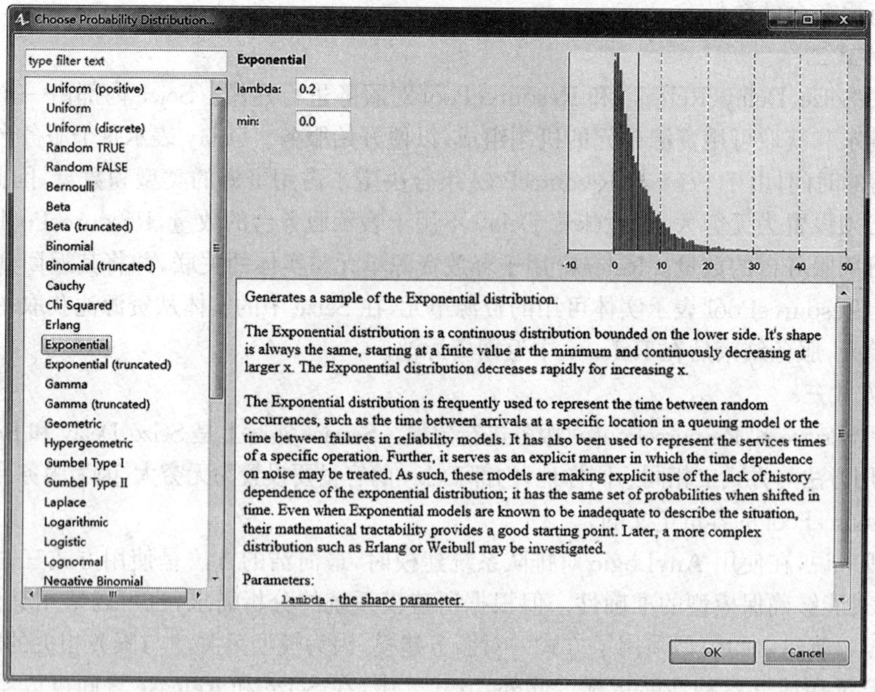

图 3.9　概率分布选择向导

选择“Queue”模块，设置属性：

Capacity：Max

选择“TVM”模块（即 Delay 模块），设置属性：

Delay time：uniform(1,6) minutes

Capacity：1

(4)模型运行设置。点击“Project”标签，选择“Simulation：Main”，在“Model time”属性区域设置：

Stop：Stop at specified time

Stop time：120(minutes)

在“Randomness”属性区域设置：

选择“Fixed seed (reproducible simulation runs)”

说明：选择固定种子(Fixed seed)的目的是确保 AnyLogic 为到达间隔时间和延迟时间生成的随机数流在每次运行时都是相同的，这有助于模型的调试，更详细的内容参见 7.2.1 节。

(5)编译并运行模型。用鼠标分别点击“Source”“Queue”“TVM”和“Sink”四个模块打开查看窗口，观察各窗口都显示了什么信息。

3.4.3　阶段 2:3D 动画创建

3.4.2 节建立的逻辑模型具有简单的动画效果，但仍与实际相差甚远。为此，需要创建 2D 和 3D 动画来更形象地展现系统的实际运行状态，包括旅客的到达、排队、使用自动售票机购票及离开的全过程。

(1)增加自动售票机空间标记。点击“Palette”，选择“Space Markup”面板，拖一个“Point Node”到“Main”编辑窗口，定义“Color”的动态属性，用颜色表示自动售票机繁忙或空闲的状态，设置如下：

Color：TVM. size()＞0？ red：green

将“Point Node”空间标记与自动售票机关联。选择“TVM”模块，设置属性：

Agent location：point

(2)增加队列空间标记。在“Space Markup”面板中双击“Path”，在“Main”编辑窗口中绘制一条位于“Point Node”左侧的排队路线。

将新建的“Path”与队列关联。选择“Queue”模块，设置属性：

Agent location：path

(3)添加简单的 3D 视窗。点击“Palette”，选择“Presentation”面板，拖一个“3D Window”到“Main”编辑界面并放在逻辑模型的下方。

(4)添加自动售票机 3D 图形。点击“Palette”，选择“3D Objects”面板，在“Airport”区域拖一个“Ticket Vending Machine”到“Main”窗口界面中，并放在自动售票机空间标记“Point Node”旁边。

(5)创建旅客智能体。点击“Palette”，选择“Process Modeling Library”面板，拖一个“Agent Type”到“Main”编辑窗口，弹出“New agent”向导，设置步骤如下：

Step1：Agent name：Passenger，点击“Next”。

Step2：选择“Person”，点击“Finish”。

将新建的旅客智能体与逻辑模型关联，打开“Main”编辑窗口，点击“Source”模块，设置属性：

New agent：Passenger

(6)设置更多类型的旅客动画并随机显示。

①为旅客智能体添加动画属性。在“Projects”面板中双击“Passenger”，打开旅客智能体窗口，点击“Palette”标签，选择“Agent”面板，拖一个“Parameter”到“Passenger”编辑界面，设置属性：

Name：PassengerType

Type：int

Default value：uniform_discr(1,6)

说明：函数 uniform_discr(1,6)用于生成服从 1 到 6 的离散均匀分布的整数随机变量值。

②选中名为“Person”的 3D 对象，设置属性：

Visible：PassengerType==1

③点击“Palette”标签，选择“3D Objects”面板，拖一个“Office Worker”到“Passenger”编辑窗口左上角的坐标原点处，设置属性：

Visible：PassengerType==2

④以此类推，再从“3D Objects”面板的“People”区域拖四个三维图形到“Passenger”界面的原点处，在“Visible”属性设置参数“PassengerType”分别为 3、4、5、6。

(7)运行模型，3D 动画效果如图 3.10 所示。

图 3.10　铁路车站自动售票机仿真系统 3D 动画

3.4.4　阶段 3：统计数据收集

AnyLogic 仿真软件在模型运行过程中会自动收集一些基本的统计数据，但不一定能够满足全部研究需要。为此，还需要做一些工作，以便计算研究需要的性能指标。本节将首先介绍如何将软件自动计算的自动售票机平均利用率和平均排队长度用图形进行表示，然后说明如何计算旅客排队等待时间和系统逗留时间及它们的分布图形表示，最后说明如何收集统计数据来计算系统内的平均旅客数。

(1)使用条形图显示自动售票机的平均利用率和平均排队长度。

①点击“Palette”标签，选择“Analysis”面板，拖一个“Bar Chart”元素到“Main”编辑界

面，在"Data"区域设置属性：

Title：自动售票机利用率

Color：cyan

Value：TVM. statsUtilization. mean()

②同理，再拖拽一个"Bar Chart"元素到"Main"编辑界面，在"Data"区域设置属性：

Title：平均排队长度

Color：coral

Value：queue. statsSize. mean()

(2)添加旅客到达时间属性和直方图数据集。

①为旅客智能体添加到达时间属性，用于后续计算旅客的排队等待时间和系统逗留时间。打开"Passenger"窗口，点击"Palette"标签，选择"Agent"面板，拖一个"Parameter"元素到"Passenger"编辑窗口，设置属性：

Name：arrivalTime

Type：double

②添加 Histogram Data 数据元素用于收集旅客等待时间。点击"Palette"标签，选择"Analysis"面板，拖一个"Histogram Data"到"Main"编辑界面，设置直方图数据对象属性：

Name：waitTimeDistr

Number of intervals：20

Initial interval size：0. 01

说明：Histogram Data 数据元素可用于对添加的数据集合进行标准的统计分析，如计算平均值、方差和置信区间等；可以用于构建概率密度函数图，绘制累积分布函数图；也可以对收集的数据用直方图进行可视化显示。

③同理，再添加一个 Histogram Data 元素用于收集旅客系统逗留时间，设置对象属性：

Name：timeInSystemDistr

Number of intervals：20

Initial interval size：0. 01

(3)计算并收集每个旅客的排队等待时间和系统逗留时间。

①旅客到达时间属性赋值。点击"Source"模块，在"Actions"属性区域的"On exit"编辑框中输入代码：

```
agent.arrivalTime=time();
```

②计算旅客排队等待时间并添加到直方图数据集中。点击"Queue"模块，在"Actions"属性区域的"On exit"编辑框中输入代码：

```
waitTimeDistr.add(time()-agent.arrivalTime);
```

③计算旅客系统逗留时间并添加到直方图数据集中。点击"Sink"模块，在"Actions"属性区域的"On enter"编辑框中输入代码：

```
timeInSystemDistr.add(time()-agent.arrivalTime);
```

说明：本例在 Source 模块中定义的"New agent"是"Passenger"，这意味着通过流程图的所有实体都是“Passenger”类型。因此，如果需要在流程图任意模块中调用该实体的属性，则可写如 agent. arrivalTime=time()这样的代码，“agent”默认指代“Passenger”实体。但如果流程图中还有其他类型的智能体，如“Staff”，则需要明确指定要调用的实体，可用如下代码：if(agent instanceof Passenger)((Passenger)agent). arrivalTime=time()。

(4)使用直方图显示旅客排队等待时间和系统逗留时间分布。

①点击“Palette”标签，选择“Analysis”面板，拖一个“Histogram”元素到“Main”编辑界面，设置“Data”区域属性：

Title：排队等待时间分布

Histogram：waitTimeDistr

如需显示累计分布函数，可勾选“Show CDF”；如需显示平均值线，可勾选“Show mean”。

②同理，再拖拽一个“Histogram”元素到“Main”编辑界面，设置“Data”属性：

Title：系统逗留时间分布

Histogram：timeInSystemDistr

(5)计算系统平均旅客人数。

①添加系统内旅客人数变量，一方面作为全局变量显示系统状态变化，另一方面用于计算系统内平均旅客数。点击“Palette”标签，选择“Agent”面板，拖一个“Variable”元素到“Main”编辑窗口，设置属性：

Name：N_System

Type：int

Initial value：0

②添加 Statistics 数据元素用于收集系统中的旅客人数和持续时间。在“Analysis”面板拖一个“Statistics”元素到“Main”编辑窗口，设置属性：

Name：statNumInSystem

单选 Continuous(samples have duration in time)

单选 Do not update data automatically

③更新旅客人数变量值，并将该值和更新时间添加到 Statistics 数据元素中。

选择“Source”模块，在“On exit”编辑框中添加如下代码：

```
N_System++;
statNumInSystem.add(N_System,time());
```

选择“Sink”模块，在“On enter”编辑框中添加如下代码：

```
N_System--;
statNumInSystem.add(N_System,time());
```

④用文本显示系统内平均旅客人数。点击“Palette”标签，选择“Presentation”面板，拖拽一个“Text”元素到“Main”编辑窗口，在属性区域设置 Text 的动态值为

String. format("系统内平均旅客人数：%. 2f",statNumInSystem. mean())

说明：Statistics 统计数据元素可用于计算一系列类型为 double 的离散或连续样本数据的统计信息，例如平均值、置信区间、最小值、最大值等；“%. 2f”表示计算结果保留两位小数。

(6)基于条件(100 个旅客完成购票)设置仿真终止时间。

①设置仿真模型终止条件。点击“sink”模块,在其“Actions”区域“On enter”属性添加如下代码:

```
if(sink.in.count()==100){
    finishSimulation();
}
```

说明:每当实体进入“Sink”模块时,“On enter”处的代码将检查迄今为止已经进入“Sink”模块的实体数量,并与终止条件进行比较。

②修改模型时间。点击“Projects”,点击“Simulation:Main”,设置“Model time”区域中的属性:

Stop:Never

(7)运行模型,各统计数据及相关图形表示如图 3.11 所示。

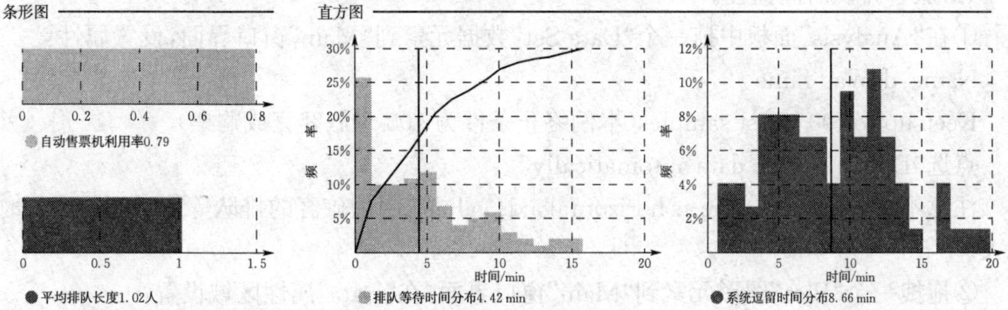

平均服务时间:	3.46 min	平均排队等待时间:	4.42 min	平均系统逗留时间:	8.66 min
系统内平均旅客人数:	2.00人	平均排队长度:	1.02人		

图 3.11　统计数据及图形表示

3.4.5　阶段 4:运行状态监控

为了在模型运行过程中观察变量的实时变化,本阶段将说明如何使用 Data Set 数据元素和 Plot 图形元素,实时可视化监控模型运行过程中队列长度随时间的变化情况和每个旅客排队等待时间。

(1)队列长度状态监控。

①点击“Palette”标签,选择“Analysis”面板,拖一个“Data Set”数据元素到“Main”窗口界面,设置属性:

Name:dsQueueSize

勾选“Use time as horizontal axis value”

Vertical axis value:queue. size()

Keep up to 1 000 latest samples

点选“Update data automatically”

点选“Use model time”

First update time：0 minutes

Recurrence time：1 minutes

说明：Data Set 数据元素能够存储类型为 double 的二维(x,y)数据。可以使用时间作为数据集的 x 值，也就是说，在数据收集时，可以将观测值与时间关联起来，也称为计时型数据集，例如车站候车区的旅客数、道路上的车辆数等随时间的变化；也可以记录一个值与另一个值的关联关系，这样的数据集称为相位型数据集，例如卸车时间与卸车辆数的关系。

②拖拽一个“Plot”图形元素到“Main”窗口界面，在“Data”属性区域设置：

点选“Data set”

Data set：dsQueueSize

在“Apperance”区域设置：

Interpolation：Step

(2)旅客排队时间监控。

①在“Analysis”面板中拖一个“Data Set”数据元素到“Main”窗口界面，设置属性：

Name：dsWaitTime

Keep up to 100 latest samples(本例终止条件为 100 个旅客完成购票)

点选“Do not update data automatically”

注意不要勾选“Use time as horizontal axis value”，因为旅客的排队等待时间与运行时间无关。

②拖拽一个“Plot”图形元素到“Main”窗口界面，在“Data”属性区域设置：

点选“Data set”

Data set：dsWaitTime

在“Apperance”属性区域设置：

取消“Draw line”勾选

Interpolation：Linear

③添加一个变量，用于表示旅客序号。点击“Palette”标签，选择“Agent”面板，拖拽一个“Variable”到“Main”窗口界面，设置属性：

Name：intPassengerID

Type：int

Initial Value：1

④向数据集“dsWaitTime”写数据。在“Main”窗口界面，点击逻辑模型中的“TVM”模块，在“Actions”属性区域的“On enter”编辑框中输入代码：

```
dsWaitTime.add(intPassengerID,time()-agent.arrivalTime);
intPassengerID++;
```

也可以选择“Queue”模块，在“Actions”属性区域的“On exit”编辑框中输入相同的代码。

(3)运行模型，排队长度随时间连续变化曲线，以及每位旅客的离散排队等待时间点如图 3.12 所示。

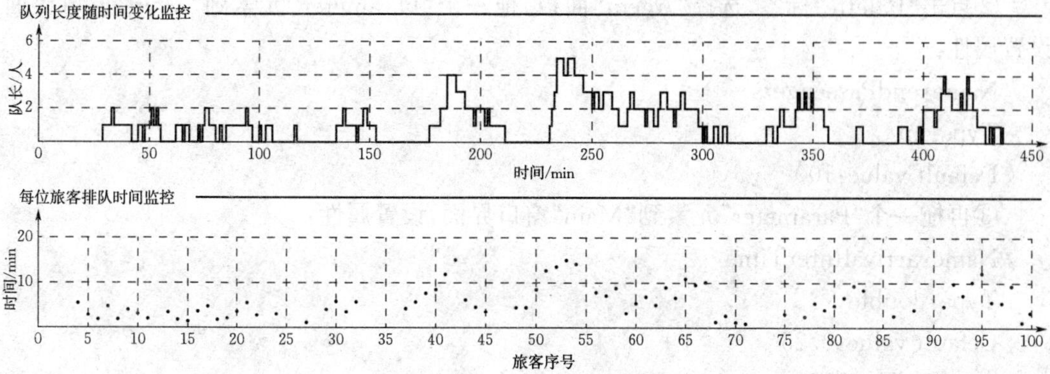

图 3.12　状态监控运行效果

3.4.6　阶段 5:参数设置

本节将说明如何在模型运行前由用户自主设置参数,如到达间隔时间均值和终止条件的旅客人数,以满足个性化的仿真需求。

(1)点击“Projects”标签→双击“Simulation:Main”,打开“Simulation”窗口。

(2)添加两个变量,用于保存用户输入的参数值。

①点击“Palette”标签,选择“Agent”面板,拖一个“Variable”元素到“Simulation”窗口界面,设置属性:

Name:varInterTimeMean

Type:double

Initial value:0.25

②再拖一个“Variable”元素到“Simulation”窗口界面,设置属性:

Name:varEndPassengers

Type:int

Initial value:100

(3)添加两个编辑框,用于实现用户参数输入。

①点击“Palette”标签,选择“Controls”面板,拖一个“Edit Box”到“Simulation”窗口界面,设置属性:

Link to:varInterTimeMean

Minimum value:0.1

Maximum value:1.0

②再拖一个“Edit Box”到“Simulation”窗口界面,设置属性:

Link to:varEndPassengers

Minimum value:100

Maximum value:1 000

(4)添加两个参数,用于根据用户设置的数据修改相关模型参数值。

①点击“Projects”标签,双击“Main”,打开“Main”窗口。

②点击“Palette”标签，选择“Agent”面板，拖一个“Parameter”元素到“Main”窗口界面，设置属性：

Name：endPassengers

Type：int

Default value：100

③再拖一个“Parameter”元素到“Main”窗口界面，设置属性：

Name：arrivalInterTime

Type：double

Default value：0.25

(5)修改逻辑模型。

①点击逻辑模型中的“Source”模块，修改“Interarrival time”属性，将“exponential”函数中的“0.25”用参数“arrivalInterTime”替换。

②点击逻辑模型中的“Sink”模块，在“Actions”区域修改“On enter”的代码，将“100”替换为“endPassengers”。

(6)将启动界面用户输入的变量值赋给仿真模型中的参数。打开“Simulation”窗口，鼠标单击任意空白处，在“Parameters”属性区域设置：

arrivalInterTime：＝varInterTimeMean

endPassengers：＝varEndPassengers

(7)运行模型，启动界面如图 3.13 所示，对参数值进行修改后运行模型，观察输出性能指标的变化。

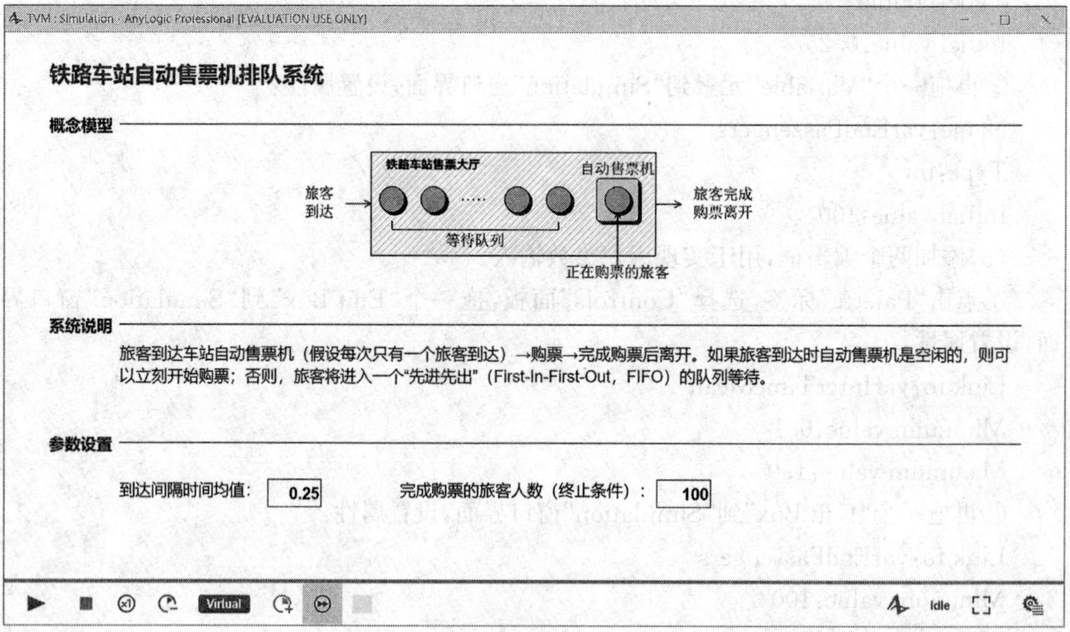

图 3.13　模型启动界面运行结果

3.4.7 阶段 5:仿真实验

由于旅客的到达间隔时间和服务时间是随机的,因此对模型运行一次得到的结果是没有用的,因为研究者无法从中知道“典型”的结果是什么,以及这个结果具有多大的可变性。为此,本阶段将创建一个蒙特卡罗(Monte Carlo)仿真实验,目的是得到输出性能指标如旅客平均排队等待时间、旅客平均排队长度、自动售票机利用率的均值和置信区间。

(1)创建一个蒙特卡罗仿真实验。

点击“Project”,右键单击“TVM”,从快捷菜单中选择“New”→“Experiment”,系统弹出“New Experiment”对话框,设置步骤如下:

①Experiment:在“Experiment Type”中选择“Monte Carlo”,点击“Next”。

②Parameters:设置实验重复次数“Number of iterations”为 100 次,点击“Next”。

③Histograms:新建平均排队等待时间直方图,设置如下:

Title:平均排队等待时间

Expression:root. waitTimeDistr. mean()

Number of intervals:20

Initial interval size:0. 01

④点击完成。

(2)修改模型时间设置。

点击“MonteCarlo:Main”,设置“Model time”的“stop”为“Never”。

(3)显示平均排队等待时间的均值和置信区间半长。

①点击“Palette”标签,选择“Presentation”面板,拖一个“Text”对象到实验窗口编辑界面,设置动态属性:

Text:String. format(" %. 2f ",histogram0_data. mean())

②同理,再拖一个“Text”对象到实验窗口编辑界面,设置动态属性:

Text:String. format(" %. 2f ",histogram0_data. meanConfidence())

说明:" %. 2f "表示保留两位小数。

(4)计算平均排队长度的均值和置信区间半长。

①点击“Palette”标签,选择“Analysis”面板,拖一个“Statistics”对象到实验窗口编辑界面,设置属性:

Name:statQueueMean

单选“Discrete (samples have no duration in time)”

②在实验窗口编辑界面空白处点击,在属性窗口“Java actions”区域设置属性:

After simulation run:statQueueMean. add(root. queue. statsSize. mean());

说明:每次仿真运行结束,即每重复运行一次仿真实验,其实验结果将添加到统计数据 statQueueMean 中,由于输出结果是在顶层智能体(top-level agent)获取的,因此需要使用关键字“root”来引用。

③点击“Palette”标签,选择“Presentation”面板,拖一个“Text”到实验窗口编辑界面,设置动态属性:

Text:String. format(" %. 2f ",statQueueMean. mean())

④同理,再拖拽一个"Text"对象到实验窗口编辑界面,设置动态属性:

Text:String. format(" %. 2f ",statQueueMean. meanConfidence())

(5)计算自动售票机利用率的均值和置信区间半长。

①点击"Palette"标签,选择"Analysis"面板,拖一个"Statistics"对象到实验窗口编辑界面,设置属性:

Name:staTVMUtilization

单选"Discrete (samples have no duration in time)"

②在实验窗口编辑界面空白处点击,在属性窗口"Java actions"区域设置属性:

After simulation run:staTVMUtilization. add(root. TVM. statsUtilization. mean());

③点击"Palette"标签,选择"Presentation"面板,拖一个"Text"对象到实验窗口编辑界面,设置属性:

Text:String. format(" %. 2f ",staTVMUtilization. mean())

④同理,再拖一个"Text"对象到实验窗口编辑界面,设置属性:

Text:String. format(" %. 2f ",staTVMUtilization. meanConfidence())

(6)编译并运行模型,蒙特卡罗仿真实验结果如图 3.14 所示。

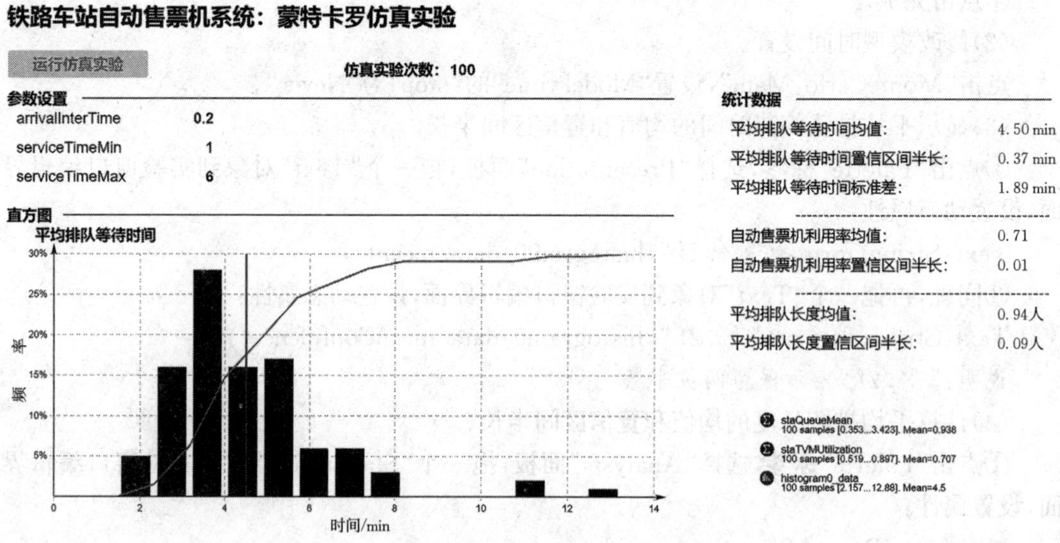

图 3.14　蒙特卡罗仿真实验结果

3.4.8　需要关注的问题

在上文的论述中,建立的仿真模型能够正确地表示该单服务台排队系统。然而,用来收集样本数据和计算性能指标的方法仍然存在以下问题,对这些问题的解决方法将在 10.3 节和 10.4 节进行深入讨论。

1. 终止条件的影响

在 3.3.3 节中,仿真模型的终止条件是完成 100 个旅客的购票,但在仿真的停止时刻,一些旅客可能仍然在队列中等待。因此，旅客等待时间的平均值也应该考虑到这些旅客在模型停止时刻的等待时间。在稳态情况下，可以假设未完成排队旅客的等待时间与其他已完成排队旅客的等待时间相同，这意味着不需要担心在长期运行中队列中旅客的等待时间问题。与稳态模型相反，这个问题可能是终态仿真模型性能计算中的一个主要问题。

2. 初始条件的影响

如果模型从“空且闲”的状态开始，则初始状态的等待时间与稳态情况下的等待时间是不同的。根据初始条件的不同，这个预热期也可能会对长期运行估计产生较大的影响。一般来说，如果处于稳态的样本数量明显大于从预热阶段开始的样本数量，则初始条件的影响会更小。需要注意的是，模型运行时间设置得足够长并不意味着初始条件的影响会更小，例如，如果一个仿真模型运行的时间为 2 年，但是只有 50 个实体通过系统，则初始条件仍然可能会对估计性能指标产生重要影响。因此，必须确保在稳定状态下收集到足够的样本，以便有相对大量的样本数据来对性能指标进行估计。

3. 随机数的影响

应该意识到，在瞬态和稳态仿真中观察到的性能指标只是系统的一种实现。如果再次运行相同的仿真模型，随机数生成器将生成不同的随机数流，这意味着多次运行的性能指标的平均值是对这些系统性能指标更可靠的估计。在稳态的情况下，从一次运行中获得的相对较多的样本数据可以被认为等价于从多次运行中收集的样本数据。

此外，如 3.3.3 节所述，在计算系统内平均旅客人数时，需要在仿真结束时向统计数据 statNumInSystem 添加一个样本数据，以便得到更精确的计算结果。原因可见 2.5 节手工仿真计算的过程。一般来说，这个微小的偏差对性能指标计算的影响可以忽略不计。

3.5　流程建模扩展

本节将进一步介绍使用 AnyLogic 软件对排队系统建模时的一些技术细节，这些内容有助于理解仿真软件的运行机制，从而建立更为可靠的模型以解决现实世界中的问题。

3.5.1　顶层智能体

无论选择哪种建模方法（离散事件、基于智能体或系统动力学），AnyLogic 都将模型环境看作是智能体，例如 3.3 节构建的模型环境是默认的“Main”智能体。

基于智能体的建模方法是将系统划分为多个封装的组件，系统中所有组件的内部工作都暴露在一个巨大的环境中，而不是处理所有组件。通常，有某种程度自治的组件将被建模为一个智能体，并与其他组件或智能体相互作用。无论模型中有多少个智能体，都需要一个**顶层智能体**来包含模型中所有其他内容。

回顾本章实例 3.1，到达列车在到达场解体后进入调车场集结编组，最后进入出发场编组出发。使用 AnyLogic 对该排队系统建模是在一个环境中对这三个过程或组件进行建模的，每个组件内部工作又包括多个子过程，如图 3.15 所示。这些过程均处于被看作是智能体的环境中，默认情况下该环境为 Main，是包含模型中所有内容的智能体。

在基于智能体的设计中，将每个子系统都建模为智能体，每个智能体封装了在该子系统

图 3.15　智能体环境中的过程

中发生的那些过程，这种模块化的模型将每个智能体视为通过特定接口连接到其他智能体的独立模型。例如图 3.15 中，到达解体系统智能体从外部接收到达列车，执行其独立的列检和解体作业过程，然后将不同去向的车组输出给编组系统智能体。

3.5.2　模型初始化

在仿真运行时，通常希望用指定的数值初始化模型，或者以特定的状态启动模型。然而，AnyLogic 模型的启动有多个步骤，当希望以需要的方式初始化模型时，事件发生的顺序就非常重要。因此，需要了解模型初始化过程中每个步骤之间的差异，以确定初始化任务的正确顺序。

首先，顶层智能体中的所有内容都将被创建和设置，设置完成后，AnyLogic 开始执行一个名为 create()的函数，这也意味着设置过程的结束。create()函数执行完之后，模型会立即生成，此时可以访问模型中的元素。在更复杂的、基于模块化的智能体模型中，当顶层智能体内部存在其他智能体环境时，设置过程也会在这些环境中发生，与顶层智能体一样，每个内部智能体调用 create()函数后，设置过程结束。

其次，在模型创建后，模型环境中的对象开始它们的初始化活动，就像汽车制造出来后，要想使用它就要先启动汽车，此时可以调用初始化事件。如果顶层智能体内部存在其他智能体，那么模型初始化首先对内部智能体模型环境中的对象进行初始化，也就是说，在顶层智能体开始其初始化活动之前，模型内部的每一个智能体都要调用 start()函数。注意，创建顺序与初始化(启动)顺序是相反的，创建时，模型首先创建顶层智能体，然后创建它所包含的其他智能体；而启动时，初始化首先发生在内部智能体中，然后才是它们周围的环境，如顶层智能体。

建模时通常要在模型开始运行之前添加一些自定义的初始化任务，这些任务是在模型创建和所有默认启动任务之后、模型开始运行之前执行的。包括顶层智能体在内的每个智能体，在其属性中都有一个 on startup 区域，可以在其中添加自定义代码，每个智能体在启动时会执行此代码。顶级智能体 on startup 区域中的代码可以获得和访问模型中所有的智能体，因此，模型开始运行之前可在该区域添加最后的自定义初始化任务。

AnyLogic 模型初始化的步骤如图 3.16 所示，首先是设置模型所有智能体，然后从顶层智能体开始到所有内部智能体调用函数 create()，完成创建；在模型所有智能体创建完成后，从内部智能体开始到顶层智能体调用 start()函数，并执行智能体属性 On stratup 区域的代码，完成启动；所有智能体启动完成后，模型开始运行。注意，在初始化过程中，即便是模型创建之后，时间仍然是不存在的，直到启动完成模型运行后才开始有时间。

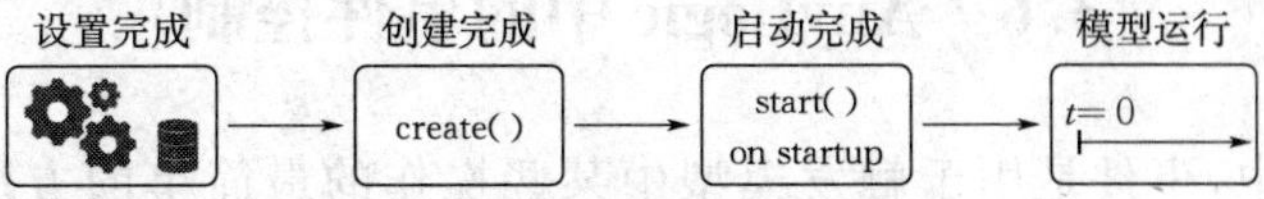

图 3.16　模型初始化步骤

3.5.3　推拉协议

采用面向过程的方式对排队系统建模时，有两种基本的机制可以触发实体在流程中移动，即推协议和拉协议。遵循**推协议**（push protocol）的流程系统是推系统，遵循**拉协议**（pull protocol）的流程系统是拉系统。推系统根据需求安排任务发布，在推系统中，当实体在流程图模块上的任务完成时，该实体离开（释放）流程图模块。而拉系统根据系统状态授权任务发布，在拉系统中，流程图中的模块是否释放准备就绪的实体取决于其后续模块的需求。

换句话说，对于推系统，实体会在完成任务后立即离开模块，而不管下一个模块的状态如何，这意味着流程中的每个模块都是自主工作的，不需要在实体离开前与下一个模块进行通信，如图 3.17 所示。相比之下，对于拉系统，流程中的每个模块都要先检查其下一个模块接受新实体的能力，只有当下一个模块准备好接受新实体时，前一个模块中完成任务的实体才能向下一个模块移动。一般来说，遵循拉协议的系统更接近真实排队系统中实体的自然移动。AnyLogic 默认除了 Source 模块之外的所有流程图模块都遵循拉协议，用户也可以更改流程图模块为推协议。

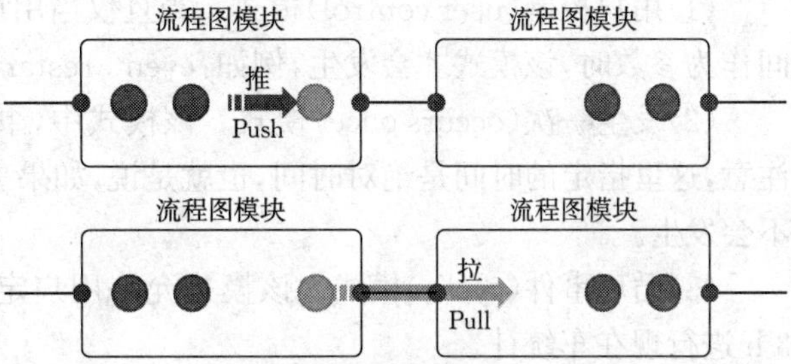

图 3.17　推拉协议示意

当排队系统中没有瓶颈时，实体会顺畅地通过系统，此时推协议和拉协议的作用是相同的，实体在零时间内被所在模块成功推出或被后续模块拉入。

但通常所分析的排队系统都会存在瓶颈或堵塞，此时两种协议的实现方式是有区别的。

对于推协议，每个流程图模块将一个已完成任务的实体推到下一个流程图模块，而不与后续模块通信以了解其是否可用。如果后续模块已满，其入口端将被堵塞，并阻止实体进入。此时将出现一个运行时错误，因为 AnyLogic 不允许隐式的缓冲，这意味着在推系统中，经常会看到关于溢出情况的通知，并能够定位瓶颈。

对于拉协议，流程中的发送模块会通知接收模块一个实体准备退出，如果接收模块无法接收该实体，即该模块已满且其入端口被阻塞，则发送模块准备退出的实体必须等待。只有当接收模块可用时，它才会将准备就绪的实体拉入其中。在对排队系统进行分析时，应该理解拉协议是什么及为什么会导致模型表现出特定的行为，这就需要清楚地了解瓶颈和堵塞发生的原因，以便有效地验证模型。当采用拉协议时，下游模块可能会对上游模块产生重大影响，而且这种影响与实体移动的方向相反。

3.6 AnyLogic 中的事件控制

在 AnyLogic 中，事件是用于触发模型中某些操作的最简单的方法，通常用于对延迟和超时进行建模。在状态图（statecharts）中使用定时转换（timed transitions）也可以实现对操作的触发，但是事件的效率更高。AnyLogic 软件主要有三种类型的事件：超时触发事件（timeout triggered event）、条件触发事件（condition triggered event）和速率触发事件（rate triggered event）。

3.6.1 超时触发事件

当需要在某个特定时刻或某个特定日期执行某个操作时，可使用超时触发事件。当模型运行时，在超过设定的时间后，事件发生。

超时触发事件有几种工作模式，允许用户对各种情况进行建模，其原理如图 3.18 所示。

(1)用户控制(user control)模式。当且仅当用户调用事件的 restart()函数，并以超时时间作为参数时，该模式才会发生，例如：event. restart(15)。

(2)发生一次(occurs once)模式。该模式中，事件将只在指定的时间或日期发生一次。注意，这里指定的时间是绝对时间，也就是说，如果事件在指定时间之后创建，那么它将永远不会发生。

(3)循环事件(cyclic)模式。该模式允许用户定期执行一些操作，例如铁路编组站每隔 3 h 进行现在车统计。

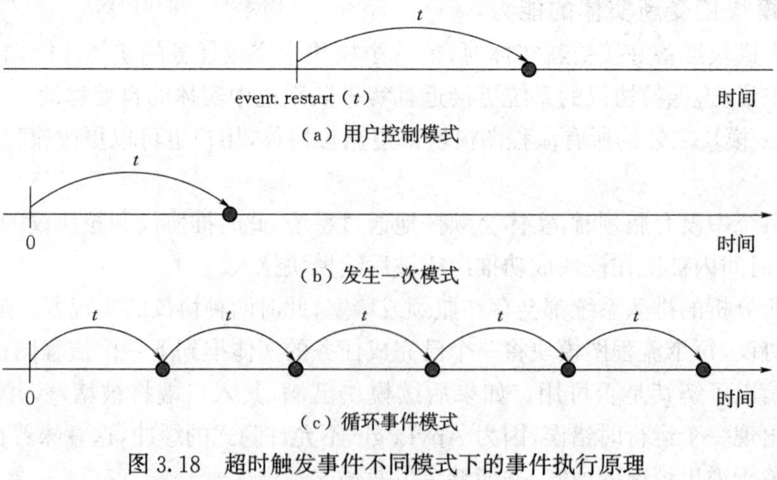

图 3.18 超时触发事件不同模式下的事件执行原理

实例 3.4 使用超时触发事件记录系统状态

本例将创建一个最简单的排队模型，使用超时触发事件的循环模式(cyclic)，定期将系统状态写入模型日志。系统由一个 Source、一个 Queue、一个 Delay 和一个 Sink 组成。具体步骤如下：

(1)创建一个新的模型。

(2)打开“Process Modeling Library”（流程建模库）面板，从中拖拽“Source”“Queue”

"Delay"和"Sink"四个模块到"Main"编辑窗口，并依次连接，如图 3.19 所示。

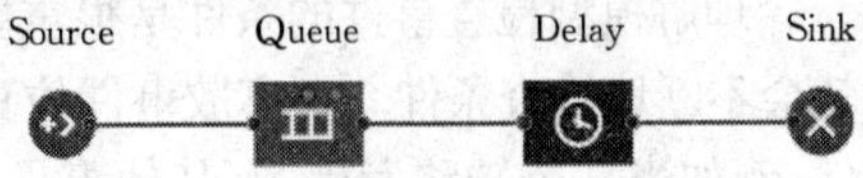

图 3.19　简单排队系统的逻辑模型

(3)打开"Agent"(智能体)面板，将一个"Event"(事件)拖拽到"Main"窗口中，并命名为"trace"。

(4)设置事件的属性：

Trigger type：Timeout

Mode：Cyclic

Recurrence time：1 Seconds

Action：traceln(time()＋"：In queue："＋queue. size()＋"In service："＋delay. size())；

(5)运行模型，同时观察"Console"(控制台)窗口的变化，如图 3.20 所示。

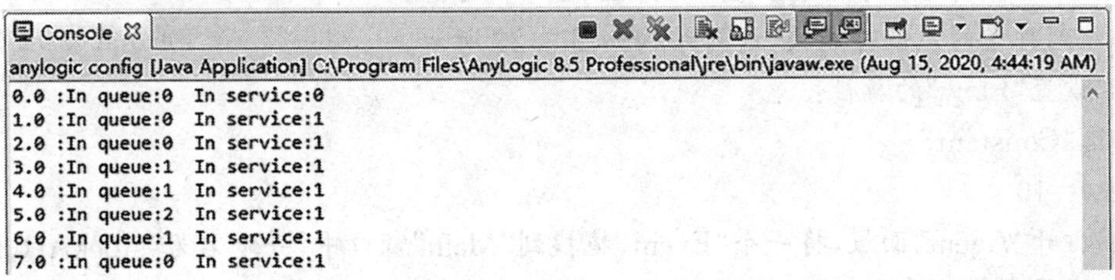

图 3.20　控制台窗口数据

说明：通过将事件属性中的模式设置为循环，可以使某个事件周期性地循环触发，而且可以根据需要来设定循环触发的间隔时间。函数 traceln()用于在控制台中输出指定对象的文本表示形式，在末尾需使用行分隔符。本例中函数 traceln ()的类型要求是字符串(string)，由时间数据(由 time()返回)、字符串常量(如"：In queue：")、流程图中的对象数据(如 queue. size())等组成。

3.6.2　条件触发事件

如果需要监控某个条件，并在该条件为真时执行某个动作，则可以使用条件触发事件。例如，当地铁车站内乘客人数超过安全人数要求时，触发站外限流的操作。

默认情况下，当被监控的某个条件第一次为真时，事件触发，且只发生一次。事件一旦发生，系统将不再监控该条件的状态。这样设定的目的是避免当条件一直为真时，事件的操作会无限地一次又一次执行。但有时可能需要继续地监控某个指定的条件，这种情况下，需要在该事件的行动(action)区域代码的最后增加一行代码"event. restart()"以结束该事件的操作。此外，要消除该事件的立即触发，还需要将触发该事件的条件设置为"false"。

条件触发事件的原理如图 3.21 所示。

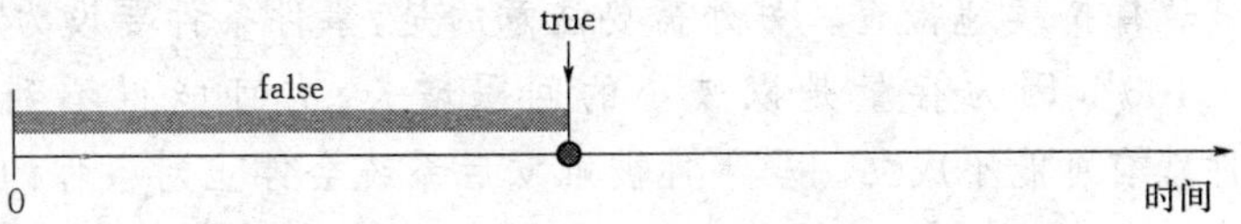

图 3.21　条件触发事件原理

理解模型检查事件的条件是很重要的，如果智能体有连续变化的变量，如列车位置，系统就会不断地检查条件。在离散事件仿真模型中，只有当系统状态发生变化时，系统才会检查条件，例如当一个转移发生、有其他事件发生、智能体收到一个消息、用户调用 onChange()函数等。注意，如果嵌入式对象发生了变化，系统不检查条件。

实例 3.5　使用条件触发事件控制存量流入

本例将创建一个简单的系统动力学模型，包括一个存量、一个流入存量的固定输入流和一个事件。事件由条件触发，当存量达到 100 时，存量的流入关闭（将流入量设为 0）。本例也说明了使用系统动力学与离散事件相结合的建模方法。具体步骤如下：

(1)创建一个新的模型。

(2)打开“System Dynamics”（系统动力学）面板，首先拖一个“Stock”（存量）到“Main”窗口，然后拖一个“Flow”（流量）放到存量的左侧并连接，逻辑结构如图 3.22 所示。

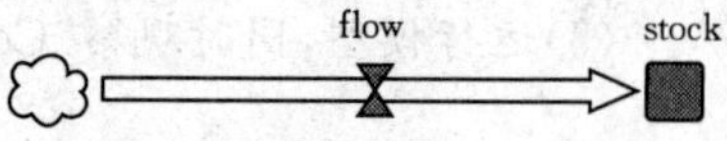

图 3.22　简单的系统动力学模型

(3)设置“Flow”的属性：

勾选“Constant”

flow＝10

(4)打开“Agent”面板，将一个“Event”拖拽到“Main”窗口中，并命名为“stockAt100”。

(5)设置事件的属性为：

Trigger type：Condition

Condition：stock＞＝100

Action：flow＝0

(6)运行模型，观察当存量达到 100 后不再发生变化，流量变为 0，如图 3.23 所示。

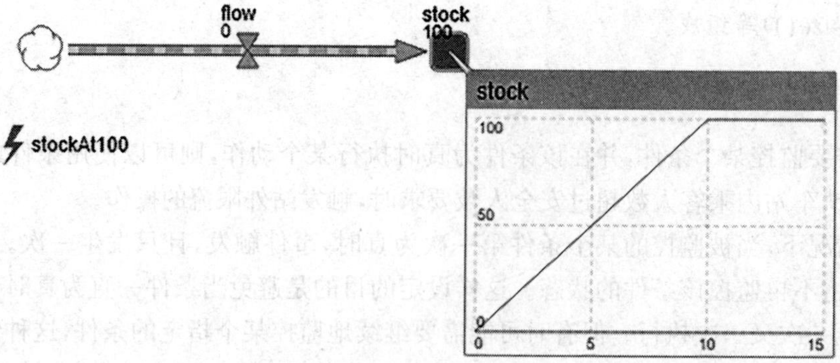

图 3.23　存量到达 100 时模型运行结果

说明：当需要控制系统动力学模型中的流量时，最好将流量设为常数，这样流量才不会被当作一个公式被软件持续地检查。另外需要注意的是，事件条件要设为“stock＞＝100”而不是“stock＝＝100”，因为存量是以较小的间隔增长，有可能得不到整数 100，这样 stock＝＝100 条件就有可能不成立。当事件被触发后系统会停止对条件的监控，如果事件触发后条件始终为真，那么这个默认的行为是合理的。因为如果持续对条件进行监控，则事件就会被反复触发，形成循环，使得仿真无法继续进行。

3.6.3　速率触发事件

速率触发事件用于模拟一系列独立的事件流(如泊松流),通常用于对到达事件进行建模,例如排队系统中的顾客到达、网络服务器中的事务到达等。

速率(Rate)表示每单位时间内事件发生的平均次数,速率触发事件是周期性执行的,事件发生的间隔时间服从给定参数的指数分布,其原理如图 3.24 所示。例如,当 Rate 参数设为 5 时,表示在每个单位时间内发生 5 次事件,事件发生的间隔时间服从均值为 1/5＝0.2 的指数分布。速率触发事件的参数 Rate 可以在模型运行时动态改变,如果 Rate 值改变,事件的触发将被重新安排,即当前计划的事件被取消,下一次的事件触发时间将根据新速率进行安排。

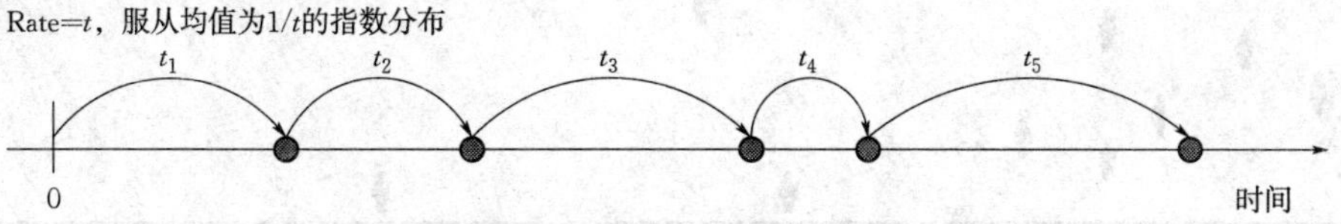

图 3.24　速率触发事件原理

实例 3.6　使用速率触发事件生成智能体

本例将使用速率触发事件生成新的智能体,例如生成新的旅客到达。设置平均每个时间单位生成一个智能体,系统中智能体的初始数量为 0。具体步骤如下:

(1)创建一个新的模型。

(2)打开“Agent”面板,拖一个智能体到“Main”窗口,进入智能体创建向导:

Step 1:选择“Population of agents”选项。

Step 2:智能体名称为“Passenger”,智能体群名称为“People”,点击“下一步”。

Step 3:选择“2D”→“Person”动画,点击“下一步”。

Step 4:点击“下一步”。

Step 5:选择“Create initially empty population”,将智能体初始数量设为 0,点击“下一步”。

Step 6:选择空间类型为“Discrete”(离散),点击“完成”。

(3)打开“Agent”面板,将一个“Event”拖拽到“Main”窗口中,并命名为“createAgent”。

(4)设置事件的属性:

Trigger type:Rate

Rate:1 per second

Action:add_people();

(5)运行模型,可以看到每次事件发生就产生一个旅客智能体,如图 3.25 所示。

说明:将事件的触发速率设置为 1 意味着平均每单位时间随机触发一次事件,两次事件的时间间隔服从均值为 1 的指数分布。函数 add_people ()的功能是生成新的智能体 Passenger,由于本例模型的智能体群命名为“People”,所以智能体创建向导完成后,系统自动创建了新建智能体和删除智能体两个函数,并命名为“add_people()”和“remove_people(Passenger)”。

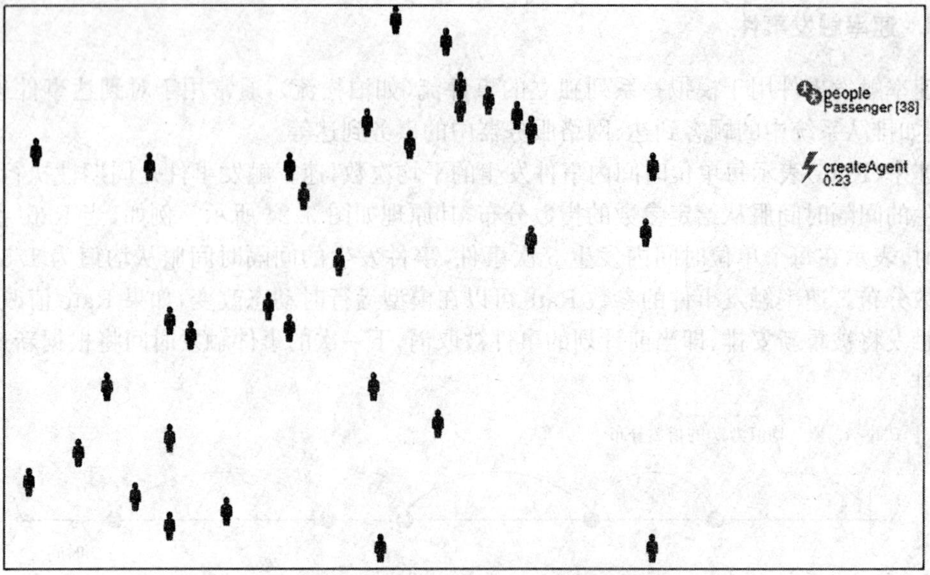

图 3.25　速率触发事件生成新的智能体

3.7　AnyLogic 模型运行设置

模型运行涉及对模型时间的有效管理、运行设置和运行过程中的操作。在动态仿真模型中，时间是中心轴。在模型运行时，包括了对时间的各种引用，如延迟、到达时间、服务时间、速率、超时、日程安排、日期、速度等。本节将解释什么是模型时间及其如何使用。

3.7.1　模型时间

模型时间是由 AnyLogic 仿真引擎维护的虚拟时间，它与实际时间或计算机时钟无关。AnyLogic 的模型时间采用 Java 的 double 类型值，模型时钟是逐步推进的。当执行离散事件仿真模型时，模型时钟从一个事件跳转到另一个事件，即下一事件时间推进机制（见 2.4.1 节）；当执行连续时间模型时，则采用固定增量时间推进机制（见 2.4.2 节），时间步长通常更小。由于所有事件都是瞬时发生的，因此无论事件完成需要多长时间，在事件执行期间模型时钟都不会向前推进。在模型运行过程中，当前时间可以通过调用函数 time()或 time(TIME_UNIT)得到。

1. 时间单位

为建立模型时间与被建模系统所在的真实世界时间的对应关系，需要定义模型的时间单位。AnyLogic 支持的时间单位包括 ms、s、min、h、d、周、月和年，可调用函数 getTimeUnit()返回当前模型的时间单位，使用时需要增加 getEngine()作为前缀。虽然可以随时更改模型时间单位，但建议在创建模型时就选择适当的时间单位。由于月和年不是固定的数值，例如，月可以是 28 d、29 d、30 d 或 31 d，年可以是 365 d 或 366 d，因此，如果选择月作为模型时间单位，则假设月总是 30 d。同样的，如果选择年作为模型时间单位，则总是假设年为 365 d。在这两种情况下，模型运行周期越长，误差越大。

2. 时间函数

为了使模型独立与时间单位设置，也可以使用下列函数返回相对于当前模型时间单位的给定的时间间隔值，这些函数表达式与模型时间单位的设置是完全独立的。

(1)double millisecond()——返回 1 ms 时间间隔的值。

(2)double second()——返回 1 s 时间间隔的值。

(3)double minute()——返回 1 min 时间间隔的值。

(4)double hour()——返回 1 h 时间间隔的值。

(5)double day()——返回 1 d 时间间隔的值。

(6)double week()——返回 1 周时间间隔的值。

例如，假设模型中的时间单位是小时，如果计划安排 2 d 内要发生的事情怎么办？或者如何定义 5 min 的持续时间？当然，可以简单地设置为 48 h 和 5/60 h，但更好的解决方案是使用时间函数，只需要设置 2 * day()和 5 * minute()，而无需记住模型的时间单位。这里 minute()函数的返回值为 0.016 6，week()函数的返回值为 168.0。因此，对于大多数代表时间间隔的表达式中，推荐使用 minute()、hour()和 day()，采用这种方法可以自由地改变模型时间单位而无需改变模型。

3. 模型日期

AnyLogic 中的日期以 Java 类的 date 形式存储，由年、月、日、小时、分钟、秒和毫秒组成，如需得到当前日期，只需调用函数 date()即可。用于返回当前日期具体时间的常用函数如下：

(1)int getYear(Date date)——返回当前日期的年度。

(2)int getMonth(Date date)——返回当前日期的月份，如 JANUARY，FEBRUARY 等。

(3)int getDayOfMonth(Date date)——返回当前日期是当月的哪一天，如 1，2，3 等。

(4)int getDayOfWeek(Date date)——返回当前日期是星期几，如 SUNDAY，MONDAY 等。

(5)int getHourOfDay(Date date)——以 24 h 制返回当前日期的小时数，如晚上 10:20 将返回 22。

(6)int getHour(Date date)——以 12 h 制返回当前日期的小时数，如晚上 10:20 将返回 10。

(7)int getMinute(Date date)——返回当前日期的小时内，相对于模型开始时间/日期和模型时间单位的分钟。

注意：不要将函数 hour()、minute()等与函数 getHour()、getMinute 等混淆，因为函数 hour()返回的是模型运行持续的小时数，而 getHour()返回的是给定日期的当前小时数。

3.7.2 模型运行

运行模型实际上是运行一次实验，默认情况下，AnyLogic 中的每个模型都有一个名为“Simulation”的仿真实验。该实验是最简单的仿真实验，一方面可以通过模型运行动画观察模型运行情况并与真实系统进行比较，另一方面可以通过各种图表实时观测系统状态随时间的变化。

1. 模型执行模式

模型运行时间在模型的“Simulation”属性中的“Model Time”区域设置。AnyLogic 可以用两种模式来运行仿真模型:虚拟时间和真实时间。在虚拟时间模式下,模型以最大速度运行,模型时间单位与真实时间之间没有映射关系,当需要模型运行一个较长时间时非常有用。在真实时间模式下,模型时间单位会与真实时间建立映射关系,例如指定 1 s 代表多少模型时间单位,通常在对模型进行演示时使用。

2. 编程控制模型运行

很多时候可能需要以编程方式控制模型运行,例如,可能需要在某些事件发生时暂停执行,并在某些状态转移被执行时恢复运行。控制模型执行有两种编程方式,一种是对引擎进行操作,例如,可以在模型中任何需要的位置编写如 getEngine(). finish()这样的代码;另一种是通过智能体进行控制,例如,可以在智能体的任何活动中调用类似的函数如 finishSimulation()。

3.7.3 模型日志

AnyLogic 能够自动将所有关于模型执行的基本统计信息写入日志文件中。当模型运行时,所有关于智能体的参数和移动、事件发生、消息到达、状态图和流程图活动、资源使用等的信息都被写入模型执行日志中。

1. 打开日志

3.3 节的实例通过直方图数据、统计数据、数据集和输出等记录了需要收集和观察的性能指标,要让模型在运行时将信息写入日志,需要如下操作:点击“Project”标签,点击“Database”项目,并在“Log”属性区域勾选“Log model execuation”。

2. 日志内容

运行 Simulation:Main 实验直至结束后,关闭运行窗口,返回“Project”面板。选择“Database”项目,双击“Log”列出全部日志内容。其中一些日志是空的,表明模型没有执行需要记录的操作,例如实例模型没有使用流体库,所以任何以“fluid”为前缀的日志都将为空;此外,模型也没有使用资源,则以“resource”为前缀的日志也是空的,因此本例模型无法看到与资源利用率相关的日志内容。

双击“datasets_log”,可以通过筛选日志内容选择要查看的数据集,dsNumSystem 数据集日志记录如图 3.26 所示。在日志中显示了增加到数据集中的每一条记录,内容包括序号(index)、时间(x)和系统中的旅客人数(y)。

	agent_type	agent	name	index	x	y
1	Main	root	dsNumSystem	0	1.568	1
2	Main	root	dsNumSystem	1	4.231	0
3	Main	root	dsNumSystem	2	9.425	1
4	Main	root	dsNumSystem	3	15.244	0
5	Main	root	dsNumSystem	4	34.909	1
6	Main	root	dsNumSystem	5	35.18	2
7	Main	root	dsNumSystem	6	40.465	3
8	Main	root	dsNumSystem	7	40.594	2
9	Main	root	dsNumSystem	8	42.174	1
10	Main	root	dsNumSystem	9	43.866	2

图 3.26 数据集日志视图

双击“histograms_log”，通过筛选可以选择要查看的直方图数据，waitTimeDistr 直方图数据日志记录如图 3.27 所示，图中每条记录的内容包括旅客等待时间直方图的分组区间边界（start、end）、概率密度函数值（pdf）和累积分布函数值（cdf）。

	agent_type	agent	name	start	end	pdf	cdf
1	Main	root	waitTimeDistr	0	0.56	0.34	0.34
2	Main	root	waitTimeDistr	0.56	1.12	0.07	0.41
3	Main	root	waitTimeDistr	1.12	1.68	0.07	0.48
4	Main	root	waitTimeDistr	1.68	2.24	0.07	0.55
5	Main	root	waitTimeDistr	2.24	2.8	0.08	0.63
6	Main	root	waitTimeDistr	2.8	3.36	0.05	0.68
7	Main	root	waitTimeDistr	3.36	3.92	0.06	0.74
8	Main	root	waitTimeDistr	3.92	4.48	0.04	0.78
9	Main	root	waitTimeDistr	4.48	5.04	0.04	0.82
10	Main	root	waitTimeDistr	5.04	5.6	0.04	0.86

图 3.27　直方图数据日志视图

双击“statistics_log”，模型所有统计数据日志记录如图 3.28 所示，图中每条记录表示一项统计数据，内容包括统计数据名称（name）、均值（mean）、偏差（deviation）、最小值（minimum）、最大值（maximum）、置信区间半长（mean_confidence）和样本数量（number）。

	agent_type	agent	name	mean	deviation	minimum	maximum	mean_confidence	number
1	Delay	TVM	statsUtilization	0.677	0.468	0	1	0.04	201
2	Main	root	serviceTimeDistr	3.476	1.478	1.053	5.922	0.293	100
3	Main	root	statNumInQueue	0.491	0.739	0	4	0.064	300
4	Main	root	statNumInSystem	1.18	1.083	0	5	0.107	236
5	Main	root	timeInSystemDistr	5.941	3.168	1.138	15.512	0.709	79
6	Main	root	waitTimeDistr	2.515	2.633	0	10.701	0.522	100
7	Queue	queue	statsSize	0.491	0.739	0	4	0.064	201
8	TimeMeasureEnd	BuyingEndTime	distribution	3.476	1.478	1.053	5.922	0.293	100

图 3.28　统计数据日志视图

本章小结

排队模型在服务设施、物料储运、通信系统及其他许多因资源稀缺而发生拥堵和竞争的场合下有着广泛的应用。本章介绍了排队模型的基本概念、组成及性能指标，讲述了如何利用 Excel 电子表格对排队系统进行仿真，以及通过仿真实验估计系统的性能指标；给出了使用 AnyLogic 仿真软件进行简单排队系统仿真的实例，包括逻辑模型的建立、创建动画、统计数据计算及其图形化显示、简单交互设计和蒙特卡罗仿真实验等。

对于一个复杂系统，可以使用仿真的方法生成一组或若干组人工历史数据，使用这些仿真生成的数据可以评价系统的各种理想性能指标。当对包含时间的任意系统进行仿真分析时，必须确定要研究的是系统的瞬态行为还是稳态性能。虽然对于某些队列的稳态行为有简单的公式，但是在由仿真生成的数据估计系统的稳态性能指标时，必须能够识别和处理初始条件对稳态性能估计值可能产生的重大影响。如果初始条件不能代表稳定状态或仿真运行时间太短，这些估计值将会出现严重的偏差。本书第 10 章将会对这些问题进行更为深入的讨论。

学习完本章后，应能够利用 Excel 电子表格软件进行单服务台排队系统仿真建模及实验；掌握基于 AnyLogic 仿真软件的排队系统仿真建模基本原理、技术及流程，能够设计仿真实验并计算所需的系统性能指标。

练 习 题

1. 在 3.2 节介绍的基础上，采用 Excel 电子表格完成单服务排队系统仿真建模及实验。

数据设置要求：

(1)设置平均到达间隔时间服从指数分布，均值在 3～7 min 之间自主设定。

(2)服务时间服从三角分布，最小值 1 min，最大值 6 min，众数 4 min。

(3)终止条件：完成购票旅客人数不少于 50 人。

指标计算要求：

(1)单次仿真运行能够输出平均排队等待时间、平均系统逗留时间、服务台利用率、旅客排队等待的概率等性能指标，并绘制旅客排队等待时间直方图。

(2)能够进行仿真实验(实验次数要大于 50 次)，能够输出平均排队等待时间、平均排队等待时间置信区间半长等性能指标，并能够绘制平均排队等待时间直方图和平均排队等待时间累积分布图。

2. 基于 3.2 节的介绍，采用 Excel 电子表格完成双服务台排队系统仿真，两个服务台服务时间服从相同的概率分布，如均匀分布或三角分布。

3. 在 3.3 节模型基础上，设置平均到达间隔时间服从指数分布，服务时间服从三角分布，终止条件为完成 150 个旅客购票。计算单次仿真平均排队等待时间、平均系统逗留时间、平均队长、服务台利用率等性能指标。

4. 根据 3.3.4 节介绍的内容，使用 Data Set 数据元素和 Time Plot 图形元素，绘制队列长度随时间变化的图形。

5. 根据 3.3.4 节介绍的内容，使用 Data Set 数据元素和 Plot 图形元素，基于变量 N_System 的变化，绘制系统中的旅客人数随时间变化的图形。注意，在设置 Data Set 元素时，不要使用时间作为横轴，也不要选择自动更新数据，请思考为什么？

6. 根据 3.3.5 节介绍的内容，使用 Statistics 数据元素和文本控件，在蒙特卡罗仿真实验中显示旅客平均系统逗留时间均值和置信区间半长。

7. 在前面练习模型基础上，对多服务台排队系统进行仿真建模，设置服务台数为 3，旅客到达率加倍或到达间隔时间减半，观察性能指标计算结果。

8. 对系统能力限制进行仿真建模，例如当到达旅客观察到队列长度超过 5 个人或者当系统内的旅客超过 10 个人时会离开，并去往另外一个邻近的售票厅购票。

提示：可以使用“Process Modeling Library”面板中的“RestrictedAreaStart”模块和“RestrictedAreaEnd”模块对能力限制进行建模。

第 4 章　基于智能体仿真

与离散事件系统仿真相比,基于智能体的仿真建模(agent-based modeling and simulation, ABMS)是一个比较新的方法,随着计算机性能的快速提高,基于智能体的仿真开始进入实际应用并快速发展。ABMS 方法是一种自顶向下分析、自底向上综合的有效建模与仿真方法,它继承了面向对象建模的一般形式和优点,并且由于建模元素具有更高的主动性、自治性和智能性,使得这种方法能够实现更加复杂的、传统方法无法完成的仿真建模与分析。需要理解的是,基于智能体建模并没有标准的编程语言,智能体模型在体系结构、行为类型、智能体数量、空间等方面是非常多样化的。其他的仿真建模方法,如离散事件系统仿真和系统动力学仿真,经常在内部或外部使用智能体模型。

4.1 节介绍基于智能体仿真的基础知识,包括智能体的概念、主要优势、智能体的识别和基于智能体仿真建模的主要工作;4.2 节阐述智能体仿真建模的时间模型和空间模型、网络和连接、智能体间的通信、智能体动态创建与销毁等技术;4.3 节给出智能体仿真建模的一些实例,以有助于更好地理解智能体仿真建模技术;4.4 节介绍智能体结构建模时常用的工具——状态图,包括状态图的构成、变迁的触发类型和状态图的执行顺序;4.5 节给出一个综合实例,用于说明智能体间的通信和离散空间与连续空间的连接问题。

4.1 基础知识

传统的仿真建模方法是一种自顶而下、层层分解的分析方法,即模型的构建从系统整体设计开始,首先将复杂问题分解为多个可求解的子问题,然后构建子问题求解模型,进而将多个子问题求解模型综合集成得到整体模型。对于一些简单的、可叠加的线性系统而言,该建模方法具有一定的适用性,但将其应用于复杂的、非线性的群体行为仿真,往往难以得到令人满意的结果。而 20 世纪 80 年代末智能体理论的提出,打破了传统方法的局限,为复杂群体行为仿真建模提供了一条新的途径。

4.1.1　智能体和智能体仿真

智能体(agent)思想最早来源于分布式人工智能(distributed artificial intelligence, DAI)研究,DAI 研究可以分为两个大的方向:分布式问题求解(distributed problem solving, DPS)和多智能体系统(multi-agent system, MAS)。MAS 的研究涉及在一组自主的智能体之间协调其行为、知识、目标及规划等,以便联合起来采取行动或求解问题。从 20 世纪 80 年代末开始,对智能体理论和技术的研究从 DAI 领域拓展开来,并与许多其他领域互相借鉴和融合,得到了更为广泛的应用。

Agent 具有丰富的内涵，对应的中文名词有“主体”“智能体”或“代理”等，人工智能的研究者倾向于使用智能体，而在复杂性科学理论中则更多地称为主体。**智能体**一般是指为实现一定目标、适应一定环境并在此环境下自主地执行任务的行为主体。这些主体之间进行交互、动作和协作，同时与环境也进行着能动行为，如自主学习等。智能体不是面向现实世界中的静态实体或功能，而是面向有意识、有思维的行为主体，即把行为主体作为系统的基本成分。

一般认为智能体应当具有如下特征：

(1)自治性：运行不受人为或其他智能体的直接干涉，对自身的内部状态和动作有一定的控制权。

(2)社交能力：可以通过某种语言与其他智能体或环境进行交互。

(3)反应性：能够感知它所处的环境，能够对环境的变化作出及时而适当的反应，并通过行为影响环境。

(4)预动性：不仅可对所处的环境做出简单的响应，而且能够采取积极主动的目标驱动行为。

从智能体的定义和特性可以看出，其区别于传统的智能系统的显著特征在于它具备与其所处环境、其他智能体进行交互、协调和协作的能力。

Averill M. L 认为**基于智能体仿真**实际上是离散事件仿真的一个变体，因为目前所有基于智能体的仿真，其状态就是在某些时间点上发生改变。因此，从离散事件仿真的角度出发，可以将智能体理解为一个具有自主性的“实体”，它可以感知周围的环境和其他的智能体，并根据感知到的信息做出决策。智能体通常拥有若干属性，以及一系列决定自身行为的基本的“如果……则……”规则。它们也可以随着时间的推移而学习，更好地理解其他实体的状态和周围环境，从而改变自身的决策规则，这就要求它们具有某种记忆形式。由上可知，一般只有当系统中的实体可以与其他实体及其周围环境进行交互时，或当实体有必要学习和采用自身行为时，或当实体的移动依赖于对周围环境的感知而非脚本时，才可能会用到基于智能体的仿真。

在基于智能体仿真建模中使用了自下而上的方法，该方法的核心是描述各个独立智能体的行为和交互性。复杂的基于智能体的仿真通常借助于面向对象软件(如 Java)，实体变量对应属性，方法对应行为。而一个潜在的问题是绝大多数离散事件仿真软件包并非面向对象的，虽然实体拥有属性，但行为并不是封装在实体中，而是在实体通过的模块中实施的。AnyLogic 软件包支持基于智能体的仿真，其智能体行为是由状态图、流程图或系统动力学方程得出的，也可以通过编写 Java 代码进行扩展。智能体可以在网格、连续空间、网络及地理信息系统显示的地图中进行移动和交互。

4.1.2 主要优势

基于智能体仿真是一种自下而上的仿真建模方法，对复杂系统的建模效率更高，而且能够同时考虑定量参数和定性参数(如推理和决策)。总的来说，基于智能体仿真的优势主要体现在以下几个方面：

1. 易于建模

传统仿真方法往往需要研究人员对系统的运行特征和规律有很深入的了解，而且在建模前要做大量的分析工作以建立系统的数学模型。当系统非常复杂或者其内在规律尚未可知时,传统方法往往难以解决问题。而基于智能体的仿真建模方法可以直接对个体进行建模,所以研究人员无须对系统的宏观规律和特性有着深入的理解,也无须深入研究,只需要掌握系统中的各个主体的特性和行为特点即可。

2. 灵活性

由于研究人员对个体的定义具有完全的控制能力,因此仅需要对智能体的特性进行简单修改,无须修改整个系统,即可得到不同的仿真结果,产生一系列新的仿真模型。此外,模型中也能够很容易地增加具有新行为特点的智能体,并且可以与已经定义的智能体进行交互。

3. 集成性

基于智能的仿真并不排斥传统的仿真方法,如离散事件系统仿真和系统动力学仿真,它可以在同一个仿真模型中集成定量参数、定性参数、差分方程或基于符号规则的行为等多种要素,而且由于其模块化的性质,对这些要素的修改也很容易。

4. 可监控性

基于智能体的模型以智能体作为基本构件,研究人员可以通过模型的监控机制,在模型运行过程中的任何时刻,以任何可能的详细程度对所有智能体的活动进行监控,而且可以调整智能体的状态、改变它们的行为,以及改变环境的状态,所以模型具有很高的可监控性。

5. 层次性

MAS 本身是由多智能体组成的系统,且系统中各智能体成员之间的关系具有多样性,可以是网络型关系,也可以是分级的层次型关系,还可以是复合型关系。因此,多智能体仿真能够很容易地实现对具有多级结构系统(如人类社会组织)的建模。此外,由于所有智能体的活动都可以被详细地监控,所以多智能体仿真打破了分析层次上的限制,理论上可以支持从全局到个体、从宏观到微观任意层次上的研究与分析。

6. 可理解性

由于基于智能体仿真建模方法符合人们对客观世界的抽象思维方式的认知规律,因此模型可以很好地与现实系统相互对应,建模过程更接近于在计算机中“构筑虚拟的现实世界”的过程。对于研究人员和开发人员来说,模型具有很好的可理解性。

4.1.3　智能体的识别

在采用智能体仿真建模之前,首先需要识别出能够代表真实世界中物体的智能体。在基于智能体的仿真模型中,智能体可以表示各种各样的事物或实体,例如车辆、高速列车、铁路车站、技术设备、各种类型的人、项目、产品、组织等。如果要采用基于智能体的建模方法来解决特定的问题,那么如何识别智能体就十分重要。

实例 4.1　汽车市场模型中的智能体识别

在汽车市场模型中,首先想到的智能体可以是人,因为需要由人来决定是买车还是卖车。此外,初步分析来看,汽车属于被动的对象,具有不同的参数,对不同的人来说吸引力也是不同的,而且随着时间的增长,汽车的价值和对人的吸引力也会降低。因此,在识别该问题的智能体时,需要解决以下问题:

(1)是将汽车看作是智能体,还是仅仅作为由人来管理的一般的对象或实体?

(2)如果一个人与其配偶共用一辆车,那么由谁来制定决策?是否需要对家庭成员间的合作关系建立模型?

(3)更复杂的情况是如果家庭有孩子,家庭成员有多辆车,多个家庭成员共用多辆车该如何建模?

这些问题并没有一个普适的答案,需要针对不同的研究目标建立不同的模型架构。例如在 SOLO K 建立的汽车市场模型中,智能体不是单独的个体(人),而是家庭。家庭拥有汽车,所以汽车也不是智能体,它们只是具有特定属性(如品牌、生产日期、型号)的对象。买车或卖车的决策制定是在家庭的层面做出的,一般考虑的是家庭成员数量、年龄、收入及其他因素等。

那么,在选择确定模型的智能体时,是否智能体必须具有主动性、空间感知能力、学习能力和社交能力呢?实际上,首先智能体不必一定是人,因为有的智能体可以学习和自适应,但有的智能体却从不改变其行为模式。任何事物,乃至绝对被动的对象,如一次投资,都可以是智能体。在铁路车站模型中,自动售检票机、安检设备、调车机车、道岔和信号机等每一个机器设备都可以被定义为一个智能体;在铁路路网模型中,也可以将每一个区间定义为一个智能体,进而研究其检修、施工、故障和通过能力等问题。

4.1.4 与面向对象设计的区别

基于智能体的仿真建模与面向对象软件设计有许多共同之处。"类"是一个在设计阶段的术语,用于描述一系列相似的对象,但是这些对象(也称为类的实例)只是在程序运行时才会被创建。从这个意义上来说,智能体只是在基于智能体模型运行时才被创建,在建模阶段,研究者只是构造智能体类。

同一类的智能体(对象)有着相同的结构和行为,只是在细节上有所区别。例如,行人的属性值和状态信息是变化的,行人的速度、年龄、性别和目标位置都各不相同。智能体(对象)的接口用于与其他智能体和外部组件进行交互,可以用变量、函数、消息或端口来定义。

基于智能体的建模与面向对象编程的主要区别在于智能体是动态的,其内部存在时间延迟,可以初始化事件,也可以连续不断地改变内部变量。而在面向对象编程中,对象根据要求来行动,即只有当对象的方法被调用时才工作。从某种意义上讲,智能体更像是程序运行时的线程或进程。

与对象相似,智能体可以动态地创建或消除。但在面向对象设计中的一些重要的概念并未全部应用于智能体建模中,例如继承和多态性。通常在智能体建模时,并不关注于创建类的层次结构、接口或重载方法,考虑更多的是条件函数和构件行为。

例如在人口模型中,男性和女性在行为上存在差异。面向对象将创建一个类的层次结构,如图 4.1 面向对象所示,人类共同的属性和行为在基类"人"中定义,而不同性别的特殊行为分别在两个子类"男性"和"女性"中定义。在这种情况下,人的类包含了所有人的共同属性,如出生日期和教育程度,男性类和女性类分别继承自人的类,各自拥有自己的生命周期。而非面向对象的建模将只创建一个类"人",使用参数"性别"和有两个分支的行为组件,对不同性别的特殊行为进行定义,如图 4.1 非面向对象所示。在这里只有一个人的类,它包含了一个性别参数来区分男性和女性，在某些状态下会根据性别分成两条路径，分别对应男性的生命周期和女性的生命周期。上述两种建模方法都是可行的，面向对象的方法提供了更好的代码复用和清晰的角色划分，使得代码易于理解和维护。而非面向对象的方法减少了类的数量，简化了模型的设计。建模时采用哪一种方法取决于如何在模型中使用这些定义的构件。

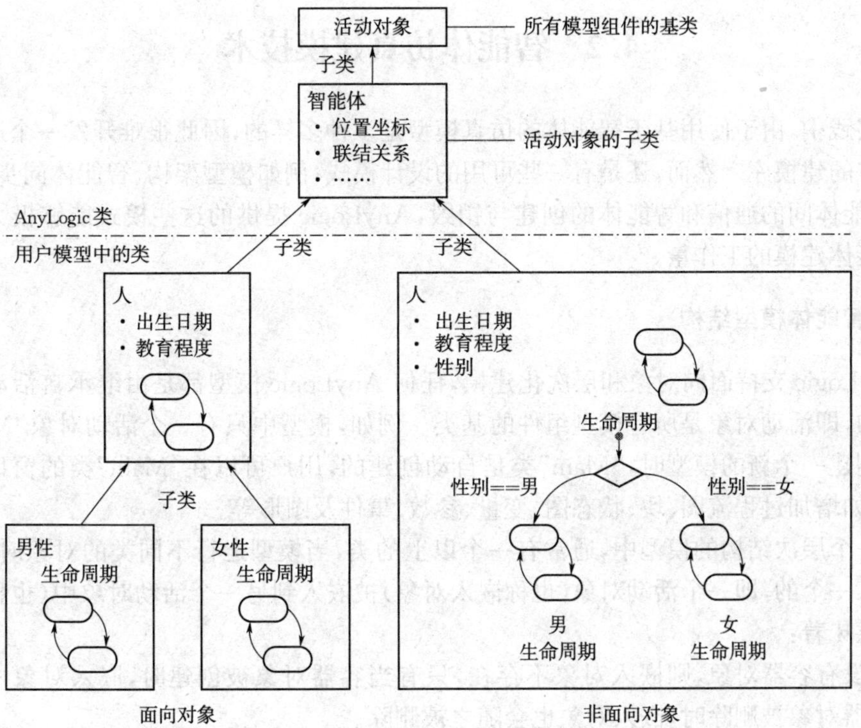

图 4.1　面向对象和非面向对象在人类智能体建模的区别

4.1.5　基于智能体仿真建模的主要工作

基于智能体的系统建模与仿真是一种自下而上的建模方法，它将智能体作为系统的基本抽象单位，采用相关的智能体技术，先建立组成系统的各类个体的智能体模型，然后采用合适的 MAS 体系结构组合这些智能体个体，最终建立整体模型。基于智能体仿真的本质就是通过对现实世界的模拟，将复杂系统划分为与之相应的多个智能体，建模与仿真时首先从单个智能体的微观行为和局部规则入手，进而以涌现的方式生成复杂系统的整体行为。

通常，基于智能体仿真建模需要考虑以下内容：

(1)智能体对象的结构。

(2)时间模型，是异步的或是同步的(步长或时钟周期)。

(3)空间(连续、离散、GIS)和移动性。

(4)智能体间的网络和连接。

(5)智能体间的通信和智能体与环境间的通信。

(6)动态的创建和销毁智能体。

(7)智能体总体的统计数据收集等。

采用智能体方法进行仿真建模时,用户可以不用知道系统的整体行为,可以不必识别系统关键变量及其动态变化,可以不需要确定整体的业务逻辑。也就是说,既不需要如系统动力学方法那样的抽象能力,也不需要如离散事件系统仿真那样从流程方面思考问题。因此,从某种意义上讲,智能体仿真是最简单的建模方法。

4.2 智能体仿真建模技术

在实践中,由于使用基于智能体的仿真模型是多种多样的,因此很难开发一个通用的基于智能体的建模库。然而,还是有一些可用的设计模式,例如模型架构、智能体同步、空间和移动、智能体间的通信和智能体的创建与销毁,AnyLogic 提供的这些模式能够极大地降低基于智能体建模的工作量。

4.2.1 智能体模型结构

AnyLogic 支持面向对象和层次化建模,任何 AnyLogic 模型都是由继承自活动对象的类组成的,即活动对象是所有模型组件的基类。例如,模型中只有一个活动对象“Main”类,当用户创建一个新的模型时,“Main”类是自动创建的,用户可以在“Main”类的窗口下进行编辑,例如增加过程流图、块、状态图、变量、参数、事件及图形等。

在一个层次结构的模型中,通常有一个以上的类,当模型运行不同类的对象时,通常是一个嵌入一个的,即一个活动对象(也称嵌入对象)被嵌入到另一个活动对象中(也称容器对象),这意味着:

(1)没有容器对象,则嵌入对象不存在,只有当容器对象被创建时,嵌入对象才会被创建,当容器对象被删除时,嵌入对象也会随之被删除。

(2)如果嵌入对象有多个实例,容器对象将控制动态创建和删除这些实例。

(3)嵌入对象的动画是容器对象动画的一部分。

(4)从 Java 编程角度看,嵌入对象是容器对象的一个成员或字段,作为变量、参数或状态图等存在。

任何基于智能体的模型都是层次结构的,有两个以上的类,顶层的类(如 Main)包含智能体类(如 Person),智能体类通常作为实例嵌入到 Main 中。如图 4.2 所示,用户自定义的智能体类 Person 不是直接从活动对象类继承的,而是智能体类的子类;智能体类才是活动对象的子类,该智能体类扩展了针对基于智能体建模的特性。

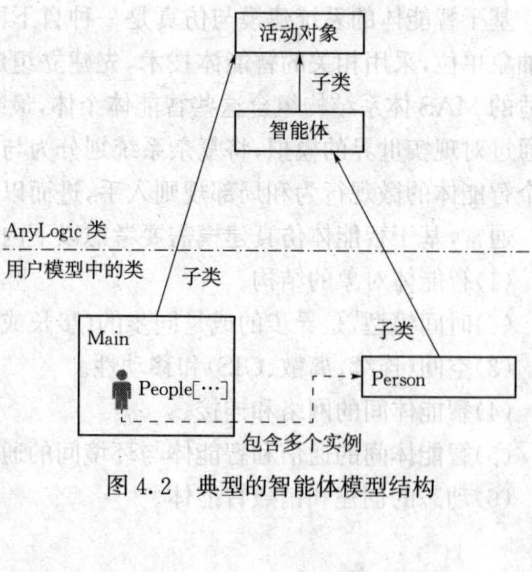

图 4.2 典型的智能体模型结构

在这个架构中,Main 类代表整个系统或者模型的入口点,它包含了一个名为 People[…]的集合,这个集合实际上是由多个 Person 实例组成的。Person 是一个具体的智能体类，它是智能体类的一个子类。而智能体类本身则是活动对象的一个子类，这意味着所有的 Person 实例都间接地继承了活动对象中提供的功能。

这种层次化的结构有助于管理和维护复杂的智能体模型，因为它允许开发者专注于各个部分的具体细节，同时保持整体的一致性和可扩展性。通过这种方式，模型可以更容易地添加新类型的智能体，只需创建一个新的类，使其成为智能体类的子类即可。此外，这种方法还支持复用现有代码和功能，因为所有智能体共享相同的基类特征。

4.2.2 基于智能体的时间模型

基于智能体仿真建模首先要区分异步时间和同步时间模型。**异步时间**（asynchronous time）意味着在时间轴上没有固定的时间步长，事件可以发生在任意时刻，如图 4.3(a)所示；**同步时间**（synchronous time）假设事件只能在离散时间点上发生，而在时间点的步长期间内没有事件发生，如图 4.3(b)所示。

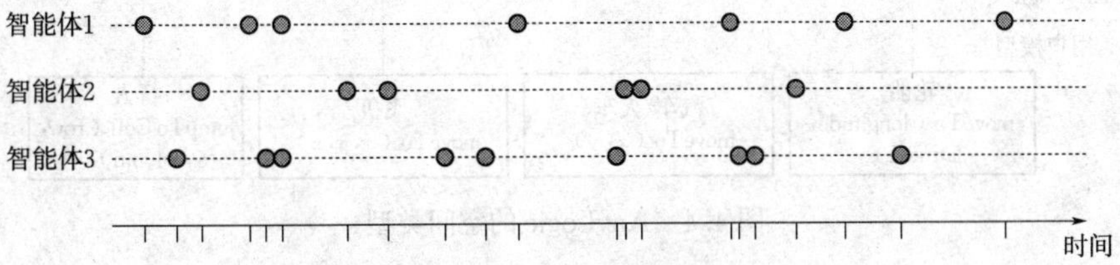

（a）异步时间模型

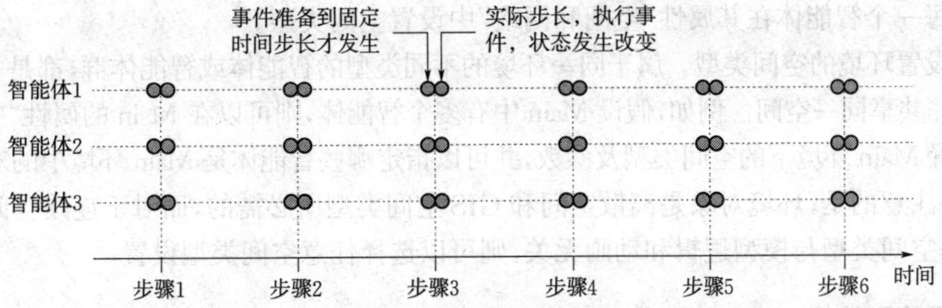

（b）同步时间模型

图 4.3 基于智能体仿真的同步时间和异步时间模型

在同步时间模型中，智能体在每个时间步长都要检查是否执行某些事件，但不能在事件满足条件时立即执行事件逻辑，这就不可避免地为模型引入了一定程度的不准确性。此外，同步时间模型在计算效率上通常也要比异步时间模型更低，因为即使没有任何事件发生，模型在每个时间步长也都要进行检查。但在实际应用中，智能体模型多采用带有时间步进机制的同步时间模型。例如，在传染病模型中，为得到感染人群的数量，可在固定时间间隔进行统计，这也与现实世界的情况是吻合的。

4.2.3 基于智能体的空间模型

空间在智能体建模中被广泛地使用，即使在对于智能体的位置和移动不是十分重要的模型中，空间也会用于可视化智能体。AnyLogic 支持三种类型的空间模型：

(1)三维连续空间。

(2)离散空间。

(3)地理信息系统(geographic information system,GIS)空间。

相应地,有四个基本的智能体类:AgentContinous2D,AgentContinous3D,AgentDiscrete2D 和 AgentContinousGIS,如图 4.4 所示。基于空间类型,智能体将继承各种与空间相关的函数(如 moveTo(),distanceTo(),jumpToCell())及属性(如 velocity,column,row,On arrival action 等)。

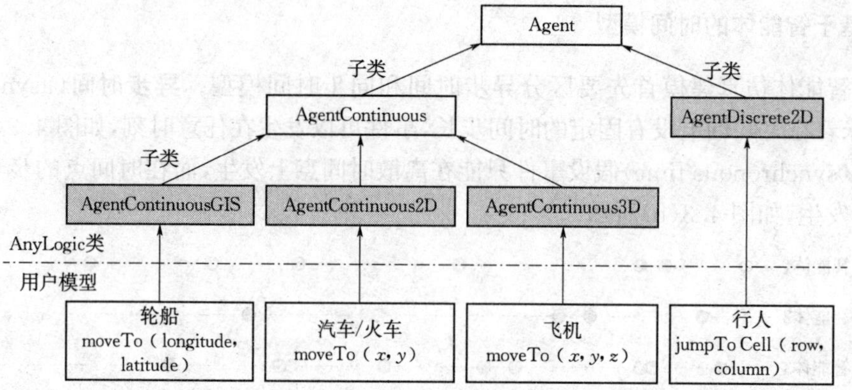

图 4.4 AnyLogic 的空间类型

在 AnyLogic 模型中,有两种方式设置空间类型:

(1)每一个智能体在其属性“空间和网络”中设置空间类型。

(2)设置环境的空间类型。属于同一环境的不同类型的智能体或智能体群,都是相同的空间类型,并共享同一空间。例如,假设 Main 中有多个智能体,则可以在 Main 的属性“空间和网络”中设置 Main 环境下的空间类型及参数,并可以指定哪些智能体是 Main 环境中的对象。

需要注意的是,环境对象是离散空间和 GIS 空间类型所必需的,而对于连续空间是可选的。如果空间类型与模型逻辑和动画无关,则可以选择任意空间类型设置。

4.2.4 网络和连接

在多智能体模型中,智能体之间存在各种关系。例如,如果智能体表示人,那么智能体之间的关系可以是亲人、朋友、同事,或仅仅是肢体接触(如拥挤);如果智能体是网络基础设施,它们之间的关系可能是物理的或无线的连接;在供应链系统中,可能是生产商与消费者之间的关系等。

AnyLogic 提供了多种网络模式支持对智能体之间的关系进行建模:

(1)标准的和用户定义的网络,该网络支持统一的双向连接,例如友情、共同的爱好、信息交换等。

(2)自定义的单向连接,例如,子女和父母、领导和下属、顾客和推销员、工作站和服务器、生产商和消费者等。

(3)层次模型架构,例如,公司和雇员、小镇和其居民等。

(4)使用端口连接智能体。

注意：网络和连接建立后是可以修改的，当模型运行时，允许用户修改现有对象之间的关系、添加新的对象并建立它们之间的连接、销毁对象及恢复标准网络类型等。

AnyLogic 支持以下五种标准网络类型，用户可以基于这些标准网络建立自定义的网络：

(1)随机(random)网络。随机网络一般由一个智能体与一系列随机选择的智能体连接。

(2)基于距离(distance-based)网络。该网络类型只适用于连续空间内的智能体，当两个智能体之间的距离在一个给定的范围内时，则它们相互连接。

(3)环形格子(ring lattice)网络。不考虑空间和布局类型，智能体被认为均匀地分布在一个虚拟的环形上，每个智能体与环形上给定的与其最近的一些智能体连接。

(4)小世界(small world)网络。同样地，智能体被认为均匀地分布在一个虚拟的环形上，每一个智能体与给定数量的智能体连接，大多数是离它最近的智能体，但也有一些是距离较远的智能体。例如人类的社交网络。

(5)不限范围(scale free)网络。该网络类型中的智能体连接数量在形式上服从幂律定理，即有 k 个连接的智能体数量为 $k^{-\gamma}$，其中 γ 为网络参数。在这样的网络中，一些智能体是许多连接的“中心站”，而一些智能体是“隐身”的，几乎不与其他智能体连接，例如航空网络。

以上标准网络的建立基于智能体之间的统一双向联系，如图 4.5 所示。

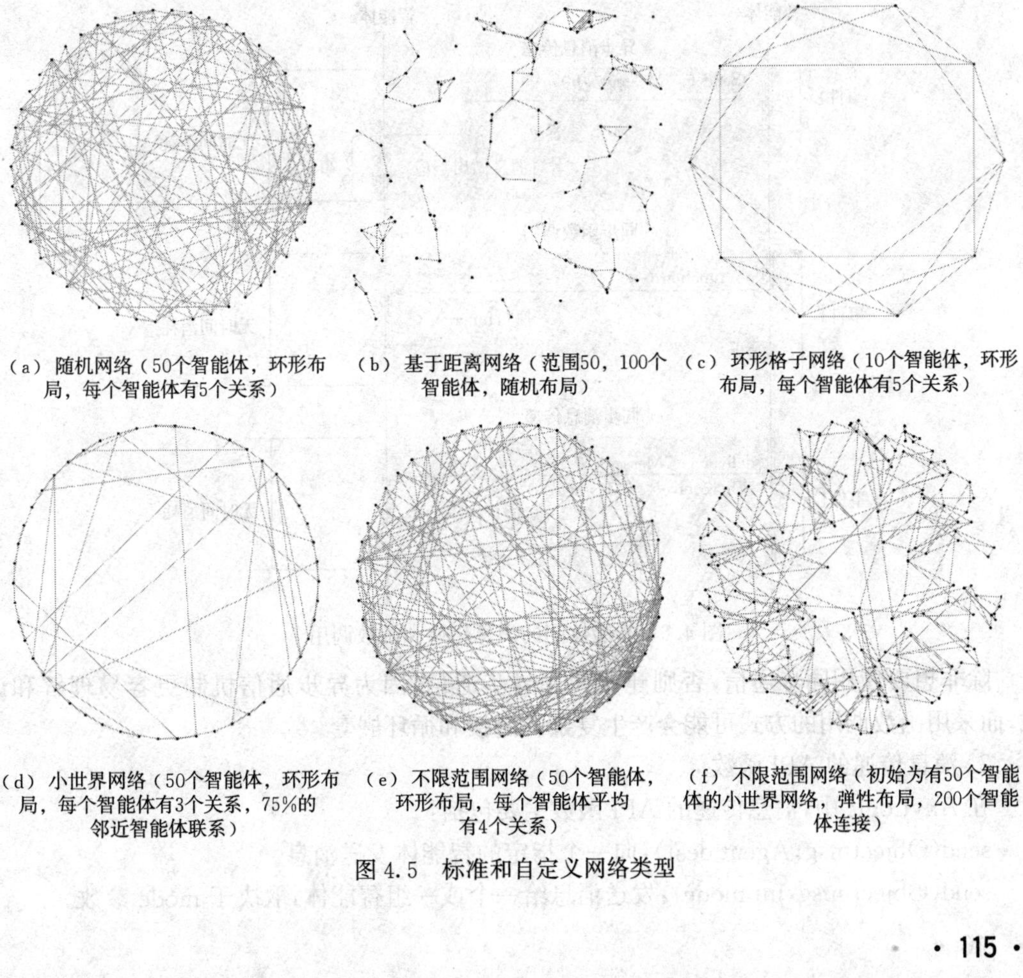

(a) 随机网络（50个智能体，环形布局，每个智能体有5个关系）

(b) 基于距离网络（范围50，100个智能体，随机布局）

(c) 环形格子网络（10个智能体，环形布局，每个智能体有5个关系）

(d) 小世界网络（50个智能体，环形布局，每个智能体有3个关系，75%的邻近智能体联系）

(e) 不限范围网络（50个智能体，环形布局，每个智能体平均有4个关系）

(f) 不限范围网络（初始为有50个智能体的小世界网络，弹性布局，200个智能体连接）

图 4.5　标准和自定义网络类型

4.2.5 智能体间的通信

AnyLogic 模型可以看作是开放的空间，无论在模型中的层级距离多远，任何活动对象的任何结构都可以访问任何其他活动对象中的任何结构。AnyLogic 提供了表达式语句用于向上或向下移动模型的层次结构，用户可以直接调用其他活动对象的函数，或读取和更改其他活动对象的变量和参数。

此外，AnyLogic 为多智能体建模提供了特殊的通信机制，即消息传递（massage passing），一个智能体可以向另外一个智能体或一组智能体发送消息。消息可以是一个任意类型的对象，例如，字符串、整数、对象的引用或有多个字段的结构等。

1. 同步通信和异步通信

消息传递和智能体间函数调用的根本区别在于，前者是异步通信，而后者是同步通信。智能体间的两种通信方式如图 4.6 所示，智能体 a 在事件 1 中的某个位置调用函数 send()，发送消息"Message"给智能体 b；消息传递到智能体 b，但对于该消息的响应却是延迟到事件 1 结束，在随后的事件 2 中才执行。与函数调用相比，当智能体 a 调用智能体 b 的函数 function()时，函数在事件 1 中立即执行，而智能体 a 的其他代码会推迟到函数 function()执行完返回控制权后才继续执行。当使用特殊函数 deliver()和 receive()时也是同样的机制。

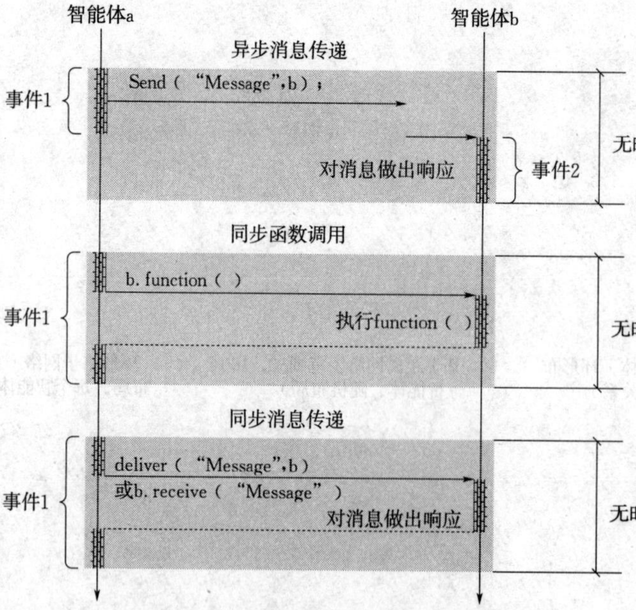

图 4.6 智能体间的消息传递和函数调用

除非想要使用同步通信，否则建议使用异步通信，因为异步通信机制更容易理解和调试，而采用函数调用的方式可能会产生复杂的链接和循环嵌套。

2. 消息传递的 API 函数

在 AnyLogic 中，消息传递的 API 函数主要包括：

send(Objectmsg，Agent dest)：向一个指定的智能体发送消息。

send(Object msg，int mode)：发送消息给一个或一组智能体，取决于 mode 参数。

deliver(Object msg, Agent dest)：立即向一个指定的智能体发送消息，并执行收到消息的智能体的行动或操作。

deliver(Object msg, int mode)：依据 mode 参数值，立即向一个或一组智能体发送消息，并执行它们的行动或操作。

receive(Object msg)：立即发送消息给一个智能体，并执行它的行动，该函数通常由其他的智能体调用。

参数 mode 各种设置的含义如图 4.7 所示，对于连续空间，其中，ALL 意味着发送消息给环境中所有的智能体，而不仅仅是同类的智能体；ALL_CONNECTED 表示仅向与该智能体连接的所有智能体发送消息；RANDOM 和 RANDOM_CONNECTED 表示向全体智能体或全部连接的智能体中的一个随机选择的智能体发送消息，发送消息的智能体本身也可能被随机选择。对于离散空间，ALL_NEIGHBORS 意味着发送消息给摩尔邻域的所有智能体，RANDOM_NEIGHBORS 表示向摩尔邻域中的一个随机选择的智能体发送消息。

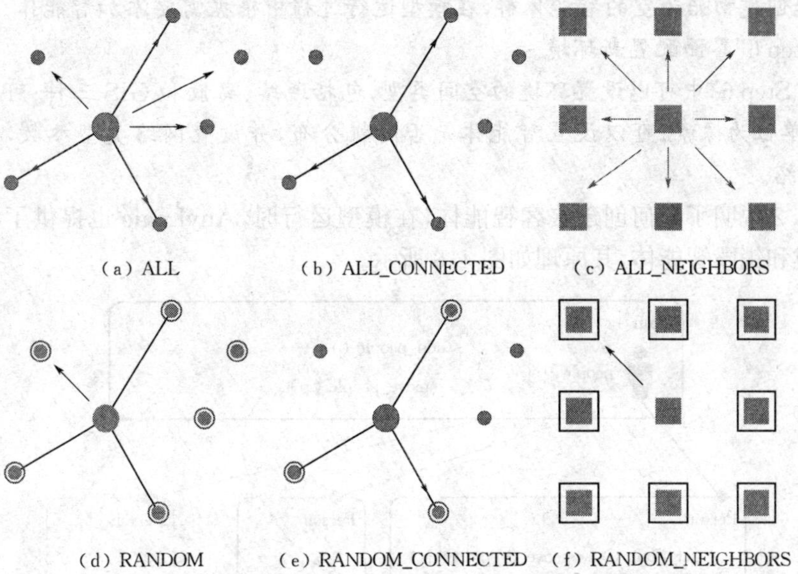

图 4.7　消息传递 API 函数中参数 mode 设置的区别

当消息不是由智能体发送，而是由其他构件发送时，如由 Main 窗口下的一个事件向智能体发送消息时，通常使用 deliverToAll(Object msg) 和 deliverToRandom(Object msg) 这两个 API 函数。

4.2.6　智能体动态创建与销毁

通常，在 AnyLogic 模型中的智能体和活动对象是可以动态创建和销毁的。在仿真运行时，必须保留且无法销毁的对象只有根对象(root)，例如 Main。活动对象的创建和销毁通过使用复制对象结构实现，该结构是包含同种类型活动对象的一个集合，在运行时，可以动态地向复制对象中添加更多的对象，也可以销毁现存的对象。

实例 4.2　AnyLogic 智能体创建

在 AnyLogic 中，智能体的创建不需要编写代码，只需要通过拖放和向导即可完成。本例将创建一个智能体类型 Passenger，以及对应的智能体群 passengers，具体步骤如下：

(1)创建一个新的模型，单击“Palette”，选择“Agent”面板。Agent 面板包括三个部分：智能体(Agent)、智能体组件(Agent Components)和状态图(Statechart)。

(2)从“Agent”面板中拖一个“Agent”元素到“Main”窗口界面中，此时将弹出“New agent”向导窗口的“Step 1”界面，选择“Population of agents”(智能体群)，进入“Step 2”界面。

(3)设置新建智能体类型，定义如下：

Agent type name：Passenger

Agent population name：passengers

(4)单击“下一步”，进入“Step 3”界面，选择智能体动画图形。选择“2D”中的“Person”，单击“下一步”进入“Step 4”界面。在“Step 4”界面可以添加参数，完成后单击“下一步”进入“Step 5”界面。

(5)设置群大小。在编辑框中输入“500”，创建包含 500 个 Passenger 智能体的乘客群。也可以选择创建初始为空的智能体群，在模型运行过程中根据需要添加智能体。单击“下一步”进入“Step 6”界面配置新环境。

(6)在“Step 6”中可以设置环境的空间类型，包括连续、离散和 GIS 三种；可以设置环境区域大小，单位为像素；可以设置智能体是否随机分布，并设置网络类型参数，网络类型见 4.2.4 节介绍。

实例 4.2 说明了如何创建旅客智能体，在模型运行时，AnyLogic 也提供了相关函数用于动态创建和销毁智能体，其原理如图 4.8 所示。

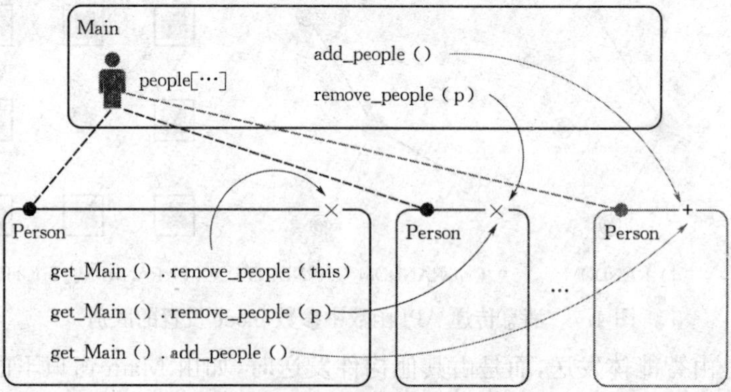

图 4.8 智能体动态创建与销毁

如果在 Main 中声明了一个由 Person 智能体组成的种群 people，则 AnyLogic 在 Main 中自动生成两个函数 add_people()和 remove_people(p)，用于在模型执行过程中向智能体种群增加或删除智能体。相关函数说明如下：

Person add_people()：该函数创建一个 Person 类型的新智能体，将其放入 people 智能体群中并返回新创建的智能体。

void remove_people()：该函数用于销毁指定的 people 智能体群中的一个智能体。

Person 类的函数 get_Main()：如果有 Person 实例嵌入到 Main 中，函数返回 Person 实例所嵌入的对象，无论它们是不是复制对象。例如，为了在模型中销毁自身，一个 Person 类智能体需要调用 get_Main(). remove_people(this)，其含义是将自身引用(this)作为参数，进入智能体 Main，然后在 Main 中调用函数 remove_people()销毁自己。如果要创建另一个 Person 类智能体，则需要调用 get_Main(). add_people()或 Person newborn=get_Main(). add_people()，后一种调用在变量 newborn 中存储了新建的智能体，以方便后续使用。

在模型运行时，可以使用函数 goToPopulation(AgentList newPopulation)动态地改变智能体所属的种群，智能体将离开当前环境并进入到新种群的环境中。参数 newPopulation 表示要移动到的新种群，如果 newPopulation 为 null，则智能体将进入模型顶层智能体的默认种群。

4.3　智能体仿真建模实例

为更好地理解智能体建模技术，本节将通过几个实例说明智能体生成、智能体群的数据统计、智能体移动轨迹和智能体间的连接关系。智能体间的通信见本章 4.5 节的介绍，使用事件产生新的智能体见 3.6.3 节中的实例 3.6。

4.3.1　智能体随机分布在特定区域

本节实例将说明如何让智能体随机分布在一个特定的区域中，例如让乘客随机分布在车站站台上，通常可用于轨道交通仿真的初始化设置。

(1)创建一个新的模型，命名为"Agent Random Distribution"。

(2)创建乘客智能体。点击"Palette"标签，选择"Agent"面板，拖一个"Agent"元素到"Main"编辑窗口，弹出新建智能体向导，设置如下：

Step 1："选择 Population of agents"。

Step 2：Agent type name：Passenger；Agent population name：passengers。

Step 3：选择 2D 动画"Person"。

Step 4：无须添加参数，略过。

Step 5：创建 150 个智能体，点击"完成"。

(3)绘制站台区域。选择"Presentation"面板，双击"Polyline"，在"Main"窗口界面绘制地铁车站站台，如图 4.9 所示。智能体动画的坐标为(90，90)，整个站台区域位于智能体动画下方，宽度为 800，高度为 300，左右两侧有两个凹槽。

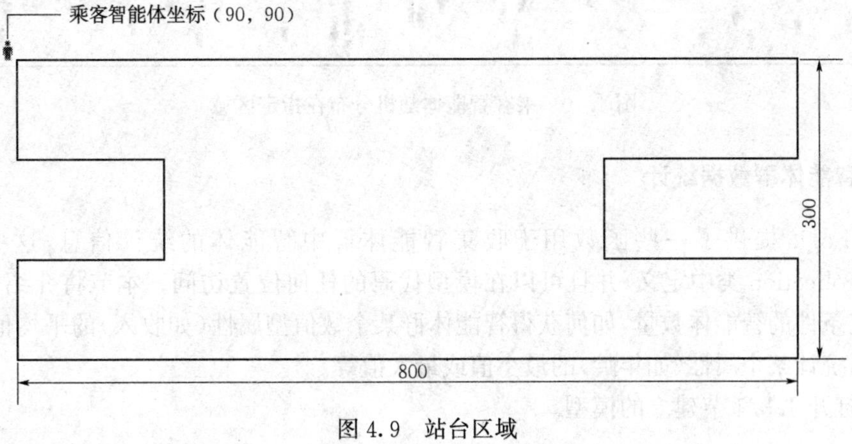

图 4.9　站台区域

(4)设置乘客智能体动画属性。打开"Main"编辑窗口,点击"passengers 动画",设置属性:

X:90

Y:90

Advanced:勾选"Draw agent with offset to this position"

(5)乘客智能体随机分布在站台。点击"Main"编辑窗口任意空白处,在"Main"的属性栏→"Agent actions"→"On startup"区域输入代码:

```
for(Passenger p:passengers){ //对每一个乘客智能体
    double x,y;
    do{
        x=uniform(800);
        y=uniform(300);
    }while(!polyline.contains(x+90,y+90)); //(90,90)为智能体动画的坐标
    p.setXY(x,y);
}
```

代码说明:首先生成一个乘客智能体坐标点(x,y)的随机数,服从均匀分布,且$0\leqslant x\leqslant 800$,$0\leqslant y\leqslant 300$;然后检查该点是否包含在站台多边形区域内,如果该点不在多边形区域内则生成新的坐标点,如果该点包含在多边形区域内则设置乘客智能体坐标,以此类推。

(6)运行模型,可以观察到乘客智能体随机分布在指定的站台区域内,如图 4.10 所示。

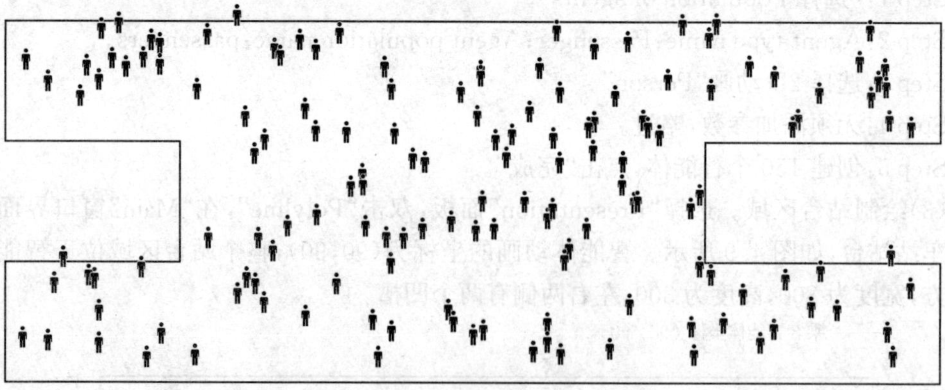

图 4.10　乘客智能体随机分布在指定区域

4.3.2　智能体群数据统计

AnyLogic 提供了一些函数用于收集智能体群中智能体的统计信息,这些函数在 utilittiescollection 类中定义,并且可以在模型代码的任何位置访问。本节将介绍如何统计满足特定条件的智能体数量,如何获得智能体群某个数值型属性(如收入)的平均值和总数,以及如何统计某个属性(如年龄)的最小值或最大值等。

(1)打开 4.3.1 节建立的模型。

(2)创建性别选项列表。点击“Project”标签，右键单击“项目名称”→“New”→“Option List”，弹出新建选项列表对话框，设置如下：

Name：Gender

在 Specify elements 的 Name 栏添加两个选项：MALE 和 FEMALE

(3)添加乘客智能体参数。打开“Passenger”编辑窗口，点击“Palette”标签，选择“Agent”面板，拖三个“Parameter”参数到“Passenger”编辑窗口，设置各参数属性：

年龄参数：

Name：age

Type：double

收入参数：

Name：income

Type：double

性别参数：

Name：sex

Type：Gender

(4)添加乘客年龄自定义分布。打开“Main”编辑窗口，自定义分布命名为“passengerAgeDistribution”，具体步骤参见 6.6.3 节实例 6.18。

(5)初始化乘客智能体参数。乘客年龄服从自定义分布 passengerAgeDistribution()，乘客收入服从三角分布，乘客性别定义男性占比 48%。打开“Main”编辑窗口，选择“passengers”智能体，参数值分别设置为

age：(int)passengerAgeDistribution()

income：(int)triangular(0，3000，12000)

sex：randomTrue(0.48) ? MALE：FEMALE

(6)在乘客智能体统计属性中设置。打开“Main”编辑窗口，选择“passengers”智能体群，在“Statistics”属性区域添加三个统计项，分别设置如下：

成年男性乘客人数：

Name：nMaleAdults

Type：Count

Condition：item. sex==MALE && item. age>=18

成年男性乘客平均收入：

Name：averageIncomeMaleAdults

Type：Average

Expression：item. income

Condition：item. sex==MALE && item. age>=18

成年男性乘客最高收入：

Name：maxIncomeMaleAdults

Type：Max

Expression：item. income

Condition：item. sex==MALE && item. age>=18

点击“Palette”标签，选择“Presentation”面板，拖三个“Text”元素到“Main”编辑窗口，分别设置“Text”的动态值如下：

passengers. nMaleAdults()

(int)passengers. averageIncomeMaleAdults()

passengers. maxIncomeMaleAdults()

(7)使用智能体群的统计函数，计算成年女性乘客人数、成年女性乘客总收入和成年女性乘客最低收入。点击“Palette”标签，选择“Presentation”面板，拖三个“Text”元素到“Main”编辑窗口，分别设置“Text”的动态值如下：

count(passengers，p->p. sex==FEMALE && p. age>=18)

sumWhere(passengers，p->p. income，p->p. sex==FEMALE && p. age>=18)

minWhere(passengers，p->p. income，p->p. sex==FEMALE && p. age>=18)

(8)运行模型，车站乘客智能体群的各项数据统计结果如图 4.11 所示。

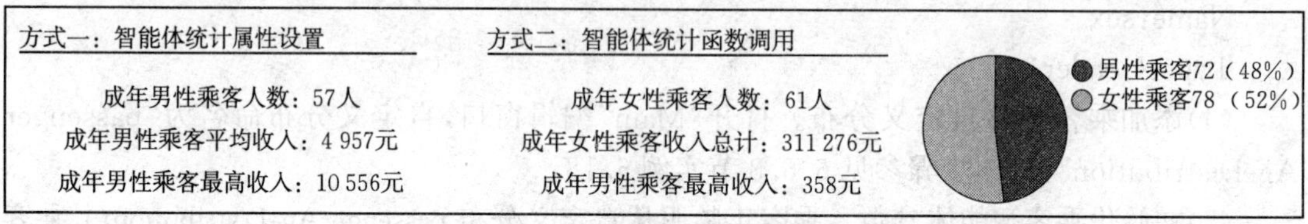

图 4.11　乘客智能体随机分布在指定区域

4.3.3　智能体移动轨迹

在交通系统中，智能体通常代表着可以移动的物体，例如行人、车辆、飞机、轮船等，在仿真运行过程中，经常会希望看到智能体的移动轨迹。本节将说明如何添加一个货运卡车智能体的移动轨迹，并显示已行驶的距离，具体步骤如下：

(1)创建一个新的模型，命名为“Agent moving trail”。

(2)新建卡车智能体。点击“Palette”标签，选择“Agent”面板，拖一个“Agent”元素到“Main”编辑窗口，弹出新建智能体向导，设置如下：

Step 1：选择“Population of agents”。

Step 2：Agent type name：Lorry。

Step 3：选择 2D 动画“Lorry”。

Step 4：无须添加参数，略过。

Step 5：创建一个智能体。

Step 6：Space type：Continuous；Size：600×300。

(3)设置卡车随机运行。点击“Project”标签，双击“Lorry”，打开“Lorry”编辑窗口，设置“Lorry”的属性：

在“Agent actions”属性的“On startup”区域输入代码：

```
setXY(uniform(0,600),uniform(0,300));
moveTo(uniform(0,600),uniform(0,300));
```

在“Agent actions”属性的“On arrival to target location”区域输入代码：

```
moveTo(uniform(0,600),uniform(0,300));
```

说明：在启动时，首先设置卡车智能体随机位置坐标(x,y)，服从均匀分布，且 $0 \leqslant x \leqslant 600$，$0 \leqslant y \leqslant 300$；然后设置卡车随机移动到特定位置，位置坐标也服从均匀分布；卡车到达目标位置后，继续设置卡车随机移动到特定位置，位置坐标服从均匀分布。

(4)添加轨迹线。点击“Palette”标签，选择“Presentation”面板，拖一个“Polyline”元素到“Lorry”编辑窗口左上角坐标原点处，设置属性如下：

Name：lorryTrail

在 Position and size 区域设置：

X：−getX();

Y：−getY();

(5)新建组。右键点击“lorryTrail”，选择“Grouping”→“Create a Group”，设置属性：

Name：Group

在“Position and size”区域设置：

Rotation，Rad：−getRotation()

在“Advanced”区域设置：

On draw：lorryTrail. setPoint(lorryTrail. getNPoints()−1，getX()，getY())；

(6)绘制卡车移动轨迹。在“Lorry”编辑窗口的任意空白处点击，修改“Lorry”的属性：

在“Agent actions”属性的“On startup”区域继续输入代码：

```
lorryTrail.setNPoints(2);
lorryTrail.setPoint(0,getX(),getY());
lorryTrail.setPoint(1,getX(),getY());
```

在“Agent actions”属性的“On arrival to target location”区域继续输入代码：

```
int n=lorryTrail.getNPoints();
lorryTrail.setPoint(n-1,getX(),getY());
lorryTrail.setNPoints(n+1);
lorryTrail.setPoint(n,getX(),getY());
```

(7)添加卡车行驶距离显示。点击“Palette”标签，选择“Presentation”面板，拖一个“Text”元素到“Lorry”编辑窗口左上角坐标原点位置，设置属性如下：

设置动态文本：lorryTrail. length()

将“Text”元素添加到组。右键点击文本对象，选择“Grouping”→“Add to Existing Group”→“Group”。

(8)运行模型，货运卡车在连续空间随机运行移动轨迹如图 4.12 所示。

4.3.4 智能体间的连接

本节将说明如何在 2D 连续空间创建一系列智能体，并根据距离关系建立智能体之间的连接。运行过程中，智能体将出生、移动、死亡，这时智能体间的关系不会被自动创建，需要调用 applyNetwork()函数定期修复智能体间的连接关系。

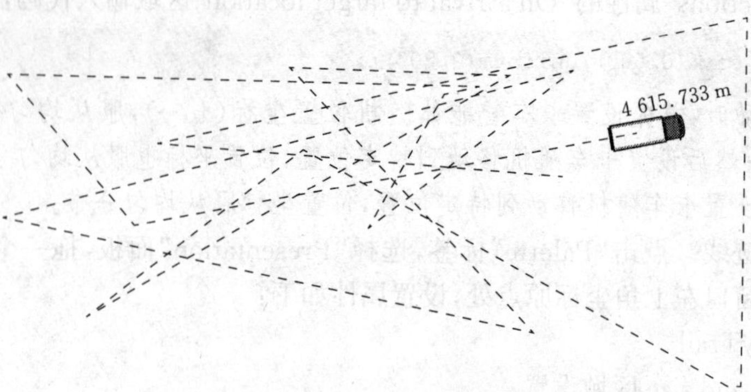

图 4.12　货运卡车移动轨迹

(1)创建一个新的模型,命名为“Connection between agents”,设置模型时间单位为分钟。

(2)新建智能体。点击“Palette”标签,选择“Agent”面板,拖一个“Agent”元素到“Main”编辑窗口,弹出新建智能体向导,设置如下:

Step 1:选择“Population of agents”。

Step 2:Agent type name:Person;Agent population name:persons。

Step 3:选择动画:None。

Step 4:无须添加参数,略过。

Step 5:创建 50 个智能体。

Step 6:Space type:Continuous;Size:500×500。

(3)设置智能体间的连接规则。点击“Project”标签,点击“Main”,在“Main”属性“Space and network”区域设置:

Layout type:Random

Network type:Distance-based

Connection range:50

(4)添加智能体动画。点击“Project”标签,双击“Person”,打开“Person”编辑窗口,点击“Palette”标签,选择“Presentation”面板,拖一个“Oval”元素到“Person”编辑窗口左上角坐标原点处,设置属性:

Fill color:lightBlue

Line color:black

Radius:3

(5)绘制智能体间的连接线。打开“Person”编辑窗口,点击“Palette”标签,选择“Presentation”面板,拖一个“Line”元素到“Pedestrian”编辑界面的坐标原点处,在位置和尺寸区域设置动态属性:

dX:getConnectedAgent(index).getX()－getX()

dY:getConnectedAgent(index).getY()－getY()

Rotation,rad:－getRotation()

在高级区域设置：

Replication：getConnectionsNumber()

(6)设置智能体移动。启动时，Person 智能体移动到一个随机位置，到达指定位置后再移动到新的随机位置，直到结束运行。点击“Project”标签，点击“Person”，在智能体属性中设置：

On startup：moveTo(uniform(500)，uniform(500))；

On arrival to target location：moveTo(uniform(500)，uniform(500))；

(7)设置智能体死亡。点击“Palette”标签，选择“Agent”面板，拖一个“Event”元素到“Person”编辑界面，设置事件属性：

Name：death

Trigget type：Timeout

Mode：User control

Timeout：uniform(60，100)

Action：get_Main(). remove_persons(this)；

点击“Project”标签，点击“Person”，在智能体属性“Agent actions”区域的“On startup”中添加一行代码：

```
death.restart();
```

(8)设置智能体出生。打开“Main”编辑窗口，在“Agent”面板中拖一个“Event”元素到“Main”编辑窗口，设置事件属性：

Name：birth

Trigger type：Rate

Rate：1 perminute

Action：add_persons()；

(9)周期修复连接关系。在“Agent”面板中拖一个“Event”元素到“Main”编辑窗口，设置事件属性：

Name：repairNetwork

Trigger type：Timeout

Mode：Cyclic

First occurrence time (absolute)：0 minutes

Recurrence time：5 minutes

Action：applyNetwork()；

(10)运行模型。如图 4.13 所示，在 0 时刻，模型初始化生成 50 个智能体，并基于距离建立了智能体间的连接关系；在周期修复前(第 4.9 分钟)，随着智能体的移动，智能体间的距离增加；在周期修复后(第 5.1 分钟)，重新根据智能体间的距离建立连接关系；随着智能体的出生和死亡，在第 100 分钟后智能体总数趋于稳定，在 75 人左右，模型每隔 5 min 修复一次连接关系。

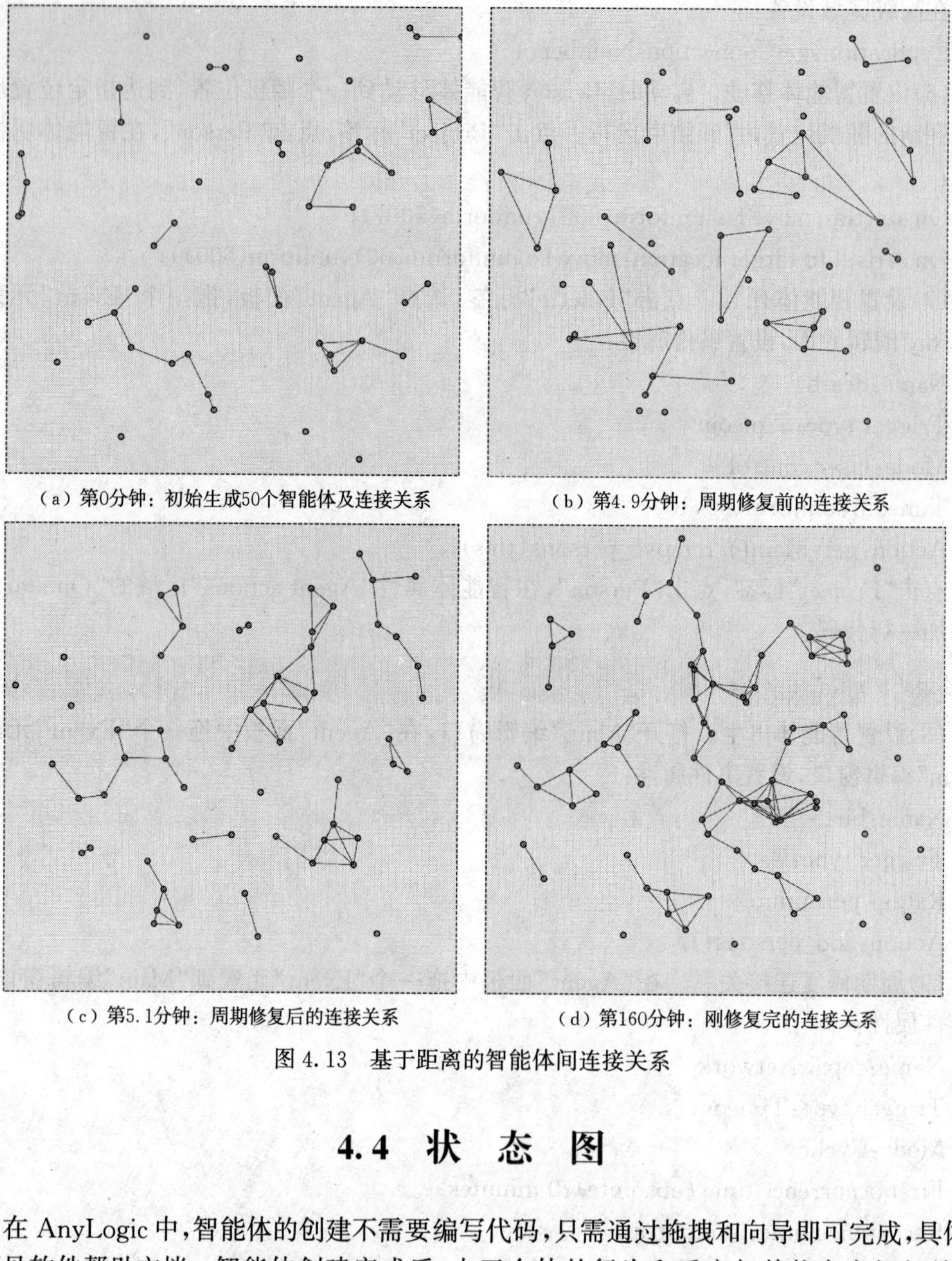

（a）第0分钟：初始生成50个智能体及连接关系　　（b）第4.9分钟：周期修复前的连接关系

（c）第5.1分钟：周期修复后的连接关系　　（d）第160分钟：刚修复完的连接关系

图 4.13　基于距离的智能体间连接关系

4.4 状 态 图

在 AnyLogic 中，智能体的创建不需要编写代码，只需通过拖拽和向导即可完成，具体操作可见软件帮助文档。智能体创建完成后，由于个体的行为和反应与其状态密切相关，因此，在 AnyLogic 中是通过状态图来定义智能体行为的。**状态图**(state charts)扩展了传统状态流图的功能，提供了一种可视化建模工具来定义各种对象的事件驱动和时间驱动的行为。

4.4.1 状态图的构成

状态图由状态和变迁组成。**状态**是对象或事物表现出来的形态，例如物质的状态有固态、液态、气态等；**变迁**(也称转移)是对象由一种状态到另一种状态的转换，通常由定义的条件(如接收到一个消息、满足给定的条件或到特定的时刻)触发，例如当某个物质达到一定的温度时会由固态变为液态。

在 AnyLogic 的状态图面板中包括七个基本元素：状态图入口点、状态、变迁、初始状态指针、结束状态、分支和历史状态，状态图的构成元素及其符号表示如图 4.14 所示。

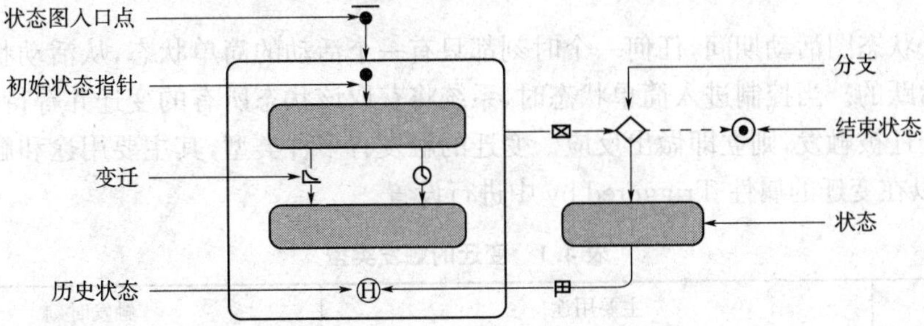

图 4.14　状态图的构成元素

1. 状态图入口点(statechart entry point)

状态图入口点用于定义状态图的开始，每一个状态图都需要定义一个状态图入口点。在对智能体行为建模时，可以给同一个智能体定义多个独立的状态图，每个状态图表示某种特定的行为。例如，可以为地铁乘客建立一个正常情况下的状态图和一个紧急疏散情况下的状态图。AnyLogic 通过状态图入口点来区分有多少个不同的状态图。

2. 状态(state)

状态表示对一组特定条件和(或)事件发生反应的形态位置。状态既可以是简单状态，也可以是复合状态。所谓复合状态是指嵌套了其他状态的状态，且状态结构是严格的层次结构。

3. 变迁(transition)

变迁是对象由一种状态到另一种状态的转换，变迁的起始点位于源状态的边界上，变迁的终点位于目标状态的边界上。变迁可以跨越简单状态和复合状态的边界。此外，还有一种特殊类型的变迁称为内部变迁，顾名思义，内部变迁位于状态内部，变迁的起始点和终点都位于该状态的边界上。

4. 初始状态指针(initial state pointer)

初始状态指针指向复合状态中的初始状态。当控制传递给复合状态时，会沿着状态层次结构找到内部的初始状态指针，进而在复合状态内部找到简单状态，并将该状态作为当前状态。每一个复合状态都要有一个初始状态指针。注意：状态图的初始状态不是用初始状态指针定义的，而是用状态图入口点定义的。

5. 结束状态(final state)

结束状态是状态图的终止点，当控制进入结束状态时，状态图将停止所有活跃的变迁。

6. 分支(branch)

分支定义了变迁的连接点，即变迁可以有多个可选的目标状态，多个变迁也可以通过分支合并到一起共同执行一个操作。

7. 历史状态(history state)

历史状态一般用于返回最后被终止的状态，只能出现在复合状态内，又分为浅历史状态(shallow history state)和深历史状态(deep history state)两种。浅历史状态是对复合状态中相同层次结构内最后被访问过状态的引用;深历史状态是对复合状态中最后被访问过的简单状态的引用。当控制进入历史状态时,该控制立即被传递到历史状态所引用的实际状态。

4.4.2 变迁的触发类型

在一个状态图活动期间,任何一个时刻都只有一个活动的简单状态,从活动状态出发的变迁都是活跃的。当控制进入简单状态时,系统将获取该状态所有的变迁并等待,直到其中任何一个变迁被触发,则立即做出反应。变迁的触发有多种类型,其主要用途和触发时刻见表 4.1,可以在变迁的属性 Triggered by 中进行设置。

表 4.1 变迁的触发类型

触发类型	主要用途	触发时刻
到时 Timeout	到时(timeout):若其他等待的事件在指定的间隔时间内没有发生,则改变状态。 延迟(delay):在状态中停留指定的时间后离开	从状态图进入变迁的起始点状态时开始计算,经过指定的间隔时间后触发。时间表达式在状态图进入该状态时计算一次。该表达式既可以是随机的,也可以是确定的
速率 Rate	用于在已知时间内不定时的状态改变。在智能体模型中,通常用于定义智能体在确定的或可变的变量影响下做出的分散决策	与到时类似,但间隔时间服从以给定速率为参数的指数分布。例如:如果速率为 0.2,则到时的均值为 1/0.2=5
条件 Condition	用于监控一个条件,并在条件为真时做出反应。例如:汽车与前车距离小于制动距离时开始减速	一旦给定的条件为真即执行,条件可以是任何布尔型表达式
消息 Message	用于对状态图或智能体从外部收到的消息做出反应。例如模拟智能体间的通信	要在变迁的属性中对消息进行定义,只有与定义匹配的消息才能触发变迁
智能体达到 Agent arrival	用于当智能体到达目的地时做出反应,通常用于移动的智能体	智能体到达目的地时即执行

4.4.3 状态图的执行顺序

明确理解状态图中各元素行动执行的顺序是十分必要的,当变迁被触发后,变迁和状态的操作按以下顺序执行:

(1)状态退出操作;从当前的简单状态直到退出复合状态的最外层。

(2)变迁操作。

(3)状态进入操作,从复合状态的最外层直到复合状态内新的简单状态。

状态图中状态和变迁的操作是瞬时执行的,不花费时间,因此,不包括同步或延迟操作,也不能间接或直接调用包含这些操作的函数。

如图 4.15 所示,假设 N 是当前的简单状态,变迁 T1 被触发,则状态图按如下顺序执行:

N 状态退出操作→M 状态退出操作→T1 变迁操作→分支 B 操作。

接下来通过分支 B 执行出现两种情况,当选择变迁 T2 时,状态图接下来的执行顺序如下:

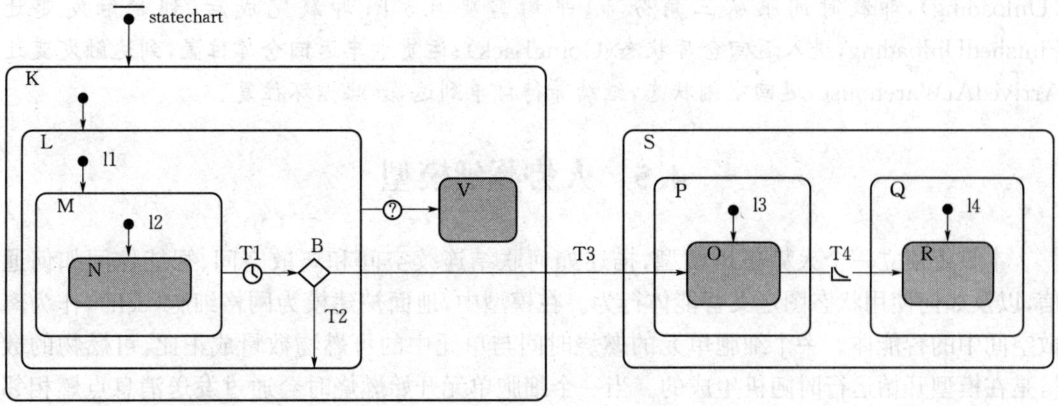

图 4.15　状态图执行顺序

T2 变迁操作→I1 初始状态指针操作→M 状态进入操作→I2 初始状态指针操作→N 状态进入操作。

当选择变迁 T3 时，状态图接下来的执行顺序为：

L 状态退出操作→K 状态退出操作→T3 变迁操作→S 状态进入操作→P 状态进入操作→I3 初始状态指针操作→O 状态进入操作→O 状态退出操作→P 状态退出操作→T4 变迁操作→Q 状态进入操作→I4 初始状态指针操作→R 状态进入操作。

实例 4.3　运货卡车状态图

状态图可以模拟各种实体设备的运作，例如汽车、叉车、门吊等。假设一辆运货卡车从仓库运送货物给客户，将运货卡车作为智能体建模，其状态图如图 4.16 所示。

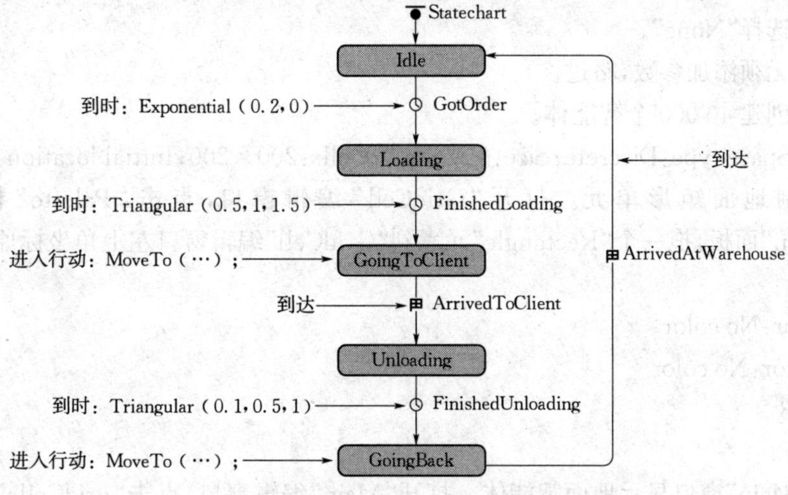

图 4.16　运货卡车状态图

初始状态下，卡车停在仓库且处于空闲状态(Idle)，等候订单；订单到达间隔时间服从均值为 5 h 的指数分布；接到订单后，到时触发变迁 GotOrder，进入装载状态(Loading)，装载时间服从三角分布，平均需要 1 h；装车完毕后，到时触发变迁 FinishedLoading，进入运输状态(GoingToClient)；到达客户地点后，到达触发变迁 ArrivedToClient，进入卸载状态

(Unloading),卸载时间服从三角分布,平均需要 0.5 h;卸载完成后,到时触发变迁 FinishedUnloading,进入返回仓库状态(GoingBack);运货卡车返回仓库位置,到达触发变迁 ArrivedAtWarehouse,返回空闲状态,继续等待订单到达,如此循环往复。

4.5 火势蔓延模型

本节将建立一个火势蔓延模型,描述如何联结连续空间和离散空间、智能体间如何通信,以及如何使用状态图定义智能体行为。在模型中,地面被建模为网格细胞(cell),作为离散空间中的智能体。一个细胞单元的燃烧时间与单元中的可燃物数量成正比,可燃物的数量是在模型开始运行时随机生成的。当一个细胞单元开始燃烧时会通过发送消息点燃相邻的细胞单元,点燃的概率是随机的,也可以取决于风向。运行时,可以通过点击任意的地面单元引燃最初的火源,也可以由一个连续空间的移动物体引起离散空间的地面单元起火。

4.5.1 阶段 1:创建地面离散空间智能体

本阶段将通过智能体向导,建立一个正方形地面(600×600),地面划分为 200×200 个单元格,单元格大小为 3×3。

(1)创建一个新的模型,命名为"Fire Spread"。

(2)创建地面智能体。点击"Palette"标签,选择"Agent"面板,拖拽一个"Agent"元素到"Main"编辑窗口,弹出新建智能体向导,设置如下:

Step 1:选择"Population of agents"。

Step 2:Agent type name:GridCell;Agent population name:gridCells。

Step 3:选择"None"。

Step 4:无须添加参数,略过。

Step 5:创建 40 000 个智能体。

Step 6:Space type:Discrete;Size:600×600;Cells:200×200;Initial location:Arranged。

(3)绘制地面矩形单元。打开"GridCell"编辑窗口,点击"Palette"标签,选择"Presentation"面板,拖一个"Rectangle"元素到"GridCell"编辑窗口左上角坐标原点处,设置矩形属性:

Fill color:No color

Line color:No color

Width:3

Height:3

(4)在"Main"窗口显示地面智能体。打开"Main"编辑窗口,点击"gridCells"智能体,在"Advanced"属性区域选择"Show presentation"。

4.5.2 阶段 2:生成地面单元可燃物

本阶段将添加一个智能体燃料参数和一个初始化函数,用于在模型启动时随机生成每个地面单元可燃物的数量,并根据单元可燃物数量设置地面单元颜色。地面单元深绿色表示可燃物较多,浅黄色表示单元可燃物较少。

(1)添加智能体可燃物参数。打开“GridCell”编辑窗口,点击“Palette”标签,选择“Agent”面板,拖一个“Parameter”元素到“GridCell”编辑窗口,设置属性:

Name:fuel

Type:double

(2)添加地面单元初始化函数。打开“Main”编辑窗口,点击“Palette”标签,选择“Agent”面板,拖一个“Function”元素到“Main”编辑窗口,设置属性:

Name:setInitialFuel

在“Function body”区域输入代码:

```
int N=spaceColumns();
//generate ground seeds
for (int n=0; n<200;n++){ //200 seeds
    int x=uniform_discr(0,N-1);
    int y=uniform_discr(0,N-1);
    for (int k=0;k<1000;k++){
        int i=(x+(int) triangular(-50,0,50)+N) % N;
        int j=(y+(int) triangular(-50,0,50)+N) % N;
        ((GridCell) (getAgentAtCell(i,j))).fuel+=0.25;
    }
}
//smooth
for (int n=0; n<10; n++){
    for (GridCell gc:gridCells){
        double sum=gc.fuel;
        for (Agent ad:gc.getNeighbors())
            sum+=((GridCell) ad).fuel;
        gc.fuel=sum/(gc.getNeighbors().length+1);
    }
}
//find min/max
double min=+infinity;
double max=-infinity;
for (GridCell gc:gridCells){
    double f=gc.fuel;
    if (f>max)
        max=f;
    if (f<min)
        min=f;
}
//normalize into[-0.2,1.3]
for (GridCell gc:gridCells){
    gc.fuel-=min; //to[0..max-min]
    gc.fuel*=1.5/(max-min); //to[0..1.5]
    gc.fuel-=0.2; //to[-0.2..1.3]
}
```

```
//update cells
for (GridCell gc:gridCells)
    gc.rectangle.setFillColor(lerpColor(gc.fuel, paleGoldenRod, new Color(55,
100,0)));
```

(3)初始化设置。点击"Main"编辑窗口任意空白处，在"Main"的"Agent actions"属性区域设置：

On startup：setInitialFuel()；

4.5.3 阶段 3：火势随机蔓延

本阶段将绘制地面单元智能体状态图，并通过消息变迁触发单元点火燃烧、通过速率变迁触发火势向相邻单元蔓延、通过到时变迁触发单元燃烧结束。火势蔓延是随机的，一个单元有 8 个相邻单元，当一个单元燃烧时，它将以 0.2 的概率点燃其相邻的八个单元。

(1)建立单元燃烧状态图。打开"GridCell"编辑窗口，点击"Palette"标签，选择"Statechart"面板，拖一个"Statechart Entry Point"元素、两个"State"元素、三个"Transition"元素和一个"Final State"元素到"GridCell"编辑窗口中，建立单元燃烧状态图如图 4.17 所示。

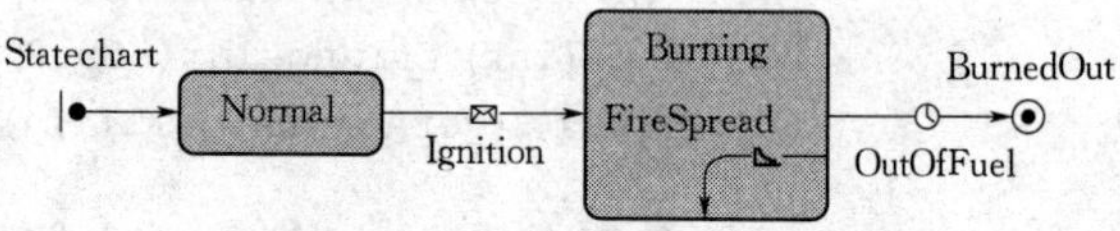

图 4.17　地面单元燃烧状态图

(2)单元起火。点火由消息变迁触发，地面单元状态由 Normal 变迁到 Burning，变迁属性设置如下：

Name：Ignition

Triggered by：Message

Message type：String

Fire transition：On particular messasge

Message："Ignition"

Guard：fuel>0

(3)单元燃烧。单元点燃后，颜色变为红色，状态属性设置如下：

Name：Burning

Entry action：rectangle.setFillColor(red)；

(4)火势蔓延。火势蔓延由速率变迁触发，每分钟 5 次，变迁属性设置如下：

Name：FireSpread

Triggered by：Rate

Rate：5 per minute

在"Action"区域输入如下代码：

```
for(CellDirection dir:CellDirection.values()){
    GridCell gc=(GridCell)(getAgentNextToMe(dir));
    if(gc!=null)
        if(randomTrue(0.2))
            send("Ignition",gc);
}
```

(5)燃烧完毕。单元停止燃烧由到时变迁触发,变迁属性设置如下:

Name:OutOfFuel

Triggered by:Timeout

Timeout:fuel minutes

(6)单元燃烧完毕后改变颜色,最终状态属性设置如下:

Name:BurnedOut

Action:rectangle. setFillColor(lerpColor(fuel,feldspar,darkGray));

(7)点火设置。打开“GridCell”窗口,选择左上角坐标原点处的矩形,在“Advanced”属性区域设置:

On click:statechart. receiveMessage("Ignition");

(8)运行模型。鼠标点击地面任意位置点火,观察火势随机蔓延结果如图 4.18 所示。

图 4.18　火势随机蔓延结果

4.5.4　阶段 4:火势随风向蔓延

本阶段将设置一个风向指示,运行时用户可自定义风向。

(1)添加风向参数。点击“Palette”标签,选择“Agent”面板,拖一个“Parameter”元素到“Main”编辑窗口,设置参数属性:

Name:windDirection

Type:Others→CellDirection

Default value:Agent. NORTH

(2)创建风向指示箭头。点击“Palette”标签,选择“Presentation”面板,双击“Polyline”元素,绘制一个三角形箭头;双击“Line”元素,绘制一条直线;框选箭头和直线,单击右键→

“Grouping”→“Create a Group”新建组，设置指示箭头属性：

Name：WindArrow

Rotation，rad：windDirection. getAngle()

(3)绘制 8 个方向圆弧。打开“Presentation”面板，拖 8 个“Arc”元素到“Main”编辑窗口，分别表示 8 个方向(东、西、南、北、东北、东南、西北、西南)，以东向为例(其他方向类似)，设置圆弧属性：

Name：East

Radius：50

Start angle：－22.5

Angle：＋45

Advanced→On click：windDirection＝EAST；

说明：箭头与圆弧的颜色可自行设置，并设置箭头与 8 个圆弧的坐标相同。

(4)添加火势蔓延概率函数。点击“Palette”标签，选择“Agent”面板，拖一个“Function”元素到“Main”编辑窗口，设置函数属性：

Name：fireTransProb

点选“Returns value”

Arguments：Name：dir；Type：CellDirection

在“Function body”区域输入代码：

```
double diff=abs(dir.getAngle()-windDirection.getAngle());
doubletol=0.01;
if(diff<=tol)
    return 0.5;
else if(diff<=PI/4+tol)
    return 0.3;
else if(diff<=PI/2+tol)
    return 0.1;
else if(diff<=PI*3/4+tol)
    return 0.05;
else
    return 0.03;
```

(5)设置火势随风向蔓延。打开“GridCell”编辑窗口，选择“FireSpread”变迁，将“Action”区域的代码替换为如下代码：

```
for(CellDirection dir:CellDirection.values()){
    GridCell gc=(GridCell)(getAgentNextToMe(dir));
    if(gc!=null)
        if(randomTrue(get_Main().fireTransProb(dir)))
            send("Ignition",gc);
}
```

(6)运行模型。鼠标点击地面任意位置点火，观察火势随风向蔓延的结果如图 4.19 所示。

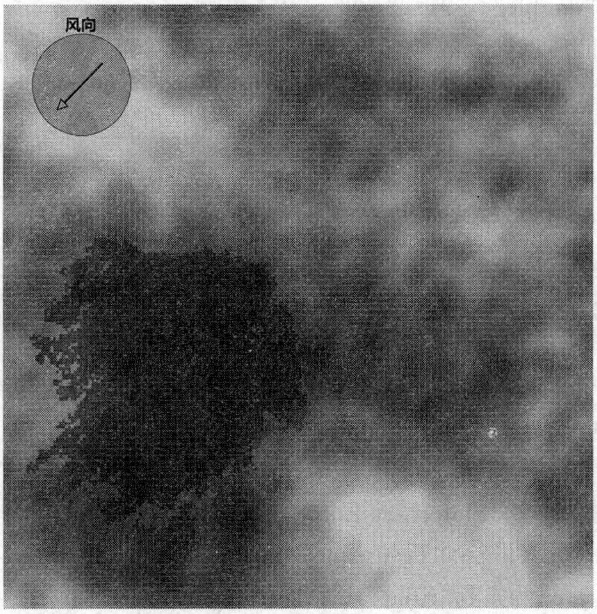

图 4.19 火势随风向蔓延结果

4.5.5 阶段 5:移动卡车引燃地面单元

本阶段将创建一个卡车智能体,该智能体位于 2D 连续空间,卡车在连续空间运行过程中会点燃离散空间的地面单元。由于本例的“Main”为离散空间,所以不能通过拖一个“Agent”元素到“Main”编辑窗口来建立卡车智能体。

(1)创建连续空间智能体。点击“Project”标签,右键单击项目名称“Fire Spread”→“New”→“Agent Type”,弹出新建智能体向导,设置如下:

Step 1:Agent type name:RoadSpace。

Step 2:“None”→“完成”。

(2)在离散空间中添加连续空间智能体。点击“Project”标签,在项目树中选中“RoadSpace”智能体,并将其拖到“Main”编辑窗口,设置“roadSpace”属性:

Advanced:选择 Show presentation

点击“Main”窗口任意空白处,设置“Space and network”属性:

Select the agents you want to place in the environment:取消“roadSpace”的勾选

(3)在连续空间创建卡车智能体。打开“RoadSpace”编辑窗口,点击“Palette”标签→选择“Agent”面板,拖一个“Agent”元素到“RoadSpace”编辑窗口,弹出新建智能体向导,设置如下:

Step 1:选择“A single agent”。

Step 2:选择“I want to create a new agent type”。

Step 3:Agent type name:firedTruck。

Step 4:选择 2D 的“Lorry”→“完成”。

(4)添加卡车智能体位置坐标参数。打开“firedTruck”编辑窗口,选择“Agent”面板,拖四个“Parameter”元素到“firedTruck”编辑窗口中,分别命名为“startX”“startY”“endX”和

“endY”,“type”均为“double”。

(5)添加卡车智能体点火函数。打开“firedTruck”编辑窗口,选择“Agent”面板,拖一个“Function”元素到“firedTruck”编辑窗口中,设置属性:

Name:setFireTo

单选“Just action (returns nothing)”

在“Function body”区域输入代码:

```
int c=(int)(getX()/main.spaceCellWidth());
int r=(int)(getY()/main.spaceCellHeight());
main.getAgentAtCell(r,c).receive("Ignition");
```

代码说明:由于卡车智能体运行在连续空间,所以首先需要将卡车在连续空间的坐标转换为离散空间的行和列,然后向相应的地面单元发送消息以点燃该单元。

(6)添加卡车行为状态图。打开“firedTruck”编辑窗口,点击“Palette”标签,选择“Statechart”面板,拖一个“Statechart Entry Point”元素、两个“State”元素、三个“Transition”元素和一个“Final State”元素到“firedTruck”编辑窗口中,建立卡车行为状态图如图 4.20 所示。

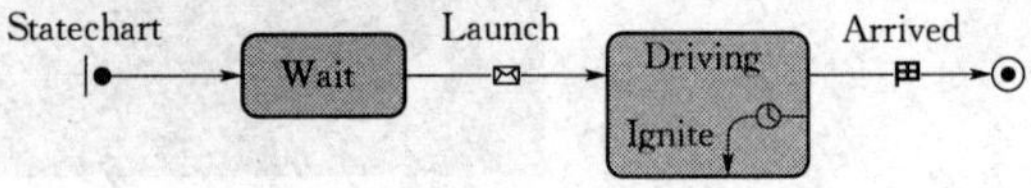

图 4.20 卡车行为状态图

卡车初始状态:

Name:Wait

Entry action:jumpTo(startX,startY);

卡车启动变迁:

Name:Launch

Triggered by:Message

Fire transition:选择“On particular message”

Message:"launch"

卡车行驶状态:

Name:Driving

Entry action:moveTo(endX,endY);

卡车行驶过程中点火变迁:

Name:Ignite

Triggered by:TimeOut

TimeOut:5 minutes

Action:setFireTo();

卡车到达变迁:

Name:Arrived

Triggered by:Agent arrival

(7)设置卡车位置参数。打开“RoadSpace”编辑窗口,选择“firedTruck”智能体,设置属性:

startX：0

startY：uniform(400，600)

endX：600

endY：uniform(0，200)

Initial speed：0. 05 meters per second

(8) 添加文本控制卡车启动。打开“Main”编辑窗口，点击“Palette”标签，选择“Presentation”面板，拖一个“Text”元素到 Main 编辑窗口，设置属性：

Text：启动卡车

On click：roadSpace. firedTruck. receive("launch")；

(9)编译并运行模型，点击“启动卡车”，观察卡车在行驶过程中会点燃地面单元，结果如图 4.21 所示。

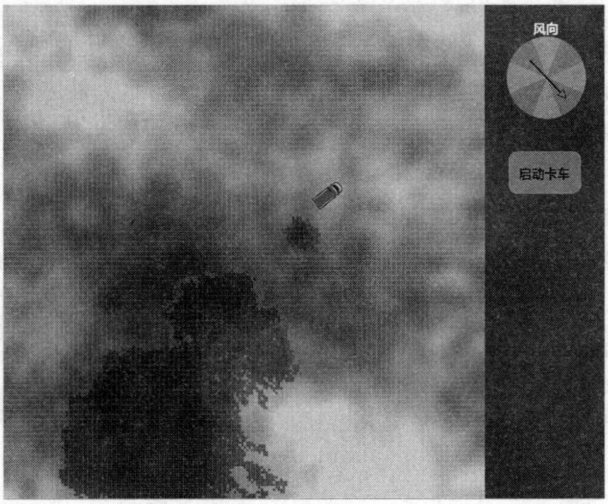

图 4.21　卡车引燃地面单元结果

本章小结

尽管在文献中对基于智能体仿真建模有不同的定义，但从实际应用的角度看，基于智能体仿真建模可以简单地理解为本质上分散的、以个体为中心的模型构建方法。在构建基于智能体的仿真模型时，首先需要识别出所研究的真实系统中的智能体，可以是行人、车辆、列车、飞机、船舶、集装箱等；其次是定义智能体的行为，如生命周期中的重要事件、状态变化、反馈等；再次，是将智能体置于特定的环境中，并建立智能体间的连接关系，空间环境可以是连续的或离散的，如果智能体是移动的，还需要设置速度、路径等；最后，进行仿真实验，全局行为将作为许多个体行为相互作用的结果涌现。

学习完本章后，应能掌握基于智能体仿真建模的基本原理和方法，理解时间模型、空间模型、智能体间通信等技术细节及其应用，学会使用状态图描述智能体的行为，并将理论应用于实际问题解决。目前，轨道交通企业和交通管理部门在其各种数据库中积累了海量的有用数据，但这些数据却没有得到充分利用，而基于智能体建模是充分利用这些数据并使其发挥作用的一个适合的方法，因为基于智能体的模型本质上是基于个体的，可以不断地丰富智能体的属性和方法。通过直接从各种数据库中读取真实的数据，模型可用于预测、比较和优化，数据也可用于训练模型。

练 习 题

1. 对你所在城市的高速铁路车站候车区进行调研，根据 4.3.1 节描述的方法，建立一个高速铁路车站候车区仿真模型，让旅客智能体随机分布在候车区的特定区域。

2. 基于 4.3.2 节建立的模型，对乘客收入参数初始化重新进行设置，要求：

当年龄小于 18 岁时，收入为 0；

年龄在 18～60 岁之间，收入服从三角分布，最小值 2 000 元，最大值 12 000 元，最可能值为 3 500 元；

年龄大于 60 岁时，收入服从均匀分布，最小值 4 000 元，最大值 8 000 元。

3. 基于 4.3.2 节建立的模型，添加一个饼状图，用于显示男性乘客和女性乘客的人数和占比，参照图 4.11，观察模型运行结果并与初始化设置的性别参数定义进行比较，解释为什么存在差异。

4. 基于 4.3.2 节建立的模型，使用 Agent top(population, value) 函数，从 150 名乘客中找出年龄最大的乘客智能体，并显示其年龄；使用 Agent randomWhere(population, condition) 函数，从 150 名乘客中随机选择一名收入超过 10 000 元的乘客智能体，并显示其收入。

5. 基于 4.3.3 节建立的模型，添加一个动态文本标签，实时显示卡车行驶速度。

第5章　系统动力学仿真

自20世纪以来，系统动力学逐步成为社会经济科学、物理学、生态学等跨学科的综合方法，由于其具有解决高度非线性、高阶次、多变量、复杂反馈系统问题的优势，国际学术界普遍认为该方法在解决社会系统的复杂性问题，尤其是在城市经济建设、环境优化、资源分配、企业管理等重要战略决策研究中起到了关键作用。同样，交通运输工程学科作为结构复杂、高阶动态的社会学科，也是系统动力学方法应用较为成熟的领域之一。

5.1节简要介绍系统动力学的基本概念、特点、建模过程、因果回路图和存量流量图；5.2节介绍 AnyLogic 软件中的系统动力学建模元素；5.3节描述如何使用 AnyLogic 建立一个简单的产品生命周期系统动力学模型；5.4节对该模型进行进一步拓展，说明在系统动力学模型中如何使用表函数、自定义函数、事件、状态图和优化实验来进行仿真研究；5.5节讨论 SEIR 模型的构建过程；5.6节给出一个采用系统动力学方法对铁路客运量进行预测的建模实例。

5.1　系统动力学基础

系统动力学结合了系统理论、信息论、控制论、决策论及计算机仿真等领域，是一门综合分析系统内部信息反馈关系的学科。系统动力学方法需要进行相应的数学建模及计算机程序仿真来达到对实际问题的模拟，为社会、经济、生态等大规模复杂系统问题的战略决策提供了学习与设计的平台。

5.1.1　系统动力学定义

系统动力学(system dynamics，SD)是一种以计算机模拟技术为主要手段，通过"结构—功能"分析，研究和解决复杂动态反馈性系统问题的仿真方法。它是系统科学的一个重要分支，也是一门新兴的交叉学科，被誉为"战略与策略实验室"。

系统动力学认为，系统的行为模式与特性主要取决于其内部的结构。反馈是指 X 影响 Y，反过来 Y 通过一系列的因果链来影响 X；不能通过孤立分析 X 与 Y 或 Y 与 X 的联系来分析系统的行为，只有把整个系统作为一个反馈系统才能得出正确的结论。

由于非线性因素的作用，高阶次复杂时变系统往往表现出反直观的、千姿百态的动态特性。系统动力学模型可作为实际系统，特别是社会、经济、生态等复杂大系统的"实验室"。系统动力学研究处理复杂系统问题的方法是定性与定量结合、系统综合推理的方法，其建模过程就是一个学习、调查、研究的过程。模型的主要功用在于向人们提供一个进行学习与分析的工具。用户可以在虚拟环境中测试不同的假设和情景，从而更好地理解复杂系统的动态行为，并评估不同政策或策略的效果。此外，使用系统动力学模型的过程还可以促使决策群体或整个组织逐步发展成为学习型组织。这意味着在不断进行模拟、分析和反思的过程中，组织成员能够共同学习和积累知识，提升对系统行为的理解和应对能力。最终，这有助于组织变得更加灵活和高效，能够在面对复杂问题时做出更加明智的决策。

5.1.2 系统动力学特点

系统动力学基于系统论，吸收了控制论和信息论的精髓，通过“结构—功能”分析和信息反馈来认识和解决系统问题。它具有如下一些基本特点：

(1)SD 可用于研究处理社会、经济、生态环境等高度非线性、高阶次、多变量、多重反馈、复杂时变大系统问题，可在宏观与微观层次上对复杂的多层次、多部门的大系统进行综合研究。

(2)SD 的研究对象主要是开放系统。它强调系统的观点，强调联系、发展与运动的观点，认为系统的行为模式与特征主要根植于其内部的动态结构与反馈机制。

(3)SD 研究解决问题的方法是一种定性与定量相结合，系统思考、分析、综合与推理的方法，尽可能采用“白化”技术，把不良结构相对地“良化”，其模型模拟是“结构—功能”模拟。

(4)SD 模型从整体上看是规范的，有相对标准的建模方法，便于人们清晰地沟通思想，对存在的问题进行剖析和对政策实验进行假设；便于处理复杂问题，能一步步可靠地把复杂系统中隐含的混乱追索出来，而不带有人们言辞上的含糊、情绪上的偏颇或直观上的差错。

(5)SD 是一种结构模型，在建模过程中便于实现建模者、决策者和管理者三者之间的结合，便于运用各种数据、资料、经验与知识，也便于汲取、融汇其他系统学科与其他科学理论成果。

5.1.3 系统动力学建模过程

系统动力学建模是一个反馈的过程，而不是步骤的线性排列，其建模过程是一个反复的循环，如图 5.1 所示，通常包含下列活动：①明确地表达要解决的问题，确定系统的边界；②提出关于问题因果关系的一个动态假说或理论；③写出方程来测试动态假说；④测试模型直到满意，或认为模型已经达到预设的目标；⑤策略设计与评估。

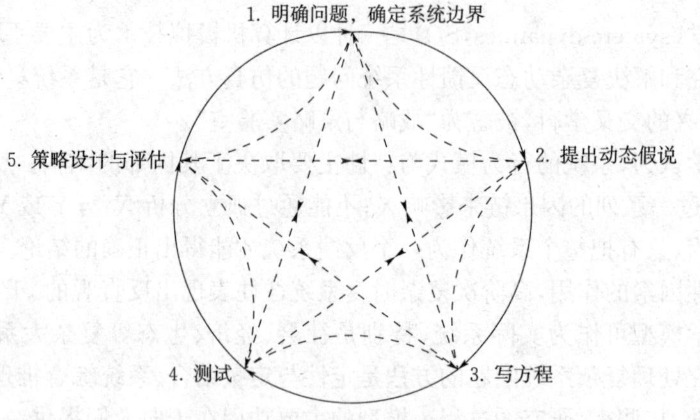

图 5.1 系统动力学建模过程

1. 明确问题，确定系统边界

在建模中最重要的步骤是明确问题。系统动力学建模者追求的是动态地定义问题，也就是说，作为一种行为模式，随时间展开，显示出问题如何产生及在未来如何演变。具体内容包括：

(1)选择问题：问题是什么？为什么它是一个问题？

(2)关键变量：关键变量是什么？必须考虑的概念是什么？

(3)时限：问题的根源应追溯过去多久？应考虑多远的将来？

(4)参考模式：关键变量的历史行为是什么？将来它们的行为会怎样？

2. 提出动态假说

一旦问题在一个合适的时限被确定和描绘出来，建模者就应当开始详尽阐述解释问题行为的假说。该假说称为**动态假说**，是关于问题如何产生的可行假说。所谓动态，因为它必须以内在反馈和系统存量流量图的形式对问题的动态特征提出解释；所谓假说，因为它总是暂定的，随着从建模过程和现实世界中的学习而随时做出更正或放弃。具体内容包括：

(1)现有的理论解释：对存在问题的行为现在的理论解释是什么？

(2)聚焦于系统的内部：提出一个基于系统内部的反馈结构导致动态变化的假说。

(3)绘图：根据初始假设、关键变量、参考模式和其他可用的数据建立系统的因果结构图，这一过程中可以使用的工具包括模型边界图、子系统图、因果回路图、存量流量图、策略结构图及其他可以利用的工具。

3. 写方程

完成了初始的动态假说、模型边界及概念模型后，需要测试模型。在大多数情况下，必须在虚拟世界中进行实验，这就要从概念图的领域转移到充分定义的定量模型，具备所有公式、参数和初始条件。具体内容包括：

(1)明确决策规则。

(2)确定参数、行为关系和初始化条件。

(3)测试目标和边界的一致性。

4. 测试

测试能够将模型的模拟行为与系统的现实行为进行比较，但测试比再现历史行为涉及更多。测试必须在极端条件下进行，这些条件可能在现实世界中永远都不会见到。具体问题包括：

(1)与参考模式比较：模型能否完全再现过去的行为模式？

(2)极端条件下的健壮性分析：在极端条件下，模型的行为结果符合现实吗？

(3)灵敏度：模型的各个参数、初始化条件、模型边界和概括程度的灵敏度如何？

(4)其他测试等。

5. 策略设计与评估

策略设计不仅仅是改变参数，还包括创建全新的战略、结构和决策规则。必须考虑被评估策略的健壮性、对模型参数和结构不确定性的灵敏度，以及在许多不同场景的表现。不同策略间的相互作用也必须要考虑，因为系统是非线性的，组合策略的影响通常不仅仅是它们单独影响的累加。具体问题包括：

(1)具体化方案:可能产生什么样的环境条件?

(2)设计策略:在现实世界中可以实施哪些新的决策规则、策略和结构?它们如何在模型中表示?

(3)"如果—那么"分析:如果实施这些策略,其效果如何?

(4)灵敏度分析:不同的方案和不确定条件下,各种政策的健壮性如何?

(5)政策的耦合性:这些政策相互影响吗?相互抵消吗?

5.1.4 因果回路图

反馈是系统动力学的一个核心概念,这里的反馈是指信息的传送和返回,分为正反馈和负反馈两种,在系统动力学中通常使用因果回路图和存量流量图来描述系统的反馈结构。

因果回路图(causal loop diagram,CLD)是表示系统反馈结构的重要工具,一张因果回路图包含多个变量,变量之间由标出因果关系的箭头所链接,也会标出重要的反馈回路。

变量由因果链联系,因果链由箭头表示。每条因果链都具有极性,或者为正(+)或者为负(—),该极性指出了当独立变量变化时,相关变量会如何随之变化。重要回路用回路标识符特别标出,以显示回路为正反馈(增强型)还是为负反馈(平衡型)。因果链符号如图 5.2(a)所示,回路标识符如图 5.2(b)所示。注意回路标识符与相关回路朝同一个方向绕圈,如图 5.3 所示,出生速率由人口数量和出生比例决定;联系出生人口数和总人口人数的正反馈是顺时针方向的,它的回路标识符也是顺时针的;负的死亡速率回路是逆时针方向的,它的标识符也是逆时针的。

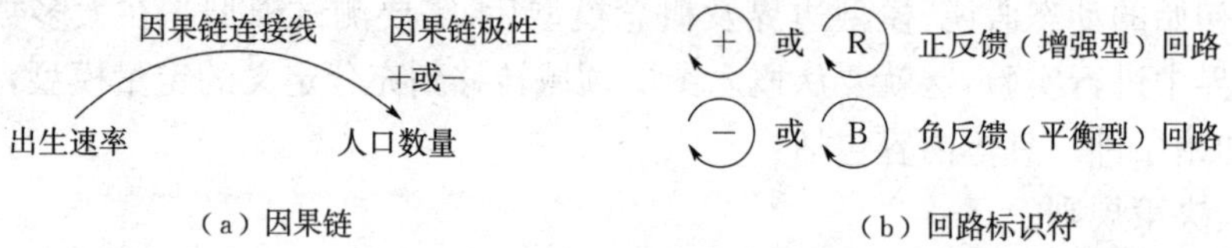

图 5.2 因果回路图的符号说明

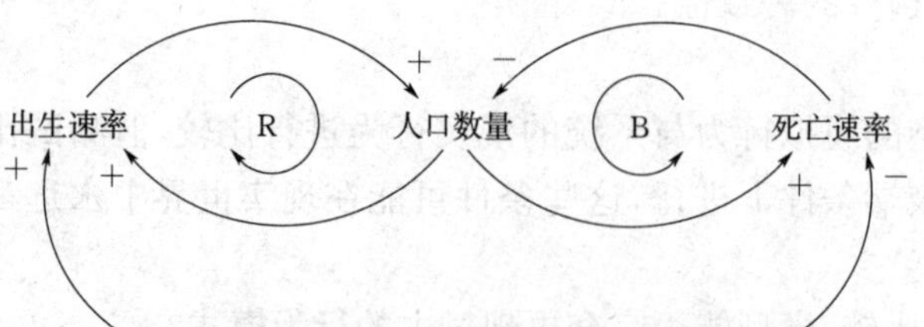

图 5.3 人口数量因果回路图

因果链的极性描述了系统的结构,但并不描述变量的行为。一条正因果链意味着,如果原因增加,结果将高于它原来所能达到的程度;如果原因减少,结果将低于它原来所能达到的程度,即原因和结果的变化方向一致。一条负因果链意味着,如果原因增加,结果要低于它原来所能达到的程度;如果原因减少,结果要高于它原来所能达到的程度,即原因和结果的变化方向相反。通常,在判断单条因果链的极性时,假定所有其他变量都是恒定的。

5.1.5　存量流量图

存量和流量是系统动力学的一个核心概念，其重要程度和因果反馈回路相当，没有存量和流量就无法模拟反馈回路随时间变化的过程。因此，理解存量和流量的概念，并能在建模时准确识别和使用它们，对于有效描述系统是至关重要的。

1. 存量和流量的概念

在系统动力学中，**存量**(stock)也称为水准(level)、累积(accumulation)或状态变量，用于表示真实世界的事物状态，现实中有很多存量的例子，例如，仓库的库存产品量是一个存量，企业拥有的员工数是一个存量。存量由流入和流出所改变，对于仓库中的产品量，随着入库则库存增加，随着出库则库存降低；对于企业员工数量，雇佣是流入，使员工增加，退休、辞职等人员离开则是流出，使员工减少。由上述举例可以看出，存量是累计量，它表示系统的状态，并为决策和行动提供信息基础，例如了解库存产品的多少是制定订货策略的基础。

流量(flow)使存量发生变化，是速率量，用于表征存量变化的速率。流入量(正)使存量增加，流入量大，则存量增长快；流入量小，则存量增长慢；如果流入量为 0，则存量不变。流出量(负)使存量减少，流出量大，则存量减少快；流出量小，则存量减少慢；如果流出量为 0，则存量不变。也就是说，存量的变化由且仅由流量引起。

2. 存量和流量的计量单位

量纲可以帮助识别存量和流量。存量的量纲通常是某一时刻的量，例如，库存中的产品数、雇用的员工数。流量是速率量，它的计量单位则需要包括一段时间(Δt)，例如，每日进货的产品数量、每月雇用的员工数量。与物理的速率一样，流量是以单位时间为基础的。时间单位的选择是任意的，例如，可以用每小时入库的产品数量、每天进货的产品数量、每月或每年入库的产品数量来计量流入库存的流量。但一旦选定了某个时间单位，则整个模型所有速率变量就都要使用统一的时间单位。建模时需注意，对时间单位的选择要与所研究的问题相匹配。

3. 存量和流量的表示方法

存量和流量是存量流量图的基本元素，如图 5.4 所示，存量用矩形表示，定义了系统的静态属性，象征着包含存量内容的容器；而流量描述存量随时间变化情况，定义的是系统的动态行为。流入量由箭头指向(加入)存量的管道表示；流出量由箭头指离(减少)存量的管道表示；阀门表示流量的速率受其他因素影响可以变化；云团表示流量的来源和去向，来源是作为流量起点的存量，去向是流量终点的存量，均位于模型边界之外，云团被认为有无限容量，并永远不会限制它们所支持的流量。

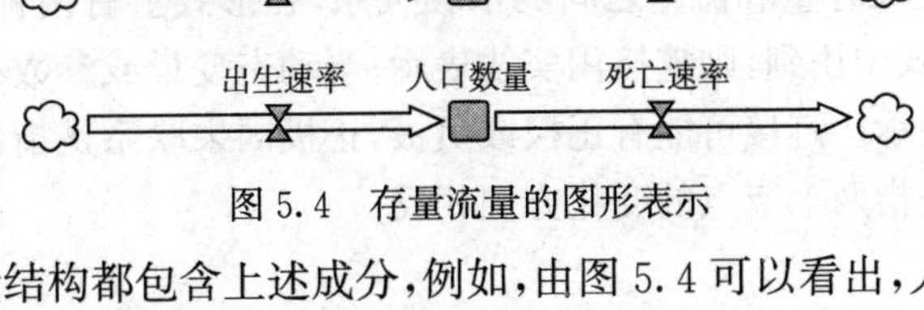

图 5.4　存量流量的图形表示

所有存量和流量结构都包含上述成分，例如，由图 5.4 可以看出，人口是一个存量，流入量是人口出生，流出量是人口死亡。模型没有考虑人口的迁入和迁出，如果需要的话，则要增加相应的流入量和流出量。

4. 存量和流量的数学意义

存量是累积量，其数学意义是积分，它积累了流入量和流出量的差，即净流入。其结构可用式(5.1)表示：

$$\mathrm{Stock}(t)=\int_{t_0}^{t}[\mathrm{Inflow}(s)-\mathrm{Outflow}(s)]\,\mathrm{d}s+\mathrm{Stock}(t_0) \tag{5.1}$$

式中，$\mathrm{Stock}(t)$表示 t 时刻存量的数量，$\mathrm{Inflow}(s)$ 表示流入量，$\mathrm{Outflow}(s)$ 表示流出量，$\mathrm{Stock}(t_0)$ 表示初始时刻的存量数量。

因为流量是速率变量，是存量的净变化率，也就是存量的导数，从而可用微分表示流量，即

$$\mathrm{d(Stock)d}t=\mathrm{Inflow}(t)-\mathrm{Outflow}(t) \tag{5.2}$$

图 5.4 给出的存量流量图和上述的积分和微分公式是对存量流量的不同表达方式，它们严格等效并包含同样的信息。用数学公式来表达更严谨，用存量流量图来表达则更容易理解。

5.2 AnyLogic 系统动力学建模

AnyLogic 支持反馈结构(存量和流量图、决策规则)的建模和仿真，其系统动力学的建模过程与使用其他系统动力学建模软件(如 Vensim)的建模过程没有区别。

5.2.1 建模元素

在使用 AnyLogic 软件建立系统动力学仿真模型时，其“System Dynamics”面板提供了存量、流量、动态变量、参数、链接、表函数(table function)、循环、影子和维度(dimension)8 个系统动力学建模元素。在建立存量流量图时，只需从面板中将“Stock”或“Flow”元素拖动到窗口中即可。部分建模元素说明如下：

1. 动态变量和参数

在系统动力学中，通常需要一些变量用来辅助说明流量的变化情况，这类变量称为**动态变量**(dynamic variable)。在 AnyLogic 中，动态变量的公式根据实际的逻辑关系，由图形结构自动构建或手动输入。**参数**(parameter)是指在所考虑的时间范围内变化很小或相对不变化的系统参数，例如人口出生比例、平均寿命等在一定时间范围内变化很小，都可以处理为常量。常量可以用直接或辅助的形式将信息输入到存量或流量。

2. 链接

链接(link)用于定义存量和流量之间的依赖关系，在形式上有两种类型：当存量、流量、动态变量或参数在公式中用到，则链接用实线表示；当动态变量或参数在存量的初始值中被用到，则链接用虚线表示。链接可能有正极或负极，正极因果联系是指两个节点的变化方向相同，负极因果联系是指两个节点的变化方向相反。

3. 循环

循环(loop)是一个图形标识符，由一个描述循环含义的标签和一个显示循环方向的箭

头组成。它并没有定义因果循环本身，只是显示了存量和流量图中存在的因果依赖关系，即显示了变量之间如何相互影响。通过添加循环，可以帮助理解模型中存量和流量图中存在的影响和因果依赖关系。

4. 影子

在系统动力学建模时，可以将模型分成多个子模型，也称为“区域”，每个区域只关注于系统的某一方面且分开绘制，各区域间不存在图形化链接。**影子**(shadow)是一个系统动态变量的副本，在某一个区域中有一个原始变量，则在其他区域中的相同变量就是它的影子。创建影子变量时，只需从面板中将“Shadow”元素拖拽到编辑窗口中，并在下拉列表中选择原始变量即可。

5.2.2　模型方程

方程的建立是系统动力学仿真的一个重要环节，是将模型结构“翻译”成定量的数学方程式的过程，主要采用差分方程式来描述系统的行为，通过求解差分方程式和代数方程式进行仿真，以深入研究系统特性，并确定解决问题的方法与对策。系统动力学的方程有三类，存量方程、流量方程和动态变量方程。

1. 存量方程

存量方程描述了系统中的存量如何随时间变化，以 L 为标志。

L 存量名称＝INTEG(流入量－流出量，初始值)

INTEG(…)表示对括号内的表达式进行积分。

2. 流量方程

流量方程描述了流入或流出存量的速率，定义了流速如何根据系统内外的各种因素(如存量、动态变量、常数等)而变化。流量方程没有固定的格式，根据实际的逻辑关系描述，以 R 为标志。

R 流量名称＝f(存量，动态变量，常量，…)

f(…)是一个函数，可以根据不同的输入参数计算出流速。

3. 动态变量方程

动态变量方程描述了那些不直接作为系统存量但对系统行为有重要影响的中间计算结果，这些变量可以是比例、转换因子或其他中间变量。动态变量方程也没有固定的格式，根据实际的逻辑关系描述，以 A 为标志。

A 动态变量＝g(存量，动态变量，常量，…)

g(…)是一个函数，可以根据不同的输入参数计算出动态度变量的值。

在 AnyLogic 中，存量的方程可以根据图形结构由系统自动构建，也可以选择自定义手动输入。流量和其他变量的方程需要在相应的属性中输入，系统将根据已存在的依赖关系进行检查。

5.3　简单的产品生命周期模型

本节将通过一个实例介绍使用 AnyLogic 构建系统动力学仿真模型的过程，实例将创建一个产品生命周期模型，用于预测新产品的销售。实例模型是经典的巴斯扩散模型，描述了一个产品的销售过程，即产品的潜在用户会受到广告和那些已经购买了新产品用户的口碑影响而购买该产品。在每段时间内，广告使潜在用户中的一部分购买产品；潜在用户通过社会关系与已购买产品的用户接触，其中一部分也会购买新产品。

5.3.1 第 1 阶段：存量流量图

本阶段将构建一个存量流量图，在模型中，潜在用户和已购买用户是存量，购买率是流量。具体步骤如下：

(1)创建一个新的模型，设置模型时间单位：years。

(2)添加潜在用户存量。点击“Palette”标签，选择“System Dynamics”面板，将一个“Stock”拖到“Main”窗口中，设置属性：

Name：PotentialAdopters

(3)添加已购买用户存量。将一个“Stock”拖到“Main”窗口中，设置属性：

Name：Adopters

(4)添加购买比例流量，并将潜在用户存量和已购买用户存量链接起来，用于增加已购买用户的存量，减少潜在用户的存量。双击“Flow”进入编辑状态，首先点击存量“PotentialAdopters”作为输出端，然后点击存量“Adopters”作为输入端，流量命名为“AdoptionRate”，如图 5.5 所示。

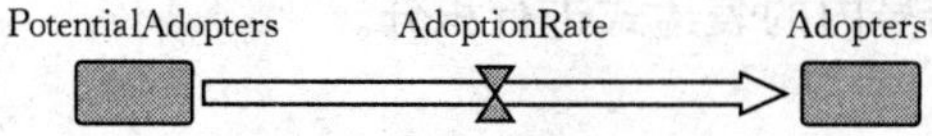

图 5.5 基本的存量流量图

5.3.2 第 2 阶段：常量和初始值

本阶段说明如何对系统动力学模型的常量、存量的初始值和动态变量进行建模，具体步骤如下：

在 AnyLogic 中，可以通过创建参数来定义模型的常量，本例需要创建 4 个常量，分别用于定义模型中的人口总数、潜在用户与已购买用户接触比例(假设是恒定的)、广告效果(即潜在用户看到广告后购买的比例)和采纳比例(即潜在用户与已购买用户接触后被说服去购买产品的比例)。本阶段说明如何对系统动力学模型的常量、存量的初始值和动态变量进行建模，具体步骤如下：

(1)添加人口总数常量。点击“Palette”标签，选择“System Dynamics”面板，将一个“Parameter”拖到“Main”窗口中，设置属性：

Name：TotalPopulation

Default value：100 000(总人口数为 10 万人)

(2)添加接触比例常量。将一个“Parameter”拖到“Main”窗口中，设置属性：

Name：ContactRate

Default value：100(假设每人每年与 100 人接触)

(3)添加广告效果常量。将一个“Parameter”拖到“Main”窗口中,设置属性:

Name:AdEffectiveness

Default value:0.011

(4)添加采纳比例常量。将一个“Parameter”拖到“Main”窗口中,设置属性:

Name:AdoptionFraction

Default value:0.015

(5)接下来为存量设置初始值。如果设置“PotentialAdopters”存量的初始值为常量“TotalPopulation”,首先需要使用“Link”元件将参数与存量链接起来。

设置潜在用户存量初始值。双击“Link”进入编辑状态,首先点击人口总数参数“TotalPopulation”作为始端,然后点击潜在用户存量“PotentialAdopters”,将参数与存量链接起来,如图 5.6 所示。

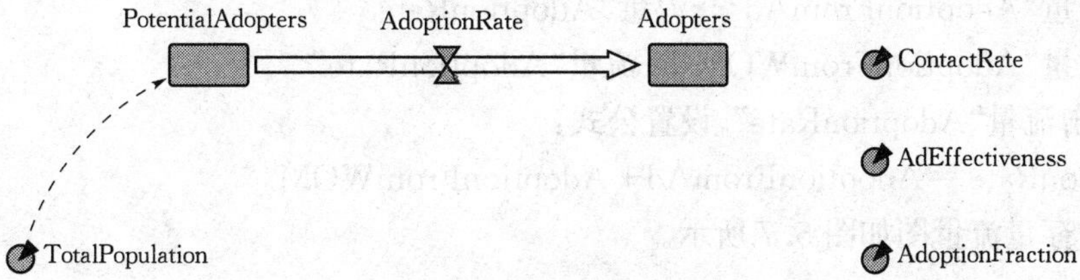

图 5.6　参数与存量的链接关系

(6)点击选择存量“PotentialAdopters”,设置属性:

Initial value:TotalPopulation

5.3.3　第 3 阶段:动态变量

本阶段将添加两个动态变量用于表示口碑和广告效果,具体步骤如下:

(1)广告效果。点击“Palette”标签,选择“System Dynamics”面板,将一个“Dynamic variable”拖到“Main”窗口中,设置属性:

Name:AdoptionFromAd

(2)为这个动态变量设置一个公式,首先将存量“PotentialAdopters”与动态变量“Adoption-FromAd”用“Link”链接起来。

双击“Link”进入编辑状态,首先点击存量“PotentialAdopters”作为始端,然后点击动态变量“AdoptionFromAd”,将存量与动态变量链接起来。

(3)双击“Link”进入编辑状态,首先点击参数“AdEffectiveness”作为始端,然后点击动态变量“AdoptionFromAd”,将参数与动态变量链接起来。

(4)单击动态变量“AdoptionFromAd”,设置公式:

AdoptionFromAd=AdEffectiveness * PotentialAdopters

(5)添加口碑。将一个“Dynamic variable”拖到“Main”窗口中,设置属性:

Name:AdoptionFromWOM

(6)添加 5 个“Link”链接:

存量“PotentialAdopters”→动态变量“AdoptionFromWOM”

存量“Adopters”→动态变量“AdoptionFromWOM”
参数“TotalPopulation”→动态变量“AdoptionFromWOM”
参数“ContactRate”→动态变量“AdoptionFromWOM”
参数“AdEffectiveness”→动态变量“AdoptionFromWOM”

(7)单击动态变量“AdoptionFromWOM”,设置公式:

AdoptionFromWOM=Adopters * ContactRate * (PotentialAdopters / TotalPopulation) * AdoptionFraction

(8)现在可以用刚定义的两个动态变量来对流量“AdoptionRate”进行设置。假设由口碑和广告引起的购买是独立的,则总购买比例就是由口碑所产生的购买者和由广告所产生的购买者的总和。

添加两个 Link 链接:
动态变量“AdoptionFromAd”→流量“AdoptionRate”
动态变量“AdoptionFromWOM”→流量“AdoptionRate”

(9)单击流量“AdoptionRate”,设置公式:

AdoptionRate =AdoptionFromAd+AdoptionFromWOM

模型的存量流量图如图 5.7 所示。

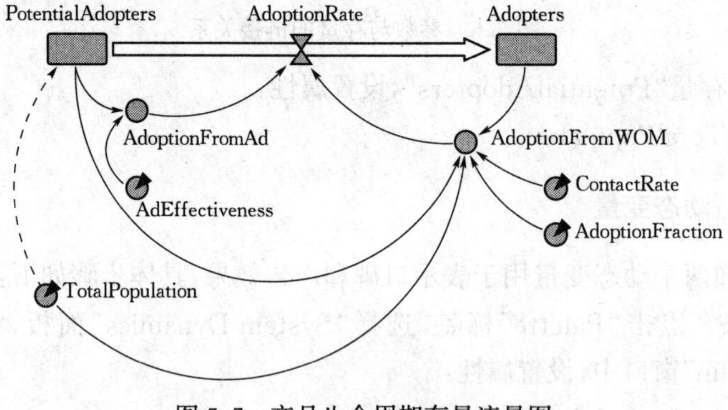

图 5.7 产品生命周期存量流量图

5.3.4 第 4 阶段:因果回路图

变量、存量之间的关系是用因果链表示的,可以标记为正(+)或负(-)。本阶段将为存量流量图中的链接(因果链)添加极性,设置反馈回路,建立因果回路图。具体步骤如下:

(1)首先为因果链标注极性。本例中,除了从参数“TotalPopulation”到动态变量“AdoptionFromWOM”的链接是负号(-)外,其余链接均为正号(+)。

点击任意“Link”,设置属性:

Polarity:+或-

(2)本例有一个平衡型的反馈回路和一个增强型的反馈回路,平衡型反馈回路是广告效果,即广告效果提高了购买比例,导致潜在用户数量减少,而潜在用户数量的减少反过来又降低了购买比例;增强型反馈回路是口碑,即购买比例的增加带来了更多的已购买用户,这些用户通过正面口碑进一步提升了产品的吸引力,从而再次提高了购买比例。

广告效果反馈回路。点击“Palette”标签，选择“System Dynamics”面板，将一个回路“Loop”拖到“Main”窗口中，设置属性：

Direction：Counterclockwise

Type：B(平衡型)

Text：Market Saturation

(3)口碑反馈回路。将一个“Loop”拖到 Main 窗口中，设置属性：

Direction：Clockwise

Type：R(增强型)

Text：Word of Mouth

模型的因果回路图如图 5.8 所示。

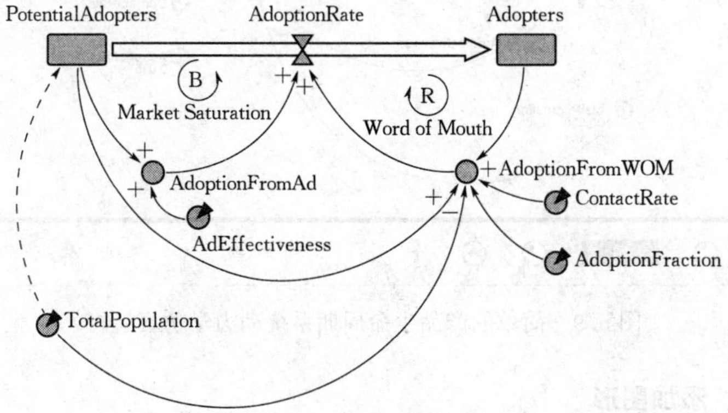

图 5.8　产品生命周期因果回路图

5.3.5　第 5 阶段：模型设置及运行

一般来说，一组模型设置称为实验，用户可以为模型设置多个实验。AnyLogic 在项目创建时，自动创建了一个默认实验，名为“Simulation”。本阶段将为默认的实验设置模型停止时间和系统数据自动收集的间隔时间。

(1)点击“Projects”标签，在项目树视图中点击“Simulation：Main”，设置默认实验的属性。在“Model time”区设置：

Stop：Stop at specified time

Stop time：8(本例模型时间单位为年)

(2)在运行模型时，通常会观察变量值随时间变化的情况。本例先不添加图表，因为 AnyLogic 能够自动收集动态变量的历史数据，并在模型运行时能够监视变量的变化。默认情况下，每个时间单位系统会自动采集一次动态变量的样本数据并添加到数据集中，本例希望通过设置缩短样本收集的间隔时间，多观测一些变量值以获得更多关于变量的详细信息。

在项目树视图中，点击“Main”，在“Advanced”区域设置：

Recurrence time：0.1 years(即每年收集 10 次数据)

(3)编译并运行模型，产品生命周期的系统动力学模型运行如图 5.9 所示。

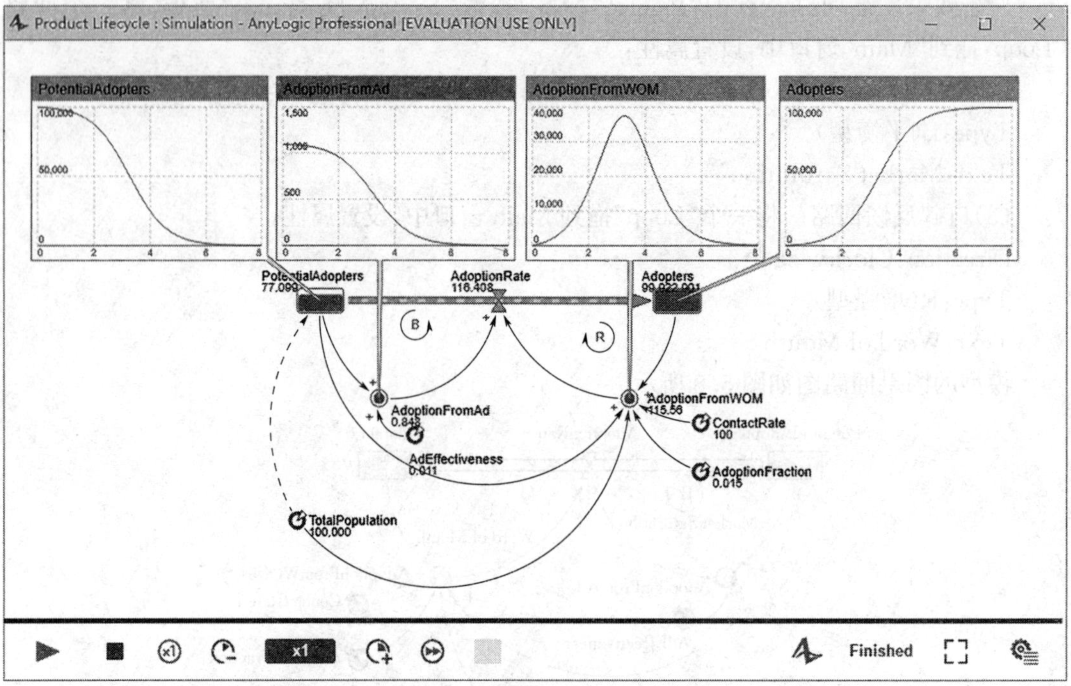

图 5.9　简单的产品生命周期系统动力学仿真运行

5.3.6　第 6 阶段:添加图形

可以使用图表观察在模型运行过程中变量值随时间的变化情况。本阶段将观察已购买用户和潜在用户随时间的变化,此外,还将添加一个图表来显示在模型中购买比例随时间的变化情况。

(1)添加购买用户和潜在用户随时间的变化折线图。

点击"Palette"标签,选择"Analysis"面板,将一个"Time plot"拖到"Main"窗口中,在"Data"区域设置第一个数据项属性:

Title:Potential adopters

Value:PotentialAdopters

(2)添加第二个数据项,并设置属性:

Title:Adopters

Value:Adopters

(3)设置图形为折线图。在"Appearance"区域,设置取消"Fill area under line"勾选。

(4)设置折线图的时间轴。在"Scale"区域,设置:

Time window:8 model time units(即 8 年)

(5)数据更新设置。在"Data update"区域,设置:

选择"Update data automatically"选项

Recurrence time:0. 1 years

(6)添加购买比例随时间变化的折线图。

再将一个“Time plot”拖到“Main”窗口中，在“Data”区域设置数据项属性：

Title：Adoption Rate

Value：AdoptionRate

Color：lime(黄绿色)

其他设置与上一个折线图完全相同。

(7)运行模型，购买用户和潜在用户随时间变化的折线图如图 5.10(a)所示，购买比率随时间变化的折线图如图 5.10(b)所示。

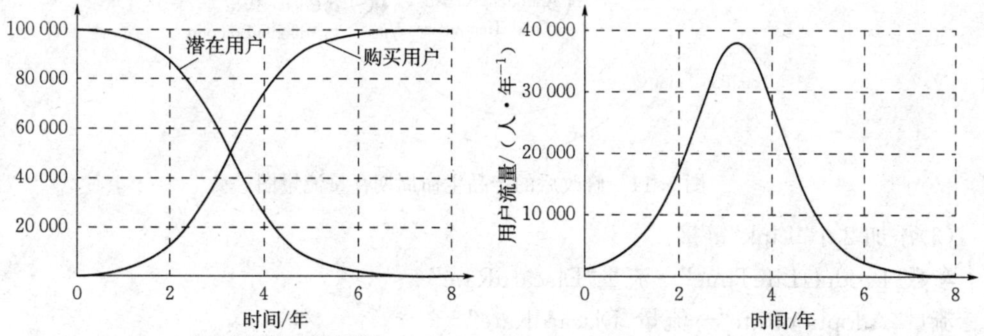

（a）购买用户、潜在用户　　（b）购买比例

图 5.10　变量随时间变化折线图

5.4　产品生命周期模型进阶

本节将在 5.3 节模型基础上，说明如何使用延迟函数模拟用户的重复购买行为，使用表函数、自定义函数对用户需求的变化进行建模，使用事件和状态图模拟广告推广策略，以及使用 AnyLogic 的优化实验寻找最佳广告营销方案。

5.4.1　第 1 阶段：重复购买行为

在 5.3 节创建的模型中，没有考虑产品的消耗、丢弃或产品升级情况，而所有这些情况都会导致用户重复购买该产品。本阶段将假设已购买用户在他们购买的第一个产品被消耗或丢弃后，重新回到潜在用户群体中，以此来建模重复购买行为。具体步骤如下：

(1)首先定义一个常量表示产品的平均寿命，并假设产品平均寿命为 2 年。

添加产品平均寿命参数。点击“Palette”标签，选择“System Dynamics”面板，将一个“Parameter”拖到“Main”窗口中，设置属性：

Name：ProductLifeTime

Type：Time

Unit：years

Default value：2

(2)当用户购买的产品被丢弃或消耗后，他们就会从已购买用户群体回到潜在用户群体。因此，丢弃流量就是延迟了产品平均寿命的购买流量。添加丢弃比例流量，并将已购买用户存量与潜在用户存量链接起来。

添加丢弃比例流量。双击系统动力学面板中的“Flow”进入编辑状态，首先点击存量“Adopters”，然后点击两个中间点（避免与购买比例流量重叠），最后点击存量“PotentialAdopters”，并命名为“DiscardRate”。修改后的存量流量图如图 5.11 所示。

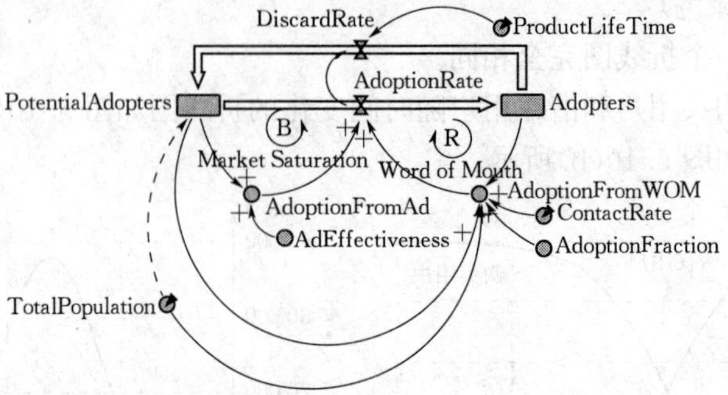

图 5.11　修改后的产品生命周期存量流量图

(3)添加 2 个“Link”链接：

参数“ProductLifeTime”→流量“DiscardRate”

流量“AdoptionRate“→流量“DiscardRate”

(4)单击流量“DiscardRate”，设置公式：

DiscardRate＝delay(AdoptionRate，ProductLifeTime)

说明：delay()函数用于实现时间延迟，在本例中，函数是将购买比例延迟“ProductLifeTime”值，丢弃比例开始时是空的，直到第一批购买用户的产品到期被丢弃，即丢弃比例等于延迟 2 年的购买比例。

(5)在购买比例折线图上再增加一个丢弃比例随时间变化的折线。

点击选择购买比例折线图，并添加第二个数据项，并设置属性：

Title：Discard Rate

Value：DiscardRate

Color：orange

(6)运行模型，结果如图 5.12 所示，可以观察到潜在用户的数量在一开始会下降，但没有到零，而是不断地补充；购买比例的上升和下降取决于产品的平均寿命和决定购买比例的参数，与期望的一样，丢弃比例(discard rate)实际上是延迟了 2 年的购买比例。

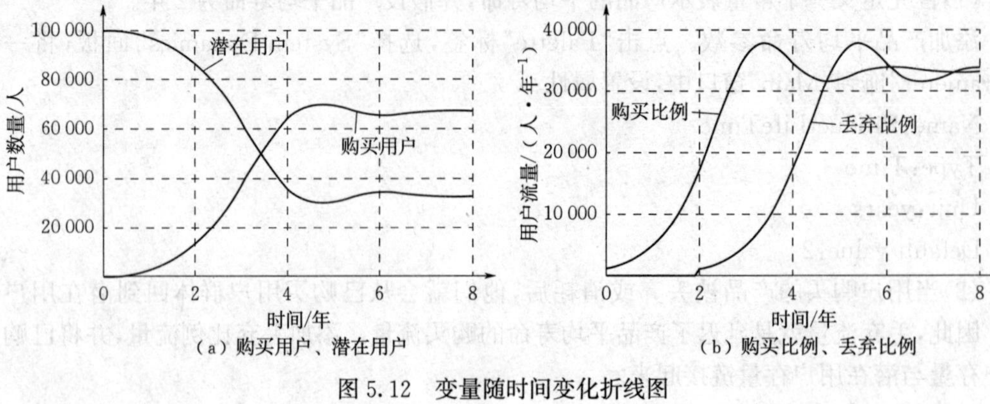

(a) 购买用户、潜在用户　　(b) 购买比例、丢弃比例

图 5.12　变量随时间变化折线图

5.4.2 第 2 阶段:用户需求变化

在上文建立的模型中,每一时期的购买比例都是恒定的,然而实际上它的变化很复杂。例如用户对电风扇的需求是随着季节的变化而变化的,夏季需求量大,而冬季需求量很小;在新年假期前,酒类产品销售也有一个小高峰。本阶段将对用户需求变化及其对购买比例的影响进行建模。具体步骤如下:

假设有过去一年每个月产品需求变化的历史数据,在模型中可以使用表函数。表函数是以表的形式定义的函数,它根据变量值返回函数值,如果参数与表中的任何变量值都不对应,表函数将根据参数计算出一个插值。

(1)使用表函数定义需求变化曲线。

添加表函数。点击"Palette"标签,选择"System Dynamics"面板,将一个"Table Function"拖到"Main"窗口中,设置属性:

Name:demand

(2)设置表函数。点击表函数"demand",在"Table Data"区域设置"argument—value"(变量—值)如下:

Argument:	1	2	3	4	5	6	7	8	9	10	11	12
Value:	3	3.6	4.1	6.3	7.7	9.6	10.1	9.7	7.4	4.8	3.9	6.3

(3)定义差值方法,本例使用线性内插,设置如下:

Interpolation:Linear

(4)定义当参数超出范围时的行为,本例返回与参数值最接近的变量所对应的数值,设置如下:

Out Of Range:Nearest

在表函数"Preview"区域显示了用户需求变化曲线,如图 5.13 所示。

(5)接下来,采用自定义函数取代参数"AdoptionFraction",对采纳比例随用户需求变化进行建模。函数有一个输入参数"当前时间",返回值为当前月的采纳比例。

点击"Palette"标签,选择"Agent"面板,将一个"Function"拖到"Main"窗口中,设置属性:

Name:adoptFraction

选择"Returns value"选项

Type:double

(6)在函数"Arguments"区域设置:

Name:time

Type:double

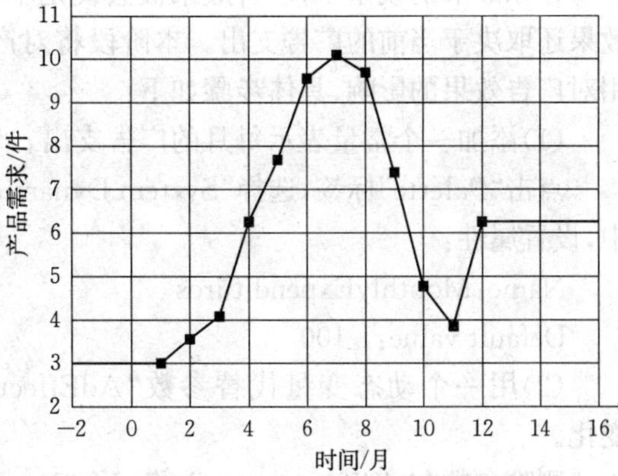

图 5.13 用户需求变化曲线

(7)在函数"Function body"区域输入表达式:return demand(getMonth();+1)/200.0;

根据上文定义的表函数"demand",表达式首先获得当前月份的需求值,然后将需求值除以换算因子(本例为 200),得到当前月的采纳比例。

用自定义函数“adoptFraction”替代采纳比例常量“AdoptionFraction”。

(8)删除参数“AdoptionFraction”,点击“Palette”标签,选择“System Dynamics”面板,将一个“Dynamic variable”拖到“Main”窗口中,设置属性:

Name:AdoptionFraction

AdoptionFraction=adoptFraction(time())

(9)添加一个 Link 链接:动态变量“AdoptionFraction”→动态变量“AdoptionFromWOM”,设置属性:

Polarity:+

(10)运行模型,结果如图 5.14 所示,可以看出,潜在用户和已购买用户会随着丢弃比例及因季节需求变化引起的采购比例的变化而发生波动。

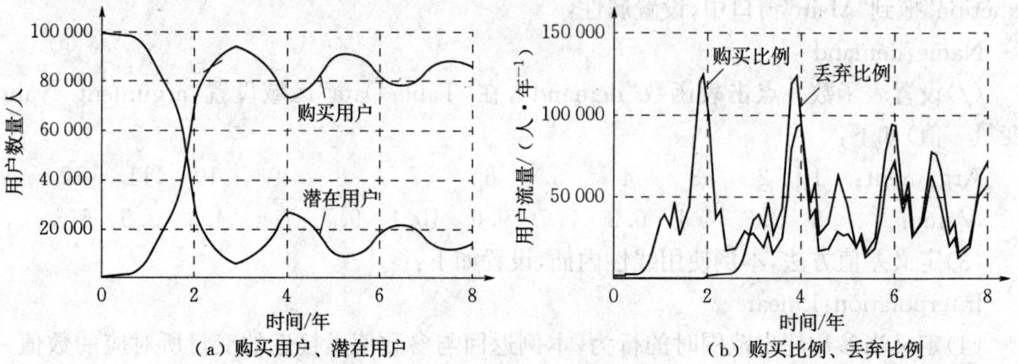

图 5.14 季节需求变化对变量的影响

5.4.3 第 3 阶段:广告策略建模

在 5.3 节的模型中,广告效果被假设是不变的。然而,在产品的实际推广过程中,广告效果还取决于当前的广告支出。本阶段将对产品的广告策略进行建模,模拟每月的推广费用对广告效果的影响,具体步骤如下:

(1)添加一个常量表示每月的广告支出。

点击“Palette”标签,选择“System Dynamics”面板,将一个“Parameter”拖到“Main”窗口中,设置属性:

Name:MonthlyExpenditures

Default value:1 100

(2)用一个动态变量代替参数“AdEffectiveness”,模拟广告效果随每月广告支出的变化。

删除参数“AdEffectiveness”,将一个“Dynamic variable”拖到“Main”窗口中,设置属性:

Name:AdEffectiveness

AdEffectiveness=MonthlyExpenditures/10 000.0

(3)添加 2 个 Link 链接:

动态变量“AdEffectiveness”→动态变量“AdoptionFromAd”

参数“MonthlyExpenditures”→动态变量“AdEffectiveness”

Polarity：+

(4)通过定义一个参数来保存对产品推销合适的广告支出，模型将收集公司广告支出总额的统计数据。通过创建每月发生的事件，在每个月更新广告支出总额，增加下一个月的广告支出。

增加一个变量，用于存储广告支出总额。

单击打开“Agent”面板，将一个“Variable”拖到“Main”窗口中，设置属性：

Name：TotalExpenditures

(5)创建一个事件，用于更新变量“TotalExpenditures”的值。

将一个“Event”拖到 Main 窗口中，设置属性：

Name：monthlyEvent

Mode：Cyclic

Recurrence time：1 months

Action：TotalExpenditures+=MonthlyExpenditures;

(6)由于广告只在产品推销的开始时才起到重要作用，因此可以在某一时间停止广告，例如 3 年后，这样就可以节省在广告上的无意义花费，从这以后只有口碑才会决定到什么时候市场会饱和。为此，接下来将对广告的推广计划进行建模。

添加一个参数，用于控制广告停止时间。

点击“Palette”标签，选择“System Dynamics”面板，将一个“Parameter”拖到“Main”窗口中，设置属性：

Name：SwitchTime

Default value：3(3 年)

(7)状态图(见 4.4 节介绍)用于可视化定义模型的行为，建模系统从一种状态转换到另一种状态及由于状态变化触发的操作。接下来创建一个状态图，用于模拟广告推广策略。首先添加一个状态图入口点；然后顺序添加 2 个状态，一个表示有广告，另一个表示停止广告；最后在两个状态间添加一个转移，用于控制状态的转换时间。

点击“Palette”标签，选择“Statechart”面板，将一个“Statechart Entry Point”拖到“Main”窗口中。

(8)再将一个“State”拖到“Main”窗口中，放置在“Statechart Entry Point”的下方并连接，设置属性：

Name：with_advertising

(9)最后将一个“State”拖到“Main”窗口中，放置在“with_advertising”的下方，设置属性：

Name：without_advertising

Entry action：MonthlyExpenditures=0.0;(停止广告)

(10)添加从状态“with_advertising”到状态“without_advertising”的变迁。

点击“Palette”标签，选择“Statechart”面板，双击“Transition”进入编辑状态，始端点击状态“with_advertising”下边框，终端点击状态“without_advertising”上边框，设置属性：

Triggered by: Timeout

Timeout: SwitchTime

状态图如图 5.15(c)所示。运行模型,观察到广告投入持续了 3 年。

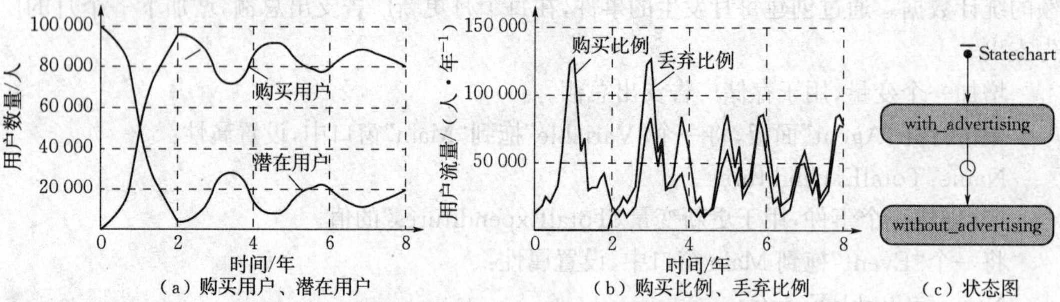

(a) 购买用户、潜在用户　　(b) 购买比例、丢弃比例　　(c) 状态图

图 5.15　模型运行结果及广告策略状态图

5.4.4　第 4 阶段:优化推广策略

当前模型的营销策略非常简单,即在特定的时刻停止为产品做广告。现在希望找到一个最佳的产品推广策略,目的是在指定的时间,以最小的广告支出,到达一定的用户数量。例如,设计一个营销策略,使产品在一年半的时间内达到 80%的饱和度。本阶段将使用 AnyLogic 优化实验来解决这个问题,定义模型的目标函数为广告投入总费用,变量为每月投入的广告费用和广告停止投入时间。具体步骤如下:

(1)首先创建一个优化实验(optimization experiment)。

点击"Project"标签,在项目树下,右键点击项目"Product Lifecycle"→"New"→"Experiment",弹出实验对话框,从实验类型列表中选择"Optimization",点击完成。

(2)接下来定义目标函数,本例希望广告支出越小越好,即广告花费最少。

在优化实验的属性视图中,设置:

Objective:选择 minimize 选项

在编辑框中输入:root. TotalExpenditures

(3)设置仿真终止条件,即仿真在运行 1.5 年时停止。

在优化实验的属性视图的 Model time 区域,设置:

Stop: Stop at specified time

Stop time: 1.5 (一年半)

(4)模型的变量是每月广告投入和广告停止投入时间,即参数"MonthlyExpenditures"和"SwitchTime"。在寻找最佳方案过程中,两个参数将按一定的步长进行调整,最终目的是找到达到需要饱和度的最小广告投入的方案。

在优化实验的属性视图的"Parameters"区域,对参数"MonthlyExpenditures"设置如下:

Type: continuous

Min: 0

Max: 10000

Suggested: 1000

(5)在优化实验的属性视图的“Parameters”区域，对参数“SwitchTime”设置如下：

Type：discrete

Min：0

Max：1.5

Step：0.083 3(因为 1 表示 1 年，因此每个月为 1/12＝0.083 3)

Suggested：1

(6)创建实验用户界面。本例创建一个默认用户界面，该界面由一系列控件构成，这些控件在模型运行时可以显示当前状态和优化结果的所有必要信息。

在优化实验的属性视图点击“Create default UI”(创建默认用户界面)按钮。

(7)本例希望在一年半的时间内，产品用户达到 80％的饱和度，即 1.5 年后有 80 000 位用户购买了产品。因此需要定义优化实验的要求。

在优化实验的属性视图的“Requirements”区域，点击右侧添加图标添加一行需求，设置如下：

Enabled：勾选

Expression：root. Adopters

Type：＞＝

Bound：80000

(8)运行优化实验，AnyLogic 将运行该模型 500 次，每次会依据参数变化设置调整每月广告支出和广告停止时间的值，优化过程的统计信息显示如图 5.16 所示。在最佳方案列中，给出了广告总投入为 10 229.642，每月广告投入为 2 574.91，广告停止时间为 0.25，此即为优化实验找到的最佳广告推广方案。

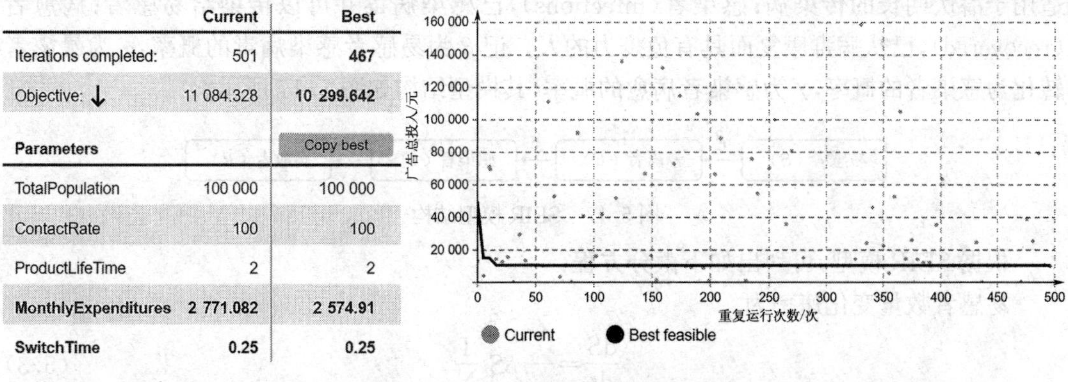

图 5.16　广告策略优化实验结果

本节的优化实验使用了内置的 OptQuest 优化器寻求最佳解决方案，OptQuest 是目前市场上相对灵活和用户友好的优化工具，该引擎能够根据某些约束自动找到模型的最佳参数。通过设定目标函数、约束条件和要求，参数(或决策变量)可以改变。不确定性优化可通过重复实验实现，在参数取值相同的情况下，随机性模型可以运行多次，参数空间中的下一步取值由汇总的输出所决定。优化实验自动生成了用户界面，其中包含了当前的和最优的解决方案及优化过程的动态图表。

5.5 SEIR 模型

轨道交通作为大运量的公共交通方式，车站和车厢内客流聚集密度高、空间相对封闭，存在一定的病毒传染风险。理解病毒传染的规律，有助于车站管理者制定合理的客流控制策略。在传染病演化预测仿真建模方面，主流的方法是基于统计学预测疾病的传播概率模型，例如，易感—传染（susceptible-infections，SI）模型、易感—传染—易感（susceptible-infections-susceptible，SIS）模型、易感—传染—恢复（susceptible-infections-recovered，SIR）模型、易感—暴露—传染—恢复（susceptible-exposed-infections-recovered，SEIR）模型等。

本节将说明如何采用系统动力学方法建立一个 SEIR 模型，用于研究传染病在大量人群中的传播，模型总人口数为 10 000 人，初始状态下只有一个人具有传染性。模型相关参数设置说明如下：

(1)在传染阶段，一个人平均每天接触 1.25 人。

(2)如果感染者与易感者接触，易感者的感染概率为 0.6。

(3)易感者感染后，病毒平均潜伏期为 10 d。

(4)潜伏期过后，感染期开始，此阶段平均疾病持续时间为 15 d。

(5)从疾病中康复的人对第二次感染具有免疫力。

5.3.1 SEIR 模型基本概念

SEIR 模型将研究对象群体分为四类：易感者（susceptible），未感染病毒，但缺乏免疫能力，与感染者接触后容易受到传染；暴露者（exposed），接触过感染者，但暂不传染给其他人，适用于潜伏期长的传染病；感染者（infections），已感染病毒并可以传染给易感者；病愈者（recovered），已从病毒康复而具有免疫力的人。记 β 为易感者感染病毒的概率，α 为暴露者转化为感染者的概率，γ 为感染者病愈的概率，其模型结构如图 5.17 所示。

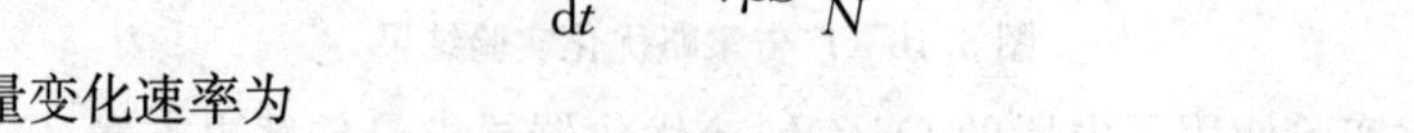

图 5.17　SEIR 模型结构

根据 SEIR 模型，可列出如下微分方程：

易感者数量变化速率为

$$\frac{\mathrm{d}S}{\mathrm{d}t}=-r\beta S\frac{1}{N} \tag{5.3}$$

暴露者数量变化速率为

$$\frac{\mathrm{d}E}{\mathrm{d}t}=\frac{r\beta S}{N}-\alpha E \tag{5.4}$$

感染者数量变化速率为

$$\frac{\mathrm{d}I}{\mathrm{d}t}=\alpha E-\gamma I \tag{5.5}$$

病愈者数量变化速率为

$$\frac{dR}{dt}=\gamma I \tag{5.6}$$

式中,S、E、I、R 分别为易感者人数、暴露者、感染者和病愈者人数,r 为潜伏者日均接触人数,N 为研究对象总人口数。

5.5.2　创建存量流量图

本节将首先构建 SEIR 模型的存量流量图,在 SEIR 模型中包括易感者、暴露者、感染者、病愈者四个存量和暴露率、感染率、病愈率三个流量。具体步骤如下:

(1)创建一个新的模型,设置模型时间单位:days。

(2)添加四个存量,用于对 SEIR 模型四个阶段的人口数量进行建模。

添加存量。点击“Palette”标签,选择“System Dynamics”面板,将一个“Stock”拖到“Main”窗口中,设置属性:

Name:Susceptible

再添加三个存量,分别命名为“Exposed”“Infectious”和“Recovered”。

(3)SEIR 模型有三个流量使各阶段的存量发生变化。

添加从存量“Susceptible”到存量“Exposed”的流量。双击第一个存量“Susceptible”,然后单击第二个存量“Exposed”,设置流量属性:

Name:ExposedRate

类似地,添加从“Exposed”到“Infectious”的流量“InfectiousRate”;添加从“Infectious”到“Recovered”的流量“RecoveredRate”。SEIR 模型的基本存量流量关系图如图 5.18 所示。

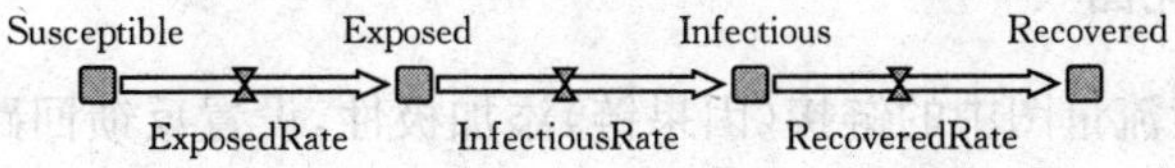

图 5.18　SEIR 模型基本存量流量图

(4)添加参数。首先添加总人口参数,点击“Palette”标签,选择“Agent”面板,拖一个“Parameter”到“Main”编辑窗口,设置属性如下:

Name:TotalPopulation

Type:int

Default value:10000

类似地,添加感染率参数 Infectivity=0.6;

添加每天接触率参数 ContactRateInfectious=1.25;

添加平均潜伏期参数 AverageIncubationTime=10;

添加平均疾病持续时间参数 AverageIllnessDuration=15。

(5)设置感染者初始值。在“Main”编辑窗口,选择存量“Infectious”,设置属性:

Initial Value:1

(6)设置易感者初始值。在“Main”编辑窗口,选择存量“Susceptible”,设置属性:

Initial Value:TotalPopulation-1

添加参数“TotalPopulation”到存量“Susceptible”的链接。点击“Palette”标签,选择

“System Dynamics”面板，双击“Link”进入编辑模式，点击参数“TotalPopulation”，然后点击存量“Susceptible”。

(7)定义流量公式。点击流量“ExposedRate”，设置属性：

ExposedRate：Infectious * ContactRateInfectious * Infectivity * Susceptible/TotalPopulation

添加公式中使用的参数、存量到流量“ExposedRate”的链接。在“Main”编辑窗口中，右键单击流量“ExposedRate”，在快捷菜单中选择“Fix Variable Links > Create Missing Links”，AnyLogic 自动创建相关的链接。

类似地，定义流量“InfectiousRate”公式为：Exposed/AverageIncubationTime；

定义流量“RecoveredRate”公式为：Infectious/AverageIllnessDuration；

创建公式中使用的参数、存量到流量间的链接。

SEIR 模型的存量流量图如图 5.19 所示。

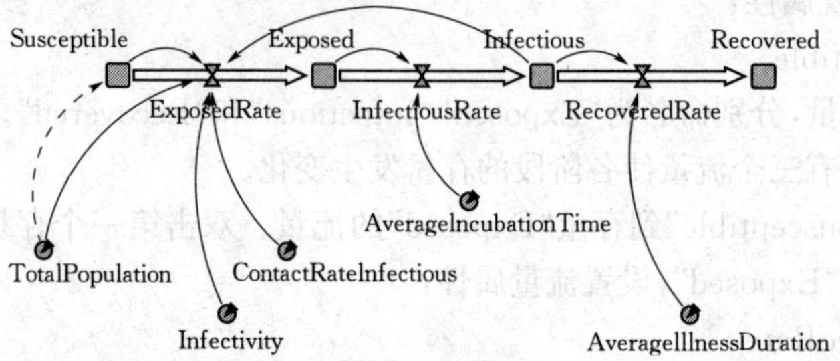

图 5.19　SEIR 模型存量流量图

5.5.3　添加存量变化图

本小节将为存量流量图中的链接(因果链)添加极性，设置反馈回路，建立因果回路图，并使用图形观察在运行过程中存量值随时间的变化情况。具体步骤如下：

(1)创建存量“Infectious”到流量“ExposedRate”链接的反馈回路。点击“Palette”标签，选择“System Dynamics”面板，拖一个“Loop”元素到“Main”窗口中，设置属性：

Direction：Clockwise

Type：R(注：增强型)

Text：Contagion

添加的反馈回路如图 5.20 所示，该回路是增强型的(正反馈)，因为感染人数的增加导致暴露率的增加，暴露率的增加又进一步导致暴露人数的增加，这个回路中的所有环节都是正的。

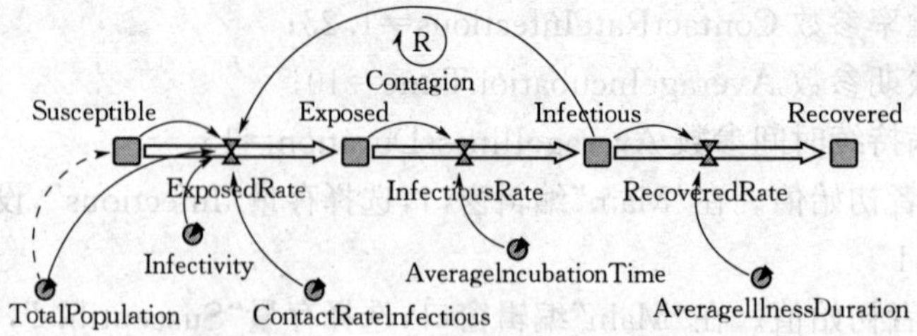

图 5.20　SEIR 模型的反馈回路图

(2)添加图形显示存量随时间的变化。点击“Palette”标签，选择“Analysis”面板，拖一个“Time Plot”元素到“Main”编辑窗口，在“Data”区域设置属性：

Title：Susceptible people

Value：Susceptible

Color：dodgerBlue

点击“+”按钮，添加三个数据项，用于显示另外三个存量值。“Title”分别为“Exposed people”“Infectious people”和“Recovered people”，“Value”分别为“Exposed”“Infectious”和“Recovered”，颜色可自行设置。

在“Data update”区域设置属性：

Display up to 160 latest samples

在“Scale”区域设置属性：

Time window：160 model time units

(3)编译并运行模型，观察四个存量值随时间的变化如图 5.21 所示。

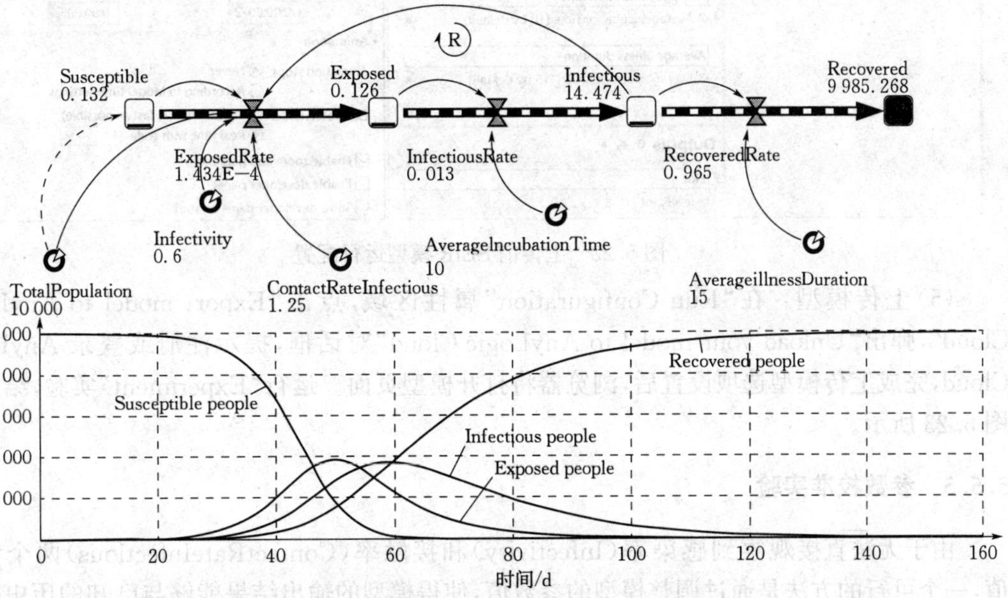

图 5.21　SEIR 模型存量值随时间变化情况

5.5.4　上传模型到 AnyLogic 云

AnyLogic 云是一种互联网服务，允许用户在任何设备(包括手机和平板电脑)上通过浏览器在线运行模型，并与其他用户共享模型，可以通过自定义多种类型的仿真实验和输出仪表板进行在线仿真分析。本节介绍如何将模型上传到 AnyLogic 云，具体步骤如下：

(1)点击“Projects”标签，在“SEIR”项目列表中双击“Run Configuration：Main”条目，打开“Run Configuration”编辑窗口。窗口左侧列出了模型全部输入参数和输出图形，窗口右侧为上传模型输入和输出设置区域。

(2)模型输入配置。在左侧输入参数列表中选中全部参数，将其拖到右侧“Inputs”区域的空白处,所选参数将成为导出到 AnyLogic 云的模型的可交互参数。

(3)模型输出配置。在左侧输出项中选中"Plot",将其拖到右侧"Outputs"区域,该图形将用于导出到 AnyLogic 云的模型运行结果显示。

(4)设置模型运行时长。在"Run Configuration"属性窗口,设置"Model time"区域属性:

Stop:Stop at specified time

Stop time:160

上传到 AnyLogic 云之前,SEIR 模型配置如图 5.22 所示。

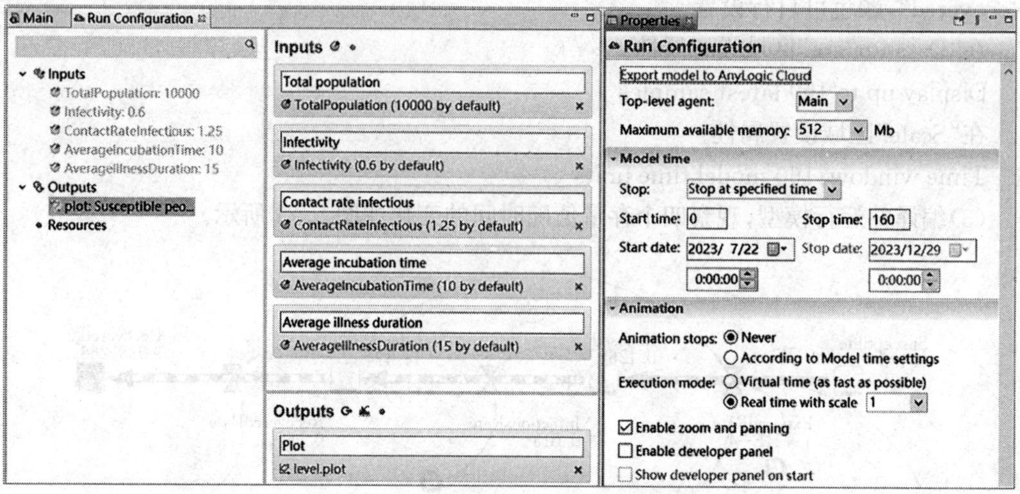

图 5.22　上传前 SEIR 模型运行配置

(5)上传模型。在"Run Configuration"属性区域,点击"Export model to AnyLogic Cloud",弹出"Unload your model to AnyLogic Cloud"对话框,提示注册或登录 AnyLogic Cloud,完成上传模型选项设置后,浏览器将打开模型页面。运行"Experiment"实验,结果如图 5.23 所示。

5.5.5　参数校准实验

由于无法直接观察到感染率(Infectivity)和接触率(ContactRateInfectious)两个参数值,一个可行的方法是通过调整模型的参数值,使得模型的输出结果能够与已知的历史数据进行匹配,以确保模型运行后能够再现这些历史数据,即校准。AnyLogic 校准实验就是使用内置的 OptQuest 优化器,通过迭代运行模型,将模型输出结果与历史数据进行比较,在一系列运行之后,实验将确定哪个参数值的输出结果与历史数据观测值最符合。

本节将介绍如何通过校准实验来对传染率和接触率两个参数进行设置,首先需要将随着时间推移感染人数的历史数据添加到模型中,当数据样本以表格形式存储在文本文件中时,AnyLogic 表函数允许使用这些数据来构建曲线。具体步骤如下:

(1)添加表函数。点击"Palette"标签,选择"System Dynamics"面板,拖一个"Table function"元素到"Main"编辑窗口,设置属性如下:

Name:InfectiousHistory

Out of range:Nearest

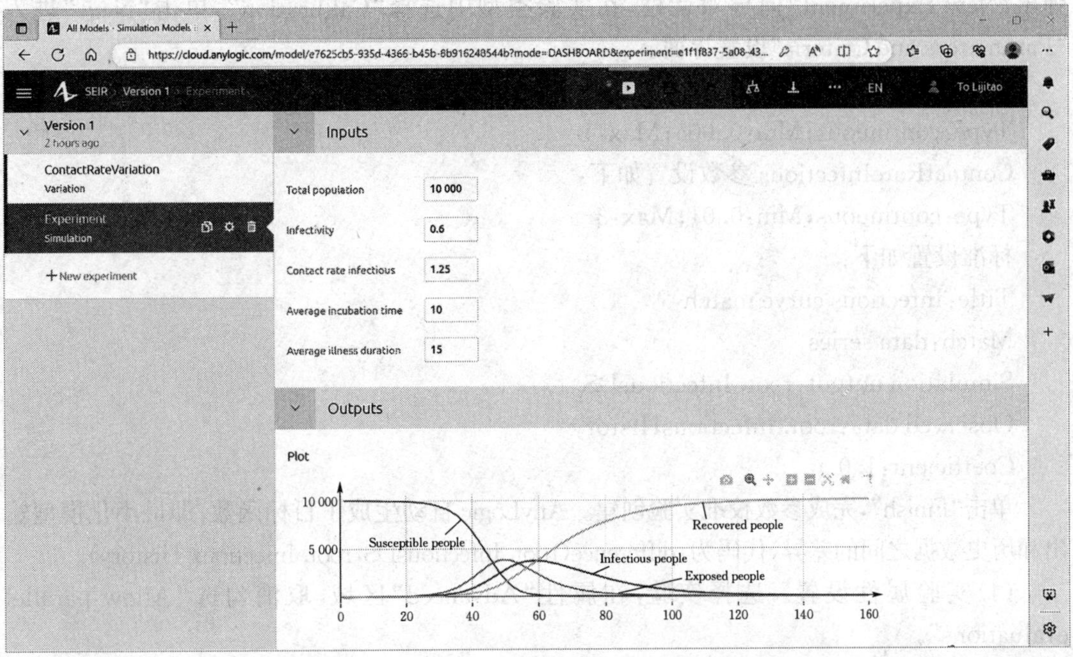

图 5.23 SEIR 模型在 AnyLogic 云上的运行结果

打开 HistoricData. txt 文件(此文件可在 AnyLogic 安装路径中找到,例如 C:\Program Files\AnyLogic 8. 8 Professional\resources\AnyLogic in 3 days\SEIR),复制文件中的内容,在"Table function"的"Table Data"区域点击 Paste from clipboard 按钮,表中"Argument"和"Value"列的内容自动填充(本例取 160 d 的感染人数历史数据)。

展开"Preview"区域,表函数曲线如图 5. 24 所示。

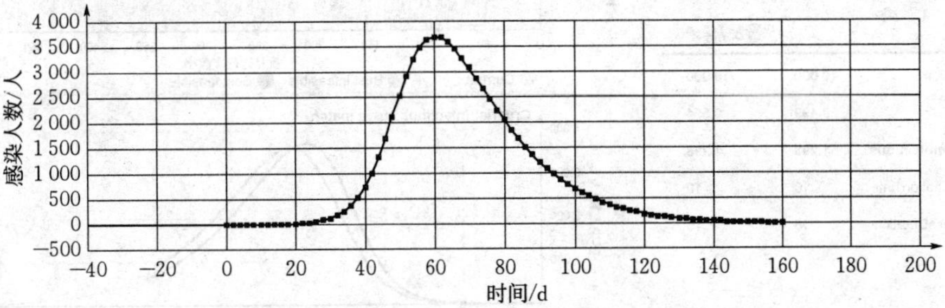

图 5. 24 感染人数历史数据表函数曲线

(2)创建数据集用于收集仿真过程中感染人数的数据。在"Main"窗口中,右键单击存量"Infectious",在快捷菜单中选择"Create Data Set",创建感染人数存量的数据集,设置数据集属性:

勾选"Use time as horizontal axis value"

Keep up to 160 latest samples

单选"Update data automatically"

Recurrence time:1 days

(3)创建参数校准实验。点击"Projects"标签,右键单击项目"SEIR""New""Experiment",

弹出“New Experiment”向导对话框，在实验类型中选择“Calibration”，单击“Next”进入“Parameters and Criteria”设置界面。

Infectivity 参数设置如下：

Type：continuous；Min：0.005；Max：1

ContactRateInfectious 参数设置如下：

Type：continuous；Min：0.01；Max：3

标准设置如下：

Title：Infectious curve match

Match：data series

Simulation output：root. InfectiousDS

Observed data：root. InfectiousHistory

Coefficient：1.0

单击“Finish”，完成参数校准实验创建。AnyLogic 自动生成了目标函数，即最小化模型输出和历史数据之间的差异，代码为：difference(root. InfectiousDS，root. Infectious-History)。

(4)实验属性设置。选择实验，在属性“Advanced”区域，取消勾选“Allow parallel evaluations”。

(5)运行校准实验，结果如图 5.25 所示，可以用校准后的参数值替换模型中原有的参数值，进而继续运行模型相关的实验以对传染病问题进行深入研究。

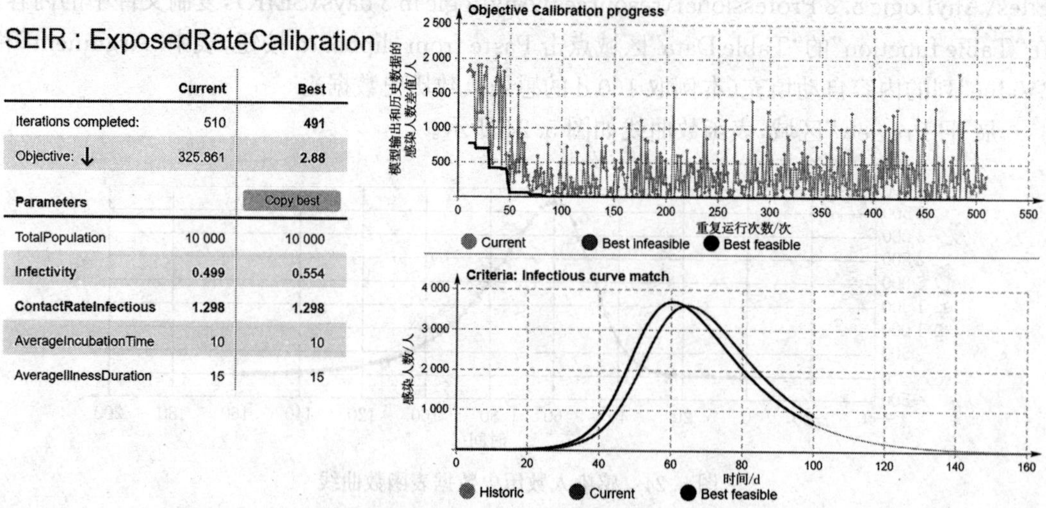

图 5.25　传染率和接触率参数校准实验结果

5.6　铁路客运量预测系统动力学建模

5.6.1　因果关系图

影响铁路客运量的因素众多，最主要的就是运输需求和运输供给，其中铁路客运运输需求受到人口数量、人均乘车次数和国内生产总值等因素的影响；而铁路客运供给主要受到铁路客运投资的影响。经过系统分析，建立铁路客运量预测的因果关系图如图 5.26 所示，该图直观地反映了铁路客运量预测系统动态发展的内在机制，其核心为铁路客运需求与供给子系统。

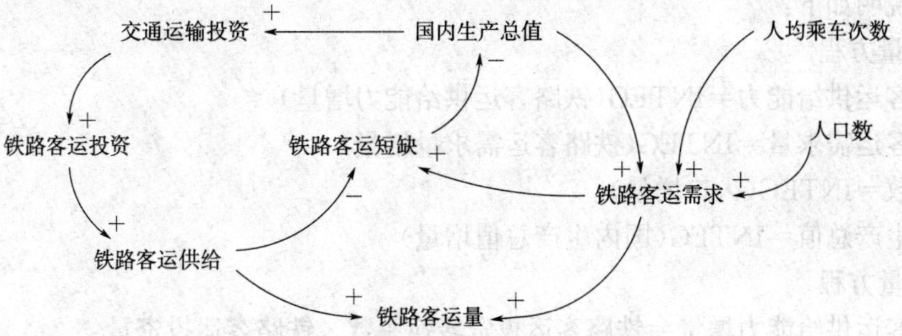

图 5.26 铁路客运量预测因果关系图

5.6.2 存量流量图

创建新的模型，选择“System Dynamics”面板，拖拽“Stock”“Flow”“Parameter”“Dynamic Variable”“Link”及“Loop”等元素到“Main”窗口界面，根据图 5.26 所示的因果关系，链接各元素并命名，存量流量模型如图 5.27 所示。

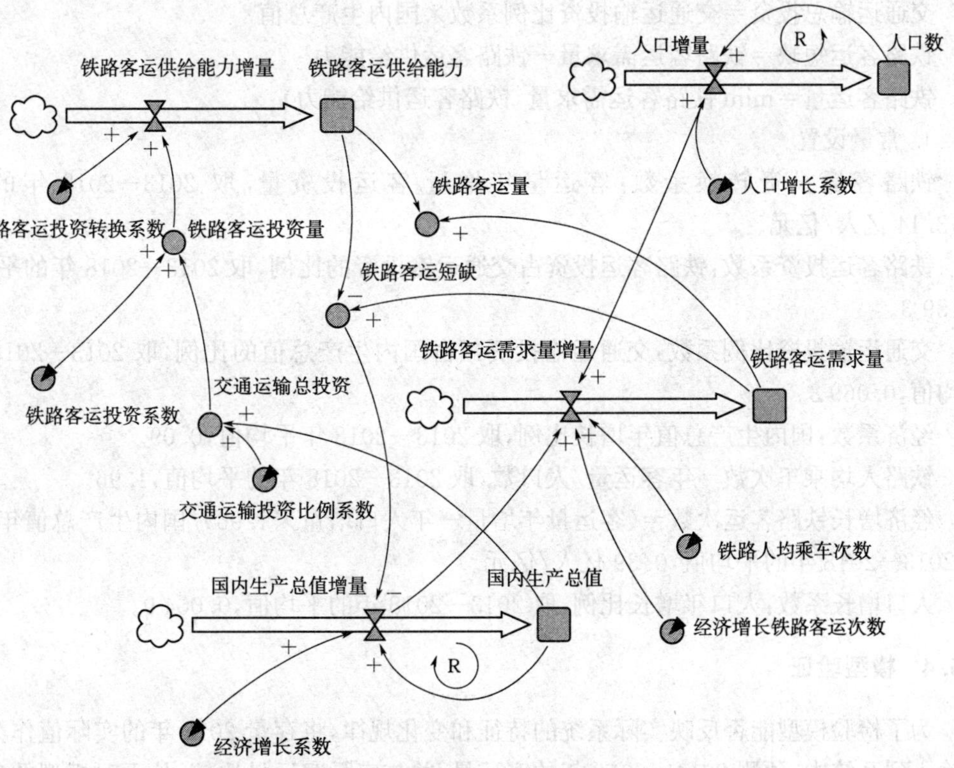

图 5.27 铁路客运量预测存量流量图

5.6.3 设置方程

根据图 5.26 和图 5.27 设置各变量方程，通过收集数据资料，采用均值法、线性插值法等方法确定各常量的值。模型中所用单位主要为亿元和亿人，以及由此组成的演变单位。方程设置说明如下：

1. 存量方程

铁路客运供给能力=INTEG(铁路客运供给能力增量)

铁路客运需求量=INTEG(铁路客运需求量增量)

人口数=INTEG(人口增量)

国内生产总值=INTEG(国内生产总值增量)

2. 流量方程

铁路客运供给能力增量=铁路客运投资转换系数×铁路客运投资量

铁路客运需求量增量=经济增长铁路客运次数×国内生产总值增量+铁路人均乘车次数×人口增量

人口增量=人口增长系数×人口数

国内生产总值增量=经济增长系数×国内生产总值-0.005 861×铁路客运短缺

3. 动态变量方程

铁路客运投资量=铁路客运投资系数×交通运输总投资

交通运输总投资=交通运输投资比例系数×国内生产总值

铁路客运短缺=铁路客运需求量-铁路客运供给能力

铁路客运量=min(铁路客运需求量,铁路客运供给能力)

4. 常量设置

铁路客运投资转换系数：客运量年增量/客运投资量，取 2013—2018 年的平均值，3.14 亿人/亿元。

铁路客运投资系数：铁路客运投资占交通运输投资的比例，取 2013—2018 年的平均值，0.159 3。

交通运输投资比例系数：交通运输投资额占国内生产总值的比例，取 2013—2018 年的平均值，0.069 3。

经济系数：国内生产总值年增长比例，取 2013—2018 年平均值，0.09。

铁路人均乘车次数=年客运量/人口数，取 2013—2018 年的平均值，1.96。

经济增长铁路客运次数=(客运量年增量-年人口增量×1.96)/国内生产总值年增量，取 2013—2018 年的平均值，0.39 亿人/亿元。

人口增长系数：人口年增长比例，取 2013—2018 年的平均值，0.004 9。

5.6.4 模型验证

为了检验模型能否反映实际系统的特征和变化规律，将存量 2013 年的实际值作为初始值输入到系统中，预测 2014—2018 年的客运量，并与实际客运量比较，从而对模型的有效性进行验证。

以 2013 年为基准年，其客运量为 21.06 亿人，人口数为 13.61 亿人，国内生产总值为 58.8 万亿元(未含港澳台数据)。以 2014—2018 年为预测年，将存量的初始值输入到模型，运行结果如图 5.28 所示。

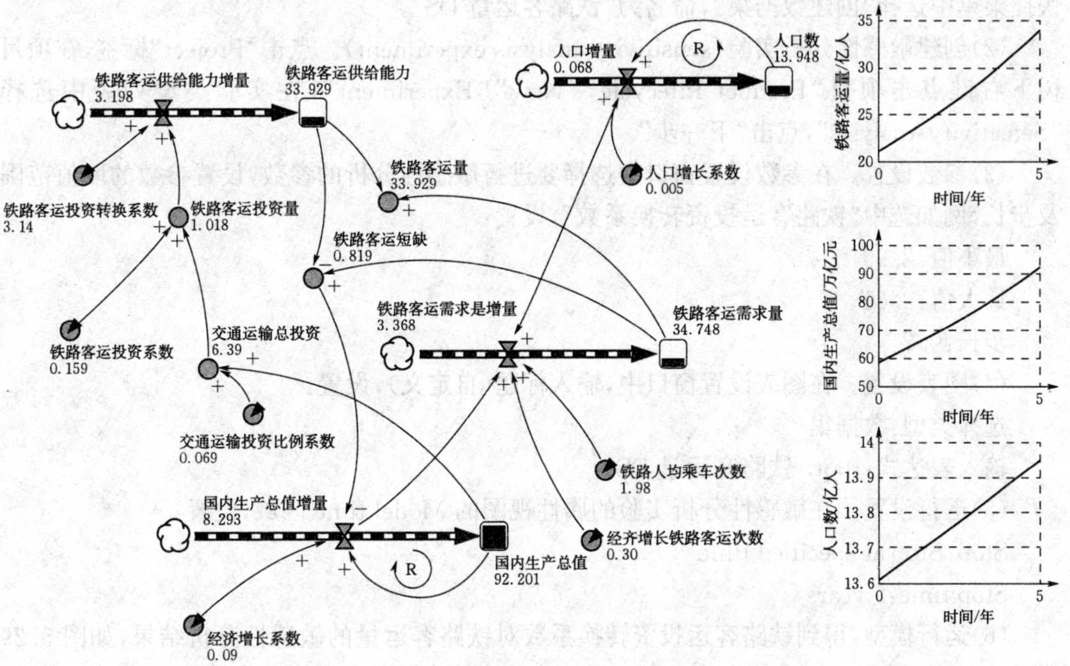

图 5.28　2014～2018 年铁路客运量预测运行结果

铁路客运量预测结果及误差分析见表 5.1，表中实际值来源于 2014—2018 年铁道统计公报。从相对误差结果可以看出，模型预测出的 2014—2018 年铁路客运量结果精度较高，证明了模型的有效性。

表 5.1　2014—2018 年铁路客运量预测误差分析　　　　单位：亿人

年　份	实际值	预测值	相对误差
2014	23.046	23.193	0.64%
2015	25.348	25.526	0.70%
2016	28.141	28.079	−0.22%
2017	30.838	30.873	0.11%
2018	33.700	33.929	0.68%

5.6.5　敏感性分析实验

敏感性分析的目的是通过改变模型中的参数值，比较模型在不同参数条件下的输出结果，从而确定各参数对模型的影响程度。本系统有 7 个参数，分别为铁路客运投资转换系数、铁路客运投资系数、交通运输投资比例系数、经济系数、铁路人均乘车次数、经济增长铁路客运次数和人口增长系数。上一节的预测中取平均值作为参数值，而在进行敏感性分析时，将分析每个参数在 2013—2018 年的[最小值，最大值]区间内变化对预测结果的影响。具体建模过程如下：

(1)创建动态变量铁路客运量的数据集。右键点击模型中的动态变量“铁路客运量”，在快捷菜单中选择“创建数据集”，命名为“铁路客运量 DS”。

(2)创建敏感性分析实验(sensitivity analysis experiment)。点击“Project”标签，在项目树下右键点击项目“Product Lifecycle”“New”“Experiment”，在实验类型列表中选择“SensitivityAnalysis”，点击“下一步”。

(3)参数设置。在参数设置窗口中选择要进行敏感性分析的参数，设置参数的取值范围及步长，例如选中“铁路客运投资转换系数”，设置：

最小值：2.99

最大值：3.61

步长：0.2

(4)图表设置。在图表设置窗口中，输入标题(自定义)，设置：

选择类型：数据集

输入表达式：root. 铁路客运量 DS

(5)运行设置。在敏感性分析实验的属性视图的 Model time 区域，设置：

Stop：Stop at specified time

Stop time：5 years

(6)运行模型，得到铁路客运投资转换系数对铁路客运量的敏感性分析结果，如图 5.29 所示。

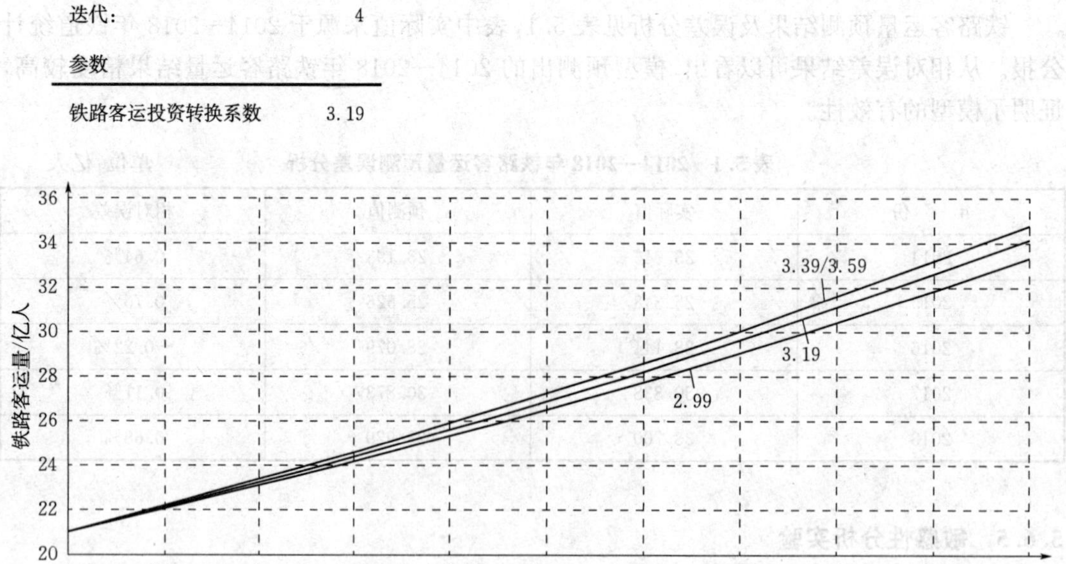

图 5.29 铁路客运投资转换系数对铁路客运量的敏感性分析实验

以此类推，可自行对其他感兴趣的参数进行敏感性分析实验。

从分析结果中发现铁路人均乘车次数和人口增长系数变化对铁路客运量预测结果没有

影响。其余参数变化对预测值的影响见表 5.2 至表 5.6，从表中可以看出，模型中参数的变化对铁路客运量预测值的影响很小，说明建立的模型具有较好的稳定性。

表 5.2　铁路客运投资转换系数的敏感性分析　　单位：亿人

年　份	实际值	2.99		3.19		3.39		3.59	
		预测值	误　差	预测值	误　差	预测值	误　差	预测值	误　差
2014	23.046	23.091	0.20%	23.227	0.79%	23.351	1.32%	23.351	1.32%
2015	25.348	25.313	−0.14%	25.597	0.98%	25.845	1.96%	25.846	1.96%
2016	28.141	27.744	−1.41%	28.191	0.18%	28.563	1.50%	28.565	1.51%
2017	30.838	30.404	−1.41%	31.029	0.62%	31.525	2.23%	31.528	2.24%
2018	33.700	33.314	−1.15%	34.134	1.29%	34.754	3.13%	34.759	3.14%

表 5.3　铁路客运投资系数的敏感性分析　　单位：亿人

年　份	实际值	0.141		0.151		0.161		0.171	
		预测值	误　差	预测值	误　差	预测值	误　差	预测值	误　差
2014	23.046	22.945	−0.44%	23.079	0.14%	23.213	0.72%	23.347	1.31%
2015	25.348	25.007	−1.35%	25.288	−0.24%	25.568	0.87%	25.845	1.96%
2016	28.141	27.264	−3.12%	27.705	−1.55%	28.145	0.01%	28.563	1.50%
2017	30.838	29.733	−3.58%	30.349	−1.59%	30.965	0.41%	31.525	2.23%
2018	33.700	32.434	−3.76%	33.242	−1.36%	34.05	1.04%	34.754	3.13%

表 5.4　交通运输投资比例系数的敏感性分析　　单位：亿人

年　份	实际值	0.066		0.068		0.070		0.072	
		预测值	误　差	预测值	误　差	预测值	误　差	预测值	误　差
2014	23.046	23.085	0.17%	23.147	0.44%	23.208	0.70%	23.27	0.97%
2015	25.348	25.301	−0.19%	25.429	0.32%	25.558	0.83%	25.687	1.34%
2016	28.141	27.725	−1.48%	27.927	−0.76%	28.13	−0.04%	28.333	0.68%
2017	30.838	30.377	−1.49%	30.66	−0.58%	30.944	0.34%	31.227	1.26%
2018	33.700	33.279	−1.25%	33.65	−0.15%	34.022	0.96%	34.394	2.06%

表 5.5　经济系数的敏感性分析　　单位：亿人

年　份	实际值	0.07		0.08		0.09		0.10	
		预测值	误　差	预测值	误　差	预测值	误　差	预测值	误　差
2014	23.046	22.854	−0.83%	23.101	0.24%	23.193	0.64%	23.204	0.69%
2015	25.348	24.77	−2.28%	25.302	−0.18%	25.526	0.70%	25.572	0.88%
2016	28.141	26.817	−4.70%	27.676	−1.65%	28.079	−0.22%	28.19	0.17%

续上表

年份	实际值	0.07		0.08		0.09		0.10	
		预测值	误差	预测值	误差	预测值	误差	预测值	误差
2017	30.838	29.005	−5.94%	30.238	−1.95%	30.873	0.11%	31.083	0.79%
2018	33.700	31.343	−6.99%	33.003	−2.07%	33.929	0.68%	34.28	1.72%

表 5.6　经济增长铁路客运次数的敏感性分析　　单位:亿人

年份	实际值	0.32		0.36		0.40		0.44	
		预测值	误差	预测值	误差	预测值	误差	预测值	误差
2014	23.046	22.963	−0.36%	23.184	0.60%	23.193	0.64%	23.193	0.64%
2015	25.348	25.034	−1.24%	25.497	0.59%	25.526	0.70%	25.526	0.70%
2016	28.141	27.289	−3.03%	28.016	−0.44%	28.079	−0.22%	28.079	−0.22%
2017	30.838	29.745	−3.54%	30.761	−0.25%	30.873	0.11%	30.872	0.11%
2018	33.700	32.422	−3.79%	33.752	0.15%	33.929	0.68%	33.928	0.68%

本章小结

系统动力学是一种视角和一套概念工具,可以帮助研究者理解复杂系统的结构和动力学。系统动力学也是一种严格的建模方法,能够帮助研究者建立复杂系统的计算机仿真模型,并使用模型设计和评估更为有效的组织策略,从而提升决策的质量和效果。系统动力学建模强调从各个对象抽象出集合(存量集、流量集)和反馈环,相较于离散事件仿真,系统动力学模型从更高的总体层面对系统进行分析,并用来制定更具战略性的决策。

本章重点讲解了如何使用 AnyLogic 建立系统动力学模型以研究动态复杂系统,通过本章的学习,应掌握存量流量图和因果关系图的构建技术,理解动态变量和参数的使用、方程的设置等。当采用系统动力学方法研究动态系统时,建议首先将系统抽象为一个自身行为的因果封闭结构;其次,找到系统平衡型或加强型的反馈回路(因果关系),注意,反馈回路是系统动力学建模的核心;最后,确定影响系统的库存和流量。如果想深入学习更多关于系统动力学建模的知识,请参考相关的专著。

学习完本章后,能够掌握系统动力学建模的基本概念和技术,包括存量流量图和因果关系图的构建、动态变量与参数的使用及方程设置,明确如何通过反馈回路分析系统行为,并能利用 AnyLogic 软件构建系统动力学模型,提升对系统行为的分析和预测能力。

练习题

1. 根据所学专业知识,试构造一个系统的因果关系图(要求正、负反馈回路各不少于1个)。

2. 依据 5.5 节建立的铁路客运量预测模型，预测 2019—2022 年铁路客运量，与实际结果进行比较，并分析误差产生的原因。

3. 假设城市交通系统中，机动车数量(J)与道路建设路面面积(D)是按一定比例相互增长的。已知某城市现有机动车数量为 50 万辆，且每年以 JR 的幅度增加，每平方米道路面积可引起机动车数量增加的速率(C_1)为 0.001 辆/年。城市现有道路总面积为 120 km^2，且每年以 DR 的幅度增加，每一辆机动车可引起道路面积增加的速率(C_2)为 3 m^2/年。试用系统动力学模型分析该市未来五年的道路交通状况。

第 6 章　仿真中的统计模型

在对现实世界进行仿真建模时，可以完整地预测所研究系统中实体行为的情形是很少见的。因为现实世界中的系统是随机的而不是确定的，其中变化的原因有很多。以自动售票机排队系统为例，对于旅客来说，随机性表现为旅客到达车站的时间和购票服务时间；对自动售票机来说，随机性表现为机器的故障发生时间。对于建模来说，这些变化看起来是偶然出现的，并且很难预测。然而，一些统计模型可以较好地描述这些随机变化，因此，有必要了解一些典型的统计模型及其分布形式。仿真系统一般会有一个以上的随机变量，对具有随机变量的系统进行仿真，首先必须确定其随机变量的概率分布，以便在仿真模型中对这些分布进行抽样得到所需要的随机样本。确定随机变量模型的基础是搜集该随机变量的观测数据，进行输入数据分析的最终目的是得到适合采样数据的概率分布函数。

6.1 节对概率统计的术语和概念进行了简单回顾；6.2 和 6.3 节介绍在仿真研究中常用的一些典型的统计模型及其分布形式，包括离散分布和连续分布，这些分布可以描述范围很广的概率事件；6.4 节描述泊松过程的定义、性质及其与指数分布的关系；6.5 节介绍离散经验分布和连续经验分布的构造方法及适用情况；6.6 节介绍 AnyLogic 软件常用的概率分布函数，以及如何通过向导选择概率分布和定义经验分布。

6.1　术语和概念

实验是一个结果不确知的过程，实验所有可能结果的集合称为**样本空间**，记为 S，这些结果本身被称为样本空间中的样本点。例如，如果实验由向平行线投针构成（如 1.3.1 节描述的蒲丰投针实验），则样本空间为 $S=\{C,D\}$。其中，符号{ }表示“集合包含”，C 和 D 分别表示针与平行线相交或是不相交的结果。

随机变量是一个函数（或规则），它将一个实数赋给样本空间 S 中的每一个点。通常，用大写字母如 X,Y,Z 标记随机变量，用小写字母如 x,y,z 标记随机变量的取值。

6.1.1　离散型随机变量

令 X 为一个随机变量，如果 X 的可能取值的个数是有限的，或者是可数无限的，则称 X 为**离散型随机变量**。X 的所有可能取值记作 $x_1,x_2,x_3,\cdots$。在有限取值个数的情况下，这个序列会终止；在可数无限的情况下，这个序列是无限延续的。

X 的可能取值用范围空间 R_X 表示，对于 R_X 中的每个可能的取值 x_i，$p(x_i)=P(X=x_i)$ 给出了随机变量的取值为 x_i 的概率，且 $p(x_i)$，$i=1,2,\cdots$ 必须满足以下两个条件：

① $\forall i, p(x_i)\geqslant 0$。

② $\sum p(x_i)=1$。

则数对$(x_i,p(x_i))$，$i=1,2,\cdots$称为 X 的概率分布，$p(x_i)$称为随机变量 X 的**概率质量函数**(probability mass function，pmf)，也称为分布律。

实例 6.1　单一产品库存需求的概率质量函数

以只销售单一产品的库存为例。产品的需求量是一个离散随机变量 X，取值 1,2,3,4 分别对应的概率为 1/6,1/3,1/3,1/6，则 X 的概率质量函数如图 6.1 所示。

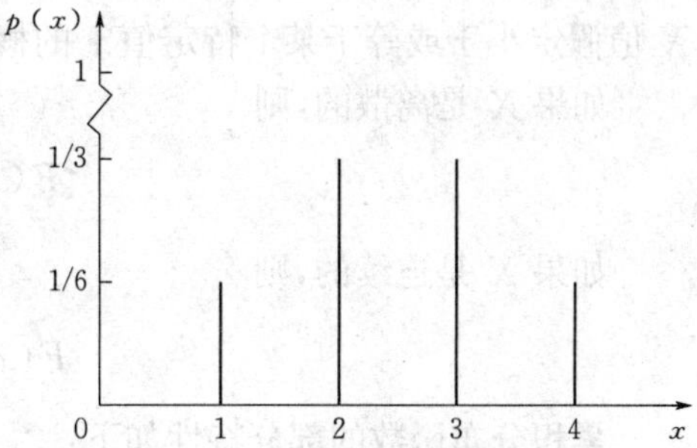

图 6.1　产品需求量的概率质量函数

6.1.2　连续型随机变量

如果随机变量 X 的取值范围空间 R_X 是一个区间，或是一组区间的集合，则 X 被称为**连续型随机变量**。对于一个连续的随机变量 X，其值介于区间$[a,b]$之间的概率为

$$P(a\leqslant X\leqslant b)=\int_a^b f(x)\mathrm{d}x \tag{6.1}$$

函数 $f(x)$称为随机变量 X 的**概率密度函数**(probability density function，pdf)，pdf 必须满足如下条件：

① 对在 R_X 中的所有 x，$f(x)\geqslant 0$。

② $\int_{R_X} f(x)\mathrm{d}x=1$。

③ 如果 x 不在 R_X 中，则 $f(x)=0$。

从式(6.1)可以看出，对于任何给定的值 x_0，有 $P(X=x_0)=0$，这是因为

$$\int_{x_0}^{x_0} f(x)\mathrm{d}x=0$$

这也意味着式(6.2)成立：

$$P(a\leqslant X\leqslant b)=P(a<X\leqslant b)=P(a\leqslant X<b)=P(a<X<b) \tag{6.2}$$

图 6.2 为式(6.1)的图形解释，图中阴影区域代表 X 位于区间$[a,b]$之中的概率。

实例 6.2　基于概率密度函数的自动售票机设备寿命概率计算

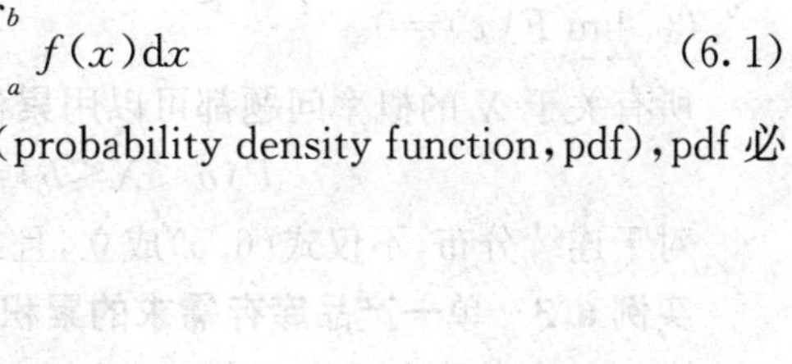

图 6.2　$P(a<X<b)$的图形解释

用 X 表示自动售票机设备的寿命，这里的 X 是一个随机变量，且 X 的所有取值 $x\geqslant 0$。则以年为单位的寿命时间的概率密度函数为

$$f(x)=\begin{cases}\dfrac{1}{5}\mathrm{e}^{-x/5} & ,x\geqslant 0\\ 0 & ,\text{其他}\end{cases}$$

随机变量 X 被称为服从均值为 5 年的指数分布。

设备寿命在 2～3 年间的概率可用下式计算：

$$P=(2\leqslant X\leqslant 3)=\frac{1}{5}\int_{2}^{3}\mathrm{e}^{-x/5}\,\mathrm{d}x=-\mathrm{e}^{-3/5}+\mathrm{e}^{-2/5}\approx -0.548\,8+0.670\,3=0.121\,5$$

6.1.3 累积分布函数

累积分布函数(cumulative distribution function,cdf)用 $F(x)$表示,用于度量随机变量 X 值假定小于或等于某个特定值 x 的概率,即 $F(x)=P(X\leqslant x)$。

如果 X 是离散的,则

$$F(x)=\sum_{x_i\leqslant x}p(x_i) \tag{6.3}$$

如果 X 是连续的,则

$$F(x)=\int_{-\infty}^{x}f(t)\,\mathrm{d}t \tag{6.4}$$

累积分布函数的部分特性如下:

① $F(x)$是一个非减函数,如果 $a<b$,则 $F(a)\leqslant F(b)$。

② $\lim\limits_{x\to\infty}F(x)=1$。

③ $\lim\limits_{x\to-\infty}F(x)=0$。

所有关于 X 的概率问题都可以用累积分布函数求解,例如

$$P(a<X\leqslant b)=F(b)-F(a),\ \forall a<b \tag{6.5}$$

对于连续分布,不仅式(6.5)成立,且式(6.2)中的概率还等于 $F(b)-F(a)$。

实例 6.3 单一产品库存需求的累积分布函数

实例 6.1 中描述的单一产品需求量的 cdf 数据见表 6.1。

表 6.1 产品需求量的累积分布函数依据

x	$(-\infty,1)$	$[1,2)$	$[2,3)$	$[3,4)$	$[4,\infty)$
$F(x)$	0	1/6	3/6	5/6	1

其中,$[a,b)$表示$\{a\leqslant x<b\}$,本例的累积分布函数如图 6.3 所示。

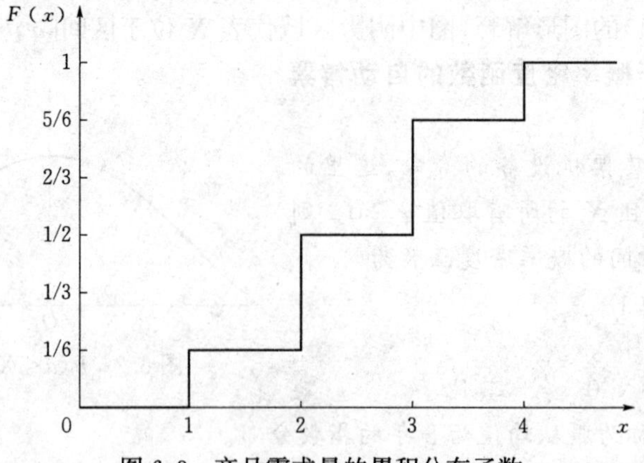

图 6.3 产品需求量的累积分布函数

如果 X 是一个离散随机变量,可能的取值为 $x_1,x_2,\cdots x_n$,其中 $x_1<x_2<\cdots<x_n$,则其

累积分布函数是一个阶跃函数，在区间$[x_{i-1}, x_i)$内累积分布函数的值是常数，并在 x_i 处出现阶跃或跳变，大小为 $p(x_i)$。如本例中，当 $x=3$ 时，阶跃大小为 $p(3)=1/3$。

实例 6.4　基于累积分布函数的自动售票机设备寿命概率计算

实例 6.2 中描述的自动售票机设备寿命的累积分布函数为

$$F(x)=\frac{1}{5}\int_0^x e^{-x/5}\,dx=1-e^{-x/5}$$

则自动售票机持续工作时间小于 2 年的概率为

$$P(0\leqslant X\leqslant 2)=F(2)-F(0)=1-e^{-2/5}\approx 0.3297$$

自动售票机寿命在 2～3 年之间的概率为

$$P(2\leqslant X\leqslant 3)=F(3)-F(2)=(1-e^{-3/5})-(1-e^{-2/5})\approx -0.5488+0.6703=0.1215$$

这与实例 6.2 中的计算结果相同。

6.1.4　随机变量的数字特征

1. 数学期望

概率理论中的一个重要概念是随机变量的**数学期望**。如果 X 是一个随机变量，那么连续随机变量和离散随机变量 X 的期望值用$E(X)$来表示，分别定义如下

如果 X 是离散的，则

$$E(X)=\sum_i x_i p(x_i) \tag{6.6}$$

如果 X 是连续的，则

$$E(X)=\int_{-\infty}^{\infty} x f(x)\,dx \tag{6.7}$$

随机变量 X 的期望值$E(X)$也称为 X 的均值 μ 或一阶矩。当 $n\geqslant 1$ 时，$E(X^n)$被称为随机变量 X 的 n 阶矩，计算公式分别为

如果 X 是离散的，则

$$E(X^n)=\sum_i x_i^n p(x_i) \tag{6.8}$$

如果 X 是连续的，则

$$E(X^n)=\int_{-\infty}^{\infty} x^n f(x)\,dx \tag{6.9}$$

2. 方差

随机变量 X 的方差用$V(X)$、$\mathrm{var}(X)$或 σ^2 表示，定义为

$$V(X)=E[(X-E[X])^2]$$

计算$V(X)$的一个有用的恒等式为

$$V(X)=E(X^2)-[E(X)]^2 \tag{6.10}$$

均值 $E(X)$用于表征随机变量的中心趋势，方差 $V(X)$用来度量 X 的可能取值围绕期望值$E(X)$的变化程度或分散程度。方差越大，随机变量取值越可能远离其均值。标准差记为 σ，是方差 σ^2 的平方根。均值和标准差使用相同的量纲。

方差具有如下性质：

① $V(X)\geqslant 0$。

② $V(cX)=c^2V(X)$。

③ 如果 X_i 是相互独立的(或称为不相关的)，则有 $V(\sum_{i=1}^{n}X_i)=\sum_{i=1}^{n}V(X_i)$ 。

实例 6.5　单一产品库存需求的均值和方差

计算实例 6.1 中描述的单一产品需求量的均值和方差。依据式(6.6)计算均值为

$$E(X)=1\times\frac{1}{6}+2\times\frac{1}{3}+3\times\frac{1}{3}+4\times\frac{1}{6}=\frac{15}{6}=2.5$$

为了用式(6.10)计算方差 $V(X)$，首先要用式(6.8)计算 $E(X^2)$，如下式：

$$E(X^2)=1^2\times\frac{1}{6}+2^2\times\frac{1}{3}+3^2\times\frac{1}{3}+4^2\times\frac{1}{6}=\frac{43}{6}\approx7.17$$

则由式(6.10)计算方差为

$$V(X)=\frac{43}{6}-\left(\frac{15}{6}\right)^2\approx0.92$$

标准差为

$$\sigma=\sqrt{V(X)}\approx0.96$$

3. 中值

随机变量 X_i 的中值 $x_{0.5}$ 是集中趋势的另一个度量，定义为满足 $F_{x_i}(x)\geqslant0.5$ 的 x 的最小值。如果 X_i 是一个连续随机变量，则 $F_{x_i}(x_{0.5})=0.5$，如图 6.4 所示。当 X_i 取值可能非常大或者非常小时，中值作为集中趋势的度量可能比均值更为合适，因为极值发生的可能性即使非常小，也会极大地影响均值，而不会影响中值。

实例 6.6　离散随机变量分布对均值和中值的影响

考虑离散随机变量 X，以概率 0.2 取 1,2,3,4,5 每个值，则 X 的均值和中值都是 3；另考虑离散随机变量 Y，以概率 0.2 取 1,2,3,4,100 每个值，则 Y 的均值变为 22，而 Y 的中值仍是 3。可见，中值对于分布的这种变化是不敏感的。

4. 众数

众数是关于集中趋势的另一个度量，定义为使 $p_{X_i}(x)$ 或 $f_{x_i}(x)$ 最大的 x 值，在本章的多个统计模型中都会用到。在离散情形下，众数 m 是随机变量 X_i 出现最频繁(次数最多)的那个数值；在连续情形下，众数为概率密度函数峰值(最大值)所对应的那个数值，如图 6.4 所示。注意，众数对于某些分布可能不是唯一的，如果最大值出现在两个随机变量处，则称随机变量 X 的概率密度函数是**双峰**的。

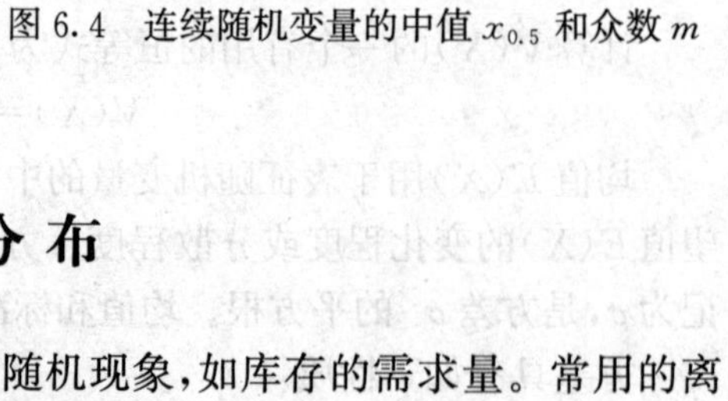

图 6.4　连续随机变量的中值 $x_{0.5}$ 和众数 m

6.2 离散分布

离散型随机变量用于描述只在整型值处发生的随机现象，如库存的需求量。常用的离散分布主要包括伯努利分布、二项分布、几何分布和泊松分布。

6.2.1　伯努利实验和伯努利分布

考虑一个包括 n 次试验的实验，每一次试验既可能成功也可能失败。如果第 j 次试验是成功的，则令 $X_j=1$；如果第 j 次试验失败，则令 $X_j=0$。n 个伯努利试验称为**伯努利过程**，如果这些试验是独立的，每个试验都只有两种可能的结果（成功或失败），而且从一次试验到另一次试验，成功的概率是常数，则有

$$p(x_1,x_2,\cdots,x_n)=p_1(x_1)p_2(x_2)\cdots p_n(x_n)$$

概率质量函数为

$$p_j(x_j)=p(x_j)=\begin{cases} p & ,x_j=1,j=1,2,\cdots,n \\ 1-p=q & ,x_j=0,j=1,2,\cdots,n \\ 0 & ,\text{其他} \end{cases} \tag{6.11}$$

对于每一个试验，其分布如式(6.11)所示，称为**伯努利分布**，记作 Bernoulli(p)，X_j 的均值为

$$E(X_j)=0\times q+1\times p=p$$

方差为

$$V(X_j)=[(0^2\times q)+(1^2\times p)]-p^2=p(1-p)$$

伯努利分布的累积分布函数为

$$F(x)\begin{cases} 0 & ,x<0 \\ 1-p & ,0\leqslant x<1 \\ 1 & ,x\geqslant 1 \end{cases}$$

当 $p=0.4$ 时，伯努利分布的概率质量函数和累积分布函数如图 6.5 所示。

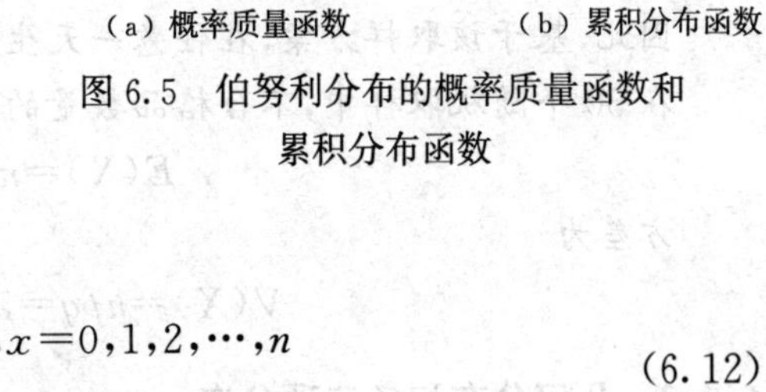

（a）概率质量函数　（b）累积分布函数

图 6.5　伯努利分布的概率质量函数和累积分布函数

主要用途：对两种可能结果的随机发生建模，也用来生成其他离散随机变量，如二项分布、几何分布和负二项分布。

6.2.2　二项分布

若随机变量 X 定义为 n 个伯努利试验成功的次数，则 X 服从**二项分布**，记作 B(n,p)，其概率质量函数表示为

$$p(x)=\begin{cases} \binom{n}{x}p^x q^{n-x} & ,x=0,1,2,\cdots,n \\ 0 & ,\text{其他} \end{cases} \tag{6.12}$$

式(6.12)用于计算特定次数成功试验的概率，其含义是：最初的 x 次试验全部成功，成功的试验用 S 表示，后面的 $n-x$ 次试验全部失败，失败的试验用 F 表示，即

$$P(\overbrace{SS\cdots SS}^{x\text{ 次}}\overbrace{FF\cdots FF}^{n-x\text{ 次}})$$

其中，$q=1-p$，则有

$$\binom{n}{x}=\frac{n!}{x!\,(n-x)!}$$

式中$(n,x)^{T}$为二项分布的系数,其结果包括所需要的 S 和 F 的个数。

计算二项分布均值和方差的简单方法是将 X 看作 n 个独立的伯努利随机变量的和,即 $X=X_1+X_2+\cdots+X_n$,且每个的均值为 p,方差为 $p(1-p)=pq$,则均值为

$$E(x)=p+p+\cdots+p=np \tag{6.13}$$

方差为

$$V(x)=pq+pq+\cdots+pq=npq \tag{6.14}$$

主要用途:检查到第一个"不合格品"前的被检产品个数;一批(如一组人群)随机大小的个体的数目;库存系统中需求物品的件数。

实例 6.7 基于抽样不合格率的生产线停产概率计算

某零件在生产过程中平均有 2%的产品不合格,每天随机从生产线上取 50 个样品,如果样品中有超过 2 个不合格的产品,那么该生产线将停产。计算按该取样方案生产线被停产的概率。

把该采样过程看作 $n=50$ 的伯努利试验,每次的概率为 $p=0.02$。因此,在样品中不合格品的总数 X 服从二项分布,即

$$p(x)=\begin{cases}\binom{50}{x}(0.02)^{x}(0.98)^{50-x} & ,x=0,1,2,\cdots,50\\ 0 & ,\text{其他}\end{cases}$$

则计算样品中有超过 2 个不合格品的概率的公式为

$$\begin{aligned}P(X>2)&=1-p(X\leqslant 2)\\ &=1-\sum_{x=0}^{2}\binom{50}{x}(0.02)^{x}(0.98)^{50-x}\\ &=1-[(0.98)^{50}+50\times 0.02\times(0.98)^{49}+1\,225\times(0.02)^{2}\times(0.98)^{48}]\\ &\approx 1-0.92\\ &=0.08\end{aligned}$$

因此,基于该取样方案,在任意一天生产线被停产的概率接近 0.08。

在 50 个随机取样中,不合格品数量的均值为

$$E(X)=np=50\times 0.02=1$$

方差为

$$V(X)=npq=50\times 0.02\times 0.98=0.98$$

6.2.3 几何分布和负二项分布

几何分布与伯努利试验序列有关,随机变量 X 被定义为完成第一次成功试验所需的总试验次数,记作 geom(p),则 X 的概率质量函数表示为

$$p(x)=\begin{cases}q^{x-1}p & ,x=1,2,\cdots\\ 0 & ,\text{其他}\end{cases} \tag{6.15}$$

当 $x-1$ 次失败后有 1 次成功时,事件$\{X=x\}$发生。每次试验失败的概率为 $q=1-p$,

每次试验成功的概率为 p，因此有

$$P(FFF\cdots FS)=q^{x-1}p$$

均值为

$$E(X)=\frac{1}{p} \tag{6.16}$$

方差为

$$V(X)=\frac{q}{p^2} \tag{6.17}$$

更一般地，**负二项分布**是直到取得 k 次（$k=1,2,\cdots$）成功时伯努利试验次数的分布，记作 negbin(k,p)。如果随机变量 Y 服从参数为 p 和 k 的负二项分布，则 Y 的概率质量函数可表示为

$$p(y)=\begin{cases}\binom{y-1}{k-1}q^{y-k}p^k & ,y=k,k+1,k+2,\cdots \\ 0 & ,\text{其他}\end{cases} \tag{6.18}$$

因为可以将负二项分布的随机变量 Y 看做是 k 个独立几何分布的随机变量之和，则易知负二项分布的均值和方差为 $E(Y)=k/p$，$V(X)=kp/p^2$。

主要用途：检查到第一个"不合格品"前的被检产品个数；一批（如一组人群）随机大小的个体的数目；库存系统中需求物品的件数。

实例 6.8　基于伯努利试验的质量检测计算

在某产品质量检测工序中，有 20% 的产品因被检测出有质量问题而被退回，试计算第一个通过检测的产品恰好是第三个被检测产品的概率。把每次检测都看作是一次 $q=0.2$，$p=0.8$ 的伯努利试验，则有

$$p(3)=0.2^2\times 0.8=0.032$$

也就是说，从任意一个产品开始统计，第一个通过检测的产品恰好是第三个检测产品的概率仅为 3% 左右。若计算第三个检测产品恰好是第二个通过检测的产品的概率，可采用负二项分布公式(6.18)，则有

$$p(3)=\binom{3-1}{2-1}\times 0.2^{3-2}\times 0.8^2=\binom{2}{1}\times 0.2\times 0.8^2=0.256$$

6.2.4　泊松分布

泊松分布可以很好地描述很多随机过程，如乘客的到达，并且易于计算。泊松分布记作 $P(\alpha)$，其概率质量函数为

$$p(x)=\begin{cases}\dfrac{e^{-\alpha}\alpha^x}{x!} & ,x=0,1,\cdots \\ 0 & ,\text{其他}\end{cases} \tag{6.19}$$

其中，参数 $\alpha(\alpha>0)$ 是单位时间（或单位面积）内随机事件的平均发生率。泊松分布最重要的性质之一是其均值、方差都等于 α，即

$$E(X)=\alpha=V(X)$$

累积分布函数为

$$F(x)=\sum_{i=0}^{x}\frac{e^{-\alpha}\alpha^{x}}{i!} \tag{6.20}$$

当 $\alpha=2$ 时，泊松分布的概率质量函数和累积分布函数如图 6.6 所示。

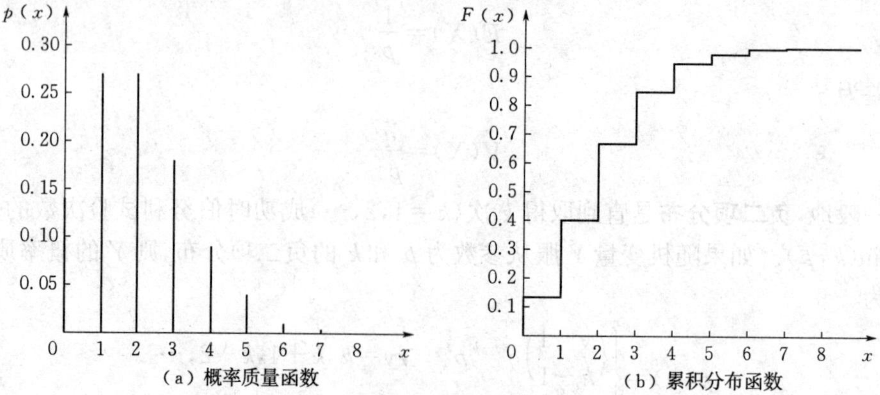

图 6.6　泊松分布的概率质量函数和累积分布函数

泊松分布适用于对在固定长度时间内(或固定大小空间内)发生的独立事件的次数进行建模，例如在 1 h 内到达地铁车站的乘客人数。泊松分布与指数分布描述的是同样的随机过程(称为泊松过程)，只是所考虑的随机变量不同，指数分布考虑的是固定速率发生事件的间隔时间的分布。泊松分布也适用于对一批随机大小的物品的件数或一个库存系统需求货物的件数建模。

实例 6.9　基于泊松分布确定再订货点以控制缺货风险

在库存系统中，提前期需求是指从下达订单到订单被接收之间累积的货物需求，即

$$L=\sum_{i=1}^{T}D_i$$

式中，L 是提前期需求，D_i 是第 i 个时间段内产生的需求，T 是提前期包含的时间段数量。D_i 和 T 都可能是随机变量。仓库经理希望在提前期内将缺货概率控制在一定范围内，例如，在提前期内货物短缺的概率不超过 5%。此时需要确定“再订货点”，即下达新采购订单时的库存水平。

假设提前期需求服从泊松分布，均值是 $\alpha=10$ 的时间单位，并要求有 95%的把握不缺货。因此，需要找到最小的 x(再订货点)，使提前期需求不超过 x 的概率大于等于 0.95。使用式(6.20)计算最小的 x 有

$$F(x)=\sum_{i=0}^{x}\frac{e^{-10}10^{i}}{i!}\geqslant 0.95$$

可以通过计算 $p(0)$，$p(1)$，…求得，或查附录 A 表 A-2 得到，因此当 $x=15$ 时满足要求。

6.3 连续分布

连续分布随机变量可以描述这样一类随机现象，即随机变量可以在某个区间中取任意值，例如服务时间或行驶速度等。常用的连续分布有：均匀分布、指数分布、伽马分布、正态

分布、爱尔朗分布、韦布尔分布、三角分布和对数正态分布等。

对于给定的连续分布，例如正态分布或伽马分布，可以根据它们的物理或几何解释，将其参数归类为位置参数、比例参数和形状参数三种基本类型中的一类。**位置参数** ν 指定了连续分布取值范围的横坐标位置点，通常是分布的中点（如正态分布的均值 μ）或下端点，随着 ν 的变化，相关的分布只是向左或向右移动而无其他变化；**比例参数** α 决定了分布范围取值的测量比例，例如标准差 σ 是正态分布的比例参数，α 变化只是压缩或放大相应的分布而不改变其基本形状；**形状参数** β 不同于位置参数和比例参数，它决定了相关分布一般类别内的基本形状，β 的变化一般会改变分布的性质（如歪斜），因此其变化是根本性的。

6.3.1　均匀分布

如果一个随机变量 X 是在区间 $[a,b]$ 上均匀分布的，记作 $U(a,b)$，则其概率密度函数为

$$f(x)=\begin{cases}\dfrac{1}{b-a} & ,a\leqslant x\leqslant b\\ 0 & ,\text{其他}\end{cases} \tag{6.21}$$

其累积分布函数为

$$F(x)=\begin{cases}0 & ,x<a\\ \dfrac{x-a}{b-a} & ,a\leqslant x<b\\ 1 & ,x\geqslant b\end{cases} \tag{6.22}$$

注意

$$P(x_1<X<x_2)=F(x_2)-F(x_1)=\frac{x_2-x_1}{b-a}$$

即对于所有满足 $a\leqslant x_1<x_2\leqslant b$ 的 x_1 和 x_2，$P(x_1<X<x_2)$ 和区间 $[a,b]$ 的长度成比例关系。

均匀分布的均值为

$$E(X)=\frac{a+b}{2} \tag{6.23}$$

方差为

$$V(X)=\frac{(b-a)^2}{12} \tag{6.24}$$

均匀分布在仿真中起到了十分重要的作用，仿真过程中用于产生随机事件的随机数就是服从 $[0,1]$ 区间的均匀分布。现在已经有很多方法产生用于均匀分布的随机数，正如第 7 章将要讨论的，均匀分布的随机数可以用来产生所有其他分布随机变量的样本。

主要用途：对于一个随机变量，如果只知道它的取值范围是 $[a,b]$，而没有任何其他可用信息，则可将均匀分布作为候选的可用分布。均匀分布通常用于对完全不确定性建模，所有的结果是等可能性的。当没有数据时，也可用均匀分布来暂时替代。

图 6.7 显示了当 $a=1,b=6$ 时均匀分布的概率密度函数和累积分布函数。

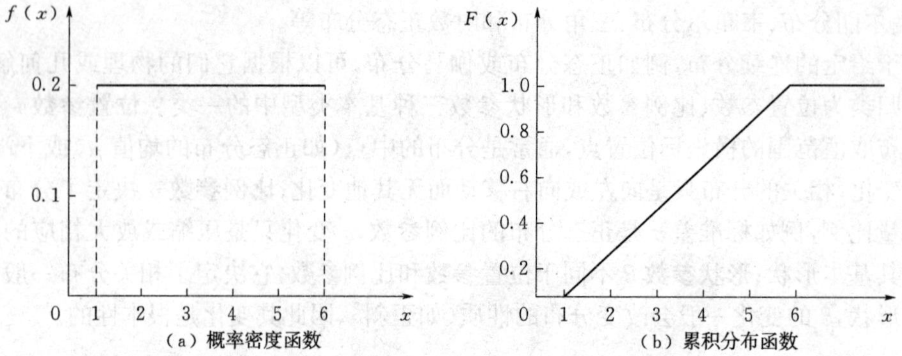

图 6.7 均匀分布的概率密度函数和累积分布函数

实例 6.10 均匀分布下乘客等待公交车时间概率计算

从早上 6:40 开始直到早上 8:40，某线路公交车每隔 20 min 到达特定的车站。一个乘客会在每天早上 7:00—7:30 之间随机到达（服从均匀分布），求这个乘客等待公交车时间超过 5 min 的概率是多少？

首先由分析可知，只有当乘客的到达时间在 7:00—7:15 之间或 7:20—7:30 之间时，乘客才会等待超过 5 min。因此，定义随机变量 X 为早上 7:00 以后乘客到达车站时已过的分钟数，则所求概率为

$$P(0<X<15)+P(20<X<30)$$

由于 X 是在(0,30)区间上服从均匀分布的一个随机变量，因此，所求概率为

$$F(15)+F(30)-F(20)=\frac{15}{30}+1-\frac{20}{30}=\frac{5}{6}$$

6.3.2 指数分布

若随机变量 X 被认为服从具有参数 $\lambda>0$ 的指数分布，记作 expo(λ)，其概率密度函数为

$$f(x)=\begin{cases}\lambda e^{-\lambda x} & ,x\geqslant 0 \\ 0 & ,\text{其他}\end{cases} \tag{6.25}$$

通过对式(6.25)积分，可以得到其累积分布函数为

$$F(x)=\begin{cases}0 & ,x<0 \\ \int_0^x \lambda e^{-\lambda x}\,dt=1-e^{-\lambda x} & ,x\geqslant 0\end{cases} \tag{6.26}$$

图 6.8 显示了指数分布的概率密度函数和累积分布函数示意。

当到达完全随机时，指数分布可用来对到达间隔时间进行建模，指数分布也可用于对高度变化的服务时间进行建模。在这些情况下，λ 是速率，即单位时间内（如每小时）发生某类事件的次数（如地铁站单位时间到达乘客数）。指数分布还可以用来对机器的寿命或故障进行建模，此时 λ 是损坏速率。

图 6.9 显示了几种不同参数的指数分布的概率密度函数图形，由图可知，曲线在纵轴上的截距值总是等于 λ 的值，并且所有的概率密度函数曲线最后都会相交。

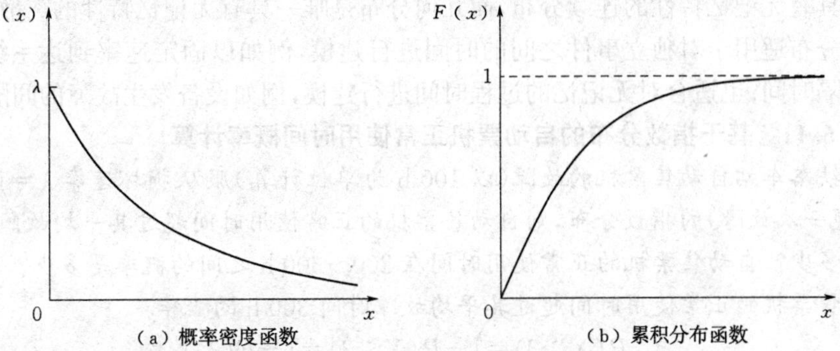

图 6.8　指数分布的概率密度函数和累积分布函数

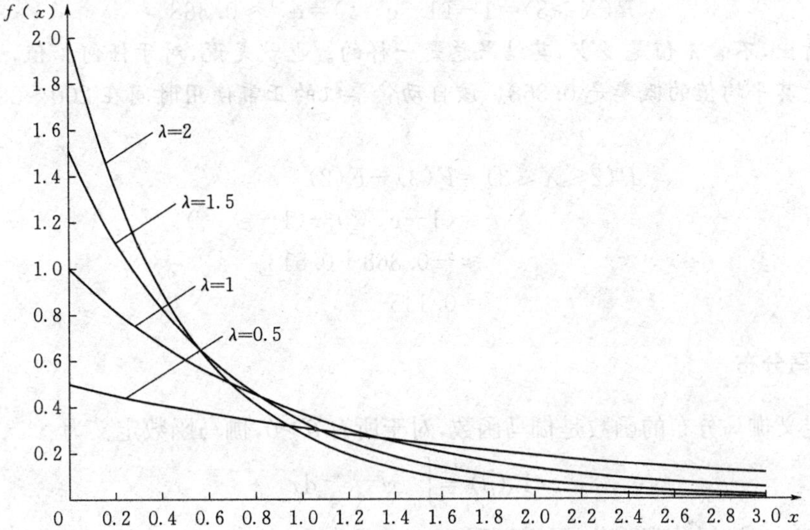

图 6.9　几种指数分布的概率密度函数

指数分布的均值为

$$E(X)=\frac{1}{\lambda} \tag{6.27}$$

方差为

$$V(X)=\frac{1}{\lambda^2} \tag{6.28}$$

由式(6.27)和式(6.28)可知，指数分布的均值和标准差是相等的。此外，指数分布最重要的性质之一就是无记忆性。即对于所有的 $s\geqslant 0, t\geqslant 0$，通过条件概率和式(6.26)可以证明：

$$P(X>s+t\,|\,X>s)=\frac{P(X>s+t)}{P(X>s)}=\frac{\mathrm{e}^{-\lambda(s+t)}}{\mathrm{e}^{-\lambda s}}=\mathrm{e}^{-\lambda t}=P(X>t) \tag{6.29}$$

令 X 表示某一个设备的寿命，并假定 X 服从指数分布。式(6.29)说明，该设备已经正常工作了 s 个时间单位，则其正常工作 $s+t$ 个时间单位的概率与该设备至少正常工作 t 个时间单位的概率是一样的。若该设备在时刻 s 仍能正常工作，那么其剩余寿命的分布与一个新设备寿命的分布相同，也就是说，设备并不“记忆”它已经工作了 s 个时间单位。指数分布是唯一具有无记忆特性的连续分布，而几何分布是唯一具有无记忆特性的离散分布。

指数分布适用于对独立事件之间的时间进行建模，例如以固定速率到达系统的"顾客"的到达间隔时间；也适合对无记忆的过程时间进行建模，例如设备发生故障的间隔时间。

实例 6.11　基于指数分布的自动票机正常使用时间概率计算

假设铁路车站自动售票机的故障（以 100 h 为单位计算）服从损坏速率 $\lambda=1/3$（平均每 300 h 出现一次故障）的指数分布，则自动售票机的正常使用时间超过其平均故障时间 300 h 的概率是多少？自动售票机的正常使用时间在 200～300 h 之间的概率是多少？

自动售票机的正常使用时间超过其平均故障时间 300 h 的概率

$$P(X>3)=1-P(X\leqslant 3)=1-F(3)$$

由式(6.26)计算可以得到

$$P(X>3)=1-(1-\mathrm{e}^{-3/3})=\mathrm{e}^{-1}\approx 0.368$$

可以看出，不管 λ 值是多少，其结果总是一样的。也就是说，对于任何 λ 值，一个指数随机变量大于其平均值的概率是 0.368。该自动售票机的正常使用时间在 200～300 h 之间的概率计算如下：

$$\begin{aligned}P(2\leqslant X\leqslant 3)&=F(3)-F(2)\\&=(1-\mathrm{e}^{-3/3})-(1-\mathrm{e}^{-2/3})\\&\approx -0.368+0.513\\&=0.145\end{aligned}$$

6.3.3　伽马分布

用于定义伽马分布的函数是伽马函数，对于所有 $\beta>0$，伽马函数定义为

$$\Gamma(\beta)=\int_0^{\infty}x^{\beta-1}\mathrm{e}^{-x}\,\mathrm{d}x \tag{6.30}$$

对式(6.30)进行分部积分，可以证明

$$\Gamma(\beta)=(\beta-1)\Gamma(\beta-1) \tag{6.31}$$

若 β 是一个整数，则由 $\Gamma(1)=1$ 和式(6.31)可得

$$\Gamma(\beta)=(\beta-1)! \tag{6.32}$$

可以认为伽马函数是阶乘概念对所有正数的推广，而不仅仅是整数。

若随机变量 X 服从参数为 β 和 θ 的伽马分布，记作 $\Gamma(\beta,\theta)$，其概率密度函数由式(6.33)给出：

$$f(x)=\begin{cases}\dfrac{\beta\theta}{\Gamma(\beta)}(\beta\theta x)^{\beta-1}\mathrm{e}^{-\beta\theta x}, & x>0\\ 0, & \text{其他}\end{cases} \tag{6.33}$$

式中，β 称为形状参数，θ 称为比例参数。当 $\theta=1$ 而参数 β 取不同值的几个伽马分布，其概率密度函数如图 6.10 所示。

伽马分布均值为

$$E(X)=\frac{1}{\theta} \tag{6.34}$$

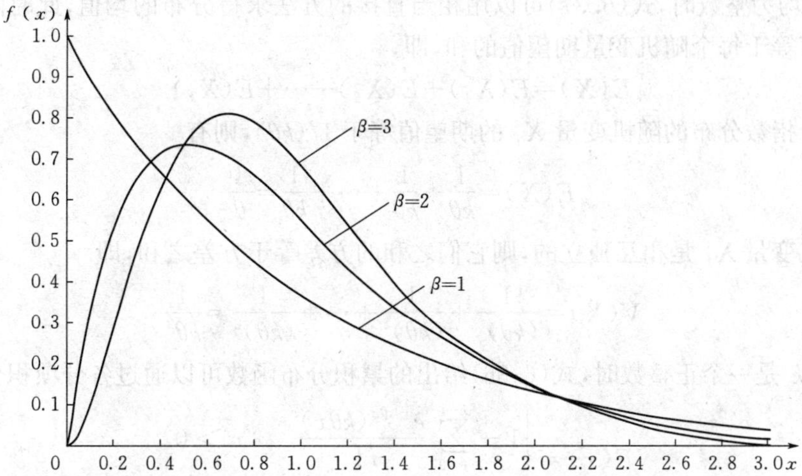

图 6.10　参数 $\theta=1$ 时几个伽马分布的概率密度函数

方差为

$$V(X)=\frac{1}{\beta\theta^2} \tag{6.35}$$

随机变量 X 的累积分布函数为

$$F(x)=\begin{cases}1-\int_x^{\infty}\frac{\beta\theta}{\Gamma(\beta)}(\beta\theta t)^{\beta-1}\mathrm{e}^{-\beta\theta t}\,\mathrm{d}t & ,x>0\\ 0 & ,x\leqslant 0\end{cases} \tag{6.36}$$

当 β 为整数时，伽马分布与指数分布有如下关系：如果随机变量 X 是 β 个彼此独立的服从相同参数指数分布（参数为 $\beta\theta$）的随机变量 $X_j(j=1,2,\cdots,\beta)$ 之和，则随机变量 X 服从参数为 β 和 θ 的伽马分布。也就是说，若

$$X=X_1+X_2+\cdots+X_\beta \tag{6.37}$$

其中，X_j 的概率密度函数为

$$g(x_j)=\begin{cases}(\beta\theta)\mathrm{e}^{-\beta\theta x_j} & ,x\geqslant 0\\ 0 & ,\text{其他}\end{cases} \tag{6.38}$$

且 X_j 彼此独立，则 X 的概率密度函数由式(6.33)给定。需要指出的是，当 $\beta=1$ 时，式(6.33)就是指数分布。

主要用途：伽马分布适于对完成某项任务的时间进行建模，例如顾客服务时间及机器维修时间。

6.3.4　爱尔朗分布

当 $\beta=k$ 且皆为整数时，式(6.33)中给出的概率密度函数常被称为 k 阶（或阶段数）爱尔朗分布。考虑对一位顾客的服务的完成必须经过一连串的 k 个工作站，在接受服务的一位顾客通过全部工作站之前，下一位顾客不能进入第一个工作站，每个工作站的服务时间都服从参数值为 $k\theta$ 的指数分布。

式(6.34)和式(6.35)给出了伽马分布的均值和方差，不论 β 值是多少，它们都成立。但

是当 $\beta=k$ 均为整数时，式(6.37)可以用相当直接的方法求得分布的均值，此时随机变量之和的期望值等于每个随机变量期望值的和，即

$$E(X)=E(X_1)+E(X_2)+\cdots+E(X_k)$$

若每个指数分布的随机变量 X_j 的期望值等于 $1/(k\theta)$，则有

$$E(X)=\frac{1}{k\theta}+\frac{1}{k\theta}+\cdots+\frac{1}{k\theta}=\frac{1}{\theta}$$

若随机变量 X_j 是相互独立的，则它们之和的方差等于方差之和，即

$$V(X)=\frac{1}{(k\theta)^2}+\frac{1}{(k\theta)^2}+\cdots+\frac{1}{(k\theta)^2}=\frac{1}{k\theta^2}$$

当 $\beta=k$ 是一个正整数时，式(6.36)给出的累积分布函数可以通过各分项积分得到

$$F(x)=\begin{cases}1-\sum\limits_{i=0}^{k-1}\dfrac{e^{-K\theta x}(k\theta x)^i}{i!} & ,x>0\\ 0 & ,x\leqslant 0\end{cases} \tag{6.39}$$

这是均值为 $\alpha=k\theta x$ 的各泊松分项之和，当形状参数是整数时，可用累积泊松分布表计算爱尔朗分布的累积分布函数值。

爱尔朗分布的众数计算公式为

$$\text{Mode}=\frac{k-1}{k\theta} \tag{6.40}$$

主要用途：爱尔朗分布与指数分布一样多用于表示独立随机事件发生的时间间隔，相比于指数分布，爱尔朗分布更适用于多个串行过程，或无记忆性假设不显著的情况。

实例 6.12　多步骤设备检查时间的期望值计算

一个设备检查分为三个步骤，每个步骤的检查时间都服从均值为 20 min 的指数分布，求总检查时间小于等于 50 min 的概率，并计算检查时间的期望值。

本例中，$k=3$，且 $k\theta=1/20$ 每分钟，$\theta=1/60$ 每分钟。因此，$F(50)$可以根据式(6.39)来计算，过程如下：

$$\begin{aligned}F(50)&=1-\sum_{i=0}^{2}\frac{e^{-3\times\frac{1}{60}\times 50}\left(3\times\frac{1}{60}\times 50\right)}{i!}\\&=1-\sum_{i=0}^{2}\frac{e^{-5/2}(5/2)^i}{i!}\\&\approx 1-0.543\\&=0.457\end{aligned}$$

即检查时间小于或等于 50 min 的概率是 0.457。检查时间的期望值可由式(6.34)计算，得到

$$E(X)=\frac{1}{\theta}=\frac{1}{1/60}=60(\text{min})$$

6.3.5　正态分布

若随机变量 X 的概率密度函数为

$$f(x)=\frac{1}{\sigma\sqrt{2\pi}}\exp\left[-\frac{1}{2}\left(\frac{x-\mu}{\sigma}\right)^2\right],-\infty<x<\infty \tag{6.41}$$

则称其服从正态分布，常用符号 $X\sim N(\mu,\sigma^2)$ 表示服从均值为 μ，方差为 σ^2 的正态分布随机变量 X。正态分布的概率密度函数如图 6.11 所示。

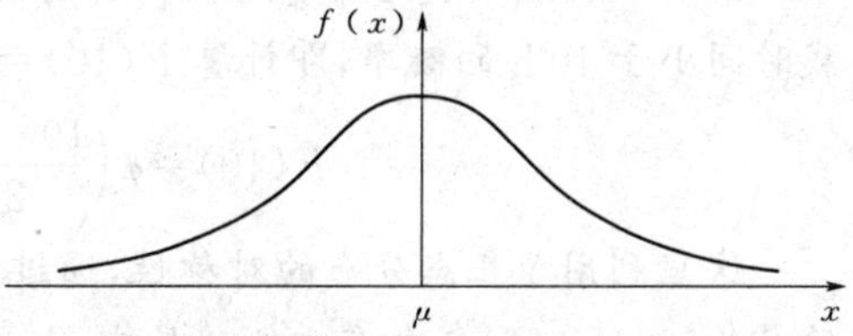

图 6.11　正态分布的概率密度函数

正态分布的一些特殊性质如下：

(1)当 x 的值趋于负无穷时，$f(x)$ 的值趋于 0；同样地，当 x 的值趋于正无穷时，$f(x)$ 的值趋于 0。

(2)概率密度函数是关于 $x=\mu$ 的对称函数。

(3)正态分布的均值和众数是相等的，在 $x=\mu$ 处，概率密度函数取最大值。

正态分布的累积分布函数为

$$F(x)=P(X\leqslant x)=\int_{-\infty}^{x}\frac{1}{\sigma\sqrt{2\pi}}\exp\left[-\frac{1}{2}\left(\frac{t-\mu}{\sigma}\right)^2\right]\mathrm{d}t \tag{6.42}$$

式(6.42)不能采用闭式方法求解，然而，通过变量变换，即令 $z=(t-\mu)/\sigma$，则可使计算与 μ 和 σ 无关。若 $X\sim N(\mu,\sigma^2)$，令 $z=(X-\mu)/\sigma$，可得

$$F(x)=P(X\leqslant x)=P\left(Z\leqslant\frac{x-\mu}{\sigma}\right)=\int_{-\infty}^{(x-\mu)/\sigma}\frac{1}{2\pi}\mathrm{e}^{-z^2/2}\mathrm{d}z=\int_{-\infty}^{(x-\mu)/\sigma}\phi\mathrm{d}z=\phi\left(\frac{x-\mu}{\sigma}\right) \tag{6.43}$$

均值为 0，方差为 1 的正态分布的概率密度函数为

$$\phi(z)=\frac{1}{\sqrt{2\pi}}\mathrm{e}^{-z^2/2},-\infty<z<\infty \tag{6.44}$$

若 $Z\sim N(0,1)$，则称 Z 服从标准正态分布，其概率密度函数如图 6.12 所示。

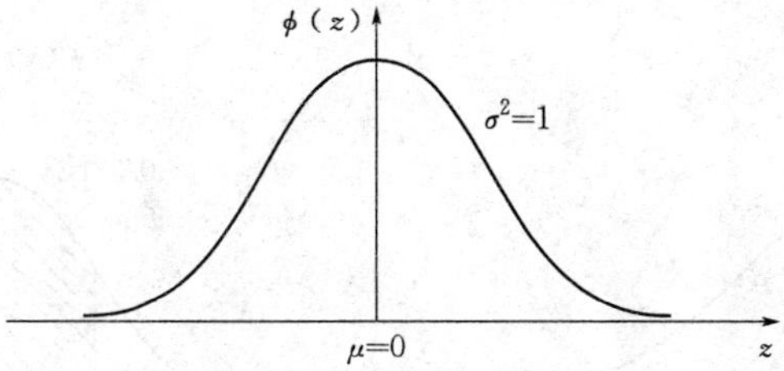

图 6.12　标准正态分布的概率密度函数

标准正态分布的累积分布函数为

$$\phi(z)=\int_{-\infty}^{z}\frac{1}{\sqrt{2\pi}}\mathrm{e}^{-t^2/2}\mathrm{d}t \tag{6.45}$$

式(6.45)有广泛的用途，附录 A 表 A-1 给出了 $z\geqslant 0$ 时 $\phi(z)$ 的概率。

主要用途：正态分布适用于对各种类型的错误进行建模，例如，在测量过程中，如果仪器的误差是由多个独立的小因素引起的，则这些误差往往遵循正态分布。也适用于对大量数值的累加和进行建模，根据中心极限定理，当一个量是由多个独立随机变量相加而成，且每个变量对总和的影响相对较小时，这个量的分布趋向于正态分布，不论各个变量本身的分布

形式如何。

实例 6.13　某港口远洋货轮装载时间概率计算

某港口装载一艘远洋货轮所需的时间 X(单位:h)服从正态分布 $N(12,4)$,求该货轮装载时间小于 10 h 的概率,即计算 $F(10)=P(X\leqslant 10)$ 的值。采用式(6.43),则有

$$F(10)=\phi\left(\frac{10-12}{2}\right)=\phi(-1)=0.158\ 66$$

这里利用了正态分布的对称性,通过查附录 A 表 A-1 得到 $\phi(1)=0.841\ 34$,则 0.841 34 的补集(0.158 66)包含在右侧长尾中,如图 6.13(a)中的阴影部分。在图 6.13(b)中,利用正态分布的对称性可以计算阴影部分的概率为 $\phi(-1)=1-\phi(1)=0.158\ 66$。一般来说,$\phi(-x)=1-\phi(x)$。

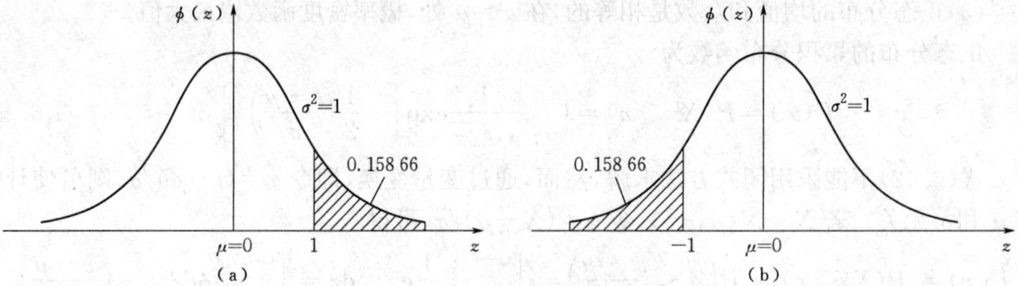

图 6.13　使用正态分布的对称性求解

计算该货轮装载时间介于 10～12 h 之间的概率,由本例前面的结论可知

$$P(10\leqslant X\leqslant 12)=F(12)-F(10)=0.500\ 00-0.158\ 66=0.341\ 34$$

所求的面积如图 6.14(a)中的阴影部分所示,以标准正态分布表示的等价问题如图 6.14(b)所示,查附录 A 表 A-1 可得,$F(12)-F(10)=\phi(0)-\phi(-1)=0.500\ 00-0.158\ 66=0.341\ 34$。

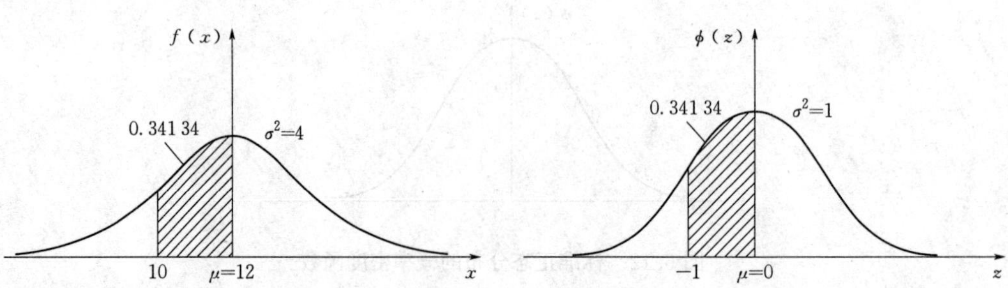

图 6.14　货轮装载问题的标准正态分布转换

6.3.6　韦布尔分布

若随机变量 X 具有韦布尔分布,记作 Weibull(ν,α,β),则其概率密度函数的形式为

$$f(x)=\begin{cases}\dfrac{\beta}{\alpha}\left(\dfrac{x-\nu}{\alpha}\right)^{\beta-1}\exp\left[-\left(\dfrac{x-\nu}{\alpha}\right)^{\beta}\right] & ,x\geqslant\nu \\ 0 & ,\text{其他}\end{cases} \tag{6.46}$$

韦布尔分布的三个参数分别是位置参数 $\nu(-\infty<\nu<\infty)$、比例参数 $\alpha(\alpha>0)$ 和形状参数 $\beta(\beta>0)$。当 $\nu=0$ 时，韦布尔分布的概率密度函数形式为

$$f(x)=\begin{cases}\dfrac{\beta}{\alpha}\left(\dfrac{x}{\alpha}\right)^{\beta-1}\exp\left[-\left(\dfrac{x}{\alpha}\right)^{\beta}\right] & ,x\geqslant\nu \\ 0 & ,\text{其他}\end{cases} \tag{6.47}$$

当 $\nu=0,\beta=1$ 时，韦布尔分布简化为参数 $\lambda=1/\alpha$ 的指数分布，其概率密度函数的形式为

$$f(x)=\begin{cases}\dfrac{1}{\alpha}\mathrm{e}^{-\frac{x}{\alpha}} & ,x\geqslant 0 \\ 0 & ,\text{其他}\end{cases}$$

当 β 改变时，韦布尔分布的形状会发生很大的变化。图 6.15 给出了 $\nu=0$ 与 $\alpha=1$ 时的几种概率密度函数图形，其中，β 分别为 1/2，1，2，4。

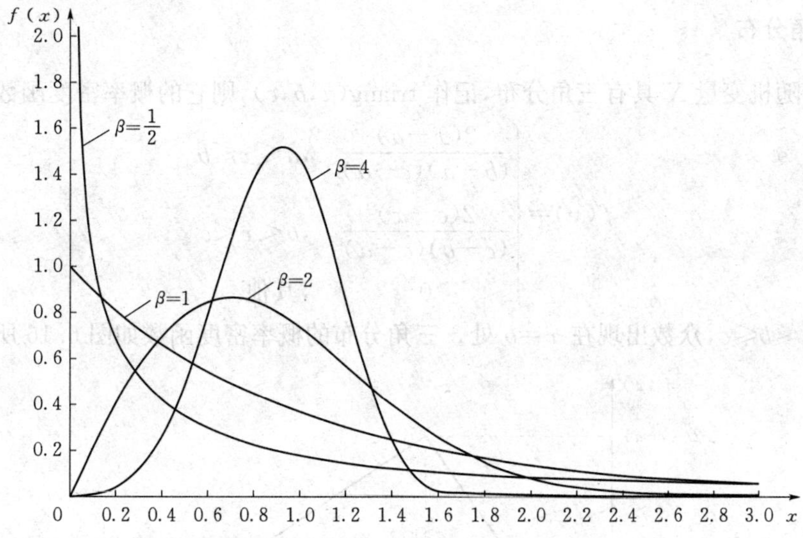

图 6.15　几种韦布尔分布的密度函数

韦布尔分布的均值为

$$E(X)=\nu+\alpha\Gamma\left(\frac{1}{\beta}+1\right) \tag{6.48}$$

方差为

$$V(X)=\alpha^{2}\left[\Gamma\left(\frac{2}{\beta}+1\right)-\left[\Gamma\left(\frac{1}{\beta}+1\right)\right]^{2}\right] \tag{6.49}$$

其中，函数 $\Gamma(\cdot)$ 由式(6.30)定义。可以看出，虽然位置参数 ν 对方差没有影响，但均值会随着 ν 的变化而同向增减。

韦布尔分布的累积分布函数为

$$F(x)=\begin{cases}0 & ,x<\nu \\ 1-\exp\left[-\left(\dfrac{x-\nu}{\alpha}\right)\beta\right] & ,x\geqslant\nu\end{cases} \tag{6.50}$$

主要用途：韦布尔分布适于对设备的故障时间或完成某项工作的时间进行建模，也可在

缺少数据的情况下用作粗略模型。

实例 6.14　飞机从降落到空出跑道耗时概率计算

在大型国际机场,一架飞机从降落到空出跑道所用的时间服从 $\nu=1.34$ min,$\beta=0.5$,以及 $\alpha=0.04$ min 的韦布尔分布。求一架进港飞机从降落到空出跑道耗时大于 1.5 min 的概率。

在这种情况下,$P(X>1.5)$的计算如下:

$$\begin{aligned}P(X\leqslant 1.5)=F(1.5)&=1-\exp\left[-\left(\frac{1.5-1.34}{0.04}\right)^{0.5}\right]\\&=1-e^{-1}\\&\approx 1-0.135\\&=0.865\end{aligned}$$

因此,一架飞机从降落到空出跑道耗时超过 1.5 min 的概率是 $1-0.865=0.135$。

6.3.7　三角分布

若一个随机变量 X 具有三角分布,记作 triang(a,b,c),则它的概率密度函数可表示为

$$f(x)=\begin{cases}\dfrac{2(x-a)}{(b-a)(c-a)}, & a\leqslant x\leqslant b\\ \dfrac{2(c-x)}{(c-b)(c-a)}, & b<x<c\\ 0, & \text{其他}\end{cases}\tag{6.51}$$

其中,$a\leqslant b\leqslant c$,众数出现在 $x=b$ 处。三角分布的概率密度函数如图 6.16 所示。

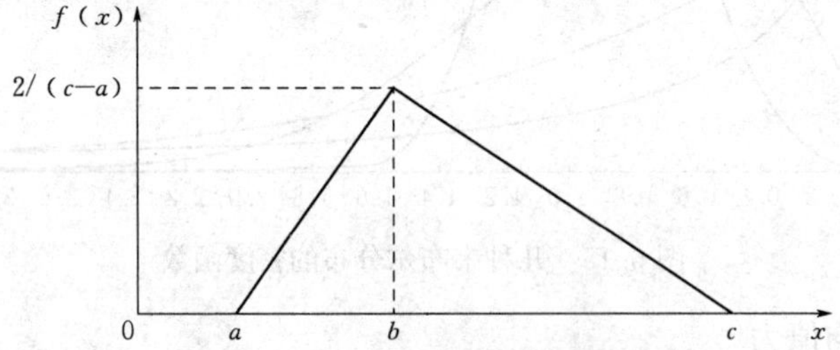

图 6.16　三角分布的概率密度函数

三角分布的均值为

$$E(X)=\frac{a+b+c}{3}\tag{6.52}$$

方差为

$$V(X)=\frac{a^2+b^2+c^2-ab-ac-bc}{18}\tag{6.53}$$

根据式(6.52),众数可由式(6.54)计算:

$$\text{Mode}=b=3E(X)-(a+c)\tag{6.54}$$

因为 $a\leqslant b\leqslant c$,则有

$$\frac{2a+c}{3}\leqslant E(X)\leqslant\frac{a+2c}{3}$$

众数比均值更常用于三角分布的表征和描述，如图 6.16 所示，它在 x 轴上的高度是 $2/(c-a)$。三角分布的累积分布函数可表示为

$$F(x)=\begin{cases}0 & ,x\leqslant a\\ \dfrac{(x-a)^2}{(b-a)(c-a)} & ,a<x\leqslant b\\ 1-\dfrac{(c-x)^2}{(c-b)(c-a)} & ,b<x\leqslant c\\ 1 & ,x>c\end{cases} \tag{6.55}$$

主要用途：当数据不充分时，如果能够知道一个随机输入的最小值、最可能值和最大值，例如活动时间和服务时间，则可以用三角分布来建模。

实例 6.15　三角分布众数计算

通过对某日某地铁车站早高峰进站乘客安检时间调查，得到安检时间的最小值为 4 s，最大值为 21 s，平均值为 9 s。由于缺乏进一步信息，现假设地铁车站进站乘客安检时间近似服从三角分布，即 $a=4,c=21,E(X)=9$，则 b 的值可由式(6.54)计算得到

$$b=3E(X)-(a+c)=3\times9-(4+21)=2$$

6.3.8　对数正态分布

若一个随机变量 X 服从对数正态分布 $\mathrm{LN}(\mu,\sigma^2)$，即当且仅当 $\ln(X)$ 服从正态分布的，它的概率密度函数可表示为

$$f(x)=\begin{cases}\dfrac{1}{\sqrt{2\pi}\sigma x}\exp\left[-\dfrac{(\ln x-\mu)^2}{2\sigma^2}\right] & ,x>0\\ 0 & ,\text{其他}\end{cases} \tag{6.56}$$

其中，$\sigma^2>0$。对数正态分布的均值为

$$E(X)=\mathrm{e}^{\mu+\frac{\sigma^2}{2}} \tag{6.57}$$

方差为

$$V(X)=\mathrm{e}^{2\mu+\sigma^2}(\mathrm{e}^{\sigma^2}-1) \tag{6.58}$$

注意，参数 μ 和 σ^2 并不是对数正态分布的均值和方差。这些参数源于 $Y\sim N(\mu,\sigma^2)$ 分布时，则 $X=\mathrm{e}^Y$ 服从参数为 μ 和 σ^2 的对数正态分布。若对数正态分布的均值和方差分别记为 μ_L 和 σ_L^2，则参数 μ 和 σ^2 可以由式(6.59)、式(6.60)得出

$$\mu=\ln\left(\frac{\mu_\mathrm{L}^2}{\sqrt{\mu_\mathrm{L}^2+\sigma_\mathrm{L}^2}}\right) \tag{6.59}$$

$$\sigma^2=\ln\left(\frac{\mu_\mathrm{L}^2+\sigma_\mathrm{L}^2}{\mu_\mathrm{L}^2}\right) \tag{6.60}$$

图 6.17 显示了所有均值都为 1，但方差分别

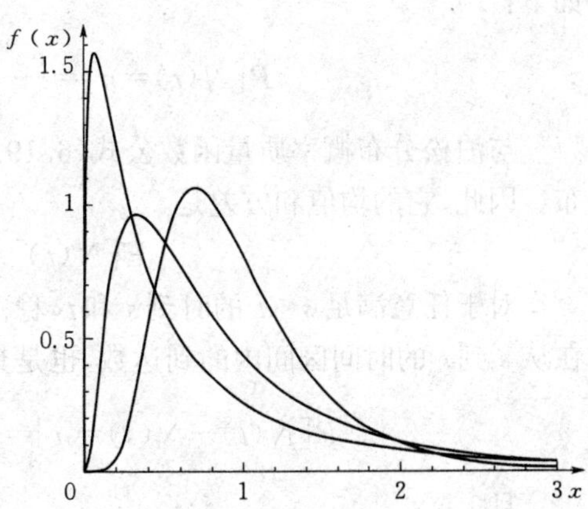

图 6.17　对数正态分布的概率密度函数

是 1/2,1 和 2 的三种对数正态分布的概率密度函数。

主要用途:对数正态分布适用于对完成某种工作所需的时间进行建模。此外,如果一个变量可以看作是许多很小独立因子的乘积,则这个变量可以看作是对数正态分布。一个典型的例子是股票投资的长期收益率,它可以看作是每天收益率的乘积。

6.4 泊松过程

在很多仿真中,需要按时间 $0=t_0\leqslant t_1\leqslant t_2\leqslant\cdots$ 产生随机点的序列,使得第 i 个某类事件在时间点 $t_i(i=1,2,\cdots)$ 发生,而且事件发生时间 $\{t_i\}$ 的分布服从某个规定的形式。令 $N(t)$ 为 t 时刻之前发生的事件的个数,则称随机过程 $\{N(t),t\geqslant0\}$ 为到达过程。通常研究的事件是顾客到达某种服务设施,则称 $A_i=t_i-t_{i-1}$ 是第 $i-1$ 个顾客和第 i 个顾客之间的到达间隔时间。

6.4.1 泊松过程定义

思考如下随机事件:旅客到达高速铁路车站、集装箱货轮到达码头、电话到达订票中心、车辆到达信号灯及机器发生故障等。这些事件可以用一个计数函数 $N(t)$ 来定义(对所有 $t\geqslant0$),表示在时间区间 $[0,t]$ 发生的事件数目。时刻 0 是观察开始的点,不管在该时刻是否有到达发生。对于每一个区间 $[0,t]$,值 $N(t)$ 是一个随机变量的观测值,这里假设 $N(t)$ 只能取整数值 0,1,2,…。

计数过程 $\{N(t),t\geqslant0\}$ 如果满足下列假设,则称其为平均到达率为 λ 的**泊松过程**。

(1)每一个时刻发生一个到达。

(2)$\{N(t),t\geqslant0\}$ 具有稳定的增量:在时刻 t 和 $t+s$ 之间的到达数量的分布只取决于区间长度 s,而与开始时刻 t 无关。因此,到达事件完全是随机的,没有快期和慢期的区别。

(3)$\{N(t),t\geqslant0\}$ 具有独立的增量:在非重叠的时间区间内的到达数是独立的随机变量,因此在一个时间区间到达事件的多少对其后续时间区间的到达数没有影响,未来到达的发生完全是随机的,独立于过去时间区间的到达数。

如果到达按照泊松过程发生,即满足前述三个假设,可以证明,$N(t)$ 等于 n 的概率公式如下:

$$P[N(t)=n]=\frac{e^{-\lambda t}(\lambda t)^n}{n!},t\geqslant0\text{ 且 }n=0,1,2,\cdots \tag{6.61}$$

与泊松分布概率质量函数公式(6.19)比较可以看出,$N(t)$ 是具有参数 $\alpha=\lambda t$ 的泊松分布。因此,它的均值和方差是

$$E[N(t)]=\alpha=\lambda t=V[N(t)]$$

对于任意满足 $s<t$ 的时刻 s 和 t,稳定增量的假定意味着,随机变量 $N(t)-N(s)$ 表示在从 s 到 t 的时间区间内的到达数,也是具有均值 $\lambda(t-s)$ 的泊松分布,因此

$$P[N(t)-N(s)=n]=\frac{e^{-\lambda(t-s)}[\lambda(t-s)]^n}{n!},n=0,1,2,\cdots$$

且

$$E[N(t)-N(s)]=\lambda(t-s)=V[N(t)-N(s)]$$

6.4.2　到达过程分析

现在思考泊松过程中到达事件发生的时刻。令第一个到达事件发生在 A_1 时刻，第二个到达事件发生在 A_1+A_2 时刻，从此类推，如图 6.18 所示。$A_1, A_2, \cdots$ 是彼此连续的到达间隔时间。

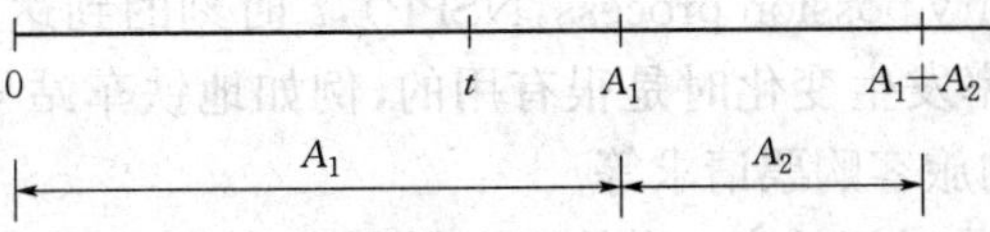

图 6.18　泊松到达过程

若第一个到达发生在时刻 t 之后，当且仅当在区间 $[0,t]$ 没有到达发生，则有

$$\{A_1>t\}=\{N(t)=0\}$$

由式(6.61)可得

$$P(A_1>t)=P[N(t)=0]=\mathrm{e}^{-\lambda t}$$

因此，第一个到达发生在区间 $[0,t]$ 的概率为

$$P(A_1\leqslant t)=1-\mathrm{e}^{-\lambda t}$$

由式(6.26)可知，上式与具有参数 λ 的指数分布的累积分布函数相同。因此，A_1 服从均值 $E(A_1)=1/\lambda$ 的指数分布。类似地，可以证明所有的到达间隔时间 $A_1, A_2, \cdots$ 都服从均值为 $1/\lambda$ 的指数分布，而且是独立的。由此可以得到泊松过程的另一个定义：如果到达间隔时间服从指数分布且相互独立，则 t 时刻之前的到达数满足前述的三个假设，所以是一个泊松过程。

回顾 6.3.2 节内容，指数分布是无记忆的，也就是说，在长度为 s 的将来时间区间内，发生事件到达的概率与上一个事件的到达时间无关，该事件发生的概率只取决于时间区间长度 s。因此，无记忆特性与泊松过程的独立和稳定增量的性质有关。

6.4.3　泊松过程的性质

泊松过程的几个性质在离散系统仿真中十分有用。第一个性质与**随机分流**有关，考虑一个具有速率 λ 的泊松过程 $\{N(t), t\geqslant 0\}$，如图 6.19(a)左侧所示。假定事件在发生的每个时刻事件被分类，要么为Ⅰ类事件，要么为Ⅱ类事件。进一步假定，每个事件独立于所有其他事件被分类，并以概率 p 归入Ⅰ类事件，以概率 $1-p$ 归入Ⅱ类事件。

设随机变量 $N_1(t)$ 和 $N_2(t)$ 分别表示在时间区间 $[0,t]$ 发生的被归入Ⅰ类和Ⅱ类事件的发生次数，且 $N(t)=N_1(t)+N_2(t)$。可以证明 $N_1(t)$ 和 $N_2(t)$ 都是泊松过程，到达率分别是 λp 和 $\lambda(1-p)$，如图 6.19(a)右侧所示，也可以证明这两个过程是彼此独立的。

考虑与随机分流相反的情况，即两个到达流的汇合，也称为**双到达流池化**，图 6.19(b)描述了这种情况。可以证明，如果 $N_i(t)$ 是表示速率为 λ_i 的相互独立的泊松过程的随机变量($i=1$ 和 2)，则 $N(t)=N_1(t)+N_2(t)$ 是一个具有速率 $\lambda_1+\lambda_2$ 的泊松过程。

6.4.4　非平稳泊松过程

如果保持 6.4.1 节泊松过程假设条件中的 1 和 3，放弃假设 2(稳定增量)，就可以得到

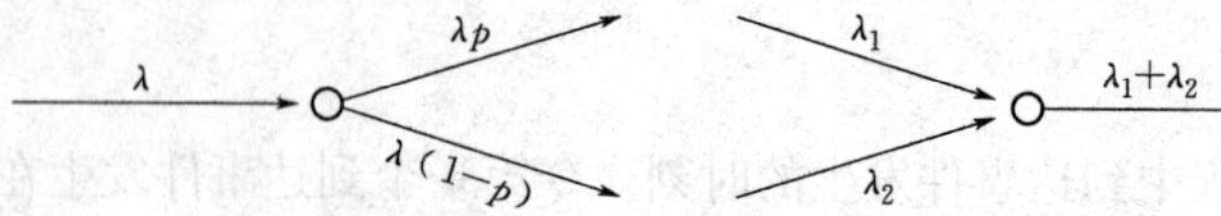

（a）分流过程　　　　　　　　（b）汇合过程

图 6.19　泊松过程的性质

非平稳泊松过程（nonstationary possion process，NSPP），t 时刻的到达速率用 $\lambda(t)$ 来表示。NSPP 在研究时段内到达速率发生变化时是很有用的，例如地铁车站早晚高峰期乘客的到达、预售期内铁路客票中心的旅客购票请求等。

采用 NSPP 仿真的关键是时间长度 t 内的期望到达数，其形式为

$$\Lambda(t)=\int_0^t \lambda(s)\mathrm{d}s$$

该式用于表示到达速率的函数，$\lambda(t)$ 必须是非负且可积的。对于具有速率 λ 的平稳泊松过程，正如所期望的那样，有 $\Lambda(t)=\lambda t$。

令 $T_1, T_2, \cdots$ 是服从到达率 $\lambda=1$ 的平稳泊松过程 $N(t)$ 的到达时间，并令 $\mathscr{T}_1, \mathscr{T}_2, \cdots$ 表示具有到达速率 $\lambda(t)$ 的非平稳泊松过程 $N(t)$ 的到达时间。非平稳泊松过程与平稳泊松过程的基本关系式如下：

$$T_i=\Lambda(\mathscr{T}_i) \text{ 和 } \mathscr{T}_i=\Lambda^{-1}(T_i)$$

简而言之，一个非平稳泊松过程可以转换为到达速率为 1 的平稳泊松过程，一个到达速率为 1 的平稳泊松过程也可以转化为速率为 $\lambda(t)$ 的非平稳泊松过程，两种情况的转换都和函数 $\Lambda(t)$ 有关。

实例 6.16　某十字路口车辆到达非平稳泊松过程建模

假设从上午 8:00 到中午 12:00 间，某十字路口的车辆到达率为 2 辆/min，然后直到下午 4:00，到达率下降至 1 辆/2 min，那么上午 11:00 至下午 2:00 之间到达车辆数的概率分布是怎样的？

令 $t=0$ 对应早上 8:00 那一刻，该问题可使用非平稳泊松过程 $N(t)$ 进行建模，其到达率函数为

$$\lambda(t)=\begin{cases}2 & ,0\leqslant t<4\\ \dfrac{1}{2} & ,4\leqslant t\leqslant 8\end{cases}$$

因此，$0\sim t$ 时间段内到达数量的期望值为

$$\Lambda(t)=\begin{cases}2t & ,0\leqslant t<4\\ \dfrac{t}{2}+6 & ,4\leqslant t\leqslant 8\end{cases}$$

注意，计算 $4\leqslant t\leqslant 8$ 期间内到达数量的期望值，需要进行两个部分的积分：

$$\Lambda(t)=\int_0^t \lambda(s)\mathrm{d}s=\int_0^4 2\mathrm{d}s+\int_4^t \frac{1}{2}\mathrm{d}s=\frac{t}{2}+6$$

由于下午 2:00 和上午 11:00 分别对应于 $t=6$ 和 $t=3$，因此有

$$P[N(6)-N(3)=k]P[N(\Lambda(6))-N(\Lambda(3))=k]=P[N(9)-N(6)=K]$$

$$=\frac{\mathrm{e}^{(9-6)}(9-6)^k}{k!}=\frac{\mathrm{e}^3 3^k}{k!}$$

其中，$N(t)$是到达率为 1 的平稳泊松过程。

6.4.5 批到达

对于某些实际系统，实体是成批或成组到达的，例如，高速铁路列车或地铁列车到达某车站的人数，因此不满足泊松过程定义的假设 1。现在考虑如何对这种到达过程进行建模。

令 $N(t)$为 t 时刻前已经到达的实体的批数量，根据 6.4.1 节的定义，如果批次的到达间隔时间近似为独立同分布的指数随机变量，则$\{N(t),t\geqslant 0\}$可以建模为泊松过程。之后，对连续批的大小拟合为一个离散分布，批大小为正整数。因此，对于原始到达过程，可以假设实体批次按$\{N(t),t\geqslant 0\}$过程到达，每个批次的实体数量为拟合的离散分布的随机变量。

如果 $X(t)$为时刻 t 前到达的实体总数，且如果 B_i 为第 $X(t)$批中实体的数量，则 $X(t)$可以表示为

$$X(t)=\sum_{i=1}^{N(t)} B_i, t \geqslant 0$$

如果假设 B_i 为独立同分布的随机变量，并且也独立于$\{N(t),t\geqslant 0\}$，如果$\{N(t),t\geqslant 0\}$是一个泊松过程，那么随机过程$\{X(t),t\geqslant 0\}$就称为复合泊松过程。

6.5 经验分布

本章 6.2 和 6.3 节对常用的离散分布和连续分布函数进行了介绍，这些理论分布函数均经过了长期的理论和应用探索。一般情况下，对于任何足够合理的数据集几乎都可以拟合到某一个常见理论分布上。但有时，如果问题的要求十分严格，例如在认为“任何观测数据以外的信息都不可靠”的情况下，就只能采取按照实际数据进行线性内插法来构造得到相应的分布函数，称为**经验分布**。经验分布既可以是离散形式，也可以是连续形式，它的参数是数据样本的观测值，这和参数化分布系列，如指数分布和泊松分布等不同，参数化分布是由指定的均值和方差等少数参数来表征的。

当无法或没必要确立随机变量具有非常明确的参数化分布的情况下，也可采用经验分布。经验分布的优点是，除了样本观测值之外，无须事先进行假设；但这也是一个缺点，因为样本有可能未覆盖可能数据的全部范围。

6.5.1 离散经验分布

对于离散的数据，定义一个经验分布是相当简单的。倘若有原始数据 $X_1,X_2,\cdots,X_n$ 可用，对于每一个可能的值 x，经验质量函数 $p(x)$可以定义为 X_i 等于 x 的数量比例；对于分组离散数据，可以这样定义一个质量函数，即一个区间中所有可能的 x 对应的 $p(x)$的和等于在该区间中的 X_i 的比例。在一个区间内的 x 的可能值对应的各个 $p(x)$如何分布本质上是随意的。

实例 6.17　某铁路编组站某去向车组大小经验累积分布

某铁路编组站某去向的车组以 1～9 辆为一组到达，对 15 d 38 组的每组车辆数进行观测，结果统计见表 6.2。表中给出了每组到达车辆数、频数、相对频率和累积频率，则车组大

小经验累积分布函数如图 6.20 所示。

表 6.2 每组到达车辆数的分布

每组到达车辆数	频数	相对频率	累积频率
1	3	0.08	0.08
2	6	0.16	0.24
3	7	0.18	0.42
4	5	0.13	0.55
5	2	0.05	0.60
6	8	0.21	0.81
7	2	0.05	0.86
8	2	0.05	0.91
9	3	0.09	1.00

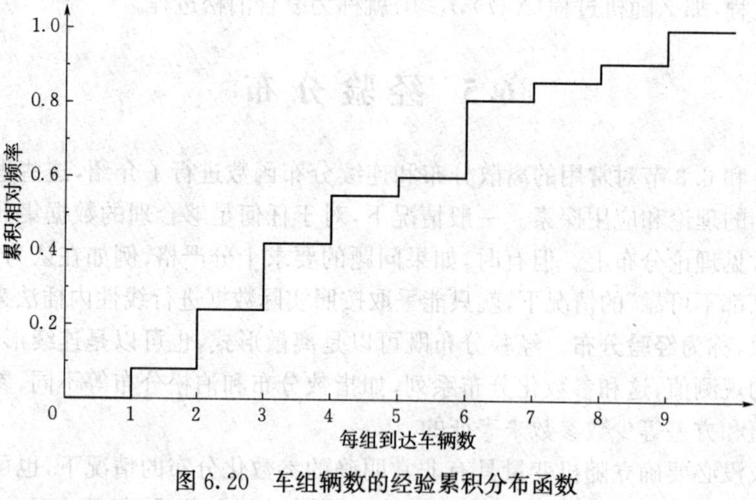

图 6.20 车组辆数的经验累积分布函数

6.5.2 连续经验分布

1. 依据原始观测值构造连续经验分布函数

对于连续随机变量，能定义的经验分布类型依赖于是否具有单个原始观测值 X_1，X_2，…，X_n 的实际值，而不是只有 X_i 落到若干规定区间的个数(分组数据或直方图形式数据)。如果可以得到原始数据，就可以定义一个连续分段线性分布函数 F，连续经验分布函数的构造方法如下：

假定所采集到的数据为 X_1，X_2，…，X_n，不失一般性，假设这些数据已经从小到大进行了排序，即 $X_i \leqslant X_{i+1}$，则在经验分布的假设下，可以认为生成一个随机数落在任何一个$[X_i, X_{i+1})$区间内是等概率的，则可以得到以下经验分布函数：

$$F(x)=\begin{cases}0 & ,x<X_1\\ \dfrac{i-1}{n-1}+\dfrac{x-X_i}{(n-1)(X_{i+1}-X_i)} & ,X_i\leqslant x<X_{i+1},i=1,2,\cdots,n-1\\ 1 & ,x\geqslant X_n\end{cases}\tag{6.62}$$

图 6.21 给出了 $n=6$ 时的图示，可以看出，在 X_i 分布集中的区域，$F(x)$上升的最快。对于每个 i，$F(X_i)=(i-1)/(n-1)$，当 n 足够大时，近似于小于 X_i 的 X_j 比例。然而，定义这种特定实验分布的一个显而易见的缺点是，仿真运行中由它产生的随机变量不可能小于 X_1 或者大于 X_n。另外，$F(x)$的均值也不等于 X_i 的样本均值 $\overline{X}(n)$。

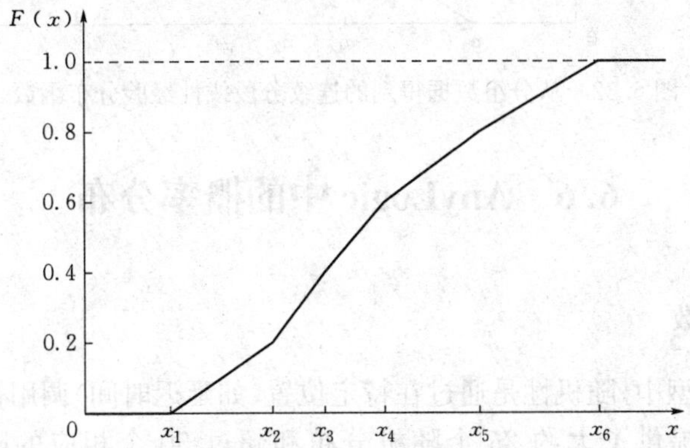

图 6.21　从原始数据得到的连续分段线性经验分布函数

2. 依据数据分组构造连续分布经验函数

如果数据是分组的，则必须采用另外一种方法，因为不知道单个 X_i 的值。假设 n 个 X_i 分为 k 个相邻的区间$[a_0,a_1)$，$[a_1,a_2)$，…，$[a_{k-1},a_k)$，那么第 j 个区间假设包含了 n_j 个观测值，其中 $n_1+n_2+\cdots+n_k=n$，则定义一个分段线性经验分布函数 G 的方法是：

令 $G(a_0)=0$，并且对于 $j=1,2,\cdots,k$，令 $G(a_j)=(n_1+n_2+\cdots+n_j)/n$，之后在 a_j 间进行线性插值，则有

$$G(x)=\begin{cases}0 & ,x<a_0\\ G(a_{j-1})+\dfrac{x-a_{(j-1)}}{a_j-a_{j-1}}[G(a_j)-G(a_j-1)] & ,a_{j-1}\leqslant x<a_j,j=1,2,\cdots,k\\ 1 & ,x\geqslant a_k\end{cases}\tag{6.63}$$

图 6.22 给出了 $k=4$ 时的经验分布图示，在这种情况下，$G(a_j)$就是 X_i 小于 a_j 的比例。在整个 x 的范围内，观测点密度比较大的地方，$G(x)$上升较快。然而，从这种分布生成的随机数仍然限制在下界为 a_0 和上界为 a_k 的范围内。

主要用途：离散经验分布只能通过一定的概率返回数据对中所包含的数值，通常被用来分配实体的类型；连续经验分布可根据概率返回实数值。当无法或没必要确立随机变量具有非常明确的参数化分布的情况下，或者数据具有比较特殊的特征，或者所有理论分布都不能很好地拟合时，可采用经验分布。

注意：经验分布不能用来产生已知数据以外的任何数据，其应用范围很小，通常在没有合适的理论分布的情况下使用，是不得已的做法。

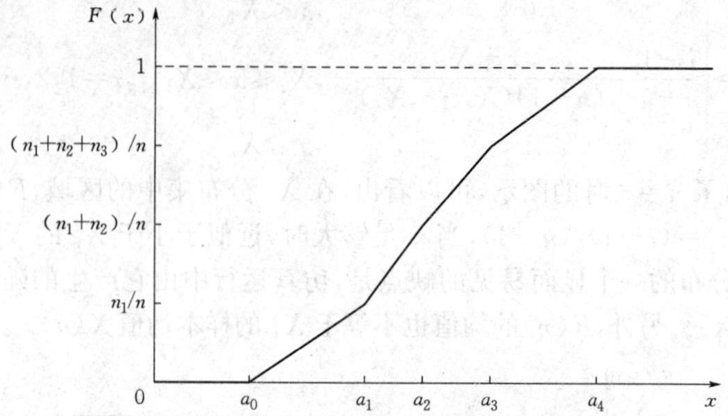

图 6.22　从分组数据得到的连续分段线性经验分布函数

6.6　AnyLogic 中的概率分布

6.6.1　概率分布函数

在 AnyLogic 模型中，随机性是通过在特定位置(如延迟时间)调用概率分布函数来实现的。AnyLogic 总计提供了大约 25 个随机分布和超过 50 个相应的随机分布函数，所有 AnyLogic 随机分布类都是基于 Java 语言的 java. util. Random 随机数生成器实现的。其常用的随机分布描述见表 6.3，随机分布函数的完整信息请参见 AnyLogic 帮助文档。

表 6.3　AnyLogic 常用的随机分布和随机分布函数

随机分布	主要用途	随机分布函数
伯努利分布	伯努利分布通常用于描述当成功概率为 p，值为 1；失败概率为 $q=1-p$，值为 0	bernoulli(double p) bernoulli(double p, java. util. Random r)
二项分布	二项分布在博弈中有广泛的应用，在遗传学、对缺陷部件进行抽样及在已知事件概率为常数或接近常数的其他事件抽样中也很有用	binomial(double p, int n) binomial(double p) binomial(double p, int n, java. util. Random r)
几何分布	几何分布通常用于库存需求、市场调查反馈、票务控制问题和气象模型	geometric(double p) geometric(double p, java. util. Random r)
负二项分布	负二项分布通常用于建模事故统计、出生和死亡过程、市场研究、消费者支出、图书借阅、生物统计等	negativeBinomial(double p, double n) negativeBinomial (double p, double n, java. util. Random r)
泊松分布	泊松分布常用于表示速率为常数的不频繁发生的事件，如呼叫中心、半导体制造的缺陷、质量控制各个方面的缺陷、分子分布、恒星分布、植物的地理分布、车辆到达等	poisson(double lambda) poisson(double lambda, java. util. Random r)

续上表

随机分布	主要用途	随机分布函数
均匀分布	均匀分布常用于表示一个随机变量在最小值和最大值之间的任何小的间隔具有恒定的可能性。注意：最大值的概率为 0，且最大值点永远不会出现	uniform(); uniform(java. util. Random r) uniform(double max) uniform(double min，double max) uniform(double min，double max，java. util. Random r)
指数分布	指数分布通常用于表示随机事件之间的时间间隔，如排队模型中到达特定位置的时间间隔或可靠性模型中故障之间的时间间隔，还可用于表示特定操作的服务时间	exponential(double lambda，double min) exponential(double lambda) exponential(); exponential(double lambda，double min，java. util. Random r)
韦布尔分布	韦布尔分布通常用于对材料强度建模，也用于表示可靠性、风速、降雨强度、健康相关问题和工业停工持续时间等	weibull(double alpha，double beta，double min) weibull(double beta，double alpha) weibull(double alpha，double beta，double min，java. util. Random r)
伽马分布	伽马分布通常用于建模寿命、提前期、个人收入、稳定平衡的人口、到达间隔时间和服务时间	gamma(double alpha，double beta，double min) gamma(double alpha，double beta) gamma(double alpha，double beta，double min，java. util. Random r)
爱尔朗分布	爱尔朗分布在可靠性和排队论中得到了广泛应用，在离散事件仿真中，它可以看作是 m 个指数分布随机变量之和，每个随机变量都有均值 β	erlang(double beta，int m，double min) erlang(double beta，int m) erlang(double beta，int m，double min，java. util. Random r)
三角分布	三角分布很少能准确地表示一个数据集，但是由于它的易用性，通常被用作模糊逻辑区域的函数形式。此外，当没有或只有很少的数据时，也通常使用三角分布	triangular(double min，double max，double mode) triangular(double min，double max) triangular(double min，double max，double mode，java. util. Random r)
对数正态分布	对数正态分布通常用于工业污染的粉尘浓度、矿产分布、医生诊断时间、可靠性时间、收入分布等	lognormal(double mu，double sigma，double min) lognormal(double mu，double sigma，double min，java. util. Random r)

6.6.2 概率分布选择向导

AnyLogic 提供了一组随机分布，为了根据给定的随机分布获得一个随机变量，用户需要设定随机分布的参数值，例如给指数分布参数 λ 设置一个值 exponential(1)，AnyLogic 提供了一个方便的可视化向导用于帮助用户完成这个设置。以延迟时间的随机变量生成设置为例，具体步骤如下：

(1)单击选择要设置的"延迟(Delay)"模块，在其属性窗口，点击"Delay time"属性的编辑框区域。

(2)点击工具栏的，概率分布选择"Choose Probability Distribution"按钮。

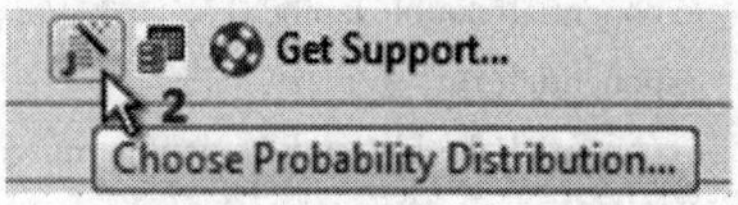

(3)"概率分布选择"向导对话框打开，如图 6.23 所示。图中左侧是 AnyLogic 支持的所有概率分布函数列表，可从中选择需要的函数；图中右侧是该随机分布函数的描述、需要设置的参数及构建分布的即时预览。

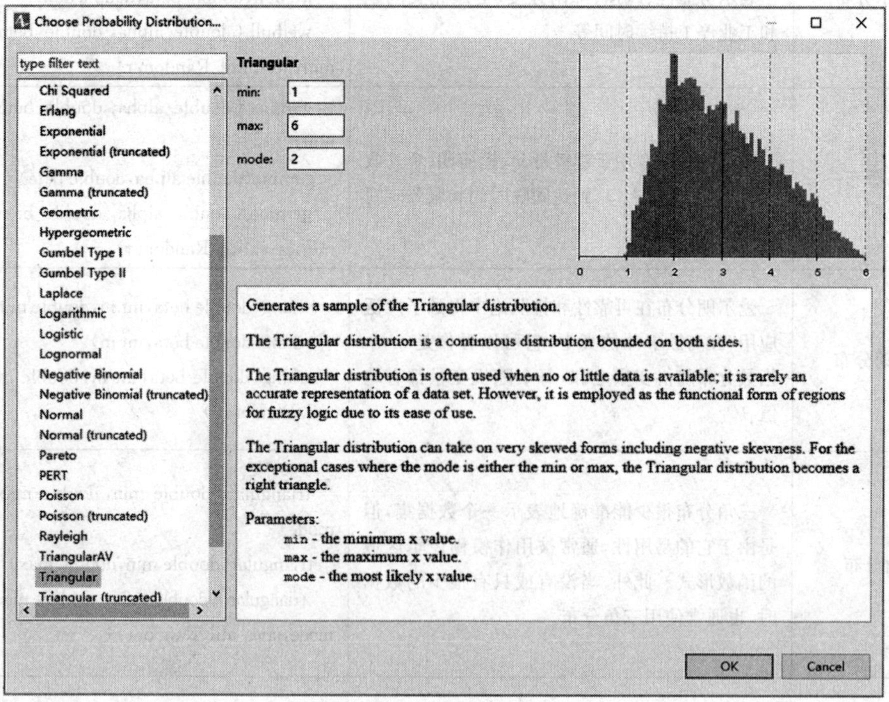

图 6.23　概率分布选择

(4)设置好所选随机分布函数的参数后，点击"OK"即可，可以看到选择的概率分布函数已插入到"Delay time"属性的编辑框中。

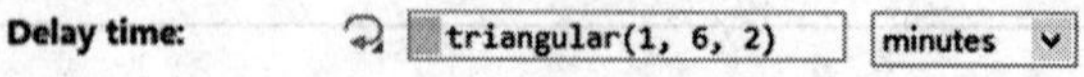

6.6.3　自定义分布

如果任何已知的理论分布都不符合建模需求，则可以使用 AnyLogic 自定义分布。在分布定义好之后，可以通过调用与分布同名的函数从自定义分布中获得随机变量，例如“myDistribution( )”。用户自定义分布的类型包括连续分布、离散分布和选项分布(options)，选项分布是指用户在选项列表中对每个可选项指定概率，例如乘客智能体群的性别比例。

1. 自定义连续分布

在 AnyLogic 中有三种方式构造连续经验分布，即范围(Ranges)、频率表(Frequency table)和观测样本数据(Observed samples)。

实例 6.18　某铁路车站旅客年龄自定义连续分布

本例采用范围构造某铁路车站旅客年龄自定义连续分布，具体步骤如下：

①点击“Palette”标签，选择“Agent”面板，拖一个“Custom Distribution”元素到“Main”编辑窗口中，在属性窗口设置：

Type：选择“Continuous”

Define using：选择“Ranges”

②在“Data”区域输入数据：

Interval start	Interval end	Number of observations
0	18	20
18	35	28
35	55	36
55	65	20
65	85	12
85	105	2

③自定义分布的概率密度函数预览如图 6.24 所示。

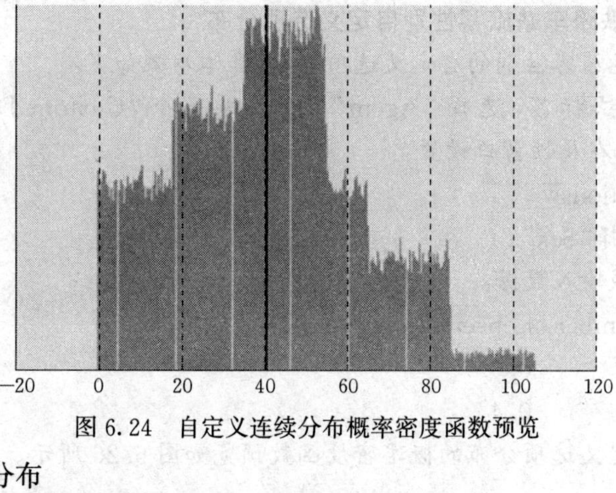

图 6.24　自定义连续分布概率密度函数预览

2. 自定义离散分布

有两种方式构造离散经验分布，即范围和观测样本数据。

实例 6.19　某高速铁路车站到达旅客出行自定义离散分布

本例采用观测样本数据构造某高速铁路车站到达旅客出行方式自定义离散分布，其中：观测数据 1 表示地铁，2 表示公交车，3 表示私家车，4 表示出租车，5 表示步行。具体步骤如下：

①点击“Palette 标签”，选择“Agent”面板，拖一个“Custom Distribution”元素到“Main”编辑窗口中，在属性窗口设置：

Type：选择“Discrete”

Define using：“Observed samples”

②在“Data”区域输入数据：

1　3　3　2　1　1　4　5　1　3　4　2　5　1　1

③自定义离散分布的概率质量函数预览如图 6.25 所示。

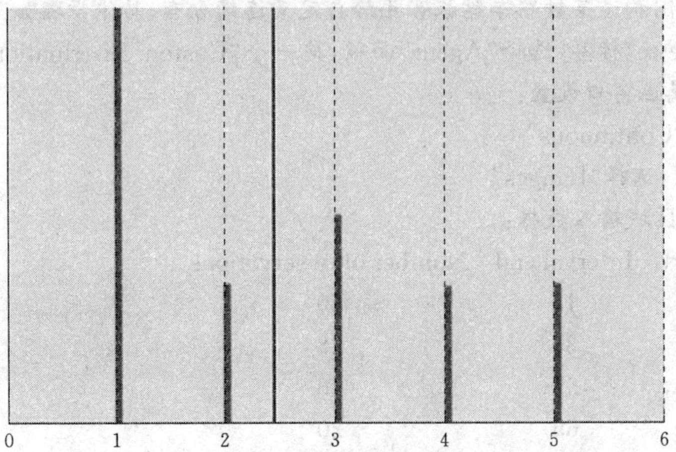

图 6.25　自定义离散分布概率质量函数预览

3. 自定义选项分布

在 AnyLogic 中，如果选择选项(Options)类型，则只需要选择选项列表即可。

实例 6.20　某铁路车站旅客性别自定义选项分布

构造某铁路车站旅客性别的自定义选项分布，具体步骤如下：

①点击“Palette”标签，选择“Agent”面板，拖一个“Custom Distribution”元素到“Passenger”窗口中，在属性窗口设置：

Type：选择“Options”

Option List：选择“Sex”

②在“Data”区域输入数据：

Option	Number of observations
MALE	0.6
FEMALE	0.4

③旅客性别自定义选项分布的概率密度函数预览如图 6.26 所示。

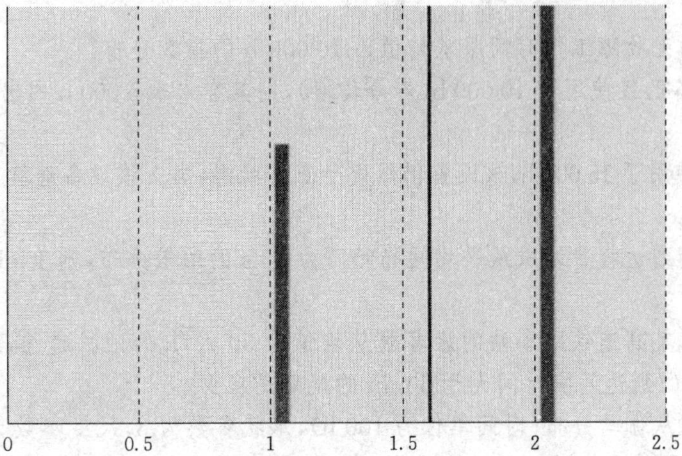

图 6.26　性别自定义选项分布概率质量函数预览

本章小结

大多数情况下，仿真分析人员眼中的世界是依概率而存在的，是非确定性的。本章的目的在于回顾几个重要的概率分布，以及揭示概率分布如何应用在仿真项目中。正如在 1.4.2 节中描述的，仿真的一个主要任务是搜集和分析系统输入数据，其中第一步是假设输入数据的概率分布类型，这个步骤是在需要通过比较概率密度函数或分布律与所采集数据的直方图，以及充分了解特定分布的自然过程的基础上实现的，相关内容将在 8.3.3 节详细讨论。

学习完本章后，应能深入理解各类统计分布的性质，如离散分布、连续分布和经验分布之间的差异，泊松分布及其特性，伽马分布和韦布尔分布的多样性等。认识到输入数据的概率模型常用于在仿真过程中生成随机事件，以及建立正确概率模型的重要性。

练　习　题

1. 随机变量 X_1 和 X_2 均服从参数 $\lambda=1$ 的指数分布，试计算 $P(X_1+X_2>2)$。

2. 试证明几何分布具有无记忆性。

3. 铁路车站问讯处的顾客到达服从泊松分布，到达率为 1.2 次/min，那么：

(1)未来 1 min 内没有顾客到达的概率是多少？

(2)未来 2 min 内没有顾客到达的概率是多少？

4. 随机变量 X 的分布由 $p(x)=1/(n+1)$ 指定，且取值范围 $R_X=\{0,1,2,\cdots,n\}$，则称其服从离散均匀分布。

(1)计算均值和方差。

(2)若 $R_X=\{a,a+1,a+2,\cdots,b\}$，计算 X 的均值和方差。

提示：$\sum_{i=1}^{n} i=\frac{n(n+1)}{2}$ 且 $\sum_{i=1}^{n} i^2=\frac{n(n+1)(2n+1)}{6}$

5. 对于服从指数分布的随机变量 X，试找出合适的 λ 值，使之满足 $P(X\leqslant 3)=0.9P$

$(X\leqslant 4)$。

6. 某设备的无故障工作时间服从均值为 10 000 h 的指数分布：

(1)若该设备已经使用了 10 000 h(寿命均值)，则其在未来 5 000 h 内出现故障的概率是多少？

(2)若已经使用了 15 000 h，该设备仍然处于正常状态，那么该设备继续正常使用 5 000 h 的概率是多少？

7. 假设车辆到达收费站服从平均间隔时间为 15 s 的泊松分布，则 1 min 内到达 3 辆车的概率是多少？

8. 假设到达某高速铁路车站的旅客服从均值为 30 人/h 的泊松过程，那么连续两个旅客与上一个旅客的到达间隔时间大于 5 min 的概率是多少？

9. 提前期服从伽马分布(时间单位为 100 h)，形状参数为 3，尺度参数为 1，则在即将到来的采购循环中提前期超过 2 个时间单位(200 h)的概率是多少？

10. 令时刻 $t=0$ 对应上午 6:00，设乘客在上午 6:00—9:00 时间段到达地铁车站的到达速率服从如下分布：

$$\lambda(t)=\begin{cases}30 & ,0\leqslant t<1\\ 45 & ,1\leqslant t<2\\ 20 & ,2\leqslant t\leqslant 4\end{cases}$$

假设符合 NSPP 模型，计算：

(1)上午 6:30—8:30 之间到达乘客的期望数。

(2)上午 6:30—8:30 之间到达乘客少于 60 个的概率。

第 7 章　随机数与随机变量

一个成功的仿真研究并不仅仅是构建一个好的模型就可以了。在一个具有随机输入的仿真问题中，得到的输出也是随机的，因此，理解仿真中输入的随机性是怎样产生的，以及如何对待输出结果中的随机性是很重要的。在几乎所有的离散系统仿真中，随机数是一个必不可少的基本元素，大多数计算机语言都提供能够产生随机数的子程序、对象或者函数。同样，仿真语言也能够产生用于事件发生时间和其他随机变量的随机数。产生仿真用的随机变量值的基础是生成[0,1]区间上的随机数，各类分布的随机变量值，如指数分布、三角分布、伽马分布、泊松分布等，都可以通过某种方法对这种均匀分布进行变换来生成。

7.1 节介绍随机数的基本概念和性质；7.2 节进一步讨论随机数生成的方法，并重点介绍了线性同余发生器及组合线性同余发生器；7.3 节讨论随机数均匀性及独立性检验的方法，这两种特性将极大地影响仿真结果的有效性；7.4 节详细介绍如何使用随机数产生具有任何期望的概率分布随机变量值的方法，目的是理解如电子表格和专业仿真软件随机变量生成的基本原理；7.5 节给出仿真建模过程中常用的典型的离散随机变量和连续随机变量的生成方法。关于随机数更为详细的内容请参考相关书籍。

7.1　随机数概述

7.1.1　随机数的性质

如果一个数是在 0 和 1 之间以相同的概率出现的任意数值，那么这个数就称为**随机数**(random number)。例如，如果使用 4 位小数，则位于 0.000 0 和 0.999 9 之间的 10 000 个数字中的任意一个数值出现的概率都是相等的。这样，一个位于 0 和 1 之间的随机数就是随机观察到的平均分布在 0 和 1 之间的任意数值。

一个随机数序列 $R_1, R_2, \cdots$ 必须满足两个重要的统计特性：**均匀性**和**独立性**。每个随机数 R_i 都是一个独立的样本，这个样本必须来自一个 0 到 1 之间的连续分布，其概率密度函数为

$$f(x)=\begin{cases}1 & ,0\leqslant x\leqslant 1\\ 0 & ,\text{其他}\end{cases} \tag{7.1}$$

随机数的概率密度函数如图 7.1(a)所示，图 7.1(b)是由均匀分布生成的 1 000 个随机数绘制的直方图

每一个 R_i 的期望值为

$$E(R)=\int_0^1 x\,\mathrm{d}x=\frac{x^2}{2}\bigg|_0^1=\frac{1}{2} \tag{7.2}$$

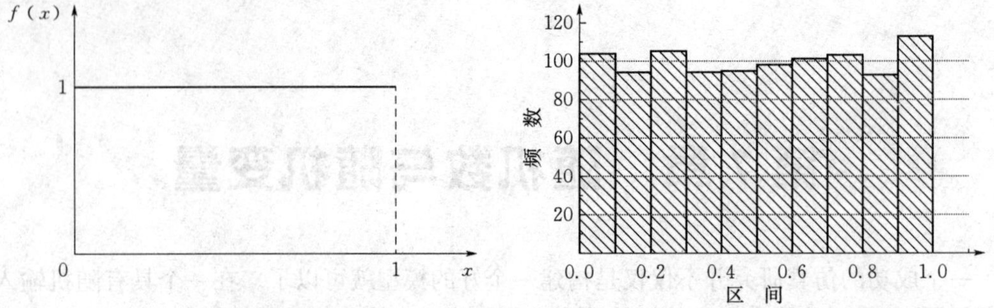

(a) 随机数的概率密度函数　　(b) 1 000个均匀分布产生的随机数直方图

图 7.1　随机数的概率密度函数

方差为

$$V(R)=\int_0^1 x^2\mathrm{d}x-[E(R)]^2=\frac{x^3}{3}\bigg|_0^1-\left(\frac{1}{2}\right)^2=\frac{1}{3}-\frac{1}{4}=\frac{1}{12} \tag{7.3}$$

关于均匀性和独立性的一些结论如下：

(1)如果将区间[0,1]划分为 n 类或 n 个等长的子区间，那么在每个区间的期望观测次数为 N/n，其中 N 为观测的总次数。

(2)一个观测值落在某个特定区间的概率与以前的观测值无关。

7.1.2　伪随机数

严格地说，仿真中采用的随机数发生器不是概率论意义下真正的随机数，而只能称为**伪随机数**，因为无论哪一种随机数发生器实际上都采用的是递推算法，即伪随机数是用确定性的算法计算出的来自[0,1]均匀分布的随机数序列，这里的"伪"意味着使用某种已知的方法产生随机数的做法去除了真正随机性的可能。也就是说，如果算法已知，则随机数构成的集合就会重复。

可以肯定的是，在伪随机数生成过程中会有问题或误差出现，这些随机性的误差或偏离都体现在 7.1.1 节所描述的随机数特性中。一些偏离的情况包括：

(1)生成数列不是均匀分布的。

(2)生成数列是离散而非连续取值的。

(3)生成数列的均值可能过高或过低。

(4)生成数列的方差可能过大或过小。

(5)生成数列不是统计独立的，例如存在依赖关系。

尽管如此，如果算法选择合适，则由算法得到的数据，通过对其进行统计检验后能够具有较好的统计特性(如均匀性、独立性)，因此将这种伪随机数用于仿真仍然是可行的。通常，随机数作为仿真的组成部分是由计算机产生的，产生随机数的方法很多，但有一些重要因素必须注意：

(1)算法的运行速度必须足够快。仿真有可能需要上百万个随机数，所以必须选择一种计算效率高的随机数生成方法，这样才能对总成本进行控制。

(2)算法能够在不同的操作系统间移植，并且最好能够在不同的编程语言间移植，这样才能够保证不管在什么样的环境下运行仿真程序都能够得到相同的结果，即不受软硬件运行环境的影响。

(3)算法必须有足够长的循环周期。**循环周期**(也称循环长度)指的是随机数序列以先前的顺序再次出现前的序列的最小长度，因此，如果需要处理 10 000 个随机事件，那么循环周期应该是 10 000 的若干倍。

(4)随机数应是可重复的。对于给定的起始点(或初始条件)，应当能够产生相同的随机数序列，而且与正被仿真的系统完全无关。分析人员可以利用这个性质对模型进行调试，以及对不同的系统方案进行比较。此外，还应能方便地指定不同的起始点。

(5)产生的随机数必须尽可能地逼近理想的均匀性和独立性统计学特性。

虽然随机数生成的机制是有缺陷的，因为真正意义上的随机数应该是不可预知的，但从实际应用的标准来看，现代的高精度随机数发生器能够成功地生成非常好的随机数序列，这些随机数能够通过各种统计学算法对其进行的均匀性和独立性检验，而且理论上也能证明它们具有很好的特性。此外，随机数发生器在仿真中重新产生一组特定的随机数序列也是很有用的，这有助于调试模型和查找模型错误。

7.2　随机数生成技术

产生随机数的方法有着漫长的历史，最早期的方法本质上是由手工进行的，如抽签、掷骰子及从混合均匀的盒子中取出标有号码的小球等，早期很多彩票开奖号码就是采用这种方式来运作的。到了 20 世纪 30 年代后期，有学者利用高速转盘创建了一个含有十万个随机数字的表；又过了一段时间，开发出了基于随机脉冲真空管的电子电路，能以每秒 50 个的速度产生随机数字。随着计算机的发明，20 世纪 40 年代的研究转向用数字或算术的方法来产生随机数，这些方法是序贯式的，每个新的数字按照一个固定的数学公式由前面的一个或几个数字来确定。第一个这样的算术生成器是在 20 世纪 40 年代提出的平方取中法。

目前，产生随机数的方法主要有线性同余法、组合法和反馈移位寄存器发生器等，本节主要介绍使用最广泛的线性同余发生器，此外，还将介绍线性同余法的一种改进方法，这种改进的方法能够产生周期更长的随机数序列。

7.2.1　线性同余发生器

线性同余发生器(linear congruential generator，LCG)最早是由美国数学家 Dexter W. Lehmer 在 1951 年提出的，使用这种方法，首先要利用式(7.4)的递推关系产生 0 到 $m-1$ 之间的整数序列 $X_1, X_2, \cdots$。

$$X_{i+1}=(aX_i+c)\bmod m, i=0,1,2,\cdots \tag{7.4}$$

式中，初始值 X_0 称为种子，a 为乘子，c 为增量，m 为模数(modulus)，是随机数发生器中的常数，“mod m”的意思是除以 m 之后取余数。参数 a, c, m 及 X_0 值的选择对于所产生的随机数的统计性质和循环长度有着很大的影响，需要在理论和经验的基础上慎重选择这些常数才能产生一个好的随机数序列。

如果式(7.4)中的 $c\neq0$，则称之为**混合同余法**；如果 $c=0$，则称之为**乘同余法**。在计算机生成随机数时，式(7.4)及其变体是很常用的。

需要注意的是，由式(7.4)计算出的 X_i 随机数序列是由整数组成的，但这还不是想要得到的在 0～1 之间的连续均匀分布。然而，既然随机数序列 X_i 是$(aX_{i-1}+c)$除以 m 得到的余数，那么这些余数则一定位于 $0\sim m-1$ 之间，因此可以进一步定义

$$R_i=\frac{X_i}{m},i=1,2,\cdots \tag{7.5}$$

这样得到的数就在 0～1 之间了，序列 R_i 就是将要用于仿真的随机数。实例 7.1 说明了如何使用这种方法产生随机数，以及需要注意的问题。

实例 7.1　线性同余法计算随机数

本例使用线性同余法产生随机数序列，其中 $X_0=19$、$a=22$、$c=4$、$m=63$。由于模数的限制，产生的随机整数将在 0～62 之间。注意产生的是随机整数，而不是一般的随机数，这些整数应当服从 0～62 的均匀分布。通过式(7.5)的变换，可以得到 0～1 之间的随机数。

X_i 序列和相应的 R_i 值的计算过程如下：

$X_0=19$

$X_1=(22\times19+4)\bmod 63=422\bmod 63=44$

$R_1=44\div63=0.6984$

$X_2=(22\times44+4)\bmod 63=972\bmod 63=27$

$R_2=27\div63=0.4286$

$X_3=(22\times27+4)\bmod 63=598\bmod 63=31$

$R_3=31\div63=0.4921$

……

表 7.1 列出了采用以上递推公式产生的前 71 个随机数。从表中可以看出，R_i 序列全都位于区间[0,1]上，样本均值为 0.507 9，样本的标准差为 0.288 3，这个值已经很接近真正的均匀分布参数的值(均匀分布的均值为 0.5，标准差为$\sqrt{1/12}=0.2887$)。

表 7.1　线性同余发生器产生的随机数

i	X_i	$22X_{i-1}+4$	R_i	i	X_i	$22X_{i-1}+4$	R_i	i	X_i	$22X_{i-1}+4$	R_i
0	19	—	—	10	17	1 214	0.269 8	20	36	1 170	0.571 4
1	44	422	0.698 4	11	0	378	0.000 0	21	40	796	0.634 9
2	27	972	0.428 6	12	4	4	0.063 5	22	2	884	0.031 7
3	31	598	0.492 1	13	29	92	0.460 3	23	48	48	0.761 9
4	56	686	0.888 9	14	12	642	0.190 5	24	52	1 060	0.825 4
5	39	1 236	0.619 0	15	16	268	0.254 0	25	14	1 148	0.222 2
6	43	862	0.682 5	16	41	356	0.650 8	26	60	312	0.952 4
7	5	950	0.079 4	17	24	906	0.381 0	27	1	1 324	0.015 9
8	51	114	0.809 5	18	28	532	0.444 4	28	26	26	0.412 7
9	55	1 126	0.873 0	19	53	620	0.841 3	29	9	576	0.142 9

续上表

i	X_i	$22X_{i-1}+4$	R_i	i	X_i	$22X_{i-1}+4$	R_i	i	X_i	$22X_{i-1}+4$	R_i
30	13	202	0.206 3	44	6	510	0.095 2	58	20	1 280	0.317 5
31	38	290	0.603 2	45	10	136	0.158 7	59	3	444	0.047 6
32	21	840	0.333 3	46	35	224	0.555 6	60	7	70	0.111 1
33	25	466	0.396 8	47	18	774	0.285 7	61	32	158	0.507 9
34	50	554	0.793 7	48	22	400	0.349 2	62	15	708	0.238 1
35	33	1 104	0.523 8	49	47	488	0.746 0	63	19	334	0.301 6
36	37	730	0.587 3	50	30	1 038	0.476 2	64	44	422	0.698 4
37	62	818	0.984 1	51	34	664	0.539 7	65	27	972	0.428 6
38	45	1 368	0.714 3	52	59	752	0.936 5	66	31	598	0.492 1
39	49	994	0.777 8	53	42	1 302	0.666 7	67	56	686	0.888 9
40	11	1 082	0.174 6	54	46	928	0.730 2	68	39	1 236	0.619 0
41	57	246	0.904 8	55	8	1 016	0.127 0	69	43	862	0.682 5
42	61	1 258	0.968 3	56	54	180	0.857 1	70	5	950	0.079 4
43	23	1 346	0.365 1	57	58	1 192	0.920 6	71	51	114	0.809 5

实例 7.1 中有一些问题需要注意：首先，在表 7.1 中发现 $X_{63}=19$，这与种子 X_0 的值一样。接下来会注意到 $X_{64}=44=X_1$，$X_{65}=27=X_2$，…。也就是说，序列 X_i 以相同的顺序出现了自循环，而且会永远循环下去。由于序列中的每个数都是通过固定的递推公式产生的，而除以 m 之后的余数只有 m 种可能性，所以线性同余发生器不可避免地会发生循环，换句话说，最大的周期长度是 m。因此，对于线性同余法除了要测试产生的随机数 R_i 接近均匀性和独立性的程度外，还有一些次要的性质需要考虑，这些性质包括最大密度和最大循环周期。

首先，利用式(7.5)产生的随机数是假定从集合 $I=\{0,1/m,2/m,\cdots,(m-1)/m\}$ 中取值的，因为每个 X_i 都属于整数集合 $\{0,1,2,\cdots,m-1\}$，所以每个 R_i 并不能在区间[0,1]内取连续的值，而是仅仅取集合 I 中离散的值。但是，当模数 m 取一个非常大的整数时，这种近似带来的影响是很小的，例如在很多仿真软件的随机数发生器中，通常取 $m=2^{31}-1$(约为 21 亿)或者 $m=2^{48}$。**最大密度**指的是 R_i $(i=1,2,\cdots)$确定的值在区间[0,1]上没有大的间隔。其次，实例 7.1 中出现的“循环”特性是必然的，根据式(7.4)的定义，X_i 一旦取得以前出现过的值，就会生成与之前完全一样的序列，且这个循环无限地自身重复，该循环的长度称为发生器的**循环周期**。在实际应用中，生成的随机数为了达到最大密度并避免出现循环，随机数发生器需要有最大可能的周期。对于线性同余发生器，X_i 仅与前一个整数 X_{i-1} 有关，并且因为 $0\leqslant X_i\leqslant m-1$，显然其周期至多为 m，称为**最大周期**或满周期。

当且仅当以下条件满足时，线性同余发生器具有最大周期：

(1)m 与 c 能同时被整除的唯一正整数是 1(m 与 c 互质)。

(2)如果 q 是整除 m 的素数(q 只能被自身及 1 整除)，则 q 能整除 $a-1$。

(3)如果 m 能被 4 整除,则 $a-1$ 也能被 4 整除。

通常,可以通过选择适当的 a、c、m 和 X_0 来获得最大周期的值,规则如下:

(1)如果 m 为 2 的幂,即 $m=2^b$ 并且 $c\neq 0$,当 c 是相对于 m 的素数(即 c 与 m 的最大公约数为 1),且 $a=1+4k$(k 为整数)时,最大可能周期为 $P=m=2^b$。

(2)如果 m 为 2 的幂,即 $m=2^b$ 并且 $c=0$,当种子 X_0 为奇数,且乘子 a 满足 $a=3+8k$ 或者 $a=5+8k$($k=0,1,\cdots$)时,最大可能周期为 $P=m/4=2^{b-2}$。

(3)如果 m 为素数,并且 $c=0$,在乘子 a 具有 a^k-1 能被 m 整除的最小 k 为 $k=m-1$ 性质时,最大可能周期为 $P=m-1$。

实例 7.2　不同种子值对循环周期的影响

使用乘同余法,在 $a=13$,$m=2^6=64$,$X_0=1,2,3,4$ 的条件下,求随机数生成器的循环周期,计算结果见表 7.2。从表中可知,当种子为 1 或 3 时,序列的周期都为 16;当种子为 2 时,序列的周期为 8;当种子为 4 是,序列的周期为 4。

表 7.2　线性同余发生器产生的随机数

i	X_i	X_i	X_i	X_i	i	X_i	X_i	X_i	X_i
0	1	2	3	4	9	45	—	7	—
1	13	26	39	52	10	9	—	27	—
2	41	18	59	36	11	53	—	31	—
3	21	42	63	20	12	49	—	19	—
4	17	34	51	4	13	61	—	55	—
5	29	58	23	—	14	25	—	11	—
6	57	50	43	—	15	5	—	15	—
7	37	10	47	—	16	1	—	3	—
8	33	2	35	—	—	—	—	—	—

在实例 7.2 中,$m=2^6=64$,$c=0$,因此最大周期 $P=m/4=16$。由表中可以看出,最大周期 16 是在 X_0 为奇数的情况下获得的;当 X_0 取 2 或 4 时,所得的周期长度分别为 8 和 4,均小于最大周期。此外,当需要达到最大周期时,对于 $k=1$,a 的取值为 $5+8k$,即 $a=13$,这也是达到最大周期必不可少的条件。

当 $X_0=1$ 时,生成数列中的随机数都属于集合$\{1,5,9,\cdots,53,57,61\}$,可以看出,相邻随机数 R_i 之间的间隔是相当大的,间隔大小为 $5/64-1/64=0.062\ 5$,如此大的间隔提醒需要关注生成数列的密度。

实例 7.2 的随机数生成器对于实际应用来说是不可行的,因为它的周期太短且密度太低,但这个例子说明了合理选取 a,c,m 和 X_0 的重要性。

在计算机上使用随机数生成器的速度和效率也是选择生成器时需要考虑的一个因素。生成器的速度和效率可以借助模数 m 来进行判断,因为大多数计算机使用二进制形式表示数字,所以当模数为 2 的幂时,如 $m=2^b$,式(7.4)中模数和余数的运算效率会更高。在计算机求得 aX_i+c 的值后,去掉 aX_i+c 最左侧的几位二进制数,保留的最右侧的 b 位二进制

数就是 X_{i+1} 的值。AnyLogic 软件使用的随机数生成器是 Java 类 Random 的实例，采用的是线性同余法，$m=2^{48}$。

7.2.2　组合线性同余发生器

随着计算机性能日益提升，可以仿真的系统也越来越复杂。在实际应用中，类似周期为 $m=2^{31}-1$ 的随机数生成器已经不能满足全部需求。例如，在对高可靠性系统进行仿真时，为了观察到一次设备故障就需要进行几十万次的仿真。为了提高随机数生成器的性能，有学者提出将两个或两个以上独立的线性同余生成器组合起来，并使组合后的随机数生成器具备更长的周期和良好的统计特性，因而称为**组合线性同余发生器**。本节以 L'ECUYER 的研究成果为例，说明组合方法的实现方式。

如果 $W_{i,1}, W_{i,2}, \cdots, W_{i,k}$ 是相互独立的离散型随机变量，不要求具有相同参数的随机分布，但要求其中的一个变量，例如 $W_{i,1}$，服从 0 到 m_1-2 上的整数均匀分布，则

$$W_i=\left(\sum_{j=1}^{k} W_{i,j}\right)\bmod (m_1-1)$$

W_i 服从 0 到 m_1-2 上的整数均匀分布。

为了说明上述结论在组合线性同余发生器中的用法，令 $X_{i,1}, X_{i,2}, \cdots, X_{i,k}$ 表示由 k 个不同的乘同余发生器生成的第 i 次输出值，其中第 j 个生成器的模数 m_j 是质数，并选择乘子 a_j 使得第 j 个生成器的周期为 m_j-1。于是，第 j 个生成器产生的整数 $X_{i,j}$ 服从 1 到 m_j-1 上的整数均匀分布，并且 $W_{i,j}=X_{i,j}-1$ 服从 0 到 m_j-2 上的整数均匀分布。因此，组合发生器的形式如下：

$$X_i=\left(\sum_{j=1}^{k}(-1)^{j-1}x_{i,j}\right)\bmod (m_1-1)$$

$$R_i=\begin{cases}\dfrac{X_i}{m_1}, & X_i>0\\[2ex] \dfrac{m_1-1}{m_1}, & X_i=0\end{cases}$$

注意，在运算中系数 $(-1)^{j-1}$ 意味着减去 $X_{i,1}-1$。例如，如果 $k=2$，则有

$$(-1)^0(X_{t,1})-(-1)^1(X_{t,2}-1)=\sum_{j=1}^{2}(-1)^{j-1}X_{i,j}$$

这个发生器的最大周期为

$$P=\frac{(m_1-1)(m_2-1)\cdots(m_k-1)}{2^{k+1}}$$

对于一个 32 位计算机，L'ECUYER 建议将两个随机数发生器进行组合，即 $k=2$，其中，$m_1=2\,147\,483\,563$，$a_1=40\,014$，$m_2=2\,147\,483\,399$，$a_2=40\,692$，具体算法如下：

步骤 1: 在区间[1,2 147 483 562]上选取第一个发生器的种子 $X_{1,0}$，在区间[1,2 147 483 398]上选取第二个发生器的种子 $X_{2,0}$，令 $j=0$。

步骤 2: 分别对两个发生器进行计算，可得

$$X_{1,j+1}=40\,014X_{1,j}\bmod 2\,147\,483\,563$$
$$X_{2,j+1}=40\,692X_{1,j}\bmod 2\,147\,483\,399$$

步骤 3: 令

$$X_{j+1}=(X_{1,j+1}-X_{2,j+1})\bmod 2\,147\,483\,562$$

步骤 4: 返回值为

$$R_{j+1}=\begin{cases}\dfrac{X_{j+1}}{2\,147\,483\,563}, & X_{j+1}>0\\[2ex] \dfrac{2\,147\,483\,562}{2\,147\,483\,563}, & X_{j+1}=0\end{cases}$$

步骤 5: 令 $j=j+1$，返回步骤 2 继续运行。

该组合发生器的循环周期为 $(m_1-1)(m_2-1)/2\approx 2\times 10^{18}$，但即使这样长的周期在实际应用中也不一定能满足所有需求。

组合发生器的优点是大大减少了由式(7.4)带来的自相关性，提高了独立性。此外，还可以增大随机数发生器的周期，提高随机数序列的密度，从而提高均匀性。而且，该方法对一般构成组合发生器的线性同余发生器的统计特性要求较低，得到的随机数的统计特性却比较好。组合发生器的缺点是速度慢，因为要得到一个随机数需要产生两个基础的随机数，并执行一些辅助操作。

实例 7.3　组合多元递推发生器

Arena 是一款可视化交互集成模拟环境，是基于 SIMAN 模拟语言的通用仿真软件，可以模拟离散连续混合系统。在 Arena 中，最初的随机数发生器是线性同余发生器，参数为 $m=2^{31}-1$，$a=7^5=16\,807$，$c=0$，周期长度为 $m-1\approx 21$ 亿。由于该发生器已经经过检验并能证明性能良好，所以这个发生器是可以接受的。不过，由于计算机的运算速度越来越快，这个周期长度就不再合适了，因为在仿真过程中还有出现自身“重复”的可能性，而且出现重复的时间也许只需要几小时甚至几分钟，这显然极大地影响了计算结果的有效性。

为此，Arena 随后又使用了一种新的随机数发生器，尽管它与线性同余发生器有一些相同的理论基础，但在以下两个方面还是有所差异：

(1)新的方法包含了 2 个独立的随机数发生器，它们联合产生随机数。

(2)求取下一个值的递推算法不仅仅只与前一个值有关。

这种方法又称为**组合多元递推发生器**(combined multiple recursive generator，CMRG)。该方法首先以两个独立的递推过程开始，它们就像是同时并行进行的：

$$A_n=(1\,403\,580A_{n-2}-810\,728A_{n-3})\bmod 4\,294\,967\,087$$

$$B_n=(527\,612B_{n-1}-1\,370\,589B_{n-3})\bmod 4\,294\,944\,443$$

在第 n 步时将这两个值合并：

$$Z_n=(A_n-B_n)\bmod 4\,294\,967\,087$$

最后，随机数发生器按如下方式得出第 n 个随机数 U_n：

若 $Z_n>0$，则

$$U_{\rm n}=Z_n/4\,294\,967\,088$$

若 $Z_n=0$，则

$$U_{\rm n}=4\,294\,967\,087/4\,294\,967\,088$$

为了让这两个递推式能进行下去，必须为随机数发生器定义由前三个 A_n 和前三个 B_n 组成的六维种子向量。虽然这个随机数发生器依然会出现循环，但是其周期长度是 3.1×10^{57}，而不是像原有的线性同余发生器周期长度是 2.1×10^{9}。

7.2.3　随机数流

随机数流(random-mumber stream)是由随机数生成器根据种子值生成的一系列随机数，用相同的随机数种子产生的就是相同的随机数流。在仿真中，使用相同的随机数流是控制仿真相关性的一种方法，而使用不同的随机数流进行仿真则可以保证仿真结果的独立性。

线性同余发生器的种子是用于随机数序列初始化的整数 X_0 的值，对于组合线性同余发生器则有不止一个初始种子。因为整数序列 $X_0, X_1, \cdots$ 是随机数发生器循环产生的，所以该序列中的任何一个值都可以作为随机数发生器的种子。对于一个线性同余发生器来说，随机数流只不过是一种方便地从序列 $X_0, X_1, \cdots, X_P$ 中挑选一个初始种子的方法。一般地，这些初始种子在序列中非常分散。

例如，一个数据流相隔 b 个值，对 $i=1,2,\cdots,[P/b]$，数据流 i 可以通过如下初始种子来定义：

$$S_i = X_{b(i-1)}$$

在早期的随机数发生器中，通常取值 $b=100\ 000$，但在现代的组合线性同余发生器中，其值已经达到 $b=10^{37}$。因此，只要每个随机数流能够保持种子的当前值，一个有 k 个流的单一发生器就等价于 k 个截然不同的虚拟随机数发生器。

在考虑决定运用仿真比较多个系统备选方案时，例如比较多个排队系统的效率时，如果所有仿真系统的实验都使用完全相同的顾客到达序列，即使用同一个随机数流获得，那么比较结果就会公平合理。如果随机数流初始种子的间隔足够大，那么其效果就等价于有一个专门用于产生顾客到达的独特的随机数发生器。

7.3　随机数检验

为了检验生成的随机数是否符合均匀性和独立性的重要性质，有很多方法可用。根据所侧重的性质的不同，检验方法可分为两类：一类用于均匀性检验，一类用于独立性检验。最常使用的均匀性检验方法是**频率检验**(frequency test)，频率检验是使用 K-S 检验或卡方检验将所有生成随机数的概率分布与均匀分布进行比较；检验独立性常用的方法是**自相关检验**(autocorrelation test)，自相关检验测试随机数之间的相关性，并将样本相关性与预期相关性进行比较。

7.3.1　基本假设

在均匀性检验中，假设如下：

$$H_0: R_i : \text{Uniform}[0,1]$$
$$H_0: R_i \not\sim \text{Uniform}[0,1]$$

原假设 H_0 认为待检验数列在区间[0,1]上服从均匀分布，如果不能拒绝原假设，意味着通过检验未发现数据分布不均匀的证据，但并不是说无须进行进一步的均匀性检验。

在独立性检验中,假设如下:

$$H_0:R_i:独立$$

$$H_0:R_i\nsim独立$$

原假设 H_0 认为待检验数列具有独立性,如果不能拒绝原假设,意味着通过检验未发现存在依存关系的证据。同样,这也不意味着针对独立性的进一步检验是没有必要的。

在每次检验中,必须规定显著性水平 α。α 表示在原假设为真时,拒绝原假设的概率,即决策错误的概率:$\alpha=P$(拒绝 H_0| H_0 为真)。任何假设检验都需要设定 α 值,通常情况下,α 取值为 0.01 或 0.05。

如果使用的是比较知名的仿真语言或随机数生成器,则可以不必进行随机数检验。然而,某些非仿真软件也会使用随机数生成器,例如电子表格或程序设计语言等。如果没有相关的文档说明,则需要使用下文介绍的方法,对其生成的多组样本进行检验。除了下文提及的检验方法,还有其他一些常用的方法,例如 Good 序列检验、中位数频谱检验、游程检验及方差齐性检验等。需要注意的是,即使一个数集通过了全部检验,也不能保证随机数生成器的随机性,因为还有更多的方法有可能得出不同的结论。

7.3.2 频率检验

均匀性检验是新随机数生成器研发之后首先需要进行的检验。本节将介绍两种不同的检验方法:**K-S 检验**(Kolmogorov-Smirnov test)和**卡方检验**(chi-square test)。这两种方法都用于度量生成的随机数样本分布与理论均匀分布之间的相似程度,并且都是以样本分布与理论分布没有显著性差异作为原假设。

1. K-S 检验

这种检验方法是将均匀分布的累积分布函数 $F(x)$ 与通过 N 个样本观测值得出的经验分布函数 $S_N(x)$ 进行比较。其中,$F(x)$ 定义为

$$F(x)=x,0\leqslant x\leqslant 1$$

若 $R_1,R_2,\cdots,R_N$ 为随机数生成器的抽样值,则经验累积分布函数 $S_N(x)$ 定义为

$$S_N(x)=\frac{R_1,R_2,\cdots,R_N\ 的数量(R_i,x)}{N}$$

若随着 N 的增加,$S_N(x)$ 逐渐趋近于 $F(x)$,则证明原假设成立。

在随机变量的取值范围内,K-S 检验是对 $F(x)$ 与 $S_N(x)$ 之间的最大绝对偏差进行分析和判断,即基于如下的统计量

$$D=\max|F(x)-S_N(x)| \tag{7.6}$$

其中,D 的抽样分布已知,它是 N 的函数,详见附录 A 表 A-6。判断其与均匀分布的一致性,检验步骤如下:

步骤 1:将数据从小到大进行排列,用 $R_{(i)}$ 表示排序后的第 i 个观测值,则有

$$R_{(i)}\leqslant R_{(2)}\leqslant\cdots\leqslant R_{(N)}$$

步骤 2:计算 D^+ 和 D^- 的值,公式如下:

$$D^+=\max_{1\leqslant i\leqslant N}\left\{\frac{i}{N}-R_{(i)}\right\}$$

$$D^{-}=\max_{1\leqslant i\leqslant N}\left\{R_{(i)}-\frac{i-1}{N}\right\}$$

步骤3:计算 $D=\max(D^{+},D^{-})$的值。

步骤4:对于已知样本容量 N 和给定显著性水平 α,在附录A表A-6中找出临界值 D_{α}。

步骤5:若样本统计量 D 大于临界值 D_{α},则拒绝原假设。反之,若 $D\leqslant D_{\alpha}$,则说明未发现样本数据分布与均匀分布之间存在差异,不能拒绝原假设。

实例7.4　K-S检验均匀性

假设生成了5个随机数:0.570 3,0.094 7,0.958 4,0.681 6,0.011 9,采用K-S方法检验其均匀性,给定显著性水平 $\alpha=0.05$。

首先,将这5个数据 $R_{(i)}$ 从小到大进行排序,之后分别计算 i/N,$i/N-R_{(i)}$ 和 $R_{(i)}-(i-1)/N$,计算结果见表7.3。由表中可知 $D^{+}=0.305\,3$,$D^{-}=0.170\,3$,则 $D=\max\{0.305\,3,0.170\,3\}=0.305\,3$。由附录A表A-6可知,当 $\alpha=0.05$,$N=5$ 时,D 的临界值为0.565。因为 $0.565>0.305\,3$,故不能拒绝原假设,即所生成的随机数服从均匀分布。

表7.3　K-S检验计算结果

$R_{(i)}$	0.011 9	0.094 7	0.570 3	0.681 6	0.958 4
i/N	0.200 0	0.400 0	0.600 0	0.800 0	1.000 0
$i/N-R_{(i)}$	0.188 1	0.305 3	0.029 7	0.118 4	0.041 6
$R_{(i)}-(i-1)/N$	0.011 9	—	0.170 3	0.081 6	0.158 4

经验累积分布函数 $S_N(x)$ 与均匀累积分布函数 $F(x)$ 的比较结果如图7.2所示,例如,在 $R_{(4)}$ 处,$i/N-R_{(i)}$ 的值为0.118 4,$R_{(i)}-(i-1)/N$ 的值为0.081 6。可以看出,D^{+} 是 $S_N(x)$

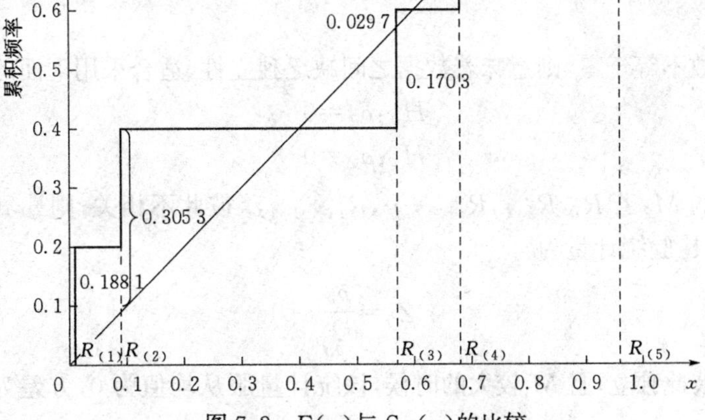

图7.2　$F(x)$ 与 $S_N(x)$ 的比较

大于$F(x)$时的最大偏差,D^-是$S_N(x)$小于$F(x)$时的最大偏差。虽然式(7.6)将检验统计量D定义为所有x上的最大偏差,但从图中可以看出,这个最大偏差总是发生在阶跃点$R_{(1)},R_{(2)},\cdots$上,因此无须考虑x取其他值时的偏差。

2. 卡方检验

卡方检验使用如下样本统计量:

$$\chi^2=\sum_{i=1}^{k}\frac{(f_i-np_i)^2}{np_i}$$

$$\chi_0^2=\sum_{i=1}^{n}\frac{(O_i-E_i)^2}{E_i}$$

其中,f_i是落在第i个组中观测值的个数,np_i是落在第i个组中数据的期望个数,k为组数。对于均匀分布,如果各组间隔是等距划分的,那么落在每组内数据的期望个数np_i为

$$np_i=\frac{n}{k}$$

其中,n为观测值总数。由此可知,在自由度为$k-1$时,抽样分布近似为卡方分布。

对于卡方分布的应用,有以下需要注意的事项。例如,在样本数为100时,将其划分为5~10个组可以保证检验结果的有效性,建议每一个np_i都不小于5。当样本量较大时,K-S检验与卡方检验都是检验样本均匀性的有效方法。然而,K-S检验具有更好的检验效果,因而被优先推荐。进一步来说,K-S检验可用于小样本,但卡方检验只适用于样本量大于50的大样本情况。

更为详细的介绍参见8.5.1节。

7.3.3 自相关检验

自相关检验(tests for autocorrelation)是关于数字序列中数据之间依存关系的检验。数据之间的关联性是多种多样的,也许较大的数据之间存在关联,也许只有较小的数据之间存在关联,也许大小不一样的数据之间才会存在关联,各种情形不一而足。

本节介绍的检验方法需要计算从第i个数值开始,每隔ℓ个数字的数值之间的自相关系数,ℓ称为**间隔阶数**(lag)。数据$R_i,R_{i+\ell},R_{i+2\ell},\cdots,R_{i+(M+1)\ell}$的自相关系数为$\rho_{i\ell}$,其中,$M$是满足$i+(M+1)\ell\leqslant N$的最大整数,$N$为序列中数字的总个数。因此,被检验的数据总量为$M+2$个。

如果相关系数不等于零,则意味着数据之间缺乏独立性,适合采用下面的双侧检验:

$$H_0:\rho_{i\ell}=0$$

$$H_1:\rho_{i\ell}\neq 0$$

对于足够大的M,若$R_i,R_{i+\ell},R_{i+2\ell},\cdots,R_{i+(M+1)\ell}$彼此不相关,则$\rho_{i\ell}$的估计量$\hat{\rho}_{i\ell}$近似服从正态分布,检验统计量为

$$Z_0=\frac{\hat{\rho}_{i\ell}}{\sigma_{\hat{\rho}_{i\ell}}}$$

当一组数据彼此独立,且M较大的时候,该统计量服从均值为0,方差为1的标准正态分布。

$\hat{\rho}_{i\ell}$ 和标准差 $\sigma_{\hat{\rho}_{i\ell}}$ 的计算公式如下：

$$\hat{\rho}_{i\ell}=\frac{1}{M+1}\left[\sum_{k=0}^{M}R_{i+(k\ell)}R_{i+(k+1)\ell}\right]-0.25$$

$$\sigma_{\hat{\rho}_{i\ell}}=\frac{\sqrt{13M+7}}{12(M+1)}$$

计算出 Z_0 之后，若 $-z_{\alpha/2}\leqslant Z_0\leqslant z_{\alpha/2}$，则不能拒绝原假设，其中 α 是显著性水平，$z_{\alpha/2}$ 的值可以在累积正态分布数值表(附录 A 表 A-1)中找到。

若 $\rho_{i\ell}>0$，则称该数列存在**正自相关关系**。这样，按照间隔阶数 ℓ 所挑选出的子序列中的数值，有比预期更高的概率保持数值的一致性，即较大数字之后紧跟的是较大的数值，较小的数字后面紧跟的是较小的数值。另一方面，若 $\rho_{i\ell}<0$，则称该数列存在**负自相关关系**，这意味着较小的随机数后面跟着一个数值较大的随机数，或者较大的随机数后面跟着一个数值较小的随机数。若自相关系数为零，即期望的独立性，意味着以 l 间隔阶数所获得的子数列不存在可辨识的关系。

实例 7.5　自相关检验

按从左到右的顺序考察如下数列：

0.12	0.01	0.23	0.28	0.89	0.31	0.64	0.28	0.83	0.93
0.99	0.15	0.33	0.35	0.91	0.41	0.60	0.27	0.75	0.88
0.68	0.49	0.05	0.43	0.95	0.58	0.19	0.36	0.69	0.87

直观上看，这些数字是随机出现的。然而仔细观察会发现，这组数据中的第 5,10,15 位的数字值较大，也就是说，从第 5 位开始，每隔 4 个数就会出现一个较大的数值。虽然这组数据的样本量只有 30，是比较小的，不足以证明一个随机数发生器是否合格，但也不能否认这些数字之间可能存在关联。对该组数据进行自相关检验过程如下：

选取第 3 个、第 8 个、第 13 个等数字，它们彼此相差 5 位，构成一个新的随机数列。给定显著性水平 $\alpha=0.05$，$i=3$(从第 3 个数字开始)，$\ell=5$(间隔 4 个数字)，$N=30$，则满足 $3+(M+1)5\leqslant 30$ 的最大整数 $M=4$，则有

$$\hat{\rho}_{35}=\frac{1}{4+1}\times(0.23\times0.28+0.28\times0.33+0.33\times0.27+0.27\times0.05+0.05\times0.36)-0.25$$
$$\approx-0.1945$$

$$\sigma_{\hat{\rho}_{35}}=\frac{\sqrt{13\times4+7}}{12\times(4+1)}\approx0.1280$$

检验统计量的计算值为

$$Z_0\approx-\frac{0.1945}{0.1280}\approx-1.520$$

从附录 A 表 A-1 查得临界值为

$$z_{0.025}=1.96$$

因此，基于该检验，不能拒绝彼此独立的假设。

可以看出，此类检验对于数值较小的 M 不太灵敏，尤其是当被检验数据的数值偏低的时候更是如此。设想一下，如果 $\hat{\rho}_{i\ell}$ 计算公式中的每一项都为 0，此时 $\hat{\rho}_{i\ell}=-0.25$，由此计算

出 Z 的值为 -1.95,仍然不足以拒绝独立性的原假设,这显然是不对的。

7.4 随机变量的生成方法

具有任何随机现象的仿真从根本上说一定包含着从概率分布中抽样或产生随机变量。对于给定的概率分布,产生随机变量最常用的方法包括反变换法、组合法、卷积法、舍选法和特殊性质等。本书主要介绍反变换法,并简要介绍组合法、卷积法和舍选法,其他方法及更为详细的内容请参考相关书籍。

7.4.1 基本要求

从任意分布或随机过程中生成随机变量的每一种方法所需要的基本要素是一个独立同分布的均匀分布 $U(0,1)$ 随机变量源。因此,本质上说必须要有一个可用的、统计意义下可靠的 $U(0,1)$ 随机数发生器。大多数仿真软件环境都有一个方便的随机数发生器,否则就不可能从任意分布中生成正确的随机变量。

通常有多种算法可以用来从给定的分布中生成随机变量,在特定的仿真应用中,选择哪一种算法来生成随机变量需要考虑多种因素,一些基本的要求包括:

(1)准确性。在无法避免的计算机精度和 $U(0,1)$ 随机数发生器的准确性限制范围内,所用算法应该能准确生成所需分布的随机变量。

(2)效率。当能够在多种准确生成随机变量的方法中选择时,应尽量使用高效率的算法,这里的高效率既包括存储空间也包括运算时间。例如,某些算法需要存储大量的常量或很大的数据表格,这是不方便的。对于运算时间,主要考虑两个要素:①希望能以少量的时间来完成每一个随机变量的产生,这个时间称为执行时间;②一些算法必须要做一些初始运算,根据特定分布及参数来给定特定的常量或表,完成这项工作的时间称为准备时间。大多数仿真运行将从给定分布生成大量的随机变量,因此执行时间要比准备时间更为重要。但是,如果在仿真过程中分布的参数是经常或随机改变的,那么准备时间也是需要重点考虑的因素。

(3)复杂性。在选择一种算法时,带有主观性的问题是算法的总体复杂性,包括概念上的和执行上的因素。需要考虑,用一种更为复杂的算法可能带来的效率和精度上的提高是否值得花费更大的努力来理解并实现它。通常一个效率更高但也更为复杂的算法适用于固化到某一成熟的算法软件中,而不适用于“一次性”的仿真模型。

(4)技术。技术问题一是某些算法依赖的随机数生成器并不是来自 $U(0,1)$ 分布;技术问题二是算法对某些参数值效率高,但对其他参数则代价大,而理想情况为算法对全部参数值都是高效率的(也称为算法的鲁棒性);技术问题三与是否想使用某种方差衰减技术来获取更好的估计有关。

7.4.2 反变换法

反变换法(inverse-transform technique)也称逆变换法,是最常使用且最直观的方法,它以概率积分变换定理为基础,基本思想是利用均匀分布的随机数来生成其他分布的随机变量，可用于从指数分布、均匀分布、三角分布、韦布尔分布及经验连续分布等随机分布中进行抽样。此外，它也是从众多离散分布中进行抽样的基本法则。

假定要产生一个连续随机变量 X，其累积分布函数为 $F(x)$，当 $0<F(x)<1$ 时，$F(x)$ 是连续的且是严格递增的。另 $F^{-1}(x)$ 表示函数 $F(x)$ 的逆，则生成具有分布函数 $F(x)$ 的随机变量 X 的算法如下：

(1)产生 $R\sim U(0,1)$。

(2)返回 $X=F^{-1}(R)$。

注意：$F^{-1}(x)$ 总是有定义的，且 $F(x)$ 的取值范围是[0,1]。这种方法是对分布函数进行反变换，因而称为反变换法。

反变换法的算法原理如图 7.3 所示。以在[0,1]上均匀分布的独立随机变量作为 $F(x)$ 的取值规律，则落在 Δx 内的样本个数的概率为 ΔF，因此随机变量 x 在区间 Δx 内出现的概率密度函数的平均值为 $\Delta F/\Delta x$。当 Δx 趋于 0 时，其概率密度函数就等于 $\mathrm{d}F(x)/\mathrm{d}x$，即符合原来给定的密度分布函数，满足正确性要求。

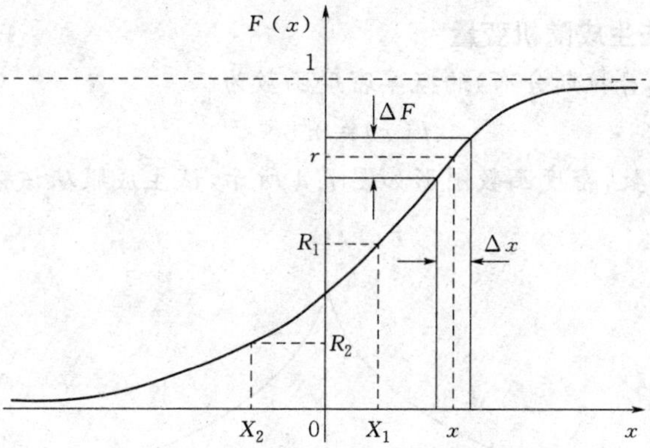

图 7.3　连续随机变量的反变换法原理

其中与该分布函数相应的随机变量可以为正值或负值，特定的 R 值决定了随机变量的取值范围。例如在图 7.3 中，随机数 R_1 得到了正随机变量 X_1，而随机数 R_2 得到负的随机变量 X_2。

从原理上讲，反变换技术可以应用于任何分布。但是，只有当随机分布的累积分布函数 $F(x)$ 具有很简单的形式，以至于它的逆 $F^{-1}(x)$ 能够很容易地计算出来时，这种方法是最有用的。

7.4.3　组合法

反变换法虽然直观，但却不一定在任何情况下都是最有效的。当一个分布函数可以表示成若干个其他分布函数之和，而这些分布函数较原来的分布函数更易于取样时，则适宜采用组合法。

假设对于所有随机变量 x，其累积分布函数 $F(x)$ 可以写成如下形式：

$$F(x)=\sum_{j=1}^{+\infty}p_jF_j(x) \tag{7.7}$$

其中，$p_j \geqslant 0$，$\sum_{j=1}^{+\infty} p_j = 1$，且每一个 $F_j(x)$ 都是一个分布函数。同样地，随机变量 x 的概率密度函数 $f(x)$ 可以写为

$$f(x) = \sum_{j=1}^{\infty} p_j f_j(x) \tag{7.8}$$

其中，$f_j(x)$ 是其他类型的密度函数，与其相应的分布函数为 $F_j(x)$，则组合法生成随机变量的步骤如下：

(1)产生一个随机整数 J，满足 $p(J=j)=p_j(j=1,2,\cdots)$。

(2)返回具有分布函数 $F_j(x)$ 的 X。

组合法的第一步可以看作是以概率 p_j 选择分布函数 $F_j(x)$，可以采用离散反变换法来实现。得到 $J=j$ 后，在第二步产生 X。根据第一步产生 J 值的条件，可以看出该算法返回的 X 将具有如下分布函数：

$$P(X \leqslant x) = \sum_{j=1}^{+\infty} P(X \leqslant x \mid J=j) P(J=j) = \sum_{j=1}^{+\infty} F_j(x) p_j = F(x)$$

实例 7.6　组合法生成随机变量

双指数分布(或拉普拉斯分布)的概率密度函数为

$$f(x) = 0.5\mathrm{e}^{-|x|}$$

式中，x 为所有实数，密度函数图形如图 7.4 所示，试生成服从该分布的随机变量 X。

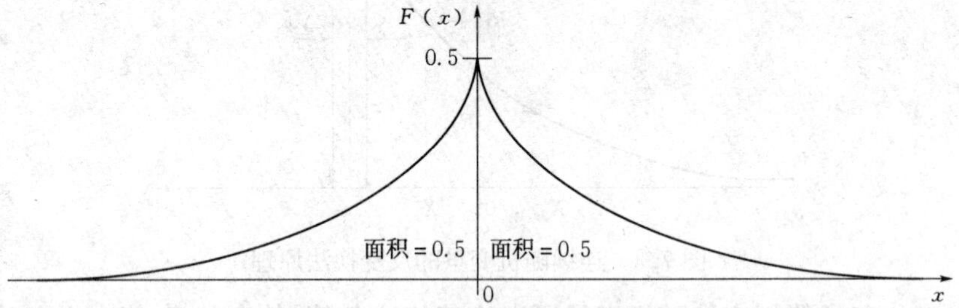

图 7.4　双指数的概率密度函数

由图 7.4 可以看出，$f(x)$ 是由两个“背对背”放置的指数密度函数组成，显然直接用反变换方法生成随机变量比较困难。分析函数的特点发现，它以纵轴为对称轴分为两个部分，因此可以采用组合法，将 $f(x)$ 写成如下形式：

$$f(x) = 0.5\mathrm{e}^{x} I_{(-\infty,0)}(x) + 0.5\mathrm{e}^{-x} I_{[0,\infty)}(x)$$

其中，I_A 表示集合 A 的指示函数，定义为

$$I_A(x) = \begin{cases} 1 & ,x \in A \\ 0 & ,\text{其他} \end{cases}$$

因此，$f(x)$ 是 $f_1(x) = \mathrm{e}^{x} I_{(-\infty,0)}(x)$ 和 $f_2(x) = \mathrm{e}^{x} I_{[0,\infty)}(x)$ 的凸组合，且 $p_1 = p_2 = 0.5$。从而有

$$f(x) = \sum_{j=1}^{2} p_j f_j(x)$$

那么，用组合法生成随机变量 X 的方法如下：首先由 $U(0,1)$ 产生随机数 R_1 和 R_2；若

$R_1<0.5$，则由 $f_1(x)$ 的分布函数生成随机变量，可用反变换法得到 $X=\ln R_2$；若 $R_1\geqslant 0.5$，则由 $f_2(x)$ 的分布函数生成随机变量，返回 $X=-\ln R_2$。

注意，本例本质上是产生一个均值为 1 的指数分布的随机变量，而后以 0.5 的概率改变其符号。或者说，从图 7.4 的左半密度函数产生的概率等于其相应的面积(0.5)。

由实例 7.6 可以看到，用组合法生成随机变量时，至少要先产生两个服从 $U(0,1)$ 的随机数，而反变换法只需产生一个服从 $U(0,1)$ 的随机数。此外，在实例 7.6 中采用组合法生成随机变量的第二步是使用了反变换法来实现的，这表明生成随机变量的不同方法是可以组合的。

7.4.4　卷积法

两个或多个独立随机变量之和的概率分布称为原始变量的**卷积**。因此，卷积法是指将两个或多个随机变量相加以获得一个想要的新随机变量的方法。这种技术可以用来获得爱尔朗分布随机变量和二项分布随机变量。在使用这种方法时，重要的不是所求随机变量的概率密度函数，而是该随机变量与其他更容易产生的随机变量之间的关系。

假设随机变量 X 可表示为若干个独立同分布的随机变量 $Y_1,Y_2,\cdots,Y_m$ 之和，即

$$X=Y_1+Y_2+\cdots+Y_m$$

其中，X 的分布称为 Y_j 分布的 m 重卷积。注意，不要将这种情况与组合法混淆，卷积法假定随机变量 X 可以表示成其他随机变量之和，而组合法的假设是 X 的分布函数可以表示成其他分布函数的加权和，这两种情况有着本质的区别。

卷积法产生所要求的随机变量 X 的步骤是相当直观的，令 X 的分布函数为 F，Y_j 的分布函数为 G，则卷积法生成随机变量的步骤如下：

(1)产生具有分布函数 G 的独立同分布随机变量 $Y_1,Y_2,\cdots,Y_m$。

(2)返回 $X=Y_1+Y_2+\cdots+Y_m$。

卷积法实际上是将某些中间随机变量变换为具有所要求分布的最终随机变量，卷积的变换仅仅是做加法。因此，只有当中间随机变量 Y_j 易于产生时，使用卷积法才是有效的。在 7.5.7 节，将介绍如何使用卷积法生成服从爱尔朗分布的随机变量。

7.4.5　舍选法

上文介绍的三种随机变量生成方法有一个共同的特点，即直接面向分布函数，因而称为直接法，它们以反变换法为基础。当反变换法难以使用时，例如随机变量的分布函数不存在封闭形式，则舍选法是主要方法之一。

假设需要生成介于 1/4 和 1 之间的均匀分布随机变量 X，则采用舍选法的具体步骤如下：

(1)生成一个随机数 R。

(2)若 $R\geqslant 1/4$，则令 $X=R$，转入第三步；若 $R<1/4$，舍弃 R，返回第一步。

(3)若需继续生成[1/4,1]之间均匀分布的随机变量，则转入第一步，重复上述过程；反之，则终止。

每执行一次第一步，会生成一个新的随机数 R。在**舍选法**(acceptance-rejection technique)中，

第二步包含了“选”和“舍”的过程。这种方法总结起来就是：不断生成服从某种统计分布的随机变量 R（此处为[0,1]上的均匀分布），直到满足条件为止（此处条件为 $R\geqslant 1/4$）。当条件最终得到满足，就能够获得所需要的随机变量 $X=R$（此处是在[1/4,1]间的均匀分布）。通过判断所接受的 R 值是否符合条件，就可以证明该方法正确与否。也就是说，R 本身并没有所期望的分布，但满足$\{R\geqslant 1/4\}$的 R 一定具有期望的分布。为了说明这一点，取 $1/4\leqslant a<b\leqslant 1$，则有

$$P(a<R\leqslant b\mid 1/4\leqslant R\leqslant 1)=\frac{P(a<R\leqslant b)}{P(1/4\leqslant R\leqslant 1)}=\frac{b-a}{3/4}$$

上式就是区间为[1/4,1]的均匀分布的概率。给定 R 在 1/4 与 1 之间（R 的其他值已经被舍弃），则上式表明 R 的概率分布就是所期望的分布。

舍选法的计算效率严重依赖于被舍弃数据量的多少，本例的舍弃概率为 $P(R<1/4)=1/4$，因此被舍弃的数据集服从几何分布，保留数据的概率为 3/4，被舍弃数据量的均值为$(1/p-1)=4/3-1=1/3$。为生成 X 所使用的随机数 R 的数量均值比被舍弃的数量均值大 1，需要生成一个 X 值所需 R 的平均个数为 4/3=1.33，即要生成 1 000 个 X 的值需要大约 1 333 个随机数 R。

对于一些重要的分布，例如正态分布、伽马分布和贝塔分布，它们的累积分布函数的反函数不存在闭式形式，因此难以使用反变换法。在 7.5 节，将介绍如何使用舍选法生成泊松分布、伽马分布及非平稳泊松过程的随机变量。

7.5 典型随机变量的生成

本节将讨论如何使用反变换法生成服从指数分布、均匀分布、三角分布、韦布尔分布、经验连续型分布和离散分布的随机变量，如何用卷积法生成服从爱尔朗分布的随机变量，以及如何使用舍选法生成服从伽马分布、泊松分布及非平稳泊松过程的随机变量。

7.5.1 指数分布

随机变量 X 被认为具有参数 $\lambda>0$ 的指数分布，其累积分布函数为

$$F(x)=\begin{cases}0 & ,x<0\\ 1-\mathrm{e}^{-\lambda x} & ,x\geqslant 0\end{cases}$$

用反变换法求解服从指数分布随机变量的步骤如下：

步骤 1：在 X 的范围内令 $F(x)=R$。

对于指数分布，在 $x\geqslant 0$ 范围内，则有 $1-\mathrm{e}^{-\lambda X}=R$。式中，$X$ 是随机变量，因此 $1-\mathrm{e}^{-\lambda X}=R$ 也是一个随机变量。

步骤 2：利用 R 求解方程 $F(x)=R$，以得到 X。

对于指数分布，求解过程如下：

$$1-\mathrm{e}^{-\lambda X}=R$$
$$\mathrm{e}^{-\lambda X}=1-R$$
$$-\lambda X=\ln(1-R)$$

$$X=-\frac{1}{\lambda}\ln(1-R) \tag{7.9}$$

式(7.9)称为指数随机变量生成器，通常也记为 $X=F^{-1}(R)$ 的形式。对于指数分布，由式(7.9)可以得到随机变量 $X_i(i=1,2,3,\cdots)$。因为 R_i 和 $1-R_i$ 都服从[0,1]上的均匀分布，因此，可以对公式进行简化，用 R_i 代替 $1-R_i$，得到

$$X_i=-\frac{1}{\lambda}\ln(R_i) \tag{7.10}$$

步骤 3: 根据需要产生服从均匀分布的随机数值 $R_1,R_2,R_3,\cdots$；依据式(7.10)计算服从指数分布的随机变量 $X_1,X_2,X_3,\cdots$。

图 7.5 给出了反变换法求解指数分布随机变量的图形解释。图中，累积分布函数为 $F(x)=1-e^{-x}$，是一个速率 $\lambda=1$ 的指数分布。为了用指数分布的 $F(x)$ 生成随机变量 X_1，需要首先生成一个[0,1]均匀分布的随机数 R_1，然后做一条从 R_1 到 $F(x)$ 的水平线，再从交点做一条下垂线到 x 轴，以得到需要的结果 X_1。

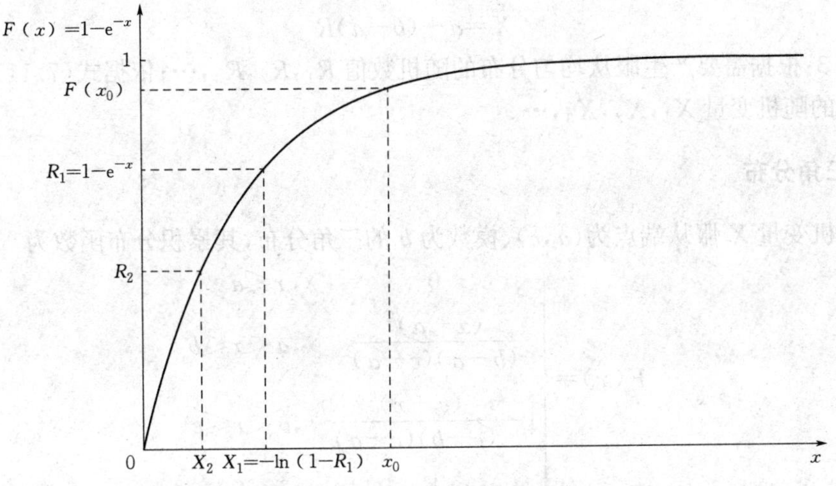

图 7.5　指数分布反变换法原理

实例 7.7　指数分布随机变量生成

图 7.6(a)是由 $U(0,1)$ 均匀分布生成的 200 个值 $R_1,R_2,\cdots,R_{200}$ 绘制的直方图，图 7.6(b)是由式(7.10)根据 $U(0,1)$ 均匀分布生成的 200 个值计算出的 200 个随机变量 $X_1,X_2,\cdots,X_{200}$ 绘制的直方图，其中 $\lambda=1$。将这些经验直方图与图 6.7 均匀分布和图 6.8 指数分布的概率密度函数进行对比，可以看出直方图是潜在的密度函数的估计。

7.5.2　均匀分布

设 X 是在区间 $[a,b]$ 上均匀分布的随机变量，其累积分布函数为

$$F(x)=\begin{cases}0 & ,x<a\\ \dfrac{x-a}{b-a} & ,a\leqslant x\leqslant b\\ 1 & ,x>b\end{cases}$$

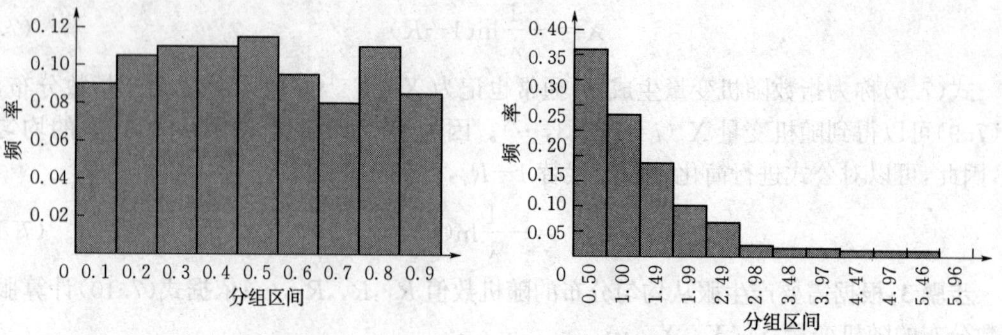

（a）均匀分布　　（b）指数分布

图 7.6　200 个随机数的经验直方图

用反变换法求解服从均匀分布随机变量的步骤如下：

步骤 1：在 X 的范围内令 $F(x)=(X-a)/(b-a)=R$。

步骤 2：利用 R 求解 X，得到

$$X=a+(b-a)R \tag{7.11}$$

步骤 3：根据需要产生服从均匀分布的随机数值 $R_1,R_2,R_3,\cdots$；依据式(7.11)计算服从均匀分布的随机变量 $X_1,X_2,X_3,\cdots$。

7.5.3　三角分布

设随机变量 X 服从端点为(a,c)、模数为 b 的三角分布，其累积分布函数为

$$F(x)=\begin{cases}0 & ,x\leqslant a\\ \dfrac{(x-a)^2}{(b-a)(c-a)} & ,a<x\leqslant b\\ 1-\dfrac{(c-x)^2}{(c-b)(c-a)} & ,b<x\leqslant c\\ 1 & ,x>c\end{cases}$$

用反变换法求解服从三角分布随机变量的步骤如下：

步骤 1：在 X 的范围内令 $F(x)=R$，对于三角分布：

在 $a<x\leqslant b$ 范围内，则有

$$\frac{(X-a)^2}{(b-a)(c-a)}=R$$

在 $b<x\leqslant c$ 范围内，则有

$$1-\frac{(c-X)^2}{(c-b)(c-a)}=R$$

步骤 2：利用 R 求解方程 $F(x)=R$，以得到 X。

对于 $a<x\leqslant b$，意味着 $0<R\leqslant(b-a)/(c-a)$，可得

$$X=\sqrt{R(b-a)(c-a)}+a$$

对于 $b<x\leqslant c$，意味着$(b-a)/(c-a)<R\leqslant 1$，可得

$$X=C-\sqrt{(1-R)(c-b)(c-a)}$$

因此,X 可由式(7.12)生成:

$$X=\begin{cases}\sqrt{R(b-a)(c-a)}+a & ,0<R\leqslant\dfrac{(b-a)}{(c-a)}\\ C-\sqrt{(1-R)(c-b)(c-a)} & ,\dfrac{(b-a)}{(c-a)}<R\leqslant 1\end{cases}\tag{7.12}$$

注意:如果随机变量 X 的累积分布函数是分段的,即在 X 取值范围的不同部分需要不同的公式,那么在使用反变换技术生成 X 时,在 R 取值范围不同的部分,会得到不同的公式,如式(7.12)所示。

步骤 3:根据需要产生服从均匀分布的随机数值 $R_1,R_2,R_3,\cdots$;依据式(7.12)计算服从三角分布的随机变量 $X_1,X_2,X_3,\cdots$。

7.5.4　韦布尔分布

设随机变量 X 服从位置参数 $\nu=0$ 时的韦布尔分布,则其累积分布函数为

$$F(x)=\begin{cases}0 & ,x<0\\ 1-\exp\left[-\left(\dfrac{x}{\alpha}\right)^{\beta}\right] & ,x\geqslant 0\end{cases}$$

用反变换法求解服从韦布尔分布随机变量的步骤如下:

步骤 1:在 X 的范围内令 $F(x)=R$。

对于韦布尔分布,在 $x\geqslant 0$ 范围内,则有 $1-e^{-(x/\alpha)^{\beta}}=R$。

步骤 2:利用 R 求解方程 $F(x)=R$,得到

$$X=\alpha[-\ln(1-R)]^{1/\beta}\tag{7.13}$$

对比式(7.13)和式(7.9)会发现,如果 X 是韦布尔变量,则 X^{β} 是均值为 α^{β} 的指数变量;反之,如果 Y 是均值为 μ 的指数变量,则 $Y^{1/\beta}$ 是形状参数为 β、比例参数为 $\alpha=\mu^{1/\beta}$ 的韦布尔变量。

步骤 3:根据需要产生服从均匀分布的随机数值 $R_1,R_2,R_3,\cdots$;依据式(7.13)计算服从位置参数 $\nu=0$ 时韦布尔分布的随机变量 $X_1,X_2,X_3,\cdots$。

7.5.5　经验连续分布

如果找不到能够为输入数据提供很好拟合的理论分布时,可对观察数据本身进行简单的再取样,即使用经验分布。一方面,在已知输入过程取值个数有限时会特别有意义;另一方面,如果数据是从被认为是连续取值的输入过程中得到的,那么在观测数据点之间添加数据以填充空隙也是有意义的。

实例 7.8　经验连续分布构建

地铁车站乘客在收到火灾报警信息时并不是立即开始疏散,而是要经历对信息的察觉与疏散前准备两个阶段,这两个阶段经历的时间称为预动作时间或延迟疏散时间。在对地铁车站乘客紧急疏散时间进行仿真研究中,收集到乘客接到报警后的预动作时间的 5 个观测值(单位:s),数据如下:165,110,48,87,74。在收集到更多的数据之前,希望以这 5 个观测数据为基础建立一个初始仿真模型。因此,需要一种从预动作时间分布中生成随机变量

的方法。

首先，假设预动作时间 X 的范围为 $0\leqslant X\leqslant c$，其中 c 是未知的，但可以用 $\hat{c}=\max\{X_i:i=1,2,\cdots,n\}=165$ 来估计，其中 $\{X_i:i=1,2,\cdots,n\}$ 是原始数据，n 是观测数据的个数。

其次，将数据由小到大进行排列，并令 $x_1\leqslant x_2\leqslant\cdots\leqslant x_n$ 来表示按此分类顺序的值，最小可能值认为是 0，所以定义 $x_0=0$。

接下来指定每个间隔 $x_{i-1}<x\leqslant x_i$ 的概率为 $1/n=1/5$，预动作时间的数据统计见表 7.4，则第 i 条线段的斜率为

$$a_i=\frac{x_i-x_{i-1}}{i/n-(i-1)/n}=\frac{x_i-x_{i-1}}{1/n}$$

表 7.4　地铁车站乘客预动作时间的数据统计

i	区间 $x_{i-1}<x\leqslant x_i$	概率 $1/n$	累积概率 i/n	斜率 a_i
1	$0<x\leqslant48$	0.2	0.2	240
2	$48<x\leqslant74$	0.2	0.4	130
3	$74<x\leqslant87$	0.2	0.6	65
4	$87<x\leqslant110$	0.2	0.8	115
5	$110<x\leqslant165$	0.2	1.0	275

得到经验连续分布 $\hat{F}(x)$ 的累积分布函数如图 7.7 所示。

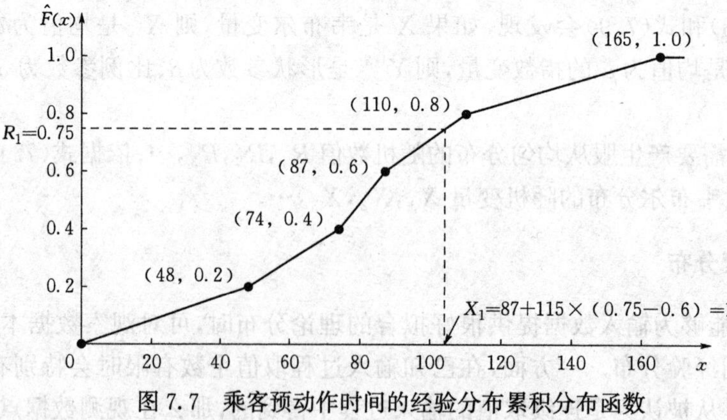

图 7.7　乘客预动作时间的经验分布累积分布函数

当 $(i-1)/n<R\leqslant i/n$ 时，计算累积分布函数的逆有

$$X=\hat{F}^{-1}(R)=x_{i-1}+a_i\left(R-\frac{i-1}{n}\right)$$

例如，如果产生的随机数 $R_1=0.75$，那么 R_1 位于第四个区间，因此有

$$\begin{aligned}X_1&=x_{(4-1)}+a_4[R_1-(4-1)/n]\\&=87+115\times(0.75-0.6)\\&=104.25\end{aligned}$$

如果有大的样本可用，则可以方便地用数目小得多的间隔将数据统计成频度分布，然后用一个连续经验累积分布函数来拟合该频度分布。具体做法是，计算第 i 条线段的斜率：

$$a_i=\frac{x_i-x_{(i-1)}}{c_i-c_{i-1}}$$

其中，c_i 是频度分布的前 i 个区间的累积概率，而 $x_{i-1}<x\leqslant x_i$ 是第 i 个间隔。当 $c_{i-1}<R\leqslant c_i$ 时，累积分布函数的逆可由式(7.14)计算：

$$X=\hat{F}^{-1}(R)=x_{i-1}+a_i(R-c_{i-1}) \tag{7.14}$$

7.5.6　离散分布

所有离散分布都能由反变换技术产生，要么通过数字查表程序来生成，要么使用公式通过代数方法来确定性地产生。对某一个分布有时也用其他技术，例如用于二项分布的卷积法。本节以经验离散分布为例，说明如何通过数字查表的方法生成随机变量，其他标准离散分布(如离散均匀分布和几何分布)大体相同。

实例 7.9　离散分布构建

铁路编组站调车场每条线路上安装有大量的减速顶，设备车间工人每天都要对线路进行巡检，以确保减速顶状态良好。经过调查发现，在日常巡检过程中，每条线路出现故障的减速顶数量是 0，1 或 2，观察到的相对频率分别为 0.5，0.3 和 0.2。为了提高设备维修的效率，合理安排维修计划，需要开发一个仿真模型。作为模型的一部分，需要生成每条线路出现故障减速顶数量的随机变量 X。研究决定将 X 建模为一个服从表 7.5 给定的分布的离散随机变量，其累积分布函数如图 7.8 所示。

表 7.5　故障减速顶数量 X 的分布

x	$p(x)$	$F(x)$
0	0.5	0.5
1	0.3	0.8
2	0.2	1.0

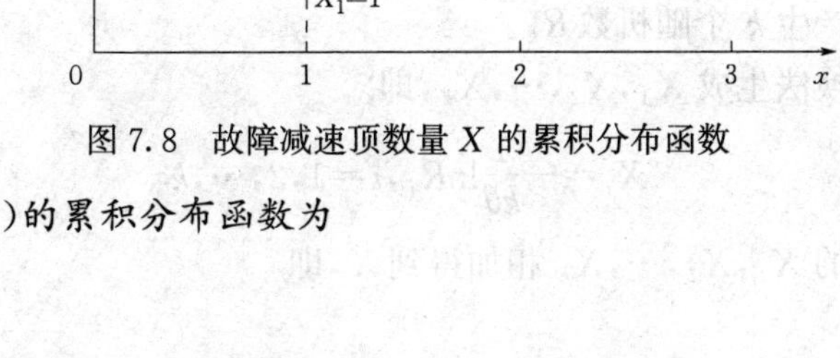

图 7.8　故障减速顶数量 X 的累积分布函数

$F(x)=P(X\leqslant x)$的累积分布函数为

$$F(x)=\begin{cases}0 & ,x<0\\ 0.5 & ,0\leqslant x\leqslant 1\\ 0.8 & ,1\leqslant x<2\\ 1.0 & ,x\geqslant 2\end{cases}$$

离散随机变量的累积分布函数由一些水平线段组成，这些线段在随机变量能够假设的那些点 x 发生阶跃，大小为 $p(x)$。例如图 7.8 中，在 $x=0$ 处生成了大小为 $p(0)=0.5$ 的阶跃；在 $x=1$ 处产生了大小为 $p(1)=0.3$ 的阶跃；在 $x=2$ 处产生了大小为 $p(2)=0.2$ 的阶跃。

为了生成离散随机变量，反变换法变为查表方法，但与连续随机变量不同的是，这里不需要插值。假设生成了 $R_1=0.76$，如图 7.8 所示，首先在 y 轴上找到位置 0.76，然后做水平线段至累积分布函数曲线的"阶跃"处，再做垂线至 x 轴得到所生成的随机变量 1。除了最后一步线性插值被去掉之外，该方法与在 7.5.5 节中用于经验连续分布的方法类似。

为简便起见，可以采用查表方法建立表 7.6 所示的表格，当 $R_1=0.76$ 时，首先找到 R_1 所在的区间。一般来说，对于 $R=R_1$，如果

$$F(x_{i-1})=r_{i-1}<R\leqslant r_i=F(x_i)$$

则取随机变量 $X_1=x_i$。式中，$r_0=0$、$x_0=-\infty$、$x_1,x_2,\cdots,x_n$ 是随机变量可能的取值，并且 $r_k=p(x_1)+\cdots+p(x_k)(k=1,2,\cdots,n)$。在本例中，$n=3,x_1=0,x_2=1,x_3=2$；因此 $r_1=0.5,r_2=0.8,r_3=1.0$（注意：在任何情况下都有 $r_n=1.0$）。因为 $r_1=0.5<R=0.73\leqslant r_2=0.8$，所以取 $X_1=x_2=1$。

表 7.6　生成离散随机变量 X

i	输入 r_i	输出 x_i
1	0.5	0
2	0.8	1
3	1.0	2

7.5.7　爱尔朗分布

正如 6.3.4 节所讨论的，一个参数是 (k,θ) 的服从爱尔朗分布的随机变量 X，可以表示成 k 个独立的服从指数分布的随机变量 $X_i(i=1,2,\cdots,k)$ 的和，每个 X_i 的均值为 $1/k\theta$，即

$$X=\sum_{i=1}^{k}X_i$$

那么采用卷积法生成服从爱尔朗分布随机变量 X 的步骤如下：

步骤 1：独立地产生 k 个随机数 R_k。

步骤 2：用反变换法生成 $X_1,X_2,\cdots,X_k$，即

$$X_i=-\frac{1}{k\theta}\ln R_i,i=1,2,\cdots,k$$

步骤 3：将生成的 $X_1,X_2,\cdots,X_k$ 相加得到 X，即

$$X=\sum_{i=1}^{k}-\frac{1}{k\theta}\ln R_i=-\frac{1}{k\theta}\ln\left(\prod_{i=1}^{k}R_i\right) \tag{7.15}$$

将所有的随机数先相乘，然后再做一次对数运算，这样计算更为有效。

实例 7.10　爱尔朗分布随机变量生成

运货卡车以一个完全随机的方式到达港口，可以用到达速率为 $\lambda=10$ 辆车/h 的泊松过程来建模，调度人员交替地将卡车分配到 1 号码头和 2 号码头。在对 1 号码头装货和卸货过程仿真建模时，需要对 1 号码头运货卡车的到达过程进行建模。

分析可知，连续两辆卡车到达 1 号码头的间隔时间 X 等于在入口处两次到达间隔时间之和，因此是两个指数随机变量的和，每个变量的均值都是 0.1 h。这样，X 服从 $k=2$ 且均值 $1/\theta=2/\lambda=0.2$(h)的爱尔朗分布。为了生成服从爱尔朗分布的随机变量 X，首先产生两个服从 $U(0,1)$ 的随机数，例如 $R_1=0.937$ 和 $R_2=0.217$，然后用式(7.15)可计算得到

$$X=-\ln(0.937\times0.217)\approx1.596(\text{h})$$

7.5.8　伽马分布

设随机变量 X 服从比例参数为 θ、形状参数为 β 的伽马分布，其累积分布函数为

$$F(x)\begin{cases}1-\int_x^{\infty}\dfrac{\beta\theta}{\Gamma(\beta)}(\beta\theta t)^{\beta-1}\mathrm{e}^{\beta\theta t}\,\mathrm{d}t & ,x>0\\ 0 & ,x\leqslant0\end{cases}$$

采用舍选法生成服从伽马分布随机变量的具体步骤如下：

步骤 1：计算 $a=1/(2\beta-1)^{1/2}$，$b=\beta-\ln4$。

步骤 2：生成 R_1 和 R_2，令 $V=R_1/(1-R_1)$。

步骤 3：计算 $X=\beta V^a$。

步骤 4：若 $X>b+(\beta a+1)\ln(V)-\ln(R_1^2R_2)$，舍弃 X 并返回步骤 2。

若 $X\leqslant b+(\beta a+1)\ln(V)-\ln(R_1^2R_2)$，将 X 作为所需要的随机变量值，所生成随机变量的均值和方差均等于 β。

如需获得 6.3.4 节中服从均值为 $1/\theta$，方差为 $1/\beta\theta^2$ 的随机变量，则需执行步骤 5。

步骤 5：用 $X/(\beta\theta)$ 替换 X。

在步骤 3 中，$X=\beta V^a=\beta[R_1/(1-R_1)]^2$ 并不服从伽马分布，但经过步骤 4 中舍弃 X 的某些值后，就可以保证步骤 4 中所接受的值一定服从伽马分布。

7.5.9　泊松分布

均值为 $\alpha>0$ 的服从泊松分布的随机变量 N，其概率质量函数为

$$p(n)=P(N=n)=\frac{\mathrm{e}^{-\alpha}\alpha^n}{n!},n=0,1,2,\cdots$$

N 为单位时间内服从泊松到达过程的到达次数。回顾 6.4 节的内容，连续到达顾客的到达间隔时间 $A_1,A_2,\cdots$服从达到率为 α 的指数分布(α 是单位时间内到达次数的均值)，指数分布的随机变量可以由式(7.9)生成。因此，在离散型泊松分布和连续型指数分布之间具有如下关系：

$$N=n \tag{7.16}$$

当且仅当满足下式时，式(7.16)才成立。

$$A_1+A_2+\cdots+A_n\leqslant 1<A_1+A_2+\cdots+A_n+A_{n+1} \tag{7.17}$$

式(7.16)表明在一个单位时间内恰好有 n 次到达事件；而式(7.17)则表明第 n 次到达出现在时刻 1(即一个单位时间)之前，而第 $n+1$ 次到达出现在时刻 1 之后。显然，这两种表述是等价的。继续生成指数分布到达间隔时间，直至某次到达(如 $n+1$)出现在时刻 1 之后为止，然后令 $N=n$。

为了使生成过程更高效，可使用式(7.9)来简化式(7.17)，可得

$$\sum_{i=1}^{n}\left(-\frac{1}{\alpha}\ln R_i\right)\leqslant 1<\sum_{i=1}^{n+1}\left(-\frac{1}{\alpha}\ln R_i\right)$$

不等式所有项同时乘以 $-\alpha$，使不等式变号，可得

$$\sum_{i=1}^{n}\ln R_i\geqslant -\alpha>(-\alpha)\sum_{i=1}^{n+1}\ln R_i$$

再利用“对数之和等于乘积的对数”这一性质，可得

$$\ln\prod_{i=1}^{n}R_i=\sum_{i=1}^{n}\ln R_i$$

$$\ln\prod_{i=1}^{n+1}R_i=\sum_{i=1}^{n+1}\ln R_i$$

最后，对于任意数值 x，利用 $e^{\ln x}=x$，可得

$$\prod_{i=1}^{n}R_i\geqslant e^{-\alpha}>\prod_{i=1}^{n+1}R_i \tag{7.18}$$

式(7.18)与式(7.17)是等价的。生成泊松分布随机变量 N 的步骤如下：

步骤 1: 令 $n=0,P=1$。

步骤 2: 产生一个随机数 R_{n+1}，并用 PR_{n+1} 替换 P 的值。

步骤 3: 若 $P<e^{-\alpha}$，则令 $N=n$；否则，舍弃当前的 n，令 $n=n+1$，返回步骤 2。注意，步骤 2 结束后，P 与式(7.18)最右端的表达式相等。

若 $P\geqslant e^{-\alpha}$，则舍弃 n，且生成过程必须最少再进行一轮。

如果 $N=n$，那么生成一个泊松分布随机变量 N 则至少需要 $n+1$ 个随机数。因此，所需随机数的平均数量为 $E(N+1)=\alpha+1$，如果泊松分布的均值 α 很大，则 $E(N+1)$ 的值会相当大。

实例 7.11　泊松分布随机变量生成

公共汽车到达某公交站点的到达事件服从泊松过程，均值为每 15 min 一辆。现在需要生成随机变量 N，N 代表 1 h 内公共汽车到达的数量，则 N 服从均值为每小时 4 辆的泊松分布。

首先，计算 $e^{-\alpha}=e^{-4}=0.0183$，则 N 的生成过程见表 7.7。

表 7.7　泊松分布随机变量的生成

n	R_{n+1}	P	接受/舍弃	结　果
0	0.7220	0.7220	$P\geqslant e^{-\alpha}$(舍弃)	—

续上表

n	R_{n+1}	P	接受/舍弃	结　果
1	0.570 5	0.411 9	$P \geqslant e^{-\alpha}$(舍弃)	—
2	0.866 6	0.356 9	$P \geqslant e^{-\alpha}$(舍弃)	—
3	0.444 6	0.158 7	$P \geqslant e^{-\alpha}$(舍弃)	—
4	0.289 7	0.046 0	$P \geqslant e^{-\alpha}$(舍弃)	—
5	0.452 5	0.020 8	$P \geqslant e^{-\alpha}$(舍弃)	—
6	0.762 9	0.015 9	$P < e^{-\alpha}$(接受)	$N=6$

可以看出,α 的值越大,所需要的随机数越多。如果需要生成 1 000 个服从泊松分布的随机变量值,则大约需要 1 000($\alpha+1$)=5 000(个)随机数。

7.5.10　非平稳泊松过程

另一种类型的舍选法称为**削减法**(thinning),可用于在非平稳泊松过程(详见 6.4.4 节)中生成到达间隔时间,到达率为 $\lambda(t)(0 \leqslant t \leqslant T)$。削减法的基本思想是:以最快的到达率生成平稳泊松到达过程,但只选择或保留其中一部分数值,通过足够的"削减"以获得所需的时变到达率。以下给出用于生成第 i 次到达的时间 τ_i 的通用算法,具体步骤如下:

步骤 1: 令 $\lambda^* = \max\limits_{0 \leqslant t \leqslant T} \lambda(t)$ 为最大到达率,并且令 $t=0, i=1$。

步骤 2: 生成服从到达率为 λ^* 的指数分布随机变量 E,令 $t=t+E$(此为平稳泊松过程的到达时间)。

步骤 3: 生成服从 $U(0,1)$ 分布的随机数 R,若 $R \leqslant \lambda(t)/\lambda^*$,则令 $\tau_i = t$,且令 $i=i+1$。

步骤 4: 返回步骤 2。

削减法的优势在于,它适用于任意可积的到达率方程,而不仅限于分段常数方程。然而,如果到达率的典型取值与最大值之间的差距很大的话,那么削减法可能是无效的。

实例 7.12　非平稳泊松过程随机变量生成

某路口车辆的到达率每小时变化一次,每个时段到达辆数、到达间隔时间均值和到达率见表 7.8。

表 7.8　非平稳泊松过程的车辆到达

时间段/min	到达辆数/辆	到达间隔时间均值/min	到达率 $\lambda(t)$/辆·min^{-1}
0～60	4	15	1/15
60～120	5	12	1/12
120～180	6	10	1/10
180～240	12	5	1/5
240～300	6	10	1/10
300～360	4	15	1/15
360～420	3	20	1/20

对于表中的到达率函数，生成最初的两个到达时间，计算步骤如下：

第 1 步：令 $\lambda^* = \max\limits_{0\leqslant t\leqslant T}\lambda(t) = 1/5$，并且令 $t=0, i=1$。

第 2 步：对于随机数 $R=0.213\,0$，有 $E=-5\ln 0.213=13.13$，则 $t=0+13.13=13.13$。

第 3 步：生成 $R=0.883\,0$，因为 $\lambda(13.13)/\lambda^* = (1/15)/(1/5)=1/3\approx 0.333\,3$，小于 0.883 0，所以不生成到达值。

第 4 步：返回第 2 步。

第 2 步：对于随机数 $R=0.553\,0$，有 $E=-5\ln 0.553=2.96$，则 $t=13.13+2.96=16.09$。

第 3 步：生成 $R=0.024\,0$，因为 $\lambda(16.09)/\lambda^* = (1/15)/(1/5)=1/3\approx 0.333\,3$，大于 0.024 0，所以令 $\tau_1=t=16.09, i=i+1=2$。

第 4 步：返回第 2 步。

第 2 步：对于随机数 $R=0.000\,1$，有 $E=-5\ln 0.000\,1=46.05$，则 $t=16.09+46.05=62.14$。

第 3 步：生成 $R=0.144\,3$，因为 $\lambda(62.14)/\lambda^* = (1/12)/(1/5)=5/12\approx 0.416\,7$，大于 0.144 3，所以令 $\tau_2=t=62.14, i=i+1=3$。

第 4 步：返回第 2 步。

本章小结

本章首先介绍了随机数的性质及随机数生成技术，在多种可用的随机数发生器中，基于线性同余法的发生器是使用最为广泛的，但是它们正在被组合线性同余发生器所取代。在多种用于检验随机数发生器的统计检验中，介绍了两种不同类型的检验，一种用于均匀性检验，一种用于独立性检验。实际上，大多数计算机编程语言和仿真语言都包括按要求产生随机数或随机数流的程序。

本章随后介绍了随机变量的生成方法，并详细说明了使用这些方法生成仿真常用的一些典型随机变量的具体步骤，包括使用反变换法生成服从指数分布、均匀分布、三角分布、韦布尔分布、经验连续型分布和离散分布的随机变量，使用卷积法生成服从爱尔朗分布的随机变量，以及使用舍选法生成服从伽马分布、泊松分布及非平稳泊松过程的随机变量。

学习完本章后，能够掌握随机数的基本性质和生成技术，理解并能够应用均匀性和独立性检验评估随机数的质量，掌握使用反变换法、卷积法和舍选法生成服从各种分布的随机变量的方法，学会如何在仿真建模中利用这些方法生成所需的随机数流，从而提高模型的有效性和准确性。

练　习　题

1. 如何将[0,1]均匀分布的随机数转换为[−11,17]均匀分布的对应数值？

2. 使用线性同余法生成 10 个两位数的随机整数，以及对应的随机数。令 $X_0=27$，$a=8, c=47, m=100$。

3. 不实际计算任何 X_i，判断下列混合线性同余发生器(LCG)中，哪些具有满周期：

(1)$X_i=(13X_{i-1}+13)\bmod 16$

(2)$X_i=(12X_{i-1}+13)\bmod 16$

(3)$X_i=(13X_{i-1}+12)\bmod 16$

(4)$X_i=(X_{i-1}+12)\bmod 16$

4. 已经生成一组随机数:0.54,0.73,0.98,0.11 和 0.68,运用 K-S 方法($\alpha=0.05$)检验这组数据在[0,1]区间均匀分布的假设是否被拒绝。

5. 对于最小值为 1、最大值为 10、众数为 4 的三角分布,创建一个随机变量生成器,生成 1 000 个随机变量值。计算样本均值,并将样本均值与理论均值进行比较。

6. 服从某概率分布的随机变量的取值范围为 $0\leqslant x\leqslant 2$,累积分布函数为 $F(x)=x^4/16$。创建一个随机变量生成器,生成 1 000 个随机变量值。计算样本均值,并将样本均值与该分布的理论均值进行比较。

7. 离散型随机变量 X 的累积分布函数为

$$F(x)=\frac{x(x+1)(2x+1)}{n(n+1)(2n+1)},x=1,2,\cdots,n$$

当 $n=4$ 时,利用随机数 $R_1=0.83,R_2=0.24,R_3=0.57$ 生成随机变量 X 的三个值。

8. 通过观察,自动化仓库输送皮带机的无故障运行时间服从韦布尔分布,参数为 $\beta=2$,$\alpha=10$。利用式(7.11)生成 5 个服从韦布尔分布的随机变量值。所需 5 个随机数可用 Excel 电子表格软件生成。

9. 已知提前期服从均值为 3.7 d 的指数分布,根据该分布生成 5 个提前期的随机变量值。

第8章 输入建模

为使用随机输入如到达间隔时间或需求量进行仿真，首先需要指定其概率分布；然后仿真模型的输入随机变量服从特定的分布，并根据这些分布生成随机变量值，仿真随时间向前推进。第7章讨论了根据不同概率分布生成随机变量值的方法，本章则讨论如何确定仿真模型的输入概率分布。根据对随机变量特性的了解程度，在确定其模型时，一般会遇到三种情况：一是随机变量分布的类型已知，需要由观测数据确定该分布的参数；二是需要由观测数据确定随机变量概率分布类型，并在此基础上确定其参数；三是当已有的观测数据难以确定该随机变量的理论分布形式时，则需要定义一个经验分布。

8.1节介绍仿真模型中的输入数据使用方法和理论分布建模的一般步骤；8.2节讨论数据收集的相关问题和建议；8.3节就连续分布及离散分布观测数据的预处理方法进行讨论，并在此基础上进行分布类型的假设；8.4节介绍建议使用的参数估计量及其计算方法；8.5节介绍三种拟合优良度的检验方法，解释了 p 值的定义，说明如何使用软件进行最佳拟合；8.6节讨论输入分布选择的一般步骤和拟合非平稳泊松过程的方法，并给出选择无数据输入模型的建议。

8.1 输入建模概述

对于现实环境中的仿真应用，从时间和资源需求的角度看，为输入数据选择合适的分布是一项主要的工作。无论研究人员的技能如何优秀，有欠缺的输入模型总是会导致错误的输出，而据此给出的分析则可能产生误导性建议。

8.1.1 仿真模型中的输入数据使用方法

如果有可能收集到相关的输入随机变量观测数据，这些数据通常可以用以下方法在仿真模型运行时使用：

(1)在仿真中直接使用数据值本身。例如，如果数据代表地铁发车间隔时间，那么在仿真中一旦需要，就使用一个数据值，也称为跟踪驱动仿真。

(2)以某种方式使用数据值本身来定义一个经验分布函数(见6.5节)。例如，如果数据代表交通方式选择的概率，当仿真中需要选择不同的交通方式时，就可以从该经验分布中采样。

(3)使用统计推理的标准方法将收集到的数据拟合成一个理论分布，例如拟合为一个指数分布或韦布尔分布，如果用具有一定参数值的某个特定的理论分布表示到达间隔时间，则当仿真需要生成到达实体时，就可以从该分布中采样。

方法 1 的缺点是仿真只能利用历史上已经出现过的数据，但这些数据可能不足以支持长时间的仿真运行或数据覆盖不足。方法 2 避免了这些缺点，因为至少对于连续数据来说，观测数据点之间的任何数值都可以生成。因此，方法 2 一般好于方法 1。当然，方法 1 也有它的用处，例如，对一个分销中心规划的仓储系统与现存系统进行比较，对每个订单来说都有到达时间、所要求产品的清单及每个产品的数量。如果对某段时间（例如一个月）的订单流进行建模，则可以采用方法 1，即使用历史订单流数据进行仿真。方法 1 也常用于模型确认，即将仿真模型的输出与实际系统本身的输出进行比较。

如果能够找到某个理论分布相当好地拟合了观测的数据分布，与方法 2 相比，方法 3 会更好一些，原因如下：

(1)经验分布函数可能存在某些“不规则性”，特别是如果只有数量很少的可用数据时更是如此，而理论分布则对数据进行了平滑处理且可以提供整个分布的信息。

(2)如果按照经验分布采样，就不可能在仿真中生成观测数据范围之外的数据，但实际上被仿真系统的很多性能度量都严重依赖于“极端”事件发生的概率（例如生成非常大的服务时间），使用拟合的理论分布就可以生成观测数据范围之外的数据。

(3)理论分布是表达一组数据值的简便方法，而如果经验分布数据集很大时，则必须在计算机中输入并存储大量的数据。

(4)理论分布易于更改。例如，假设一组到达间隔时间能够较好地拟合成均值为 1 的指数分布，如果研究需要了解将到达速率增加 10%后对所研究系统的影响，则只需要将指数分布的均值改为 0.909 即可。

但是，在没有合适的理论分布情况下，例如，数据由两个以上的异构总体混合而成，则建议使用经验分布。理论分布的缺点是可能生成一个非常大的数值，虽然其概率很小，例如，调查发现出发旅客提前到达铁路车站的时间少有超过 120 min 的，因此，如果将旅客提前到站时间拟合为对数正态分布的话，就可以在 120 min 处截断拟合的对数正态分布，这意味着任何通过该分布生成的时间超过 120 min 都将被限制为 120 min。

8.1.2　理论分布建模一般步骤

输入建模为仿真模型提供驱动力。在排队系统仿真中，典型的输入模型是到达间隔时间和服务时间的概率分布；对于一个库存系统仿真，输入模型包括需求量和提前期的概率分布；对于可靠性仿真，设备无故障工作时间的概率分布也是输入模型。在实际的仿真应用中，从时间和资源需求的观点来看，提出输入数据的适当分布是一项主要任务，通常建立一个仿真系统的输入数据模型需要四个步骤：

(1)从现实系统中收集数据。

这通常需要足够的时间和资源来支持，然而，在某些情况下收集数据是不可能的，例如，时间极度有限、输入过程还不存在或法律和规则禁止收集数据的情况。当数据无法获取时，就需要依靠专家意见、工作人员的实际经验和建模者的知识水平来做出有根据的猜测。

(2)识别能表示输入过程的概率分布。

当可以获得数据时，这一步骤基本上是从找出数据的频度分布或绘制直方图开始。在已知频度分布和输入过程的条件下，可以选择一簇分布，在 6.2 节、6.3 节描述的几种常用的理论分布往往能够提供非常好的近似。

(3)估计参数，以便在分布簇中确定一个特定的理论分布。

分布簇是指一组具有相同数学形式但参数不同的概率分布，当可以获得数据时，可以利用数据估计出分布的参数。

(4)评价所选分布和相关参数的拟合优良度。

拟合优良度可以通过非正规的方法评估，如图表法，也可以采用正规的方法来评估，如统计检验方法。卡方检验、K-S 检验和 A-D 检验是标准的拟合优良度检验方法。

如果认为所选的分布对数据的近似不令人满意，则转到步骤 2，重新选择一个分布，并重复拟合优良度的检验过程。如果几次迭代都无法实现假设分布和所收集数据之间的拟合，则可采用 6.5 节描述的方法构造经验分布。

8.2 数据收集

在解决实际问题时，数据收集是工作量最大也是最重要的任务之一，在仿真项目研究中也同样如此，而且即便能得到数据，这些数据也很少能够被仿真模型直接使用。因此，在建立仿真模型之前，一个前期步骤就是确定模型需要什么数据。通常，收集及准备这些数据是一件非常耗时而且耗力的事情，数据的可用性和品质会影响建模方法和模型所能够达到的细节水平。

8.2.1 收集数据的特性

输入建模关注的是统计方面的问题，即针对实际数据拟合符合它的概率分布，该分布用于把输入数据导入到仿真模型之中。比较常见的情况是使用数据分析软件(如 MatLab、Origin 或 SPSS)进行分析，软件总是会拟合出某个概率分布。然而，在进行拟合之前，不仅需要有精确的、与所研究问题相关的可用数据，还需要充分了解这些数据的特征。下面通过几个实例来进行说明。

1. 陈旧数据

例如铁路车站的实名制验票，随着人脸识别技术的发展，以及人们对设备熟悉程度的提高，实名制验票的时间也越来越短。再比如自动检票闸机，随着技术的进步，设备显著缩短了识别时间、提高了通行效率。因此，以前可用的数据可能会因为技术的发展、设备的更新及其他原因而成为陈旧数据，从而变得不再适用。

2. 非预期数据

例如，出于安全目的，旅客在进入车站时行李包裹需要通过安检机进行三品检查，本人则需要通过安检门进行金属探测检查。在对进站旅客流线进行仿真分析时，采集了 248 个通过安检设备旅客的时间数据，均值为 24 s，标准差为 23 s。可见，旅客进站安检时间的输入模型可以假设服从指数分布，因为指数分布的均值和标准差是相等的，且指数分布也常用于对排队系统的服务时间进行建模。

然而，在与车站安检工作人员进行讨论后发现，根据他们的经验，旅客通过安检设备一般仅需要 10 s 左右的时间。为此，分析人员绘制了，如图 8.1 所示的直方图。可见，旅客通过安检设备的时间由两个分布组成,大部分旅客通过安检设备的时候没有任何问题,而少部分旅客则需要开包进行人工检查,耽误了时间。因此,这些观察数据需要三个独立的输入模型来进行建模:一个针对未检查出问题的旅客,一个针对需要开包检查的旅客,还有一个模型针对旅客需要开包检查的可能性。从这个例子可以看出,虽然指数分布可以与这些数据的统计特征相匹配,但拟合出来的指数分布遗漏了安检需要开包检查与否这一个关键特征,最终会导致仿真结果的不准确。

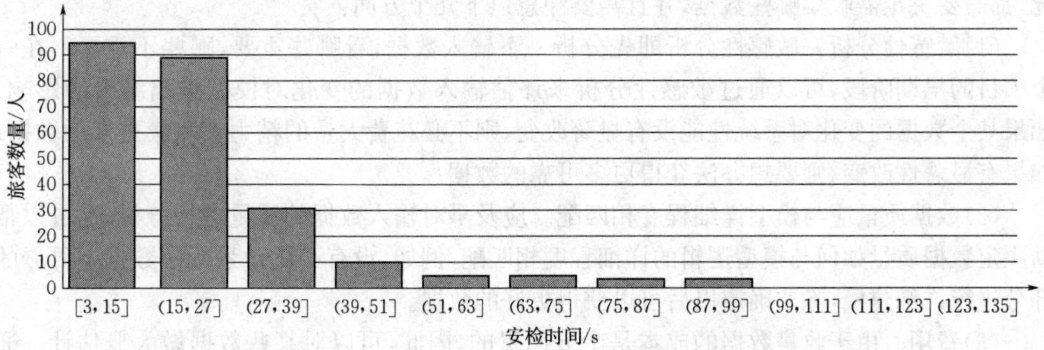

图 8.1　通过安检设备的 248 名旅客观测数据直方图

3. 时变数据

例如,某地铁站运营时间从早上 6:00 到晚上 11:00,数据显示地铁站平均每天的客流量约为 20 000 人次。由于泊松分布常用于对固定时间或空间范围内随机事件发生的数量进行建模,因此可以采用泊松分布拟合乘客到达人数,正如在 6.4.3 节所讨论的,当乘客到达数量服从泊松分布时,则乘客到达间隔时间一定服从指数分布,因此估计到达率约为 1 200 人/h。

这样的分析看似合理,并且选择泊松分布也得到了现有数据的支持,然而,考虑到数据统计是以 17 个小时为基准,这就掩盖了地铁车站的一个重要特性,即通常每天中的每一小时(如早晚高峰)、每周中的每一天(如周末)、一年中的不同时间(如节假日),乘客到达率都是不同的,会随着时间变化而变化。这种随时间变化的数据就称为**时变数据**。因此,为了更好地仿真地铁车站乘客到达,拟合为非平稳泊松过程会更合适。

4. 非独立数据

例如,某大型零售商从其供应链系统所使用的订单数据库中提取了某品牌运动饮料的月需求,就这些数据的简单输入模型而言,每个月的需求都是相互独立的,且具有相同的分布。检验此类数据是否服从相同分布的一种非正式方法是将需求数据按照时间顺序绘制图形,以观测其趋势(如需求随时间递减)或季节性变化(需求量呈某种规律性循环特性,如某种商品每年夏季需求较高,冬季则需求较低)。具有趋势性或季节性的数据,通常首先要进行去趋势化处理,这个过程旨在移除数据中的长期趋势和周期性成分,以便更清楚地观察和分析数据的其他特征,如波动性和随机性。一般要针对趋势或季节模式建模,然后再对处理后的数据进行分布拟合。

8.2.2　数据收集的建议

从收集数据的内容上看,大多数仿真模型都需要较为全面的关于时间推延的信息,例如,到达间隔时间、服务时间、运输时间等。在很多情况下也需要估计概率,例如,旅客选择不同交通方式的比例、对多个出口选择的概率、在车站问询的可能性等。

1. 需要关注的问题

在对所研究的系统收集数据时,通常会遇到两种情况:一种情况是,仿真所研究的系统实际存在,这样会有大量现成的可用数据;另一种情况是,对一个全新的系统进行仿真,或者对现有的系统做较大改动时进行仿真,这时可能几乎没有任何数据可用。但不论是何种情况,都需要决定需收集哪些数据,并且需要注意以下几个方面:

(1)敏感性分析。敏感性分析即先分析一下输入数据,看哪些重要,哪些不重要。在一个项目的早期阶段,可以通过敏感性分析来评估输入数据的变化对模型输出结果的影响。如果某个数据的变化对系统性能没有显著改变,则不必花费大量的精力去收集更多的数据;如果有显著性改变,则要想办法获得更多可靠的数据。

(2)数据质量应与模型详细程度相匹配。应及早对输入数据的质量进行分析,这可以帮助决定数据质量如何与模型逻辑的详细程度相匹配,例如,没有必要对系统中数据不可靠的部分进行详细建模,除非确定以后可以获得更好的数据。

(3)费用。由于收集数据的成本是十分昂贵的,因此,可以对某些数据做大概估计。通过敏感性分析,可以大致了解数据的取值对仿真结果与建议的影响程度。

(4)输入数据的质量直接决定了输出结果的有效性和可靠性。切记,从仿真模型中得出的结果和建议完全依赖于模型本身和输入模型的数据。有时即使模型结构是正确的,如果输入数据收集得不准确、分析不恰当,或不能代表环境,那么仿真输出结果用于制定决策时,就可能会导致浪费甚至是破坏。

2. 收集数据的建议

在仿真研究收集数据过程中,可以从实际经历中得到很多经验教训,一些有助于有效收集数据的建议如下:

(1)在制定项目计划时要包含收集数据的时间。可以设计一个表格帮助进行数据收集,在可能的情况下也可以对实际系统进行录像,然后通过视频分析数据。在数据由其他人收集或自动收集(例如通过传感器收集数据)的情况下,要确保有足够的时间来将数据转化为可用的形式。

(2)在收集数据的同时,试着分析数据。一方面要弄清楚所收集的数据是否足够,另一方面要评估某些收集的数据在仿真中的有用性,没有必要收集多余的数据。

(3)试着合并相似的数据集。检查连续的时间周期和连续几天内相同时间周期数据的相似性。例如检查地铁车站 14:00—15:00 与 15:00—16:00 的乘客到达数据是否具有相似性,或者检查周四和周五这两天地铁车站 14:00—15:00 的乘客到达数据是否具有相似性。可以用一个双样本的 t 检验判断两个分布的均值是否相同,也可以借助分位点—分位点图进行分布的等价性检验。

(4)可以绘制散点图来揭示两个变量之间是否有关系。有时一系列看似无关的观测数据实际上却是自相关的,要考虑到这种可能性。在连续时间周期或排队系统中连续出现顾客的情况下,可能会出现自相关性。

(5)要明确输入数据与输出数据或性能数据之间的区别,并确保收集的是输入数据。输入数据通常用来表示那些不受系统控制或影响的不确定数据，并且不会随着系统的改进而发生变化。而输出数据表示的是系统性能，它取决于输入数据和系统结构，是系统研究试图改进的目标。

8.2.3 评估样本独立性的方法

本章讨论的很多统计方法都有一个重要的前提假设，即观测值 $X_1,X_2,\cdots,X_n$ 是某个基本分布的独立的样本，例如极大似然估计和卡方检验都假设了独立性。如果关于独立性的假设不成立，那么这些统计方法也许是无效的。

有时候收集到的观测数据在时间上是相关的，例如，2.1 节实例中的铁路车站自动售票机单服务台排队系统，令 $X_1,X_2,\cdots,X_n$ 表示相继到达系统的旅客在队列中的延误时间，如果旅客的到达间隔时间均值接近服务时间，则系统会产生拥堵，因而 X_i 会是高度正相关的。

通常，评估观测数据 $X_1,X_2,\cdots,X_n$（按收集的时间顺序列出）是否独立有两种非正式的图形方法，即相关系数图和散点图。

1. 相关系数图

样本相关系数 $\hat{\rho}_j\,(j=1,2,\cdots)$ 是时间上相差 j 个观测值的两个观测数据之间真实相关系数 ρ_j 的估计，且 $-1\leqslant\rho_j\leqslant 1$。假设 $X_1,X_2,\cdots,X_n$ 是独立同分布的随机变量的观测值，则样本均值为

$$\overline{X}(n)=\frac{\sum_{i=1}^{n}X_i}{n}$$

样本方差为

$$S^2(n)=\frac{\sum_{i=1}^{n}\left[X_i-\overline{X}(n)\right]^2}{n-1}=\frac{\sum_{i=1}^{n}X_i^2-n\overline{X}^2}{n-1}$$

那么 ρ_j 可由式(8.1)估计：

$$\hat{\rho}_j=\frac{\hat{C}_j}{S^2(n)} \tag{8.1}$$

其中

$$\hat{C}_j=\frac{\sum_{i=1}^{n-j}\left[X_i-\overline{X}(n)\right]\left[X_{i+j}-\overline{X}(n)\right]}{n-j} \tag{8.2}$$

如果观测数据 $X_1,X_2,\cdots,X_n$ 是独立的，那么对于 $j=1,2,\cdots,n-1$，则有 $\rho_j=0$。然而，即使 $X_1,X_2,\cdots,X_n$ 是独立的，$\hat{\rho}_j$ 也不一定严格等于 0，因为 $\hat{\rho}_j$ 是均值不为 0 的随机变量的估计。但如果 $\hat{\rho}_j$ 与 0 有很大数量差异的话，那么这是说明 X_i 不是独立的的有力证据。

2. 散点图

观测数据 $X_1,X_2,\cdots,X_n$ 的散点图是点 (x_i,x_{i+1}) 的图形表示，其中，$i=1,2,\cdots,n-1$。简单起见，假设 X_i 都非负。如果 X_i 是独立的，则点 (x_i,x_{i+1}) 将会随机地落在 (x_i,x_{i+1}) 平面的第一象限内。散点的性质会依赖于 X_i 的基本分布，如果 X_i 是正相关的，那么这些

点会在第一象限内趋于排列成一条正斜率的直线；如果 X_i 是负相关的，那么点就会在第一象限内趋于排列成一条负斜率的直线。

实例 8.1　指数分布样本独立性评估

随机生成均值为 1 的指数分布的 100 个随机变量值，图 8.2 给出了这 100 个独立观测数据的相关系数图($j=20$)和散点图。由图 8.2(a)中可以看出，样本的相关系数接近于 0，其绝对值最大达到 0.18；图 8.2(b)中的点(x_i，x_{i+1})随机落在第一象限内，也证实了指数分布数据的独立性。

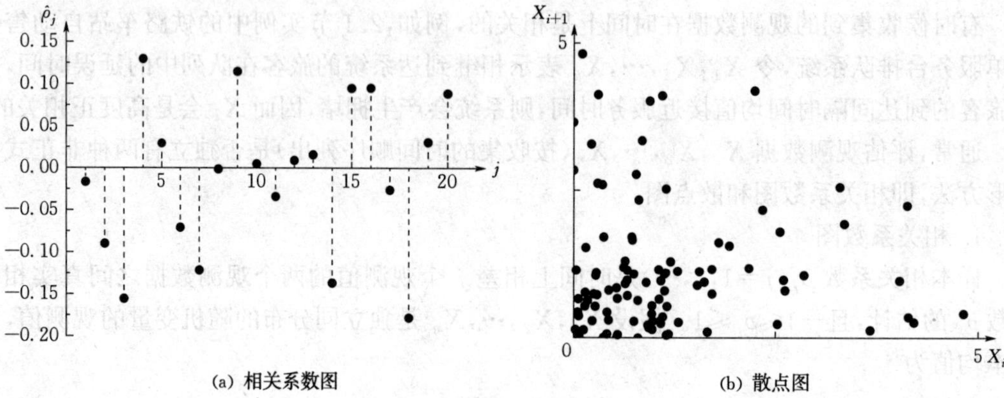

图 8.2　指数分布样本独立性评估

实例 8.2　旅客排队等待时间数据独立性评估

对 2.1 节实例中铁路车站自动售票机单服务台排队系统，采用 3.2 节建立的电子表格仿真模型可以算出 100 个旅客的排队等待时间。根据这 100 个样本数据，可以绘制排队等待时间的相关系数图和散点图，如图 8.3 所示，其中服务台利用率为 0.87。由图 8.3(a)中可以看出，对于 j 值较小时，$\hat{\rho}_j$ 很大，其值最大达到 0.88，随着 j 的增大，$\hat{\rho}_j$ 趋近于 0；而散点图中的数据趋向于排成一个具有正斜率的直线。这与上文所述的队列中旅客排队等待时间正相关的推断是一致的。

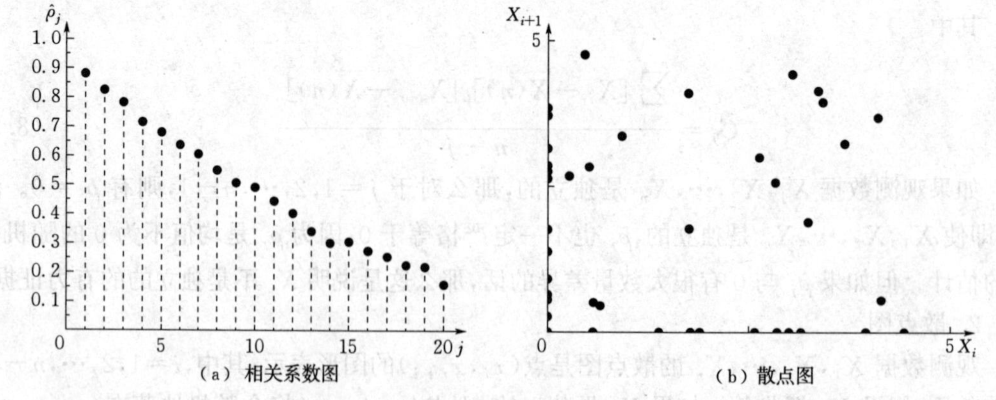

图 8.3　排队等待时间数据独立性评估

8.3 分布类型假设

由观测数据来确定随机变量的分布类型，最常用的方法是首先对观测数据进行适当的预处理，然后根据预处理的结果判断哪些常用分布形状上与其适合，最后对分布类型进行假设。本节主要就连续分布观测数据的预处理方法进行讨论，并在此基础上进行分布类型的假设。

8.3.1 一般建议

选择一个特定输入分布的第一步是要决定哪几类常用分布(例如指数分布、韦布尔分布或者对数正态分布)形状上与其适合，而暂时不考虑这些分布的具体参数值。在某些情况下，可以利用有关某个随机变量在系统中作用的先验知识来选择一个分布进行建模，或者至少选择一簇分布，这些都是基于理论来做出的，完全不需要任何数据。例如，如果感到顾客每次一人以不变的速率到达服务设施，并且在非相连时间区间内到达顾客数量是独立的，那么假设到达间隔时间是独立同分布的指数随机变量就有理论依据。

此外，一些离散分布(如二项分布、几何分布)都产生于物理模型，分布的范围也常常排除了采用某个分布建模。例如，服务时间不应该从正态分布中直接生成，因为任何正态分布生成的随机值都有可能是负的。大批零件中残缺零件数的比例也不应假设为伽马分布，因为比例必须在0和1之间，而伽马分布随机变量没有上限。在实际建模时，很少有足够的这类理论先验信息来选择单一的分布，但只要有先验知识就应当使用，但也建议要用数据对假设分布进行确认。

下文将介绍用于辨识数据分布类别的一般性方法，若观测数据来自连续分布，最常用的数据预处理方法有三种，即点统计法、直方图法及概率图法(正态分位点—分位点图)。

8.3.2 点统计法

点统计法是基于连续分布的变异系数特征来进行分布类型的假设，对观测数据的预处理则是计算其变异系数。**变异系数**计算公式如式(8.3)所示，其中，$\mathrm{Var}(x)$与$E(x)$分别为分布的方差和均值。

$$\delta=\frac{\sqrt{\mathrm{Var}(x)}}{E(x)} \tag{8.3}$$

例如，对于指数分布 $\exp(\beta)$，无论β为何值，$\delta=1$，因此当δ接近1时则建议分布是指数的。对于伽马分布$\Gamma(\alpha,\beta)$，$\delta=1/\sqrt{\alpha}$，那么若$\alpha<1$，则$\delta>1$；若$\alpha>1$，则$\delta<1$；而$\alpha=1$时，即为指数分布。

此外，对数正态分布的密度函数形状总是与图6.17中的相似，但它的δ可以是任意的正实数，因此，如果基本分布(观测的直方图)具有这种形状，且$\delta>1$，对数正态分布可能是比伽马分布和韦布尔分布更合适的随机变量模型。表8.1给出了常见分布的δ值计算公式及其取值范围，实际上，除了指数分布外，对表中其他分布，变异系数并不是很有用。

表 8.1　常用连续分布的变异系数

分布类型	δ 计算公式	δ 取值范围
$U(a,b)$	$(b-a)/[\sqrt{3}(a+b)]$	$(-\infty,\infty)$，除 0 以外
$\exp(\beta)$	1	1
$\Gamma(\alpha,\beta)$	$1/\sqrt{\alpha}$	$>1,\alpha<1$ $=1,\alpha=1$ $<1,\alpha>1$
$\mathrm{Weibull}(\alpha,\beta)$	$\left\{\dfrac{\Gamma\left(\frac{2}{\alpha}+1\right)}{\left[\Gamma\left(\frac{1}{\alpha}+1\right)\right]^2}-1\right\}^{1/2}$	$>1,\alpha<1$ $=1,\alpha=1$ $<1,\alpha>1$
$N(\mu,\sigma^2)$	σ/μ	$(-\infty,\infty)$，除 0 以外
$\mathrm{LN}(\mu,\sigma^2)$	$(\sigma^2-1)^{1/2}$	$(0,\infty)$
$\mathrm{B}(\alpha_1,\alpha_2)$	$\left[\dfrac{\alpha_1}{\alpha_2}(\alpha_1+\alpha_2+1)\right]^{-1/2}$	$(0,\infty)$
$\mathrm{triang}(a,b,c)$	$\dfrac{(a^2+b^2+c^2-ab-ac-bc)^{1/2}}{\sqrt{2}(a+b+c)}$	$(-\infty,\infty)$，除 0 以外

点统计法要对观测数据进行如下预处理：

$$\overline{x}(n)=\sum_{i=1}^{n}\frac{x_i}{n}$$

$$S^2(n)=\sum_{i=1}^{n}\frac{[x_i-\overline{x}(n)]^2}{n-1}$$

其中，$\overline{x}(n)$ 与 $S^2(n)$ 分别为观测数据 $x_1,x_2,\cdots,x_n$ 的均值和方差，则 δ 的似然估计为

$$\hat{\delta}=\frac{\sqrt{S^2(n)}}{\overline{x}(n)} \tag{8.4}$$

最后，根据 $\hat{\delta}$ 值计算结果，参照各类分布的变异系数 δ 的取值范围（表 8.1）来假设观测数据的分布类型。

用点统计法假设随机变量的分布形式虽然简单，但也存在一些问题。首先，从表 8.1 中 δ 的取值范围可以看出，这种方法不能唯一地确定分布的类型，因为许多分布的变异系数取值范围是重合的；其次，当样本均值为 0 时，变异系数无法定义；最后，变异系数估计值往往不十分可靠，由此所假设的理论分布会与真实分布有较大的出入。尽管如此，点统计法仍可作为分布假设的一种粗糙的指导性方法加以使用。

8.3.3　直方图法

直方图法是根据样本观测值 $x_1,x_2,\cdots,x_n$ 的分布所绘制的相应密度函数的基本图形估计，据此可以初步判断总体 X 的理论分布形式，是一种简易可行的方法。连续数据的直方图与理论分布的概率密度函数相对应，如果数据是连续的，则经过每个分组区间频度的中

心点画出来的线，其形状与理论分布概率密度函数曲线的形状是相似的。频率直方图的构造步骤如下：

步骤 1: 样本分组。

从 n 个观测数据中找出最大值 $x_{\max}$ 与最小值 $x_{\min}$，选取 b_0 略小于 $x_{\min}$，b_k 略大于 $x_{\max}$，然后将其等分成 k 个互不相交的子区间，每一个子区间即为一个样本分组。

应用直方图法的主要困难是对区间的划分，分组区间的数量通常依赖于所观测数据的数量和数据的离散程度。区间划分过粗或过细都不利于数据分布特征的识别，如果区间距离过大，则直方图会比较粗糙或呈块状，并且无法很好地表示它的形状和其他细节；如果距离过小，直方图会有毛刺且数据也不平滑。目前，对于分组数 k 的确定尚无一种权威方法。一般认为，分组数 k 可根据样本容量 n 来确定，当 n 较小时 k 也应取小些，反之则应取大些。相关资料提供的计算分组数的经验公式如下：

$$k=[1+3.2\ln n]$$

$$k=[\sqrt{n}]$$

$$k=[1+\log_2 n]=[1+3.322\lg n]\text{(Sturge 法)}$$

式中[ ]为舍尾取整的符号。

对不同样本容量的分组数建议值见表 8.2。

表 8.2 样本容量的分组数建议值

样本容量 n	组数 k
50 以内	5～7
50～100	6～10
100～250	7～12
250 以上	10～20

确定了分组数 k 之后，就可以方便地计算出相应的组距，即 $\Delta b=(b_k-b_0)/k$，并最终确定各分组的组边界 $b_1,b_2,\cdots,b_{k-1}$。

步骤 2: 计算分组频率密度。

设 $\mu_{i,j}$ 为样本值 $x_j(j=1,2,\cdots,n)$ 落入第 i 分组$(i=1,2,\cdots,k)$的逻辑值：

$$\mu_{i,j}=\begin{cases}1, & b_{i-1}\leqslant x_j<b_i\\0, & \text{其他}\end{cases}$$

于是第 i 分组的组频数可表述为

$$f(b_i)=\sum_{j=1}^{n}\mu_{i,j}$$

相应的组频率为

$$f'(b_i)=f(b_i)/n$$

进一步可确定其频率密度为

$$h(b_i)=f'(b_i)/\Delta b$$

步骤 3:编制频率分布表。

为方便使用,有必要将各分组区间、组中值、组频数、组频率及频率密度写成如表 8.3 所示的频率分布计算表。

表 8.3 频率分布计算表

分组区间	组中值	组频数	组频率	组频率密度
$[b_0,b_1)$	$(b_1-b_0)/2$	$f(b_1)$	$f'(b_1)$	$h(b_1)$
$[b_1,b_2)$	$(b_2-b_1)/2$	$f(b_2)$	$f'(b_2)$	$h(b_2)$
⋮	⋮	⋮	⋮	⋮
$[b_{k-1},b_k)$	$(b_k-b_{k-1})/2$	$f(b_k)$	$f'(b_k)$	$h(b_k)$

步骤 4:绘制频率分布直方图。

在 xOy 平面上,以 x 轴上各分组区间为底,$h(b_i)(i=1,2,\cdots,k)$为高作长方形,从而得到一列 k 个竖着的长方形,这就是频率直方图。图中第 i 个分组区间上的长方形的面积为 $f'(b_i)$,然后画一条曲线,使之经过各个长方形的顶边,于是就得出了概率密度函数 $f(x)$的近似曲线。容易看出,样本容量越大、分组越细,则所绘制的曲线将愈接近于总体 X 的概率密度函数曲线。

步骤 5:分布类型假设。

将所得的曲线与各种常见理论分布的概率密度函数曲线相对照,如第 6 章介绍的几个常用分布,即可对随机变量 X 的分布形式作出假设。指数分布、正态分布、泊松分布是实际中经常会遇到的,从计算角度来讲,这些分布并不难分析。分析伽马分布和韦布尔分布难度会稍大,因为它们的形状范围很宽,但在对隐含的概率过程进行建模时,需要认真考虑这些分布。如果假设了一个指数分布,但是却发现它与调查数据不拟合,可以进一步检查不拟合的位置,如果不拟合的位置位于分布的尾部,那么伽马分布或韦布尔分布可能会与数据有较好的拟合。

实例 8.3 某高速铁路车站高架落客区车辆到达间隔时间分布假设

为对某高速铁路车站高架落客区车辆到达间隔时间进行分析,收集到该站南高架落客区高峰时段内 261 组车辆到达间隔时间数据见表 8.4,试提出该总体的理论分布假设。

表 8.4 车辆到达间隔时间观测数据 单位:s

261 组车辆到达间隔时间观测数据										
3.441	1.548	2.536	3.665	2.363	5.331	2.622	1.290	7.528	6.543	4.900
1.377	1.075	2.064	7.397	0.473	4.901	3.623	1.129	0.245	3.827	7.530
2.623	0.213	3.808	5.031	1.032	0.376	5.677	4.597	0.774	8.302	0.771
1.335	2.107	6.364	3.439	2.495	2.909	13.202	8.255	0.771	1.463	8.169
6.664	2.753	3.268	8.299	0.559	0.258	0.730	1.906	6.136	1.243	0.688
6.579	2.923	17.157	7.449	3.959	4.988	11.92	13.803	1.559	1.504	3.708

续上表

261组车辆到达间隔时间观测数据										
0.637	8.854	13.588	9.509	4.430	11.911	6.418	3.870	10.363	3.627	0.474
5.800	0.778	6.626	0.943	14.877	1.501	1.448	0.690	1.548	10.188	1.719
2.106	1.166	2.881	2.334	6.365	0.948	3.699	2.538	4.042	3.783	6.966
3.755	10.536	2.407	1.591	5.031	1.463	1.762	0.459	2.188	2.150	0.946
1.893	4.679	8.415	6.021	7.053	0.601	1.118	0.345	9.761	6.786	4.945
7.309	2.709	2.278	1.678	13.148	1.979	18.597	9.460	0.387	0.516	1.375
7.362	0.945	3.268	0.73	1.678	0.644	0.559	3.060	2.721	1.510	3.312
1.461	10.106	2.016	9.588	4.342	2.107	1.807	8.515	4.817	5.891	8.244
1.333	6.188	5.195	1.469	4.213	6.447	10.237	1.751	2.401	1.678	4.114
1.175	6.407	16.354	1.763	4.207	14.676	2.109	2.966	9.510	21.68	0.172
1.678	1.807	0.903	1.724	0.431	11.959	3.311	5.588	7.653	6.455	20.947
1.118	0.729	4.128	3.698	1.892	20.28	7.831	0.611	1.033	1.247	1.588
0.689	5.547	0.904	3.101	2.838	2.486	5.064	2.267	14.318	5.806	2.234
4.199	2.014	3.347	1.419	1.849	0.864	1.595	1.160	3.402	5.381	0.422
4.099	5.840	0.225	1.978	9.502	4.473	0.457	0.847	18.436	2.540	5.414
3.239	7.141	5.927	0.910	12.941	1.032	7.626	3.139	3.568	0.559	11.267
5.546	1.034	22.845	1.763	7.267	3.526	0.818	1.979	3.526	2.281	6.449
7.869	1.377	0.603	1.075	3.138	4.171	1.074	6.621	—	—	—

1. 点统计法

根据观测数据计算，可得到均值和方差为

$$\overline{X}(261)=4.404$$

$$S^2(261)=18.146$$

于是所估计的变异系数为

$$\hat{\delta}=\sqrt{S^2(261)}/\overline{X}(261)=\sqrt{18.146}/4.404\approx 0.967$$

由于变异系数相当接近于1，因此，根据表 8.1 可以假设该观测数据服从指数分布，其参数 $\hat{\beta}=4.404$。

2. 直方图法

由观测数据容易看出最小值为 0.172，最大值为 22.845。因此，可令 $b_0=0, b_k=23$。将表 8.4 中观测数据的取值范围划分成若干个等宽度区间，每个区间的宽度 Δb 分别取 0.6，4.6 和 1.75，得到三个直方图如图 8.4 所示。

比较图 8.4 中的三个图形可知，当 $\Delta b=1.75$ 时图形比较平滑。因此，令 $b_0=0, b_k=23$，$k=14$，根据观测数据将计算得到的结果计入表 8.5 中。

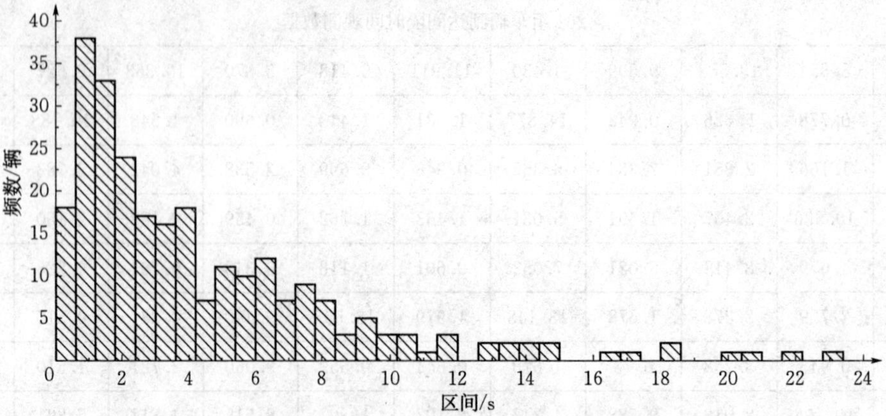

（a）$\Delta b=0.6$，区间距离过小——有毛刺的直方图

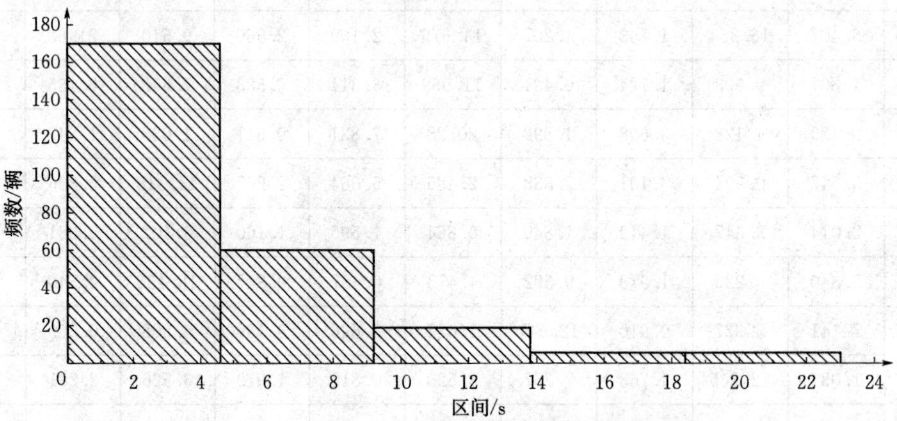

（b）$\Delta b=4.6$，区间距离过大——粗糙的直方图

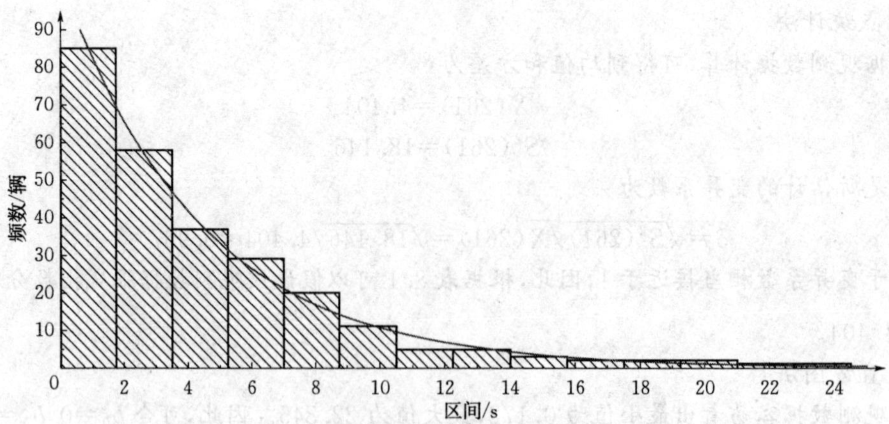

（c）$\Delta b=1.75$，区间划分合理的直方图

图 8.4　有毛刺的、粗糙的、区间划分合理的直方图

表 8.5　车辆到达间隔时间频率分布计算结果

组序号	分组区间	组中值	组频数	组频率	组频率密度	累积频率
1	0.00～1.75	0.875	85	0.326	0.186	0.326
2	1.75～3.50	2.625	58	0.222	0.127	0.548
3	3.50～5.25	4.375	37	0.142	0.081	0.690
4	5.25～7.00	6.125	29	0.111	0.063	0.801
5	7.00～8.75	7.875	20	0.077	0.044	0.877
6	8.75～10.50	9.625	11	0.042	0.024	0.920
7	10.50～12.25	11.375	5	0.019	0.011	0.939
8	12.25～14.00	13.125	5	0.019	0.011	0.958
9	14.00～15.75	14.875	3	0.011	0.007	0.969
10	15.75～17.50	16.625	2	0.008	0.004	0.977
11	17.50～19.25	18.375	2	0.008	0.004	0.985
12	19.25～21.00	20.125	2	0.008	0.004	0.992
13	21.00～22.75	21.875	1	0.004	0.002	0.996
14	22.75～23.00	22.875	1	0.004	0.002	1.000

表 8.5 给出了某高速铁路车站高架落客区高峰期车辆到达间隔时间频率分布的计算过程，由分组区间和组频数描述的直方图 8.4(c)可知，其形状与指数分布概率密度函数曲线相似，因而，可以假设该观测数据服从指数分布。车辆到达间隔时间累积频率分布形状如图 8.5 所示。

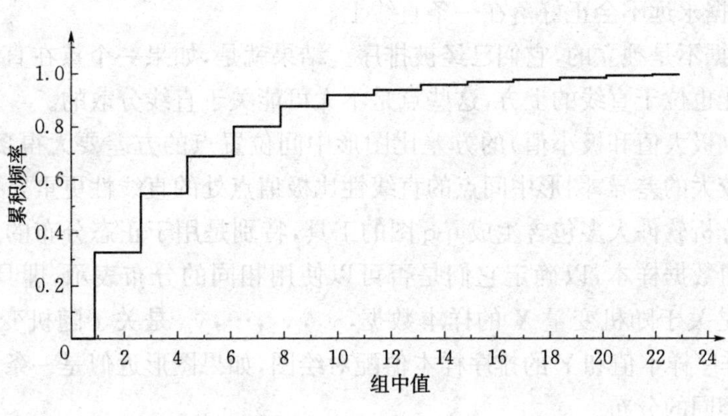

图 8.5　车辆到达间隔时间累积频率分布

8.3.4　概率图法

在采用直方图法估计所选分布时，如果只有少量数据点，例如少于 30 个，则直方图的毛刺情况会很严重。此外，由于在绘制直方图和假设分布类型时，要依赖于直方图区间宽度的设定，而且即使区间设置得合适，将数据分组后与连续概率密度函数图形之间的比较也很困难。

概率图法也是一种图形化的比较方法，它将观测数据 $X_1,X_2,\cdots,X_n$ 的真实分布的估计与拟合分布的分布函数作对比。然而，正如前面第 6 章所述，很多分布函数都具有某类“S”形状，而观测“S”形状曲线之间的相似性或差异性是很困难的。但大多数时候都可以分辨出一组绘制点靠近直线是多还是少，概率图方法就是将比较分布函数的问题简化为寻找直线的问题。

对于评价分布拟合来说，**分位点—分位点图**(q-q 图)是一种非常有用的工具，其原理说明如下：

如果 X 是累积分布函数为 $F(x)$ 的随机变量，则 X 的 q 分位点是满足 $F(\gamma)=P(X\leqslant\gamma)=q\,(0<q<1)$ 的数值 γ。当 F 可逆时，记为 $\gamma=F^{-1}(q)$。

若 $\{x_i, i=1,2,\cdots,n\}$ 是来自随机变量 X 的数据样本，首先将观测数值按从小到大的顺序排列，排序后记为 $\{y_j, j=1,2,\cdots,n\}$，其中 j 表示顺序号，则有 $y_1\leqslant y_2\leqslant\cdots\leqslant y_n$。因此，对于最小值，$j=1$；对于最大值，$j=n$。q-q 图是建立在 y_j 是 X 的 $(j-1/2)/n$ 分位点的一个估计这一事实基础上的，即 y_j 是 $F^{-1}\left(\dfrac{j-1/2}{n}\right)$ 的近似。

现在，假定已经选择了一个累积分布函数为 F 的分布作为 X 的分布的一个可能的表示，如果 F 是合适分布的话，则 y_j 对于 $F^{-1}((j-1/2)/n)$ 的图形将**近似是一条直线**。如果 F 属于一个合适的分布簇，并且有一个合适的参数值，则直线的斜率为 1。如果假设的分布不合适，则这些点经常会以某种规律的方式从直线偏离。

注意，是否拒绝某个假设分布的决定往往是主观做出的。在评价一个 q-q 图的线性特征时，需要注意以下几个方面：

(1)观测数据永远不会正好落在一条直线上。

(2)观测数据不是独立的，它们已经被排序。结果就是，如果一个点在直线的上方，那么下一个点很可能也位于直线的上方，这些点是不大可能关于直线分散的。

(3)极值点(极大值和极小值)的方差比图形中间位置点的方差要大得多，因此，在极值点处可以接受较大的差异，图形中间点的直线性比极值点处的直线性更重要。

现代数据分析软件大多包含生成 q-q 图的工具，特别是用于正态分布的工具。q-q 图还可用于比较两组数据样本，以确定它们是否可以使用相同的分布表示，即具有同一性。若 $x_1,x_2,\cdots,x_n$ 是关于随机变量 X 的样本数据，$y_1,y_2,\cdots,y_n$ 是关于随机变量 Y 的样本数据，使用 X 的排序样本值和 Y 的排序样本值配对绘图，如果图形近似是一条直线，就说明两个样本值服从相同的分布。

实例 8.4　某高速铁路车站高架落客区车辆到达间隔时间 q-q 图比较

将表 8.4 中的观测数据首先按从小到大的顺序排列，样本均值为 4.404，可作为假设指数分布的均值估计，然后对有序观测值做逆运算，得到 q-q 图如图 8.6 所示。从图中观察直线性可知，q-q 图比较结果支持了指数分布的假设。

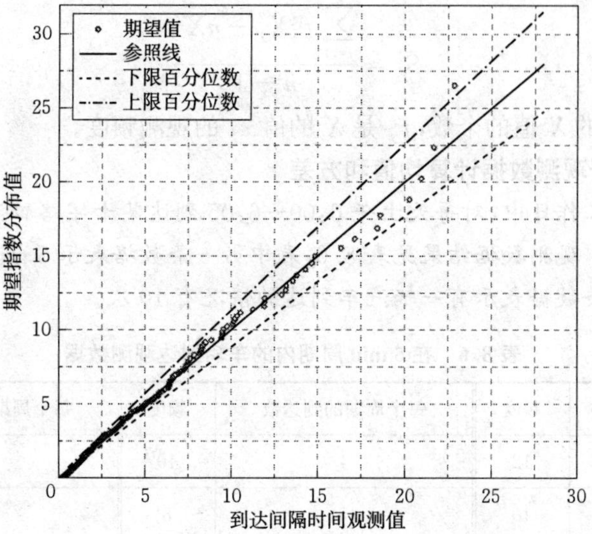

图 8.6　车辆到达间隔时间的 q-q 图

8.4　参数估计

在选定假设的分布簇后，下一步就是估计这个分布的参数，以完全确定理论分布并用于仿真研究。现今，许多统计软件，如 SPSS 和 Origin，都能够很方便地计算出这些估计值。

8.4.1　样本均值和样本方差

在许多研究中，样本均值（或者是样本均值和样本方差）被用来估计假设分布的参数，下面给出了三组公式用来计算样本均值和样本方差。

（1）当能够得到离散的或连续的原始数据时，如果一个容量为 n 的样本的观测值是 x_1，x_2，…，x_n，则样本均值的计算公式为

$$\overline{X}=\frac{\sum_{i=1}^{n}X_i}{n} \tag{8.5}$$

样本方差的计算公式为

$$S^2=\frac{\sum_{i=1}^{n}X_i^2-n\overline{X}^2}{n-1} \tag{8.6}$$

（2）如果数据是离散的，并且已经被分组到一个频度分布中，则样本均值的计算公式为

$$\overline{X}=\frac{\sum_{j=1}^{k}f_jX_j}{n} \tag{8.7}$$

样本方差的计算公式为

$$S^2=\frac{\sum_{j=1}^{k} f_j X_j^2 - n\overline{X}^2}{n-1} \tag{8.8}$$

式中，k 是不同的 X 值的个数，f_j 是 X 的值 x_j 的观测频度。

实例 8.5　根据观测数据计算均值和方差

在每周的 5 个工作日中，对每天上午 6:00—6:05 到达某十字路口某方向的车辆进行观察，一共观察 20 周。观测数据结果见表 8.6，表中第一条数据表示 5 min 内没有车辆到达的情况有 12 次，第二条数据表示有一辆汽车到达的情况有 10 次。

表 8.6　在 5 min 周期内的车辆到达观测数据

每个周期的到达数	频度	每个周期的到达数	频度	每个周期的到达数	频度
0	12	4	10	8	5
1	10	5	8	9	3
2	19	6	7	10	3
3	17	7	5	11	1

分析表中的数据可知，$n=100$，$f_1=12$，$x_1=0$，$f_2=10$，…。利用式(8.7)和式(8.8)计算样本的均值和方差，计算过程和结果如下：

$$\overline{X}=\frac{12\times0+10\times1+\cdots+1\times11}{100}=\frac{364}{100}=3.64$$

$$S^2=\frac{(12\times0^2+10\times1^2+\cdots+1\times11^2)-100\times3.64^2}{100-1}\approx7.63$$

(3)如果值是连续的，在可能的情况下，使用原始数据是更好的选择。然而，有时数据是在被放入分组区间后才获得的，那么就不再有可能获得精确的样本均值和样本方差。在这种情况下，样本均值和样本方差可以由下面的等式近似计算：

$$\overline{X}\doteq\frac{\sum_{j=1}^{c} f_j m_j}{n} \tag{8.9}$$

$$S^2\doteq\frac{\sum_{j=1}^{c} f_j m_j^2 - n\overline{X}^2}{n-1} \tag{8.10}$$

式中，f_j 是第 j 个分组区间的观测频度，m_j 是第 j 个分组区间的组中值(中点)，c 是分组区间的个数。

实例 8.6　利用频率分布计算表数据计算均值和方差

假设表 8.4 中的原始数据丢失了，然而表 8.5 中的数据依然可以使用，为了求均值和方差，则可以使用式(8.9)和式(8.10)，计算过程和结果如下：

$$\overline{X}\doteq\frac{85\times0.875+58\times2.625+\cdots+1\times22.875}{261}=\frac{1\,151.625}{261}\approx4.412\,4$$

$$S^2 \doteq \frac{(85\times 0.875^2+58\times 2.625^2+\cdots+1\times 22.875^2)-261\times 4.4124^2}{261-1}$$

$$\approx\frac{9\,732.203\,1-5\,081.379\,8}{260}$$

$$\approx 17.887\,8$$

由变异系数公式(8.4)估计变异系数为

$$\hat{\delta}=\frac{\sqrt{17.887\,8}}{4.412\,4}\approx 0.958\,5$$

8.4.2　建议使用的估计量

为了对假设的分布进行检验，首先需要估计分布参数的数值。表 8.7 给出了仿真中常用分布的建议估计，这些估计都是建立在原始数据上的极大似然估计。在没有数据可以获得时，经常使用三角分布。在只能得到最小值和最大值时，可以使用均匀分布。

表 8.7　仿真中建议使用的常用分布的估计量

分　布	参　数	建议使用的估计量
泊松分布	α	$\hat{\alpha}=\overline{x}$
指数分布	λ	$\hat{\lambda}=1/\overline{x}$
伽马分布	β,θ	$\hat{\beta}$(见附录 A 表 A-7)，$\hat{\theta}=1/\overline{x}$
正态分布	μ,α^2	$\hat{\mu}=\overline{x}$，$\hat{\sigma}^2=S^2$(无偏的)
对数正态分布	μ,α^2	$\hat{\mu}=\overline{x}$(数据取自然对数之后)，$\hat{\sigma}^2=S^2$(取数据的自然对数之后)

需要注意的是，参数是一个未知的常量，但估计量是一个统计量(或随机变量)，因为估计量是依赖于样本值的。为了清楚地区别二者，以泊松分布为例，参数采用 α 表示，而估计值则用 $\hat{\alpha}$ 表示。

实例 8.7　指数分布参数计算

假设实例 8.3 中的数据服从指数分布，则参数估计 $\hat{\lambda}$ 可以使用下式通过 $\overline{X}$ 计算得到：

$$\hat{\lambda}=\frac{1}{\overline{X}}=\frac{1}{4.404}\approx 0.227$$

8.5　拟合优良度检验

由观测数据假设了分布的类型并估计出参数之后，接下来就需要检验该分布与这些观测数据拟合的程度，即进行拟合优良度检验。然而，在实际应用中根本就不存在唯一正确的分布。尤其重要的是，要清楚样本容量的影响，如果只有很少的数据可用，那么拟合优良度检验可能不拒绝任何备选分布；但是，如果有很多的数据可用时，那么拟合优良度检验可能会拒绝所有的备选分布。

8.5.1 卡方检验

卡方拟合优良度检验(chi-square goodness-of-fit test),也可写为χ^2检验,是在总体的分布未知时,根据样本$x_1,x_2,\cdots,x_n$来检验关于总体分布假设的一种方法,是将比较数据直方图和备选分布概率密度函数或概率质量函数这种直觉上的想法的形式化。当采用极大似然估计来估计参数值时,这种检验对于大样本的离散或连续分布假设是有效的。

假设如下:

H_0:总体x的分布函数为$F(x)$。

H_1:总体x的分布函数不为$F(x)$(在这里备择假设可以不必写出)。

如果被检验的分布是连续的,对拟合分布进行χ^2检验时,要将该拟合分布的取值范围划分为k个相邻区间$[a_0,a_1),[a_1,a_2),\cdots,[a_{k-1},a_k)$,其中可能$a_0=-\infty$,或$a_k=+\infty$,然后计算

$$P_j=\int_{a_{j-1}}^{a_j}\hat{f}(x)\mathrm{d}x,j=1,2,\cdots,k$$

其中,$\hat{f}(x)$是拟合分布的密度函数。

1. 注意事项

进行χ^2检验时必须注意:

(1)样本n要足够大,根据实践经验,要求样本容量n不小于50。

(2)每一个np_i都不小于5,而且np_i最好是在5以上,否则应适当地合并区间。

(3)根据经验,区间的个数应在30以下。

(4)对于连续分布函数,为了保证检验的无偏性和有效性,应该使用概率上相等的分组区间而不是宽度上相等的分组区间。

因此,建议按np_i为常数(如$np_i=10$)来划分区间,即所选区间$(a_{i-1},a_i)(i=1,2,\cdots,k)$,使得$p_1=p_2=\cdots=p_k$,在这种情况下,区间分界点通常是通过分布函数$F(x)$的反函数$F^{-1}(x)$计算得到。

2. 区间分界点的计算方法

设$F(x)$的定义域为$[a_0,a_k]$,划分为k个小区间,并满足$1/k=p\geqslant 5/n$,式中p为每个区间的概率,n为样本容量。根据概率论知识,对于任意区间j有

$$\begin{aligned}F(a_j)&=P\{X\leqslant a_j\}\\&=\int_{a_0}^{a_j}f(x)\mathrm{d}x\\&=F(a_0)+p_1+p_2+\cdots+p_j\\&=F(a_0)+jp\end{aligned}$$

而

$$F(a_0)=\int_{-\infty}^{a_0}f(x)\mathrm{d}x=0$$

于是

$$F(a_j)=jp=\frac{j}{k}$$

可见，任意区间 j 的边界 a_j 应该是

$$a_j = F^{-1}\left(\frac{j}{k}\right) \tag{8.11}$$

3. 检验

定义好区间边界后，接下来即可进行 χ^2 检验，其步骤可概括如下：

步骤 1：分别计算每个区间上观测数据的个数 $f_i(i=1,2,\cdots,k)$，记

$$\sum_{i=1}^{k} f_i = n$$

步骤 2：计算按拟合分布得到的期望个数，即 $np_i(i=1,2,\cdots,k)$。

步骤 3：计算 χ^2 检验的统计值：

$$\chi^2 = \sum_{i=1}^{k} \frac{(f_i - np_i)^2}{np_i} \tag{8.12}$$

步骤 4：结果判断。

规定检验水平 α，如果拟合分布中有 r 个参数是从观测数据按极大似然估计得到的，若在假设 H_0 下计算得出 $\chi^2 < \chi^2_\alpha(k-r-1)$，则在显著性水平 α 下接受假设 H_0，否则就拒绝。

实例 8.8　卡方检验

用 χ^2 检验方法，对实例 8.3 的到达间隔数据拟合为指数分布函数的拟合优良度作出定量评价。其中，$n=261$，为保证 $np_j \geqslant 5$，要求 $p_j \geqslant 0.025$，因此可以取 $k=20$，则有

$$p_j = \frac{1}{k} = 0.05$$

$$np_j = 261 \times 0.05 = 13.05$$

满足 $np_j \geqslant 5$ 的要求，又

$$a_j = F^{-1}\left(\frac{j}{k}\right)$$

而

$$F(x) = 1 - \mathrm{e}^{-\lambda x}$$

则其反函数为

$$x = -\frac{1}{\lambda}\ln(1 - F(x))$$

于是有

$$a_j = -\frac{1}{\lambda}\ln(1 - F(a_j)) = -4.404 \times \ln\left(1 - \frac{j}{20}\right)$$

根据上式可计算出区间边界 a_j 的值，车辆到达间隔时间服从指数分布假设的卡方检验完整计算过程及结果见表 8.8。

表 8.8　统计量 χ^2 的计算要素及计算结果

j	区间间隔	频数 f_j	np_j	$(f_j - np_j)^2/np_j$
1	0.000～0.226	3	13.05	7.740

续上表

j	区间间隔	频数 f_j	np_j	$(f_j-np_j)^2/np_j$
2	0.226～0.464	9	13.05	1.257
3	0.464～0.716	14	13.05	0.069
4	0.716～0.983	17	13.05	1.196
5	0.983～1.267	15	13.05	0.291
6	1.267～1.571	18	13.05	1.878
7	1.571～1.897	18	13.05	1.878
8	1.897～2.249	14	13.05	0.069
9	2.249～2.633	14	13.05	0.069
10	2.633～3.052	8	13.05	1.954
11	3.052～3.516	13	13.05	0.000
12	3.516～4.035	15	13.05	0.291
13	4.035～4.623	12	13.05	0.084
14	4.623～5.302	10	13.05	0.713
15	5.302～6.104	13	13.05	0.000
16	6.104～7.087	17	13.05	1.196
17	7.087～8.354	17	13.05	1.196
18	8.354～10.139	10	13.05	0.713
19	10.139～13.191	10	13.05	0.713
20	13.191～∞	14	13.05	0.069

根据表 8.8 最后一列的计算结果，由式(8.12)计算 χ^2 检验的统计值为

$$\chi^2=\sum_{j=1}^{20}\frac{(f_j-np_j)^2}{np_j}=21.375$$

若令显著水平 $\alpha=0.10$，自由度 $k-r-1=18$，由附录 A 表 A-4 的 χ^2 分布表可知，$\chi^2_{0.10}(18)=25.989$。检验的统计值 $\chi^2=21.375$，没有超过这个数值，因此当 $\alpha=0.10$ 时没有理由拒绝假设的分布函数，即总体的分布函数服从指数分布。

8.5.2 柯尔莫哥洛夫-斯米尔洛夫检验

卡方检验能够以减少自由度的方式提供基于数据的参数估计，检验时需要将数据放在分组区间中，在连续分布假设的情况下，这种分组是强制性的。但是，改变分组的数量或区间的宽度会影响计算的统计值和查表的 χ^2 值。当数据以一种方法被分组时，假设可能被接

受；而当数据以另一种方法被分组时，假设可能被拒绝。此外，卡方检验统计量的分布是近似的，检验效度有时会很低。基于上述考虑，希望找到另外一种拟合优良度检验方法。

柯尔莫哥洛夫-斯米尔洛夫(Kolmogorov-Smirnov，简称 K-S)检验不需要对观测数据进行分组，可以直接对原始数据的 n 个观测值进行检验，对数据的利用比较完整，在样本容量较少和不需要从数据中估计参数时尤其有用。K-S 检验实际上是将 q-q 图所蕴含的思想进行规范化设计之后的成果。注意，卡方检验和 K-S 检验都是基于样本分布与理论分布之间不存在显著差异的虚假设。

1. 基本原理

K-S 检验的基本原理主要是将理论分布的累积分布函数与 n 个观测样本的经验累积分布函数进行比较，找出它们之间的最大差异点，并参照抽样分布，确定这样大的差异是否出于偶然。

为定义 K-S 检验统计量，记 $S_n(x)$表示一个 n 次观测的随机样本观测值的经验累积分布函数，它是一个右连续阶跃函数，可表示为

$$S_n(x)=\frac{X_i\leqslant x\ \text{的个数}}{n}$$

即观测数据中小于或等于 x 的比例。

如果 $F_0(x)$表示一个特定的累积分布函数，一个很自然的评估拟合优良度的方法，就是对函数 $S_n(x)$和 $F_0(x)$之间的接近程度进行度量。对 x 的所有值，K-S 检验统计量就是函数 $S_n(x)$和 $F_0(x)$之间的最大垂向距离，形式化定义为

$$D_n=\max|S_n(x)-F_0(x)| \tag{8.13}$$

显然，当 D_n 较大时表明拟合效果很差，从而检验的形式就是：如果 D_n 超过某个常数 $D_{n,\alpha}$，则拒绝原假设 H_0，其中 α 为规定的显著性水平。

2. 检验步骤

假设 D 的样本分布已知，它与样本数量的关系见附录 A 表 A-6，K-S 的检验步骤如下：

步骤 1：建立假设。

H_0：总体 x 的分布函数为 $F(x)$。

H_1：总体 x 的分布函数不为 $F(x)$(在这里备择假设可以不必写出)。

步骤 2：计算函数 $S_n(x_i)$和 $F_0(x_i)$的值($i=1,2,\cdots,k$)。

步骤 3：计算偏差：

$$D_i=|S_n(x_i)-F_0(x_i)|$$

步骤 4：确定检验统计量：

$$D_n=\max(D_i)$$

步骤 5：查找临界值。

根据给定的显著性水平 α 和样本数量 n，查表可以得到临界值 D_α(双尾检验)。

步骤 6：检验结果判定。

若 $D_n<D_{n,\alpha}$，则在 α 的水平上不能拒绝 H_0 假设；若 $D_n\geqslant D_{n,\alpha}$，则拒绝 H_0 假设。

与卡方检验相比，当总体为一维且理论分布已知时，K-S 检验优于卡方检验。然而 K-S 检验也有一些缺点，首先，对于离散数据，需要的临界值不易得到，必须要计算一组复杂的方

程;其次,只有当假设分布的所有参数已知,且分布为连续时,K-S 检验的原始形式才是有效的,即参数不能由数据来估计;最后,对于理论分布含有位置参数这个重要情形,K-S 检验对于具体的分布需要做特殊处理,且处理难度较大。目前 K-S 检验已经有了较大的进展,允许用于正态分布、指数分布、韦布尔分布和对数正态分布情况下的参数估计。

实例 8.9 K-S 检验

现收集到某高速铁路车站的 50 个旅客到达间隔时间(单位:min),观测数据见表 8.9,采用 K-S 方法检验这组数据是否服从指数分布。

表 8.9 旅客到达高速铁路车站间隔时间观测数据 单位:min

50 个旅客到达间隔时间观测数据									
0.93	0.33	0.10	0.60	1.35	7.60	2.60	3.60	2.60	0.93
1.89	3.60	1.35	1.35	0.60	3.60	3.60	0.60	1.89	5.10
0.93	0.60	1.89	0.93	0.93	3.60	1.35	0.93	0.93	1.35
2.60	2.60	1.35	5.10	3.60	5.10	5.10	0.33	3.60	2.60
2.60	0.60	5.10	1.89	1.89	3.10	5.10	0.93	1.35	1.89

先用直方图法对数据进行初步分析,结果如图 8.7 所示。可以看出,其分布形状与指数分布概率密度函数曲线相似,因而,可以假设该观测数据服从指数分布,均值为 2.28。

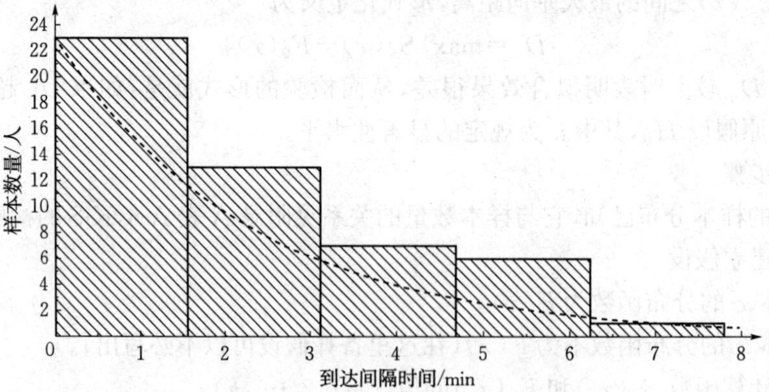

图 8.7 旅客到达高速铁路车站间隔时间直方图

对旅客到达高速铁路车站间隔时间分布函数 $F(x)$ 建立假设形式如下:

$$H_0:F(x)=1-\mathrm{e}^{-x/2.28}$$

D_i 值的计算过程见表 8.10。

表 8.10 D 值序列的计算结果

到达间隔时间 x_i	频数	累积频数	累积频率分布 $S_n(x)$	指数分布累积概率分布 $F_0(x)$	D_i
0.10	1	1	0.02	0.042 9	0.022 9
0.33	2	3	0.06	0.134 7	0.074 7

续上表

到达间隔时间 x_i	频数	累积频数	累积频率分布 $S_n(x)$	指数分布累积概率分布 $F_0(x)$	D_i
0.60	5	8	0.16	0.231 2	0.071 2
0.93	8	16	0.32	0.334 7	0.014 7
1.35	7	23	0.46	0.446 6	0.013 4
1.89	6	29	0.58	0.563 2	0.016 8
2.60	6	35	0.70	0.680 0	0.020 0
3.10	1	36	0.72	0.743 0	0.023 0
3.60	7	43	0.86	0.793 6	0.066 4
5.10	6	49	0.98	0.893 0	0.087 0
7.60	1	50	1.00	0.964 2	0.035 8

由表中结果可知 $D_{max}=0.087\ 0$，如给出显著性水平 $\alpha=0.05$，则当 $n=50$ 时，查表可知

$$D_{50,0.05}=1.36/\sqrt{50}\approx 0.192\ 3$$

由于 $D_{max}<D_{50,0.05}$，因此不能拒绝原假设。

表 8.9 计算结果的图形化表示如图 8.8 所示，图中将经验累积分布函数 $S_n(x)$ 与指数累积分布函数 $F_0(x)$ 进行了比较。

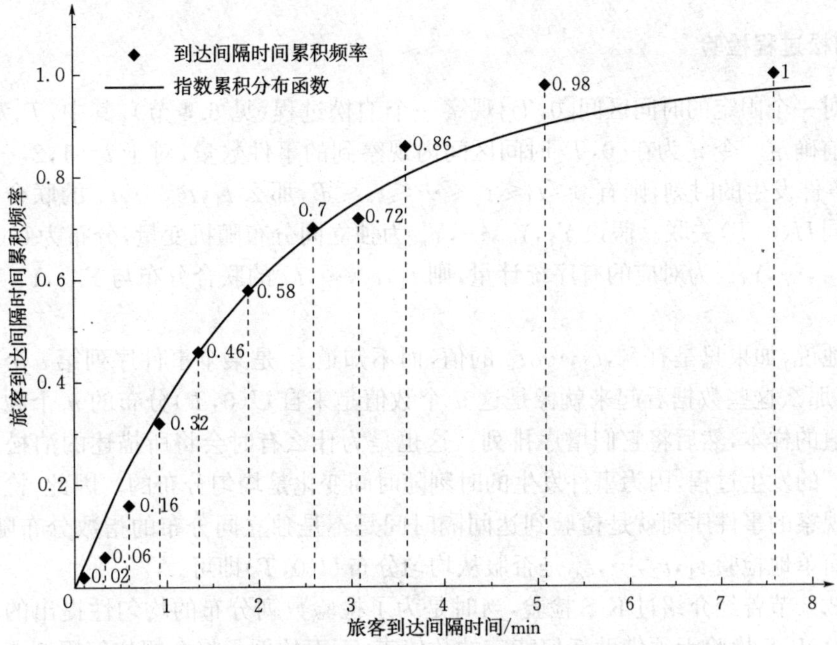

图 8.8　经验累积分布函数与指数累积分布函数的比较

8.5.3 安德森-达林检验

K-S 检验的一个可能缺点是，对于每个 x 的值，给差值 $|S_n(x)-F_0(x)|$ 以相同的权重，然而很多分布主要是在尾部不同。安德森-达林(Aderson-Darling，简称 A-D)检验也是通过比较经验累积分布函数与待拟合理论分布的累积分布函数之间的差异而设计的，与 K-S 检验不同的是，A-D 检验对于函数间差异的测度更为全面，不仅是考虑最大差异，而且对两个分布在长尾部分的差异更敏感，从而在面对多种可选分布时比 K-S 检验有更强的能力。A-D 检验的统计量定义为

$$A_n^2=n\int_{-\infty}^{+\infty}[S_n(x)-F_0(x)]^2\varphi(x)f_0(x)\mathrm{d}x$$

其中，权重函数为

$$\varphi(x)=\frac{1}{F_0(x)[1-F_0(x)]}$$

因此，统计量 A_n^2 就是函数间差值平方的加权平均值，$F_0(x)$ 接近 1(右尾)和接近 0(左尾)时权重最大。如果令 $Z_i=F_0(x_i)$，$i=1,2,\cdots,n$，则可以证明

$$A_n^2=-\left\{\sum_{i=1}^{n}(2i-1)[\ln Z_i+\ln(1-Z_{n+1-i})]\right\}/n-n$$

这也是实际计算时所使用的统计量形式，A_n^2 是一个“加权距离”。如果 A_n^2 超过某个临界值 $A_{n,1-\alpha}$，检验的结果则为拒绝原假设 H_0，其中 α 为检验的显著性水平。A-D 检验的临界值也依赖于候选分布类型及参数是否已经进行估计。目前 A-D 检验和 K-S 检验都已经内置在很多统计分析软件包中，用户可以方便地使用。

8.5.4 泊松过程检验

假设对一个固定的时间区间 $[0,T]$ 观察一个泊松过程(见 6.4 节)，其中，T 为常数，在开始观察前确定。令 n 为在 $[0,T]$ 时间区间内观察到的事件数量，对于 $i=1,2,\cdots,n$，令 t_i 为第 i 个事件发生的时刻，则有 $0\leqslant t_1\leqslant t_2\leqslant\cdots\leqslant t_n\leqslant T$，那么 $t_1,t_2,\cdots,t_n$ 的联合分布以下面的方式同 $U(0,T)$ 关联。假设 $Y_1,Y_2,\cdots,Y_n$ 为独立同分布随机变量，分布为 $U(0,T)$，且令 $Y_{(1)},Y_{(2)},\cdots,Y_{(n)}$ 为对应的有序统计量，则 $t_1,t_2,\cdots,t_n$ 的联合分布与 $Y_{(1)},Y_{(2)},\cdots,Y_{(n)}$ 相同。

简单地说，如果只是有 $t_1,t_2,\cdots,t_n$ 的值，而不知道 t_i 是某个事件序列第 i 个事件发生时刻的话，那么这些数据看起来就像是这 n 个数值是来自 $U(0,T)$ 分布的 n 个独立同分布随机变量值的样本，然后将它们增序排列。这也是为什么有时会将所描述的泊松过程看作事件“随机”的发生过程，因为事件发生的时刻随时间变化是均匀分布的。因此，检验泊松过程产生所观察的事件序列就是检验到达间隔时间是不是独立同分布的指数分布随机变量，即只需要简单地检验 $t_1,t_2,\cdots,t_n$ 是否服从均匀分布 $U(0,T)$ 即可。

在 7.3.2 节曾经介绍过 K-S 检验，当时是为了检验数列分布的均匀性提出的。对于指数分布假设，K-S 检验无须借助任何特定的数值表，下面的例子将介绍如何用 7.3.2 节的方法检验指数分布假设。注意，本例不需要估计分布参数。连续分布假设在不需要估计分布参数时也可以使用 7.3.2 节介绍的拟合优良度检验方法进行检验。

实例 8.10　泊松过程检验

使用收集到某的高速铁路车站 50 个旅客到达间隔时间观测数据，见表 8.9，原假设如下：

H_0：到达间隔时间服从指数分布。

数据采集时段为 0 到 T 的 115 min，若到达间隔时间的可能分布$\{T_1, T_2, \cdots\}$为指数分布，则到达时间是$[0, T]$区间上的均匀分布。在到达时刻的基础上加上间隔时间，就可以得到到达时间序列 $T_1, T_1+T_2, T_1+T_2+T_3, \cdots, T_1+\cdots+T_{50}$。将到达时间规范化到$[0,1]$区间，以便使用 7.3.2 节介绍的 K-S 检验方法。在$[0,1]$区间上，到达时间对应的点为$[T_1/T, (T_1+T_2)/T, \cdots, (T_1+\cdots+T_{50})/T]$，规范化后的 50 个数据点见表 8.11 中的 $R_{(i)}$ 列。

表 8.11　K-S 检验计算过程

i	T_i	到达时间	$R_{(i)}$	$\frac{i}{N}$	$\frac{i}{N}-R_{(i)}$	$R_{(i)}-\frac{i-1}{N}$	i	T_i	到达时间	$R_{(i)}$	$\frac{i}{N}$	$\frac{i}{N}-R_{(i)}$	$R_{(i)}-\frac{i-1}{N}$
1	0.93	0.93	0.008 1	0.02	0.011 9	0.008 1	18	0.93	29.35	0.255 2	0.36	0.104 8	—
2	1.89	2.82	0.024 5	0.04	0.015 5	0.004 5	19	5.10	34.45	0.299 6	0.38	0.080 4	—
3	0.93	3.75	0.032 6	0.06	0.027 4	—	20	1.89	36.34	0.316 0	0.40	0.084 0	—
4	2.60	6.35	0.055 2	0.08	0.024 8	—	21	1.35	37.69	0.327 7	0.42	0.092 3	—
5	2.60	8.95	0.077 8	0.10	0.022 2	—	22	0.60	38.29	0.333 0	0.44	0.107 0	—
6	0.33	9.28	0.080 7	0.12	0.039 3	—	23	0.93	39.22	0.341 0	0.46	0.119 0	—
7	3.60	12.88	0.112 0	0.14	0.028 0	—	24	3.60	42.82	0.372 3	0.48	0.107 7	—
8	0.60	13.48	0.117 2	0.16	0.042 8	—	25	1.89	44.71	0.388 8	0.50	0.111 2	—
9	2.60	16.08	0.139 8	0.18	0.040 2	—	26	7.60	52.31	0.454 9	0.52	0.065 1	—
10	0.60	16.68	0.145 0	0.20	0.055 0	—	27	3.60	55.91	0.486 2	0.54	0.053 8	—
11	0.10	16.78	0.145 9	0.22	0.074 1	—	28	3.60	59.51	0.517 5	0.56	0.042 5	—
12	1.35	18.13	0.157 7	0.24	0.082 3	—	29	5.10	64.61	0.561 8	0.58	0.018 2	0.001 8
13	1.89	20.02	0.174 1	0.26	0.085 9	—	30	3.10	67.71	0.588 8	0.60	0.011 2	0.008 8
14	1.35	21.37	0.185 8	0.28	0.094 2	—	31	2.60	70.31	0.611 4	0.62	0.008 6	0.011 4
15	5.10	26.47	0.230 2	0.30	0.069 8	—	32	3.60	73.91	0.642 7	0.64	—	0.022 7
16	0.60	27.07	0.235 4	0.32	0.084 6	—	33	1.35	75.26	0.654 4	0.66	0.005 6	0.014 4
17	1.35	28.42	0.247 1	0.34	0.092 9	—	34	5.10	80.36	0.698 8	0.68	—	0.038 8

续上表

i	T_i	到达时间	$R_{(i)}$	$\frac{i}{N}$	$\frac{i}{N}-R_{(i)}$	$R_{(i)}-\frac{i-1}{N}$	i	T_i	到达时间	$R_{(i)}$	$\frac{i}{N}$	$\frac{i}{N}-R_{(i)}$	$R_{(i)}-\frac{i-1}{N}$
35	5.10	85.46	0.743 1	0.70	—	0.063 1	43	0.93	97.27	0.845 8	0.86	0.014 2	0.005 8
36	3.60	89.06	0.774 4	0.72	—	0.074 4	44	3.60	100.87	0.877 1	0.88	0.002 9	0.017 1
37	0.60	89.66	0.779 7	0.74	—	0.059 7	45	1.35	102.22	0.888 9	0.90	0.011 1	0.008 9
38	0.93	90.59	0.787 7	0.76	—	0.047 7	46	0.93	103.15	0.897 0	0.92	0.023 0	—
39	0.33	90.92	0.790 6	0.78	—	0.030 6	47	5.10	108.25	0.941 3	0.94	—	0.021 3
40	0.93	91.85	0.798 7	0.80	0.001 3	0.018 7	48	1.35	109.6	0.953 0	0.96	0.007 0	0.013 0
41	2.60	94.45	0.821 3	0.82	—	0.021 3	49	2.60	112.2	0.975 7	0.98	0.004 3	0.015 7
42	1.89	96.34	0.837 7	0.84	0.002 3	0.017 7	50	1.89	114.09	0.992 1	1.00	0.007 9	0.012 1

K-S 检验计算过程见表 8.11，表中 $i/N-R_{(i)}$ 列即为 D^+，$R_{(i)}-(i-1)/N$ 列即为 D^-，则计算出的统计值为 $D^+=0.119\ 0$，$D^-=0.074\ 4$，则 $D=\max\{0.119\ 0, 0.074\ 4\}=0.119\ 0$。当 $\alpha=0.05$，$n=50$ 时，由附录 A 表 A-6 可知，临界值为

$$D=\frac{1.36}{\sqrt{n}}=\frac{1.36}{\sqrt{50}}\approx 0.192\ 3$$

由于计算值 0.119 0 小于表中的临界值 0.192 3，故不拒绝原假设，即到达间隔时间服从指数分布。

8.5.5　*p* 值和最佳拟合

使用拟合优良度检验之前，必须先给定显著性水平，**显著性水平**(significant level，常用 α 表示)是指拒绝了事实上正确的原假设 H_0(随机变量服从某个假设分布)的概率，反映了拒绝某一原假设时犯错误的可能性。α 值一般在进行假设检验前由研究人员根据实际的需要确定，习惯上常使用 0.1，0.05，0.01 作为显著水平。

在拥有高速计算能力之前，通常只能计算一小部分标准值，以此构成临界值表方便使用。然而，目前很多软件包不需要一个预先指定的显著性水平，而是计算检验统计量的 p 值，分析人员可以使用任何显著性水平数值，例如 0.07。***p* 值**是一种显著性水平，是在检验统计量取给定值的时候，正好拒绝原假设 H_0 的可能性。这种可能性可以理解为偶然性，也就是说 p 值越大，意味着如果原假设被拒绝，很大程度上是因为偶然性原因造成的，而不是原假设在本质上不成立所导致的，即拒绝原假设纯属偶然，p 值越大，偶然性越大。也可以说，如果拟合分布为“真”，那么存在另一个数据集比当前数据集拟合该分布更加不一致的可能。因此，较大的 p 值预示着一个好的拟合，而较小的 p 值表示一个不好的拟合。

通常来说，p 值越大，说明拟合优度越高、拟合程度越好，如果 p 值小于 0.05，就说明分布与数据的拟合程度很差。统计学根据显著性检验方法所得到的 p 值，一般以 $p<0.05$ 为

有统计学差异，$p<0.01$ 为有显著统计学差异，$p<0.001$ 为有极其显著的统计学差异。当然，同任何统计假设检验一样，仅凭一个较高的 p 值并不能说明拟合程度很好，这只能说明没有足够的证据拒绝这一拟合。

通常可以拟合任意一个分布，计算每个拟合的检验统计量，然后选择 p 值最大的分布。目前许多统计软件都包含最佳拟合选项，软件在评价所有可行分布基础上，向用户推荐一个输入模型，但是有以下几点需要注意：

(1)软件并不了解数据的自然特征，而这些特征信息却可以为得到合适的分布簇提供建议。需要注意的是，输入建模的目的经常是填充空隙或平滑数据，而不是找到一个尽可能与给定的样本数据完全符合的输入模型。

(2)软件最佳拟合程序趋向于找到更灵活的分布，如伽马分布和韦布尔分布就比爱尔朗分布和指数分布更灵活，因为更大的灵活性能够更好地符合数据，也会得到更好的拟合测量值。但是，与数据符合最紧密的输入模型并不总是最适当的。

(3)摘要统计量(summary statistic)，如 p 值、求和统计量等，仅仅是一类概括的性能度量指标，而关于发生未拟合的位置，它们提供不了什么信息。只有借助于图形化工具，才能够看出发生未拟合的位置，并且判断它对于当前应用的模型是否重要。

一般建议，自动化分布选择技术可与其他几种方法一起使用对候选分布簇进行筛选，然后由分析人员借助图形化工具对筛选结果进行检查，最终做出选择的应该是人而不是软件。

实例 8.11　采用数据分析软件进行分布拟合

本例采用 Origin 数据分析软件对某高速铁路车站高架落客区车辆到达间隔时间观测数据进行分布拟合，并计算 K-S 检验和 A-D 检验的 p 值。到达间隔时间观测数据见表 8.4，检验的分布包括正态分布、对数正态分布、指数分布和伽马分布，拟合优度检验结果见表 8.12，四个理论分布的概率如图 8.9 所示。可以看出，对数正态分布的拟合效果是最好的，但从实际应用角度考虑，由于指数分布参数计算简单，在进行敏感性分析时更为方便，因此也可以考虑采用指数分布作为输入模型。

表 8.12　到达间隔时间拟合优度检验

分　布	拟合优度检验	统　计	p 值	在 $\alpha=0.05$ 水平下的结论
正态分布	K-S 检验	0.160 2	$2.732\,2\times10^{-6}$	排除正态分布
	A-D 检验	13.548 2	$2.314\,0\times10^{-32}$	排除正态分布
对数正态分布	K-S 检验	0.050 7	0.517 8	不能排除对数正态分布
	A-D 检验	0.736 8	0.054 2	不能排除对数正态分布
指数分布	K-S 检验	0.061 7	0.269 5	不能排除指数分布
	A-D 检验	1.520 6	0.030 0	排除指数分布
伽马分布	K-S 检验	0.049 9	0.540 0	不能排除伽马分布
	A-D 检验	1.148 3	0.006 0	排除伽马分布

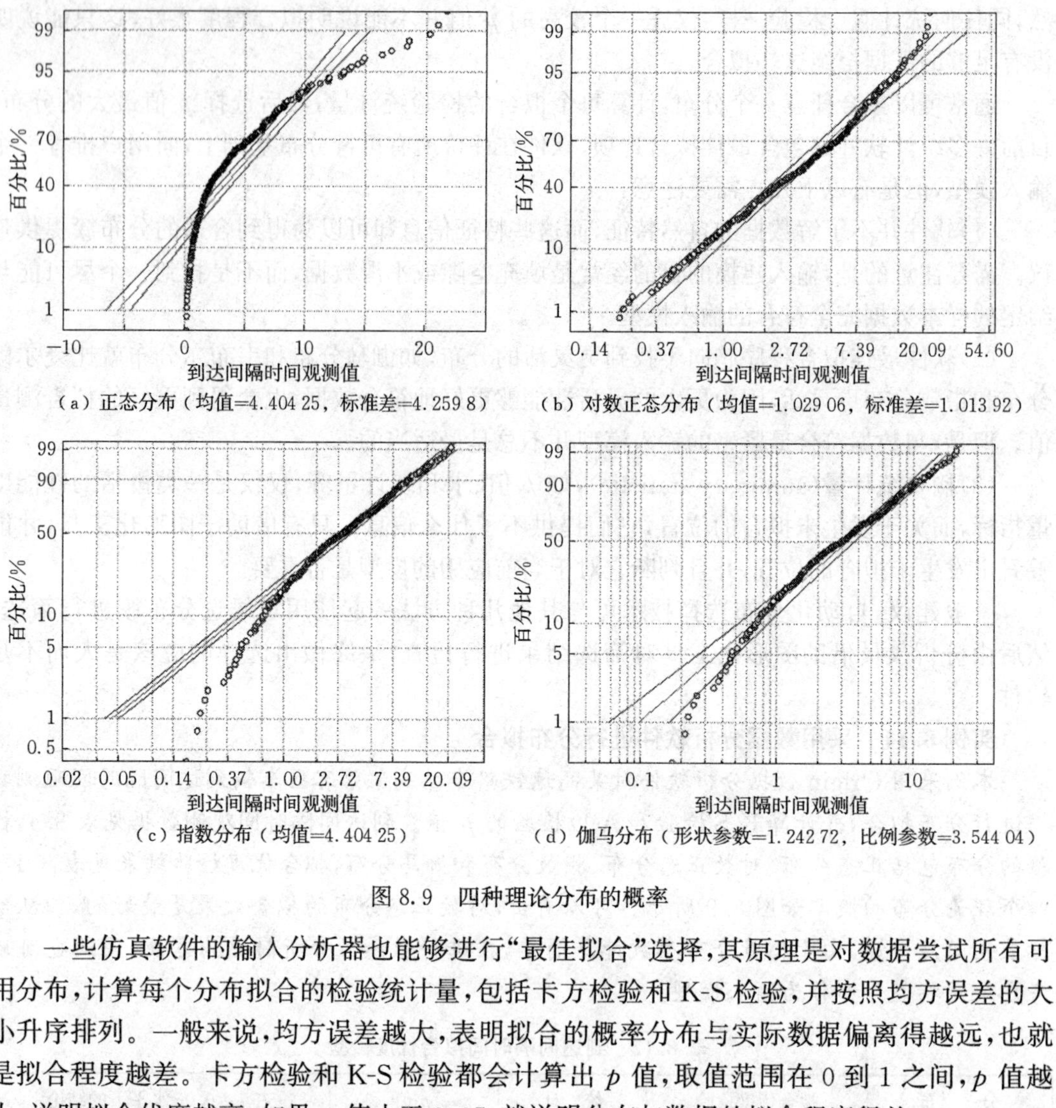

图 8.9　四种理论分布的概率

一些仿真软件的输入分析器也能够进行“最佳拟合”选择,其原理是对数据尝试所有可用分布,计算每个分布拟合的检验统计量,包括卡方检验和 K-S 检验,并按照均方误差的大小升序排列。一般来说,均方误差越大,表明拟合的概率分布与实际数据偏离得越远,也就是拟合程度越差。卡方检验和 K-S 检验都会计算出 p 值,取值范围在 0 到 1 之间,p 值越大,说明拟合优度越高,如果 p 值小于 0.05,就说明分布与数据的拟合程度很差。

实例 8.12　输入分析器数据拟合分析

Arena 仿真软件提供了一个输入分析器(input analyzer),用于对输入数据进行自动化分析。现使用该分析器对表 8.4 中的 261 个车辆到达间隔时间数据进行输入分析,结果如下:

(1)建议的理论分布为对数正态分布,均方误差 0.002 5,卡方检验和 K-S 检验的 p 值均大于 0.05,如图 8.10(a)所示。

(2)对所有可用分布进行了分布拟合,按照均方误差由小到大排序的结果如图 8.10(b)所示。

(3)指数分布的拟合结果如图 8.10(c)所示,可以看出卡方检验的 p 值为 0.239,K-S 检验的 p 值大于 0.15。

因此，可以使用指数分布对高架落客区车辆到达间隔时间随机分布进行建模，因为指数分布的参数更容易计算，而且进行参数变化实验时更为方便。

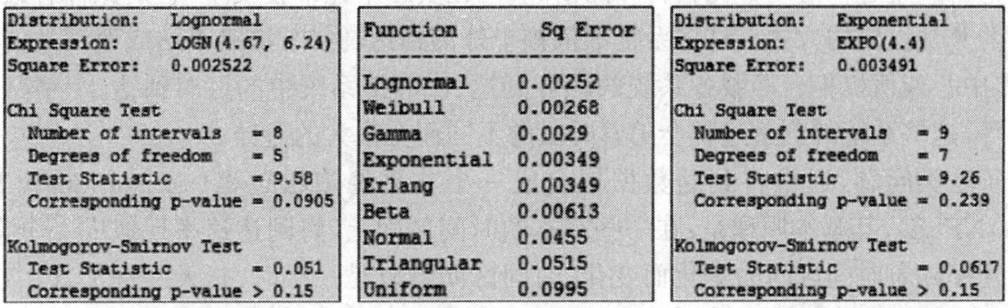

（a）建议的理论分布　（b）所有可用分布的分析结果　（c）指数分布拟合结果

图 8.10　Arena 仿真软件输入分析器数据拟合分析结果

8.6　输入分布选择

8.6.1　一般步骤

在选择分布的时候，一般没有严格的、普适的方法可以帮助选择“最好”的分布，不同的统计检验方法如卡方检验、K-S 检验和 A-D 检验，会导致不同的拟合评价结果，或者数据准备的形式不同（如直方图的分组数量不同）也会得到不同的拟合评价结果。一般来说，输入分布选择的步骤如下：

(1)首先需要确定采用理论分布还是经验分布。利用卡方检验、K-S 检验或 A-D 检验，如果一个或者更多的拟合分布的 p 值都非常高（大于 0.1），那么就可以采用理论分布。除非样本太少，这种情况下假设检验对拟合程度的辨识能力很差。如果 p 值都比较低（小于 0.05），那么最好采用经验分布，以便能更好地拟合数据的特征。

(2)如果采用理论分布，通常会有几个分布的拟合优良度检验结果是相近的，这时可以参考以下几点建议进行分布选择：

①根据数据在模型中使用情况，可以考虑有界分布或者无界分布。例如，对于服务时间，有界的三角分布和无界的正态分布通常会有相似的拟合效果，即经过长时间的仿真运行后，它们可能会得出相似的结果。但在仿真运行过程中，正态分布会返回负值或周期性地返回很大的数值，而这在实际系统中是不可能发生的。

②从实际运用的角度考虑，有一些分布的参数调整要比其他分布容易得多。如果需要对仿真模型做一些改变，例如分析不同的场景，可能倾向于选择更容易调整参数的分布。例如实例 8.12，在表示到达间隔时间时，韦布尔分布和指数分布具有相似的拟合效果，但对到达间隔时间进行敏感性分析时，对于指数分布可以直接调整它的均值，而对于韦布尔分布的参数却很难调整，因为它的平均值是一个复杂的函数。

③如果无法确定对分布的选择是否正确，可以将备选的每一个分布都在模型中运行一次，看看结果有没有显著的差异。

8.6.2 拟合非平稳泊松过程

非平稳到达过程是一种比较特殊的情况，但在实际中经常会发生，它是一种有效描述系统行为的非常重要的方式。许多系统都依赖于外部到达，例如，铁路车站或地铁站的旅客到达、订票中心或值机柜台等服务系统的顾客到达、供应链系统中的订单到达、十字路口的车辆到达等，这些系统的到达过程会随着时段的不同而有很大的差异。

对于这类问题，通常将到达数据拟合成一个**非平稳泊松过程**（nonstationary Poisson process，NPSS），其基本原理是：在一些基本的时间区间上，将到达速率近似成一个常量，但是到达速率随着时间区间的变化而变化，时间区间可以是一小时、一天或一个月。这样，问题就转化为选择基本的时间区间和估计每个区间上的到达速率。

具体的做法是，将时间周期 $[0,T]$ 分成 k 个长度相等的区间，则每个区间长度 $\Delta t=T/k$。例如，如果研究一个地铁车站从上午 6:00—12:00 共计 6 个小时内的乘客到达情况，并且允许速率每半小时发生改变，那么 $T=6, k=12, \Delta t=0.5$。在 n 个观察周期（即 n 天）中，设 C_{ij} 是发生在第 j 个观察周期的第 i 个时间区间的乘客到达数，例如，C_{23} 指的是第 3 个观测日的早上 6:30—7:00（第 2 个半小时）的到达数。那么，被估计的第 i 个时间区间到达速率的估计值就是由时间区间长度决定的平均到达数，公式为

$$\hat{\lambda}(t)=\frac{1}{n\Delta t}\sum_{j=1}^{n}C_{ij} \tag{8.14}$$

在每个时间区间的到达速率估计出来之后，如果相邻区间的到达速率相同或相差不大，则可以将这些区间合并。

有很多方法可以从数据中估计或确定到达率函数，有些方法可能比较复杂。这里介绍一种比较简单的方法，**分段定常速率函数**（piecewise-constant rate function），它在很多仿真软件里都有很好的应用。基本过程如下：

(1)确定到达率比较平稳的时段长度。例如，一个交叉口车辆的到达情况在每半小时的时段内可能比较平稳，但是在其他不同的时段长度下可能会有所不同。

(2)累加每个时段内的到达数量，然后对每个时段计算不同的到达率。假设一个交叉口在上午 8:00—10:00 每半小时的 4 个时段内车辆到达数依次为 20 辆、35 辆、45 辆和 50 辆，那么每个时段的到达率如果以“辆/min”来表示，就分别是 0.67 辆/min、1.17 辆/min、1.50 辆/min 和 1.67 辆/min。

(3)一旦按照这种方式估计了到达率函数，就需要确认一下仿真软件是否按照这种模式在模型中产生到达。例如，AnyLogic 软件中的“Source”对象可以实现这一点，只要将到达间隔时间的类型定义为“by Rate Table”，然后通过“Data”来建立到达率表即可。

实例 8.12 分时段旅客到达人数

表 8.13 给出了每周三某高速铁路车站上午 8:00—10:00 两小时内每半小时的旅客到达数量，则在 8:30—9:00 之间的到达率估计值为

$$\frac{1}{3\times 0.5}\times(23+26+32)=54(\text{人/h})$$

以此类推，可以计算出每个时间区间的到达速率，见表 8.13 最后一列。从表中可以看

出，时间区间 8:30—9:00 的到达速率与时间区间 9:00—9:30 的到达速率非常接近，因此可以考虑将它们合并。

表 8.13　某高速铁路车站 3 个星期每周三 8:00—10:00 分时段旅客到达人数

时间区间	旅客到达人数/人			估计的到达速率/（人·h^{-1}）
	第一周	第二周	第三周	
8:00—8:30	12	14	10	24
8:30—9:00	23	26	32	54
9:00—9:30	27	19	32	52
9:30—10:00	20	13	12	30

8.6.3　选择无数据的输入模型

通常在很多情况下无法得到模型输入所需要的可靠数据，例如，实际系统根本不存在、收集数据太昂贵或者数据支离破碎，还有一种可能是没有相应的协作关系去收集数据。面对这种情况，可能不得不依靠一些武断的假设或猜测，但是不管如何获取，对于这些特别的输入数据必须要在一定程度上进行输出的敏感性分析，以便能把握最终结果的可靠度。可以精选一些确定性数据在模型中使用（或者用不同的输入值多次运行模型），还可以使用概率分布作为输入。给出建议如下：

（1）如果输入数值是时间延迟之外的其他量，如概率或运行参数等，可以选择常数或确定值，或者在某些情况下使用概率分布。

（2）如果给模型的输入设置为常数，例如设置故障概率为 15%，就非常有利于进行敏感性分析，即分析参数对模型的输出性能指标有什么影响。如果参数的细微变化都能影响系统性能，就需要明确地分析参数在一个范围（可以包括小、中和大）里的变化对系统性能的影响，而不是仅仅根据经验猜测。

（3）如果数据是时间延迟（例如服务时间），那么几乎可以肯定，应该使用概率分布来反映活动的内在变化。使用何种分布取决于活动的特性及数据的类型。

（4）在选择了概率分布之后，还需要给出适当的参数，当然，参数只能凭借对整个过程的变化特性进行估计。通常可以参考企业规范中的时间标准，例如编组站到达列车列检作业时间标准为 35 min；或参考设备制造商提供的产品额定性能指标，也称工程数据或研发数据，例如进站检票闸机无故障工作时间的均值为 5 000 h。

（5）与那些熟悉相关流程或了解类似流程的有经验的工作人员进行交流，他们通常能够提供乐观、悲观和最可能时间，也许还知道这些流程是几乎不变的还是剧烈变化的，以及可变因素是什么。

（6）大多数的实际过程都有一定的自然限制，这些明显的限制会缩小输入变化的范围，例如，铁路编组站始发作业技检时间一般每小时内为 35 min。

当在没有经验数据的情况下选择分布时，可以先看看几种常用的分布，例如指数分布、三角分布、正态分布和均匀分布。这几种分布的参数便于理解，并且可以反映比较广泛的数据特征,其参数、特征和可用实例见表 8.14。

表 8.14 可能采用的无数据概率分布

分　布	参　数	特　征	可用实例
指数分布	均值	变化幅度大	到达间隔时间
		左边有界 右边无界	机器无故障时间 (故障率为常数)
三角分布	最小值、众数、最大值	对称或非对称 两边都有界	活动时间 服务时间
均匀分布	最小值、最大值	所有数值等可能出现 两边都有界	对过程几乎不了解

如果时间数据变化是独立的(即一个数值不会影响下一个数值),平均值的估计不是太大,并且时间数据的波动比较大,则指数分布可能是一个不错的选择。指数分布通常可用来表示到达间隔时间,例如生成旅客到达车站的需求。

如果时间数据代表活动,而且存在一个最可能出现的时间,其他时间在其上下波动,则通常使用三角分布,因为它可以很好地反映数据小幅度或者大幅度变化,而且参数很容易理解。三角分布的参数有最小值、众数及最大值,这三个参数可以很明确地估计一项活动所需时间的变化特征。三角分布的优点是,允许数据在众数周围非对称分布,这种情况在实际中很普遍。此外,三角分布也是一个有界分布,没有数据可以小于最小值,也没有数据能大于最大值。

如果对系统过程不了解,但是可以猜测变量可能的最大值和最小值,那么可以选择均匀分布。

正态分布为钟形曲线,参数为平均值和标准差。正态分布返回的数值在平均值两侧对称分布,而且是没有界的,这就意味着如果使用正态分布,偶尔可能得到一个很小(或很大)的数。当分布所代表的变量不能为负值时(如时间延迟),仿真软件会自动将正态分布返回的负值变为 0,如果拟合的正态分布的平均值很接近 0,则使用正态分布不是很合适,因为将近一半的返回值都会是 0。

还有另外一种情况,平均值为正数,而且比标准差大很多,那么返回的数值为负数的可能性很小,比如可能只有百万分之一。虽然这个可能性看上去很小,但是如果仿真运行很长时间的话,百万分之一的可能照样会发生。而且变量如果不能为负值时,仿真软件会自动把返回的负值变成 0,这样可能会导致一个有害的或者极端的活动,从而最终使仿真结果无效。

实例 8.14　正态分布返回负值统计模型

现有一个很小的仿真模型,实体到达速率为 1 个/ min(Source),实体接着进入两个“Delay”之一。具体进入哪个“Delay”可用“Select Output”按如下原则确定:引进一个平均值 $\mu=3$,标准差 $\sigma=1$ 的正态分布,当正态分布的返回值为负值时,实体进入一个“Delay”,返回值非负时进入另一个“Delay”。两个“Delay”分别记录下了进入各自的实体的数量,也就是记录正态分布返回值为负数和非负数的数量，延迟时间设为 1 min。

表 8.15 给出了标准差 $\sigma=1$，均值 μ 取不同值时的运行结果。可以看出，不管平均值是标准差的 2 倍还是 4 倍(或更高)，正态分布还是会返回负值。因此，当表示非负变量(如服务时间)时，一般不建议选择正态分布。

表 8.15 采用标准差 $\sigma=1$ 的正态分布返回负值的统计

均值 μ	运算次数	返回负值数目	返回值为负数的概率	返回一个负值的最小抽样次数
1.0	1 000 000	158 910	0.158 910	9
2.0	1 000 000	23010	0.023 010	42
3.0	1 000 000	1409	0.001 350	741
3.5	1 000 000	246	0.000 233	4 298
4.0	1 000 000	37	0.000 032	31 560
4.5	1 000 000	3	0.000 003	294 048
4.753 672	10 000 000	7	0.000 001	1 000 000

如果数据集合跟正态分布拟合得相当好，那么使用其他的分布可以避免负值的出现，如韦布尔分布、伽马分布、对数正态分布、爱尔朗分布、贝塔分布，或者还有可能使用经验分布，同样能达到差不多的拟合效果，而且还可以避免产生负值的风险。

本章小结

在仿真项目研究中，时间和资源很大一部分用在了输入数据的收集和分析上。然而，即使仿真模型再成熟和有效，不可靠的输入都可能会导致给出错误建议的输出。

本章讨论了输入数据建模的四个步骤：收集原始数据、确定隐含的统计分布、估计参数和拟合优良度检验。首先，给出了数据收集的一些建议；其次，数据一旦收集完成，就应该假设一个统计模型，这时如果可以获得足够的数据，绘制直方图、概率图非常有用；再次，进行了假设分布参数估计的研究，给出了在仿真中经常要用到的分布估计量计算公式，大多数情况下是样本均值和样本方差；最后，进行分布假设的拟合优良度检验，在评定拟合时，柯尔莫哥洛夫-斯米尔诺夫拟合优良度检验和卡方拟合优良度检验可用于许多分布假设。当一个分布假设被拒绝时，可以试验另一个分布，当其他所有可用分布的假设都失败时，可以在模型中使用经验分布。

但是，在某些情况下，仿真研究可能是在没有时间或资源去收集建立输入模型所需要数据的情况下进行的。这时，分析人员必须使用任何可能得到的信息来建立输入模型，例如工程数据、专家意见、自然或常规限制及流程的本质。

学习完本章后，能够掌握仿真模型中输入数据的使用方法及理论分布建模步骤，理解连续和离散分布观测数据的预处理及分布类型假设，掌握拟合优良度检验方法，理解 p 值的含义并能够利用软件进行最佳拟合。此外，还应明确输入分布选择的一般步骤和非平稳泊松过程的拟合方法，以及在缺乏数据时如何选择输入模型，从而提高仿真模型的准确性和可靠性。

练　习　题

1. 为对某十字路口车辆到达间隔时间分析，收集到该十字路口某方向车辆到达间隔时间的 219 个观测数据（单位：min）如下：

0.14	0.01	0.53	0.54	0.07	1.83	1.72	0.72	0.50	0.21	0.35	0.10	0.21	1.44	0.08
0.07	0.06	0.24	0.07	0.01	0.05	0.74	0.51	0.35	0.50	0.05	0.05	0.10	0.72	0.03
0.01	0.88	0.12	0.07	0.97	0.10	0.49	0.35	0.21	0.05	0.10	1.38	0.72	0.49	0.07
0.02	0.53	0.38	0.13	0.01	0.50	0.32	0.21	0.10	0.49	0.70	1.33	1.28	0.69	1.05
0.77	0.23	0.54	0.40	0.07	0.75	0.05	0.05	0.31	0.49	0.31	0.18	0.47	0.65	1.03
0.51	0.38	0.90	0.25	0.25	0.21	0.10	0.20	0.10	0.65	0.29	1.18	0.29	0.18	0.57
0.11	0.12	0.01	0.93	0.14	0.36	0.05	0.48	0.04	0.47	0.65	0.47	0.09	0.04	0.43
0.05	0.88	0.07	0.55	1.96	0.19	0.10	0.30	1.24	0.29	0.04	0.09	0.08	0.44	0.26
0.79	0.12	0.01	0.01	0.05	1.24	0.69	0.19	0.09	0.04	0.45	0.27	0.26	0.15	0.26
0.05	0.07	0.13	0.95	0.22	0.19	0.10	0.04	0.46	0.28	0.15	0.04	0.15	0.61	0.14
0.11	0.01	0.25	0.55	0.11	0.17	0.47	0.64	0.15	1.11	0.08	0.63	0.26	0.43	0.07
0.51	0.27	0.93	0.25	0.76	0.23	0.12	0.63	0.15	0.26	1.10	0.61	0.60	0.43	0.22
0.37	0.56	0.41	0.14	0.36	1.17	0.65	0.08	0.04	0.03	0.45	1.09	0.03	1.06	0.36
0.84	0.86	0.52	0.37	0.23	0.52	0.23	0.38	0.06	0.11	0.06	0.12	0.23	0.06	0.11
0.22	0.38	0.39	0.40	0.51	0.38	0.53	0.87	1.11						

试根据观测数据对车辆到达间隔时间进行如下分析：

(1)采用图形法，绘制车辆到达间隔时间数据散点图，对样本独立性进行评估。

(2)根据观测数据计算变异系数。

(3)采用直方图法对分布类型进行假设。

(4)采用概率图法对分布类型进行假设。

(5)采用极大似然估计计算参数。

(6)采用卡方检验方法对拟合优良度进行检验。

(7)采用 K-S 检验方法对拟合优良度进行检验。

(8)利用 Origin 软件检验拟合优良度，计算正态分布、对数正态分布、指数分布、伽马分布的 p 值。

2. 假设在 100 min 内收集到 50 个到达间隔时间观测数据（单位：min），数据按照发生的时间顺序给出：

0.44	0.53	2.04	2.74	2.00	0.30	2.54	0.52	2.02	1.89
1.53	0.21	2.80	0.04	1.35	8.32	2.34	1.95	0.10	1.42

0.46	0.07	1.09	0.76	5.55	3.93	1.07	2.26	2.88	0.67
1.12	.26	4.57	5.37	0.12	3.19	1.63	1.46	1.08	2.06
0.85	0.83	2.44	1.02	2.24	2.11	3.15	2.90	6.58	0.64

原假设为 H_0：间隔时间服从指数分布。

试采用 7.3.2 节介绍的 K-S 检验方法对到达间隔时间观测数据服从指数分布假设进行拟合优良度检验。

3. 在你所在的城市选择一个交叉路口，记录来自各方向车辆的到达间隔时间数据。车辆分为直行、左转和右转三种情况。对于一天中的不同时间、一周中的不同日期，到达间隔时间可能不是一成不变的。除时间因素之外，随时可能发生的交通事故也会增加这种不确定性。试根据你所收集的数据建立输入模型。

4. 由伽马分布随机生成如下数据：

1.691	1.116	3.810	2.649	1.843	1.437	4.435	4.589	2.432	2.466
8.221	2.345	5.313	1.581	2.833	5.976	1.782	9.996	2.432	2.361

试计算这些数据的极大似然估计值 $\hat{\beta}$ 和 $\hat{\theta}$。

5. 请通过网络检索本章提及的所有数据分析软件和仿真软件的输入分析器，试分析这些软件具有哪些特性？它们都包含哪些理论分布？

6. 使用数据分析软件，在同一张图中绘制两个指数分布的概率密度函数，参数分别为 $\lambda=0.5$ 和 $\lambda=1.0$。

7. 收集到某地铁车站乘客在自动售票机的购票时间观测数据（单位：s）如下，请根据观测数据建立购票服务时间输入模型。

37	52	20	94	83	16	45	65	41	24
9	36	28	10	14	117	39	15	59	30

8. 表 8.16 中的数据是 5 个星期同一天（例如周二）8 h 内到达某交叉口的车辆数。请判断该过程是否为非平稳泊松过程？如果是，请针对 8:00—16:00 之间的车辆到达次数，构建一个非平稳泊松过程输入模型。

表 8.16　某交叉口到达车辆数　　单位：辆

8:00—9:00	9:00—10:00	10:00—11:00	11:00—12:00	12:00—13:00	13:00—14:00	14:00—15:00	15:00—16:00
27	37	58	68	65	33	37	21
27	35	67	93	74	42	39	21
25	39	58	75	82	34	46	19
18	42	48	73	62	51	49	14
19	42	65	88	70	43	45	22

9. 某铁路专用线用于向热电厂运输煤炭，途径热电厂旁边的一条城市主干道路。由于

热电厂内只能进行 18 辆车的装卸作业，通常 18 辆编组列车占用平交道口的时间为 3 min。通过与调车区长交流，因计划编制时要考虑各种因素，有时也会进行整列取送作业(50 辆)，占用平交道口的时间为 10 min。但每次编组辆数也不相同，通常只需要 7 min。根据这些信息，试构建平交道口占用时间的输入模型。

第9章 仿真模型的检验和验证

模型开发人员面临的最重要也是最困难的任务之一，就是对仿真模型进行检验与验证。通常，分析人员会依据模型的输出提出建议方案，管理者会根据这些建议进行决策，在某种程度上，管理者自然会对模型的有效性产生怀疑。因此，在整个模型开发和验证阶段，要始终与最终用户密切配合，在降低用户对模型有效性质疑的同时，提高模型的可信度。本章主要介绍在检验和验证过程中已经被广泛使用的方法，包括非正规的主观比较方法和正规的客观统计方法。正规统计方法的应用涉及输出分析，这是第10章和第11章将要讲述的内容。输出分析是指对仿真所产生的数据进行分析，并通过这些数据得到真实系统行为的特性，而验证过程是通过仿真输出分析最终获得正确推论的过程。

9.1节对仿真模型检验、验证和模型可信性的基本概念进行介绍；9.2节给出确定模型详细程度的一些准则；9.3节介绍仿真模型检验的一般建议及模型输出合理性的判断方法；9.4节描述提高模型有效性和可信性的几种方法；9.5节讨论模型验证的常用方法，重点讨论输入—输出变换验证的假设检验方法和置信区间方法。

9.1 概　　述

一旦建立并实现了仿真模型，就需要进行检验和验证。甚至在模型的构建期间，也会根据需要对模型加以检验，并随后予以验证。仿真分析人员所面对的最困难的问题之一就是确定一个仿真模型是否准确地表示了被研究的系统，即模型是否有效。需要认识到，仿真模型的检验和验证不是模型建立后的一系列孤立的步骤，而是建模的主要部分。

9.1.1 基本概念

模型**检验**(verification，也称校验)关注是否正确地建立了仿真模型，这项工作是将概念模型与实现概念模型的计算机表达进行比较，看它们是否一致。检验内容如模型是否能在仿真软件上正确地实现，模型的输入参数和逻辑结构是否表达正确。虽然检验在概念上比较简单，但由于仿真模型存在大量的潜在逻辑路径，因此调试一个大型仿真程序是一项繁重且困难的任务。

模型**验证**(validation，也称确认)关注是否构建了正确的仿真模型，是确定一个仿真模型对研究的特定目标来说是不是系统准确表示的过程。对模型的验证一般通过对模型的**校准**(calibration)来完成，即将仿真模型与实际系统进行对比分析，并利用它们之间的差别和观察的结果进行反复迭代来改善系统。这个迭代过程一直进行到模型被判断为可接受为止。

如图9.1所示，从模型抽象的概念来看，可以说检验只是检查了生物感知和人造感知之间的差异,即第二级抽象(见 1.5.2 节);而验证则是检查真实系统和人造系统之间的一致性,但在验证过程中的任何差异都可能源于真实系统和生物感知之间的一致性。因此,在将人造模型与真实系统进行比较时,为了正确解决问题,应该检查的是生物感知模型而不是仿真模型,即真正的问题出现在第一级抽象,如果感知不正确,后续就无法验证模型,这也使得验证要比检验复杂得多。

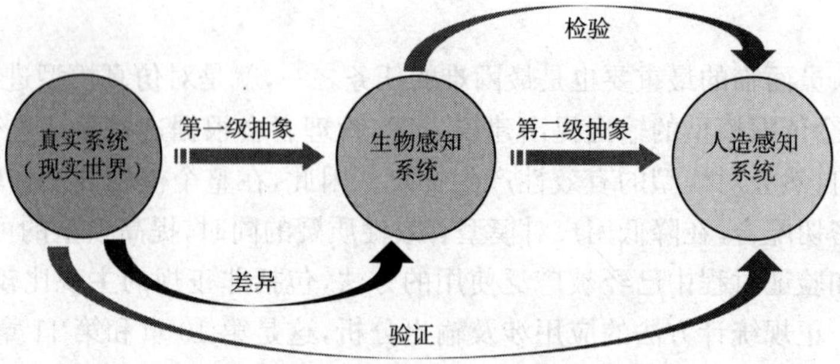

图 9.1 抽象概念下的检验与验证

概念上,如果仿真模型是有效的,并且如果用模型做实验是可行的和低成本的话,则仿真模型可以用于决策。验证过程的难易程度取决于被建模系统的复杂性和当前系统是否存在。例如,一个安检系统模型的确认是相当简单的,因为它可以近距离考察;然而,一个地铁车站乘客紧急疏散模型的有效性很难完全确认,因为紧急疏散的原因、火灾发生的位置、疏散设施的可用性、乘客的心理和行为等都是未知的。

要认识到,无论在建模上付出多少努力,一个复杂系统的仿真模型都只是真实系统的一个近似,不存在模型绝对有效这种情况。一般来说,在仿真模型开发中投入的时间和费用越多,模型应该越有效。然而,最有效的模型不一定是最符合成本效益的。例如,为了提高模型的有效性可能需要进一步收集大量的数据并进行分析,其成本可能是相当高的,但可能并未带来对系统理解或决策方面的显著改善。此外,还要认识到仿真模型通常是针对一组特定研究目标开发的,而对一组目标有效的模型也许对另一组目标来说是无效的。因此,每当考虑将仿真模型用于一个新的应用时,它的有效性应该重新进行验证,因为当前的研究目标可能与原来的研究目标有着很大的不同,或者随着时间的推移,模型中的某些参数现在是无效的。

如果用户和模型开发人员等认可仿真模型及其运行结果是“正确”的,则模型具有**可信性**(confidence)。注意,一个可信的模型不一定是有效的,反之亦然。而且,模型可以是可信的,但实际上并未用于做决策的辅助工具。确定模型可信性的因素主要包括:用户理解和同意模型的假设,模型检验和验证的演示,用户参与仿真建模的全过程,逼真的动画效果,以及模型开发人员的信誉等。

9.1.2 检验、验证和可信性

仿真模型的检验、验证和确定可信性的阶段和关系如图 9.2 所示。图中,矩形表示模型或者相关系统的状态,实线水平箭头表示从一个阶段进入到下一个阶段要做的工作,虚弧线箭头表示三个主要概念最显著出现的位置。每个实线箭头下方的数字对应于一个有效仿真研究的具体步骤,详见 1.4.2 节的介绍。

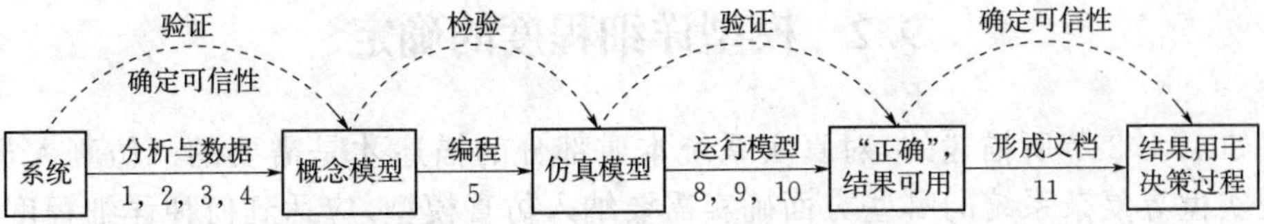

图 9.2　检验、验证和确定可信性的阶段和关系

仿真建模的第一阶段工作是观察实际系统及其各组成部分间的相互作用,并收集关于系统性能方面的数据。但是,仅仅依靠观察难以充分理解系统的行为,所以应该请熟悉系统或子系统的人参与,例如操作人员、技术人员、维护人员、工程人员、管理人员等。他们都了解与之相关的系统的某一方面,要充分利用他们所掌握的专业知识。在建模过程中,可能会遇到新的问题,建模者将返回这一阶段再次了解实际系统的结构和行为。

仿真建模的第二阶段是构造一个**概念模型**,需要收集关于系统成分和结构的假设,以及模型输入参数值的假设。概念验证就是将实际系统与概念模型进行比较分析,而确定可信性就是用户理解和同意模型的假设。

仿真建模的第三阶段是**仿真模型**的实现,通常需要利用仿真软件建立系统的仿真模型,并将概念模型的假设集成到仿真模型中。检验即调试仿真计算机程序。

仿真建模的第四阶段是运行实现的仿真模型,并验证模型是"正确"的,其结果可以用于辅助决策。最后,如果用户认为模型是可信的,则形成文档,并将分析结果用于实际的决策过程。

实际上,仿真模型的建立并不是上述各阶段构成的线性过程,相反,在实际建模过程中需要反复回到这些阶段。模型的检验和验证要求不断地将实际系统与概念模型、仿真模型进行比较,此外,还包括不断地修改模型以提高其精度。

9.1.3　验证与输出分析

在验证阶段,通常将历史数据与仿真输出进行比较,以历史数据作为基准,分析仿真输出与观测到的现实的一致性,从而验证模型的正确性。需要注意的是,验证与输出分析(见第 10 章和第 11 章)是不同的,**输出分析**是有关估计一个仿真模型性能真实度量的统计学问题,包括仿真运行长度、预热期时长、采用不同随机数独立运行的次数等。

为了更好地理解验证与输出分析的区别,假设想要估计某个系统的均值 μ_S,已经建立了一个仿真模型,其对应的均值是 μ_M。执行一次仿真运行,可以得到 μ_M 的一个估计值 $\hat{\mu}_M$,则用 $\hat{\mu}_M$ 作为 μ_S 估计值的误差为

$$
\begin{aligned}
\hat{\mu}\text{ 的误差} &= |\hat{\mu}_M - \mu_S| \\
&= |\hat{\mu}_M - \mu_M + \mu_M - \mu_S| \\
&\leqslant |\hat{\mu}_M - \mu_M| + |\mu_M - \mu_S|
\end{aligned}
$$

模型验证关注的是使不等式的第二个绝对值 $|\mu_M - \mu_S|$ 小,而输出分析关注的是使不等

式的第一个绝对值$|\hat{\mu}_M-\mu_M|$小。因此,为得到系统均值的一个好的估计,必须既关注验证也关注输出分析。

9.2 模型详细程度的确定

正如 1.4.2 节所描述的,对真实系统本质部分的描述才是需要的。仿真人员必须确定现实世界复杂系统的哪些方面确实需要纳入仿真模型,应达到何种详细程度,以及有哪些方面可以安全地忽略掉。建立模型和真实系统间的一一映射是没有必要的,为做出一个有效的决策,一般并不需要对系统的每个方面都建立仿真模型,这样做可能导致过长的建模时间、较长的模型运行时间,或者未能对系统很重要的一些因素给予足够的重视。

9.2.1 可信性、准确性与模型复杂度的关系

可信性是一种主观上认为模型结果是可靠的感觉或想法,而准确性度量的是仿真模型输出与实际观测结果的一致程度。在一定程度上,如果决定增加模型的复杂度或细节水平(即降低抽象层级),将会提升对模型可信性及准确性的信心。然而,一个仿真模型可能包含许多细节,如果模型的详细程度达到某一个点后,继续增加模型的复杂度会导致无法合理地对其进行验证,则模型的可信性和准确性将开始下降,如图 9.3 所示。理想的细节水平范围如图 9.3 中灰色区域内的箭头所示,即从模型复杂度达到最小可接受水平的点开始,一直到拐点结束。

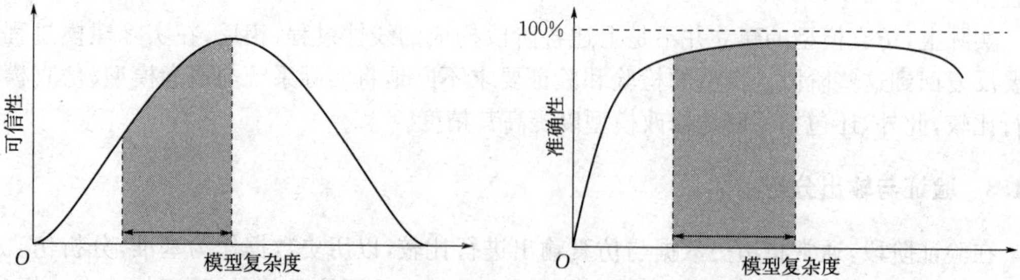

(a) 模型复杂度与可信性　　(b) 模型复杂度与准确性

图 9.3　模型复杂度与可信性和准确性的关系

虽然在可接受范围内的所有模型细节水平都符合需求,但通常最简单的可接受模型是最好的选择,因为模型的细节水平越低,则模型的开发时间越短、需要的数据越少、修改更新也更方便。通常情况下,模型的效用,即模型在做出特定决策时的有用性,并不需要最大的准确性。正如 1.5.2 节描述的,如果目标只是向用户展示一个微笑,那么笑脸就可以很好地发挥作用,而无须用更复杂的方式呈现。需要注意的是,选择一个不必要的低抽象层级所增加的复杂度并不一定会在模型构建阶段出现问题,但在检验和验证阶段的工作量和难度会显著增加。

9.2.2 确定模型详细程度的准则

在实际的所有仿真研究中,时间和费用约束是确定模型详细程度的主要因素。此外,确定仿真模型所需详细程度的其他一般准则如下:

(1)认真定义所研究问题的细节及将用于评估的性能度量。模型的有效性只是针对特定的研究目的,如果关注的问题还没有确定,那么确定模型合适的详细程度是不可能的。由于某些模型只能精确地评估系统性能的某一个指标而不能精确评估另一个指标,因此详细描述系统的性能度量也很重要。例如一个十字路口的简单模型可以准确预测各方向通过的车流量,却不能确定各方向排队等待车辆所需的占地面积。最后,理解决策者的需要非常重要,达不到决策者提出的目标,再好的仿真模型也不会被用于决策。

(2)实体通过仿真模型并不总是必须与实体通过实际系统相同。例如,对一个日均车流量为 10 万辆的高速公路进行仿真建模时,如果每一个车辆在模型中都用一个独立的实体表示,则这个模型的计算量会很大,因此并不实用。如果研究目的是分析整体交通流量特征而非单个车辆行为时,可以通过将车辆集合视为连续介质的一部分,利用宏观交通流模型来简化问题。这种方法通常使用偏微分方程来描述交通流密度、速度和流量的变化,可以有效降低计算复杂度。

(3)借助于领域专家和灵敏度分析来帮助确定模型的详细程度。通过与熟悉系统的工作人员、工程师和管理者进行充分沟通,可以了解所研究系统的哪些组件是最重要的,必须详细地建模。还可以利用灵敏度分析来确定哪些系统因素(如参数或分布)对所要求的性能度量有较大的影响,从而在建模时更关注于那些重要的因素。

(4)模型细节过多是建模初学者经常犯的一个错误。因此,建议从一个简单的模型开始,如果需要,后续再继续完善模型。模型的适用性可以由领域专家和决策者来确定,可定期与之沟通以获取其对仿真研究的建议。

(5)在模型中不要有比解决关注问题所必需的更多的细节。但有时从可信性考虑,模型中也会有一些对模型确认来说并不需要的细节,例如更逼真的动画效果。

(6)模型的详细程度应该与可用数据的类型相一致。通常,用于评价新系统设计的仿真模型的详细程度,要比改进一个已有系统的仿真模型的详细程度要小一些,因为对新设计的系统来说,可用的数据会很少甚至没有。

(7)如果要研究的因素数量较多,可以先使用一个粗糙的仿真模型或一个解析模型来识别哪些因素对系统性能度量有重大影响。之后,再针对这些因素建立一个更细致的仿真模型。此外,在第 12 章介绍的统计实验设计对于确定重要因素也是有用的。

9.3 仿真模型的检验

仿真模型检验的目的是保证运行的仿真模型能够正确地反映出概念模型。概念模型是对实际系统运作的抽象,或是对正确操作的某种简化。**检验**就是要判断计算机实现的模型是否能够准确地表达概念模型(系统成分、逻辑结构和参数值的假设、抽象和简化)。

9.3.1 基本建议

本节给出了可用于调试仿真模型计算机程序的一些基本建议，这些建议中有些可以用于调试任何计算机程序，还有一些针对仿真建模。模型检验过程中的一些常识性的建议如下：

(1)模型可由建模者以外的人员(最好是使用仿真软件方面的专家)进行检验，因为建模者往往对模型过于熟悉而可能忽略某些方面存在的问题。

(2)绘制流程图，图中包括当一个事件发生时系统逻辑上可能的每一个活动，并且每一类事件的每一个活动都遵循模型的逻辑。例如，2.5.1 节中，在单服务台排队系统中，顾客到达事件的逻辑流程如图 2.9 所示。

(3)在模型输入参数设置不同值的情况下，认真检查模型输出结果的合理性，并对模型仿真实验后的大量输出统计数据进行仔细分析。

(4)对每一个使用的变量给出精确的定义，并且对每一个子模块、函数(或代码的主要部分)、成分或其他部分的作用进行描述。

(5)如果运行模型包括动画，应检验在动画过程中观察到的运行情况是否能够反映真实系统的运行状况，例如，通过动画可能观察到实体在仿真运行期间无故消失的错误。

(6)利用仿真软件的交互式运行控制或调试功能，监控仿真模型运行时的信息。主要包括：①可通过推进仿真至某个要求的时刻，显示该时刻的模型信息；②推进仿真直到一个特殊条件生效的时刻，显示该时刻的模型信息；③将注意力集中在特定的实体、代码或程序上，例如每一次特定实体被激活时仿真将暂停；④当仿真暂停时，观察变量、属性、队列、资源和数据集等的当前值和状态。

(7)为完成检验和验证，建议使用图形化的界面，因为模型的图形化表达本质上是文件自动归档的一种形式，有利于快速和准确地理解模型。

9.3.2 模型输出的合理性判断

在上文所述的基本建议中，对模型输出的合理性进行准确而全面的检查[建议(3)]是容易执行但却容易被忽视的。例如，对于自动售票机排队系统，假设建模者主要关心响应时间，如旅客在系统中的停留时间，那么在模型检验阶段，建议程序除收集响应时间外，还应该收集其他统计数据，如自动售票机的利用率及平均排队人数。通过对自动售票机利用率的观察，可以很明显地看出其利用率是否过高或过低而导致不合理，原因可能是服务时间随机分布设置不合理或参数值设置不合理。

在自动采集标准统计量(如平均队列长度、平均等待时间等)的仿真软件中，基本不需要编程就可以显示出几乎所有想要的统计量。而 C、C++或者 Java 等通用编程语言并没有统计量采集功能，因此需要通过大量的编程工作去实现。

能够快速显示出模型输出合理性的两组统计量是当前容量和总数，这两组统计量可以用于有实体通过的任何系统，常见实体如顾客、库存、订单、车辆等。**当前容量**是指在一个给定的时刻，系统每一个组成部分中的实体数量；**总数**是指到给定的时刻，已经进入系统每一组成部分中的实体的总数。通常能够观察到的主要问题如下：

(1)如果系统的某些部分当前容量很大,表明大量实体被延迟。

(2)在连续的长时间的仿真运行过程中,如果当前容量趋向于以线性方式增长,则队列极有可能是不稳定的,并且随着时间的推移,服务台将越来越不满足要求,这表明服务台数目过少或服务时间设定不合理。

(3)如果某些模块或子系统的总数为0,则表明没有实体进入到该模块或子系统,那么这个模块或系统极有可能存在问题。

(4)如果某模块的当前容量和总数都是1,这可能预示着一个实体已经占有一个资源,但是却从来没有释放过该资源。

在各种运行长度之下对这两组统计量进行分析,有助于检查出模型在逻辑和数据设定上的错误。对模型输出合理性的校验虽然难以检查出较细微的错误,但是可以快速有效地检查出较大的错误。同时,为了帮助检查错误,在运行模型前最好预测一下所选输出统计量的合理取值范围,以减少出错的可能性。

9.3.3　追踪技术

可用于调试一个仿真模型的更复杂的技术是**追踪**(trace)。在一次追踪过程中,被仿真系统的状态,如事件表的内容、状态变量、统计累加器等,可在每个事件发生后立刻显示并与手工计算的结果进行比较,判断程序是否按照预期运行。也就是说,当某一事件发生时,仿真模型可以将详细的状态信息写入到一个文件中,可以使用这个文件中的信息进行模型检验和错误排查。

大多数仿真软件都有可以对模型进行追踪的内置功能,而无需额外编程。采用追踪技术的目的是以手工计算的方式检查计算机程序运算的准确性,因此,开启追踪功能的仿真运行时长一般都会设置得比较短,但要保证各种类型的事件至少发生一次,并且最好能够评估每一个可能的程序路径及程序处理极端情况的能力,这样才能检验各类事件对仿真运行过程及输出结果的影响精度。如果某一类事件很少发生,则有必要使用一些专门的数据使其发生,这样做是合理的,因为检验的目的包括检查稀有事件对系统的影响。

还有一些软件支持可选择的追踪,例如,在模型的特定位置设置追踪,或者在预定的仿真时间触发追踪,或者当有实体经过指定位置时在追踪文件中写入带时间戳的信息。一些仿真软件还能够追踪选定的实体,一旦指定的实体开始活动就触发追踪并记录信息,这类追踪在记录一个实体通过整个仿真模型时非常有用。不同仿真软件的追踪功能有所不同,但一般都需要模型开发人员通过在模型的某个位置编写打印指令来实现。

使用 AnyLogic 软件对模型状态进行追踪的方法可参见3.6.1节实例。

9.4　提高模型有效性和可信性的方法

模型动画是暴露无效的模型假设和提高仿真模型可信性的有效途径,此外,本节将介绍提高仿真模型有效性和可信性的方法。

9.4.1　收集系统高质量的信息和数据

在开发仿真模型时,应利用所有现存的信息,主要包括如下几个方面:

1. 与领域专家交谈

仿真模型并不是由非专业人士的分析人员开发出来的抽象的模型，因此，建模人员必须要与非常熟悉系统的工作人员或管理人员密切合作。例如，对于铁路编组站系统，建模时应该从源头获取信息，如调车区长、调车长、值班员、信号员、车间主任及主管副站长等，必须利用所有资源来得到完整和准确的信息。必须仔细地鉴别每个子系统真正的领域专家，以避免获得有偏差的数据。需要注意的是，由于对系统的描述在仿真研究期间可能发生变化，建模时可能需要与某些领域的专家保持经常的交流。

2. 对系统的观测

如果所研究的系统或与所研究系统类似的系统已经存在，那么就应该从这个系统获得数据，以用于建立该系统的模型。这些数据可以从历史记录中获得，也可以在研究期间收集。建模人员必须确保向提供数据的人员精确地描述数据需求，如数据类型、格式、数量、采集数据的条件等。此外，建模人员也必须理解数据产生的过程，而不是仅仅把观测值视为抽象的数据。

3. 现有的理论

例如，对一个排队系统进行建模，顾客的到达速率在一段时间内是固定不变的，由理论可知，顾客的到达间隔时间非常类似于独立同分布的指数分布随机变量，也就是说，顾客按照泊松过程到达。

4. 类似仿真研究的成果

如果要建立一个煤矿企业铁路调车作业的仿真模型，可能的话，应该寻找并利用类似的研究结果，例如已有的铁路编组站仿真模型。此外，例如对某地铁线路车站正式运营前乘客疏散的仿真，也有大量的研究成果可以参考。

5. 建模者的经验

通常有必要利用人们的经验和直觉来假设复杂系统的某些部件是如何运作的，特别是当系统并不以某种形式存在时更是如此。人们希望这些假设能够在随后的仿真研究中得到证实，例如，地铁车站在运营前要对客流紧急疏散进行模拟测试，此时需要根据经验对乘客的疏散速度和尺寸参数进行假设。

9.4.2 与用户定期沟通

此处，用户通常指代管理者、决策者或仿真模型的使用者。建模时，与用户在整个仿真研究过程中定期沟通是非常重要的，这将极大地增加完成的仿真模型被用于辅助决策过程的可能性。与用户定期沟通的好处主要体现在：

(1)在仿真研究开始时，可能并没有一个如何解决问题的明确想法。因此，随着仿真研究的推进和对问题性质理解的逐渐清晰，这些信息应该传达给用户，那么用户就可能会重新规划研究的目标。

(2)与用户的定期沟通可以使用户保持对仿真研究的兴趣并愿意参与其中。

(3)用户关于系统的认识和知识对仿真模型的实际有效性是有帮助的。

(4)由于用户理解并接受模型的假设，则仿真模型会更加可信。

事实上，让用户能够认可仿真模型的一些关键假设是非常有必要的，这能够使用户相信这是一个好的仿真模型,因为用户认为自己协助开发了仿真模型。

9.4.3　建立一个书面的概念模型

仿真模型含有无效假设或关键性疏漏的一个重要原因是沟通上的失误。因此,有必要将模型所有的概念、假设、算法和数据汇总到一个书面的文档中,建立一个书面的概念模型,从而提高模型的可信性。一个好的概念模型文档取决于建模者的洞察力、建模原理的知识(如运筹学和概率统计等)及对类似系统建模的经验。概念模型文档不是对系统如何工作的精确描述,而是对模型在处理具体问题时是如何工作的描述,是建模人员对所研究的系统应该如何进行建模的想象力的体现。

概念模型文档的内容应该使分析人员、领域专家和接受过技术培训的用户等容易理解,一般包含以下内容:

(1)概述中要包括项目目标、仿真研究要解决的具体问题及用于评估的性能度量。

(2)绘制出一个流程图或系统布局图。

(3)详细描述每个子系统及这些子系统是如何相互作用的,一般采用图形或抽象符号的方式描述。

(4)说明做了哪些假设及为什么要这样做。切记仿真模型是对实际系统的简化和抽象。

(5)说明仿真模型的局限性。

(6)对收集数据的简单分析,例如样本均值或直方图。

(7)一些重要的或有争议信息的来源。

概念模型的文档应该包含足够多的细节,它是创建仿真计算机程序的蓝图。文档编辑完成后,建议要进行一次结构化走查,通过系统地检查文档或代码来发现潜在的问题或改进点。例如,使用投影设备,由建模者逐项介绍文档内容,参会的所有领域专家或用户都认可某项描述是正确的且详细程度是适当的之后,才能推进到下一项。结构化走查可以使得仿真模型的有效性和可信性都得到提高。

在结构化走查过程中可能会发现许多模型假设是错误的,或者某些细节是缺失的,因此,在概念模型文档中发现的任何错误和疏漏一定要在编程开始前加以改正。

9.4.4　采用定量技术确认模型组件

仿真分析人员应该尽可能采用定量技术检测整个模型各个组件的有效性。例如,如果用一个理论概率分布来拟合一组观测数据,则所选概率分布的有效性可以采用 8.5 节介绍的几种拟合优良度检验方法进行评定。

确定哪些模型影响因子对期望性能有显著影响的重要定量技术是灵敏度分析,用灵敏度分析研究的因子通常包括参数值、分布的选择、通过模型的实体、子系统的详细程度等。例如,在一个仿真研究中,假定一个参数值的估计是 0.75,则若要确定该参数的重要性,可以通过用 0.75 来运行仿真,同时再用 0.70 和 0.80 来运行仿真。如果这三次仿真运行产生的结果几乎相同,则输出对参数在 0.70 到 0.80 区间内的选择是不敏感的;否则,就需要对这个参数进行更深入的分析,并给出对参数设定更为详细的描述。

在进行灵敏度分析时,要采用公共随机数法(见 11.1.3 节)来控制仿真中的随机性,否则,改变一个因子产生的影响可能会被其他的改变混淆,例如来自某个输入分布的不同随机变量值。如果试图确定仿真输出对改变两个或多个影响因子的灵敏度,则正确的方法是使用统计实验设计,这样每个因子的影响才能够被正确地估计出来。如果因子的数量较少,因子之间的相互作用能够检测出来,详见 12.3.2 节。

9.4.5 确认整个仿真模型的输出

仿真模型有效性最权威的检验是确定仿真输出数据非常接近从实际系统期望得到的输出数据,也称为结果确认,本节将介绍几种进行结果确认的方法。

1. 与已有系统比较

如果有一个系统类似于研究的系统,那么开发现有系统的仿真模型并将仿真模型的输出数据与该系统本身的输出数据进行比较是有用的。如果两组输出数据非常接近,那么现有系统的模型就可以认为是有效的。之后,可以修改模型使其代表所研究的系统。现有系统与所研究系统之间的共性越大,则所研究系统模型的可信性就越高。仿真模型输出数据和现有系统输出数据的比较可以使用数理统计的方法,例如样本均值、样本方差和样本相关函数等。此外,可以采用图表进行评价,如直方图、箱型图和雷达图等。

2. 与专家意见比较

无论是否已有一个实际的系统,领域专家都需要审查仿真结果的合理性。如果仿真结果与所感知的系统行为是一致的,那么这个模型称为具有外观有效性。

3. 与其他模型比较

假设对同一个系统为相似的目的开发了另一个模型,且这个模型被认为能够有效代表系统。那么仿真模型的统计数据或图表可以与另一个模型可比的统计数据或图表进行比较,或者用置信区间法对两个模型进行更正式的比较。需要注意的是,即便两个模型产生类似的结果,也不一定意味着任何一个模型是有效的,因为两个模型都可能包含相似的错误。

9.5 仿真模型的验证

模型验证有以下两个目的:第一,建立能够足够精确表达真实系统行为的模型,该模型能够代替真实系统进行试验、分析系统行为和预测系统性能;第二,把模型的可信度提高到可接受的水平,使得该模型可被管理者和其他决策者使用。

模型的验证和校验尽管在概念上有区别,但通常这两方面的工作同时进行。验证是对模型及其特性与现实系统及其特性进行比较的全过程。而校验则是一个迭代过程,即把模型和现实系统进行比较,对模型进行调整(或更大的改变)后,继续进行比较,如此反复迭代。图 9.4 表示了模型的校验与整个验证过程的关系。

模型与现实系统的比较可以通过各种测试进行,这些测试有些是主观的,有些是客观的。**主观测试**通常由那些对系统某一方面或多方面比较熟悉的领域专家对系统的模型或输出进行判断。**客观测试**需要在实际系统的性能数据和模型所产生的响应数据基础上,执行一种或多种统计检验,即将系统某一方面的数据集与模型相同方面的数据集进行比较。将

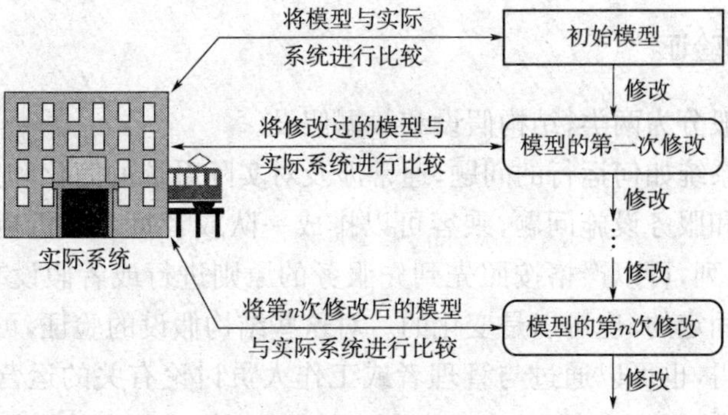

图 9.4　模型校验的迭代过程

模型与系统进行比较，然后修改概念模型和运行模型以弥补模型的缺陷，这个过程需要重复进行，直到认为模型足够正确为止。

验证并不是一个可有可无的任务，没有一个模型是所研究实际系统的完整无误的表示。此外，对模型的每一次修改（图 9.4），都需要付出一定的费用、时间和努力。建模人员需要衡量为了模型精确度的提高增加了多少验证的工作量。通常，建模人员对期望的模型和实际系统性能之间的差异有一个可接受的最大值，如果在预算或时间的约束下不能够达到要求的精确度，那么或降低模型精确度的要求，或放弃该模型。

作为对验证过程的辅助，目前广泛采用的是 Naylor 和 Finger 描述的三步法：

第 1 步：建立具有高度**表面效度**（face validity）的仿真模型，也就是能被大多数人接受的、直觉上具有较高现实相似度的模型。

第 2 步：验证模型的相关假设。

第 3 步：将模型的输入—输出变换和对应的实际系统的输入—输出变换进行比较。

9.5.1　表面效度

仿真建模的第一个目标是建立一个让模型使用者和其他了解系统的人在直观上认为合理的模型。模型潜在的使用者应参与到从模型概念化到执行的构建过程中，以确保通过对模型结构的合理假设和可信的数据，最终建立高度符合实际的模型。潜在使用者和专业人员也可以评价模型输出的合理性，目的是帮助识别模型的不足，使模型得到递归的改进。通过让模型使用者参与模型的构建过程，可以增加用户对模型感觉上的正确性和可信度，否则，使用者将不易相信仿真结果并将其作为决策的依据。

灵敏度分析（sensitivity analysis）也可以用来检验模型的表面效度。可以咨询模型的使用者，当一个或多个输入变量发生变化时，模型的性能指标是否按照所期望的那样发生变化。例如，在大部分排队系统中，如果顾客到达率增加，那么服务台利用率、排队长度和等待时间也会增加，但增加的程度并不确定。基于对实际系统的观察和使用者经验，当模型的一个输入变量增加或减少时，使用者和建模人员至少应该了解模型输出的变化趋势。对于多数大规模的仿真模型来说，有许多输入变量，因此有许多可能的灵敏度分析实验，建模人员需要选择最关键的输入变量进行验证。对于至少两种输入参数的设置，如果能够获得实际系统的数据，则可利用适当的统计方法进行客观科学的灵敏度分析。

9.5.2 模型假设的验证

模型的假设一般分为两类，结构假设和数据假设。

结构假设用于系统如何运行的问题，通常涉及对实际系统的简化和抽象。例如，机场人工值机的乘客排队和服务设施问题，乘客可以排成一队或者每个值机柜台都排一个单独的队列；如果有多个队列，可以严格按照先到先服务的原则进行或者假设乘客可以换队；值机柜台的数量可以是固定的，也可以是变化的。对这些结构假设的验证，可以通过在恰当的时间周期内的观测获得，也可以通过与管理者或工作人员讨论有关的运营策略和这些策略的实际执行规则来获得。

数据假设应以可靠的数据采集和对数据正确的统计分析为基础，例如对自动售票机排队系统问题，可以采集的数据包括：

(1)在若干个观测周期 2 h 高峰期内旅客的到达间隔时间。

(2)在非高峰期内旅客的到达间隔时间。

(3)乘客选择自动售票机购票的比例。

(4)自动售票机的服务时间。

若要检验数据的可靠性，需要向铁路车站的工作人员进行咨询，因为他们能够识别典型的拥挤时间和典型的非高峰期时间。当合并不同时间采集的一个或多个数据集时，通过对同类数据的客观统计检验可以进一步提高数据的可靠性。为了检验数据的相关性，可能需要进行附加的检验。从随机采样中分析输入数据的步骤见 8.1.2 节相关描述，8.5 节介绍的拟合优良度检验是数据假设验证的重要组成部分。

9.5.3 输入—输出变换验证

当模型输入数据与实际输入数据一致，并且模型中执行的策略也是系统中某些点执行的策略时，模型的最终检验是模型对实际系统未来行为特性的预测能力。进一步讲，如果某些输入变量(如旅客到达自动售票机的速率)的值增加或减少时，模型应该能够准确预测出在相同的条件下实际系统会怎么样。也就是说，模型的结构应该非常准确，并且能够很好地预测出系统行为，这不仅要与一个输入数据集符合，而且应该与所关心范围内的数据集符合。除了通过预测未来情况进行模型输入—输出变换的验证之外，还可以利用历史数据进行验证，这样，准确的“过去的预测”可以代替“未来的预测”以验证模型。

在模型验证阶段，模型被视为一个**输入—输出变换**，即模型接受输入参数值并将这些输入变换为输出性能度量，要进行验证的就是这种对应关系。

通常，开发一个模型最初关心的是在一定范围的输入条件下，测量到的一组特定系统响应值。例如在排队系统中，响应值可以是服务台的利用率和顾客延迟，输入条件可以是服务台的排队规则或两个以上服务台的调度规则。在任何情况下，建模时都应该利用所关心的主要响应值作为模型验证的基本准则。如果模型在以后使用中的目的与最初使用目的不一致时，则应该在可能的新的输入条件下，依据新的研究所关注的响应值进行验证。

进行输入—输出变换验证的必要条件是所研究系统已经存在，这样才能够收集到至少在一组输入条件下的系统响应数据，进而以与模型的预测值进行比较。如果系统正在设计阶段，则无法采集到系统的运行数据，那么不可能进行完整的输入—输出变换。在某些情况下，如果规划系统的子系统存在的话，则可以进行部分的输入—输出变换验证。

总的来说，模型将用于比较各种可供选择的系统设计方案，或者用来研究系统在新的输入条件下的行为特性。例如，假设现有系统的模型已经通过验证，那么使用不同的输入值时，模型的有效性如何？或者如果改变模型的结构以表示一种新的系统设计，那么该新的但尚未存在的建议系统的模型，其有效性又如何？在许多情况下，建议系统的新模型只是对旧模型进行了相对较小的修改(对实际系统可能是一个大的改变)，因此，能够从相信现有系统模型转化到相信新系统模型。

对于模型的变化，按范围从相对较小到相对较大说明如下：

(1)单个数值参数的小变化。例如车辆速度、服务台数量、顾客到达率(到达间隔时间的分布没有改变)等。

(2)统计分布形式的较小变化。例如服务时间或机器故障时间的随机分布。

(3)子系统逻辑结构的大变化。例如在一个排队模型中排队规则的变化或在一个库存系统中订货策略的变化。

(4)新系统的不同设计方案的大变化。例如用一个自动存储和分拣系统代替一个人工仓储系统。

如果对模型的修改较小，如上述第(1)项和第(2)项，那么这些变化能够被检验，并且新模型的输出具有较高的可信度。如果在其他地方有一个非常类似的子系统，那么可以验证逻辑结构发生较大变化的子系统模型，并且可以将该子系统模型与其他验证过的子系统模型集成，最终建立一个完整的系统仿真模型。依据这种方法，对第(3)项和第(4)项变化后的模型可以进行部分验证。但是没有办法可以完整地验证尚不存在的系统的输入—输出变换。

接下来通过实例介绍可用于输入—输出验证的两种方法：假设检验方法和置信区间方法，并详细讨论输入变量、不可控变量、决策变量、输出或响应变量及输入—输出变换的概念。

实例 9.1　地铁车站安检系统

如图 9.5 所示，某地铁站 A 进站口目前配备了一台安检设备，经过现场调研，得到星期二早上 6:30—8:30 这个时间段内到达了 468 个乘客$\{A_i, i=1,2,\cdots\}$，同时采集了该时间段内 60 个乘客的安检服务时间$\{S_i, i=1,2,\cdots,60\}$。在征求了车站管理者和工作人员的意见之后，认为该数据可以代表该地铁站 A 口典型的早高峰时段状况。

图 9.5　地铁车站进站安检系统

通过数据分析(详见 8.6.2 节)可知,到达过程可以建模为到达速率为每小时 234 个乘客的泊松分布,服务时间服从均值为 9 s,最小值为 4 s 的指数分布。因此,模型有两个输入随机变量,其中,乘客的到达间隔时间是不可控变量(在实际系统中无法由管理者控制),而安检时间虽然是部分可控的(设备因素),但实际上仍然是不可控变量,因为每个乘客的具体情况是不可控的。

将所有的决策变量设置在某一水平便构成了一个策略,例如,当前该地铁车站 A 口的策略是设置一个安检设备($D_1=1$)、平均安检时间是 9 s($D_2=9$)、等候队列为 1($D_3=1$),其中 D_1, D_2, D_3 为决策变量。管理者能控制决策变量,但无法控制不可控变量,如到达速率和服务时间,因为到达速率可能经常变化,而且这种变化是由外界因素引起的。

当进站安检系统的逻辑模型建立完成并通过检验后,需要对模型进行验证。这时,可以将模型看作是一个“黑盒”,它接收所有的输入变量并将其转换为一组输出或响应变量,即用户所关心的所有统计量,这些统计量是通过对系统的仿真运行产生的。在进站安检系统中,车站管理人员关心的是安检设备的利用率、乘客从到达到开始接受服务的平均延迟时间及在早高峰期的最大队长等性能度量。这些输入输出变量如图 9.6 所示,还有一些附加的次要输出变量见表 9.1。

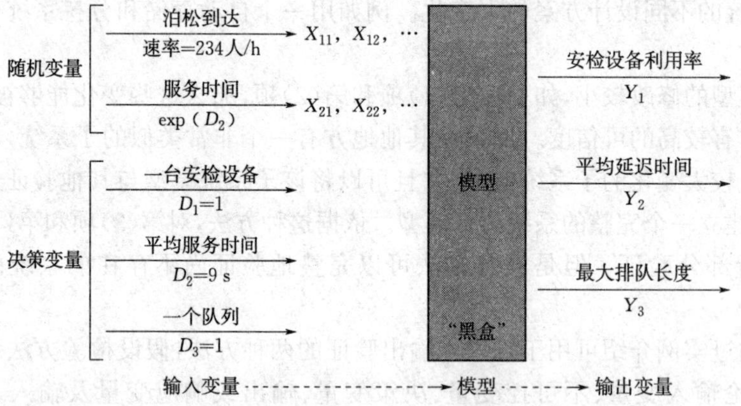

图 9.6　输入—输出变换模型

表 9.1　安检系统模型的输入和输出变量

输入变量		输出变量	
决策变量	$D_1=1$(一台安检设备) $D_2=9$ s(平均服务时间) $D_3=1$(一个队列)	主要变量	Y_1=安检设备利用率 Y_2=平均延迟时间 Y_3=最大排队长度
不可控变量	泊松到达速率=234 人/h $X_{11}, X_{12}, \cdots$ 服务时间,exp(D_2) $X_{21}, X_{22}, \cdots$	次要变量	Y_4=到达速率 Y_5=平均服务时间 Y_6=服务时间样本的标准差 Y_7=等待队列的平均长度

其中，不可控输入变量用 X 表示，可控输入变量用 D 表示，输出变量用 Y 表示。从“黑盒”的角度来看，输入了 X 和 D，产生了输出 Y，即

$$(X,D)\xrightarrow{f}Y \text{ 或 } f(X,D)=Y$$

式中的 f 表示依据模型结构而定的变换。对于地铁车站安检系统来说，用 X_{1n} 表示模型中第 $n-1$ 个乘客和第 n 个乘客之间的指数分布到达间隔时间，用 X_{2n} 表示模型中为第 n 个乘客产生的指数分布安检服务时间。则当前的决策变量集或策略是 $D=(D_1,D_2,D_3)=(1,9,1)$，输出或响应变量用 $Y=(Y_1,Y_2,\cdots,Y_7)$ 表示，其定义见表 9.1。

为了对安检模型的输入—输出变换进行验证，实际系统的数据必须是可用的，并且至少能够与表 9.1 中的某些模型输出 Y_i 进行比较。因此，需要在采集输入数据$\{A_i,S_i\}$的同时，收集系统的响应数据 $Z=(Z_1,Z_2,Z_3)$。假设已经观测到星期二早上 6:30 到 8:30 这个时间段内的乘客安检平均排队时间为 $Z_2=8$ s，为了进行模型的验证，可以认为这是真实的平均延迟时间 $\mu_0=8$ s。

虽然生成的随机变量 X_{1n} 和 X_{2n} 不可能与实际系统的输入完全一致，但希望仿真的输入变量能够重现实际输入的统计模式。即当用产生的随机变量 X_{1n} 和 X_{2n} 运行安检系统模型时，希望仿真产生的平均延迟时间 Y_2 接近于观测到的系统响应数据 $Z_2=8$ s，即 Y_2 与 Z_2 是一致的，因此需要检验这种一致性。

对仿真模型进行一定数量的重复运行，并为每次重复运行设置随机的种子以保证统计上的独立性。表 9.2 给出了 10 次独立重复运行的结果，每次运行时间为 2 h。

表 9.2　安检仿真模型的 10 次重复运行结果

重复运行	Y_4/(人·h^{-1})	Y_5/s	Y_2/s
1	236	9.013	8.422
2	226	8.906	6.863
3	247	9.448	8.618
4	222	8.568	6.610
5	232	9.015	8.092
6	235	9.236	8.645
7	232	9.205	8.125
8	224	8.993	7.128
9	246	8.991	9.726
10	239	8.871	7.224
样本均值	233.9	9.025	7.945
标准差	8.556	0.237	0.974

每次重复运行模型所观察到的乘客到达速率 Y_4 与乘客安检平均服务时间 Y_5 也在表 9.2 中给出，可分别与观测的值 234 人/h 和 9 s 进行比较。

(1)采用假设—检验方法用于评价在某个或某些输出性能度量方面，仿真模型和实际系统是否相同。

本例采用假设—检验方法验证,就是将系统的响应数据 $Z_2=8$ s 与仿真模型响应数据 Y_2 进行比较,即进行原假设统计检验:

$H_0:E(Y_2)=8$ s。

如果 H_0 没有被拒绝,那么基于这个验证就没有理由认为模型是无效的;如果 H_0 被拒绝,那么现有的模型就被拒绝,需要寻找改进模型的方法。

本例采用的统计检验是 t 检验,基本步骤如下:

步骤 1: 对安检系统模型,选择一个置信水平 α 和样本量 n,设

$$\alpha=0.05, n=10$$

步骤 2: 利用式(8.5)和式(8.6)计算 n 次重复运行的样本均值 $\overline{Y}_2$ 和样本标准差 S,得到

$$\overline{Y}_2=\frac{1}{10}\sum_{i=1}^{10}Y_{2i}=7.945\ (\text{s})$$

$$S=\sqrt{\frac{\sum_{i=1}^{10}(Y_{2i}-\overline{Y}_2)^2}{10-1}}=0.974\ (\text{s})$$

其中,$Y_{2i}(i=1,2,\cdots,10)$ 见表 9.2。

步骤 3: 查具有 ν 自由度的 t 分布的百分数表。对于双边检验,可以利用 $t_{\alpha/2,n-1}$,得到 t 的临界值为 2.26。

步骤 4: 计算检验统计量:

$$t_0=\frac{\overline{Y}_2-\mu_0}{S/\sqrt{n}}$$

其中,$\mu_0=8$ 是在原假设 H_0 中规定的值,因此有

$$t_0=\frac{7.945-8}{0.974/\sqrt{9}}\approx-0.169$$

步骤 5: 对于双边检验,如果 $|t_0|>t_{\alpha/2,n-1}$ 就拒绝 H_0;否则接受 H_0。

由于 $|t_0|=0.169<t_{\alpha/2,n-1}=2.26$,所以不拒绝 H_0,因此在统计判断上可以认为该安检系统仿真模型是有效的。

需要注意,不拒绝 H_0 必须被认为是弱结论,除非检验的强度已经估计出来而且很高(接近 1),即得出的结论只是现有仿真运行数据($Y_{21},Y_{22},\cdots,Y_{210}$)还不足以拒绝假设 H_0:$\mu_0=8$ s。换句话说,检验没有检测出仿真的样本数据与给定的均值 μ_0 之间的不一致性。

(2)利用置信区间评价仿真和实际系统性能度量是否足够接近。

假设现有系统有一个已知的性能度量 μ_0 和一个未知的仿真性能度量 μ,研究希望 μ 能够接近 μ_0。假设检验方法检验 $\mu=\mu_0$ 是否成立,而置信区间方法试图得到差值 $|\mu-\mu_0|$ 的范围,看是否有 $|\mu-\mu_0|\leqslant\varepsilon$,如果差值足够小,便可以基于仿真做出有效的判断,$\varepsilon$ 的值由分析者设定。

如果 Y 是仿真输出,并且 $\mu=E(Y)$,则可以执行仿真并构造 μ 的置信区间为

$$\overline{Y}\pm t_{\alpha/2,n-1}\frac{S}{\sqrt{n}}$$

如图 9.7 所示,接受该模型有效还是进一步修正模型的决定,依赖于由置信区间隐含的最好情况错误和最坏情况错误。

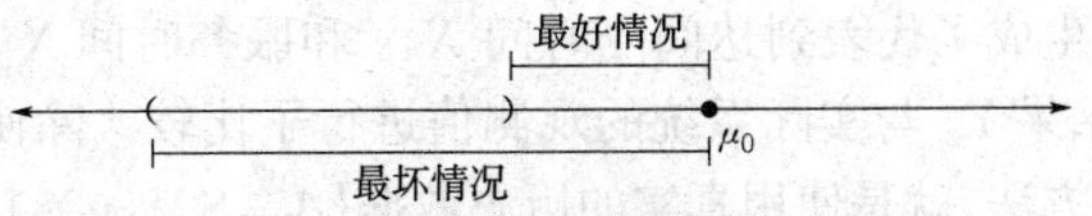

图 9.7　输入—输出变换的验证

①假设置信区间不包括 μ_0，如图 9.7(a)所示。

a. 如果最好情况错误大于 ε，那么即使在最好的情况下，性能之间的差异也很大，表明需要修正仿真模型。

b. 如果最坏情况错误小于或等于 ε，那么可以接受仿真模型，因为 μ 与 μ_0 足够接近，可以认为模型是有效的。

c. 如果最好情况错误小于或等于 ε，而最坏情况错误大于 ε，那么需要增加仿真重复运行次数以缩小置信区间，直到能够得出结论。

②假设置信区间包含 μ_0，如图 9.7(b)所示。

a. 如果最好情况错误或最坏情况错误均大于 ε，则需要增加仿真重复运行次数以缩小置信区间范围，直到能够得出结论。

b. 如果最坏情况错误小于或等于 ε，那么可以接受仿真模型，因为 μ 与 μ_0 足够接近，可以认为模型是有效的。

在本实例中，$\mu_0=8$ s，对于期望的乘客安检延迟时间，设定"足够接近"是 $\varepsilon=1$ s。基于表 9.2 的 10 次重复运行结果，95%的置信区间为

$$\bar{Y}\pm t_{0.025,9}\frac{S}{\sqrt{n}}=7.945\pm 2.26\times\frac{0.974}{\sqrt{9}}$$

$$\approx 7.945\pm 0.734$$

因此置信区间为[7.211,8.679]，如图 9.5(b)所示，$\mu_0=8$ 在置信区间之内，由于最坏情况

$$|8-7.211|=0.789$$

$$\varepsilon=1$$

最坏情况错误小于或等于 ε，所以，可以接受安检系统仿真模型，即可以认为模型是有效的。

一般认为，用置信区间的方法来确认仿真模型要好于用假设检验方法确认。其原因在于，一方面，由于模型只是系统的一个近似，所以 H_0 对几乎所有的情况明显为假；另一方面，置信区间比相应的假设检验提供了更多的信息，即差异的大小。

9.5.4　输入—输出验证：使用历史输入数据

当使用人工生成的数据作为输入数据（如实例 9.1），模型开发人员期望在数据采集期

内，仿真模型所生成的事件类型能够与实际系统中发生的事件类型一致。在地铁车站安检系统仿真模型中，人工生成了代表到达间隔时间 X_{1n} 和服务时间 X_{2n} 的输入数据，并通过假设检验将模型输出结果 Y_2 与实际系统的观测值进行了比较。除使用人工生成的输入数据之外，还有一种替代方法，就是使用真实的历史数据 $\{A_n, S_n\}(n=1,2,\cdots)$ 驱动仿真模型，并进行模型与实际系统的比较分析。

如果想要在安检模型中使用历史数据，那么数据 $A_1, A_2, \cdots$ 和 $S_1, S_2, \cdots$ 必须保存在仿真模型的数组中或者保存在文件中，以便在需要时读取。当第 n 名乘客在 $t_n = \sum A_i$ 时刻到达，则第 $n+1$ 名乘客到达事件将会被插入到未来事件表中，并在 $t_n + A_{n+1}$ 时刻到达，这里不需要使用随机数。如果第 n 名乘客在 t'_n 时刻开始接受服务，则其离开事件将会被插入到未来事件表中，离开的时刻为 $t'_n + S_n$。这种不需要使用随机数的事件排序方法，在使用数组或文件存取数据的通用程序开发语言或大多数仿真语言中很容易实现。

使用历史输入数据进行输入输出验证时，开发人员希望仿真模型能够尽可能再现实际系统的重要事件。如果模型足够精确，那么被预测的如乘客等待时间、平均排队长度、安检设备的利用率等都会与实际系统非常接近。为了使用历史数据进行模型验证，需要搜集同一时间段内所有的输入数据 $\{A_n, S_n\}(n=1,2,\cdots)$ 和所有的系统响应数据（如平均延迟时间 Z_2），否则在仿真模型与实际模型进行比较时（例如比较模型的平均延迟时间 Y_2 与系统真实值 Z_2）就会出错。仿真模型响应值 Y_2 和系统真实值 Z_2 都取决于 A_n，S_n 及系统的结构。

采用历史输入数据方法对大型系统进行验证时会比较困难，因为需要同步收集所有输入变量和需要比较的响应变量的数据。在某些大型系统中，如道路交通系统，电子设备可以自动记录某些类型的数据，这可以使得数据收集工作变得容易一些。

9.5.5 输入—输出验证：利用图灵机检验

图灵测试一词来源于计算机科学和密码学的先驱阿兰·麦席森·图灵（Alan Mathison Tunhg）于 1950 年发表的一篇论文《计算机器与智能》。其内容是，如果计算机能在 5 min 内回答由人类测试者提出的一系列问题，且计算机超过 30% 的回答让测试者误认为是人类所答，则通过测试。因此，除了统计检验或当进行统计检验较为困难时，也可以使用已知的系统性能知识比较模型输出和系统输出。

例如，可以准备 5 份在不同时间观测得到的系统性能报告，同时利用仿真模型输出得到 5 份仿真实验报告，这 10 份报告应具有完全相同的格式，并且包含潜在使用者先前观测系统所注意到的信息。将 10 份报告随机放置，并交给用户辨识，如果用户能够准确地识别出仿真模型输出的报告，则需要进一步改进模型；如果用户不能识别出真实报告和模型输出报告的区别，则可以认为该检验没有提供任何证据证明模型是不正确的。这种检验方法通常称为图灵机检验。在仿真模型开发过程中，该方法是检测模型不足的有效工具，也是随着模型的修正与改进提高模型可信度的有效工具。

本章小结

由于管理者要依据仿真结果进行决策，因此仿真模型的检验和验证是十分重要的。通常仿真模型从表面上看显得很符合实际,因为与解析模型不同的是,仿真模型能够包含实际系统的所有细节。为了避免被直观的真实性所误导,需要将系统数据与仿真模型数据进行比较,最好利用各种方法包括客观统计检验来进行比较。常用的一些验证方法按其优先级排序如下:

(1)建立表面效度高的仿真模型。通过与了解系统行为的领域专家进行沟通,并借鉴以往的调查和经验知识,完成仿真模型的验证。

(2)开展简单的统计检验,以验证输入数据的同质性、随机性,并对假设分布的拟合优良度进行检验。

(3)开展图灵测试。请那些对系统有深入了解的管理者或工程师比较仿真模型的输出结果和实际系统的输出结果,尽可能找出二者之间的差异。

(4)通过统计检验方法,比较仿真模型输出与实际系统输出。

(5)仿真模型开发完成后,收集新的系统数据并重复(2)~(4)的工作。

在仿真建模过程中,由于资源和时间的限制,使用所有验证方法是不现实的,因此,模型开发人员的一项重要工作就是选择最合适的验证技术,以保证模型的精确度和可靠性。

学习完本章后,能够理解仿真模型检验、验证和可信性的基本概念,明确确定模型详细程度的准则和模型输出合理性的判断方法,了解提高模型有效性和可信性的几种方法,掌握常用的模型验证方法,特别是输入—输出变换验证的假设检验和置信区间方法。

练习题

1. 从冬季仿真会议论文集中,找出两篇以上关于检验和验证方面的论文,阅读之后,请写一篇报告,分析检验与验证所涉及的各类原理和方法。

2. 搜索文献,找几个作者对其模型进行了验证的实际的例子。试分析论文的模型验证是否足够详细?比较论文所用的方法与本章讲述的方法是否相似?是否使用了本章没有讨论的方法?

3. 试比较不同仿真软件在调试和检验方面的功能,例如 AnyLogic、Arena 和 Simio。

第10章 单一模型的输出分析

输出分析是对仿真所产生的数据进行检查的过程，目的是预测一个系统的性能或比较两个或多个备选系统设计的性能。之所以要进行统计输出分析，是因为当使用随机数生成器产生输入变量值时，仿真输出数据也会随机变化。也就是说，在仿真过程中使用两个不同的随机数流或随机数列，很可能会产生两组不一样的输出结果。如果系统的性能由参数 θ 度量，那么一组仿真实验的结果将是 θ 的估计值 θ。估计值 θ 的精度可以由 θ 的标准差或 θ 的置信区间宽度来度量。统计分析的目的就是估计 θ 的标准差或 θ 的置信区间，或者给出达到指定标准差或置信区间所需要的观测次数，或者上述两者都需要。

本章将首先对单一系统的输出分析进行讨论，两个或多个系统的比较将在第 11 章讨论。10.1 节区分两种类型的仿真：终态仿真和稳态仿真，并通过实例介绍随机离散事件仿真中固有的可变性，以此说明对输出进行统计分析的必要性；10.2 节定义每一类仿真常用的系统性能度量及其统计估计；10.3 节讨论终态仿真的输出分析的统计学基础，介绍了置信区间和分位数的计算方法；10.4 节讨论稳态仿真中的初始化偏差，描述了误差估计和重复运行，介绍样本量、批均值和稳态分位数的计算方法。

10.1 输出分析概述

在很多仿真研究中，大量的时间和成本都花费在模型的建立和编程实现上，而对仿真输出数据的合理性分析往往十分欠缺。常见的错误是只进行一次随意时间长度的仿真，然后就将得到的结果作为真实的模型特性。因为仿真是使用来自概率分布的随机采样来驱动模型随时间推进的，一次运行的结果仅仅只是随机变量的特定实现，而这些结果可能存在很大的方差。因此，通过一次仿真运行得到的结果可能与模型的真实特性存在很大的差异，采用这些结果对所研究系统进行推断就可能导致错误和浪费。实际上，仿真是一个基于计算机的统计采样实验的过程，如果希望仿真结果有意义，就必须采用合理的统计学方法对仿真实验进行设计和分析。

10.1.1 输出分析的必要性

在对仿真进行输出分析时要注意，几乎所有仿真的输出过程都是不平稳的，且是自相关的，所以基于独立同分布观测值的经典统计学方法不能直接使用。

1. 自相关性

自相关性(autocorrelation)是缺乏统计独立性的度量，经典的统计方法假设数据是独立的，而自相关性则意味着不能直接使用经典的统计方法来分析输出数据。因此，为了进行有效的推断，必须适当地修改经典方法，恰当地设计仿真实验。以一个库存系统每周的总费用 Y 为例，它是一个典型的输出变量，应该按照分布未知的随机变量来研究。一个长度为 1 周的仿真运行观测值是对 Y 所有可能观测总体的一次采样，通过增加运行时间到 n 周，可以将样本数量增加到 n 个，即 $Y_1,Y_2,\cdots,Y_n$，然而这些观测值不能构成一个随机样本，因为它们不是统计上独立的。原因在于，某一周结束时的所有库存是其下一周开始的初始库存，即 Y_i 对 Y_{i+1} 有影响，因此随机输出变量序列 $Y_1,Y_2,\cdots,Y_i$ 是自相关的。

2. 初始条件

大部分仿真研究中，输出数据除了出现自相关性外，系统在 0 时刻特定的初始条件也会对输出数据产生影响。0 时刻是指仿真开始的那一刻，可以对应现实系统的任一时间点。例如，在 0 时刻（如某个周一早上 6:00）的库存和延迟交货数量将极大地影响第一周的总费用 Y_1。由于存在自相关性，这些初始条件也将影响后续各周的总费用 $Y_2,\cdots,Y_n$。如果特定的初始条件没有选择好，将对估计仿真模型的稳态（长时间运行）性能带来很坏的影响。对统计分析来讲，初始条件的影响在于：一方面，模型输出观测值可能不具有相同分布；另一方面，模型的初始观测值可能无法代表稳定状态下的系统性能。

如果能产生一个合理的初始状态，就能将所有先前有影响的交互作用和事件的影响纳入模型。初始状态并不意味着只有与那个时刻相关的数据，还包括了到那时为止所积累的历史知识，也就是说，关于初始状态的全部信息包括了所有过去的知识和在模型开始运行之前关于系统的状态数据。

10.1.2 依据输出分析划分的仿真类型

在对系统抽象过程中，主观上设置了一个边界，以将感兴趣的部分从现实世界中分离出来。但系统并不是静止的，因此在分析时还需要确定一个适合研究的时间跨度。可用于设计和分析仿真实验的方法取决于所进行仿真的类型，因此，在分析仿真输出数据之前，首先应了解终态仿真与稳态仿真的区别。

终态仿真（terminating simulation），也称为**瞬态仿真**（transient simulation），是仿真运行某个持续时间 T_E 后停止，其中 E 是停止仿真的一个规定事件（或一组事件）。此类仿真在给定初始条件下，从 0 时刻开始运行，并在停止时刻 T_E 终止。因为不同的运行使用独立的随机数和相同的初始化规则，这意味着来自不同运行的可比较的随机变量之间是独立同分布的。下面是三个终态仿真的实例。

实例 10.1 铁路车站人工售票窗口终态仿真——全天运营

铁路车站人工售票窗口在 6:00（0 时刻）开始营业时没有顾客出现，3 个窗口中有 1 个窗口在工作（初始条件），售票窗口在 22:00（$T_E=960$ min）关闭，这里事件 E 仅仅是售票窗口已经工作 960 min 这样一个事实。仿真分析主要关注在全天中，旅客和售票员之间的业务处理过程，需要考虑开始营业和一天结束时停止营业这两个事件所带来的影响。

实例 10.2 铁路车站人工售票窗口终态仿真——指定时段

实例 10.1 中，如果将时间限制在车站特别繁忙的时段，例如 11:30—13:30。仿真运行长度为 $T_E=120$ min。时刻 0（11:30）的初始条件可以通过两种方法设定：①在若干不同日期的 11:30 观测实际系统并估计系统旅客数在 11:30 的分布，然后利用这些数据设置仿真模型在 0 时刻的旅客数；②先对 6:00—11:30 进行仿真，但不收集输出统计数据，然后将 11:30 的结束条件作为下一步仿真（11:30—13:30 的仿真）的初始条件。

实例 10.3　地铁车站人员疏散终态仿真

对某地铁车站进行乘客疏散仿真，开始疏散时刻（0 时刻）的系统状态即为初始条件，例如地铁车站内现有的乘客数量及位置。当最后一名乘客疏散到安全位置时，仿真终止，总运行时长记为 T_E，仿真终止事件 E 被定义为最后一名乘客离开地铁站。需要注意的是，实例 10.1 中的终止时刻 $T_E=960$ min 是已知的，而本例中的仿真终止时间 T_E 通常无法事先预知。事实上，T_E 正是待研究的输出变量，因为这里它表示的是乘客疏散时间。

当对一个终止型系统进行仿真时，必须指定系统在 0 时刻的初始条件，并且必须很好地定义终止时间点 T_E 或终止事件 E 或某种结束条件。尽管实例 10.1 中的售票窗口在第二天将重新开始营业，但是仿真分析将其确定为终止型系统是因为所关心的对象是一天的业务，包括开始营业和停止营业。另一方面，如果仿真分析关心的是铁路车站售票的其他方面，例如自动售票机的使用情况，则系统可以被认为是非终止型的。因此，一个仿真模型是否被看作是终态仿真，取决于仿真研究的目的和系统特性两个方面。

稳态仿真（steady-state simulation），也称为**非终态仿真**（non-terminating simulation），是一个连续运行的系统，或者至少在一个相当长的时间内运行的系统。例如铁路编组站、12306 网上订票系统、医院急诊室、消防部门及连续运行的计算机网络等。稳态仿真开始于 0 时刻，其初始条件和运行时长 T_E 由分析人员定义。通常，分析人员关注的是系统在稳定状态（或长期运行）下的表现，特别是那些与初始条件无关的系统性能指标。所谓"稳态仿真"就是研究非终态系统长期运行（或处于稳定状态）时性能和行为的仿真过程。下面为稳态仿真的实例。

实例 10.4　铁路编组站系统稳态仿真设置

对于铁路编组站系统的到、解、集、编、发作业，研究人员希望估计长时间运行的生产组织水平和生产效率。在仿真分析过程中，可以设定任意长的运行时间 T_E，例如一年。也就是说，T_E 不是由问题的性质决定的，而是作为一个参数由研究者在仿真实验的设计过程中设置的。

判断一个系统是否处于稳态的最重要特征之一是系统的总体到达率（进入系统的速率）和离开率（离开系统的速率）相等。这是因为系统中的实体数量是进入系统的实体与离开系统的实体之间的差值，当有一系列实体流经一个系统，并且系统中预期的实体数量是恒定的，则系统的到达率和离开率一定是相等的。

10.1.3　输出数据的随机性

分析一个仿真模型在周期为$[0,T_E]$的一次运行。由于模型是如图 9.4 描述的输入—输出变换过程，而且模型的一些输入变量是随机变量，因此模型的输出变量也是随机变量。下面的例子将说明从随机仿真得到的输出数据的特征，并对这些数据的几个重要特征进行初步讨论。

实例 10.5　铁路车站自动售票机系统终态仿真

继续研究铁路车站自动售票机排队系统问题(2.1 节实例),旅客到达间隔时间服从均值为 5 min 的指数分布,服务时间服从三角分布(最小值为 1 min,最大值为 6 min,最可能值为 3 min)。仿真的目的是估计自动售票机的利用率 ρ、系统开始运行 2 h 后每个旅客在系统中逗留的平均时间 ω。因此,该模型运行的周期为 2 h,并且在初始时刻系统处于"空且闲"的状态。利用 5 个不同的随机数流产生到达间隔时间和服务时间,进行 5 次统计上独立的仿真运行,产生的结果见表 10.1。

表 10.1　周期为 2 h 的自动售票机排队问题(5 次独立运行的结果)

运行次数 n	自动售票机利用率 $\hat{\rho}_n$	旅客平均系统逗留时间 $\hat{\omega}_n$/min
1	0.53	4.087
2	0.58	5.195
3	0.56	4.206
4	0.62	5.225
5	0.52	4.477

表 10.1 中,第 n 次仿真运行自动售票机利用率用 $\hat{\rho}_n$ 表示,旅客平均系统逗留时间用 $\hat{\omega}_n$ 表示。从表 10.1 中可以看出,观察到的自动售票机利用率在 0.52～0.62 间变化,平均逗留时间在 4.087～5.225 min 间变化,结果表明了输出数据的随机特征。对于终止型仿真可以使用经典的统计方法,因为 $\hat{\rho}_1$,$\hat{\rho}_2$,$\hat{\rho}_3$,$\hat{\rho}_4$ 和 $\hat{\rho}_5$ 组成一个随机样本,即它们是独立同分布的。此外,由于 $\rho=E(\hat{\rho}_n)$ 是被估计的参数,因此每一个 $\hat{\rho}_n$ 是对真实平均利用率 ρ 的无偏估计。

很明显,实例 10.5 是一个终态仿真,从表 10.1 中可以看出,每次实验的统计平均值之间存在显著差异,这意味着需要进行更多次的仿真才能实现精确估计,才能使均值 $\rho_n=E(\hat{\rho}_n)$,$\omega_n=E(\hat{\omega}_n)$;而且即使进行多次仿真,仍然会存在一定的估计误差。这就是不能仅仅依赖一个数值(点估计),还需要借助置信区间或标准差来衡量指标差异的原因。

实例 10.6 说明了自相关性和初始条件对系统性能的长期平均度量估计的影响。

实例 10.6　铁路车站自动售票机系统终态仿真——初始条件和自相关性的影响

使用 3.3 节建立的铁路车站自动售票机单服务台排队系统仿真模型,旅客到达间隔时间服从均值为 5 min 的指数分布,服务时间服从三角分布(最小值为 1 min,最大值为 7 min,最可能值为 4 min)。运行模型得到一次仿真中前 30 个旅客的系统逗留时间如图 10.1 所示,仿真研究的目标是估计系统长期运行情况下旅客的平均系统逗留时间。

从图 10.1 中可以看出,开始的几个旅客系统逗留时间要小于后续旅客的系统逗留时间,这是因为仿真模型的初始条件为"自动售票机空闲",因此,数据不能代表长期状态或稳态。此外,从图 10.1 中还能够看出,一个相对较长的系统逗留时间往往会接着另外几个较长的系统逗留时间,也就是说,连续到达的旅客系统逗留时间可能是相关的。这些特征表明系统逗留时间并不是随机样本,所以经典的统计方法可能并不适用。

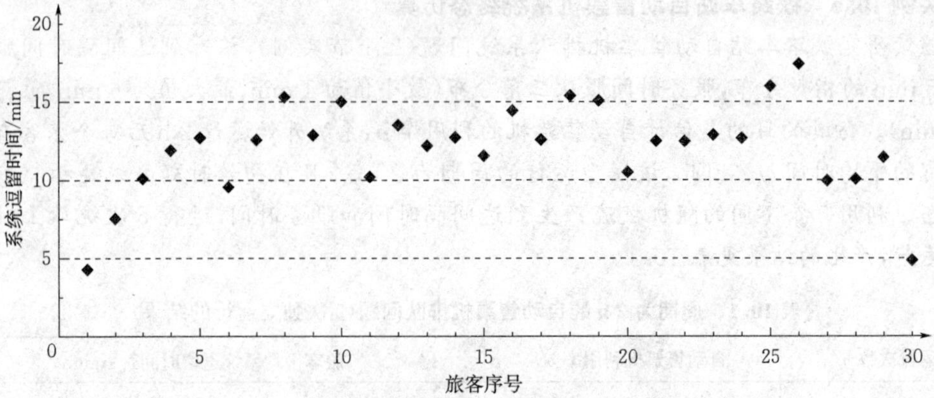

图 10.1　一次仿真中前 30 个旅客的系统逗留时间

10.2　性能度量及其估计

仿真输出分析的目的是获得系统中性能参数的点估计和区间估计，区间长度的估计是对点估计中误差的度量。根据仿真过程中收集数据类型的不同，分别用 θ 或 φ 来表示。如果输出数据是离散时间数据，即以 $\{Y_1, Y_2, \cdots, Y_n\}$（$n$ 为整数）形式给出，例如 Y_i 表示第 i 个旅客的等待时间，则估计参数用符号 θ 表示，是一般的均值。如果仿真输出数据是连续数据，即以 $\{Y(t), 0 \leqslant t \leqslant T_E\}$ 形式给出，例如 $Y(t)$ 表示 t 时刻的队列长度，则估计参数用符号 φ 表示，是时间加权均值。θ 和 φ 的具体含义无关紧要，这里只是用两个不同的符号来表示一般性均值和时间加权平均值。

10.2.1　点 估 计

基于数据 $\{Y_1, Y_2, \cdots, Y_n\}$ 对参数 θ 的点估计由式(10.1)定义：

$$\hat{\theta} = \frac{1}{n}\sum_{i=1}^{n} Y_i \tag{10.1}$$

式中，$\hat{\theta}$ 是基于样本量 n 的样本均值。在仿真软件中，通常称之为离散时间型(discrete time)、采集型(collect)、计数型(tally)或观测型(observational)统计量。

如果点估计 $\hat{\theta}$ 的期望值是 θ，则称之为无偏估计，即

$$E(\hat{\theta}) = \theta \tag{10.2}$$

然而，通常的结果是 $E(\hat{\theta}) \neq \theta$，此时 $E(\hat{\theta}) - \theta$ 称为点估计 $\hat{\theta}$ 的偏差。仿真分析希望得到一个无偏估计，如果不能得到，则希望偏差值相对于 θ 尽可能小。

φ 的点估计基于数据 $\{Y(t), 0 \leqslant t \leqslant T_E\}$，由式(10.3)定义：

$$\hat{\varphi} = \frac{1}{T_E}\int_0^{T_E} Y(t)\,\mathrm{d}t \tag{10.3}$$

式中，$\hat{\varphi}$ 为 $Y(t)$ 在 $[0, T_E]$ 上基于时间的平均值。在仿真软件中，通常称之为连续时间型(continous time)、离散转变型(discrete change)或持续时间型(time persistent)统计量。

通常 $E(\hat{\varphi})\neq\varphi$，则称 $\hat{\varphi}$ 是对 φ 有偏的，同样仿真分析希望得到无偏或低偏估计。

通常，θ 和 φ 被认为是仿真系统性能的平均度量，其他的度量，如比例或概率，通常可以转化为平均度量的一般形式。例如，在库存缺货情况下，发生销售损失的天数与总天数占比的估计值；再例如，估算队列长度大于 10 位旅客的时间占比等。

10.2.2　分 位 数

不符合上述一般形式的性能度量是**分位数**(quantile)或称**百分位数**(percentile)。分位数描述了在给定概率 p 时的系统性能水平。例如，假设 Y 表示旅客在铁路车站售票系统中的排队等待时间，单位为分钟，则 Y 的 $p=0.85$ 分位数所对应的数值 θ 满足式(10.4)：

$$\Pr\{Y\leqslant\theta\}=p \tag{10.4}$$

式中，$p=0.85$，即 85%的顾客将有小于或等于 θ 分钟的延迟，或者说一个顾客在队列中的延迟大于 θ 分钟的概率仅为 0.15。

中值或中位数(median)也是广泛使用的性能度量，即分位数为 0.5 或 50%。

估计分位数的问题是估计比例或概率的逆问题，在比例或概率估计中，θ 是给定的，p 是被估计的；而在分位数估计中，p 是给定的，θ 是被估计的。

最直观的分位数估算方法就是先绘制观测值 Y 的直方图，然后找到一个 $\hat{\theta}$ 值，使得 $100p\%$的直方图位于数值 $\hat{\theta}$ 的左侧(小于 $\hat{\theta}$)。例如，如果采集到 $n=230$ 个旅客的等待时间观测值$\{Y_1,Y_2,\cdots,Y_{230}\}$，那么等待时间的第 85 个百分位点的估计值就是 $\hat{\theta}$，使得 $0.85\times230=195.5\approx196$(个)观测值就会小于等于 θ，即令 $\hat{\theta}$ 等于样本中排名第 196 位旅客的最小值(需要对样本进行排序)。

如果输出结果是一个连续时间过程，例如排队长度的变化过程$\{L_Q(t),0\leqslant t\leqslant T_E\}$，那么直方图就会给出该过程在每一可能水平(排队的队列长度)下的时间占比。接下来，与分位点估计法相同，即找到一个 $\hat{\theta}$ 值，使得 $100p\%$的直方图位于 $\hat{\theta}$ 的左侧。

10.2.3　置信区间估计

为了充分理解置信区间，区分**误差度量**(measure of error)和**风险度量**(measure of risk)之间的差别是非常重要的。而解释这种差别的方法是将**置信区间**(confidence interval)和**预测区间**(prediction interval)进行对比。

置信区间和预测区间具有相同的前提假设，即仿真所产生的数据能够由概率模型很好地表达。以编组站驼峰解体时间为例，假设模型是一个均值为 θ、方差为 σ^2 的正态分布，其中 θ 和 σ^2 都是未知的。令 $\overline{Y}_i$ 是第 i 次运行(表示一个工作日)中车列的平均解体时间，则 θ 是 $\overline{Y}_i$ 的数学期望，σ 表示不同工作日平均车列解体时间的偏差。

假设研究的目标是估计 θ 的值，因为铁路编组站驼峰解体是一个长期的作业，那么 θ 就是一个相关的参数，因为它是长时间运行下的平均作业时间(每天计算一次)。虽然车列平均解体时间每天都会发生变化，但长时间运行下的结果是车列解体时间的平均值将趋近于 θ，也即 θ 的样本估计量 $\hat{\theta}$ 会随仿真时间的延长而逐渐趋近于 θ。

本质上，对 θ 的估计值就是 n 次独立仿真运行的样本均值：

$$\overline{Y}=\sum_{i=1}^{n}\frac{Y_i}{n}$$

但是，$\overline{Y}$ 并不真的是 θ，它只是基于样本的一个估计值，是有偏差的，而置信区间则是对该误差的度量。令

$$S^2=\frac{1}{n-1}\sum_{i=1}^{n}(Y_i-\overline{Y})^2$$

S^2 是 n 次独立仿真运行的样本方差。通常，假设 Y_i 服从正态分布，则置信区间计算公式为

$$\overline{Y}\pm t_{\alpha/2,n-1}\frac{S}{\sqrt{n}}$$

式中，$t_{\alpha/2,n-1}$ 是自由度为 $n-1$ 的 t 分布的分位数(见附录 A 表 A-3)，两侧尾巴区域截掉 $\alpha/2$ 的面积。虽然无法确切地知道 $\overline{Y}$ 和 θ 之间的差值，但置信区间试图给出误差的范围。当然，置信区间本身也有可能不准确，一个置信水平(例如 95%)表明在多大程度上可以相信该区间的确将 $\overline{Y}$ 和 θ 间的误差限定在一定的范围内。一般而言，仿真运行次数越多，$\overline{Y}$ 与 θ 间的误差就越小，而置信区间则反映出 $t_{\alpha/2,n-1}S/\sqrt{n}$ 会随着 n 的增加而减小，当 n 趋向于无穷大时，$t_{\alpha/2,n-1}S/\sqrt{n}$ 将收敛至 0。

假设需要获得一个特定天的车列平均解体时间，一个好的猜想是估计 $\overline{Y}$，但它不可能非常精确，甚至 θ 本身(该分布的中心)也不可能恰好就是任何特定天的实际车列平均解体时间，因为每一天的平均解体时间是不同的。然而，对于预测区间来说，由于它的区间足够宽，因此可以有较高的概率确保其包含某一天实际结果的平均值。

正态理论预测区间的一般形式为

$$\overline{Y}\pm t_{\alpha/2,n-1}S\sqrt{1+\frac{1}{n}}$$

由公式可知，预测区间的长度不会随着 n 的增加而趋向于 0，事实上它的极限为

$$\theta\pm z_{\alpha/2}\sigma$$

它反映出这样的事实：无论仿真多少次，均值依然是变化的。如果将预测区间设计得足够宽，则会以非常高的概率包含任何特定的实际均值。

总之，置信区间是误差估计的度量，而预测区间是风险估计的度量。可以通过增加仿真次数来减少误差，但是不可能通过增加仿真次数来消除风险，因为风险是系统本身固有的部分，能做的只有通过更多次的仿真达到对风险更好的估计。

实例 10.7　铁路编组站平均车列解体时间的置信区间和预测区间

某铁路编组站下行驼峰解体系统经过 100 次仿真后，其日平均车列的解体时间为 22.37 min，样本标准差为 2.04。因为 $t_{0.025,99}=1.984$，则在置信水平为 95%的情况下，该下行驼峰日平均车列解体时间的长期期望值的置信区间为

$$22.37\pm1.984\times\frac{2.04}{\sqrt{99}}$$

即 22.37±0.41 min。因此，对于日平均车列解体时间的长期期望值的理想估计是

22.37 min,但是可能存在±0.41 min 的估计误差。

进一步讨论,在任何一天,有 95%的可信度可以认为当天解体的所有车列的日均解体时间预测区间为

$$22.37 \pm 1.984 \times 2.04 \times \sqrt{1+\frac{1}{99}}$$

即 22.37±4.08 min。其中±4.08 min 反映了日平均车列解体时间指标所固有的可变性,有 95%的置信度认为该区间包含了任意一天的实际平均解体时间,而不只是包含了长期平均值。

需要注意的是,无论使用置信区间还是预测区间,都不能说具体某一车列的解体时间是多少,因为观测到的是每天所有车列解体时间的平均值。

10.3　终态仿真输出分析

考虑一个终态仿真,它在时间区间 $[0, T_E]$ 上运行,得到的观测值为 $Y_1, Y_2, \cdots, Y_n$。样本量 n 既可以是固定的数值,也可以是随机变量(在时间段 $[0, T_E]$ 内的观测值数量)。仿真的一般目的是估计

$$\theta = E\left(\frac{1}{n}\sum_{i=1}^{n} Y_i\right)$$

若输出数据的形式为 $\{Y(t), 0 \leqslant t \leqslant T_E\}$,则研究目的是估计

$$\varphi = E\left(\frac{1}{T_E}\int_0^{T_E} Y(t)\mathrm{d}t\right)$$

上述两种情况中所使用的都是**独立重复仿真**(individual replication)运行方法。同一个仿真模型需要重复运行总次数为 R 次,每次运行使用不同的随机数流,并且独立地选择初始条件(包括所有运行都取相同初始条件的情况)。

10.3.1　统计学基础

仿真输出分析最容易混淆的方面可能是区分**重复周期内数据**(within-replication data)和**跨重复周期数据**(across-replication data),以及理解它们的特性和用途。重复周期内数据指的是在一个特定的周期或时间段内的所有数据点,这些数据点反映了该周期内的变化情况。跨重复周期数据则是指跨越多个周期的数据点或统计量,这类数据关注的是不同周期之间的关系、变化趋势或一致性。由于仿真软件通常只提供汇总指标,例如样本均值、样本方差和置信区间,而不是所有的原始数据,这就使得仿真输出分析进一步被混淆了。

为了说明这些概念,以编组站驼峰系统仿真为例,该系统有两个性能度量:车列的解体时间和待解车列的数量。相同的性能度量可以出现在许多系统中,例如,在供应链系统中,它们可能是订单满足的时间和库存水平;在服务系统中,它们可能对应实现顾客请求的时间和请求的数量;在制造系统中,它们可能是产品的生产周期和在制品的数量;在计算机系统中,它们可能是 CPU 的响应时间和任务队列的长度等。

对于周期时间,如车列解体时间,令 Y_{ij} 为第 i 次仿真运行中第 j 个车列的解体时间,由于随机性的原因,每一次重复运行中完成的解体车列的车组大小或编组辆数可能不同。

表 10.2 象征性地表示了 R 次重复运行的结果。

表 10.2　重复周期内和跨重复周期的车列解体时间

重复周期内				跨重复周期		
Y_{11}	Y_{12}	…	Y_{1n_1}	$\overline{Y}_1.$	S_1^2	H_1
Y_{21}	Y_{22}	…	Y_{2n_2}	$\overline{Y}_2.$	S_2^2	H_2
⋮	⋮	⋮	⋮	⋮	⋮	⋮
Y_{R1}	Y_{R2}	…	Y_{Rn_R}	$\overline{Y}_R.$	S_R^2	H_R
—				$\overline{Y}..$	S^2	H

跨重复周期的数据是通过对重复周期内的数据汇总得到的，令 $\overline{Y}_i.$ 是第 i 次重复运行中 n_i 个车列解体时间的样本均值，S_i^2 是基于相同数据的样本方差，则基于这些数据集的置信区间半长公式为

$$H_i = t_{\alpha/2,n_i-1}\frac{S_i}{\sqrt{n_i}} \tag{10.5}$$

由跨重复周期的数据可以计算所有的统计量，其中：

日平均解体周期时间的均值为

$$\overline{Y}.. = \frac{1}{R}\sum_{i=1}^{R}\overline{Y}_i. \tag{10.6}$$

日平均解体周期时间的样本方差为

$$S^2 = \frac{1}{R-1}\sum_{i=1}^{R}(\overline{Y}_i. - \overline{Y}..)^2 \tag{10.7}$$

由式(10.5)可得日平均解体周期时间的置信区间半长为

$$H = t_{\alpha/2,R-1}\frac{S}{\sqrt{R}} \tag{10.8}$$

$S/\sqrt{R}$ 是标准误差，有时被解释为 θ 的估计值 $\overline{Y}..$ 的平均误差。注意，S^2 不是重复周期内样本方差的均值 S_i^2，而是重复周期内均值 $\overline{Y}_1.$，$\overline{Y}_2.$，…，$\overline{Y}_R.$ 的样本方差。

在一次重复运行中，待解车列数量是连续时间输出，用 $Y_i(t)$ 表示。第 i 次重复运行的停止时间 T_{E_i} 可能是一个随机变量。表 10.3 是待解车列数量数据的抽象表达。

表 10.3　重复周期内和跨重复周期的待解车列数据

重复周期内	跨重复周期		
$Y_1(t), 0\leqslant t\leqslant T_{E_1}$	$\overline{Y}_1.$	S_1^2	H_1
$Y_2(t), 0\leqslant t\leqslant T_{E_2}$	$\overline{Y}_2.$	S_2^2	H_2
⋮	⋮	⋮	⋮
$Y_R(t), \leqslant t\leqslant T_{E_R}$	$\overline{Y}_R.$	S_R^2	H_R
—	$\overline{Y}..$	S^2	H

对于连续时间数据，重复周期内的样本均值为

$$\overline{Y}_{i\cdot}=\frac{1}{T_{E_i}}\int_0^{T_{E_i}}Y_i(t)\mathrm{d}t \tag{10.9}$$

方差为

$$S_i^2=\frac{1}{T_{E_i}}\int_0^{T_{E_i}}(Y_i(t)-\overline{Y}_{i\cdot})^2\mathrm{d}t \tag{10.10}$$

为了具体化，可以将 H_i 定义为

$$H_i=z_{\alpha/2}\frac{S_i}{\sqrt{T_{E_i}}} \tag{10.11}$$

对于连续时间数据而言，尽管重复周期内数据的定义会改变，但是跨重复周期的统计量是不变的，它是一个临界观测值。这里有几个必须理解的关键点：

(1)总样本均值 $\overline{Y}_{\cdot\cdot}$ 和单个重复运行的样本均值 $\overline{Y}_{i\cdot}$ 始终是期望的日平均车列解体时间或日平均待解车列数的无偏估计。

(2)跨重复周期数据是独立的，因为它们基于不同的随机数；同时也是同分布的，因为每次重复运行的都是相同的模型。如果它们是重复周期内的均值，那么将趋向于正态分布。以上这些特征意味着置信区间 $\overline{Y}_{\cdot\cdot}\pm H$ 总是相当有效的。

(3)对于重复周期内的数据来说，如果仿真开始时系统为空，则单个周期时间可能不是同分布的；它们基本上也不是独立的，因为一个车列接着一个车列解体；而且事先很难知道它们是否服从正态分布。因此，在数据为独立同分布的假设条件下，计算出的 S_i^2 和 H_i 基本上没什么用处。

(4)$\overline{Y}_{\cdot\cdot}$ 和 $\overline{Y}_{i\cdot}$ 是任意时间点上单个车列期望解体时间或期望待解车列数量的有效估计，但不是日平均值。置信区间 $\overline{Y}_{\cdot\cdot}\pm H$ 是有效的，但 $\overline{Y}_{i\cdot}\pm H$ 不是有效的。因为 S_i^2 是对周期时间方差的合理估计，而 S_i^2/n_i 和 S_i^2/T_{E_i} 不是 $\mathrm{Var}[\overline{Y}_{i\cdot}]$ 的合理估计。

实例 10.8　铁路车站自动售票机利用率置信区间

在表 10.1 中给出了 $R=5$ 次的重复运行数据。对 5 次自动售票机利用率的估计，$\hat{\rho}_r$ 是式(10.8)所示的时间平均值。仿真产生如下形式的数据：

$$Y_r(t)=\begin{cases}1,\text{自动售票机在 } t \text{ 时刻忙}\\0,\text{其他}\end{cases}$$

以 $T_E=2\,\mathrm{h}$ 计算式(10.9)，$\hat{\rho}_r=\overline{Y}_{r\cdot}$。同样，5 个系统平均逗留时间 $\overline{\omega}_1,\overline{\omega}_2,\cdots,\overline{\omega}_5$ 类似于表 10.2 中的 $\overline{Y}_{r\cdot}$，其中 Y_{ri} 是在 r 次重复运行中旅客 i 实际系统逗留的时间。

假设希望获得自动售票机利用率 ρ 的 95% 置信区间，利用式(10.6)计算总的点估计为

$$\overline{Y}_{\cdot\cdot}=\hat{\rho}=\frac{0.53+0.58+0.56+0.62+0.52}{5}=0.562$$

利用式(10.7)估计的方差为

$$S^2=\frac{(0.53-0.562)^2+\cdots+(0.52-0.562)^2}{5-1}\approx(0.04)^2$$

查表可知，$t_{0.025,4}=2.78$，由式(10.8)计算 95% 置信区间的半长为

$$H=t_{0.025,4}\times\frac{S}{\sqrt{R}}=2.78\times0.04\div\sqrt{5}\approx0.05$$

即在 95％的置信水平下，利用率置信区间为 0.562±0.05。

10.3.2 具有规定精度的置信区间

由式(10.8)可知，基于 t 分布，均值 θ 的 100(1-α)％置信区间半长定义如下式：

$$H=t_{\alpha/2,R-1}\frac{S}{\sqrt{R}}$$

式中，S 是样本标准差，R 是重复运行的次数。假设误差标准 ε 是规定的，即希望 $\overline{Y}_{..}$ 对 θ 估计的误差以较高的概率(至少为 $1-\alpha$)在 $\pm\varepsilon$ 范围内。因此，希望有足够大的样本以满足

$$P(|\overline{Y}_{..}-\theta|\leqslant\varepsilon)\geqslant 1-\alpha$$

当样本大小 R 固定时，不一定能保证得到该误差，但如果样本数量可以增加，则可以规定误差标准。

假设初始样本数量为 R_0(最好大于等于 10)，即仿真一开始就进行了 R_0 次独立重复运行，则可以得到总体方差 σ^2 的初始估计 S_0^2。为满足半长标准，必须选择一个样本量 R，使得 $R\geqslant R_0$，且

$$H=t_{\alpha/2,R-1}\frac{S_0}{\sqrt{R}}\leqslant\varepsilon \tag{10.12}$$

求解不等式(10.12)中的 R，得到的 R 是满足 $R\geqslant R_0$ 的最小整数，即

$$R\geqslant\left(\frac{t_{\alpha/2,R-1}S_0}{\varepsilon}\right)^2 \tag{10.13}$$

由于 $t_{\alpha/2,R-1}\geqslant z_{\alpha/2}$，则可以给出 R 的初始估计为

$$R\geqslant\left(\frac{z_{\alpha/2}S_0}{\varepsilon}\right)^2 \tag{10.14}$$

式中，$z_{\alpha/2}$ 是从附录 A 表 A-1 得到的标准正态分布的 $100(1-\alpha/2)$％对应的数值。由于对较大的 R(例如 $R\geqslant 50$)有 $t_{\alpha/2,R-1}\approx z_{\alpha/2}$，因此关于 R 的第二个不等式(10.14)也适用于 R 较大的情况。

当确定了初始样本量 R 之后，就可以额外再收集 $R-R_0$ 次观测数据，也可以重新开始，进行 R 次重复仿真运行，得到 θ 的 $100(1-\alpha)$％置信区间为

$$\overline{Y}_{..}-t_{\alpha/2,R-1}\frac{S}{\sqrt{R}}\leqslant\theta\leqslant\overline{Y}_{..}+t_{\alpha/2,R-1}\frac{S}{\sqrt{R}} \tag{10.15}$$

式中，$\overline{Y}_{..}$ 和 S 是基于 R 次重复运行计算得到的，$\overline{Y}_{..}$ 可由式(10.6)得到，S^2 可由式(10.7)得到。由不等式(10.15)计算得到的置信区间半长应该近似或小于 ε，如果不等式(10.15)得到的置信区间太大，则需要利用不等式(10.13)重复上述过程，以确定一个更大的样本量。

实例 10.9　铁路车站自动售票机排队系统重复仿真次数的确定

假设希望以 95％的置信水平、±0.02 的偏差标准估计自动售票机的利用率，初始样本量 $R_0=5$，结果见表 10.1。方差的初始估计为 $S_0^2=0.001\,62$，$\varepsilon=0.02$，$1-\alpha=0.95$，由不等式(10.14)得到最终的样本量必须大于或等于

$$\frac{z_{0.025}^2S_0^2}{\varepsilon^2}=\frac{1.96^2\times 0.001\,62}{0.02^2}\approx 15.56$$

接下来,利用式(10.13)测试可能的候选值($R=16,17,\cdots$),以确定最终的样本量,计算过程见表 10.4。

表 10.4　确定最终样本量的候选值计算过程

R	16	17	18
$t_{0.025,R-1}$	2.12	2.11	2.10
$(t_{\alpha/2,R-1}S_0/\varepsilon)^2$	18.20	18.03	17.86

由表 10.4 中计算结果可知,$R=18$ 是满足不等式(10.13)的最小整数,因此需要进行 $R-R_0=18-5=13$(次)附加的重复运行。得到附加的重复运行仿真输出结果后,需要再次计算置信区间半长 H,以确保其低于给定的标准。

10.3.3　分位数

若均值表示一个比例或概率 p 时,当独立重复运行的次数 $Y_1,\cdots,Y_R$ 足够大,使得 $t_{\alpha/2,R-1}\approx z_{\alpha/2}$ 时,概率 p 的置信区间通常可表示为

$$\hat{p}\pm z_{\alpha/2}\sqrt{\frac{\hat{p}(1-\hat{p})}{R-1}}$$

式中,$\hat{p}$ 为样本比例。

在 10.2 节介绍的分位数估计问题是概率估计问题的逆问题,即求 θ 使得 $P_r\{Y\leqslant\theta\}=p$。因此,估计 p 的分位数就是求 $\hat{\theta}$ 值,使得 Y 的直方图中 $100p\%$的数据位于 $\hat{\theta}$ 的左边,换言之,是要找到 $Y_1,\cdots,Y_R$ 中第 np 个最小的数。

扩展上述概念,θ 的近似 $100(1-\alpha)\%$置信区间能够通过求 θ_l 和 θ_u 得到,θ_l 为直方图的 $100p_l\%$,θ_u 为直方图的 $100p_u\%$,其中

$$p_l=p-z_{\alpha/2}\sqrt{\frac{p(1-p)}{R-1}},\quad p_u=p+z_{\alpha/2}\sqrt{\frac{p(1-p)}{R-1}} \tag{10.16}$$

式中,p 是已知的。对于排序之后的数列而言,$\hat{\theta}_l$ 为 $Y_1,\cdots,Y_R$ 中第 R_{pl} 个最小值(向下取整),$\hat{\theta}_u$ 为 $Y_1,Y_2,\cdots,Y_R$ 中第 R_{pu} 个最小值(向上取整)。

实例 10.10　铁路车站自动售票机排队系统旅客排队等待时间分位数计算

利用 3.2 节的模型,假设想要估计自动售票机 100 名旅客排队等待时间平均值的 0.75 分位数,并计算其 95%的置信区间,仿真次数为 $R=100$ 次,每次运行平均排队等待时间数据见表 10.5。通过计算可得点估计值 $\hat{\theta}=7.21$,该值是排序数据中的第 $100\times0.75=75$ 个最小值,其含义是:每天开始前 100 名旅客中有 75 名旅客的排队等待时间不会超过 7.21 min。

为获得置信区间,首先计算

$$p_l=p-z_{\alpha/2}\sqrt{\frac{p(1-p)}{R-1}}=0.75-1.96\times\sqrt{\frac{0.75\times0.25}{99}}\approx0.665$$

$$p_u=p+z_{\alpha/2}\sqrt{\frac{p(1-p)}{R-1}}=0.75+1.96\times\sqrt{\frac{0.75\times0.25}{99}}\approx0.835$$

置信区间下限值为 $\hat{\theta}_l=6.64$，即第 $100\times p_l=66$ 个最小值(向下取整)；置信区间上限值为 $\hat{\theta}_u=8.35$，即第 $100\times p_u=84$ 个最小值(向上取整)。因此，在 95%的置信水平下，点估计值(7.21 min)与实际数据的 0.75 分位数之间的最大差值不会超过 max{8.35－7.21, 7.21－6.64}＝1.14(min)。

表 10.5　每次运行 100 名旅客的平均排队等待时间数据($R=100$)

序号	时间/min	序号	时间/min	序号	时间/min	序号	时间/min	序号	时间/min
1	4.35	21	4.35	41	4.62	61	9.01	81	2.68
2	9.16	22	9.16	42	5.69	62	20.77	82	4.57
3	4.14	23	4.14	43	4.95	63	4.66	83	19.47
4	4.00	24	4.00	44	5.17	64	7.76	84	5.50
5	6.64	25	6.64	45	17.04	65	17.32	85	7.61
6	11.29	26	11.29	46	5.40	66	3.50	86	4.10
7	4.33	27	4.33	47	6.34	67	8.21	87	3.52
8	8.44	28	8.44	48	5.33	68	2.89	88	4.01
9	6.98	29	6.98	49	14.73	69	9.05	89	4.27
10	6.65	30	6.65	50	4.73	70	5.08	90	3.05
11	1.64	31	1.64	51	4.81	71	3.57	91	5.65
12	2.69	32	2.69	52	7.47	72	5.82	92	2.95
13	8.35	33	8.35	53	4.86	73	5.33	93	9.50
14	3.45	34	3.45	54	4.86	74	3.66	94	17.25
15	7.92	35	7.92	55	7.21	75	4.10	95	4.45
16	3.18	36	3.18	56	12.54	76	4.51	96	2.85
17	6.93	37	6.93	57	4.01	77	6.47	97	4.72
18	5.55	38	5.55	58	7.05	78	4.17	98	3.16
19	3.02	39	3.02	59	7.45	79	3.83	99	5.48
20	3.38	40	3.38	60	3.20	80	5.39	100	4.43

需要注意的是，应理解 7.21 min 是每天前 100 个旅客平均等待时间的 0.75 分位数的估计值，而不是单个旅客的等待时间。由于自动售票机系统的初始状态是“空且闲”，并且系统中的购票旅客在仿真过程中都在变化，因此单个旅客等待时间的 0.75 分位数也是不断变化的，所以这个分位数不是一个固定的数值。

10.3.4　由求和数据估计概率和分位数

如果仿真软件给出的是 $\overline{Y}..$ 和 H 的值，而实际需要计算出能够达到指定精度的重复运行次数，或者需要估计概率或分位数，那么了解置信区间半长计算公式是必要的。若已知重复运行次数，那么通过使用公式

$$S=\frac{H\sqrt{R}}{t_{\alpha/2,R-1}}$$

由 H 和 R 可以得到样本标准差，这样就可以采用 10.3.2 节描述的方法。

从求和数据中估计概率或分位数是更加困难的问题。当可用的数据为样本均值和置信区间半长时，一种方法是利用正态分布近似估计概率或分位数，公式为

$$\Pr\{\overline{Y}_i..\leqslant c\}\approx\Pr\left\{Z\leqslant\frac{c-\overline{Y}..}{S}\right\}$$

和

$$\hat{\theta}\approx\overline{Y}..+z_pS$$

下面以实例说明如何使用这种方法。

实例 10.11　某港口日平均待卸车辆数概率和分位数计算

对东北某港口杂货码头一季度钢材海铁联运集疏运系统进行了 25 次独立重复仿真，日平均待卸车辆数的 90％置信区间为 150±30，那么使得日平均待卸车辆数少于 200 辆的概率是多少？日平均待卸车辆数的 0.85 分位数是多少？

首先，计算标准差可得

$$S=\frac{H\sqrt{R}}{t_{0.05,24}}=\frac{30\times\sqrt{25}}{1.71}=88$$

然后，利用正态近似求解理论和附录 A 表 A-1 可得

$$\Pr\{\overline{Y}_i.\leqslant 200\}\approx\Pr\left\{Z\leqslant\frac{200-150}{88}\right\}=\Pr\{Z\leqslant 0.57\}=0.72$$

以及

$$\hat{\theta}\approx\overline{Y}..+z_{0.85}S=150+1.04\times 88=242(\text{辆})$$

注意，这种计算概率和分位数的方法本身是有缺陷的，因为该近似理论非常依赖于所研究的输出变量是否服从正态分布。如果输出变量本身不是一个平均值，那么这种近似是不可信的。

10.4　稳态仿真输出分析

对于仿真模型的单次运行，其目的是估计系统的稳态或长时间运行特征。假设该次运行得到的观测值为 $Y_1,Y_2,\cdots$，这些观测值通常是自相关时间序列的采样。稳态（也称长时间运行）性能度量 θ 以概率 1 由式(10.17)定义：

$$\theta=\lim_{n\to\infty}\frac{1}{n}\sum_{i=1}^{n}Y_i \tag{10.17}$$

式中,θ 的值独立于初始条件。以概率 1 意味着利用不同的随机数,该模型的所有仿真都将产生序列 $Y_i(i=1,2,\cdots)$,其样本均值肯定会收敛于 θ。例如,如果 Y_i 是旅客 i 在自动售票机的购票时间,那么 θ 就是长时间运行下的旅客在自动售票机购票的平均时间;同时,由于 θ 为一个极限,所以它独立于售票系统在 0 时刻的条件。同样,对于一个连续时间输出度量 $\{Y(t),t\geqslant 0\}$ 的稳态性能以概率 1 由下式定义:

$$\varphi=\lim_{T_E\to\infty}\frac{1}{T_E}\int_0^{T_E}Y(t)\mathrm{d}t$$

仿真分析时,可以决定在一定数量的重复运行后,例如 n 次重复运行后,停止仿真;或者可以决定进行时间长度为 T_E 的仿真,T_E 决定了 n,因此每次运行的 n 都可能不一样。样本量 n 或 T_E 是设计时需要选择的,而不是由问题的特征决定的。通常,在选择仿真运行长度(n 或 T_E)时应考虑以下几点因素:

(1)点估计中的任何偏差都是由人工或者任意的初始条件引起的,如果运行长度太短,偏差可能会很严重,随着运行长度的增加,偏差会减小。

(2)点估计的期望精度由标准误差或者置信区间半长来衡量。

(3)时间预算限制仿真运行的次数。

下文将讨论初始化偏差,将概要性地介绍两种度量点估计变异性的方法。本书仅介绍从离散输出过程中估计 θ,因此当讨论单次运行时,使用符号 $Y_1,Y_2,Y_3,\cdots$;如果进行了多次重复运行,对于第 r 次重复运行将记为 $Y_{r1},Y_{r2},Y_{r3},\cdots$。

10.4.1 稳态仿真中的初始化偏差

在稳态仿真中,有几种方法可以用来减少由于人工和不符合实际的初始条件所引起的点估计偏差。

第一种方法是将仿真的初始条件设定为典型的长时间运行条件。例如,在库存系统仿真中,依据实际情况设置库存水平、缺货订单数量、已订购但尚未交货的产品数及其到达时间等,而不是令它们为零;在排队系统仿真中,可设置一些顾客在队列中,同时设置一些顾客在接受服务,而不是将其初始化为空;在可靠性仿真中,设置一些部件失效或其性能降低等,而不是默认这些部件都是新的。

有几种方式可以确定初始条件。如果系统实际存在,则收集该系统的数据,并利用这些数据指定最接近典型的初始条件,这种方法要求收集大量的数据。如果被建模的系统不存在,则这种方法是不可行的。但仍然推荐利用一切可以利用的已存在系统的数据来进行仿真的初始化,因为这通常也要比假设系统在 0 时刻的状态为"满库存""空闲或空"或者"全新"要好。此外,还可以利用经过简化的系统模型获得初始条件,例如 3.1 节简化到可以进行解析求解的排队模型。使用简化的模型可以求解长期运行条件或最可能条件的期望值,例如队列中排队旅客的期望值,这些数据可以用于仿真的初始化。

第二种方法是减少初始条件的影响,可能需要与第一种方法配合使用。该方法将每次仿真分为两个阶段,如图 10.2 所示,首先是从 0 时刻到 T_0 时刻的初始化阶段,接着是从 T_0 时刻到停止时刻 T_0+T_E 的数据收集阶段。也就是说,在指定的初始条件 I_0 下,仿真从 0 时刻开始,运行一个指定的周期 T_0,而所关心的响应变量的数据收集则是从 T_0 开始,一直

到 T_0+T_E 结束。T_0 的选择是相当重要的，因为系统在 T_0 时刻的状态要比在 0 时刻的初始状态更接近系统的稳态行为。注意，系统在 T_0 时刻的状态 I 是一个随机变量，如果说系统已经达到一个近似的稳态，即在时刻 T_0 系统状态的概率分布非常接近稳态概率分布，那么可以忽略响应变量点估计的偏差。

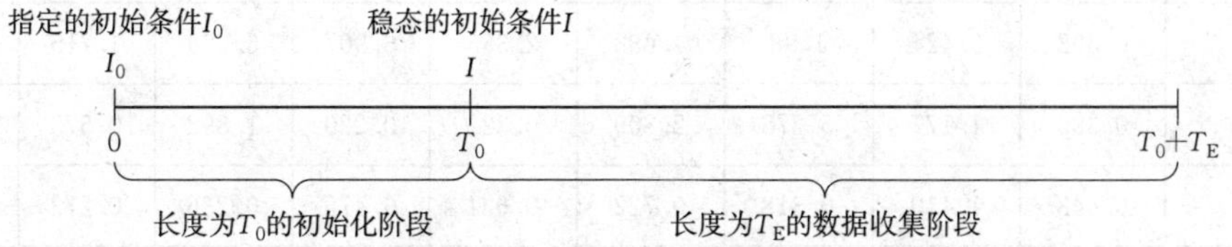

图 10.2　稳态仿真运行的初始化阶段和数据收集阶段

实例 10.12　铁路车站自动售票机系统初始化偏差处理

继续研究实例 10.6 的铁路车站自动售票机单服务台排队系统。假设进行了 10 次独立的重复运行($R=10$)，每一次重复运行的初始状态为"空且闲"，每次仿真运行长度为 $T_0+T_E=900$ min(从早上 6:00 到晚上 9:00)。相应变量为 t 时刻的队列长度 $L_Q(t,r)$，其中 r 表示重复运行的次数($r=1,2,\cdots,10$)。

对于每一次重复运行，为了使这个连续时间的仿真容易分析，可以将时间段[0,900)划分为 9 个 100 min 的子区间，然后计算每一个子区间平均等待的旅客数。定义从时刻 $100(j-1)$ 到 $100j$ 队列中的平均旅客数为

$$Y_j=\frac{1}{100}\int_{100(j-1)}^{100j}L_Q(t)\mathrm{d}t,j=1,2,\cdots,9 \tag{10.18}$$

这样就分批将连续时间队列长度过程$\{L_Q(t),0\leqslant t\leqslant 900\}$转换为一个离散时间过程$\{Y_j,j=1,2,\cdots,9\}$，这里每一个 Y_j 都是区间$[100(j-1),100j]$上的时间加权平均队列长度，Y_j 又称为**批均值**。

因此，第 $r=1,2,\cdots,10$ 次运行的第 $j=1,2,\cdots,9$ 批的批均值为

$$Y_{rj}=\frac{1}{100}\int_{100(j-1)}^{100j}L_Q(t,r)\mathrm{d}t \tag{10.19}$$

表 10.6 给出了 10 次仿真运行的 9 批的批均值。

表 10.6　初始状态为"空且闲"的自动售票机单服务台排队系统仿真 Y_{rj} 的批均值

重复运行	批次 j								
	1	2	3	4	5	6	7	8	9
1	0.626	1.216	0.815	1.326	2.046	1.184	1.543	1.222	0.855
2	0.156	0.993	1.667	1.252	1.992	0.503	0.140	3.105	0.482
3	0.770	0.916	3.323	0.101	1.356	4.302	1.461	1.290	1.233
4	0.409	0.656	1.110	1.908	1.067	0.985	0.743	0.823	0.958

续上表

重复运行	批次 j								
	1	2	3	4	5	6	7	8	9
5	0.360	0.600	1.051	1.633	0.740	0.365	0.431	0.640	1.094
6	0.392	0.424	1.98	4.088	2.356	6.907	6.696	1.715	3.427
7	0.393	1.177	5.378	2.809	0.322	0.220	1.892	0.575	1.110
8	0.448	1.410	0.318	0.722	0.631	0.475	0.236	0.273	3.951
9	0.721	1.044	1.230	1.009	0.182	3.979	8.641	5.983	1.358
10	0.211	0.355	1.393	1.252	1.549	0.862	5.408	2.604	1.196

通常情况下，将对每次运行的仿真结果求平均值，获得多次仿真的平均值。然而，现在的目标是研究初始化偏差对数据趋势的影响，并找到偏差何时消失。为了实现这个目的，需要对跨重复周期相应的批均值进行平均计算，并将结果以图形方式展示。通过这种方式获得的平均值称为**总体均值**。对于每一分批 j，定义跨全部 R 次运行的总体均值为

$$\overline{Y}_{\cdot j}=\frac{1}{R}\sum_{r=1}^{R}Y_{rj} \tag{10.20}$$

本例 $R=10$。总体均值 $\overline{Y}_{\cdot j}(j=1,2,\cdots,9)$ 见表 10.7 的第三列。注意到，$\overline{Y}_{\cdot 1}=0.449$ 和 $\overline{Y}_{\cdot 2}=0.879$ 分别是对周期[0,100)和[100,200)的平均队长的估计，都小于其他的总体均值 $\overline{Y}_{\cdot j}(j=3,\cdots,9)$。因此，有理由怀疑这是由于估计量向下偏差引起的，其根本原因在于 0 时刻的初始状态为“空且闲”。绘制总体均值的折线图如图 10.3 所示，从图中可以看出，随着时间的推进，初始条件对后续观测值的影响在减小，且这些观测值在某个均值附近波动。当分析人员认为已经达到稳定状态后，才会进入数据收集阶段。本例中，初始化阶段经过 200 min 后就足够了。

表 10.7 给出了没有删除、删除 1 批、删除 2 批均值后的累积平均样本均值，即当从所有 n 批观测值中删除掉 d 批观测后，利用总体平均批均值 $\overline{Y}_{\cdot j}$ 计算：

$$\overline{Y}_{\cdot\cdot}(n,d)=\frac{1}{n-d}\sum_{j=d+1}^{n}\overline{Y}_{\cdot j} \tag{10.21}$$

表 10.7　对 10 次重复运行取平均的总体均值和累积均值

运行时长 T /min	批次 j	总体均值 $\overline{Y}_{\cdot j}$	没有删除累积平均 $\overline{Y}_{\cdot\cdot}(j,0)$	删除 1 批累积平均 $\overline{Y}_{\cdot\cdot}(j,1)$	删除 2 批累积平均 $\overline{Y}_{\cdot\cdot}(j,2)$
100	1	0.449	0.449	—	—
200	2	0.879	0.664	0.879	—
300	3	1.827	1.052	1.353	1.827

续上表

运行时长 T /min	批次 j	总体均值 $\overline{Y}._j$	没有删除累积平均 $\overline{Y}..(j,0)$	删除 1 批累积平均 $\overline{Y}..(j,1)$	删除 2 批累积平均 $\overline{Y}..(j,2)$
400	4	1.610	1.191	1.439	1.719
500	5	1.224	1.198	1.385	1.554
600	6	1.978	1.328	1.504	1.660
700	7	2.419	1.484	1.656	1.812
800	8	1.823	1.526	1.680	1.814
900	9	1.566	1.531	1.666	1.778

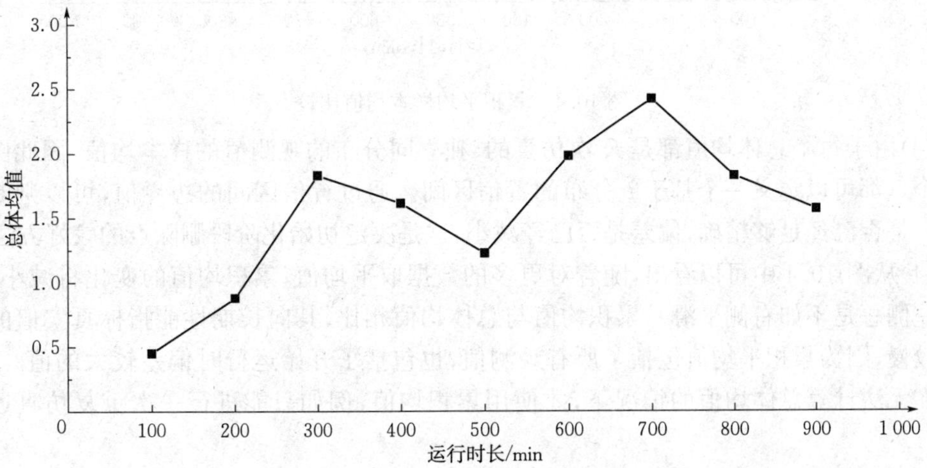

图 10.3　基于 10 次仿真的总体均值

没有删除、删除 1 批、删除 2 批均值后的累积平均样本均值比较如图 10.4 所示，可以看出，删除一批或多批观测值能够减小点估计中的初始化偏差。对于本例的 9 个总体均值，前两个观测值比其他的观测值具有更大的偏差。随着删除批次的增加，估计值也在增加，虽然可能仍然存在初始化偏差，但可以认为删除前两批后已经消除了大部分偏差。

目前还没有一种普遍被接受的、客观的、被证明的方法来确定删除多少数据就可以将初始化偏差减少到可以忽略的程度。虽然采用图示法有时会发生错误，但仍然推荐使用，在使用时应注意以下几点：

(1)随着重复运行次数 R 的增加，总体均值将呈现出越来越平滑和精确的趋势，在这种趋势变得明确之前，需要不断增加重复运行次数。

(2)可以通过**移动平均**使总体均值比原来整体求平均的总体均值更加平滑。使用移动平均法，图形中的每一个点实际上是相邻的几个总体均值的平均值，对于 $m\geqslant 1$，图形中的第 j 个点对应的值为

$$\widetilde{Y}._j=\frac{1}{2m+1}\sum_{i=j-m}^{j+m}\overline{Y}._i$$

一般来说，m 的取值只有经过反复的试验和误差测试，直到获得平滑曲线时才能确定。

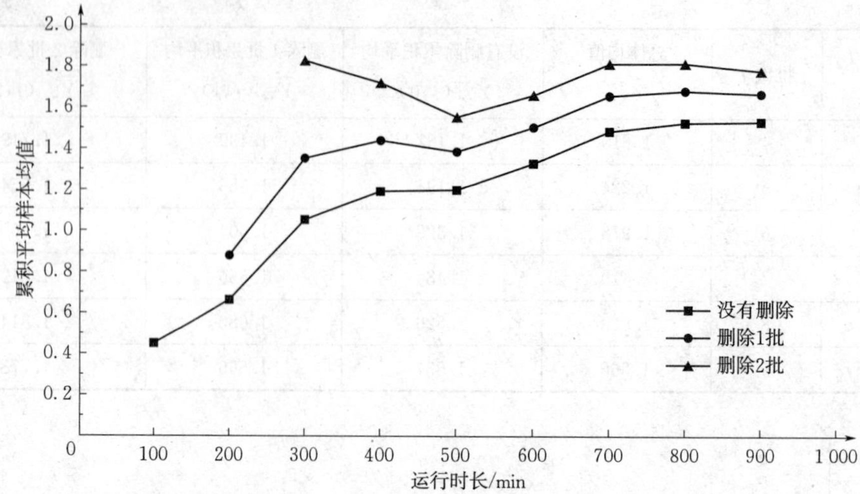

图 10.4　累积平均样本均值比较

(3)由于每个总体均值都是 R 次仿真的、独立同分布的观测值的样本均值，因此图中的每一个点都可以定义一个基于 t 分布的置信区间。通过置信区间的边界值，可以判断所绘制的点是否已经足够精确，偏差是否已经减小，这是决定初始化阶段删除点的较好方法。

(4)从图 10.4 中可以看出，随着对更多的数据取平均值，累积均值的变化将减小，因此曲线左侧总是不如右侧平滑。累积均值与总体均值相比，其向长期性能指标真实值的收敛速度较慢，因为累积平均值包括了所有观测值，也包括了开始运行时偏差较大的值。因此，只有在无法计算总体均值的情况下，才使用累积均值，例如只能进行一次重复仿真运行的时候。

(5)仿真数据通常具有正相关性，特别是从排队模型中得到的数据，相关性越强，就越需要更多的时间使得 $\overline{Y}_{\cdot j}$ 接近稳态。

(6)在大部分仿真项目中，研究目标可能是几个不同的输出性能度量，例如队列中的顾客数量、顾客的等待时间和服务台的利用率等。由于不同的性能度量会以不同的速度达到稳态，因此，分别检验每一个性能度量的初始偏差，并选取一个适合所有性能度量的删除点是非常重要的。

10.4.2　稳态仿真的误差估计

如果一次单独运行中的输出序列观测值 $\{Y_1, Y_2, \cdots, Y_n\}$ 不是统计上独立的，那么式(10.7)定义的 S^2/n 就是真实方差 $V(\hat{\theta})$ 的有偏估计量。在这种情况下，$Y_1, Y_2, \cdots$ 是一个自相关序列，有时称为**时间序列**(time series)。

假设 θ 的点估计是采样均值：

$$\overline{Y} = \sum_{i=1}^{n} Y_i / n$$

利用数理统计方法计算得到 $\overline{Y}$ 的方差一般为

$$V(\bar{Y})=\frac{1}{n^2}\sum_{i=1}^{n}\sum_{j=1}^{n}\text{cov}(Y_i,Y_j) \tag{10.22}$$

式中，$\text{cov}(Y_i,Y_j)=V(Y_i)$。为计算 θ 的置信区间，需要对 $V(\bar{Y})$ 进行估计。但是计算式(10.22)中的估计值是没有用的，因为每一个 $\text{cov}(Y_i,Y_j)$ 都可能是不同的。然而对于具有稳态的系统，如果仿真时间足够长并跨过了瞬态阶段，就会产生一个近似**协方差平稳**(covariance stationary)的输出过程。直观上，平稳性意味着 Y_{i+k} 对于 Y_{i+1} 的依赖方式和 Y_k 对于 Y_1 的依赖方式相同。在时间序列中，两个随机变量的协方差只取决于这两个变量之间所间隔的观测值数量，称为间隔阶数或**滞后阶数**(lag)。

对于一个协方差平稳的时间序列 $\{Y_1,Y_2,\cdots\}$，定义 k 阶间隔(lag-k)的自协方差为

$$\gamma_k=\text{cov}(Y_1,Y_{1+k})=\text{cov}(Y_i,Y_{i+k}) \tag{10.23}$$

由自协方差定义可知，式(10.23)不是 i 的函数。对于 $k=0$，γ_0 就是总体方差 σ^2，即

$$\gamma_0=\text{cov}(Y_i,Y_{i+0})=V(Y_i)=\sigma^2 \tag{10.24}$$

滞后 k 的自相关系数是相距 k 的任意两个观测值之间的相关度，定义为

$$\rho_k=\frac{\gamma_k}{\sigma^2} \tag{10.25}$$

并具有 $-1\leqslant\rho_k\leqslant 1(k=1,2,\cdots)$ 的特性。

如果时间序列是协方差平稳的，那么式(10.22)实际上可以被简化为

$$V(\bar{Y})=\frac{\sigma^2}{n}\left[1+2\sum_{k=1}^{n-1}\left(1-\frac{k}{n}\right)\rho_k\right] \tag{10.26}$$

式中，ρ_k 为式(10.25)给出的滞后 k 的自相关系数。

对于所有 k，当 $\rho_k>0$ 时，称时间序列是正自相关的。在这种情况下，数值较大的观测值后面趋向于跟着较大的观测值，数值较小的观测值后面趋向于跟着较小的观测值，这样的时间序列会在均值附近缓慢波动。大多数排队系统仿真的输出数据是正自相关的。

另一方面，如果其中一些 $\rho_k<0$，序列 $Y_1,Y_2,\cdots$ 将呈现出负自相关的特征。在这种情况下，数值较大的观测值后面趋向于跟着较小的观测值，数值较小的观测值后面趋向于跟着较大的观测值。某些库存系统的仿真输出数据可能是负自相关的。

对于具有上升趋势或下降趋势的时间序列，这样的时间序列不是平稳的，Y_i 的概率分布会随着 i 的变化而改变。

为什么自相关性会使 $V(\bar{Y})$ 的估计变得困难？回顾上文内容可知，对一个样本均值方差的标准估计为 S^2/n，利用式(10.26)，可以得到期望的方差估计值为

$$E\left(\frac{S^2}{n}\right)=BV(\bar{Y}) \tag{10.27}$$

其中

$$B=\frac{n/c-1}{n-1} \tag{10.28}$$

式中，c 为式(10.26)中括号里的值。通过式(10.26)和式(10.28)，可以推导出自相关性对于估计量 S^2/n 的影响，实际上存在三种可能：

情形 1：如果 Y_i 是独立的，那么 $\rho_k=0(k=1,2,\cdots)$，因此

$$c=1+2\sum_{k=1}^{n-1}\left(1-\frac{k}{n}\right)\rho_k=1$$

式(10.26)十分接近 σ^2/n。因此,S^2/n 是 $V(\overline{Y})$ 的无偏估计。如果 Y_i 是从不同的重复运行中得到的,它将总是独立的,这种独立性是将实验设计为需要多次重复运行的主要原因。

情形 2: 如果自相关系数 ρ_k 大多数为正,那么

$$c=1+2\sum_{k=1}^{n-1}\left(1-\frac{k}{n}\right)\rho_k>1$$

所以 $n/c<n$,且 $B<1$。因此,S^2/n 对 $V(\overline{Y})$ 的估计存在下偏。如果忽略相关性,那么由式(10.8)给出的 $100(1-\alpha)\%$ 置信区间将会太短,其实际的置信水平应比 $1-\alpha$ 小。实际影响就是,由于置信区间过窄,将无法证明置信水平。如果自相关系数 ρ_k 非常大,那么 B 就会很小,这意味着 $V(\overline{Y})$ 被明显地低估了。

情形 3: 如果自相关系数 ρ_k 大多数为负,那么 $0\leqslant c<1, B>1, S^2/n$ 对 $V(\overline{Y})$ 的估计存在上偏,即点估计 $\overline{Y}$ 的真实精度要比其方差估计 S^2/n 所显示的精度要高,因为

$$V(\overline{Y})<E\left(\frac{S^2}{n}\right)$$

其结果是,式(10.8)给出的名义上的 $100(1-\alpha)\%$ 置信区间的实际置信度会比 $1-\alpha$ 大。相对于情形 2 而言,情形 3 是好的,因为如果估计值比预期的还要精确,那么就不会做出错误的决策。

下面通过一个例子来说明特别关注正相关性的原因。假设想知道在即将到来的评选中,某大学的应届毕业生是如何投票选出他们心中最好的教师的。为了估计学生的偏好,计划调查 100 名学生。标准的实验方法是随机选取 100 名学生做问卷调查,称其为实验 A。如果应届毕业生数量较少(不足 100 人),则随机挑选 20 名学生,并在同一天对他们的投票偏好进行 5 次调查,称其为实验 B。两个实验都获得了 100 份问卷,但是很明显,实验 B 的估计值精度低于实验 A。实验 A 获得了 100 份独立问卷,而实验 B 只获得了 20 份独立问卷和 80 份非独立问卷。任何一名学生的五次回答都是正相关的(假设某位学生的 5 次选择都是同一名教师)。尽管这是一个极端的例子,但它说明了基于正相关数据的估计比基于独立数据的估计有更大的变化幅度。因此,对于非独立数据,应使用置信区间或其他误差度量指标,而不能使用 S^2/n。

在后续 10.4.3 节、10.4.5 节中将介绍用于消除或减少自相关性对均值估计不利影响的两种方法。值得注意的是,有些仿真软件在所有的情况下均利用 S^2/n 作为方差 $V(\overline{Y})$ 的估计。如果在仿真研究中不加鉴别地使用具有正自相关特征的输出数据,那么下偏的 S^2/n 和过窄的 θ 置信区间将会传递一种错觉,即计算精度远大于实际情况,也就是说,计算精度被高估或夸大了。当这样的正自相关出现在输出数据中时,点估计 $\overline{Y}$ 的真实方差将比用 S^2/n 估计所得的方差大好几倍。

10.4.3 稳态仿真的重复运行方法

如果点估计的初始偏差已经减小到可以忽略的程度,那么独立重复运行的方法可以用

来估计点估计的可变性和构建置信区间。基本思想是：进行 R 次重复仿真运行，按照相同的方式初始化并从每一次运行中删除仿真初期的非平稳输出数据。

但是，如果点估计中仍然存在较大的偏差，并且进行了大量的重复运行以减少点估计的可变性，那么就有可能误导所得到的置信区间。其原因在于，偏差不受运行次数 R 的影响，它只能通过删除更多的仿真初期数据（例如增加 T_0）或者延长每次仿真运行长度（例如增加 T_E）来减少。因此，增加运行次数 R 只能围绕一个错误点生成半长更短的置信区间，所以对初始条件引起的偏差进行深入研究是非常重要的。

如果仿真分析决定在一次运行过程中删除全部 n 个观测值中最初的 d 个观测值，则 θ 的点估计如下：

$$\overline{Y}_{\cdot\cdot}(n,d)=\frac{1}{R}\sum_{r=1}^{R}\frac{1}{n-d}\sum_{j=d+1}^{n}Y_{rj} \tag{10.29}$$

也就是说，点估计是剩余数据的平均值。原始数据 $\{Y_{rj}, r=1,\cdots,R; j=1,\cdots,n\}$ 见表 10.8，每一个 Y_{rj} 是通过下述情形之一获得的。

情形 1：Y_{rj} 是第 r 次仿真运行中的单个观测值。例如，Y_{rj} 可以是顾客 j 在队列中的延迟时间，或者是作业环节 j 的周期时间。

情形 2：Y_{rj} 是第 r 次仿真运行中的一些离散时间观测值的批均值。

情形 3：Y_{rj} 是在时间区间 j 上的一个连续时间过程的批均值。例如，在实例 10.12 中，式(10.19)定义的 Y_{rj} 是在区间$[100(j-1),100j]$上的时间加权平均队列长度。

表 10.8　稳态仿真中的原始输出数据

重复运行	观测值						重复运行平均值
	1	…	d	$d+1$	…	n	
1	Y_{11}	…	Y_{1d}	$Y_{1(d+1)}$	…	Y_{1n}	$\overline{Y}_{1\cdot}(n,d)$
2	Y_{21}	…	Y_{2d}	$Y_{2(d+1)}$	…	Y_{2n}	$\overline{Y}_{2\cdot}(n,d)$
…	…	…	…	…	…	…	…
R	Y_{R1}	…	Y_{Rd}	$Y_{R(d+1)}$	…	Y_{Rn}	$\overline{Y}_{R\cdot}(n,d)$
—	$\overline{Y}_{\cdot 1}$	…	$\overline{Y}_{\cdot d}$	$\overline{Y}_{\cdot(d+1)}$	…	$\overline{Y}_{\cdot n}$	$\overline{Y}_{\cdot\cdot}(n,d)$

在情形 1 中，从一次重复运行到下一次重复运行，删除的观测值数量 d 和总的观测值数量 n 都有可能不同。在这种情况下，通常用 d_r 代替 d，用 n_r 代替 n。为简化起见，假设在整个重复运行中的 d 和 n 都是固定不变的。在情形 2 和情形 3 中，d 和 n 也是常数。

在使用重复仿真运行方法时，每一次重复运行都可以看作是为了估计 θ 值而进行的一次抽样。对于第 r 次重复运行，定义第 r 次重复运行中所有（没有删除）观测值的样本均值为

$$\overline{Y}_{r\cdot}(n,d)=\frac{1}{n-d}\sum_{j=d+1}^{n}Y_{rj} \tag{10.30}$$

由于每一次的重复运行都会使用不同的随机数流，并且在 0 时刻的初始条件都设为 I_0，所以每次重复运行的样本均值 $\overline{Y}_{1\cdot}(n,d),\cdots,\overline{Y}_{R\cdot}(n,d)$ 是独立且同分布的随机变量，即它们构成一个从某个基本总体获得的随机样本，有一个未知均值

$$\theta_{n,d}=E[\overline{Y}_{r}.(n,d)] \quad (10.31)$$

由式(10.29)可以得到基于全部 R 次仿真的点估计量，也可由式(10.32)给出：

$$\overline{Y}.(n,d)=\frac{1}{R}\sum_{r=1}^{R}\overline{Y}_{r}.(n,d) \quad (10.32)$$

该值也可在表 10.8 中找到，或通过式(10.20)求得。因此有

$$E[\overline{Y}..(n,d)]=\theta_{n,d}$$

而且，如果 d 和 n 的值设定得足够大，那么 $\theta_{n,d}\approx\theta$，且 $\overline{Y}..(n,d)$ 是 θ 的近似无偏估计量。$\overline{Y}..(n,d)$ 的偏差为 $\theta_{n,d}-\theta$。

为方便起见，在已知 d 和 n 之后，可分别用 $\overline{Y}_{r}.$ 和 $\overline{Y}..$ 表示 $\overline{Y}_{r}.(n,d)$ 和 $\overline{Y}..(n,d)$。为了估计 $\overline{Y}..$ 的标准差，首先需要计算样本方差：

$$S^{2}=\frac{1}{R-1}\sum_{r=1}^{R}(\overline{Y}_{r}.-\overline{Y}..)^{2}=\frac{1}{R-1}\left(\sum_{r=1}^{R}\overline{Y}_{r}^{2}.-R\overline{Y}^{2}..\right) \quad (10.33)$$

则 $\overline{Y}..$ 的标准误差由式(10.34)给出：

$$\text{s. e. }(\overline{Y}..)=\frac{S}{\sqrt{R}} \quad (10.34)$$

因此，基于 t 分布的随机变量 θ 的 $100(1-\alpha)\%$置信区间可以由式(10.35)给出：

$$\overline{Y}..-t_{\alpha/2,R-1}\frac{S}{\sqrt{R}}\leqslant\theta\leqslant\overline{Y}..+t_{\alpha/2,R-1}\frac{S}{\sqrt{R}} \quad (10.35)$$

式中，$t_{\alpha/2,R-1}$ 是自由度为 $R-1$ 的 t 分布在 $100(1-\alpha/2)\%$处的值。当且仅当 $\overline{Y}..$ 的偏差趋近于 0 时，这个置信区间才是有效的。

一般地，对于每次重复运行的长度，没有删除的数据至少应该是删除数据的 10 倍，即 $n-d$ 应该大于等于 $10d$；或更一般地，扣除预热期之后的每一次仿真的有效时长至少应该是预热期时长的 10 倍，即 T_{E} 应该至少是 $10T_{0}$。在确定仿真运行时长后，仿真次数应该在时间允许的情况下尽可能地增加，重复运行的次数最好能达到 25 次以上。KELTON 认为仿真次数超过 25 次的意义不大，因此，如果有足够的时间允许进行 25 次以上、每次时长为 $T_{0}+10T_{0}$ 的仿真实验，不如做 25 次、每次时长大于 $T_{0}+10T_{0}$ 的仿真实验。

实例 10.13　铁路车站自动售票机系统平均队列长度估计

继续研究实例 10.6 和实例 10.12 中的铁路车站自动售票机单服务台排队系统。假设分析人员决定进行 $R=10$ 次的重复运行，每次仿真运行时长为 $T_{0}+T_{E}=900$ min，每次在 0 时刻都以“空且闲”的状态开始，并且每次在数据收集开始前都有一个 $T_{0}=200$ min 的初始化阶段。原始数据见表 10.6，每次仿真的输出结果是 $T_{0}=200$ min 至 $T_{0}+T_{E}=900$ min 之内的平均值，也就是说，删除前两个批均值，即 $d=2$。仿真的目的是通过 95%的置信区间来估计长时间运行下的平均队列长度 L_{Q}。

重复运行均值 $\overline{Y}_{r}.(9,2)$，见表 10.9 的最后一列，则由式(10.32)计算的点估计为

$$\overline{Y}..(9,2)=1.82$$

由式(10.34)计算出的标准误差为

$$\text{s. e. }(\overline{Y}..(9,2))=0.32$$

当 $\alpha=0.05$ 时，$t_{0.025,9}=2.26$，由式(10.35)计算出的长时间运行下平均队列长度的95%置信区间为

$$1.82-2.26\times0.32\leqslant L_Q\leqslant1.82+2.26\times0.32$$
$$1.11\leqslant L_Q\leqslant2.54$$

因此，以高置信度得到长时间运行下的平均队列长度介于1.11～2.54个旅客之间。需要注意的是，在使用由式(10.35)计算得出的置信区间进行决策时需要谨慎，因为支持其有效性的一个重要假设是：为了消除由初始条件引起的显著性偏差，已经删除了足够多的早期输出数据。也就是说，如果 d 和 n 足够大，偏差 $\theta_{n,d}-\theta$ 可以忽略不计。

表 10.9　重复运行仿真得到的数据结果

重复运行 r	第 r 次仿真运行的样本均值		
	没有删除 $\overline{Y}_{r\cdot}(9,0)$	删除 1 批 $\overline{Y}_{r\cdot}(9,1)$	删除 2 批 $\overline{Y}_{r\cdot}(9,2)$
1	1.20	1.28	1.28
2	1.14	1.27	1.31
3	1.64	1.75	1.87
4	0.96	1.03	1.08
5	0.77	0.82	0.85
6	3.11	3.45	3.88
7	1.54	1.69	1.76
8	0.94	1.00	0.94
9	2.68	2.93	3.20
10	1.65	1.83	2.04
$\overline{Y}_{\cdot\cdot}(9,d)$	1.56	1.70	1.82
S^2	0.59	0.74	1.00
$S/\sqrt{10}$	0.24	0.27	0.32

在实例10.13中，没有删除($d=0$)或删除1批($d=1$)的均值和标准误差计算结果见表10.9，则由不等式(10.35)计算出的95%置信区间分别为

$$1.01\leqslant L_Q\leqslant2.11, d=0$$
$$1.09\leqslant L_Q\leqslant2.32, d=1$$

通常，样本量越大，点估计的标准差就越小。因此，当样本总量 n 固定时，删除得越多(d 越大)，在点估计中，偏差就越小，但方差会越大。

10.4.4　稳态仿真中的样本量

假设期望估计一个长时间运行性能度量 θ，其误差在 $\pm\varepsilon$ 内，置信度为 $100(1-\alpha)\%$。在稳态仿真中，可以通过增加重复运行次数或增加仿真运行时长来达到指定的精度。在10.3.2节终态仿真中，采用的是控制重复运行次数 R。

除了增加 R 的数值以外，还有一种方法是增加每次重复运行的时间长度 T_0+T_E。如

果需要在初始运行次数 R_0 的基础上进行额外的 $R-R_0$ 次重复运行，那么另一种替代方法是以 R/R_0 为比例系数，相应地将运行时间长度增加至 $(R/R_0)\times(T_0+T_E)$。因此，从 0 时刻到 $(R/R_0)T_0$ 时刻会有更多的数据被删除，但同时也将有更多的数据用来计算点估计的值，如图 10.5 所示。

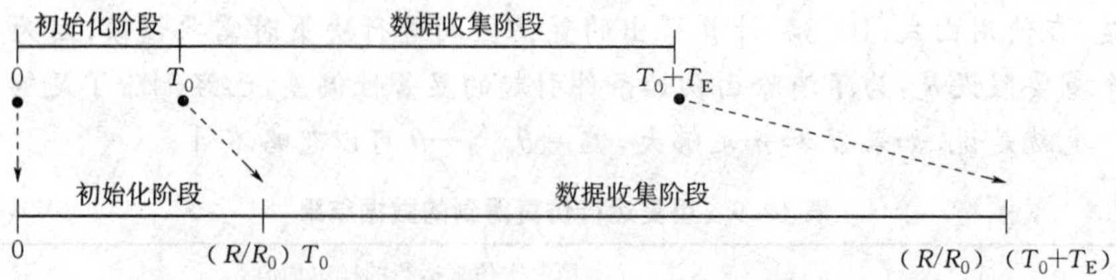

图 10.5　增加仿真运行时长以达到规定的精度

如果只是增加仿真运行次数而保持仿真时长不变，这对于整体仿真结果并没有什么影响。但是，增加每次重复运行时长，并从总时长中删除固定比例 $[T_0/(T_0+T_E)]$ 时长的数据，其优点是，点估计中任何残留的偏差将由于额外删除运行初始阶段的数据而进一步减小；该方法可能的缺点是，为了继续进行从时刻 T_0+T_E 到时刻 $(R/R_0)\times(T_0+T_E)$ 的仿真，必须存储模型在时刻 T_0+T_E 的瞬间状态（变量值、参数值等），并以这些状态使模型从 T_0+T_E 时刻能够重新开始并运行所需的额外时间长度，否则，每一次仿真将不得不从 0 时刻重新开始，这对于一个复杂的模型来说，将消耗大量的时间。一些仿真软件可以保存足够多的过程信息，这使得每次仿真可以从 T_E 时刻继续运行，而不必从 0 时刻开始全部时长的仿真。

实例 10.14　铁路车站自动售票机系统仿真样本量的确定

将表 10.9 中运行仿真得到的数据作为初始样本，样本量 $R_0=10$。假设 $d=2$ 个观测数据被删除，则方差的初始估计为 $S_0^2=1.00$。如果希望长时间运行下的平均队长 L_Q 的误差在 $\varepsilon=0.5$ 以内，置信度为 90%，则最终的样本量必须满足不等式(10.13)。因为 $\alpha=0.10$，先由不等式(10.14)得到一个初始估计：

$$\left(\frac{z_{0.05}S_0}{\varepsilon}\right)^2=\frac{1.645^2\times1.00}{0.5^2}\approx10.82$$

$$R\geqslant10.82$$

因此至少需要 11 次重复运行。参考实例 10.9 中所述步骤，接着试 $R=11, R=12, \cdots$。当 $R=13$ 时计算结果为

$$\left(\frac{t_{0.05}S_0}{\varepsilon}\right)^2=\frac{1.78^2\times1.00}{0.5^2}\approx12.67$$

因此需要一个总样本量为 $R=13$ 次的重复运行，使得对 L_Q 的估计在误差 ±0.5 内，也即需要额外的 $R-R_0=13-10=3$（次）重复运行来达到指定的精度。

进一步讨论，假设希望通过增加仿真时长将误差降低到 ±0.5。由于 $R/R_0=13/10=1.3$，因此仿真运行时长应为 $(R/R_0)\times(T_0+T_E)=1.3\times900=1\ 170$ (min)。因此，需要删除从 0 时刻到 $(R/R_0)\times T_0=1.3\times200=260$ 时刻收集的数据，利用 260 时刻到 1 170 时刻

收集的数据计算新的点估计和置信区间。

10.4.5　稳态仿真中区间估计的批均值

重复仿真运行方法的缺点是在每一次仿真中都必须删除一部分数据，在某种程度上，删除数据意味着数据的浪费，至少丢失了信息。相比之下，基于一次较长时间仿真的实验也许会更具优势。但是，单次仿真运行的缺点是在试图计算样本均值的标准差时，由于只有来自一次运行的数据，因此这些数据彼此不是独立的，所以计算所得的估计量通常存在偏差。

批均值(batch mean)方法是将单次仿真运行的输出数据分为几个大的批次，并将每个批次的均值视为是彼此相互独立。如果从原始数据中删除掉仿真运行的初期数据之后，剩余的数据构成一个连续时间过程$\{Y(t), T_0 \leqslant t \leqslant T_0 + T_E\}$，例如队列长度或库存水平，将剩余数据分为 k 批，则每批长度为 $m = T_E/k$，批均值计算公式为

$$\overline{Y}_j = \frac{1}{m}\int_{(j-1)m}^{jm} Y(t + T_0)\,\mathrm{d}t$$

其中 $j = 1, 2, \cdots, k$。也就是说，第 j 批的批均值为区间$[T_0 + (j-1)m, T_0 + jm]$内的时间加权平均值。

如果删除后的原始数据是一个离散时间过程$\{Y_i, i = d+1, d+2, \cdots, n\}$，例如队列中的顾客排队时间或库存系统中每个阶段的费用，将剩余数据分为 k 批，则每批长度为 $m = (n - d)/k$，批均值计算公式为

$$\overline{Y}_j = \frac{1}{m}\sum_{i=(j-1)m+1}^{jm} Y_{i+d}$$

其中 $j = 1, 2, \cdots, k$，如果 k 不能被 $n - d$ 整除，则向下舍入到最近的整数。批均值的形式可以表示为

$$\underbrace{Y_1, \cdots, Y_d}_{\text{删除}}, \underbrace{Y_{d+1}, \cdots, Y_{d+m}}_{\overline{Y}_1}, \underbrace{Y_{d+m+1}, \cdots, Y_{d+2m}}_{\overline{Y}_2}, \cdots, \underbrace{Y_{d+(k-1)m+1}, \cdots, Y_{d+km}}_{\overline{Y}_k}$$

不论是连续时间数据还是离散时间数据，其样本均值的方差都可以由式(10.36)估计：

$$\frac{S^2}{k} = \frac{1}{k}\sum_{j=1}^{k}\frac{(\overline{Y}_j - \overline{Y})^2}{k-1} = \frac{\sum_{j=1}^{k}\overline{Y}_j^2 - k\overline{Y}^2}{k(k-1)} \tag{10.36}$$

式中，$\overline{Y}$ 是删除后剩余数据的样本均值。批均值 $\overline{Y}_1, \overline{Y}_2, \cdots, \overline{Y}_k$ 实际上不是彼此独立的，然而如果每次的长度足够大，即各批次的数据量足够大，那么相继的批均值之间是近似独立的，则方差估计将为近似的无偏估计。

目前还没有一个被广泛接受而且相对简单的选择批长度 m 或者选择批数量 k 的方法，下面给出一些一般性的建议：

(1)对于固定的总样本量分批时，批次大于 30 没有任何意义，即便能够做到分批次大于 30 而且仍然保持批均值间的独立性。因此，不论有多少可用的原始数据，都没有必要将其分成大于 30 的批次。此外，就置信区间宽度及其变化性而言，如果批次小于 10，置信区间的计算结果不会太理想。因此，在大多数应用中，批次应该设定在 10～30 之间。

(2)虽然以任何间隔阶数的分批均值都存在典型的自相关性，但 lag-1 的自相关系数

$\rho_1=\text{cor}(\overline{Y}_j,\overline{Y}_{j+1})$通常被用来估计批均值之间的依赖性。当 lag-1 的自相关系数接近于 0 时，可以将各批均值视为相互独立的。在许多随机过程中，随着间隔时间的增加，自相关性会逐渐减小。因此，所有间隔阶数的自相关系数的绝对值都应该比 lag-1 的自相关系数更小。

(3)自相关系数不应从数量较少的批均值中估计，例如上文推荐的 $10\leqslant k\leqslant 30$，因为这样计算出的自相关估计量是有偏的。建议在数据量一定的情况下，降低各批的长度 m，从而增加批数量 k，以此来估计 lag-1 的自相关系数，其中 $100\leqslant k\leqslant 400$。当各批次之间的自相关系数接近于 0 时，自相关系数比采用 10～30 批计算的自相关系数更小。

(4)如果样本总量是连续选择的，为达到指定的精度，当运行长度增加时，增加批长度和批数量是有益的。一个好的策略是，在第一次得到使得 lag-1 的自相关为 0 的批长度 m 时，可以将批数量 k 增加为样本总量的平方根。

基于上述观点，推荐使用如下的一般性策略：

(1)从单次仿真运行中得到输出数据，并做适当删除。基本准则是，收集的可用数据应至少是删除数据的 10 倍。

(2)将剩余的数据最多分为 $k=400$ 批（至少为 100 批），计算各批均值。估计各批均值 lag-1 的自相关系数为

$$\hat{\rho}_1=\frac{\sum_{j=1}^{k-1}(\overline{Y}_j-\overline{Y})(\overline{Y}_{j+1}-\overline{Y})}{\sum_{j=1}^{k}(\overline{Y}_j-\overline{Y})^2} \tag{10.37}$$

(3)检查相关性是否足够小。如果 $\hat{\rho}_1\leqslant 0.2$，那么重新将数据划分为 $30\leqslant k\leqslant 40$ 批，利用自由度为 $k-1$ 的 t 分布构造置信区间，利用式(10.32)对 $\overline{Y}$ 的方差进行估计；如果 $\hat{\rho}_1>0.2$，将运行长度增加 50%～100%，并返回到第(2)项；如果不能增加运行长度，则将数据重新近似分为 $k=10$ 批，利用自由度为 $k-1$ 的 t 分布构造置信区间，利用式(10.32)对 $\overline{Y}$ 的方差进行估计。

(4)检查各批均值的独立性，计算检验统计量：

$$C=\sqrt{\frac{k^2-1}{k-2}}\left(\hat{\rho}_1+\frac{(\overline{Y}_1-\overline{Y})^2+(\overline{Y}_k-\overline{Y})^2}{2\sum_{j=1}^{k}(\overline{Y}_j-\overline{Y})^2}\right) \tag{10.38}$$

如果 $C<z_\beta$，那么接受各批均值是彼此独立的，其中 β 为测试发生 I 类错误的可能，取值为 0.1，0.05，0.01 等；否则将单次仿真运行长度增加 50%～100%，并返回到第(2)项；如果没有办法增加运行长度，那么将数据重新近似分为 $k=10$ 批，利用自由度为 $k-1$ 的 t 分布构造置信区间，利用式(10.32)对 $\overline{Y}$ 的方差进行估计。

上述过程（包括最终的检验在内）在某些方面是比较保守的。首先，如果 lag-1 的自相关系数大多为负值，那么无论怎样都要构造置信区间，整体呈现负相关性将导致置信区间会比需要的区间范围更宽，这虽然是误差，但不会导致做出错误的决定；其次，如果存在正相关性，在批数量 $100\leqslant k\leqslant 400$ 情况下，要求 $\hat{\rho}_1\leqslant 0.2$ 是非常严格的，这会要求得到更多的数据，因此批的长度 m 会更大；最后，假设检验的概率 β 会得到更多实际上不需要的数据。这种

保守的算法设计是有意为之的，因为决策错误的代价要远比进行额外运算的成本大得多。

实例 10.15　铁路编组站车列待解时间批均值计算

对某铁路编组站上行驼峰解体系统进行研究，这是一个单服务台排队系统，列车到达间隔时间服从指数分布，均值为 38.62 min；车列解体时间服从正态分布，均值为 22.83 min，方差为 5.27。这是一个 M/G/1 队列，研究希望以 95%的置信区间估计车列在队列中的稳态延迟(待解时间)w_Q。

对于离散时间过程，假设模型已经进行了一次单次运行，仿真了 1 100 个车列。因为收集的数据至少是删除数据的 10 倍，因此取删除后的 1 000 个车列。将剩余的数据分为 $k=100$ 批，则长度为 $m=10$，由式(10.37)估计批均值 lag-1 的自相关系数为 $\hat{\rho}_1=0.057<0.2$。

通过自相关检验后，重新将数据划分为 $k=40$ 批，则长度为 $m=25$，待解时间均值的点估计为

$$\overline{Y}=\frac{1}{1\,000}\sum_{j=1}^{1\,000}Y_j=6.198$$

由式(10.36)从 40 个批均值计算得到方差为

$$\frac{S^2}{k}=\frac{\sum_{j=1}^{40}\overline{Y}_j^2-40\overline{Y}^2}{40\times 39}=0.705$$

因此，待解时间 95%的置信区间为

$$\overline{Y}-t_{0.025,49}\times\sqrt{0.705}\leqslant w_Q\leqslant\overline{Y}+t_{0.025,49}\sqrt{0.705}$$

$$6.198-2.023\times 0.840\leqslant w_Q\leqslant 6.198+2.023\times 0.840$$

$$4.499\leqslant w_Q\leqslant 7.897$$

即以 95%的置信度认为车列真实的待解时间在 4.499～7.897 min 之间。如果此结果对于实际应用的精度还不够的话，应该增加运行时长以获得更高的精度。

继续对置信区间的有效性进行进一步检验，由式(10.38)从长度 $m=25$ 的 $k=40$ 批次中计算检验统计量为

$$C=\sqrt{\frac{40^2-1}{40-2}}\times\left(0.057+\frac{(\overline{Y}_1-6.198)^2+(\overline{Y}_{40}-6.198)^2}{2\times\sum_{j=1}^{40}(\overline{Y}_j-6.198)^2}\right)=1.287<1.96=z_{0.05}$$

因此可以认为批均值在 0.05 的置信水平上相互独立。

10.4.6　稳态分位数

在稳态仿真中，估计置信区间的分位数可能比较困难。尤其是当输出过程是一个连续时间过程的时候，例如 t 时刻队列中的顾客数 $L_Q(t)$。本节将简单解释存在的主要问题。

首先考虑简单的情况，假设已有来源于单次运行的输出数据，在删除了必要的初期数据之后，剩余的输出是 $Y_{d+1},\cdots,Y_n$，令 Y_i 表示队列中第 i 个顾客的延迟。通过直方图数据可以得到第 p 个分位数的点估计值。假设进行了 R 次重复运行，令 $\hat{\theta}_r$ 表示第 r 次运行的分位数估计，则 R 个分位数估计值 $\hat{\theta}_1,\hat{\theta}_2,\cdots,\hat{\theta}_R$ 是独立且同分布的，其均值为

$$\hat{\theta}_g = \frac{1}{R}\sum_{i=1}^{R}\hat{\theta}_i$$

可以将其作为 θ 的点估计，其近似的置信区间为

$$\hat{\theta}_g \pm t_{\alpha/2,R-1}\frac{S}{\sqrt{R}}$$

式中，S^2 为 $\hat{\theta}_1, \hat{\theta}_2, \cdots, \hat{\theta}_R$ 的样本方差。

如果只得到单次运行的输出数据，则可使用批均值法，以分组代替重复仿真运行。令 $\hat{\theta}_i$ 为从第 i 批数据中得到的点估计，就需要在每一批中对数据分类或构造直方图。如果批长度足够大，那么每一批的分位数估计近似独立同分布。

当处理一个连续时间输出过程时，原则上可以采用相同的方法。但是，必须要小心因转换数据而改变问题，特别是当不能够先得到批均值，然后通过这些批均值估计分位数时。$L_Q(t)$批均值的 p 分位数与 $L_Q(t)$本身的 p 分位数是不同的，因此，分位数点估计必须用原始数据的直方图来构造。如果进行了多次重复运行，可以用每一次运行的数据；如果只进行了单次运行，则用每一批内的数据。

实例 10.16　使用事件控制预热时间

模型在初始化或预热阶段一般不需要向用户展示模型运行情况，会在演示过程中跳过该阶段。例如 3.4 节建立的模型，系统 0 时刻可能表示某个车站 5:00 开始运营时的情况，这时系统“空且闲”的假设是合适的。但通常关注的可能是早高峰时期系统的状态，如从 6:30—8:30 这个时段。本节模型将说明如何使用到时事件的发生来设置演示场景，这样就可以使模型在指定的时段或日期以速度非常快的虚拟时间运行，并在指定的时刻或日期恢复到真实的时间模式。具体步骤如下：

(1)打开 3.4 节建立的仿真模型。

(2)添加事件。点击“Palette”标签，选择“Agent”面板，拖一个“event”元素到“Main”编辑窗口，设置属性：

Name：slowDown

Trigger type：Timeout

Mode：Occurs once

单选“Use model time”

Occurrence time(absolute)：2 hour

在“Action”区域输入代码：

```
getEngine().setRealTimeMode(true);
```

(3)设置初始运行速度。点击“Project”面板，选择“Simulation”，设置模型时间属性：

Execution time：Virtual time(as fast as possible)

(4)重设统计数据。以“Statistics”数据对象为例，要想在模型运行 2 h 后重新开始收集系统内的旅客人数，只需选择“slowDown”事件，并在“Action”区域添加如下代码：

```
statNumInSystem.reset();
```

(5)运行模型。观察到模型开始时以最快的速度运行，2 h 后恢复到正常运行速度，同时“Statistics”数据“statNumInSystem”在开始 2 h 内收集到的数据被清空。可以自行比较有无预热期各统计数据之间的差异。

本章小结

需要反复强调的是，一次随机离散事件仿真等同于一次统计实验。因此，需要恰当的统计分析才能基于仿真生成的数据得出合理的结论。仿真实验的目的是得到所研究系统的性能度量的估计值，而统计分析的目的是要保证这些估计值是足够精确的。

本章讨论了终态仿真和稳态仿真的区别。稳态仿真的输出数据更难以进行分析，因为需要解决初始条件设定及选择运行长度的问题。虽然目前还没有简单的、完全满意的解决方法，但应该对潜在的问题和可能的解决方法有充分的了解，即通过删除数据和增加运行长度。点估计的统计精度可以由标准误差估计或置信区间评价，本章强调了独立重复运行的方法，该方法可以产生统计上独立的观测值，因而可以使用标准的统计方法进行分析。对于稳态仿真还介绍了批均值方法。

学习完本章后，能够理解终态与稳态仿真的区别及其系统性能度量的统计估计，明确仿真输出分析的重要性，掌握终态仿真的置信区间和分位数计算，能够识别稳态仿真中的初始化偏差及误差估计，掌握重复运行、样本量确定、批均值及稳态分位数的计算。需要注意的是，仿真输出数据存在一定程度上的随机可变性，如果没有对样本数据进行评估，那么以任何置信度获得的点估计值都是不能采用的。

练　习　题

1. 对于下述系统而言，在什么情况下可以采用终态仿真或稳态仿真来进行系统分析？

(1)仓库通过仿真来确定人员编制数量。

(2)地铁投资方案仿真，估算长期回报。

(3)空中交通管制系统仿真，评估系统安全性。

2. 研究 N 个 M/M/1 队列串联在一起的情况。M/M/1 队列具有速率为每小时 λ 个顾客的泊松到达，服务时间服从均值为 $1/\mu$ 指数分布，并且只有一个服务台。多个 M/M/1 队列串行是指当顾客在某个服务台结束服务后，该顾客会进入下一个服务台的等候队列。系统所有服务台的服务时间均服从期望为 $1/\mu$ 的指数分布，且每个等候队列的容量都是无限的。假设 $\lambda=8$，$1/\mu=0.1$，系统性能度量指标为顾客在系统中的逗留时间，即响应时间。

(1)通过合适次数的仿真，比较 $N=1$ 和 $N=2$ 两种情况下的初始偏差。仿真开始时所有服务台空闲且系统中没有任何顾客，仿真目标是估计平均响应时间。

(2)研究初始偏差与 N 之间的函数关系，$N=1,2,3,4,5$。

(3)假定系统在零时刻为空且所有服务台空闲，针对规模较大的排队系统，试给出初始偏差的一般性结论。

3. 开发一个计算 M/M/1 排队系统停留时间的仿真模型，其服务速率为 $\mu=1$，因此，流量密度是 $\rho=\lambda/\mu=\lambda$，其中 λ 为到达速率。利用仿真，结合绘制总平均时间图形的方法，研究如果开始时队列为空，流量密度对初始偏差的影响。观察当 $\rho=0.5,0.7,0.8,0.9,0.95$ 时，初始阶段 T_0 是如何变化的。

4. 根据实例 10.15 的问题描述建立仿真模型，并得到全部公式计算所需数据，按照实例中的步骤进行验算。减少样本数量，仿真 550 个车列，取删除后剩余的 500 个车列待解时间，将剩余数据分为长度为 $m=5$ 的 $k=100$ 批，由式(10.37)估计批均值 lag-1 的自相关系数，看看结果有何不同。

5. 研究(M,L)库存系统问题，采购数量 Q 由下式定义：

$$Q=\begin{cases}M-I, & I<L\\ 0, & I\geqslant L\end{cases}$$

其中，I 是现有库存水平加上月末已有订单量，M 是最大库存水平，L 是再订货点。

现采用仿真方法研究(M,L)库存系统，设定如下：在月末检查库存状态；延期交货允许计入成本，产品单位成本为 4 元/月；产品到货后优先满足延期未交货订单；采购提前期服从间隔为[0.25,1.25](单位：月)的均匀分布；假设初始库存水平为 50 单位，没有未结订单；产品仓储成本为 1 元/月；如果向供应商下达采购订单，则每张订单的成本为 $60+50Q$ 元，其中，固定采购成本为 60 元，产品单价为 5 元；需求间隔时间服从指数分布，均值为 1/15(单位：月)；需求量服从如表 10.10 所示的分布。

表 10.10　需求量分布

需求量	1	2	3	4
概　率	1/2	1/4	1/8	1/8

(1)进行 10 次独立仿真，每次仿真时长为 100 个月，初始化阶段(预热期)为 12 个月，采用策略(M,L)=(50,30)，请估计长期月平均成本的置信区间(置信水平为 90%)。

(2)如果希望将月平均成本误差水平控制在±5 元之内，需要进行多少次独立仿真？

6. 许多仿真软件工具都有支持输出分析的内置功能，请研究 AnyLogic、VISSIM 及其他仿真软件产品的输出分析功能具备哪些特性。

第 11 章　系统设计方案的比较与评价

仿真最重要的应用之一就是比较多种系统设计方案，本章将讨论可用于基于性能度量比较两种或多种系统设计方案的几种统计学方法。由于响应变量的观测值包含有随机成分，因此需要通过统计分析，以确定所观测到的差异是由于系统设计方案之间的本质引起的，还是仅仅由于模型中固有的随机波动引起的。

相对于同时比较多个系统方案，双系统设计方案的比较更简单一些。11.1 节讨论双系统设计方案的比较，运用了两种统计学技术：独立采样和相关采样。相关采样也就是众所周知的公共随机数(common random numbers，CRN)技术，简单地说就是为两个备选系统方案使用相同的随机数。如果运用得当，CRN 技术通常可以减少两个方案系统性能度量估计误差的方差。因此，对于给定的样本量，相关采样能够比独立采样技术提供更为精确的均差估计。11.2 节讨论多种(两种以上)系统设计方案的比较，应用邦费罗尼方法对置信区间进行估计、筛选，并选择最优。11.3 节介绍复杂系统设计方案如何应用简单的元模型来描述。11.4 节对大量以弱结构化方式关联的系统设计方案比较和评价，给出通过仿真进行优化的方法。

11.1　双系统设计方案比较

假设要对一个系统的两种可能的配置方案进行比较，例如，在排队系统中，比较两种可能的排队规则或两组可能的服务台设置；在库存系统中，比较两种可能的订货策略；在地铁运营中，比较两种可能的发车间隔时间等。

在此，将采用重复运行的方法来分析输出的数据。用 $\theta_i(i=1,2)$ 表示系统 i 的平均性能度量。如果是稳态仿真，可以假设已经使用了数据删除或其他合适的技术，以保证对平均性能度量 θ_i 的点估计是无偏估计量。仿真实验的目的是获取平均性能度量指标的点估计及两个方案指标差异 $\theta_1-\theta_2$ 的区间估计。本节将讨论三种计算 $\theta_1-\theta_2$ 置信区间的方法，下文先给出一个实例和一般的系统框架。

实例 11.1　车辆安全检测系统设计方案比较

某车辆安全检测中心执行三种作业：刹车检测、前灯检测、方向盘检测。目前这个检测中心有 3 个平行的停车位，即一辆车进入一个停车位，服务台会为车辆做全部 3 项检测，当前系统结构如图 11.1(a)所示。利用现有系统数据，假设到达检测中心的车辆以平均每小时 9.5 辆的速率随机到达(服从泊松过程)，进行刹车检测、前灯检测、方向盘检测所需的服务时间服从正态分布，均值分别为 6.5 min、6 min 和 5 min，标准差都是 0.5 min，对排队等待的车辆没有限制。

备选系统设计方案如图 11.1(b)所示，每个服务台专门负责一个检测任务，每辆车将依次通过 3 个服务台，且在刹车检测和前灯检测之间及前灯检测和方向盘检测之间均未设置停车空间。也就是说，只有当每个服务台的车辆离开后，下一辆车才可以进来接受检测服务。备选方案通过增加专业化程度的方法，可以使每项检测的平均服务时间都降低 10%，即刹车检测、前灯检测和方向盘检测的服务时间均值分别为 5.85 min、5.4 min 和 4.5 min。

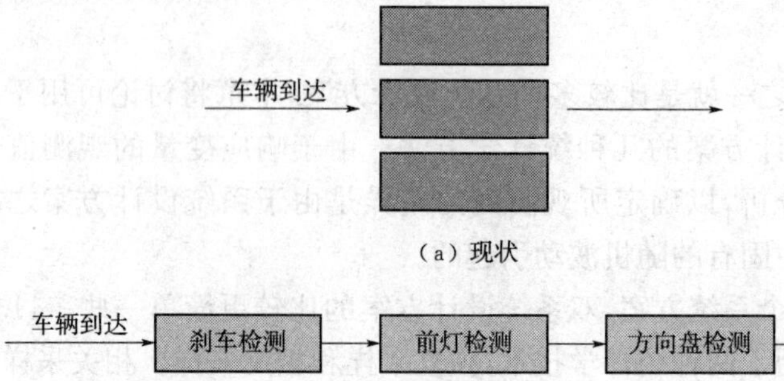

(b) 备选系统设计方案

图 11.1 车辆安全监测站现状和备选设计方案

管理者决定对这两种方案进行比较，依据是每辆车的平均系统停留时间，即一辆车从进入检测站到检测完离开所花费的总时间。

在比较两个系统设计方案之前，分析人员必须对每个模型指定运行长度 $T_E^i(i=1,2)$，以及重复运行次数 R_i。分析人员可以从系统 i 的第 r 次重复运行中得到均值性能度量 θ_i 的一个估计值 Y_{ri}。在本例中，Y_{ri} 将作为系统 i 的第 $r(r=1,2\cdots,R_i;i=1,2)$ 次重复运行的平均系统停留时间。这些数据及系统的两个主要性能度量指标样本均值 $\overline{Y}_{\cdot i}$ 和样本方差 S_i^2 见表 11.1。

表 11.1 两个系统方案的仿真输出数据和性能度量比较

系统方案	重复运行				样本均值	样本方差
	1	2	…	R_i		
1	Y_{11}	Y_{21}	…	$Y_{R_1 1}$	$\overline{Y}_{\cdot 1}$	S_1^2
2	Y_{12}	Y_{22}	…	$Y_{R_2 2}$	$\overline{Y}_{\cdot 2}$	S_2^2

假设估计值是无偏的，则有

$$\theta_1=E(Y_{r1}),r=1,2,\cdots,R_1$$

$$\theta_2=E(Y_{r2}),r=1,2,\cdots,R_2$$

为了对两个方案进行比较，分析人员需要计算两个均值性能度量之间差异 $\theta_1-\theta_2$ 的置信区间，目的是回答两个问题：一是均值的差别有多大，以及均值差异的估计有多准；二是两个系统方案之间是否有显著的差异。对于第二个问题，可能得出以下三个可能的结论：

①如果 $\theta_1-\theta_2$ 的置信区间全部位于零点的左侧，如图 11.2(a)所示，则 $\theta_1-\theta_2<0$，假设 $\theta_1<\theta_2$ 将成立。也就是说，现行系统车辆的平均系统停留时间小于备选方案的车辆平均系统停留时间。

②如果 $\theta_1-\theta_2$ 的置信区间全部位于零点的右侧，如图 11.2(b)所示，则 $\theta_1-\theta_2>0$，假设 $\theta_1>\theta_2$ 将成立。表明备选方案优于现行系统，也就是说备选方案的车辆平均停留时间较小。

③如果 $\theta_1-\theta_2$ 的置信区间包含零点，如图 11.2(c)所示，那么根据现有数据，无法从统计意义上证明哪个系统方案更好。这种情况下，可以采用增加重复运行次数 R 的方法缩短置信区间的长度，直到得出结论(1)或结论(2)。

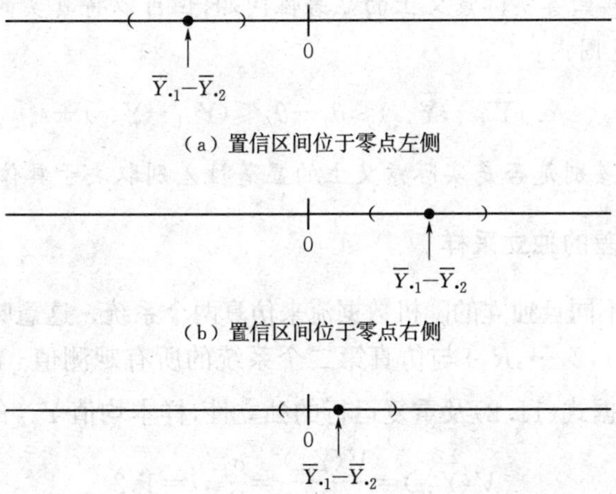

（a）置信区间位于零点左侧

（b）置信区间位于零点右侧

（c）置信区间包含零点

图 11.2　比较两个系统时置信区间可能出现的三种情况

除上述三个结论外，置信区间还提供了 $\theta_1-\theta_2$ 估计值精度的度量。$\theta_1-\theta_2$ 两侧 $100(1-\alpha)\%$ 置信区间公式如下：

$$(\overline{Y}_{\cdot 1}-\overline{Y}_{\cdot 2})\pm t_{\alpha/2,\nu}\,\mathrm{s.e.}(\overline{Y}_{\cdot 1}-\overline{Y}_{\cdot 2}) \tag{11.1}$$

式中，$\overline{Y}_{\cdot i}$ 是系统 i 所有重复运行的系统性能度量的样本均值；v 是相应于方差估计的自由度；$t_{\alpha/2,v}$ 是在自由度为 v 的 t 分布中点 $100(1-\alpha)\%$ 处的值；s. e. ()表示指定点估计的标准差。$\overline{Y}_{\cdot i}$ 的计算公式为

$$\overline{Y}_{\cdot i}=\frac{1}{R_i}\sum_{r=1}^{R_i}Y_{ri} \tag{11.2}$$

可以采用三种统计方法计算标准差和自由度，这三种方法均假设表 11.1 中的基本数据 Y_{ri} 近似服从正态分布，即假设认为每个 Y_{ri} 本身就是第 r 次重复运行的观测值的一个样本均值。通过设计仿真实验，使得 $Y_{r1}(r=1,2,\cdots,R_1)$ 为独立同分布，其均值为 θ_1，方差为 σ_1^2。同样地，$Y_{r2}(r=1,2,\cdots,R_2)$ 也是独立同分布的，其均值为 θ_2，方差为 σ_2^2。

系统性能统计意义上的显著差别和实际意义上的显著差别有很重要的区别。统计学上的显著性回答了如下问题：观测到的差别 $\overline{Y}_{\cdot 1}-\overline{Y}_{\cdot 2}$ 是否超过了 $\overline{Y}_{\cdot 1}-\overline{Y}_{\cdot 2}$ 所包含的随机性？也就是说，是否已经搜集到了足够的数据以证明观测到的差别是真实存在的，还是仅仅是出于偶然。结论(1)和结论(2)给出了统计学意义上的显著差别，而结论(3)意味着观测到的不是统计学意义上的显著差别，即使两个系统明显不同。因此，统计学意义上的显著性是仿真实验和输出数据的函数。

实际意义上的显著性回答了如下问题：真实的差别 $\theta_1-\theta_2$ 是不是足以证明需要得出的结论？在本实例中或许会得到结论 $\theta_1>\theta_2$，因为第二个系统的期望响应时间较短，从而认为第二个系统方案较优。然而，如果实际的差别 $\theta_1-\theta_2$ 非常小，以至于顾客根本觉察不到服务的改进，那么也就没有必要用第二个系统替换第一个系统。因此，实际意义上的显著性是系统间差别的函数，独立于仿真实验本身。

置信区间无法直接回答实际意义上的显著性问题，但可以将真实的差别 $\theta_1-\theta_2$（以 $1-\alpha$ 的概率）限制在如下范围内：

$$(\bar{Y}_{\cdot 1}-\bar{Y}_{\cdot 2})-t_{\alpha/2,\nu}\,\mathrm{s.e.}(\bar{Y}_{\cdot 1}-\bar{Y}_{\cdot 2})\leqslant\theta_1-\theta_2\leqslant(\bar{Y}_{\cdot 1}-\bar{Y}_{\cdot 2})+t_{\alpha/2,\nu}\,\mathrm{s.e.}(\bar{Y}_{\cdot 1}-\bar{Y}_{\cdot 2})$$

在这个范围内的差别是否是实际意义上的显著性差别取决于具体的问题。

11.1.1 具有相等方差的独立采样

独立采样是指用不同且独立的随机数据流来仿真两个系统。这意味着仿真第一个系统的所有观测值 $\{Y_{r1},r=1,2,\cdots,R_1\}$ 与仿真第二个系统的所有观测值 $\{Y_{r2},r=1,2,\cdots,R_2\}$ 在统计上是独立的。根据式(11.2)及重复运行的独立性，样本均值 $\bar{Y}_{\cdot i}$ 的方差为

$$V(\bar{Y}_{\cdot i})=\frac{V(Y_{ri})}{R_i}=\frac{\sigma_i^2}{R_i},i=1,2$$

对于独立采样，$\bar{Y}_{\cdot 1}$ 与 $\bar{Y}_{\cdot 2}$ 是统计上独立的，于是

$$V(\bar{Y}_{\cdot 1}-\bar{Y}_{\cdot 2})=V(\bar{Y}_{\cdot 1})+V(\bar{Y}_{\cdot 2})=\frac{\sigma_1^2}{R_1}+\frac{\sigma_2^2}{R_2} \tag{11.3}$$

在某些情况下，可以假设两个方差相等但值未知，即 $\sigma_1^2=\sigma_2^2$。数据可以检测方差相等的假设是否成立，如果不成立，则需采用 11.1.2 节中的方法。在稳态仿真中，方差 σ_i^2 随运行长度 $T_{\mathrm{E}}^{(i)}$ 的增加而减小，所以可以通过调节运行长度 $T_{\mathrm{E}}^{(1)}$ 和 $T_{\mathrm{E}}^{(2)}$ 来达到 σ_1^2 和 σ_2^2 近似相等。

如果 $\sigma_1^2=\sigma_2^2$（近似相等）的假设是合理的，则可以使用双样本 t 置信区间法，均值性能度量差的点估计为

$$\bar{Y}_{\cdot 1}-\bar{Y}_{\cdot 2} \tag{11.4}$$

式中，$\bar{Y}_{\cdot 1}$ 可由式(11.2)得出。系统 i 的样本方差为

$$S_i^2=\frac{1}{R_i-1}\sum_{r=1}^{R_i}(Y_{ri}-\bar{Y}_{\cdot i})^2=\frac{1}{R_i-1}\left(\sum_{r=1}^{R_i}Y_{ri}^2-R_i\bar{Y}_{\cdot i}^2\right) \tag{11.5}$$

式中，S_i^2 是方差 σ_i^2 的一个无偏估计。依据假设 $\sigma_1^2=\sigma_2^2=\sigma^2$，则 σ^2 的合并估计可由下式计算：

$$S_p^2=\frac{(R_1-1)S_1^2+(R_2-1)S_2^2}{R_1+R_2-2}$$

其自由度为 $v=R_1+R_2-2$，则 $\theta_1-\theta_2$ 的置信区间可由式(11.1)得出，其标准差为

$$\mathrm{s.e.}(\bar{Y}_{\cdot 1}-\bar{Y}_{\cdot 2})=S_p\sqrt{\frac{1}{R_1}+\frac{1}{R_2}} \tag{11.6}$$

由式(11.3)可知,这个标准误差是标准差 $\sigma\sqrt{1/R_1+1/R_2}$ 的一个点估计。

在某些情况下可以得出 $R_1=R_2$ 的结论,在此种情况下,即使方差 σ_1^2 和 σ_2^2 不相等,使用式(11.1)给出的置信区间也是可靠的,其中标准差由式(11.6)给出。然而,如果方差不相等,样本量也不相等,则采用双样本 t 置信区间法得出的是无效的置信区间,其真正包含 $\theta_1-\theta_2$ 的概率远小于 $1-\alpha$。因此,如果无法证明 $\sigma_1^2=\sigma_2^2$,而且如果 $R_1\neq R_2$,那么则建议使用 11.1.2 节给出的近似处理方法。

11.1.2　具有不相等方差的独立采样

如果不能假设方差相等,那么 $\theta_1-\theta_2$ 的近似 $100(1-\alpha)\%$置信区间可以按如下方法计算。点估计和样本方差由式(11.4)和式(11.5)计算,点估计的标准差可由式(11.7)计算:

$$\text{s. e.}(\overline{Y}_{.1}-\overline{Y}_{.2})=\sqrt{\frac{S_1^2}{R_1}+\frac{S_2^2}{R_2}} \tag{11.7}$$

其自由度可由式(11.8)近似得出:

$$v=\frac{\left(\dfrac{S_1^2}{R_1}+\dfrac{S_2^2}{R_2}\right)^2}{\left[\dfrac{\left(\dfrac{S_1^2}{R_1}\right)^2}{(R_1-1)}\right]+\left[\dfrac{\left(\dfrac{S_2^2}{R_2}\right)^2}{(R_2-1)}\right]} \tag{11.8}$$

四舍五入到整数。置信区间由式(11.1)计算,其标准差由式(11.7)给出。在此过程中,建议系统的最小重复运行次数满足 $R_1\geqslant6$ 和 $R_2\geqslant6$。

11.1.3　公共随机数

公共随机数(common random numbers,CRN)也称相关采样,是指对于每一次重复运行,利用相同的随机数来仿真两个系统。因此,R_1 和 R_2 必须相等,即 $R_1=R_2=R$。于是,对于每个第 r 次重复运行,两个估计值 Y_{r1} 和 Y_{r2} 不再相互独立,而是彼此相关的。然而,对于不同的重复运行,使用的是独立的随机数流,所以当 $r\neq s$ 时,数对(Y_{r1},Y_{s2})仍然是相互独立的,例如在表 11.1 中,观测值 Y_{11} 和 Y_{12} 相关,但 Y_{11} 和其他的观测值却是相互独立的。采用 CRN 方法的目的在于:对于每一次重复运行,让 Y_{r1} 和 Y_{r2} 产生正相关,从而在均值差异 $\overline{Y}_{.1}-\overline{Y}_{.2}$ 的点估计中实现方差缩减。通常,方差由式(11.9)计算:

$$V(\overline{Y}_{.1}-\overline{Y}_{.2})=V(\overline{Y}_{.1})+V(\overline{Y}_{.2})-2\text{cov}(\overline{Y}_{.1},\overline{Y}_{.2})=\frac{\sigma_1^2}{R}+\frac{\sigma_2^2}{R}-\frac{2\rho_{12}\sigma_1\sigma_2}{R} \tag{11.9}$$

式中,ρ_{12} 是 Y_{r1} 和 Y_{r2} 之间的相关系数。根据定义,$\rho_{12}=\text{cov}(Y_{r1},Y_{r2})/\sigma_1\sigma_2$,因此 ρ_{12} 与 r 无关。

在样本容量相同的情况下,将由 CRN 法产生的 $\overline{Y}_{.1}-\overline{Y}_{.2}$ 的方差(记做 V_{CRN})与使用独立采样技术产生的方差(记做 V_{IND})进行比较,即比较式(11.9)与式(11.3)$(R_1=R_2=R)$,则有

$$V_{CRN}=V_{IND}-\frac{2\rho_{12}\sigma_1\sigma_2}{R} \tag{11.10}$$

如果 CRN 如预期的那样工作，那么相关系数 ρ_{12} 就是正的，因此式(11.10)右侧第二项也是正的，由此可知 $V_{CRN}<V_{IND}$。也就是说，CRN 法产生的点估计方差要比独立采样技术产生的方差更小。在样本量相等的情况下，更小的方差意味着基于 CRN 法的估计更为准确，这就使得均差的置信区间更短，也表明能够检测出两个系统在性能指标上更小的差异。

为了使用相关数据计算 $100(1-\alpha)\%$置信区间，首先要计算差异值：

$$D_r=Y_{r1}-Y_{r2} \tag{11.11}$$

依据 CRN 的定义，这些差值是独立同分布的，然后计算样本均值之间的差异为

$$\overline{D}=\frac{1}{R}\sum_{r=1}^{R}D_r \tag{11.12}$$

因此，$\overline{d}=\overline{Y}_{\cdot 1}-\overline{Y}_{\cdot 2}$。所有差异值$\{D_r\}$的样本方差为

$$S_D^2=\frac{1}{R-1}\sum_{r=1}^{R}(D_r-\overline{D})^2=\frac{1}{R-1}\left(\sum_{r=1}^{R}D_r^2-R\overline{D}^2\right) \tag{11.13}$$

其自由度为 $v=R-1$。$\theta_1-\theta_2$ 的 $100(1-\alpha)\%$置信区间由式(11.1)给出，$\overline{d}=\overline{Y}_{\cdot 1}-\overline{Y}_{\cdot 2}$ 的标准差可由式(11.14)估计：

$$\text{s. e.}(\overline{D})=\text{s. e.}(\overline{Y}_{\cdot 1}-\overline{Y}_{\cdot 2})=\frac{S_D}{\sqrt{R}} \tag{11.14}$$

由于式(11.14)中的 $S_D/\sqrt{R}$ 是$\sqrt{V_{CRN}}$ 的一个估计，而式(11.6)或式(11.7)是$\sqrt{V_{IND}}$ 的一个估计。所以当 $\rho_{12}>0$ 时，对于给定样本容量，CRN 法产生的置信区间将比独立采样所产生的置信区间更短。事实上，如果 $\rho_{12}>0.1$，且 $R>10$，应用 CRN 技术产生的置信区间的期望长度会更短。R 越大，ρ_{12} 越小，产生的置信区间的期望长度就越短。

针对不同问题，有多种方法实现公共随机数，仅仅在随机数发生器中使用相同的种子生成随机数是远远不够的。如果在一个模型中为了某种目的使用了随机数，那么在第二个模型中为了同样的目的也要使用相同的随机数，也就是说，随机数的使用必须是同步的。例如，在实例 11.1 的系统方案一中，为得到第 5 辆车的前灯检测时间使用了第 i 个随机数，那么在系统方案二中的这一过程也要使用第 i 个随机数。

在排队系统或服务设施中，公共随机数的同步性保证了两个系统面对的工作负荷是一样的，即两个系统在相同时刻面对到达，这些到达要求的服务任务量也是相同的。对于库存系统，在比较不同的订货策略时，同步性保证了两个系统在同一个产品上具有相同的需求。另一方面，如果一个系统的某个方面与另外一个系统的完全不同，那么用同步性就不合适了。总之，两个系统设计充分类似的部分要采用公共随机数进行仿真，以使两个模型的“行为”相似，但是对那些完全不同的部分应该使用独立随机数进行仿真。

公共随机数的实现依赖于模型，为使 CRN 更好地产生正相关，建议如下：

(1)为特定目的专门准备一个随机数流，并根据需要尽可能用多种不同的随机数流，例

如用不同的随机数发生器，或用相同随机数发生器但种子间隔设置较大。

(2)在每次重复运行开始的时候，为每个随机数流独立地分配所选的种子。仅仅在第一次重复运行开始时分配种子，然后让随机数发生器自行给后续的重复运行产生随机数流是不够的，这样做只能保证第一次仿真是同步的，其后的重复运行可能不具备同步性。

(3)对于有外部到达的系统(或子系统)，在每个实体进入系统后，就产生下一个到达间隔时间，然后到达实体所需要的随机变量，如服务时间，立即按照一定的逻辑顺序生成，并作为该实体的属性保存起来，以便在需要时使用。因此，需要为这些外部到达的实体及其所有属性专门准备一个随机数流。

(4)对于有实体以循环或重复方式执行活动的系统，要为这类实体单独分配一个随机数流，例如，机器设备的两种循环状态"运行"和"停止"，可用一个专门的随机数流来生成机器设备的运行时间和停工时间。

(5)如果同步难以实现或者同步对两个模型的某个部分不合适，那么对随机变量的这个子集应采用独立的随机数流。

在两个模型的比较过程中，CRN 法并不能一定保证是正相关的，对于每个输入随机变量 X，如果其估计值 Y_{r1} 和 Y_{r2} 都是随机变量 X 的增函数(或都是 X 的减函数)，那么 ρ_{12} 就是正的。比较直观的说法是：两个模型对每个输入的随机变量的响应都是沿着相同的方向变化，这就导致了正相关。对于输入变量而言，响应变量增加或减少的这种性质称为**单调性**(monotonicity)。

实例 11.2　自卸卡车问题

某矿井使用自卸卡车，将煤炭从矿井入口运送到铁路，运行流程如图 11.3 所示。每辆卡车均由两台装载机中的一台负责装货，装满后立即行驶到称重点进行称重。装载点和称重点的队列均采用"先到先服务"的排队规则，卡车从装载点到称重点的行驶时间忽略不计。称重后，卡车行驶一段时间后，返回矿井处的装载队列。

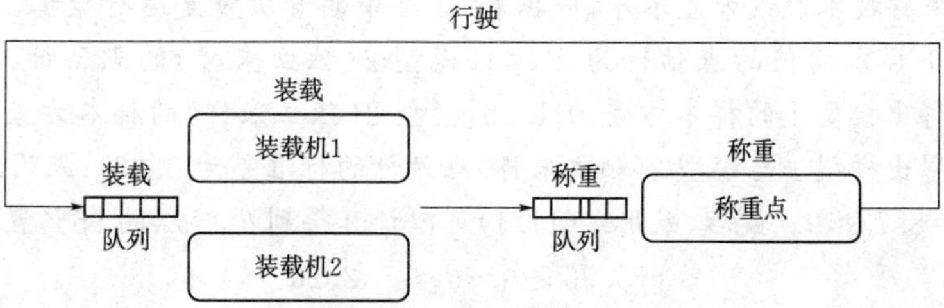

图 11.3　自卸卡车运行流程

假设有 8 辆卡车，且在 0 时刻都在装货地点。每辆卡车在唯一称重设备的称重时间服从 1～9 min 的均匀分布；每辆卡车的行驶时间服从均值为 85 min 的指数分布；装货设备和称重设备前的等待队列允许无限长；所有卡车可以在同一时刻处于运输阶段。

主管部门希望将一个较快的装货设备与正在使用的两个较慢的装货设备进行比较。每个较慢的装货设备装满一辆卡车的时间服从 1～27 min 的均匀分布，新的快速装货设备装满一辆卡车的时间服从 1～19 min 的均匀分布。比较的依据是系统响应时间的均值，响应时间定义为卡车从到达装货地点开始到离开称重设备时为止所花费的总时间。

为实现同步公共随机数，给 8 辆卡车中每辆卡车分配的随机数流都是相互分开、互不相同的。在每一次重复运行开始时，都会确定一组全新的、独立选择的 8 个随机数种子值，每个种子产生一个随机数流。因此，在两个模型中每辆卡车的称重时间和行驶时间都是相同的，而每辆卡车在快速装货设备的装车时间正比于较慢装货设备的装车时间。

每个模型重复运行 6 次，每次运行长度为 $T_E=40$ h。模型 1 为正在使用的两个较慢的装货设备，模型 2 为新的较快的装货设备，运行结果见表 11.2。其中，第一列为重复运行序号，第二列为模型 1 的平均系统响应时间，第三列为模型 2 使用独立采样法的平均系统响应时间，第四列为模型 2 使用公共随机数法的平均系统响应时间，最后一列为模型 1 观测值与模型 2(公共随机数)观测值的差值。

表 11.2　自卸卡车问题的系统设计方案比较

重复运行	模型的平均系统响应时间			差值 $D_{1,2(\text{CRN})}$
	模型 1	模型 2(独立采样)	模型 2(公共随机数)	
1	21.38	29.01	24.30	−2.92
2	24.06	24.70	27.13	−3.07
3	21.39	26.85	23.04	−1.65
4	21.90	24.49	23.15	−1.25
5	23.55	27.18	26.75	−3.20
6	22.36	26.91	25.62	−3.26
样本均值	22.44	26.52	—	−2.56
样本方差	1.28	2.86	—	0.767
样本标准差	1.13	1.69	—	0.358

由于独立采样技术假设方差不等，依据表 11.2 中的 6 次重复运行数据，采用式(11.2)计算得出模型 1 样本均值的点估计为 22.44，模型 2(独立采样)的点估计为 26.52；采用式(11.5)计算得出模型 1 的样本方差为 1.28，模型 2(独立采样)的样本方差为 2.86；采用式(11.7)计算得出模型 1 与模型 2(独立采样)点估计的标准差为 0.831；采用式(11.8)计算得出自由度 $\nu=8.73\approx 9$。最后，采用式(11.1)可以计算得到 $\theta_1-\theta_2$ 的 95%置信区间为

$$-5.96\leqslant\theta_1-\theta_2\leqslant-2.20$$

对于 CRN，由于采用了同步公共随机数，因此依据表 11.2 中最后一列的数据，采用式(11.12)计算得到样本均差的点估计为 −2.56；采用式(11.13)计算得到差值的样本方差为 0.767；采用式(11.14)计算得到模型 1 与模型 2(公共随机数)点估计的标准差为 0.358；自由度 $\nu=R-1=5$。最后，采用式(11.1)计算得到 $\theta_1-\theta_2$ 的 95%置信区间为

$$-3.48\leqslant\theta_1-\theta_2\leqslant-1.64$$

通过比较置信区间的宽度可以看出，采用 CRN 法时置信区间宽度缩小了约 50%。因此，在对实际问题进行分析时，如果认为差值到达 5.96，就认为是实际意义上的显著差异，那么置信区间宽度的缩小就是十分重要的。此外，如果独立采样需要得到与 CRN 技术相同的准确度，其需要重复运行的次数将是 CRN 的 4 倍，即每个模型需要重复运行 24 次。

11.1.4　具有规定精度的置信区间

10.3.2 节介绍了具有一定精度的置信区间的计算过程。两个系统性能指标间差异的置信区间可以按照类似的方法得出。

假定要求对 $\theta_1-\theta_2$ 的估计误差小于 $\pm\varepsilon$，ε 的数值也许是实际意义上的显著性差异。那么，分析的目的就是找到满足如下条件重复运行的次数 R，即

$$H=t_{\alpha/2,v}\,\text{s. e.}(\overline{Y}_{\cdot 1}-\overline{Y}_{\cdot 2})\leqslant\varepsilon \tag{11.15}$$

正如 10.3.2 节讨论的，首先对每个系统重复运行 $R_0\geqslant 10$ 次，以获得 s. e. $(\overline{Y}_{\cdot 1}-\overline{Y}_{\cdot 2})$ 的初始估计值；然后计算总共需要的重复运行次数 $R>R_0$，以满足式(11.15)置信区间半长的要求；最后对每个系统额外重复运行 $R-R_0$ 次或进行一个新的 R 次重复运行，计算置信区间，并检查半长是否已经达到要求。

实例 11.3　车辆安全检测系统设计方案平均响应时间比较

回到实例 11.1，采用公共随机数法比较图 11.1 所示的两个系统方案。对于备选设计方案，平均服务时间减少了 10%。应用 CRN 法时，随机数发生器为两个模型产生的到达间隔时间必须完全相同，但对于服务时间，因为备选设计方案的平均服务时间要少 10%，因此不需要两个模型中的服务时间相同，但要求两个模型服务时间的相关性很强。为了达到这个目的，首先设 $S_n^i(i=1,2,3;n=1,2,\cdots)$ 为模型 1(当前系统)中车辆 n 的第 i 项检测的服务时间；然后用 $S_n^i-0.1E(S_n^i)$ 作为模型 2(备选系统)的服务时间。简单来说，就是取模型 1 的每个服务时间，并从中减去其平均时间的 10%作为模型 2 的服务时间。

对于同步运行，车辆的服务时间在车辆到达时就生成了，并作为车辆的属性存储起来，以便在需要时使用。表 11.3 给出了 $R=10$ 次重复运行的平均响应时间，运行长度为 $T_E=16$ h。其中，第一列表示重复运行次数，第二列为模型 1(当前系统)的运行结果，第三列为模型 2(备选方案)使用公共随机数且同步运行的结果，最后一列为模型 1 和模型 2 观测值的差值。仿真研究的目的就是估计两个方案平均响应时间差值平均值的点估计和置信区间，以确定两个设计方案是否有显著性差异。

表 11.3　车辆安全检测系统设计方案比较

重复运行	模型的平均响应时间		观测差值 $D_{1,2\text{CRN}}$
	模型 1(当前系统)	模型 2(备选方案)	
1	29.59	29.55	0.04
2	23.49	24.26	−0.77
3	25.68	26.03	−0.35
4	41.09	42.64	−1.55
5	33.84	32.45	1.39
6	39.57	37.91	1.66

续上表

重复运行	模型的平均响应时间		观测差值$D_{1,2CRN}$
	模型 1(当前系统)	模型 2(备选方案)	
7	37.04	36.48	0.56
8	40.20	41.24	−1.04
9	61.82	60.59	1.23
10	44.00	41.49	2.51
样本均值	37.63	37.26	0.37
样本方差	118.91	—	1.74
样本标准差	—	—	0.42

对于两组相关的运行结果(第二列和第三列),根据表 11.3 最后一列的数据,采用式(11.12)计算得到样本均差的点估计为 0.37;采用式(11.13)计算得到差值的样本方差为 1.74;采用式(11.14)计算得到模型 1 与模型 2 点估计的标准差为 0.42;自由度 $\nu=R-1=9$。最后,采用式(11.1)计算得到 $\theta_1-\theta_2$ 的 95%置信区间为 $-0.53\leqslant\theta_1-\theta_2\leqslant 1.27$,即 0.37 ± 0.90。虽然模型 2 的期望响应时间看起来更短一些,但并不是统计意义上的显著差异,因为置信区间包括了零点。假设差异的绝对值大于 0.35 就可以认为是实际意义上的显著性差异,则需要进行更多次的重复仿真以使得 $H\leqslant\varepsilon=0.35$ 成立。

由式(11.1)和式(11.14)可知,两个方案平均响应时间差值平均值的置信区间为

$$\overline{D}\pm t_{\alpha/2,R_0-1}\frac{S_D}{\sqrt{R}}$$

式中,$\overline{d}=0.37$,$R_0=10$,$t_{\alpha/2,9}=2.26$,$S_D^2=1.74$。为了满足期望的精度,重复运行次数 R 需要满足如下条件:

$$\frac{t_{\alpha/2,R_0-1}S_D}{\sqrt{R}}\leqslant\varepsilon$$

因此,R 值的一个保守估计可由下式给出:

$$R=\left(\frac{t_{\alpha/2,R_0-1}S_D}{\varepsilon}\right)^2=\frac{2.26^2\times1.74}{0.35^2}\approx72.55$$

向上取整,这意味着需要重复运行 73 次,比初始实验要多运行 63 次。

11.2 多个系统设计方案比较

假设仿真研究需要比较 K 个不同的系统设计方案,进行比较的基础就是系统 i 的一些特定的性能度量指标 $\theta_i(i=1,2,\cdots,K)$。目前已经研究出许多不同的统计学方法用来分析仿真数据,并就参数 θ_i 做出统计学上可靠的推论。这些方法可分为两种类型:**固定样本量法**和**序贯采样法**,序贯采样法也称为**多阶段抽样法**。

1. 固定样本量法

在固定样本量法中，需要预先确定样本数量（包括运行长度和重复运行次数），然后通过假设检验或置信区间做出统计推断。例如，对平均性能度量的区间估计和双系统的平均性能度量差值的区间估计。固定样本量法的优点是在仿真实验之前很容易估计出所需的计算时间成本，这种方法适用于计算机时有限或者做一些初步研究的情况。某些时候，一些比较次要的系统设计方案在初步研究阶段就被淘汰了。这种方法最主要的缺点就是无法得出强有力的结论，例如，置信区间对实际应用来说可能太宽，因为区间宽度是点估计精确度的一个指标，假设检验可能导致不拒绝原假设。通常，没有说服力的结论意味着没有有力的证据来验证原假设的真实和虚假部分。

2. 序贯采样法

序贯采样法需要不断收集数据，一直到估计值达到预先设定的准确度，或者一直到从几个备选假设中选出一个为止，并保证正确选择具有的概率比预先设定的值要大。两阶段（或多阶段）抽样法是通过初始抽样（第一阶段）估计需要多少额外的观测值，以便在特定精度下得出所需结论（第二阶段）。

3. 方法的选择

如何使用合适的方法取决于下面列出的一些仿真研究目标：

(1)对每个参数 θ_i 进行估计。

(2)将每个性能度量指标 θ_i 与代表现有系统平均性能的控制值 θ_1 进行比较。

(3)成对比较所有的 $\theta_i-\theta_j$，其中 $i\neq j$。

(4)选择最好的 θ_i(最大或最小)。

在上述四个目标中，前三个目标可以通过构造置信区间来实现，所需构建的置信区间的数量分别为 $C=K$、$C=K-1$ 及 $C=K(K-1)/2$；第四个目标需要使用被称为**多方案排序与选择**的统计学方法。11.2.2 节将介绍固定样本量法，这种方法可用于实现前三个目标，并且适用于很多种情形。11.2.3 节将介绍实现第四个目标的方法。

11.2.1　用于多方案比较的邦费罗尼不等式

邦费罗尼不等式（Bonferroni inequality）是概率论和统计学中的一个重要的不等式，由意大利统计学家卡罗·邦费罗尼在 20 世纪 30 年代提出，在多重比较和多重假设检验中具有广泛的应用。

假设计算了 C 个置信区间，并且第 i 个区间的置信系数是 $1-\alpha_i$，令 S_i 是第 i 个置信区间包含了被估计参数真实值（或两个参数真实差值）的一个声明。对于一组给定的数据，该声明是真或假，但由于设计了计算置信区间的办法，因此声明 S_i 为真的概率为 $1-\alpha_i$。如果要像目标 1、目标 2 和目标 3 那样需要同时描述多个参数时，则必须以较高的置信度保证所有的声明同时都为真。关于此问题，Bonferroni 不等式可以表示为

$$P(\text{所有的 } S_i \text{ 均为真}, i=1,2,\cdots,C) \geqslant 1-\sum_{j=1}^{C}\alpha_j = 1-\alpha_E \tag{11.16}$$

式中，α_E 称为总误差概率。式(11.16)也可以写为

$$P(\text{一个或多个 } S_i \text{ 为假}, i=1,2,\cdots,C) \leqslant \alpha_E = \sum_{j=1}^{C}\alpha_j$$

或者等价于

$$P(C\text{ 个置信区间中有一个或多个不包含被估计参数的真实值}) \leqslant \alpha_E = \sum_{j=1}^{C} \alpha_j$$

那么，α_E 就是获得错误结论概率的上限值。为了进行一次包含 C 个方案比较的实验，首先需要设定总误差概率，例如，令 $\alpha_E=0.05$ 或 0.10。选择单个错误概率 α_j 时，可以根据需要使其相等($\alpha_j=\alpha_E/C$)或彼此不等。α_j 的值越小，计算出的第 j 个置信区间就越宽，例如，如果将两个 95%置信区间的误差概率设定为 $\alpha_1=\alpha_2=0.05$，那么总的置信水平将达到 90%或更高($\alpha_E=\alpha_1+\alpha_2=0.10$)；如果将 10 个 95%置信区间的误差概率设定为 $\alpha_i=0.05$ ($i=1,2,\cdots,10$)，那么总的置信水平将会降低到 50%，这个水平在实际应用中是不可接受的。因此，当有 10 个置信区间进行比较时，为了保证总的置信水平达到 95%，一种可行的方法就是为性能参数(或差值)构造 10 个 99.5%的置信区间。

邦费罗尼方法是针对多个置信区间进行比较的方法，其比较的基础是式(11.16)。该方法最主要的优点在于它可以同时适用于独立采样法和公共随机数法。

邦费罗尼方法主要的缺点是在进行大规模方案比较时，每个置信区间宽度都会增加。例如，对于给定的一组数据和一个较大的样本量，99.5%的置信区间宽度将是 95%置信区间宽度的 1.43($z_{0.0025}/z_{0.025}=2.807/1.96\approx1.43$)倍；对于较小的样本量(如样本量为 5)，此时 99.5%的置信区间宽度将是 95%置信区间宽度的 1.99($z_{0.0025,4}/z_{0.025,4}=5.589/2.776\approx 1.99$)倍。因为置信区间宽度是估计值精确度的度量依据，基于上述原因，建议仅在进行少量方案比较时才采用邦费罗尼方法，在实际应用中，方案比较次数以不超过 20 个为宜。

对于目标 1、目标 2 和目标 3，在比较 K 个系统设计方案时，至少有 3 种可使用邦费罗尼不等式的方法：

(1)使用单独的置信区间。由式(10.8)对参数 θ_i 构造 $100(1-\alpha)\%$的置信区间，在这种情况下，区间个数是 $C=K$。如果使用独立采样法，那么这 K 个置信区间应该是相互独立的，因此总的置信水平是$(1-\alpha_1)\times(1-\alpha_2)\times\cdots\times(1-\alpha_C)$，这个值会比式(11.16)右侧的值大，但不会大很多。这类方法通常用于估计单个系统中的多个参数，而不是多个系统方案之间的比较。而且由于同一个系统中多个参数的估计往往是相互依赖的，这时尤其适合采用邦费罗尼不等式。

(2)与现有系统进行比较。就是把所有的系统设计方案与指定方案进行比较，通常都是与现有系统进行比较。假设系统 1 是现有系统，其性能指标为 θ_1。由式(11.1)对 $\theta_i-\theta_1$ ($i=2,3,\cdots,K$)构造 $100(1-\alpha)\%$的置信区间。在这种情况下，置信区间的个数是 $C=K-1$。这类方法通常用于多个竞争方案与现有系统的比较，以便知道哪一个更好。

(3)全部成对比较。将所有的设计方案彼此比较，即对于 $i\neq j$ 的任意两个系统设计，对 $\theta_i-\theta_j$ 构造 $100(1-\alpha_{ij})\%$的置信区间。对于 K 个设计，需要计算的置信区间数目是 $C=K(K-1)/2$，把总置信系数限制在 $1-\alpha_E=1-\sum\sum_{i\neq j}\alpha_{ij}$ 的范围以内。一般认为，采用 CRN 可以保证为真的总置信水平比式(11.16)右侧的值大，而且通常也比采用独立采样得出的值大。式(11.16)的右侧可以理解为给出的最坏情况，也就是最小可能的总置信水平。

实例 11.4　采用邦费罗尼方法对车辆安全检测系统设计方案进行比较

继续对实例 11.1 描述的车辆安全检测中心进行分析。假设管理者正在考虑增加一个

额外的空间,以容纳一辆等候检测的车辆,备选的设计方案如下:

方案 1:现有的系统,如图 11.1(a)所示。

方案 2:串行的系统,检测点之间没有空位。

方案 3:串行的系统,仅在刹车检测和前灯检测之间有一个空位。

方案 4:串行的系统,仅在前灯检测和方形盘检测之间有一个空位。

设计方案 2、方案 3 和方案 4 均是串行的系统,如图 11.1(b)所示,它们之间的唯一区别是两个连续检测地点之间空位的数量和位置不同。实例 11.1 给出了车辆到达速率和各项检测的服务时间。比较的依据是设计方案 i 的平均响应时间 θ_i,响应时间是指车辆从到达检测中心时起到完成全部检测离开中心时止所花费的总时间。仿真研究将对 $\theta_2-\theta_1$,$\theta_3-\theta_1$ 和 $\theta_4-\theta_1$ 构造置信区间,每个都有 95% 的置信水平,将运行长度设为 $T_E=40$ h,重复运行次数 $R=10$ 次,所有模型都使用公共随机数。

设总误差概率 $\alpha_E=0.05$,由于要构造 $C=3$ 个置信区间,因此令 $\alpha_i=0.05/3=0.0167$ $(i=2,3,4)$。利用式(11.1)构造 3 个置信区间,$\alpha=\alpha_i=0.0167$,自由度为 $\nu=10-1=9$。方案 i 第 r 次重复运行的样本平均响应时间数据 Y_{ri}、设计方案与方案 1 观测值的差值 $D_{ri}=Y_{r1}-Y_{ri}$ $(i=2,3,4)$ 见表 11.4。因为本例使用公共随机数,所以使用式(11.12)计算样本均差,使用式(11.13)计算样本方差,使用式(11.14)计算标准差。

表 11.4　使用 CRN 法对车辆安全检车中心输出数据的分析

重复运行	系统设计方案的平均响应时间				与方案 1 观测值的差值		
	方案 1/Y_{r1}	方案 2/Y_{r2}	方案 3/Y_{r3}	方案 4/Y_{r4}	D_{r2}	D_{r3}	D_{r4}
1	63.72	60.36	57.74	62.63	0.66	5.89	1.09
2	32.24	31.78	29.65	31.56	0.46	2.56	0.68
3	40.28	40.32	36.52	39.87	−0.04	3.76	0.41
4	36.94	37.71	35.71	37.35	−0.77	1.23	−0.41
5	36.29	36.79	33.81	36.65	−0.50	2.48	−0.36
6	56.94	57.93	51.54	57.15	−0.99	5.40	−0.21
7	34.10	33.39	31.39	33.30	0.71	2.71	0.80
8	63.36	62.92	57.24	62.21	0.44	6.12	1.15
9	42.29	47.67	42.63	47.46	1.62	6.66	1.83
10	87.20	80.79	67.27	79.60	6.41	19.93	7.60
样本均差	—	—	—	—	0.80	5.69	1.26
样本方差	—	—	—	—	4.498	28.498	5.489
标准差	—	—	—	—	0.671	1.688	0.741

由式(11.16)可知,三个置信区间的总置信系数不小于 $1-\alpha_E$,根据式(11.1),方案比较置信区间的构造公式如下:

$$\overline{D}_{\cdot i}-t_{\alpha/2,R-1}\mathrm{s.e.}(\overline{D}_{\cdot i})\leqslant\theta_1-\theta_i\leqslant\overline{D}_{\cdot i}+t_{\alpha/2,R-1}\mathrm{s.e.}(\overline{D}_{\cdot i}),i=2,3,4$$

式中，$t_{\alpha/2,R-1}=t_{0.0083,9}=2.97$ 可以通过附录 A 表 A-3 中的数据线性内插得到。因此，以 95%置信度构造三个比较方案的置信区间为

$$-1.19\leqslant\theta_1-\theta_2\leqslant2.79$$

$$0.67\leqslant\theta_1-\theta_3\leqslant10.71$$

$$-0.94\leqslant\theta_1-\theta_4\leqslant3.46$$

根据方案比较的计算结果可知，置信区间 $\theta_1-\theta_2$ 包含零点，因此方案 1 与方案 2 没有统计学意义上的显著差异；置信区间 $\theta_1-\theta_3$ 全部位于零点的右侧（大于零），这可以有力地证明方案 3 要优于方案 1，因为方案 3 的平均响应时间更短；置信区间 $\theta_1-\theta_4$ 也包含零点，因此方案 1 与方案 4 之间也没有统计学意义上的显著差异。

11.2.2 用邦费罗尼方法选择最佳方案

假设现有 K 个系统设计方案，第 i 个方案的系统性能指标期望值为 θ_i。在较粗略的水平上，一般关注的是哪一个方案最好，即哪一方案有最大或最小期望值。在更精确的水平上，关注的则是最好的方案相对于其他备选方案好多少，这是因为没有反映在性能度量 θ_i 上（例如易于安装、维修费用低等）的次要准则可能会吸引用户选择一个稍差一些的系统方案。

定义方案期望值的差值为

$$\Delta\theta_i=\theta_i-\max_{j\neq i}\theta_j$$

如果设计方案 i 是最优的，那么 $\Delta\theta_i$ 就等于最优方案和次优方案性能指标的差值；如果设计方案 i 不是最优的，那么 $\Delta\theta_i$ 等于方案 i 和最优方案性能指标的差值。本节讨论的选择方法主要集中在对参数 $\Delta\theta_i(i=1,2,\cdots,K)$ 的分析上。

设未知量 i^* 为最优方案的索引号，按照一般规则，差值 $\Delta\theta_i$ 越小，就越说明找到了最优方案，那么要达到预期目标所需要的仿真重复运行次数也就越多。因此，一般不要求找到 i^*，而是可以要求以较高的概率找到 i^*，只要方案 i^* 与其他方案至少在实际意义上有显著差别。也就是说，只要下式成立，就可以确定找到最优方案的概率至少达到 $1-\alpha$：

$$|\theta_{i^*}-\max_{j\neq i}\theta_j|\geqslant\varepsilon$$

如果有一个或更多个方案与最优方案的差别都在 ε 内，则既可以找到最优方案，又可以找到其他任何一个较优的方案。

采用两阶段邦费罗尼方法选择最佳方案的具体步骤如下：

步骤 1：确定实际意义上的显著差别 ε，正确选择的概率 $1-\alpha$，以及第一阶段的样本量 $R_0\geqslant10$，令

$$t=t_{\alpha/(K-1),R_0-1}$$

步骤 2：对方案 $i(i=1,2,\cdots,K)$ 进行 R_0 次重复仿真运行，以获得 $Y_{1i},Y_{2i},\cdots,Y_{R_0i}$。

步骤 3：计算第一阶段的样本均值 $\overline{Y}_{\cdot i}(i=1,2,\cdots,K)$，对所有的 $i\neq j$，计算差值的样本方差为

$$S_{ij}^2=\frac{1}{R_0-1}\sum_{r=1}^{R_0}\left[(Y_{ri}-Y_{rj})-(\bar{Y}_{\cdot i}-\bar{Y}_{\cdot j})\right]^2$$

令最大样本方差为

$$\hat{S}^2=\max_{i\neq j}S_{ij}^2$$

步骤 4: 计算第二阶段的样本量：

$$R=\max\left\{R_0,\left\lceil\frac{t^2\hat{S}^2}{\varepsilon^2}\right\rceil\right\}$$

式中的符号⌈ ⌉表示上舍入。

步骤 5: 对设计方案 i 进行 $R-R_0$ 次额外的重复运行，以获得输出数据 $Y_{R_0+1,i}$，$Y_{R_0+2,i},\cdots,Y_{R,i}(i=1,2,\cdots,K)$。

步骤 6: 计算总样本均值：

$$\bar{\bar{Y}}_i=\frac{1}{R}\sum_{r=1}^{R}Y_{ri},\quad i=1,2,\cdots,K$$

步骤 7: 选择 $\bar{\bar{Y}}_i$ 值最大的方案为最优方案，同时构造出置信区间：

$$\min\{0,\bar{\bar{Y}}_i-\max_{j\neq i}\bar{\bar{Y}}_j-\varepsilon\}\leqslant\theta_i-\max_{j\neq i}\theta_j\leqslant\max\{0,\bar{\bar{Y}}_i-\max_{j\neq i}\bar{\bar{Y}}_j+\varepsilon\},i=1,2,\cdots,K$$

步骤 7 中的置信区间与本章其他±区间不同，说明如下：令 $\hat{i}$ 为所选最优方案的索引号，那么对其他每个方案 i，如果式 $\bar{\bar{Y}}_i-\bar{\bar{Y}}_{\hat{i}}+\varepsilon\leqslant 0$ 成立，就说明方案 i 不如选出的最优方案；如果式 $\bar{\bar{Y}}_i-\bar{\bar{Y}}_{\hat{i}}+\varepsilon>0$ 成立，就说明在统计学意义上方案 i 与选出的最优方案没有显著差异，因此方案 i 也许是最优的。

实例 11.5　采用邦费罗尼方法选择车辆安全检测系统最佳设计方案

在实例 11.4 中，车辆检测中心有 4 个不同的设计方案，假设当最优方案与次优方案的响应时间最少差 2 min 时，以 95%的置信度选择最优方案，即选择期望响应时间最小的方案。这是一个最小化问题，采用两阶段邦费罗尼方法的步骤如下：

步骤 1: 令 $\varepsilon=2$ min，$1-\alpha=0.95$，$R_0=10$ 次，$t=t_{0.0167,9}=2.508$。

步骤 2: 由表 11.4 可知 $S_{12}^2=4.498$，$S_{13}^2=28.498$，$S_{14}^2=5.489$。根据表 11.4 中的数据，通过同样的计算可以得到 $S_{23}^2=11.857$，$S_{24}^2=0.119$，$S_{34}^2=9.849$。

步骤 3: 因为 $\hat{S}^2=S_{13}^2=28.498$ 是样本偏差的最大值，因此有

$$R=\max\left\{10,\left\lceil\frac{2.508^2\times 28.498}{2^2}\right\rceil\right\}=\max\left\{10,\left\lceil 44.8\right\rceil\right\}=45$$

步骤 4: 对每个方案额外重复运行 45−10=35(次)。

步骤 5: 计算总的样本均值：

$$\bar{\bar{Y}}_i=\frac{1}{45}\sum_{r=1}^{45}Y_{ri},i=1,2,3,4$$

步骤 6: 选择 $\bar{\bar{Y}}_i$ 值最小的方案为最优，同时计算出置信区间：

$$\min\{0,\bar{\bar{Y}}_i-\min_{j\neq i}\bar{\bar{Y}}_j-2\}\leqslant\theta_i-\min_{j\neq i}\theta_j\leqslant\max\{0,\bar{\bar{Y}}_i-\min_{j\neq i}\bar{\bar{Y}}_j+2\},i=1,2,3,4$$

11.2.3 用邦费罗尼方法进行筛选

当两阶段法无法实现或者系统设计方案很多时，可以将一组方案分为两类：一类可能是包含最优方案的；另一类是对进一步研究来说可以剔除掉的。为此，可以采用筛选法，也称子集选择法。当数据服从正态分布时，无论使用独立采样法还是采用 CRN 法，筛选法保证了保留下来的子集以大于等于 $1-\alpha$ 的概率包含真的最优方案。该子集中也许包含全部 K 个方案，也许只包含一个方案，也许包含的方案数目是 $1-K$ 中任意一个数字，这依赖于重复运行的次数、样本均值及样本方差。

筛选法的计算步骤如下：

步骤 1：规定正确选择的概率 $1-\alpha$ 及每个方案的公共样本量 $R \geqslant 2$，令

$$t = t_{\alpha/(K-1),R-1}$$

步骤 2：对方案 i 重复运行 R 次以得到 $Y_{1i}, Y_{2i}, \cdots, Y_{Ri}$，计算样本均值 $\overline{Y}_{\cdot i}$ $(i=1,2,\cdots,K)$。

步骤 3：计算所有满足 $i \neq j$ 条件的差值的样本方差：

$$S_{ij}^2 = \frac{1}{R-1}\sum_{r=1}^{R}\left[(Y_{ri}-Y_{rj})-(\overline{Y}_{\cdot i}-\overline{Y}_{\cdot j})\right]^2$$

步骤 4：筛选判断。

如果越大越好，且满足下列条件，则在所选子集中保留方案 i：

$$\overline{Y}_{\cdot i} \geqslant \overline{Y}_{\cdot j} - t\frac{S_{ij}}{\sqrt{R}}，对所有\ j \neq i \tag{11.17}$$

如果越小越好，且满足下列条件，则在所选子集中保留方案 i：

$$\overline{Y}_{\cdot i} \leqslant \overline{Y}_{\cdot j} + t\frac{S_{ij}}{\sqrt{R}}，对所有\ j \neq i \tag{11.18}$$

所有没有保留下来的系统设计方案在进一步研究中都可以剔除掉。

实例 11.6　采用邦费罗尼方法对车辆安全检测系统设计方案进行筛选

基于表 11.4 中的 10 次重复运行数据，试分析车辆安全检测中心的设计方案是否有可以剔除掉的。采用筛选法的分析过程如下：

步骤 1：规定选出的子集以 95% 的置信度包含真的最优方案，$R=10$，则临界值 $t=t_{0.0167,9}=2.508$。

步骤 2：计算样本均值 $\overline{Y}_{\cdot i}$ $(i=1,2,3,4)$，得到 $Y_{\cdot 1}=49.34$，$Y_{\cdot 2}=48.97$，$Y_{\cdot 3}=44.35$，$Y_{\cdot 4}=48.78$。

步骤 3：计算所有满足 $i \neq j$ 条件的差值的样本方差，得到 $S_{12}=4.498$，$S_{13}=28.498$，$S_{14}=5.489$，$S_{23}=11.857$，$S_{24}=0.119$，$S_{34}=9.84$。

步骤 4：因为系统性能指标平均响应时间越小越好，所以采用式(11.18)计算得到：

$$\overline{Y}_{\cdot 1}=49.34$$

$$\overline{Y}_{\cdot 3}+t\sqrt{\frac{S_{13}^2}{R}}=44.35+2.508\times\sqrt{\frac{28.498}{10}}\approx 48.58$$

$$\overline{Y}_{\cdot 1} > \overline{Y}_{\cdot 3} + t\sqrt{\frac{S_{13}^2}{R}}$$

$$\overline{Y}_{\cdot 2} = 48.97$$

$$\overline{Y}_{\cdot 3} + t\sqrt{\frac{S_{23}^2}{R}} = 44.35 + 2.508 \times \sqrt{\frac{11.857}{10}} \approx 47.08$$

$$\overline{Y}_{\cdot 2} > \overline{Y}_{\cdot 3} + t\sqrt{\frac{S_{23}^2}{R}}$$

$$\overline{Y}_{\cdot 4} = 48.78$$

$$\overline{Y}_{\cdot 3} + t\sqrt{\frac{S_{43}^2}{R}} = 44.35 + 2.508 \times \sqrt{\frac{9.84}{10}} \approx 46.84$$

$$\overline{Y}_{\cdot 4} > \overline{Y}_{\cdot 3} + t\sqrt{\frac{S_{43}^2}{R}}$$

根据筛选判断条件可知，方案 1、方案 2 和方案 4 都可以剔除掉，在这种情况下，有足够的数据以 95%的置信度筛选出最优方案，即方案 3。如果子集选择后有多于一个方案存在的话，可以采用两阶段邦费罗尼方法对剩余的方案做进一步的分析。

11.3　元建模技术

假设现有一个仿真输出响应变量 Y，与 k 个相互独立的变量（如 $x_1, x_2, \cdots, x_k$）相关。因变量 Y 是一个随机变量，这些相互独立的变量 $x_1, x_2, \cdots, x_k$ 则称为**设计变量**，且通常是可控的。变量 Y 和 x 之间真实的内在关联关系通常体现在复杂的仿真模型中。仿真研究的目标是用一个比较简单的函数表达式来近似地表示变量间的这种相互关系，该函数称为**元模型**(meta-model)。在某些情况下，将会得到 Y 和 $x_1, x_2, \cdots, x_k$ 关系的精确表达式，即 $Y = f(x_1, x_2, \cdots, x_k)$。然而大多数情况下，这个函数关系式是未知的，因此必须选择一个合适的包含未知参数的函数关系 f，然后根据一组(Y, x)数据集估计那些未知的参数。回归分析就是估计参数的方法之一。

元模型的基本作用就是使得回答"如果…那么…是多少"(what-if)这种类型的问题更加简单，例如，如果某地铁车站发车间隔时间是 x 分钟，那么乘客候车时间将是多少。典型情况下，在 x 的某个取值处，评估函数 f 或者它的导数，要比使用仿真实验逐个获取 x 的数值简单得多。

11.3.1　简单线性回归

假设要估计单一自变量 x 和因变量 Y 之间的关系，设 Y 和 x 之间真实的相关性是线性的，则对于给定的 x 值，Y 的期望值假设为

$$E(Y|x) = \beta_0 + \beta_1 x \tag{11.19}$$

式中，β_0 是 Y 轴上的截距，为未知常数；β_1 为斜率，即 x 变化一个单位所引起 Y 的变化幅度，也是未知常数。进一步假设 Y 的每一个观测值都可以用如下模型表示：

$$Y=\beta_0+\beta_1 x+\varepsilon \tag{11.20}$$

式中，ε 是均值为零且方差为固定值 σ^2 的随机误差。式(11.20)给出的回归模型包含单个变量 x，因此称为简单线性回归模型。

假设存在 n 对观测值 $(Y_1,x_1),(Y_2,x_2),\cdots,(Y_n,x_n)$，这些观测值可用来估计式(11.20)中 β_0 和 β_1 的值，通常用最小二乘法进行估计，即利用观测值和回归线之间偏差的平方和最小化来估计 β_0 和 β_1 的值。式(11.20)中的每一个观测值都可以写成如下形式：

$$Y_i=\beta_0+\beta_1 x_i+\varepsilon_i,i=1,2,\cdots,n \tag{11.21}$$

其中，$\varepsilon_1,\varepsilon_2,\cdots$为彼此独立的随机变量。式(11.21)中每一个 ε_i 的值可由式(11.22)给出：

$$\varepsilon_i=Y_i-\beta_0-\beta_1 x_i \tag{11.22}$$

ε_i 表示观测响应值 Y_i 与期望响应值 $\beta_0+\beta_1 x_i$ 之间的差异，$\beta_0+\beta_1 x_i$ 可用式(11.19)进行预测。图 11.4 说明了 ε_i 与 x_i、Y_i 及 $E(Y_i|x_i)$之间的关系。

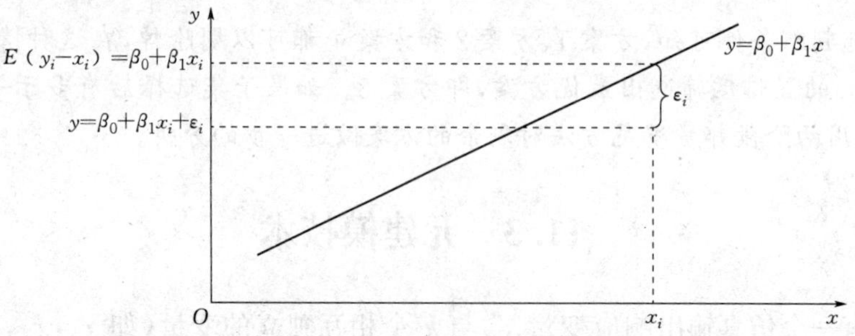

图 11.4　ε_i 与x_i、Y_i 及$E(Y_i|x_i)$的关系

式(11.22)中给出的偏差的平方和由式(11.23)给出：

$$L=\sum_{i=1}^{n}\varepsilon_i^2=\sum_{i=1}^{n}(Y_i-\beta_0-\beta_1 x_i)^2 \tag{11.23}$$

式中，L 称为最小二乘函数。为方便起见，可将 Y_i 重新写为

$$Y_i=\beta'_0+\beta_1(x_i-\overline{x})+\varepsilon_i \tag{11.24}$$

式中，$\beta'_0=\beta_0+\beta_1\overline{x}$，$\overline{x}=\sum\limits_{i=1}^{n}x_i/n$。式(11.24)通常称为**变换线性回归模型**。将式(11.24)代入式(11.23)，则有

$$L=\sum_{i=1}^{n}[Y_i-\beta'_0-\beta_1(x_i-\overline{x})]^2$$

为了求 L 的最小值，计算$\partial L/\partial\beta'_0$ 和$\partial L/\partial\beta_1$，令其都等于零，从而解出 $\hat{\beta}'_0$ 和 $\hat{\beta}_1$。求得偏导数并令其都等于零可得

$$n\hat{\beta}'_0=\sum_{i=1}^{n}Y_i,\hat{\beta}_1\sum_{i=1}^{n}(x_i-\overline{x})^2=\sum_{i=1}^{n}Y_i(x_i-\overline{x}) \tag{11.25}$$

式(11.25)通常称为最小二乘的正则方程，其解为

$$\hat{\beta}'_0=\overline{Y}=\sum_{i=1}^{n}\frac{Y_1}{n} \tag{11.26}$$

$$\hat{\beta}_1=\frac{\sum_{i=1}^{n}Y_i(x_i-\overline{x})}{\sum_{i=1}^{n}(x_i-\overline{x})^2} \tag{11.27}$$

为便于计算，式(11.27)中的分子可以改写成如下形式：

$$S_{xy}=\sum_{i=1}^{n}Y_i(x_i-\overline{x})=\sum_{i=1}^{n}x_iY_i-\frac{\left(\sum_{i=1}^{n}x_i\right)\left(\sum_{i=1}^{n}Y_i\right)}{n} \tag{11.28}$$

式中，S_{xy} 表示 x 与 Y 交叉乘积的修正和。为便于计算，式(11.27)中的分母也可以改写成如下形式：

$$S_{xx}=\sum_{i=1}^{n}(x_i-\overline{x})^2=\sum_{i=1}^{n}x_i^2-\frac{\left(\sum_{i=1}^{n}x_i\right)^2}{n} \tag{11.29}$$

式中，S_{xx} 表示 x 的修正平方和。这样，可由式(11.30)方便地计算出 $\hat{\beta}_0$ 的值：

$$\hat{\beta}_0=\hat{\beta}'_0-\hat{\beta}_1\overline{x} \tag{11.30}$$

实例 11.7　铁路编组站列车到达间隔时间与车列待解时间元模型

铁路编组站到达场作业过程可以抽象为一个多级多服务台的排队模型，列车到达后在到达场等待列检技术作业，之后等待推峰解体作业。受列车到达不均衡性影响，驼峰与列检组运用忙闲不均，当列车密集到达时会出现阶段性的能力不足，使车列待解时间、待检时间延长，阶段性地降低到发线通过能力，并间接影响编发场通过能力。因此，管理者需要建立一个仿真模型，将车列待解时间作为列车到达间隔时间的函数来进行预测。

列车到达间隔时间服从指数分布，定义自变量 x 表示列车到达间隔时间均值，取值范围为 31～43 min，对参数 x 的每个取值重复运行 10 次。定义因变量 y 表示车列平均待解时间(单位：min)，其值为参数 x 每个取值重复运行 10 次仿真结果的平均值。表 11.5 给出了仿真实验结果，列车到达间隔时间与车列待解时间的关系如图 11.5 所示。

表 11.5　给定列车到达间隔时间的车列待解时间仿真结果

序　号	列车到达间隔时间均值 x/min	车列待解时间均值 y/min
1	31	14.12
2	33	11.63
3	35	10.58
4	37	9.64
5	39	9.36
6	41	9.01
7	43	7.65

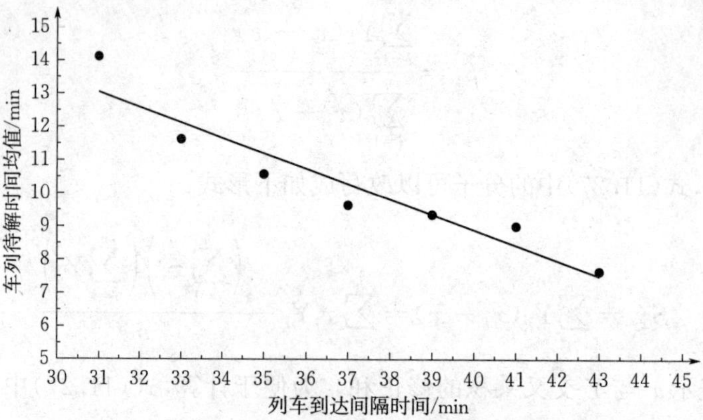

图 11.5　列车到达间隔时间与车列待解时间的关系

由式(11.28)计算得到

$$S_{xy}=2\,611.89-\frac{259\times 71.99}{7}=-51.74$$

由式(11.29)计算得到

$$S_{xx}=9\,695-\frac{259^2}{7}=112$$

因此,由式(11.27)可以计算得到

$$\hat{\beta}_1=\frac{S_{xy}}{S_{xx}}=\frac{-51.74}{112}\approx -0.462\,0$$

由式(11.26)计算得到

$$\hat{\beta}'_0=\frac{71.99}{7}\approx 10.284\,3$$

因此,由式(11.30)可以计算得到

$$\hat{\beta}_0=10.284\,3-(-0.462\,0)\times 37=27.378\,3$$

由上面的计算结果可知,对于给定的 x 和 $E(X|Y)$,Y 的估计值函数可以表示为

$$\hat{y}=\hat{\beta}_0+\hat{\beta}_1 x=27.378\,3-0.462\,0x \tag{11.31}$$

对于给定的列车到达间隔时间,该函数可以用于预测车列的平均待解时间,x 的系数可以理解为到达间隔时间均值每增加 1 min,期望的车列平均待解时间就减少 0.462 0 min。

需要注意的是,按照式(11.21)推导出的关系只对原始数据范围内的自变量的值是有效的,如果超出原始数据的范围,则假设的线性关系就可能是无效的。事实上,由排队论可知,如果列车到达数量接近到达场容量时(到达间隔时间均值小于 31 min),则随着到达列车数量的增加,车列平均待解时间会迅速增大。因此,只有当 $31\leqslant x\leqslant 43$ 时,式(11.31)才能认为是有效的。由此可知,回归模型不建议用于推断性的目的。

11.3.2　回归的显著性检验

在 11.3.1 节中,假设 Y 和 x 之间存在线性关系。然而,在使用简单线性回归模型根据给定的独立变量 x_i 预测响应变量 Y_i 之前,需要对这种简单的线性关系是否适宜进行检验。

通常把用于检验模型初步假设正确与否的检验称为**失拟检验**(lack-of-fit testing)。

回归的显著性检验提供了一种评价模型适宜性的手段,特别是针对回归系数 $\hat{\beta}_0$ 和 $\hat{\beta}_1$ 的估计值所做的不等于零的统计检验而言,这种方法是非常重要的,对 11.3.3 节将要介绍的多元线性回归也是如此。

回归的显著性检验备选假设为

$$H_0: \beta_1=0; H_1: \beta_1\neq 0$$

如果不拒绝原假设 H_0,则表明 x 和 Y 之间不是线性关系。这时存在两种可能,一种可能是 x 对 Y 的变化没有影响;另一种可能是 x 和 Y 之间真正的关系不是线性的。

如果拒绝原假设 H_0,则表明 x 对 Y 的变化有影响。这同样也存在两种可能,一种可能是线性模型比较合适;另一种可能是,虽然有 x 的线性效果,但需要 x 的高阶形式,如 x^2。因此,虽然可能有回归的显著性,但需要进行残差检验和失拟检验来确认模型是否合适。

适合检验回归显著性的检验统计量如式(11.32)所示:

$$t_0=\frac{\hat{\beta}_1}{\sqrt{\mathrm{MSE}/S_{xx}}} \tag{11.32}$$

式中,MSE 为均方误差。误差就是在 x_i 处的观测值 Y_i 与期望值 $\hat{y}_i$ 之间的差值,即 $e_i=Y_i-\hat{y}_i$。误差的平方和为 $\sum_{i=1}^{n}e_i^2$,则均方误差为

$$\mathrm{MSE}=\sum_{i=1}^{n}\frac{e_i^2}{n-2} \tag{11.33}$$

MSE 是 $\sigma^2=V(\varepsilon_i)$的无偏估计。可用直接法计算误差的平方和,首先计算每个 $\hat{y}_i$,然后计算出 e_i^2,最后将所有的 e_i^2 值相加。比直接法更容易一些的方法是用式(11.34)计算误差的平方和:

$$\sum_{i=1}^{n}e_i^2=S_{yy}-\hat{\beta}_1 S_{xy} \tag{11.34}$$

式中,S_{xy} 由式(11.28)给出,S_{yy} 是 Y 的修正平方和,由式(11.35)给出:

$$S_{yy}=\sum_{i=1}^{n}Y_i^2-\frac{\left(\sum_{i=1}^{n}Y_i\right)^2}{n} \tag{11.35}$$

式(11.32)定义的检验统计量服从自由度为 $n-2$ 的 t 分布。如果$|t_0|>t_{\alpha/2,n-2}$,则拒绝原假设 H_0。

实例 11.8　铁路编组站元模型显著性检验

根据实例 11.7 的结果,对其进行回归的显著性检验。由式(11.35)计算得到:

$$S_{yy}=766.809\,5-\frac{71.99^2}{7}\approx 26.443\,8$$

由式(11.34)计算得到:

$$\sum_{i=1}^{7}e_i^2=26.443\,8-(-0.4620)\times(-51.74)\approx 2.539\,9$$

由式(11.33)计算得到：

$$\mathrm{MSE}=\frac{2.5399}{5}\approx 0.5080$$

最后，由式(11.32)可以计算得到：

$$t_0=\frac{-0.4620}{\sqrt{0.5080/112}}\approx -6.86$$

从附录 A 表 A-3 中查得 $t_{0.025,5}=2.57$，因为 $|t_0|>t_{0.025,5}$，拒绝假设 β_0。因此，有显著的证据表明 x 和 Y 是相关的。

11.3.3 多元线性回归

如果 11.3.1 节中介绍的简单线性回归模型不适用，那么还存在其他几种可能性。

一种可能是有多个独立变量，则因变量和自变量之间的关系具有如下形式：

$$Y=\beta_0+\beta_1 x_1+\beta_2 x_2+\cdots+\beta_m x_m+\varepsilon \tag{11.36}$$

注意，这个模型仍然是线性的，但其中的自变量不止一个。具有式(11.36)所示形式的回归模型称为**多元线性回归模型**(multiple linear regression model)。

另外一种可能是回归模型具有二次式的形式，即

$$Y=\beta_0+\beta_1 x+\beta_2 x^2+\varepsilon \tag{11.37}$$

如果令 $x_1=x, x_2=x^2$，则式(11.37)就变成了式(11.36)，这仍然是一个线性模型。

回归模型的第三种可能的形式为

$$Y=\beta_0+\beta_1 x_1+\beta_2 x_2+\beta_3 x_1 x_2+\varepsilon \tag{11.38}$$

这也是一个线性模型。对于上述三种形式的模型及其他相关模型的详细介绍，可以参考应用统计学方面的教材和文献资料。

11.3.4 回归的随机数分配

随机数种子选取或随机数流分配是仿真实验设计中的一项工作，为不同的系统设计方案分配不同的随机数种子或随机数流，可以保证不同方案响应变量 Y 之间在统计学上是相互独立的，例如在多元线性回归中对 $x_1, x_2, \cdots, x_m$ 进行设定。类似地，如果把相同的随机数种子或随机数流分配给不同的方案，则这些方案的响应值之间会存在相关性，因为它们具有相同的随机源。

实验设计中，常假设不同方案的响应变量是相互独立的，为满足该假设，必须为每个方案分配不同的随机数种子或随机数流。将相同的随机数种子或随机数流分配给所有方案也是有用的，例如使用公共随机数法分析不同方案之间差异的显著性。

对于元模型，如果使用公共随机数法，即各个设计方案采用相同的实验条件，那么方案之间的比较是公平的。其数学意义表现在：假设构造的是简单的线性回归模型 $Y_t=\beta_0+\beta_1 x_i+\varepsilon_i$，并且由最小二乘法确定了 $\hat{\beta}_0$ 和 $\hat{\beta}_1$ 的值。则方案 i 和方案 j 性能指标之间期望差异的估计值为

$$\hat{\beta}_0+\hat{\beta}_1 x_i-(\hat{\beta}_0+\hat{\beta}_1 x_j)=\hat{\beta}_1(x_i-x_j)$$

当 x_i 和 x_j 是特定的方案时，$\hat{\beta}_1$ 将决定方案 i 和方案 j 之间性能差异的估计值，或者说对于 x 的任意两个取值都是如此。因此，公共随机数法可用于减少 $\hat{\beta}_1$ 的偏差，更一般地说，可以减少多元线性回归方程中每一个斜率的偏差。但是，公共随机数法不会减小截距项 $\hat{\beta}_0$ 的偏差。最小二乘法估计值 $\hat{\beta}_0$ 和 $\hat{\beta}_1$ 与是否采用公共随机数法无关，但相关统计分析会受影响。

11.4 仿真优化

思考以下实例：

实例 11.9　物料搬运系统

工程师需要设计一个物料搬运系统，该系统由大型自动化立体仓库、自动引导车(AGV)、AGV 站、升降机和传送带构成。可控的方案变量包括 AGV 的数量，每辆 AGV 的装载能力，用于 AGV 工作指派的路径算法。替代方案将根据 AGV 的利用率、物料搬运等待时间、总投资和运营成本等指标进行评估。

实例 11.10　液化天然气运输

某液化天然气运输系统由 LNG 船舶、装载设备、卸载设备及存储设备组成，为了实现成本最优，设计者可以控制 LNG 船舶的运输能力、投入运营的船舶数量、装卸码头数量，以及储气罐容量和数量等。

实例 11.11　交通信号灯

交管部门想要针对一个繁忙路段设置交通信号灯的变换时长，以减少车辆的等待时间，缓解该路段的交通拥堵状况。对于每一个交通信号灯，可以单独设置红色、绿色和绿色转向箭头的延时时间长度。

上述实例的共性在于，每个实例都可以建立一个仿真模型，并结合各自的性能度量指标，都可以依据设定的目标找到最优方案。但在每个实例中，都有数量众多的潜在备选方案，少则十几个，多则成百上千个。有些实例还包含多样化的决策变量，例如离散型变量(AVG 数量)、连续型变量(油轮运载能力)及定性变量(任务分配算法)等，这些因素会增加元模型的开发难度。

以上问题都属于**仿真优化**的范畴，这一类问题的目标就是找出某一性能指标的最小值或最大值，系统性能评估依靠计算机仿真来完成。

11.4.1　仿真优化的含义

运筹学在解决最优化问题时，构成系统的各种因素在某种程度上都是可知的，系统的所有方面都按已知是确定的来处理，最关键的是任何方案的性能(如成本、利润、流程时间等)都是可以被准确计算的。

但是在随机离散事件仿真中，每一次仿真运行的结果都是一个随机变量。假设用 x_1，x_2，…，x_m 表示仿真模型中 m 个可控方案变量，$Y(x_1,x_2,\cdots,x_m)$表示一次仿真输出的观测结果。由于 Y 是一个随机变量，所以无法对 Y 的真实值进行优化。因此，关于仿真优化的一般定义如下：

$$\max/\min E(Y(x_1,x_2,\cdots,x_m)) \tag{11.39}$$

也就是说，对系统性能指标的数学期望或长时间运行的平均值进行最大化或最小化。这是目前所有的仿真商业软件对最优化的默认定义。

当希望选择最可能的系统最优方案时，优化问题就更复杂了。此类目标通常与系统性能指标的一次取值而非长期均值有关。例如，航天飞机发射，或者交付一个唯一的、数量很大的产品订单等。

针对单一性能指标(例如成本)，假设可以对 $x_1,x_2,\cdots,x_m$ 个设计方案进行评价，但有时管理者还对一些与服务能力相关的系统性能指标感兴趣，例如流程时间。但目前通过仿真实现多目标优化的方法尚不完备，因此，一般可使用以下三种方法处理这种情况：

(1)将所有性能指标组合成为一个度量指标，最常见的是成本组合。例如，在生产系统中，每个产品的收益可以代表生产能力，并可作为负成本累加到目标函数中。

(2)首先针对一个关键性能指标进行优化，然后根据那些次要性能指标，对上一阶段评价靠前的方案进行评价。例如对典型的排队系统，可以先按照期望的成本进行优化，然后对排名靠前的方案评价流程时间。

(3)针对一个关键性能指标进行优化，但评价范围仅限于那些在另一个性能指标上满足特定约束条件的备选方案。例如对排队系统，只有那些期望的流程时间低于给定阈值的备选方案，才能参与成本最优化评价。

最后，复杂约束尤其是非线性约束，使得可行域更加难以搜索，一些约束无法进行确定性度量(解析法求解)，在这些情况下只能通过仿真进行估计。

11.4.2 仿真优化的困难

即使某个问题不存在不确定性，但如果设计方案变量的数量较多，或者这个问题包含各种类型的方案变量，又或者对于性能函数的结构知之甚少，那么优化过程就会相当困难。而且基于仿真的优化增加了一个额外的复杂性因素，即特定设计的性能指标无法精确评价，取而代之的是必须进行估计。因为已经做出了估计，但是又不能肯定某一个方案一定优于另一个方案，当优化算法试图在指标改进方向上进行调整的时候，这种不确定性会对优化过程产生影响。原则上，可以对每个方案进行大量的重复仿真或者将仿真时长延长到足够大，从而消除这种影响。但实际上，由于时间限制，意味着只有很少的备选方案能够得到深入的研究。

由于存在可变采样，这使得仿真优化更加复杂。下面给出基于仿真的优化需要考虑的一些建议：

(1)保证预先设定的正确选择概率。11.2.2 节中提到的两阶段邦费罗尼方法就是如此，它允许分析人员预先设定选取到正确方案的概率。这类算法通常需要对每个可能的设计方案都进行仿真，或者要求各方案(如元模型)之间具有较强的结构性关联。

(2)保证结果是渐进收敛的。随着仿真重复运行的次数或重复运行的时长达到极限时，有许多算法可以保证计算结果收敛到全局优化解。然而，算法的收敛速度可能会很慢，而且当算法必须在有限时间内终止时，往往无法知道得出的方案到底有多好。

(3)寻找确定条件下的最优解。如果在确定性情况下，每个方案的性能指标都是可以度量的，那么可以使用能够找到最优解的算法。例如，在仿真优化问题中使用标准的非线性规划算法。为保证算法不受抽样变异性的影响，应该由分析人员决定是否已经进行了足够强度的仿真(重复运行次数或仿真时长)。一般不建议将用于确定性求解的算法直接应用于随机型仿真问题。

(4)鲁棒启发式算法。对一些无法保证找到最优解的确定性优化问题，已经研究出了许多启发式算法，有些启发式算法将随机选择作为其搜索策略的一部分，研究时仍然需要足够的仿真强度，以保证所使用的算法不被抽样变异性误导。鲁棒启发式算法在基于仿真优化的商业软件中是最常用的方法。

11.4.3　鲁棒启发方法的应用

鲁棒启发方法(robust heuristic)是指能够应用于具有混合类型决策变量问题的一种方法，其有效性不依赖于问题有很强的结构，例如 $E(y(x_1,x_2,\cdots,x_m))$是否连续或是否为凸函数。更为理想的是，算法在一定程度上可以承受抽样变异性的干扰。**遗传算法**(genetic algorithms，GA)和**禁忌搜索算法**(tabu search，TS)是两个常用的算法，此外还有许多其他算法及它们的许多变形算法。这些启发式算法是大多数商业软件的核心技术。本节将对遗传算法和禁忌搜索算法进行简单的介绍，商业软件中使用的算法更为复杂。

假设基于仿真的优化问题有 k 个可能的解，令 $X=\{X_1,X_2,\cdots,X_m\}$表示所有可能解集，其中第 i 个解 $X_i=\{x_{i1},x_{i2},\cdots,x_{im}\}$是指 m 个决策变量的某一个取值。将解 X_i 的仿真输出记作 $Y(X_i)$，它可以是单次重复运行的输出，也可以是多次重复运行结果的平均值，研究的目标就是找到使得 $E(Y(X))$最小化的解 X^*。

1. 遗传算法(GA)

在每次迭代时，GA 会对包含 p 个解的一个种群(population)进行操作。将第 j 次迭代的解的种群记作 $P(j)=\{X_1(j),X_2(j),\cdots,X_p(j)\}$，在 $P(j)$中可能包含同一个解的多个复制，并且 $P(j)$可能包含上一次迭代已经得到的解。经过不断迭代，种群朝着一个方向进化，每一代中较好的解存活下来并且希望繁衍出更好的后代，较差的解将从种群中淘汰。下面给出 GA 基本步骤：

步骤 1：令迭代次数 $j=0$，选出(可能是随机的)p 个解的初始种群 $P(0)=\{X_1(0),X_2(0),\cdots,X_p(0)\}$。

步骤 2：运行仿真实验，以得到 $P(j)$中所有 p 个解的性能指标估计值 $Y(X)$。

步骤 3：从 $P(j)$的解中为 p 个解选择一个种群，其方式是种群的 $Y(X)$值较小(虽然不一定选出来)，把这个解的种群记作 $P(j+1)$。

步骤 4：通过交叉和变异，重新组合 $P(j+1)$中的解。交叉(crossover)是从两个解 $X_i(j+1)$和 $X_l(j+1)$中各自取出一部分结合起来构成一个新解，变异(mutation)是对一个解 $X_i(j+1)$的一部分进行随机的改变。

步骤 5：设 $j=j+1$，返回到步骤 2。

遗传算法将在指定的迭代次数后终止，也可以在种群不再有明显改进时终止，或者当种群中的 p 个解完全相同时终止。算法迭代终止后，最后一个种群中有最小 $Y(X)$值的解 X^*

被选为最优解,或者选取所有迭代步骤中 $Y(X)$ 最小值对应的解为最优解。

GA 及其变体几乎可以用于任何优化问题,因为算法中的选择、交叉及变异等操作可以按照普遍的方式定义而不依赖于研究问题的特征。然而,当这些操作不针对具体问题加以调整时,GA 的进化是非常缓慢的。商业软件中的 GA 通常可以实现自我调节,也就是说,可以在搜索过程中自动对选择、交叉、变异等参数进行更新。有证据表明,GA 可以承受 $Y(X)$ 中存在的抽样变异性问题,因为这类算法会对解的种群进行维护而不是集中于对现有的最优解进行改进。换句话说,GA 能够较好地对种群中的解进行排序而不会出现问题,因为下一次迭代依赖于整个种群而不是单个解。

2. 禁忌搜索算法(TS)

TS 在每一次迭代过程识别当前的最优解,然后对其改进。TS 通过移动来改变解,从而改进当前解。例如,解(x_1,x_2,x_3)可以通过移动,给第一个决策变量加 1,改成(x_1+1,x_2,x_3),解 x 的邻解就是那些可以通过移动达到的全部解,TS 找到最好的相邻解并向它移动。然而,为避免因为移动又返回去搜索以前遇到过的解,对迭代的某些次数来说,移动将是禁忌的。直观的理解即如果初次选择的是死路,那么下次就会避免再走那条路。下面给出了 TS 的基本步骤:

步骤 1:令迭代次数 $j=0$,并设置禁忌移动表为空,在 X 中选择一个初始解 X^*,可以随机选取。

步骤 2:运行优化所需要的所有仿真,在通过禁忌移动未达到的 X^* 的全部邻解中找到使得 $Y(X)$ 最小化的解 X^*。

步骤 3:如果 $Y(X')<YX^*$,则令 $X^*=X'$,即将当前的最优解移动到 X'。

步骤 4:更新禁忌移动表,然后返回到步骤 2。

经过一定次数的迭代后,如果已经有多次迭代 X^* 没有变化,或者已经没有可行的移动时,则终止 TS,在终止处的解 X^* 即为最优解。

从本质上讲,TS 是一种离散决策变量优化器,但连续决策变量在离散化处理后也可以使用。由于 TS 主动追求解的持续改进,因而计算速度更快。然而,该算法对 $Y(X)$ 中的抽样变异性比较敏感,因为 X^* 是迄今为止的最优解,并且尝试对其进行改进。

3. 应用建议

在使用遗传算法、禁忌搜索算法和其他启发式算法进行仿真优化时,可以参考以下三个建议:

(1)控制抽样变异性。通常情况下,对每一个潜在解,进行多大强度的仿真抽样(重复次数和运行时长)应取决于用户的决定。理想情况下,当启发式算法趋近于更好的方案时,应当增加抽样数量,目的是将更接近于系统实际性能的方案从那些与实际性能有一定差距的方案中识别出来。在搜索刚开始的时,识别较好的解和确定搜索方向相对比较容易,因为较差的解与较好的解存在明显的差异,但随着搜索的不断进行,这将变得越来越困难。

(2)重复运行。因为鲁棒启发方法无法保证基于仿真的优化就一定能够收敛于最优解,所以可进行两次或多次仿真优化,以观察哪一次运行产生了最优解。每次优化过程应使用不同的随机数种子或不同的随机数流,理想情况下,还应使用不同的初始条件。可以选择解空间中的端点、中间点,或随机选择一个方案开始优化过程。

(3)清理。在经过一次或多次优化之后，对启发式算法所确定的排序在前 5～10 种方案进行第二轮仿真实验。这通常可避免两类错误：未能识别出最优方案，或未能准确地估计出最终所选最优方案的系统性能指标值。没有哪一个启发式算法可以在优化过程的每一步中，一边进行优化，一边进行统计误差控制，因此，建议在每次搜索后进行清理。也就是说，采用 11.2 节中的方案比较技术，进行严格的统计分析工作，评价在搜索中发现的那些方案，以确定哪些是最优的，哪些是近似最优的。

11.4.4　随机搜索

本节介绍一种基于仿真的优化算法，即**随机搜索**(random serch)。这种算法在一定程度上能够保证渐进收敛，只要仿真时长足够长，就一定能够找出真正的最优解。然而在实际运行中，其收敛速度会很慢，并且所需的计算机内存容量非常大。本节介绍的随机搜索算法要求备选方案的数量是有限的，即使方案数量非常大，也必须是有限个数。

以最小化问题为例，将基于仿真优化问题的 k 个可能解记作 $\{X_1, X_2, \cdots, X_k\}$，其中，第 i 个解 $x_i=(x_{i1}, x_{i2}, \cdots, x_{im})$ 是指 m 个决策变量的某一个取值。解 X_i 的仿真结果记作 $Y(X_i)$，可以是单次重复运行的结果，也可以是多次重复运行的平均值，目标是找到使 $E(Y(X))$ 最小化的解 X^*。在随机搜索算法的每一次迭代过程中，都要用当前较好的解和一个随机选取的解进行比较，如果这个随机解比较好，那么它就成为当前的较优解。当结束搜索时，选择到的解就是搜索过程中访问最多的那个解，即搜索过程中会多次重新访问这个解。随机搜索算法步骤如下：

步骤 1：计数变量初始化 $C(i)=0(i=1,2,\cdots,k)$，选择一个初始解 i^0，并设 $C(i^0)=1$。其中，$C(i)$ 用来计算搜索过程中访问解 i 的次数。

步骤 2：从除 i^0 以外的所有解中选择另外一个解 i'，以这种方式保证每个解都有相同的机会被选中。

步骤 3：针对 i^0 解和 i' 运行仿真实验，以得到输出 $Y(i^0)$ 和 $Y(i')$，如果 $Y(i')<Y(i^0)$，那么就设 $i^0=i'$。

步骤 4：设 $C(i^0)=C(i^0)+1$，如果上述步骤没有完成，则返回步骤 2，否则，就选出最大的计数值 $C(i^*)$，那么 x_{i^*} 就是最优估计解。

许多仿真优化算法面临的一个难题是算法何时停止。对于这个问题，有以下规则：

(1)经过一定数目的迭代后结束。

(2)经过多次迭代最优解没什么变化，则结束。

(3)已经计算了足够长的时间。

无论采用哪种规则，建议对 5～10 个明显较好的解使用统计选择方法(例如 11.2 节介绍的两阶段 Bonferroni 法)进行进一步筛选，这样做的目的是在一定的置信水平下，评估这些解中哪一个才是真正的最优解，进而精确地估计此解所对应方案的系统性能指标。

11.4.5　AnyLogic 中的优化引擎

AnyLogic 优化实验支持 OptQuest 和遗传算法两种优化引擎，它提供了一个方便的图形用户界面来设置和控制优化，并能够使导出模型与优化实验作为独立的应用程序。

1. OptQuest

OptQuest 是一个专有的仿真优化引擎，基于一套独特的强大算法和复杂的分析技术，包括禁忌搜索算法、分散搜索算法、进化算法和响应面模型等。OptQuest 能够根据用户问题的变量、约束和目标函数，求解最佳方案，实现了用户在研究问题时从“如果……会怎么样”向“什么是最好的”转变。

2. 遗传算法

遗传算法是一种基于进化算法的优化引擎，旨在保持可能解的多样性，避免陷入次优解。引擎不是在每个步骤中生成单个解决方案，而是生成一组解决方案，并将其中最好的保留到下一步，以此类推，直到达到最佳可能解决方案。

本章小结

第 10 章和第 11 章最重要的思想是：仿真输出数据需要进行统计分析，以便正确地加以解释。统计分析可以对仿真结果进行精确的度量，并能提供为达到规定精度所采用的技术。

本章介绍了基于仿真运行的数据收集对不同系统设计方案进行比较评价的方法。假设考虑的是选择一组固定的系统设计方案，重点介绍了基于置信区间和应用公共随机数的比较方法。本章还对元模型和基于仿真的优化进行了简单的介绍，元模型的目的是描述设计变量和仿真输出响应之间的关系，基于仿真优化的目的是从大量的不同设计中选出最优方案。

学习完本章后，能够掌握双系统及多系统设计方案的比较方法，明确基于置信区间和公共随机数技术的重要性，了解如何利用独立采样和相关采样减少估计误差方差，掌握如何应用邦费罗尼方法进行多种设计方案的筛选，掌握设计变量与仿真输出间关系的元建模技术，以及通过仿真优化从大量设计方案中选出最优方案的方法。

练 习 题

1. 回顾实例 11.2 自卸卡车问题。随着业务的扩展，企业将购买新的卡车，使得卡车总数达到 16 辆。管理者希望有足够的装货设备和称重设备，以使装货队列平均等待的卡车数量和称重队列平均等待的卡车数量的总和不超过 3 辆。默认装货设备是较慢的设备，装货时间、称重时间和运输时间按实例 11.2 中的定义。请使用公共随机数法，比较不同的系统设计方案，目标是找到最少的装货设备和称重设备数量以满足企业的要求。注意，要考虑为达到合理的有效结论所需的初始条件、运行长度及重复运行次数。

2. 在第 10 章练习题 5 中，考虑如表 11.6 所示的(M,L)组合方案：

表 11.6 四种设计方案

M	L	
	低 30	高 40
低 50	(50,30)	(50,40)
高 100	(100,30)	(100,40)

对第 10 章练习题 5 中研究的仿真模型进行适当修改，计算上述各方案的相关费用。以最终每月的平均费用为依据比较这四种设计方案。

提示：首先对每个(M,L)的组合方案重复运行 5 次，尽可能使用公共随机数，每次重复运行要有 12 个月的初始状态；其次收集 100 个月的数据，每种方案以 90% 的置信水平计算月平均费用的置信区间；接着估计出计算没有重叠的置信区间需要的额外的重复运行次数；最后得出结论，选出最优方案。

3. 某种产品的需求满足均值为 10 的泊松分布。使用基于仿真的优化软件找到订货量 x，使得需求量等于 x 的概率最大，假设 $0 \leqslant x \leqslant 100$，且 x 为整数。

提示：仿真的每一次重复运行使用一个 x 的试用值，由均值为 10 的泊松分布随机产生一个需求量，如果这个随机产生的需求量等于 x，则响应 $Y(x)=1$，否则 $Y(x)=0$。

第 12 章　仿真实验设计

仿真模型的运行结果是通过仿真实验得到的，为了对仿真模型运行结果与实际系统或参考系统的结果进行比较，就需要得到不同条件下的仿真实验数据。而为了合理地选择仿真实验条件，以尽可能少的仿真实验次数获得尽可能多的输出信息，就需要进行仿真实验设计。实验设计是一种科学合理地安排实验和分析实验数据的方法，本章将介绍仿真实验设计的方法，这里的实验是指一个计算机仿真模型的运行。

在本章，对仿真研究目标中的结构考虑较少，实验设计的主要目的是找出哪一个参数和结构假设对系统性能影响最大，或者哪一个模型参数会使系统达到最佳性能。12.1 节主要介绍仿真实验的基本术语、实验设计原则和仿真实验设计的一般步骤；12.2 节介绍因子轮换法；12.3 节讨论 2^k 析因设计；12.4 节进一步介绍 2^{k-p} 部分析因设计；最后，12.5 节介绍 AnyLogic 软件提供的实验框架，并给出比较运行实验和参数变化实验的实例。

12.1　实验设计概述

实验是发现规律、揭示事物本质的一种科学手段。实验是以一定的假设为前提，利用各种仪器设备及人为创造的条件，让各种现象及内在的关系和演变过程充分暴露，通过观察和测量，运用理论分析和数据处理，做出决策和判断，以论证假设的正确与否，或进一步提出新的理论、发现新的规律。

在具体进行实验之前，需要对实验的有关影响因素和环节做出全面的研究和安排，从而制定出行之有效的实验方案。**实验设计**就是对实验进行科学合理的安排，以达到最好的实验效果。进一步，**仿真实验设计**是以概率论和数理统计等知识为基础，经济、科学地安排仿真实验的一项技术，其主要内容是研究如何合理地安排实验，如何正确地处理、分析实验数据，从而尽快地给出实验结果。如果实验方案设计合理，就能够以较少的实验次数、较短的实验周期和较低的实验费用，得到较好的实验结果；反之，如果实验方案设计不合理，就会增加实验次数、延长实验周期，造成时间和资源的浪费。

实验设计在仿真实验中的主要作用概括如下：

(1)科学合理地安排实验，以减少实验次数、缩短实验周期、降低实验费用。

(2)有利于在众多的因素中分出主次，找出影响系统性能指标的主要因素。

(3)可以了解各个因素之间的交互作用。

(4)通过对实验结果的回归分析和方差分析，可以预测系统性能指标的变化规律及其误差的范围。

(5)可以尽快找到优化的设计方案。

(6)通过对实验结果的处理和分析,可以找出方案改进所要求的下一步实验的方向。

12.1.1　基本术语

在实验设计术语中,通常将组成一个模型的输入参数和结构假设称为**因子**,因子的具体取值称为**水平**,输出性能度量称为**响应**。至于将哪些参数和结构假设认为是模型中固定的部分,哪些是实验因子的决策,这取决于研究的目的,而不是模型的内在形式。另外,在仿真研究中,通常有多个不同的响应或者目标性能度量指标。

因子的数目可以是一个、两个和多个,分别称为单因子实验、双因子实验和多因子实验。因子可能是定量的,也可能是定性的。定量因子可以假设取不同的数值,而定性因子用于描述性质上非量化的结构假设,交通系统中的一些例子见表 12.1。

表 12.1　交通系统中因子和响应的例子

系　　统	可能的因子	定性或定量	可能的响应
地铁车站安检系统	安检设备数量	定量	安检设备利用率
	排队规则	定性	平均排队长度
铁路编组站	到发线数量	定量	货车平均在站停留时间
	列检组数量	定量	发车正点率
	到发线固定使用方案	定性	到发线利用率
	调车机车运用规则	定性	列车平均待解时间
具有多个进出口的环岛	交通信号灯配时	定量	车辆平均延误时间
	交通规则	定性	路网流量

可以将仿真实验中的因子分为可控的和不可控的,这取决于对该因子的设定是否可由相应的现实世界系统的管理者来决定。通常在仿真实验中关注的是可控因子,因为它们与实际系统实现所做的决策是最相关的。然而,在仿真实验中也可能会关注不可控因子,例如,当车辆到达速率增加 10%后对某十字路口拥堵的影响。

仿真实验设计的主要目标就是要确定哪个因子对响应的影响最大,且为此用最少次数的仿真运行,这通常称为**析因实验**或**灵敏度分析**。精心设计的实验效率要高很多,远超过随意运行或不系统地尝试许多不同配置方案进行观察的做法。

通过仿真实验得知哪些因子十分重要,并且知道它们如何影响系统的响应指标后,就可以基于重要的因子建立元模型(见 11.3 节),以预测不同系统配置对模型的响应情况。

12.1.2　实验设计的要素和原则

一个完善的实验设计方案应该考虑如下问题:人力、物力、时间满足要求;重要的观测因素和实验指标没有遗漏;重要的非实验因素都得到了有效控制;实验中可能出现的各种意外情况都已考虑在内并有相应的对策;实验数据的收集、整理、分析方式都已确定了科学合理的方法。从设计的统计要求看,一个完善的实验设计方案应符合三要素和四原则。

1. 实验设计的三要素

从专业设计的角度看，实验设计的三要素就是实验因子、实验单元和实验效应，其中实验效应从实验指标反映。

(1)实验因子

实验设计的一项重要工作就是确定可能影响实验指标的**实验因子**，并根据专业知识初步确定因子水平的范围。若在整个实验过程中影响实验指标的因子很多，就需要结合专业知识，对众多的因子进行全面分析，区分哪些是重要的，哪些是非重要的，以便选用合适的实验设计方法合理安排这些因子。实验因子应该尽量选择数量因子，少用或不用品质因子。数量因子就是对其水平值能够用数值精确衡量的因子，如人数、时间等；品质因子水平的取值是定性的，如设备的种类、型号等。数量因子有利于对实验结果做深入的统计分析，例如回归分析等。

(2)实验单元

接受实验处理的对象或产品就是**实验单元**，在仿真实验中，实验对象就是仿真模型。

(3)实验效应

实验效应是反映实验处理效果的标志，通过具体的实验指标来体现。与实验因子的要求相同，要尽量选用数量的实验指标，不用定性的实验指标。此外，要尽可能选用客观性强的指标，少用主观指标。

2. 实验设计的四原则

通过不断的理论研究和实践经验，目前有四个原则被认为是普遍接受的、保证实验结果正确性的必要条件，即随机化原则、重复原则、对照原则和区组原则。

(1)随机化原则。

随机化原则指每个处理以概率均等的原则，随机地选择实验单元。随机化原则适用于各种统计分析方法，因为统计学中的很多方法都是建立在独立样本的基础上的，用随机化原则设计和实施的实验能够保证实验数据的独立性。

(2)重复原则。

由于实验的个体差异、操作差异及其他影响因素的存在，同一处理对不同的实验单元所产生的效果也是有差异的。通过一定数量的重复实验，该处理的真实效应会比较确定地显现出来，进而从统计学上对处理的效应给以肯定或予以否定。从统计学观点看，重复次数越多，实验结果的可信度就越高，但这需要花费更多的时间和费用。而实验设计的核心内容就是用最少的样本数量保证实验结果具有一定的可信度。

(3)对照原则。

对照原则是用于比较实验的一个原则，除了对因子的不同处理外，实验组与对照组中的其他条件应尽量相同。只有高度的可比性，才能对实验观察的方案做出科学结论。对照组在实验中是一种处理，在统计分析中作为实验因素的一个水平。

(4)区组原则。

人为划分的时间、空间、设备等实验条件称为区组。区组因素也是影响实验指标的因素，但并不是实验者所要考察的因素，也称为非处理因素。任何实验都是在一定的时间、空间范围内并使用一定的设备进行的，将这些实验条件都保持一致是最理想的，但是这在很多场合是办不到的。

实验设计的四个原则之间有密切的关系，区组原则是核心，贯穿于随机化、重复和对照原则之中，相辅相成、互相补充。

12.1.3　仿真实验的优点

实验设计是统计学的一个重要研究领域，已有很多专门研究仿真实验设计和响应面的著作，尽管一般认为仿真实验只是实验的一个实例，但与传统的物理实验、化学实验等不同，仿真实验具有如下优点：

(1)相比于对系统做物理实验，仿真实验可研究的事件种类更多。例如，仿真实验可以控制如车辆到达速率这种现实中不可控的因素。

(2)由于随机数发生器的确定性，在仿真实验中可以控制基本的变化源。例如，通过公共随机数使用方差缩减技术，可以使结论更加明确。

(3)在大多数物理实验中都需要仔细考虑随机化处理及运行的顺序，以避免实验条件带来的系统性偏差。例如，在无隔热的物理实验过程中，实验室的环境温度会稳定上升。而在仿真实验中，只要随机数发生器正常工作，就没有必要随机化。

(4)对于某些物理实验，从时间和费用考虑，只能对因子水平的每个组合做一次重复实验。为了判断一个特别的因子是否对响应在统计上有显著的影响，就需要假设因子水平的每种组合的响应都具有相同的方差。然而，对于仿真模型来说，可以为每个输入因子组合做多次重复运行，从而可以更方便地判断统计显著性。

12.1.4　仿真实验设计的一般步骤

仿真实验设计的目的就是希望通过设置一些可以调控的关键因素来达到控制系统性能指标的目的，指标是无法直接控制的，只有通过实验设计才能提供这种可能和途径。仿真实验设计的一般步骤如下：

1. 确定目标

仿真实验设计的首要问题是确定目标。随着实验目标的确定，还需要定义仿真实验的性能指标，用于检验和度量实验是否成功。

2. 剖析流程

仿真实验设计是建立在对流程深层次剖析基础上的。对流程的定义非常关键，过短的流程可能会忽略显著的影响因素，过长的流程可能会导致资源和时间的浪费。在剖析流程时，要尽可能详尽地列出所有可能的因素，而详尽的因素源于对每个步骤的详细分解，确认每个步骤的输入和输出。

仿真实验设计的一般流程结构如图 12.1 所示，图中，$x_i(i=1,2,\cdots,m)$是仿真模型的输入，$y_j(j=1,2,\cdots,n)$是仿真模型的输出，$u_k(k=1,2,\cdots,p)$是影响仿真模型的可控因素，$v_l(l=1,2,\cdots,q)$是影响仿真模型的不可控因素。

3. 筛选因子

通过流程分析得到了研究所关注性能指标的影响因素，但这些因素可能比较多，因此需要对这些可能的因素进行筛选，通常可以应用一些历史数据或可靠的经验理论分析来减少实验因子。

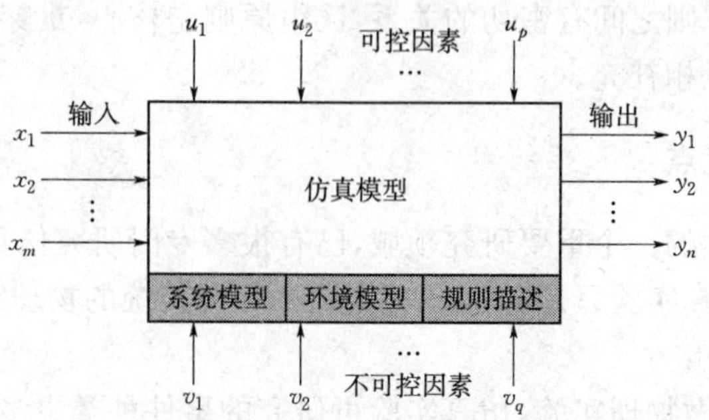

图 12.1 仿真实验设计的一般流程结构

4. 筛选实验

可通过筛选实验找到关键的因素，同时筛选实验还包含主要因素对性能指标影响的趋势，找到快速达到实验目的的可能区域，确定主要影响因素的大致取值水平。这时就可以进一步度量因素的主效应、交互作用及高阶效应，这些实验是在快速接近的水平区间内选取的，所以对于最终的优化有显著的成效。

5. 析因实验

在筛选实验时没有强调因子间交互作用的影响，而析因实验主要通过选择各因素构造的几何体的顶点及中心点来完成，这样的实验构造有助于确定指标的影响是否存在交互作用或者存在哪些交互作用，是否存在高阶效应或者存在哪些高阶效应。实验的最终目的是通过方差分析来判断这些效应是否显著，同时对以往的筛选实验也是一个验证。

6. 回归实验

在析因实验中确定了所有因素与指标间的主要影响项，但考虑到功效问题，需要进一步设计一些实验来最终确定因素的最佳影响水平。实验点一般根据回归实验的旋转性来选取，而且它的水平应根据功效、因子数、中心点数等方面进行合理配置，以确保回归模型的可靠性和有效性。完成这些实验后，就可以分析和建立起因子与指标间的回归模型，而且可以通过优化的方法来设定最终的因子水平。

12.2 因子轮换法

如果一个模型只有一个因子，则实验设计在概念上是简单的，只需要在因子的各种取值或水平上运行仿真模型，并在每个因子水平上构造期望响应的置信区间即可。对于定量因子，响应与因子的函数关系图比较有用。在终止型仿真的情况下，可以在每个因子水平进行一定数量 n 次的独立重复运行，通常至少会有两个因子水平，这时需要 $2n$ 次重复运行。然而，在对现实系统进行研究时，通常影响性能指标的因素有很多，这时就需要从众多的影响因素中挑选出少数几个主要的影响因素。在一些研究中，仅根据专业知识并不能确定出少数几个对性能指标起决定性作用的因素，这时就需要先对众多可能的影响因素做初步筛选，找出真正对性能有影响的因素，这种实验设计方法称为**筛选实验**。因篇幅所限，本章只对仿真研究中常用的因子轮换法和析因设计进行介绍，更多关于多因子优化实验设计方法的具体内容请参考相关的教材和专著。

12.2.1　选择实验因子的原则

在挑选实验因素时，通常可以依据专业知识，应用一些收集到的历史数据或可靠的经验理论分析来减少实验因子。在选择实验因素过程中可以参考以下原则：

1. 实验因素的数量要适中

实验因素不宜选择过多，如果因素太多，不仅需要做较多的实验，而且会造成主次不分。实验因素也不宜选择过少，若因素太少，可能会遗漏重要的因素，使实验结果无法达到预期目标。在多因素实验设计中，有时增加实验的因素并不需要增加实验次数，这时要尽可能多安排实验因素。

2. 实验因素的水平范围应该尽可能大

如果实验在现实进行，实验范围过大可能会发生危险，如过度拥挤。但对仿真实验来说，实验范围尽可能大的要求是容易实现的，这也是仿真研究的优势。实验范围太小的缺点是不易获得比已有条件有显著改进的结果，这会把对性能指标有显著影响的因素误认为没有显著影响。此外，实验因素的水平数要尽可能多一些，但水平间隔的大小要考虑实际系统的控制精度。例如，当列车速度不超过 120 km/h 时，列控车载设备测速误差为±2.4 km/h，如果将列车速度水平间隔的大小设为 5 km/h 就与误差太接近了。

3. 性能指标要定量

在实验设计中，系统性能指标要使用定量的测度，不要使用如合格或不合格这样的定性测度，也不要将定量的测度转化为某种比例，如不合格品率，这会丢失数据中的有用信息，甚至对决策产生误导，因为产生不合格产品的原因也可能有很多。

12.2.2　误差和偏差

在定量分析中，分析结果应具有一定的准确度，不准确的分析结果会导致得出错误的结论。分析结果与真实值之间的差值称为误差，误差越小，分析结果的准确度越高，也就是说，**准确度**表示了分析结果与真实值接近的程度。

1. 系统误差和随机误差

在定量分析中，对于各种原因导致的误差，根据其性质的不同，可以区分为系统误差和随机误差两大类。**系统误差**是由于实验因素的变异引起实验结果的数量差异，也称为条件误差，当造成误差的因素不存在时，系统误差会自然消失。**随机误差**也称偶然误差或实验误差，是由一些不可控的随机的、偶然的原因造成的，并导致实验结果在一定范围内波动。在方差分析中，通常所说的误差均指随机误差。

2. 真值

真值是指在某一时刻、某一状态下，某物理量客观存在的实际大小。一般来说，真值是需要通过观测求得的，是客观存在的，但不一定能够精确得到，只能随着技术发展和认知深入不断逼近。在仿真实验中，真值是指在无系统误差的情况下，当观测次数无限多时所求得的平均值。但由于实验次数总是有限的，所以只能用有限次实验所求得的平均值作为近似真值。如果多次实验结果的数值比较接近，说明实验结果的精密度高。**精密度**用于表示各次实验结果相互接近的程度，是保证准确度的先决条件。精密度低说明实验结果本身是不可靠的，但精密度高不一定准确度高，因为实验结果可能存在较大的系统误差。

3. 误差和偏差

实验结果 x 与真实值 μ_0 之间的差值 E 称为**误差**，即

$$E=x-\mu_0 \tag{12.1}$$

误差越小，表示实验结果与真值越接近，准确度越高。当实验结果大于真值时，误差为正，表示实验结果偏高；反之，误差为负，表示实验结果偏低。

误差可用绝对误差和相对误差来表示。**绝对误差**表示实验结果与真值之差；**相对误差**是指误差在真实值中所占的百分比，反映误差在真实结果中所占的比例。

与误差的概念不同，**偏差** d_i 表示第 i 次实验结果 x_i 与平均实验结果 $\overline{x}$ 之间的差值，即

$$d_i=x_i-\overline{x} \tag{12.2}$$

显然，在这些偏差中，一部分是正偏差，一部分是负偏差，还有一些偏差可能为零。假设进行了 n 次实验，如果将各次实验结果的偏差相加，则有

$$\sum_{i=1}^{n} d_i=\sum_{i=1}^{n}(x_i-\overline{x})=\sum_{i=1}^{n} x_i-n\overline{x}=0 \tag{12.3}$$

可见，单次实验结果的偏差之和等于零，因此不能用偏差之和表示一组实验结果的精密度。为分析实验结果的精密度，通常用单次实验结果偏差绝对值的平均值来表示，称为平均偏差 $\overline{d}$，即

$$\overline{d}=\frac{|d_1|+|d_2|+\cdots+|d_n|}{n} \tag{12.4}$$

12.2.3 方差分析

方差分析是用来判断因子的水平间是否有显著差异的统计方法，其目的是从观测变量的方差入手，研究诸多控制变量中哪些变量是对观测变量有显著影响的变量。根据控制变量（因子）的个数，方差分析分为单因子方差分析、双因子方差分析和多因子方差分析；根据观测变量的个数，可将方差分析分为一元方差分析和多元方差分析。

1. 基本原理

对某项实验，设因子 A 有 m 个水平，记为 $A_i\ (i=1,2,\cdots,m)$，在因子 A 的每个水平下都独立重复进行 n 次实验，所得数据记为 x_{ij}，表示在第 i 个水平下，第 j 次实验观测值（$j=1,2,\cdots,n$），总共获得 $N=m\times n$ 个观测数据，见表 12.2。

表 12.2　单因子重复实验观测数据统计表

实验次数	样本（观测值）						
	A_1	A_2	A_3	…	A_i	…	A_m
1	x_{11}	x_{21}	x_{31}	…	x_{i1}	…	x_{m1}
2	x_{12}	x_{22}	x_{32}	…	x_{i2}	…	x_{m2}
…	…	…	…	…	…	…	…
j	x_{1j}	x_{2j}	x_{3j}	…	x_{ij}	…	x_{mj}

续上表

实验次数	样本(观测值)						
	A_1	A_2	A_3	…	A_i	…	A_m
…	…	…	…	…	…	…	…
n	x_{1n}	x_{2n}	x_{3n}	…	x_{in}	…	x_{mn}
合计	x_1	x_2	x_3	…	x_i	…	x_m
水平平均值	$\overline{x}_1$	$\overline{x}_2$	$\overline{x}_3$	…	$\overline{x}_i$	…	$\overline{x}_m$

单因子 A 具有 m 个水平，在每个水平 $A_i(i=1,2,\cdots,m)$下，要考察的指标可以看成一个总体，故有 m 个总体，并假设：

(1)每个总体均服从正态分布，即 $x_i \sim N(\mu_i,\sigma^2)$。

(2)每个总体的方差 σ^2 相同。

(3)从每个总体中抽取的样本 $x_{i1},x_{i2},\cdots,x_{in}(i=1,2,\cdots,m)$相互独立。

μ_i 和σ^2 均未知。要比较各个总体的均值是否一致，就要检验各个总体的均值是否相等，则假设检验为：

$H_0:\mu_1=\mu_2=\cdots=\mu_m$。

$H_1:\mu_1,\mu_2,\cdots,\mu_m$ 不完全相等。

由假设 $x_i \sim N(\mu_i,\sigma^2)$，则有 $x_i-\mu_i \sim N(0,\sigma^2)$，因此 $x_i-\mu_i$ 可视为随机误差，记作 ε_{ij}，从而得到

$$x_{ij}=\mu_i+\varepsilon_{ij}=\mu+\tau_i+\varepsilon_{ij} \tag{12.5}$$

式中，x_{ij} 表示第 i 个水平下的第 j 个实验数据；μ 表示总体均值；μ_i 表示第 i 个水平的均值；τ_i 表示在水平 A_i 下总体的均值 μ_i 与总平均值 μ 的差异，称为因子 A 的第 i 个水平效应，通常 $\tau_i=\mu_i-\mu$，即各水平均值偏离总平均值的离差；ε_{ij} 表示随机误差，$\varepsilon_{ij} \sim N(0,\sigma^2)$。

因此，前述假设检验等价于：

$H_0:\tau_1=\tau_2=\cdots=\tau_m=0$。

$H_1:\tau_1,\tau_2,\cdots,\tau_m$ 不全为 0。

2. 总变差平方和分解

为定量表示造成各随机变量 x_{ij} 之间差异的大小，记在水平 A_i 下的样本和为 x_i，表示第 i 个水平的 n 个观测值之和。其样本均值为

$$\overline{x}_i=\frac{1}{n}\sum_{j=1}^{n}x_{ij} \tag{12.6}$$

式(12.6)表示第 i 个水平观测值的平均值，是表 12.2 中第 i 列数据的平均值。因子 A 下的所有水平的样本总均值为

$$\overline{x}=\frac{1}{m}\sum_{i=1}^{m}\overline{x}_i=\frac{1}{n}\sum_{i=1}^{m}\sum_{j=1}^{n}x_{ij} \tag{12.7}$$

为通过对比分析产生样本 x_{ij} 之间差异的原因，进而确定因子 A 的影响是否显著，引入变差平方和来度量各个体之间的差异程度，即

$$Q_T = \sum_{i=1}^{m}\sum_{j=1}^{n}(x_{ij} - \overline{x})^2 \tag{12.8}$$

式中，Q_T 表示总变差的平方和，也称离差平方和。可通过总变异的恒等变化来说明总变异的构成，推导过程如下：

$$\begin{aligned} Q_T &= \sum_{i=1}^{m}\sum_{j=1}^{n}[(x_{ij} - \overline{x}_i) + (\overline{x}_i - \overline{x})]^2 \\ &= \sum_{i=1}^{m}\sum_{j=1}^{n}(x_{ij} - \overline{x}_i)^2 + 2\sum_{i=1}^{m}\sum_{j=1}^{n}(x_{ij} - \overline{x}_i)(\overline{x}_i - \overline{x}) + \sum_{i=1}^{m}\sum_{j=1}^{n}(\overline{x}_i - \overline{x})^2 \end{aligned}$$

由于

$$\sum_{j=1}^{n}(x_{ij} - \overline{x}_i) = \sum_{j=1}^{n}x_{ij} - n\overline{x}_i = 0$$

所以

$$Q_T = \sum_{i=1}^{m}\sum_{j=1}^{n}(x_{ij} - \overline{x}_i)^2 + \sum_{i=1}^{m}\sum_{j=1}^{n}(\overline{x}_i - \overline{x})^2$$

如果各组观测值的数量均为 n，则总变差可分解为

$$Q_T = \sum_{i=1}^{m}\sum_{j=1}^{n}(x_{ij} - \overline{x}_i)^2 + n\sum_{i=1}^{m}(\overline{x}_i - \overline{x})^2$$

即

$$Q_T = Q_E + Q_B \tag{12.9}$$

其中

$$Q_E = \sum_{i=1}^{m}\sum_{j=1}^{n}(x_{ij} - \overline{x}_i)^2 \tag{12.10}$$

$$Q_B = n\sum_{i=1}^{m}(\overline{x}_i - \overline{x})^2 \tag{12.11}$$

这里，Q_E 恰好是各水平内变差平方和的总和，反映了每一水平下各观测值偏离其平均值的变差平方和的总和，称为误差平方和或组内变差平方和；Q_B 则是各水平的平均值与总平均值的变差平方和的总和，表示因子水平变化对结果造成的变差，称为因子变差平方和或组间变差平方和。

3. 自由度

由于变差是用其平方和来表示的，因此，在同样的数据波动下，数据多的平方和要大于数据少的平方和。为消除数据个数 n 与 m 对变差的影响，需要用各平方和除以自由度，求其平均变差平方和，简称方差，因而引出自由度的概念。

在式(12.8)中，各观测值 x_{ij} 虽然是独立存在的，但在其 N 个偏差中，却仅有 $N-1$ 个是独立的，因为所有偏差的总和必为零，即

$$\sum_{i=1}^{m}\sum_{j=1}^{n}(x_{ij} - \overline{x}) = \sum_{i=1}^{m}\sum_{j=1}^{n}x_{ij} - mn\overline{x} = 0 \tag{12.12}$$

说明在 N 个偏差中，有一个偏差由于受式(12.8)的制约不是独立的。称 Q_T 中独立偏差的个数为 Q_T 的自由度，用 f 表示，则总自由度为

$$f=N-1=mn-1 \tag{12.13}$$

同理，对于水平(列)间的因子变差平方和 Q_B，由于受 $\sum_{j=1}^{n}(x_{ij}-\overline{x}_i)=0(i=1,2,\cdots,m)$ 这一条件的约束，故 m 个偏差也只有 $m-1$ 个是独立的，其自由度为

$$f_b=m-1$$

在误差平方和 Q_E 中，对于每一列来说也只有 $n-1$ 个偏差是独立的，由于这样的偏差共有 m 组，而对于每一种水平而言，其观测值个数为 n，则该水平下的自由度 $n-1$ 总共有 m 个水平，因此 Q_E 的自由度为

$$f_e=mn-m=m(n-1)$$

与离差平方和一样，Q_T 与分项 Q_E 和 Q_B 的自由度之间也存在如下分解关系

$$f=N-1=mn-1=m(n-1)+(m-1)=f_e+f_b \tag{12.14}$$

4. 检验统计量

如果因子的不同水平对每个水平下的均值没有影响，则组间误差只有随机误差而没有系统误差。组内误差和组间误差的均方之比应该接近 1，否则它们的比值就会大于 1，当大到某个程度时，就认为因子的不同水平之间存在着显著差异，也即自变量对因变量有显著影响。

将 Q_E、Q_B 分别用各自的自由度 f_e、f_b 进行平均，得到均方差，记为 S_E^2 和 S_B^2，即

$$S_E^2=\frac{Q_E}{f_e} \tag{12.15}$$

$$S_B^2=\frac{Q_B}{f_b} \tag{12.16}$$

均方差反映了一组整体数据的波动大小，也反映了一组数据偏离平均值的程度。为判断因子所引起的结果波动是否比误差波动大，就需要比较因子方差 S_B^2 与误差方差 S_E^2 的大小，也就是将组间方差与组内方差进行对比，则检验所需的统计量 F 表示为

$$F=\frac{S_B^2}{S_E^2} \tag{12.17}$$

F 分布表见附录 A 表 A-5，方差分析表见表 12.3。

表 12.3　方差分析表

方差来源	离差平方和	自由度	方差	F 值
组间	Q_B	$m-1$	S_B^2	S_B^2/S_E^2
组内	Q_E	$mn-m$	S_E^2	—
总变差	Q_T	$mn-1$	—	—

5. 统计判断

判断因子的水平对其观测值是否有显著影响，就是比较组间方差与组内方差之间差异

的大小，将检验统计量 F 的值与给定置信度 α 下的临界值 F_α 进行比较，就可以做出对原假设 H_0 的结论。对于给定的显著性水平 α，由 F 分布表查得自由度为$(m-1, nm-m)$的临界值，如果 $F>F_\alpha$，则拒绝原假设，说明因子对指标有显著影响；如果 $F\leqslant F_\alpha$，则接受原假设，说明因子的不同水平对实验结果的影响不显著。

显著程度通常分为三级：

(1)若 $F>F_{0.01}$，则为特别显著。

(2)若 $F_{0.01}\geqslant F>F_{0.05}$，则为显著。

(3)若 $F_{0.05}\geqslant F>F_{0.10}$，则为有一定影响。

12.2.4 单因子析因实验

现假设有 $k(k\geqslant 2)$ 个因子，研究想要得到每个因子如何影响系统响应的初始估计，同时还想判断因子之间是否彼此相互作用，即某个因子对响应的影响是否取决于其他因子的水平。

通常度量某一特定因子影响的一个方法是将其余 $k-1$ 个因子固定为某一组值，并在该特定因子的每个水平上运行仿真，以观察响应对这个单一因子的变化是如何反应的，然后重复整个过程以检查其他的因子，这种策略就称为**因子轮换法**，也称为**单因子轮换法**，它是解决多因子实验问题的一种非全面的实验方法，在实际工作中被工程技术人员所普遍采用。

实际上该方法是有缺欠的，它只适合于因子间没有交互作用的情况。当因子间存在交互作用时，实验结果会受到起始点的影响，如果起始点选得不好，就可能得不到好的实验结果，对这样的实验数据也很难做深入的统计分析。

在仿真实验设计中，因子轮换法更多地用于研究影响因子对系统性能指标的影响程度。例如，在对地铁车站乘客紧急疏散进行仿真分析时，希望得知如疏散速度、疏散人数和乘客尺寸三个影响因素对疏散时间的影响程度。

实例 12.1　地铁车站疏散人数对疏散时间的影响

乘客在地铁车站内的疏散时间受多种因素影响，其中，人的因素包括乘客的数量、疏散速度和肩宽直径等；物的因素包括车站的布局、疏散设施和疏散出口设置等。为分析疏散人数对疏散时间的影响，以某地铁车站为例(该站为岛式站台)构建了仿真模型。采用因子轮换法，在乘客疏散速度为 1.0±0.1 m/s，肩宽直径为 0.4±0.05 m 的条件下，选定 5 个水平的疏散人数各进行 10 次仿真实验，实验结果见表 12.4。试分析在因子水平范围内，实验结果是否表明不同疏散人数的疏散时间有显著差异？

表 12.4　疏散时间仿真实验数据　　单位：s

实验次数/次	疏散人数				
	35 人	55 人	75 人	95 人	115 人
1	131.5	149.5	168.1	135.0	155.5
2	159.4	173.2	144.0	168.4	198.1
3	158.8	140.8	127.6	156.4	155.5
4	156.4	139.9	170.8	172.0	157.9

续上表

实验次数/次	疏散人数				
	35 人	55 人	75 人	95 人	115 人
5	123.7	147.4	129.4	184.9	167.5
6	197.8	168.7	159.7	169.0	160.6
7	119.2	161.8	164.8	147.7	170.2
8	139.9	174.4	153.4	167.5	155.5
9	166.0	155.5	149.5	159.7	154.9
10	167.5	154.0	153.1	140.8	155.5

可以根据 12.2.3 节的公式按单因子方差分析表 12.3 计算，也可以使用统计分析软件计算。本例采用 Excel 的单因素方差分析工具计算，显著性水平 α 取 0.05，得到输出结果见表 12.5。

表 12.5　单因素方差分析表

方差来源	离差平方和	自由度	方差	F 值	P 值	$F_{0.05}$
组间	1 070.73	4	267.68	0.98	0.43	2.58
组内	12 242.10	45	272.05	—	—	—
总变差	13 312.83	49	—	—	—	—

根据表 12.5 中的计算结果，本例 $F=0.98<F_{0.05}=2.58$，接受原假设，说明在[35,115]范围内，不同水平的疏散人数对疏散时间没有显著影响；$P=0.43>\alpha=0.05$，也说明因子各水平间没有显著差异，与用临界值判断的结论是一致的。

12.3　2^k 析因设计

为了得到规定的精度，从需要运行仿真的次数来说，因子轮换法的效率相当低，更重要的是，这种方法不能检测任何因子之间的相互作用，这往往与仿真应用的情况不符。

析因设计是一种多因子、多水平、单效应的交叉分组实验设计方法。每一个完整的析因设计中，都对这些因子不同水平的所有可能组合进行全面研究，因此又称完全交叉分组实验设计。例如，A 因子有 a 个水平，B 因子有 b 个水平，则完整的实验设计包含全部 $a\times b$ 个组合。但当因子和因子的水平过多时，需要做大量实验，因此选择析因设计实验分析不同因子不同组合的影响时，因子个数通常为 2～4 个。

实例 12.2　采用单因子轮换法计算效用

假设有两个因子 A 和 B，这些因子的基准水平分别为 A^- 和 B^-，令 A^+ 和 B^+ 为因子的建议水平，那么采用单因子轮法就会规定因子 A 和 B 按 (A^-,B^-)，(A^+,B^-)，(A^-,B^+) 三种组合进行仿真。得到的响应分别为 $R(A^-,B^-)$，$R(A^+,B^-)$ 和 $R(A^-,B^+)$，由此可计算出因子 A 从 A^- 变化到 A^+ 对响应的效用为

$$R(A^+,B^-)-R(A^-,B^-)$$

然而这个计算是基于因子 B 的值为 B^- 水平。如果因子 B 的值为 B^+ 水平的话，即因子相互作用，对改变因子 A 响应的影响就可能会不同。

有一个更方便的方法既可以判断因子对响应的影响，还可以测量交互效用，称为 **2^k 析因设计**。该方法只需要从每个因子中挑选出两个水平，然后在 2^k 个可能的组合上调用仿真运行，这些因子组合也称为**设计点**。通常将一个因子的水平记为负号，另一个记为正号，将哪个符号赋给哪种水平是任意的，但是对于定量因子，为避免混淆，通常会给数值较小的水平赋予负号。此外，为更好地观察到响应之间的差别，因子水平相互之间的距离应当足够大，但也不要分开到没有实际意义的系统配置，例如将地铁车站乘客的疏散速度设为 2.5 m/s。由于对每个因子都只使用了两个水平，因此假设在整个因子的范围内，响应是近似线性的或至少是单调的。

12.3.1 主效用

2^k 析因设计可以采用表格的形式进行表示，对于 $k=3$ 的情况见表 12.6。表中，变量 R_i 表示对第 i 个因子水平组合仿真运行后的响应值。例如，R_6 表示因子 1 和因子 3 在"+"水平上，因子 2 在"−"水平上运行仿真后所得到的响应值。

表 12.6 2^3 析因设计的设计矩阵

因子组合(设计点)	因子 1	因子 2	因子 3	响　应
1	−	−	−	R_1
2	+	−	−	R_2
3	−	+	−	R_3
4	+	+	−	R_4
5	−	−	+	R_5
6	+	−	+	R_6
7	−	+	+	R_7
8	+	+	+	R_8

为方便分析和计算，可以将表 12.6 中的因子组合方案写为如下形式的矩阵，通常称为**设计矩阵**，方便因子效用及交互效用的计算。

$$\begin{bmatrix} - & - & - \\ + & - & - \\ - & + & - \\ + & + & - \\ - & - & + \\ + & - & + \\ - & + & + \\ + & + & + \end{bmatrix}$$

因子 j 的**主效用**记作 e_j，是在保持其他因子水平不变的情况下，将因子 j 从"－"水平变化到"＋"水平时响应的平均变化，这个均值包括了设计中其他所有因子水平的组合。需要注意的是，主效用的计算只是相对于当前的设计和因子水平。

对于表 12.6 中的 2^3 析因设计，因子 1 的主效用为

$$e_1=\frac{(R_2-R_1)+(R_4-R_3)+(R_6-R_5)+(R_8-R_7)}{4}$$

注意到，在设计点 1 和设计点 2，因子 2 和因子 3 固定不变，在设计点 3 和设计点 4、设计点 5 和设计点 6、设计点 7 和设计点 8 也是如此。

因子 2 的主效用为

$$e_2=\frac{(R_3-R_1)+(R_4-R_2)+(R_7-R_5)+(R_8-R_6)}{4}$$

因子 3 的主效用为

$$e_3=\frac{(R_5-R_1)+(R_6-R_2)+(R_7-R_3)+(R_8-R_4)}{4}$$

由上面的表达式可以看出，e_j 就是因子 j 在其"＋"水平时的平均响应与该因子在"－"水平时平均响应的差值。因此，为计算 e_j，可以简单地将因子 j 列的符号赋给对应的 R_j，之后对响应列求和，并除以 2^{k-1}。换句话说，如果将设计矩阵中的"＋"和"－"理解为"＋1"和"－1"，则可以将因子 j 列与响应列做点积，然后除以 2^{k-1}。例如，在表 12.6 的 2^3 析因设计中，有

$$e_2=\frac{-R_1-R_2+R_3+R_4-R_5-R_6+R_7+R_8}{4}$$

这与前面 e_2 的表达式完全相同。

12.3.2 交互效用

主效用度量是由于单个因子变化而引起的响应的平均变化，这个平均值是对其他所有 $k-1$ 个因子的所有可能组合（共 2^{k-1} 个）取的平均。然而，因子 j_1 的影响有可能以某种方式依赖某个其他因子（如 j_2）的水平，在这种情况下，这两个因子称为**交互效用**。当除 j_1、j_2 外的其他因子保持不变时，交互效用的度量就是因子 j_2 在"＋"水平时因子 j_1 的平均效用与因子 j_2 在"－"水平时因子 j_1 的平均效用之间的差值。习惯上将这个差值的一半称作**两因子**（双向）**交互效用**，记作 $e_{j_1j_2}$，也称作 $j_1\times j_2$ 交互效用。例如，在表 12.6 的设计中有

$$e_{12}=\frac{1}{2}\left[\frac{(R_4-R_3)+(R_8-R_7)}{2}-\frac{(R_2-R_1)+(R_6-R_5)}{2}\right]$$

$$e_{13}=\frac{1}{2}\left[\frac{(R_6-R_5)+(R_8-R_7)}{2}-\frac{(R_2-R_1)+(R_4-R_3)}{2}\right]$$

$$e_{23}=\frac{1}{2}\left[\frac{(R_7-R_5)+(R_8-R_6)}{2}-\frac{(R_3-R_1)+(R_4-R_2)}{2}\right]$$

以 e_{13} 为例，在表 12.6 的设计矩阵中，对于设计点 5、6、7、8，因子 3 一直都处于“+”水平；而在设计点 5 与设计点 6 之间，因子 2 保持在“−”水平，因子 1 从“−”水平调到了“+”水平；在设计点 7 与设计点 8 之间，因子 2 保持在“+”水平，因子 1 从“−”水平调到了“+”水平。因此，上面 e_{13} 表达式方括号中的第一部分是因子 1 从“−”水平变化到“+”水平，因子 3 保持“+”水平的平均效用。类似地，方括号中的第二部分是因子 1 从“−”水平变化到“+”水平，因子 3 保持“−”水平的平均效用。那么，这两个部分的差值就是因子 1 依赖于因子 3 是“+”水平还是“−”水平的响应的效用的差值，这个差值的一半就是因子 1 与因子 3 之间的交互效用。

当采用主效用时，基于设计矩阵有个更简单的方法计算交互效用。以 e_{13} 为例，首先将 R_i 按照 i 的增序排列，得到

$$e_{13}=\frac{R_1-R_2+R_3-R_4-R_5+R_6-R_7+R_8}{4}$$

现在新增一列，记为“1×3”，包含 8 个符号，即将因子 1 列的第 i 个符号与因子 3 列的第 i 个符号相乘，同号相乘为“+”，反号相乘为“−”，则得到一列正好是形成 e_{13} 所用的 R_i 的符号，与主效用的做法一样，除数为 2^{k-1}。因此，因子 1 与因子 3 的交互效用可以认为是因子 1 和因子 3 处于相同水平时的平均响应，以及它们取相反水平时的平均响应之间的差值。注意，两个因子交互效用是完全对称的，例如，$e_{12}=e_{21}$，$e_{13}=e_{31}$，$e_{23}=e_{32}$。

由此可以定义并计算 3 个及更多因子的交互效用。例如，在表 12.6 中的 2^3 析因设计，三因子交互效用为因子 3 取“+”水平时因子 1、因子 2 的交互效用和因子 3 取“−”水平时因子 1、因子 2 的交互效用之间的差值，公式为

$$\begin{aligned} e_{123}&=\frac{1}{2}\left[\frac{(R_8-R_7)-(R_6-R_5)}{2}-\frac{(R_4-R_3)-(R_2-R_1)}{2}\right]\\ &=\frac{-R_1+R_2+R_3-R_4+R_5-R_6-R_7+R_8}{4}\end{aligned}$$

式中，e_{123} 也可通过符号乘积得到，即将表 12.6 中因子 1、因子 2 和因子 3 列的第 i 个符号相乘，并赋予 R_i，分母为 2^{k-1}，则有

$$e_{123}=\frac{-R_1+R_2+R_3-R_4+R_5-R_6-R_7+R_8}{4}$$

三个及三个以上因子的交互效用也是对称的，例如 $e_{123}=e_{132}=e_{213}$。

如果两个或两个以上交互效用已经得到，那么在一个有意义的交互效用中所包括的每个因子的主效用一般不能简单地解释为将因子从“−”水平转移到“+”水平时的效用，因为响应变化的大小及可能符号至少取决于另外一个因子的水平。

实例 12.3　库存系统效用计算

以库存系统的仿真为例，令 s 为重新订货点，但不用订货至上限 S，现根据差值 $d=S-s$ 来分析不同的订货策略决策。仿真实验的因子为 s 和 d，实验设计目的就是分析两个因子对期望的平均总体运营成本的影响程度。定义因子 s 的低水平“−”为 20，高水平“+”为 60；因子 d 的低水平“−”为 10，高水平“+”为 50。表 12.7 给出了设计矩阵、对应的响应值和一

个附加列，附加列用于表示计算 $s\times d$ 交互效用的符号。每个 R_i 都是单一 120 个月重复运行的月平均成本，对每个 R_i 都使用了独立的随机数流。

表 12.7　关于 s 和 d 的 2^2 析因设计的设计矩阵和仿真结果

因子组合(设计点)	重新订货点 s	差值 d	$s\times d$	月平均成本 R_i
1	−	−	+	144.16
2	+	−	−	144.50
3	−	+	−	119.99
4	+	+	+	147.00

计算得到主效用为

$$e_s=\frac{-144.16+144.50-119.99+147.00}{2}=13.68$$

$$e_d=\frac{-144.16-144.50+119.99+147.00}{2}=-10.84$$

计算得到 $s\times d$ 交互效用为

$$e_{sd}=\frac{144.16-144.50-119.99+147.00}{2}=13.34$$

因此，s 从 20 增加到 60 的平均效用就是月成本平均增加了 13.68，而 d 从 10 增加到 50 的平均效用就是月成本平均减少了 10.84。因为希望月成本低，所以小的 s 值和大的 d 值可能会比较好。又因为 $s\times d$ 的交互效用为正，这进一步说明将 s 和 d 取相反的水平可能会得到较低的成本。然而，如果这个交互效用非常明显的话，那么 s 对响应的影响取决于 d 的水平，反之亦然。

12.3.3　统计显著性检验

由于 R_i 是随机变量，因此效用也是随机的。为了分析效用是否是实际的随机，而不是由采样波动引起的，需要判断效用是否为统计显著的。一般采用的简单的方法是重复运行整个设计 n 次，以得到每个效用的 n 个独立值，这些数值可以用来构建满足期望效用的置信区间。如果一个特定效用的置信区间不包含 0，那么这个效用是统计显著的；否则，没有统计的证据证明这是实际存在随机的。一般情况下，n 越大，使得置信区间宽度越小，则越容易判断出一个效用是否是统计显著的。注意，效用的统计显著性并不一定意味着效用大小实际上是显著的。

对于 $i=1,2,\cdots,n$，令 e_j^i 是重复运行 i 次时因子 j 的主效用，则有

$$\bar{e}_j(n)=\frac{\sum_{i=1}^{n}e_j^i}{n}$$

$$S_j^2(n)=\frac{\sum_{i=1}^{n}\left[e_j^i-\bar{e}_j(n)\right]^2}{n-1}$$

然后，可以利用这些数据按照式(2.5)，采用 $n-1$ 自由度的 t 分布为期望效用构建 100 $(1-\alpha)$%的置信区间为

$$\bar{e}_j(n)\pm t_{n-1,1-\alpha/2}\sqrt{S_j^2(n)/n}$$

实例 12.4　库存系统效用显著性检验

继续对实例 12.3 中库存模型的全部 2^2 析因设计重复运行 $n=10$ 次，4 个设计点 10 次重复运行响应的样本均值和方差见表 12.8。

表 12.8　库存模型响应的采样均值和方差

设计点	采样均值	采样方差
$s=20,d=10$	135.71	22.24
$s=60,d=10$	143.94	2.26
$s=20,d=50$	119.45	15.07
$s=60,d=50$	148.17	1.60

注意，最大的和最小的样本方差相差将近 14 倍。基于得到的三个效用的每一个 10 次独立重复运行结果，可计算得到期望效用的 96.667%置信区间为

$$E(e_s)=18.47\pm2.58$$

$$E(e_d)=-6.02\pm2.47$$

$$E(e_{sd})=10.25\pm2.88$$

根据 11.2.1 节介绍的邦费罗尼不等式法，满足置信区间水平至少为 90%的要求，因此，所有的影响效用看起来都是真实的，因为它们的置信区间都不包含 0。

因子 s 和因子 d 的主效用变化如图 12.2 所示，图中，研究因子在某个特定水平的平均成本，是表 12.8 中其他因子在两个水平上的样本均值的平均值。例如，因子 s 在“−”水平的平均成本，是因子 d 在“−”水平的样本均值和因子 d 在“+”水平的样本均值的平均值，

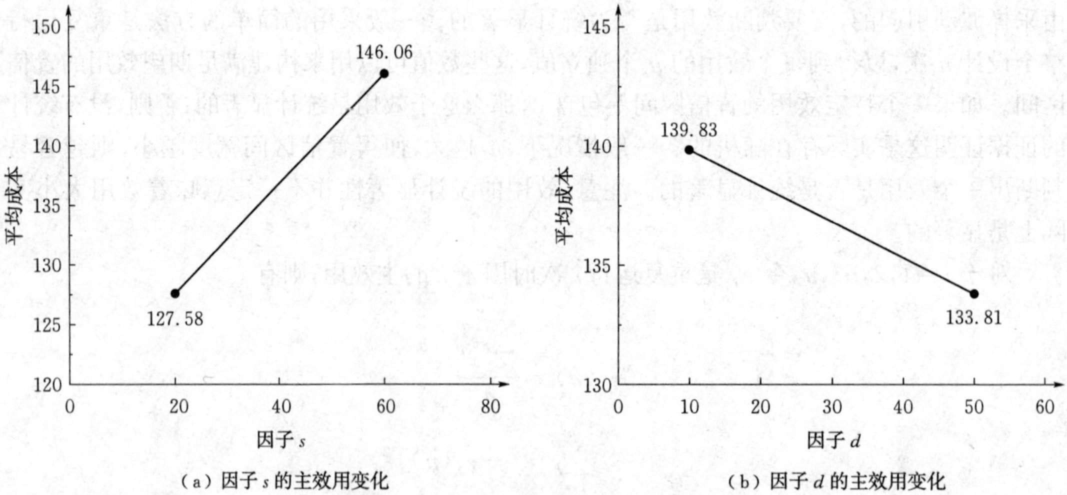

（a）因子 s 的主效用变化　　（b）因子 d 的主效用变化

图 12.2　因子 s 和因子 d 的主效用

即(135.71+119.45)÷2=127.58。从图中可以看出,当因子 s 从 20 变到 60 时,月平均成本将会增加 18.48;当因子 d 从 10 变到 50 时,月平均成本将会降低 6.02。然而,由于因子 s 和因子 d 之间有显著的交互效用,这些主效用实际上是有限值。

因子 s 和因子 d 的交互效用如图 12.3 所示,图中的两条非平行线表明了存在显著的交互效用。可以看出,当 $d=10$ 时,s 从 20 变化到 60 将会增加 8.23 的平均成本;当 $d=50$ 时,s 从 20 变化到 60 将会增加 28.72 的平均成本。注意,28.72 与 8.23 差值的一半约为 10.25,也就是交互效用的均值。

综上分析,可以得出结论:因子 s 和因子 d 对平均月成本都具有显著的效用;因子 s 变化引起平均成本的实际数值变化依赖于因子 d 的水平,反之亦然。

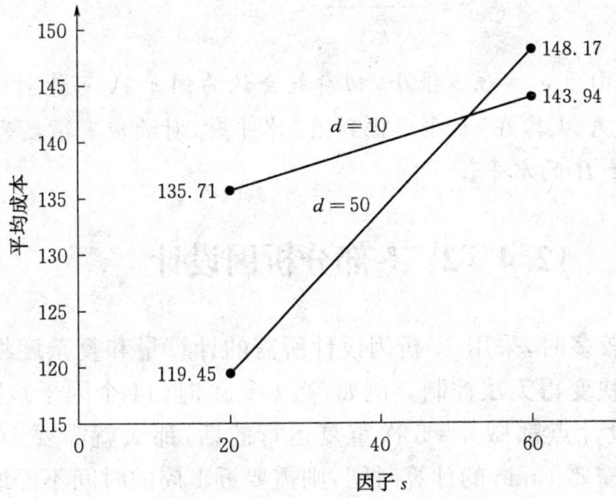

图 12.3　因子 s 和因子 d 的交互效用

需要注意的是,即使一个因子的主效用的幅值小,这个因子也可能是很重要的,实例 12.5 解释了这个问题。

实例 12.5　因子效用变化对响应的影响

假设有两个因子 A 和 B,"−"水平对应 A^- 和 B^-,"+"水平对应 A^+ 和 B^+。4 个设计点的响应如图 12.4 所示。

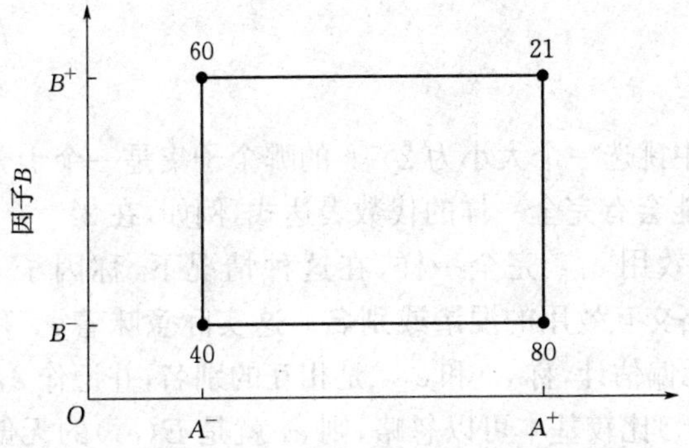

图 12.4　2^2 析因设计及响应结果

则可计算因子 A 和 B 的主效用分别为

$$e_A=\frac{(80-40)+(21-60)}{2}=0.5$$

$$e_B=\frac{(60-40)+(21-80)}{2}=-19.5$$

如果因子 B 处于其 B^+ 水平，那么当因子 A 从其 A^- 水平变化到 A^+ 水平时，响应减少了 39；如果因子 B 处于其 B^- 水平，那么当因子 A 从其 A^- 水平变化到 A^+ 水平时，响应增加了 40。因此，$A\times B$ 的交互作用为

$$e_{AB}=\frac{-39-40}{2}=-39.5$$

从上面的计算可知，由于 $e_A=0.5$ 很小，初看就会认为因子 A 可能对响应根本没有效用。然而，实际上当因子 A 从其 A^- 水平变化到 A^+ 水平时，对响应有很显著的影响，只是效用变化的幅度取决于因子 B 的水平。

12.4　2^{k-p} 部分析因设计

当模型的因子数目较多时，采用 2^k 析因设计所需的计算量和复杂度将随着因子数量的增加而迅速增大并很快变得无法控制。例如，当 $k=11$ 时（11 个因子），则有 $2^{11}=2\,048$ 个设计点，如果对每个设计点都做 $n=5$ 次重复运行的话，那么就需要 10 240 次重复运行。如果每次重复运行需要 1 min 的计算时间，则需要近 1 周的时间不停地计算来运行这些实验。

部分析因设计提供了一种得到主效用及两因子交互效用的良好估计的方法，而计算量只是 2^k 全因子设计所需计算量的一部分。也就是说，从所有 2^k 个可能设计点挑选出一个子集，大小为 2^{k-p}，构建部分析因设计，然后只对这些挑选出的点运行仿真。由于可能的 2^k 个因子水平组合中只有 $1/2^p$ 个点实际运行，如果 $p=1$，称为二分之一部分；如果 $p=2$，称为四分之一部分，等等。显然，从计算角度来看，希望 p 大一些，但较大的 p 会导致来自实验的信息较少。

12.4.1　分 辨 率

从 2^k 个可能组合中挑选一个大小为 2^{k-p} 的哪个子集是一个十分重要的问题。在实验中，几个不同的效用可能会有完全一样的代数表达式，例如，在 2^{4-1}（二分之一部分）中，主效用 e_4 可能与三路交互效用 e_{123} 完全一样，在这种情况下，称因子 4 的主效用是因子 1、因子 2、因子 3 之间三路交互效用的**混淆**或**别名**。这实际意味着 e_4 和 e_{123} 的公共表达式都是 $E(e_4)+E(e_{123})$ 的无偏估计，称 e_4 和 e_{123} 是相互的别名，并记作 $e_4=e_{123}$。如果可以假设 $E(e_{123})=0$ 或者与 $E(e_4)$ 比较基本可以忽略，则 e_4 就是 $E(e_4)$ 的无偏估计。当两路交互效用相互混淆时也会产生问题，例如，e_{12} 和 e_{34} 的表达式可能完全相同，在这种情况下该公共表达式是 $E(e_{12})+E(e_{34})$ 的无偏估计，从而假设两路交互效用都为 0。更糟糕的是，还可能

将一个主效用与一个两路交互效用混淆，这使得在两路交互效用存在的情况下，很难判断到底是两路交互效用与主效用之间的混淆、它们彼此之间的混淆，还是与更高阶之间的混淆。一般情况下，p 越大，混淆问题越普遍。

对整体混淆程度进行量化的一种方法是采用特定 2^{k-p} 部分析因设计**分辨率**的概念。可以保证，如果两个效用的路数之和严格小于设计的分辨率，则这两个效用彼此没有混淆。为此，主效用被认为是单路效用。最常用的部分析因设计的分辨率为Ⅲ、Ⅳ、Ⅴ，它们的定义见表 12.9。例如，在分辨率为Ⅴ的设计中，没有主效用与其他主效用或者与任何两路交互效用混淆($1+2<4$)，但是两路交互效用之间彼此别名($2+2=4$)。因此，假设三路或更多路交互效用可以忽略，分辨率Ⅳ型设计可以得到清晰的主效用估计。符号上，分辨率记作角标如 $2_{\text{Ⅳ}}^{6-2}$、$2_{\text{Ⅴ}}^{5-1}$ 等。

表 12.9 部分析因设计中分辨率的定义

分辨率	定　义
Ⅲ	没有主效用与任何其他主效用混淆，但是主效用与两路交互效用混淆，且某些两路交互效用彼此可能混淆
Ⅳ	没有主效用与其他任何主效用或任何两路交互效用混淆，但两路交互效用彼此混淆
Ⅴ	没有主效用或两路交互效用与其他任何主效用或两路交互效用混淆

12.4.2 构建规则

一旦确定了因子数目 k 和想要的分辨率，就要求构建设计，即判断出 p 及使用 2^k 全因子设计矩阵中的哪几行。第一步是按照因子 $1,2,\cdots,k-p$ 的顺序写出整个 2^{k-p} 因子设计矩阵，见表 12.6；然后根据表 12.10 所示的规则，将前 $k-p$ 列做乘法，来确定剩下的 p 列(对于因子 $k-p+1,\cdots,k$)，其中列乘的含义是将每列的相应项一起相乘，同号相乘为“+”，异号相乘为“−”，与在全因子设计中计算交互效用完全一样。例如，在表 12.10 中的“3=±12”，这里的“3”代表第 3 个因子，而“±12”表示该因子的列值是通过将因子 1 和因子 2 列中的符号逐项相乘来确定的。某个 2^{k-p} 设计所需的运行次数(设计点)见表 12.10。

表 12.10 2^{k-p} 部分析因设计构建规则

运行次数	因子(k)						
	3	4	5	6	7	8	9
4	$2_{\text{Ⅲ}}^{3-1}$ 3=±12	—	—	—	—	—	—
8	—	$2_{\text{Ⅳ}}^{4-1}$ 4=±123	$2_{\text{Ⅲ}}^{5-2}$ 4=±12 5=±13	$2_{\text{Ⅲ}}^{6-3}$ 4=±12 5=±13 6=±23	$2_{\text{Ⅲ}}^{7-4}$ 4=±12 5=±13 6=±23 7=±123	—	—

续上表

运行次数	因子(k)						
	3	4	5	6	7	8	9
16	—	—	2_{V}^{5-1} 5=±1 234	2_{IV}^{6-2} 5=±123 6=±234	2_{IV}^{7-3} 5=±123 6=±234 7=±134	2_{IV}^{8-4} 5=±234 6=±134 7=±123 8=±124	2_{III}^{9-5} 5=±123 6=±234 7=±134 8=±124 9=±1 234
32	—	—	—	—	2_{IV}^{7-2} 6=±1 234 7=±1 245	2_{IV}^{8-3} 6=±123 7=±124 8=±2 345	2_{IV}^{9-3} 6=±2 345 7=±1 345 8=±1 245 9=±1 235
64	—	—	—	—	—	2_{V}^{8-2} 7=±1 234 8=±1 256	2_{IV}^{9-3} 7=±1 234 8=±1 356 9=±3 456
128	—	—	—	—	—	—	2_{VI}^{9-2} 8=±13 467 9=±23 567

为了构建表 12.10 中所描述的 2_{V}^{8-2} 设计($k=8$ 因子的四分之一部分设计)，首先按因子 1,2,…,6 的顺序写出 2^6 全因子设计，然后定义因子 7 的列为列 1、列 2、列 3 与列 4 的乘积，因子 8 的列为列 1、列 2、列 5 与列 6 的乘积。注意，可以将列 7 或列 8 的任何一列或两列的符号反号，做法是在表 12.10 的“±”说明中取“−”。然后，因子 j 的主效用计算同全因子设计一样，将因子 j 的列的符号赋给响应列的对应数字，并将其求和后对其做除法，除数是 2^{k-p-1} 而不是 2^{k-1}。交互效用的计算也与前面一样，将所包括的因子的列一起相乘，并将得到的符号赋给响应列，将其求和后除以 2^{k-p-1}。当计算交互效用时应当记住，由于设计分辨率的限制，并不是所有交互效用的混淆都是清晰的。此外，对于特定的 k，可能不存在所要求分辨率的设计，例如对于 $k=6$，就没有分辨率Ⅴ的设计。

部分析因设计是筛选 k 个因子中子集的一个有效的工具，与全因子设计相比，减少了计算量。当仿真模型有很多因子时，需要判断出哪些因子对响应有影响。因为对于 2^k 和 2^{k-p} 设计，其计算量是按 k 的指数增长的。如果标准的部分析因设计在计算上不可行，一个方法是尝试减少因子 k 的数量，可以使用成组筛选设计。当因子数量很多并且具有显著意义的因子所占比例相对较少时，筛选设计是最有效的。

序贯分支法或序贯因子设计法是成组筛选设计的常用方法，其基本原理是：开始时所有的因子都在同一个组中，对其进行测试，观察该因子组对响应是否有显著效用；如果这个组是重要的，则将其分解为两个组，并分别测试每个组的显著性；每个不重要的子组以后不再考虑，而每个重要的子组分解为两个更小的组；按照这种方式继续，最终，对未在被丢弃组中的所有因子进行显著性测试。为避免在同一组中的因子的主效用相互抵消，序贯分支法假设每个因子的"－"水平和"＋"水平的选择要使得期望响应在"＋"水平大于"－"水平。

12.5 AnyLogic 的实验框架

仿真实验的目的和方式千差万别，针对系统不同的研究目标，AnyLogic 的实验框架提供了多种类型的实验。当创建一个新项目时，软件会自动创建一个实验，命名为"Simulation"，主要用于运行模型、动画演示和调试模型，属于演示实验，是使用最多的实验。其他的 AnyLogic 实验只是对模型参数具有重要作用，并且需要分析这些参数是如何影响模型行为时使用，或者当想要找到模型的最佳参数时使用。

12.5.1 实验类型

除建模时系统自动创建的"Simulation"实验外，AnyLogic 还支持以下 8 种类型的实验：

(1)参数变化实验(Parameters variation)：用于比较不同参数值下模型的行为或响应，包括几个单一模型运行，改变一个或多个根对象参数，以分析特定参数对模型行为或响应的影响。也可以使用固定参数值运行实验，用于估计模型中随机过程的影响。

(2)优化实验(Optimization)：用于找出最优的参数组合，从而得到可能的最佳解决方案。也可以观察系统在特定条件下的行为或响应，并通过对系统参数和结构进行决策来提高系统性能。

(3)比较运行实验(Compare Runs)：能够交互式地输入不同的参数值并多次运行模型，用于直观地比较向量和数据集两种形式的仿真输出结果，常用于对改进效果的检验。

(4)蒙特卡罗实验(Monte Carlo)：允许用户多次运行一个仿真模型，获取随机模型或具有随机变化参数模型的输出信息集合，并可以用直方图的形式展示实验结果。

(5)敏感性分析实验(Sensitivity Analysis)：可以对模型中的一个参数进行多次改变，用于观察仿真输出结果对该参数变化的依赖程度。

(6)校准实验(Calibration)：用于寻找与给定数据最吻合的仿真输出所对应的模型参数值，数据可以是向量和数据集形式，能够显示各参数校准的进度和拟合的过程。

(7)增强学习实验(Reinforcement Learning)：这是一种特殊类型的实验，用于将增强学习的仿真模型集成到专门训练人工智能的平台上。

(8)自定义实验(Custom)：完全由用户自定义场景进行实验，用户具有最大的灵活性设置参数、管理仿真运行、做出决策。这个实验没有内置的图形界面，也没有预定义的行为。

关于蒙特卡罗实验可参见 3.4.7 节内容，参数校准实验参见 5.5.5 节内容，敏感性分析实验可参见 5.6.5 节内容，本章后续将通过实例对比较运行实验和参数变化实验进行介绍。

12.5.2 比较运行实验

比较运行实验是一个交互式实验，允许用户输入模型参数后运行仿真，可以将仿真输出结果添加到图中，以便与其他参数运行的结果进行比较。实验默认用户界面包括输入参数的编辑框和输出图形，用户可以选择一个特定的输出结果，并观察相应的参数值。本节将在5.5.4节建立的SEIR模型基础上，说明如何通过创建一个比较运行实验，观察不同感染概率下感染人数随时间变化的规律。具体步骤如下：

(1)打开"SEIR"模型，点击"Projects"标签，鼠标右键单击"SEIR"项目，选择"New"→"Experiment"，在弹出的"Experiment"窗口中设置：

Name：CompareRuns

Experiment type：选择"Compare Runs"

点击"Next"

在"Parameters"窗口中设置：

选择"Infectivity"

点击"Next"

在"Charts"窗口中设置：

Type：dataset

Chart Title：感染人数

Expression：root. InfectiousDS

(2)修改折线图的图例。点击"Projects"标签，选择"CompareRuns：Main"项目，在"Java actions"属性区域的"After Simulation run"编辑框中修改代码：

将"Run"＋numberOfRuns 替换为"Infectivity＝"＋root. Infectivity

(3)运行模型。输入不同的感染率数值并运行模型，各感染概率下感染人数随时间变化的比较运行结果如图12.5所示。

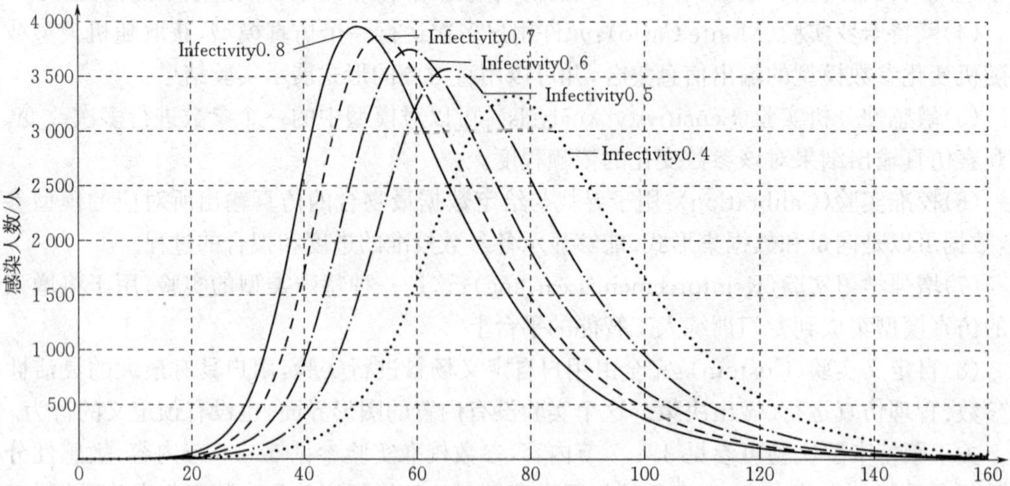

图12.5 SEIR模型感染率比较运行实验结果

12.5.3　参数变化实验

在参数变化实验中，随着一个或多个参数的改变，模型会被运行多次。用户可以预先设定好参数的变化范围和变动幅度，AnyLogic 将对所有参数组合进行实验。实验完成后，每次运行的结果都显示在单个图表上，以帮助更好地理解不同的参数是如何影响模型输出结果的。如果使用固定的参数值进行实验，可以用于评估随机模型中随机因素的影响。本节将基于 5.5.4 节上传到 AnyLogic 云上的 SEIR 模型，说明如何通过 AnyLogic 云创建一个参数变化实验，以观察不同接触率对存量随时间变化的影响。具体步骤如下：

(1)登录 AnyLogic 云(https://cloud.anylogic.com/)，打开上传的“SEIR”模型，在左侧列表中点击“New experiment”，在弹出窗口中设置：

Experiment name：ContactRateVariation

Experiment type：Variation

完成设置后点击“Add”按钮，新建一个参数变化实验。

(2)实验参数设置。在右侧“Inputs”区域点击“Dashboard editor”，设置“Contact rate infections”参数的控制类型为“Varied in range”，点击“Save dashboard”按钮保存设置。

(3)参数变化设置。在右侧“Inputs”区域设置“Contact rate infections”参数变化范围：

Minimum value：0.3

Maximum value：2

Step：0.1

(4)点击右上方“Run”按钮运行参数变化实验，每次实验使用不同的接触率参数值，并以图形的方式显示四个存量随时间变化的输出结果，如图 12.6 所示。每个图形显示了 18 条曲线，即接触率范围从 0.3 到 2 的 18 个病毒传染场景。

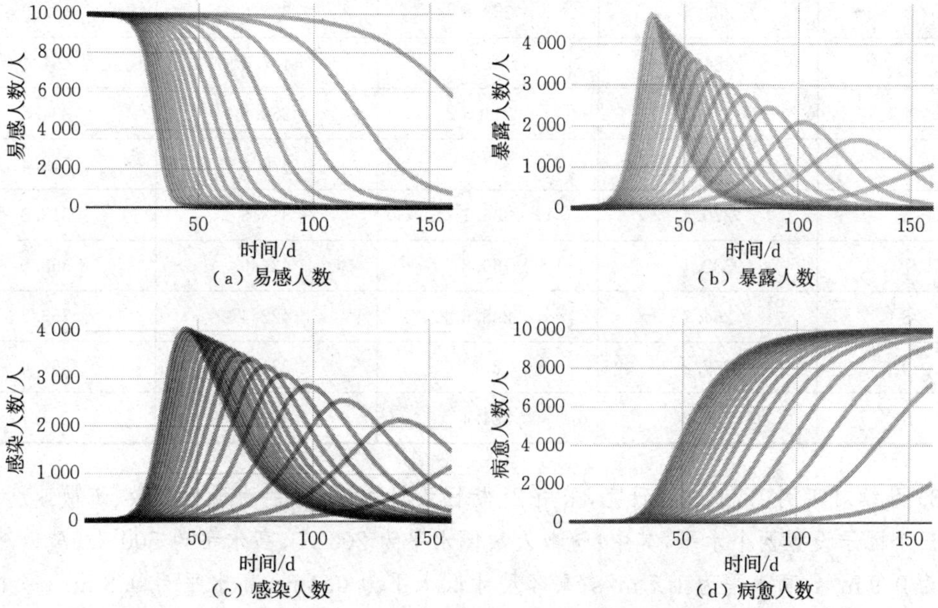

图 12.6　SEIR 模型接触率参数变化实验结果

本章小结

实验设计是统计领域的一个重要论题,本章没有对其做完整的讨论,只是结合仿真研究的目的,从合理地选择仿真实验条件,以及尽可能减少仿真实验次数的角度,讨论了仿真实验设计的相关问题。

学习完本章后,能够初步掌握仿真实验设计的一般步骤和方法,能够使用因子轮换法对影响系统性能指标的因素进行仿真实验分析,并能够采用析因设计方法研究因子间的交互效用。

练习题

1. 从冬季仿真会议论文集中,找出一篇关于实验设计方面的论文,阅读之后,请写一篇报告,分析仿真实验设计的一般步骤和方法。

2. 对实例 12.1 的问题继续研究,在乘客疏散速度为(1.0±0.1)m/s,肩宽直径为(0.4±0.05)m 条件下,再选定 4 种疏散人数各进行 10 次仿真实验,实验结果见表 12.11。试分析实验结果是否表明不同疏散人数的疏散时间有显著差异? 原因是什么?

表 12.11　不同疏散人数疏散时间仿真实验结果　　单位:s

实验次数	疏散人数/人			
	315	335	355	375
1	264.4	272.5	289.3	381.0
2	383.4	253.9	336.6	423.9
3	384.3	403.5	467.4	464.4
4	399.6	311.5	260.8	334.5
5	304.3	357.0	370.8	518.4
6	270.4	306.1	313.6	313.0
7	332.1	466.8	432.9	358.5
8	264.7	298.6	422.4	356.7
9	257.2	277	371.7	339.6
10	269.2	324.4	382.5	297.7

3. 继续对实例 12.1 进行研究,采用 2^k 析因设计方法,分别为疏散人数、疏散速度、乘客尺寸三个因子设置两个水平,其中:疏散人数低水平为 200 人,高水平为 500 人;疏散速度低水平为 0.9 m/s,高水平为 1.7 m/s;乘客尺寸低水平为 0.4 m,高水平为 0.8 m。每个组合仿真运行次数 n=50 次,仿真实验结果见表 12.12。

表 12.12　仿直实验结果

疏散人数/人	疏散速度/(m·s^{-1})	乘客尺寸/m	疏散时间采样均值/s	采样方差
500	0.9	0.4	463.24	26.785
500	1.7	0.4	301.70	16.895
500	0.9	0.8	1 131.54	87.028
500	1.7	0.8	618.86	43.377
200	0.9	0.4	206.96	7.248
200	1.7	0.4	129.78	4.782
200	0.9	0.8	397.70	37.410
200	1.7	0.8	212.10	11.445

试计算疏散人数、疏散速度、乘客尺寸对地铁车站客流紧急疏散时间的主效用和交互效用，并根据计算结果给出合理的分析和建议。

4. 基于 5.5.4 节上传到 AnyLogic 云上的 SEIR 模型，对接触率参数变化进行分析，创建一个“Vairation with replications”实验，重复次数 10 次。将实验结果与 12.5.2 节参数变化实验结果进行比较，分析两个实验结果是否有区别，为什么？

参考文献

[1] NAYLOR T H, BALINTFY J L, BURDICK D S, et al. Computer simulatin techniques[M]. New York: Wiley, 1966.

[2] SHANNON R E. Introduction to the art and science of simulation[C]//Proceedings of the Winter Simulation Conference, Washington, 1998: 7-14.

[3] BANKS, J, Gibson R. Don't simulate when: 10 rules for determining when simulation is not appropriate [J]. IIE solutions, 1997.

[4] PEGDEN C D, SHANNON R E, SADOWSKI R P. Introduction to simulation using SIMAN[J]. McGraw-Hill, 1995.

[5] AVERILL M L. 仿真建模与分析[M]. 5 版．北京:机械工业出版社,2017.

[6] BANK J, CASON J S, NELSON B L, et al. 离散事件系统仿真[M]. 5 版．北京:机械工业出版社, 2019.

[7] BANKS J. Some burning questions about simulation[J]. ICS Newsletter, INFORMS Computing Society, 2008, (Spning): 10-15.

[8] 中国仿真学会．建模与仿真技术词典[M]. 北京:科学出版社,2018.

[9] 张霖，陆涵．从建模仿真看数字孪生[J]. 系统仿真学报，2021，33(05)：995-1007.

[10] 隽志才．交通系统建模与仿真[M]. 北京:科学出版社,2011.

[11] 任其亮,刘博航．交通仿真[M]. 北京:人民交通出版社,2013.

[12] SOLO K, PAICH M. A modern simulation approach for pharmaceutical portfolio management[C]// The 2004 International Conference on Health Sciences Simulation(HSS 2004). 2003: 14-22.

[13] LEHMER, D H. Mathematical methods in large-scale computing units[C]//Proceedings of the Second Symposium on Large-Scale Digital Calculating Machinery. Cambridge: Harvard University Press, 1951: 141-146.

[14] L'ECUYER, P. Efficient and portable combined random number generators[J]. Communications of the ACM, 1988, 31: 742-749, 774.

[15] KELTON W D, SADOWSKI R P, STURROCK D T. 仿真使用 Arena 软件[M]. 3 版．北京:机械工业出版社,2007.

[16] 肖田元,范文慧．离散事件系统建模与仿真[M]. 北京:电子工业出版社,2011.

[17] 徐享忠,于永涛,刘永红．系统仿真[M]. 2 版．北京:国防工业出版社,2012.

[18] 廖守义,王仕成,张金生．复杂系统基于 Agent 的建模与仿真[M]. 北京:国防工业出版社,2015.

[19] 倪建军．复杂系统多 Agent 建模与控制的理论及应用[M]. 北京:电子工业出版社,2011.

[20] 宣慧玉,张发．复杂系统仿真及应用[M]. 北京:清华大学出版社,2008.

[21] 钟永光,贾晓菁,钱颖,等．系统动力学[M]. 北京:科学出版社,2013.

[22] STILL G K Crowd Dynamics[D]. Coventry: University of Warwick, 2000.

[23] DAAMEN W. Experimental research of pedestrian walking behavior[C]//Transportation Research

Board Annual Meeting 2003. Washington ,2003.

[24] NAYLOR T H, FINGER J M. Verification of computer simulation models[J]. Management Science, 1967, 13(4): 269-280.

[25] 陈艳艳,张广厚. 综合客运交通枢纽智能监控与应急仿真[M]. 北京:人民交通出版社,2014.

[26] 田玉敏,张伟,马宏伟,等. 人群应急疏散[M]. 北京:化学工业出版社,2014.

[27] 杨立中. 建筑内人员运动规律与疏散动力学[M]. 北京:科学出版社,2012.

[28] 贾洪飞. 综合交通客运枢纽仿真建模关键理论与方法[M]. 北京:科学出版社,2011.

[29] 陈艳艳,张广厚,史建港. 拥挤行人交通系统规划及仿真[M]. 北京:人民交通出版社,2011.

[30] 韩宝明,李得伟,鲁放,等. 铁路客运专线换乘枢纽交通设计理论与方法[M]. 北京:北京交通大学出版社,2010.

[31] HELBING D, FARKAS I J, MOLNAR P. et al. Simulation of pedestrian crowds in normal and evacuation situations[J]. Pedestrian and evacuation dynamics, 2002:21-58.

[32] KELTON W D. Replication splitting and variance for simulating discrete-parameter stochastic processes[J]. Operations Research Letters, 1986, 4: 275-279.

附录 A　相关分布的临界点

表 A-1　累积正态分布

$$\phi(z_\alpha)=\int_{-\infty}^{z_\alpha}\frac{1}{\sqrt{2\pi}}e^{-\frac{u^2}{2}}du=1-\alpha$$

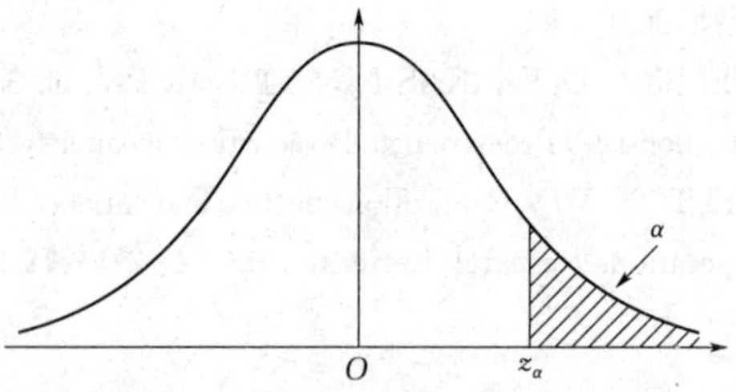

z_α	0.00	0.01	0.02	0.03	0.04	0.05	0.06	0.07	0.08	0.09	z_α
0.0	0.500 00	0.503 99	0.507 98	0.511 97	0.515 95	0.519 94	0.523 92	0.527 90	0.531 88	0.535 86	0.0
0.1	0.539 83	0.543 79	0.547 76	0.551 72	0.555 67	0.559 62	0.563 56	0.567 49	0.571 42	0.575 34	0.1
0.2	0.579 26	0.583 17	0.587 06	0.590 95	0.594 83	0.598 71	0.602 57	0.606 42	0.610 26	0.614 09	0.2
0.3	0.617 91	0.621 72	0.625 51	0.629 30	0.633 07	0.636 83	0.640 58	0.644 31	0.648 03	0.651 73	0.3
0.4	0.655 42	0.659 10	0.662 76	0.666 40	0.670 03	0.673 64	0.677 24	0.680 82	0.684 38	0.687 93	0.4
0.5	0.691 46	0.694 97	0.698 47	0.701 94	0.705 40	0.708 84	0.712 26	0.715 66	0.719 04	0.722 40	0.5
0.6	0.725 75	0.729 07	0.732 37	0.735 65	0.738 91	0.742 15	0.745 37	0.748 57	0.751 75	0.754 90	0.6
0.7	0.758 03	0.761 15	0.764 24	0.767 30	0.770 35	0.773 37	0.776 37	0.779 35	0.782 30	0.785 23	0.7
0.8	0.788 14	0.791 03	0.793 89	0.796 73	0.799 54	0.802 34	0.805 10	0.807 85	0.810 57	0.813 27	0.8
0.9	0.815 94	0.818 59	0.821 21	0.823 81	0.826 39	0.824 94	0.831 47	0.833 97	0.836 46	0.838 91	0.9
1.0	0.841 34	0.843 75	0.846 13	0.848 49	0.850 83	0.853 14	0.855 43	0.857 69	0.859 93	0.862 14	1.0
1.1	0.864 33	0.866 50	0.868 64	0.870 76	0.872 85	0.874 93	0.876 97	0.879 00	0.881 00	0.882 97	1.1
1.2	0.884 93	0.886 86	0.888 77	0.890 65	0.892 51	0.894 35	0.896 16	0.897 96	0.899 73	0.901 47	1.2
1.3	0.903 20	0.904 90	0.906 58	0.908 24	0.909 88	0.911 49	0.913 08	0.914 65	0.916 21	0.917 73	1.3
1.4	0.919 24	0.920 73	0.922 19	0.923 64	0.925 06	0.926 47	0.927 85	0.929 22	0.930 56	0.931 89	1.4
1.5	0.933 19	0.934 48	0.935 74	0.936 99	0.938 22	0.939 43	0.940 62	0.941 79	0.942 95	0.944 08	1.5
1.6	0.945 20	0.946 30	0.947 38	0.948 45	0.949 50	0.950 53	0.951 54	0.952 54	0.953 52	0.954 48	1.6
1.7	0.955 43	0.956 37	0.957 28	0.958 18	0.959 07	0959 94	0.960 80	0.961 64	0.962 46	0.963 27	1.7
1.8	0.964 07	0.964 85	0.965 62	0.966 37	0.967 11	0.967 84	0.968 56	0.969 26	0.969 95	0.970 62	1.8

续上表

z_α	0.00	0.01	0.02	0.03	0.04	0.05	0.06	0.07	0.08	0.09	z_α
1.9	0.971 28	0.971 93	0.972 57	0.973 20	0.973 81	0.974 41	0.975 00	0.975 58	0.976 15	0.976 70	1.9
2.0	0.977 25	0.977 78	0.978 31	0.978 82	0.979 32	0.979 82	0.980 30	0.980 77	0.981 24	0.981 69	2.0
2.1	0.982 14	0.982 57	0.983 00	0.983 41	0.983 82	0.984 22	0.984 61	0.985 00	0.985 37	0.985 74	2.1
2.2	0.986 10	0.986 45	0.986 79	0.987 13	0.987 45	0.987 78	0.988 09	0.988 40	0.988 70	0.988 99	2.2
2.3	0.989 28	0.989 56	0.989 83	0.990 10	0.990 36	0.990 61	0.990 86	0.991 11	0.991 34	0.991 58	2.3
2.4	0.991 80	0.992 02	0.992 24	0.992 45	0.992 66	0.992 86	0.993 05	0.993 24	0.993 43	0.993 61	2.4
2.5	0.993 79	0.993 96	0.994 13	0.994 30	0.994 46	0.994 61	0.994 77	0.994 92	0.995 06	0.995 20	2.5
2.6	0.995 34	0.995 47	0.995 60	0.995 73	0.995 85	0.995 98	0.996 09	0.996 21	0.996 32	0.996 43	2.6
2.7	0.996 53	0.996 64	0.996 74	0.996 83	0.996 93	0.997 02	0.997 11	0.997 20	0.997 28	0.997 36	2.7
2.8	0.997 44	0.997 52	0.997 60	0.997 67	0.997 74	0.997 81	0.997 88	0.997 95	0.998 01	0.998 07	2.8
2.9	0.998 13	0.998 19	0.998 25	0.998 31	0.998 36	0.998 41	0.998 46	0.998 51	0.998 56	0.998 61	2.9
3.0	0.998 65	0.998 69	0.998 74	0.998 78	0.998 82	0.998 86	0.998 89	0.998 93	0.998 97	0.999 00	3.0
3.1	0.999 03	0.999 06	0.999 10	0.999 13	0.999 16	0.999 18	0.999 21	0.999 24	0.999 26	0.999 29	3.1
3.2	0.999 31	0.999 34	0.999 36	0.999 38	0.999 40	0.999 42	0.999 44	0.999 46	0.999 48	0.999 50	3.2
3.3	0.999 52	0.999 53	0.999 55	0.999 57	0.999 58	0.999 60	0.999 61	0.999 62	0.999 64	0.999 65	3.3
3.4	0.999 66	0.999 68	0.999 69	0.999 70	0.999 71	0.999 72	0.999 73	0.999 74	0.999 75	0.999 76	3.4
3.5	0.999 77	0.999 78	0.999 78	0.999 79	0.999 80	0.999 81	0.999 81	0.999 82	0.999 83	0.999 83	3.5
3.6	0.999 84	0.999 85	0.999 85	0.999 86	0.999 86	0.999 87	0.999 87	0.999 88	0.999 88	0.999 89	3.6
3.7	0.999 89	0.999 90	0.999 90	0.999 90	0.999 91	0.999 91	0.999 92	0.999 92	0.999 92	0.999 92	3.7
3.8	0.999 93	0.999 93	0.999 93	0.999 94	0.999 94	0.999 94	0.999 94	0.999 95	0.999 95	0.999 95	3.8
3.9	0.999 95	0.999 95	0.999 96	0.999 96	0.999 96	0.999 96	0.999 96	0.999 96	0.999 97	0.999 97	3.9

表 A-2　累积泊松分布

x	α=均值											x
	0.01	0.05	0.1	0.2	0.3	0.4	0.5	0.6	0.7	0.8	0.9	
0	0.990	0.951	0.905	0.819	0.741	0.670	0.607	0.549	0.497	0.449	0.407	0
1	1.000	0.999	0.995	0.982	0.963	0.938	0.910	0.878	0.844	0.809	0.772	1
2		1.000	1.000	0.999	0.996	0.992	0.986	0.977	0.966	0.953	0.937	2
3				1.000	1.000	0.999	0.998	0.997	0.994	0.991	0.987	3
4						1.000	1.000	1.000	0.999	0.999	0.998	4
5									1.000	1.000	1.000	5

续上表

x	α=均值											x
	1.0	1.1	1.2	1.3	1.4	1.5	1.6	1.7	1.8	1.9	2.0	
0	0.368	0.333	0.301	0.273	0.247	0.223	0.202	0.183	0.165	0.150	0.135	0
1	0.736	0.699	0.663	0.627	0.592	0.558	0.525	0.493	0.463	0.434	0.406	1
2	0.920	0.900	0.879	0.857	0.833	0.809	0.783	0.757	0.731	0.704	0.677	2
3	0.981	0.974	0.966	0.957	0.946	0.934	0.921	0.907	0.891	0.875	0.857	3
4	0.996	0.995	0.992	0.989	0.986	0.981	0.976	0.970	0.964	0.956	0.947	4
5	0.999	0.999	0.998	0.998	0.997	0.996	0.994	0.992	0.990	0.987	0.983	5
6	1.000	1.000	1.000	1.000	0.999	0.999	0.999	0.998	0.997	0.997	0.995	6
7					1.000	1.000	1.000	1.000	0.999	0.999	0.999	7
8									1.000	1.000	1.000	8

x	α=均值											x
	2.2	2.4	2.6	2.8	3.0	3.5	4.0	4.5	5.0	5.5	6.0	
0	0.111	0.091	0.074	0.061	0.050	0.030	0.018	0.011	0.007	0.004	0.002	0
1	0.355	0.308	0.267	0.231	0.199	0.136	0.092	0.061	0.040	0.027	0.017	1
2	0.623	0.570	0.518	0.469	0.423	0.321	0.238	0.174	0.125	0.088	0.062	2
3	0.819	0.779	0.736	0.692	0.647	0.537	0.433	0.342	0.265	0.202	0.151	3
4	0.928	0.904	0.877	0.848	0.815	0.725	0.629	0.532	0.440	0.358	0.285	4
5	0.975	0.964	0.951	0.935	0.916	0.858	0.785	0.703	0.616	0.529	0.446	5
6	0.993	0.988	0.983	0.976	0.966	0.935	0.889	0.831	0.762	0.686	0.606	6
7	0.998	0.997	0.995	0.992	0.988	0.973	0.949	0.913	0.867	0.809	0.744	7
8	1.000	0.999	0.999	0.998	0.996	0.990	0.979	0.960	0.932	0.894	0.847	8
9		1.000	1.000	0.999	0.999	0.997	0.992	0.983	0.968	0.946	0.916	9
10				1.000	1.000	0.999	0.997	0.993	0.986	0.975	0.957	10
11						1.000	0.999	0.998	0.995	0.989	0.980	11
12							1.000	0.999	0.998	0.996	0.991	12
13								1.000	0.999	0.998	0.996	13
14									1.000	0.999	0.999	14
15										1.000	0.999	15
16											1.000	16

续上表

x	α=均值											x
	6.5	7.0	7.5	8.0	9.0	10.0	12.0	14.0	16.0	18.0	20.0	
0	0.002	0.001	0.001									0
1	0.011	0.007	0.005	0.003	0.001							1
2	0.043	0.030	0.020	0.014	0.006	0.003	0.001					2
3	0.112	0.082	0.059	0.042	0.021	0.010	0.002					3
4	0.224	0.173	0.132	0.100	0.055	0.029	0.008	0.002				4
5	0.369	0.301	0.241	0.191	0.116	0.067	0.020	0.006	0.001			5
6	0.527	0.450	0.378	0.313	0.207	0.130	0.046	0.014	0.004	0.001		6
7	0.673	0.599	0.525	0.453	0.324	0.220	0.090	0.032	0.010	0.003	0.001	7
8	0.792	0.729	0.662	0.593	0.456	0.333	0.155	0.062	0.022	0.007	0.002	8
9	0.877	0.830	0.776	0.717	0.587	0.458	0.242	0.109	0.043	0.015	0.005	9
10	0.933	0.901	0.862	0.816	0.706	0.583	0.347	0.176	0.077	0.030	0.011	10
11	0.966	0.947	0.921	0.888	0.803	0.697	0.462	0.260	0.127	0.055	0.021	11
12	0.984	0.973	0.957	0.936	0.876	0.792	0.576	0.358	0.193	0.092	0.039	12
13	0.993	0.987	0.978	0.966	0.926	0.864	0.682	0.464	0.275	0.143	0.066	13
14	0.997	0.994	0.990	0.983	0.959	0.917	0.772	0.570	0.368	0.208	0.105	14
15	0.999	0.998	0.995	0.992	0.978	0.951	0.844	0.669	0.467	0.287	0.157	15
16	1.000	0.999	0.998	0.996	0.989	0.973	0.899	0.756	0.566	0.375	0.221	16
17		1.000	0.999	0.998	0.995	0.986	0.937	0.827	0.659	0.469	0.297	17
18			1.000	0.999	0.998	0.993	0.963	0.883	0.742	0.562	0.381	18
19				1.000	0.999	0.997	0.979	0.923	0.812	0.651	0.470	19
20					1.000	0.998	0.988	0.952	0.868	0.731	0.559	20
21						0.999	0.994	0.971	0.911	0.799	0.644	21
22						1.000	0.997	0.983	0.942	0.855	0.721	22
23							0.999	0.991	0.963	0.899	0.787	23
24							0.999	0.995	0.978	0.932	0.843	24
25							1.000	0.997	0.987	0.955	0.888	25
26								0.999	0.993	0.972	0.922	26
27								0.999	0.996	0.983	0.948	27
28								1.000	0.998	0.990	0.966	28

续上表

x	α=均值											x
	6.5	7.0	7.5	8.0	9.0	10.0	12.0	14.0	16.0	18.0	20.0	
29									0.999	0.994	0.978	29
30									0.999	0.997	0.987	30
31									1.000	0.998	0.992	31
32										0.999	0.995	32
33										1.000	0.997	33
34											0.999	34
35											0.999	35
36											1.000	36

表 A-3 具有 ν 自由度的 t 分布的百分数

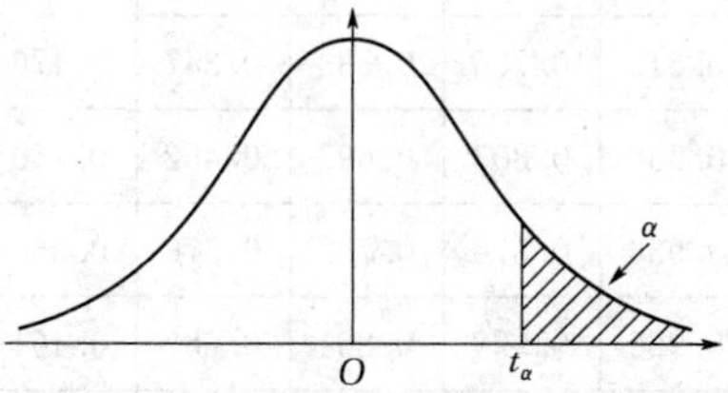

ν	$t_{0.005}$	$t_{0.01}$	$t_{0.025}$	$t_{0.05}$	$t_{0.10}$
1	63.66	31.82	12.71	6.31	3.08
2	9.92	6.92	4.30	2.92	1.89
3	5.84	4.54	3.18	2.35	1.64
4	4.60	3.75	2.78	2.13	1.53
5	4.03	3.36	2.57	2.02	1.48
6	3.71	3.14	2.45	1.94	1.44
7	3.50	3.00	2.36	1.90	1.42
8	3.36	2.90	2.31	1.86	1.40
9	3.25	2.82	2.26	1.83	1.38
10	3.17	2.76	2.23	1.81	1.37
11	3.11	2.72	2.20	1.80	1.36
12	3.06	2.68	2.18	1.78	1.36
13	3.01	2.65	2.16	1.77	1.35
14	2.98	2.62	2.14	1.76	1.34
15	2.95	2.60	2.13	1.75	1.34

续上表

ν	$t_{0.005}$	$t_{0.01}$	$t_{0.025}$	$t_{0.05}$	$t_{0.10}$
16	2.92	2.58	2.12	1.75	1.34
17	2.90	2.57	2.11	1.74	1.33
18	2.88	2.55	2.10	1.73	1.33
19	2.86	2.54	2.09	1.73	1.33
20	2.84	2.53	2.09	1.72	1.32
21	2.83	2.52	2.08	1.72	1.32
22	2.82	2.51	2.07	1.72	1.32
23	2.81	2.50	2.07	1.71	1.32
24	2.80	2.49	2.06	1.71	1.32
25	2.79	2.48	2.06	1.71	1.32
26	2.78	2.48	2.06	1.71	1.32
27	2.77	2.47	2.05	1.70	1.31
28	2.76	2.47	2.05	1.70	1.31
29	2.76	2.46	2.04	1.70	1.31
30	2.75	2.46	2.04	1.70	1.31
40	2.70	2.42	2.02	1.68	1.30
60	2.66	2.39	2.00	1.67	1.30
120	2.62	2.36	1.98	1.66	1.29
∞	2.58	2.33	1.96	1.645	1.28

表 A-4 具有 ν 自由度的 χ^2 分布的百分数

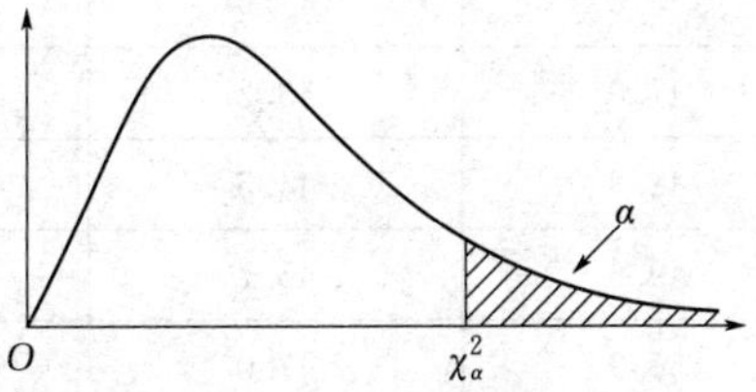

ν	$\chi^2_{0.005}$	$\chi^2_{0.01}$	$\chi^2_{0.025}$	$\chi^2_{0.05}$	$\chi^2_{0.10}$
1	7.88	6.63	5.02	3.84	2.71
2	10.60	9.21	7.38	5.99	4.61
3	12.84	11.34	9.35	7.81	6.25
4	14.96	13.28	11.14	9.49	7.78
5	16.7	15.1	12.8	11.1	9.2

续上表

ν	$\chi^2_{0.005}$	$\chi^2_{0.01}$	$\chi^2_{0.025}$	$\chi^2_{0.05}$	$\chi^2_{0.10}$
6	18.5	16.8	14.4	12.6	10.6
7	20.3	18.5	16.0	14.1	12.0
8	22.0	20.1	17.5	15.5	13.4
9	23.6	21.7	19.0	16.9	14.7
10	25.2	23.2	20.5	18.3	16.0
11	26.8	24.7	21.9	19.7	17.3
12	28.3	26.2	23.3	21.0	18.5
13	29.8	27.7	24.7	22.4	19.8
14	31.3	29.1	26.1	23.7	21.1
15	32.8	30.6	27.5	25.0	22.3
16	34.3	32.0	28.8	26.3	23.5
17	35.7	33.4	30.2	27.6	24.8
18	37.2	34.8	31.5	28.9	26.0
19	38.6	36.2	32.9	30.1	27.2
20	40.0	37.6	34.2	31.4	28.4
21	41.4	38.9	35.5	32.7	29.6
22	42.8	40.3	36.8	33.9	30.8
23	44.2	41.6	38.1	35.2	32.0
24	45.6	43.0	39.4	36.4	33.2
25	46.9	44.3	40.6	37.7	34.4
26	48.3	45.6	41.9	38.9	35.6
27	49.6	47.0	43.2	40.1	36.7
28	51.0	48.3	44.5	41.3	37.9
29	52.3	49.6	45.7	42.6	39.1
30	53.7	50.9	47.0	43.8	40.3
40	66.8	63.7	59.3	55.8	51.8
50	79.5	76.2	71.4	67.5	63.2
60	92.0	88.4	83.3	79.1	74.4
70	104.2	100.4	95.0	90.5	85.5
80	116.3	112.3	106.6	101.9	96.6
90	128.3	124.1	118.1	113.1	107.6
100	140.2	135.8	129.6	124.3	118.5

表 A-5 具有 $\alpha=0.05$ 的 F 分布的百分数

ν_2 \ ν_1	1	2	3	4	5	6	7	8	9	10	12	15	20	24	30	40	60	120	∞
1	161.4	199.5	215.71	224.6	230.2	234.0	236.8	238.9	240.5	241.9	243.9	245.9	248.0	249.1	250.1	251.1	252.2	253.3	254.3
2	18.51	19.00	9.16	19.25	19.30	19.33	19.35	19.37	19.38	19.40	19.41	19.43	19.45	19.45	19.46	19.47	19.48	19.49	19.50
3	10.13	9.55	9.28	9.12	9.01	8.94	8.89	8.85	8.81	8.79	8.74	8.70	8.66	8.64	8.62	8.59	8.57	8.55	8.53
4	7.71	6.94	6.59	6.39	6.26	6.16	6.09	6.04	6.00	5.96	5.91	5.86	5.80	5.77	5.75	5.72	5.69	5.66	5.63
5	6.61	5.79	5.41	5.19	5.05	4.95	4.88	4.82	4.77	4.74	4.68	4.62	4.56	4.53	4.50	4.46	4.43	4.40	4.36
6	5.99	5.14	4.76	4.53	4.39	4.28	4.21	4.15	4.10	4.06	4.00	3.94	3.87	3.84	3.81	3.77	3.74	3.70	3.67
7	5.59	4.74	4.35	4.12	3.97	3.87	3.79	3.73	3.68	3.64	3.57	3.51	3.44	3.41	3.38	3.34	3.30	3.27	3.23
8	5.32	4.46	4.07	3.84	3.69	3.58	3.50	3.44	3.39	3.35	3.28	3.22	3.15	3.12	3.08	3.04	3.01	2.97	2.93
9	5.12	4.26	3.86	3.63	3.48	3.37	3.29	3.23	3.18	3.14	3.07	3.01	2.94	2.90	2.86	2.83	2.79	2.75	2.71
10	4.96	4.10	3.71	3.48	3.33	3.22	3.14	3.07	3.02	2.98	2.91	2.85	2.77	2.74	2.70	2.66	2.62	2.58	2.54
11	4.84	3.98	3.59	3.36	3.20	3.09	3.01	2.95	2.90	2.85	2.79	2.72	2.65	2.61	2.57	2.53	2.49	2.45	2.40
12	4.75	3.89	3.49	3.26	3.11	3.00	2.91	2.85	2.80	2.75	2.69	2.62	2.54	2.51	2.47	2.43	2.38	2.34	2.30
13	4.67	3.81	3.41	3.18	3.03	2.92	2.83	2.77	2.71	2.67	2.60	2.53	2.46	2.42	2.38	2.34	2.30	2.25	2.21
14	4.60	3.74	3.34	3.11	2.96	2.85	2.76	2.70	2.65	2.60	2.53	2.46	2.39	2.35	2.31	2.27	2.22	2.18	2.13
15	4.54	3.68	3.29	3.06	2.90	2.79	2.71	2.64	2.59	2.54	2.48	2.40	2.33	2.29	2.25	2.20	2.16	2.11	2.07
16	4.49	3.63	3.24	3.01	2.85	2.74	2.66	2.59	2.54	2.49	2.42	2.35	2.28	2.24	2.19	2.15	2.11	2.06	2.01
17	4.45	3.59	3.20	2.96	2.81	2.70	2.61	2.55	2.49	2.45	2.38	2.31	2.23	2.19	2.15	2.10	2.06	2.01	1.96

续上表

ν_2	ν_1 = 1	2	3	4	5	6	7	8	9	10	12	15	20	24	30	40	60	120	∞
18	4.41	3.55	3.16	2.93	2.77	2.66	2.58	2.51	2.46	2.41	2.34	2.27	2.19	2.15	2.11	2.06	2.02	1.97	1.92
19	4.38	3.52	3.13	2.90	2.74	2.63	2.54	2.48	2.42	2.38	2.31	2.23	2.16	2.11	2.07	2.03	1.98	1.93	1.88
20	4.35	3.49	3.10	2.87	2.71	2.60	2.51	2.45	2.39	2.35	2.28	2.20	2.12	2.08	2.04	1.99	1.95	1.90	1.84
21	4.32	3.47	3.07	2.84	2.68	2.57	2.49	2.42	2.37	2.32	2.25	2.18	2.10	2.05	2.01	1.96	1.92	1.87	1.81
22	4.30	3.44	3.05	2.82	2.66	2.55	2.46	2.40	2.34	2.30	2.23	2.15	2.07	2.03	1.98	1.94	1.89	1.84	1.78
23	4.28	3.42	3.03	2.80	2.64	2.53	2.44	2.37	2.32	2.27	2.20	2.13	2.05	2.01	1.96	1.91	1.86	1.81	1.76
24	4.26	3.40	3.01	2.78	2.62	2.51	2.42	2.36	2.30	2.25	2.18	2.11	2.03	1.98	1.94	1.89	1.84	1.79	1.73
25	4.24	3.39	2.99	2.76	2.60	2.49	2.40	2.34	2.28	2.24	2.16	2.09	2.01	1.96	1.92	1.87	1.82	1.77	1.71
26	4.23	3.37	2.98	2.74	2.59	2.47	2.39	2.32	2.27	2.22	2.15	2.07	1.99	1.95	1.90	1.85	1.80	1.75	1.69
27	4.21	3.35	2.96	2.73	2.57	2.46	2.37	2.31	2.25	2.20	2.13	2.06	1.97	1.93	1.88	1.84	1.79	1.73	1.67
28	4.20	3.34	2.95	2.71	2.56	2.45	2.36	2.29	2.24	2.19	2.12	2.04	1.96	1.91	1.87	1.82	1.77	1.71	1.65
29	4.18	3.33	2.93	2.70	2.55	2.43	2.35	2.28	2.22	2.18	2.10	2.03	1.94	1.90	1.85	1.81	1.75	1.70	1.64
30	4.17	3.32	2.92	2.69	2.53	2.42	2.33	2.27	2.21	2.16	2.09	2.01	1.93	1.89	1.84	1.79	1.74	1.68	1.62
40	4.08	3.23	2.84	2.61	2.45	2.34	2.25	2.18	2.12	2.08	2.00	1.92	1.84	1.79	1.74	1.69	1.64	1.58	1.51
60	4.00	3.15	2.76	2.53	2.37	2.25	2.17	2.10	2.04	1.99	1.92	1.84	1.75	1.70	1.65	1.59	1.53	1.47	1.39
120	3.92	3.07	2.68	2.45	2.29	2.17	2.09	2.02	1.96	1.91	1.83	1.75	1.66	1.61	1.55	1.55	1.43	1.35	1.25
∞	3.84	3.00	2.60	2.37	2.21	2.10	2.01	1.94	1.88	1.83	1.75	1.67	1.57	1.52	1.46	1.39	1.32	1.22	1.00

注：ν_1 为分子的自由度，ν_2 为分母的自由度。

表 A-6 柯尔莫哥洛夫-斯米尔洛夫临界值

自由度(N)	$D_{0.10}$	$D_{0.05}$	$D_{0.01}$
1	0.950	0.975	0.995
2	0.776	0.842	0.929
3	0.642	0.708	0.828
4	0.564	0.624	0.733
5	0.510	0.565	0.669
6	0.470	0.521	0.618
7	0.438	0.486	0.577
8	0.411	0.457	0.543
9	0.388	0.432	0.514
10	0.368	0.410	0.490
11	0.352	0.391	0.468
12	0.338	0.375	0.450
13	0.325	0.361	0.433
14	0.314	0.349	0.418
15	0.304	0.338	0.404
16	0.295	0.328	0.392
17	0.286	0.318	0.381
18	0.278	0.309	0.371
19	0.272	0.301	0.363
20	0.264	0.294	0.356
25	0.24	0.27	0.32
30	0.22	0.24	0.29
35	0.21	0.23	0.27
>35	$\frac{1.22}{\sqrt{n}}$	$\frac{1.36}{\sqrt{n}}$	$\frac{1.63}{\sqrt{n}}$

表 A-7 伽马分布的极大似然估计值

$1/M$	β	$1/M$	β	$1/M$	β
0.020	0.018 7	0.050	0.044 2	0.080	0.067 9
0.030	0.027 5	0.060	0.052 3	0.090	0.075 6
0.040	0.036 0	0.070	0.060 2	0.100	0.083 1

续上表

1/*M*	*β*	1/*M*	*β*	1/*M*	*β*
0.200	0.153 2	3.600	1.950	11.200	5.761
0.300	0.217 8	3.800	2.051	11.500	5.911
0.400	0.279 0	4.000	2.151	11.800	6.061
0.500	0.338 1	4.200	2.252	12.100	6.211
0.600	0.395 5	4.400	2.353	12.400	6.362
0.700	0.451 7	4.600	2.453	12.700	6.512
0.800	0.507 0	4.800	2.554	13.000	6.662
0.900	0.561 5	5.000	2.654	13.300	6.812
1.000	0.615 5	5.200	2.755	13.600	6.962
1.100	0.669 0	5.400	2.855	13.900	7.112
1.200	0.722 0	5.600	2.956	14.200	7.262
1.300	0.774 8	5.800	3.056	14.500	7.412
1.400	0.827 2	6.000	3.156	14.800	7.562
1.500	0.879 4	6.200	3.257	15.100	7.712
1.600	0.931 4	6.400	3.357	15.400	7.862
1.700	0.983 2	6.600	3.457	15.700	8.013
1.800	1.034	6.800	3.558	16.000	8.163
1.900	1.086	7.000	3.658	16.300	8.313
2.000	1.137	7.300	3.808	16.600	8.463
2.100	1.188	7.600	3.958	16.900	8.613
2.200	1.240	7.900	4.109	17.200	8.763
2.300	1.291	8.200	4.259	17.500	8.913
2.400	1.342	8.500	4.409	17.800	9.063
2.500	1.393	8.800	4.560	18.100	9.213
2.600	1.444	9.100	4.710	18.400	9.363
2.700	1.494	9.400	4.860	18.700	9.513
2.800	1.545	9.700	5.010	19.000	9.663
2.900	1.596	10.000	5.160	19.300	9.813
3.000	1.646	10.300	5.311	19.600	9.963
3.200	1.748	10.600	5.461	20.000	10.160
3.400	1.849	10.900	5.611	—	—